제6판

국제분쟁해결

{ International Dispute Settlement }

J. G. MERRILLS 지음 / 강병근 옮김

pnc publishing and culture
피앤씨미디어

이 책은 고려대학교 「국제법연구센터 총서」로 간행 지원 받았음.

국제분쟁해결

이 책은 국제분쟁 해결에 활용되는 기법 및 제도의 작동 방법과 활용 시기에 관한 교재로 정평이 있다. 이 책의 최신판에서는 외교적 방식(교섭, 중개, 사실심사, 조정)과 법적 방식(중재, 사법적 해결)을 다루고 있다.

이 책에서는 실무에서 각 방식이 활용된 다수의 사례를 주제별로 사용하여 작동 방식에 관한 이론을 실생활의 맥락에서 파악함으로써 서로 다른 방식이 활용될 때 갖는 장·단점을 독자들이 이해할 수 있도록 하였다.

이번에 전면개정한 이 책의 제6판에서는 가장 최신의 판례법을 포함하였을 뿐 아니라, 새로운 절을 할애해서 투자중재와 지역무역 분쟁을 다루었다. 이 책은 대학의 고학년 학부생 및 대학원생을 위한 국제분쟁 해결 수업에서 꼭 필요한 자료가 될 것이다.

J.G. Merrills

저자는 40년 이상 전 세계에서 국제법을 가르쳤다.

Auckland 대학과 Toronto 대학의 방문교수를 지냈으며, Sheffield 대학 법과대학장을 두 차례 역임했고 8년 동안 유엔 소수민족 차별 방지 및 보호에 관한 소위원회의 교체위원을 역임했다.

국제법에 관한 다수의 저서와 논문을 저술했으며, 미국 국제법학회 회원이다. 2007년에는 국제법학회(Institut de Droit International)의 준회원으로 선출되었다.

저자 서문

이 책의 제5판이 출간된 2011년 이래, 이 책 주제와 직접 관련되는 몇 가지 변화가 있었다. 중동 지역의 불안정, 중국의 세계적 영향력 증대, 그리고 아프리카와 유럽 지역의 정치적 변화 모두 유엔과 지역기구의 활동에 지대한 영향을 미쳤다. 2011년 당시 이미 입지를 굳힌 세계무역기구(WTO)는 여전히 명성을 유지하였고, WTO의 분쟁 해결 장치는 계속해서 널리 활용되고 있다. 국제해양법재판소와 중재에 사건들이 회부되면서 1982년 해양법협약으로 수립된 복잡한 제도는 더욱 굳건해졌으며, 국제사법재판소는 역사상 전례 없이 더 바빠졌다. 물론 키프로스, 카슈미르, 이스라엘/팔레스타인처럼 오래된 국제문제에 대한 해결책은 그 어느 때보다 쉽지 않아 보인다는 것도 유념해야 하는데, 이는 제도적 규정으로 매우 심각한 분쟁과 사태를 효과적으로 다루는 것이 요원하다는 점을 다시 한 번 일깨워 준다.

이번 신판에서는 최근 변화된 상황을 충분히 고려하여 분쟁을 평화적으로 해결하고자 하는 국가들이 활용할 수 있는 기법과 제도를 검토하고자 한다. 제1장부터 제4장까지는 당사자들이 모든 사안을 관장하는 교섭, 그 후, 외부지원을 활용하는 중개, 사실심사 및 조정 같은 소위 '외교적' 해결수단을 검토할 것이다. 제5장부터 제7장까지는 중재, 그리고 국제사법재판소를 통한 사법적 해결과 같이 법적 구속력이 있는 결정을 내리는 것을 목적으로 하는 법적 수단을 다룰 것이다. 법적 수단과 외교적 수단의 상호작용을 강조하고 특정 맥락에서 어떻게 사용되는지 보여주기 위해 제8장에서는 해양법의 분쟁 해결 방식을 검토하고 제9장에서는 세계무역기구의 분쟁 해결 양해 규정 중 주목할 만한 사항을 다룰 것이다. 이 책의 마지막 부분에서는 정치기관인 유엔(제10장) 및 지역기구(제11장)의 역할을 고려할 것이고, 마지막 장에서는 현재 상황을 검토하여 미래에 대해서 몇 가지 생각을 제안하고자 한다.

이전 판에 익숙한 사람들은 모든 장에서 최신 중재 사례, 국제해양법재판소의 실무적 발전, 국제사법재판소의 법리, 그리고 WTO 제도의 실행에 관한 자료, 그리고 지역기구와 유엔의 평화 유지 등의 활동에 관한 자료가 새롭게 언급된 것을 파악할 수 있을 것이다. 필자는 투자중재에 관한 부분을 새로이 추가했는데, 이 주제는 이제 생략하기에는 너무 중요한 주제가 되었기 때문이다. 또한 제9장에서는 무역분쟁을 다루는 지역제도를 개괄하였으며, 마지막 장에서는 국제재판제도의 한계에 대해서 일부 고찰하였다. 다양한 기법과 제도를 논의하면서, 그러한 것들이 무엇인지, 어떻게 작동하는지, 그리고 언제 활용되는지를 설명하겠다는 나의 목적은 변함이 없다. 이전과 마찬가지로 독자가 특별히 관심 있는 사항을 추적할 수 있도록 관련 문헌을 충분히 참고하려고 노력했다. 비슷한 목적에서, 필자는 본문에서 언급했던 문서 중 일부를 발췌해서 새로운 내용을 추가해서 부록에 담았다.

부록에 있는 자료를 게재할 수 있도록 허락해 준 점에 대해서, 필자는 다시 한 번 International Law Reports 편집자에게 감사드린다. 또한 원고를 작성해 준 셰필드 대학의 Julie Prescott, 새로운 자료 추가에 대해서 조언해 준 동료들, 캠브리지 대학 출판사의 Valerie Appleby, 그리고 언제나 무한한 격려를 해 준 제 아내 Dariel에게 감사드린다.

역자 서문

Merrills 교수의 '*International Dispute Settlement*' 한국어 번역본을 고려대학교 국제법연구센타 법률총서 제1권으로 간행할 수 있게 된 점을 매우 기쁘게 생각한다. 역자는 이 책을 1998년에 처음 접했다. 당시 역자는 강원도 춘천의 한림대학교 법학과에 전임교수로 봉직하면서 고려대학교 일반대학원에 출강할 때였다. 대학원 수업을 준비하면서 이 책 제2판의 번역을 거의 끝내서 번역서를 내볼까 생각하던 찰나 이미 다른 대학의 교수님이 제2판 번역서를 출간하는 바람에 더 이상 초벌 번역을 다듬지 않았다.

2007년 제2학기에 고려대학교 법과대학 부교수로 부임한 후 대학원 수업에서 이 책의 제4판과 제5판을 교재로 활용하였다. 2016년 당시 대학원 석·박사 과정 학생들(이서희, 민혜영, 신재웅, 이경은)이 원서 제5판을 초벌 번역하였다. 이후 2016년 제2학기, 2017년 제2학기, 2019년 제1학기 법학전문대학원의 '국제분쟁해결제도', 그리고 2017년 제1학기 일반대학원의 '국제분쟁의 평화적 해결제도' 수업 시간에 이들 초벌 번역문을 교재삼아서 수업을 진행했다. 그 사이 2017년에 원서 제6판이 발간되었다. 판이 바뀌면 내용이 조금씩 바뀌기에 제5판과 제6판을 대조하면서 다듬는 작업을 해야 했지만, 역자의 개인 사정으로 인해서 그 작업을 할 수 없었다. 2020년 제2학기와 2021년 제1학기의 연구학기를 활용해서야 비로소 역자는 이 책 제5판과 제6판을 일일이 대조하면서 바뀐 내용을 추가하거나 변경하면서 번역작업을 완료할 수 있었다. 그래도 미진한 부분은 한국해양수산개발원의 이서희 박사, 고려대학교 일반대학원 국제법 전공자인 민혜영, 권지예, 그리고 황옥초 박사과정생에게서 많은 도움을 받았다. 대한민국은 그동안 임의적 혹은 상설적 분쟁해결제도를 빈번히 활용하고 나름대로 국익을 증진한 경험이 있다. 앞으로 대한민국이 국제분쟁에 직면하는 경우 이 책에서 제시하는 법률적 그리고 외교적 분쟁 해결 방식을 잘 활용해서 국익에 맞게 분쟁이 해결되기를 바란다.

이 책의 번역서를 출간하기까지 많은 분의 도움을 받았다. 우선 같은 학교의 박기갑 교수님 덕에 도서출판 三宇社 조병철 사장님과 연결되고, 조 사장님을 통해서 피앤씨미디어의 박노일 사장님을 알게 되었다. 박 사장님이 한국출판협동조합 이사장으로 선출되면서 피앤씨미디어의 최준규 전무이사님이 번역서 출간 작업의 실무를 총괄하였다. 三宇社 조 사장님은 Antonio Cassese 교수의 '*International Law*' 번역작업 때와 마찬가지로 번역문을 매우 세밀히 교정해 주었고, 피앤씨미디어에서는 수익이 기대되지 않는데도 번역서 출간을 흔쾌히 맡아 주었다. 이 외에도 역자에게 무한한 지적 자극을 주고 있는 고려대학교 법학전문대학원의 동료 교수님들, 번역작업을 하는 동안 집안 대소사에 무성의하고, 특히 코로나19로 인하여 바깥 활동이 원활하지 못한 동안에도 역자의 작업을 묵묵히 성원해 준 가족에게 감사드린다.

2022년 4월 안암동 연구실에서
역자 강병근

차 례

제 7 장 국제재판소 II: 재판소의 업무
(The International Court II: the Work of the Court)

제 8 장 해양법협약(The Law of the Sea Convention)

제 9 장 국제통상 분쟁(International Trade Disputes)

약어표

AFDI	Annuaire Français de Droit International
AJIL	American Journal of International Law
Annuaire	Annuaire de l'Institut de Droit International
Archiv des Völk	Archiv des Völkerrechts
Aust. Year Book Int. L	Australian Year Book of International Law
BYBIL	British Year Book of International Law
Calif. Western Int. LJ	California Western International Law Journal
Can. Bar Rev.	Canadian Bar Review
Can. Yearbook Int. L	Canadian Yearbook of Internatonal Law
CML Rev.	Common Market Law Review
Colum. J Transnat. L	Columbia Journal of Transnational Law
Denver J Int. L and Pol.	Denver Journal of International Law and Policy
Ga. J Int. and Comp. L	Georgia Journal of International and Comparative Law
Global Community	Global Community Yearbook of International Law and Jurisprudence
YBILJ	Yearbook of British International Law Journal
Grotius Soc. Trans.	Grotius Society Transactions
Harv. Int. LJ	Harvard International Law Journal
ICLQ	International and Comparative Law Quarterly

ILM	International Legal Materials
ILQ	International Law Quarterly
ILR	International Law Reports
Ind. J Int. L	Indian Journal of International Law
Int. Org.	International Organization
Int. Rel.	International Relations
Iran－United States CTR	Iran－United States Claims Tribunal Reports
Iarael L Rev.	Israel Law Review
J Transp. Secur.	Journal of Transport Security
J World Trade	Journal of World Trade
Leiden JIL	Leiden Journal of International Law
Melbourne JIL	Melbourne Journal of International Law
Mich. L Rev.	Michigan Law Review
Neth. Int. L Rev.	Netherland International Law Review
NTIR	Nederlands tijdschrift voor internationaal recht
NYUJ Int. L and Politics	New York University Journal of International Law and Politics
Ocean Devel. and Int. L	Ocean Development and International Law
Rev. Egypt. Droit Int.	Revue Egyptienne de Droit International
RGDIP	Revue Générale de Droit International Public
RIAA	Reports of International Arbitral Awards
San Diego L Rev.	San Diego Law Review
Syr. J Int. L and Com.	Syracuse Journal of International Law and Commerce
U Chi. L Rev.	University of Chicago Law Review
U Toronto Fac. L Rev.	University of Toronto Faculty of Law Review
U Toronto LJ	University of Toronto Law Journal
UKTS	United Kingdom Treaty Series

UNTS	United Nations Treaty Series
Va. JIL	Virginia Journal of International Law
YBIEL	Yearbook of International Environmental Law
Yearbook of WA	Yearbook of World Affairs

웹사이트

African Union, www.au.int

Arab League, www.arableagueonline.org

Council of Europe, www.coe.int

Economic Community of West African States, www.ecowas.int

European Court of Human Rights, www.echr.coe.int

European Court of Justice, www.curia.europa.eu

Inter-American Court of Human Rights, www.corteidh.or.cr

International Centre for the Settlement of Investment Disputes, www.icsid.worldbank.org/en

International Court of Justice, www.icj-cij.org

International Criminal Court, www.un.org/law/icc

International Criminal Tribunal for Rwanda, www.unictr.unmict.org

International Criminal Tribunal for the Former Yugoslavia, www.un.org/icty

International Tribunal for the Law of the Sea, www.itlos.org

Iran-United States Claims Tribunal, www.iusct.org

North American Free Trade Agreement Secretariat, www.nafta-sec-alena.org

Organization for Security and Co-operation in Europe, www.osce.org

Organization of American States, www.oas.org

Organization of the Islamic Conference, www.oic-oci.org

Permanent Court of Arbitration, www.pca-cpa.org

United Nations, www.un.org

UN DEpartment of Peacekeeping, www.un.org/en/peacekeeping/about/dpko

UN General Assembly, www.un.org/en/ga

UN Security Council, www.un.org/en/sc

World Trade Organization, www.wto.org

제1장

교 섭

Negotiation

01

교 섭

Negotiation

분쟁이란 사실, 법 또는 정책 문제와 관련하여, 일방이 청구하거나 주장한 것을 타방이 부정하거나, 그에 대해서 반대청구(counter-claim)하거나 거부함으로써 이견이 존재하는 특정 상태로 정의할 수 있다. 가장 넓은 의미에서 국제분쟁은 세계적으로 서로 다른 정부, 기관, 법인(기업) 혹은 개인 간에 이견이 있는 상태라고 할 수 있다. 그러나 이 책에서는 세계를 분할하고 있는 약 200여 개의 주권국가 중에서 2개국 이상의 국가가 당사자인 분쟁에 한정해서 다룰 것이다.

국내에서 발생하는 사인 간의 분쟁과 마찬가지로, 국제관계에서도 분쟁을 피할 수 없다. 개인과 마찬가지로, 국가도 똑같은 것을 원하지만, 나누어 갖기에는 충분하지 않은 것이 종종 있다. 더욱이, 사람들이 강이나 땅 또는 돈의 활용방법에 대해서 이견을 가질 수 있듯이, 국가도 서로 다른 것을 하기 원하지만 이들의 청구사항이 양립할 수 없는 경우가 빈번하다. 어쩌면, 일방이 입장을 바꾸거나, 재원을 추가로 발견하거나, 문제를 더 궁리한 결과 종국적으로 모두 만족할 수 있게 될 수도 있을 것이다. 그러나 이러한 가능성이 있다고 해서, 국내분쟁이 전부 없어지리라고 상상할 수 없는데, 국제적으로도 이러한 가능성에 의존할 수 없는 것은 분명하다. 따라서 국가, 이웃 또는 형제·자매 사이에 관계없이, 분쟁은 인간관계에서 늘 일어나는 일로 인정할 수밖에 없으며, 어떻게 분쟁을 다루어야 할 것인지가 문제이다.

기본적 요건은 분쟁에 쉽게 연관될 수 있는 자들 누구나 평화적 수단으로만 분쟁을 해결하겠다고 약속하는 것이다. 국내에서 이러한 원칙은 초기 단계에 확립되었고, 자구행위를 금지하기 위한 법과 제도가 마련되어서, 사회질서를 붕괴시키지 않으면서 분쟁을 해결할 수 있도록 하였다. 국제적 차원에서, 이 사항은 애초에 별로 중시되지 않았기에 국내 법과 제도에 상응하는 방식이 더 늦게 발달하였다. 국제법이 현대적 형태로 등장했던 것은 17세기부터이지만, 당시에는 세계정부가 만들어지지 않았고, 뿐만 아니라 국가들도 무력 사용을 포기하지 않았다. 그러나 1945년, 무분별하게 국가목적을 추구했던 결과로서 후유증이 아직도 생생한 기억으로 남아 있었던 때에, 국제연합(유엔) 창설 회원국들은 유엔헌장 제2조 제3항에서 “자신들의 국제분쟁을 국제평화와 안전 그리고 정의를 위태롭게 하지 않는 평화적 수단에 의하여 해결한다”고 합의하였다. 이러한 평화적 수단이 무엇인지, 그리고 그러한 수단을 국가들이 어떻게 활용하는지가 이 책의 주제이다.

1970년 유엔 총회 결의에서는 제2조 제3항을 인용한 후 다음과 같이 천명하였다.

> 이에 따라서, 국가는 교섭, 심사, 중개, 조정, 중재, 사법적 해결, 지역기관 또는 지역적 약정에 의하여 또는 당사자가 선택하는 평화적 수단을 활용하여 자신들의 국제분쟁을 신속하고 정당하게 해결하는 방안을 모색해야 한다.[1)]

유엔헌장 제33조 제1항을 본따서 작성한 이 규정에서, 여러 가지 평화적 해결 방법이 순서 없이 제시되었지만, 이 중 제일 첫 번째로 언급된 교섭이 모든 국제분쟁을 다루는 데 있어서 주된 수단이다.[2)] 사실, 교섭은 실무적으로 다른 모든 수단을

1) General Assembly Declaration on Principles of International Law Concerning Friendly Relations and Cooperation among States in Accordance with the Charter of the United Nations, GA Res. 2625 (XXV), 24 October 1970. 이 결의는 총회에서 투표 없이 채택되었다.

2) 교섭의 의미와 중요성에 대한 논의는 다음 문헌 참조. H. Darwin, “Negotiation”, in C.M.H. Waldock(ed.), *International Disputes: The Legal Aspects*, London, 1972, ch. 2A; F.S. Northedge and M.D. Donelan, *International Disputes: The Political Aspects*, London, 1971, ch. 12; P.J.I.M. De Waart, *The Element of Negotiation in the Pacific Settlement of Disputes between States*, The Hague, 1973; United Nations, *Handbook on the Peaceful Settlement of Disputes between States*, New York, 1992, ch. 2A; B. Starkey, M.A. Boyer and J. Wilkenfield, *Negotiating a Complex World*, Lanham, MD, 1999; I.W. Zartman and J.Z. Rubin(eds.), *Power*

합친 것보다도 더 빈번히 활용된다. 사실상, 교섭이 유일하게 이용되는 수단인 경우가 종종 있는데, 그 이유는 교섭이 제일 처음 시도되고, 종종 성공할 뿐만 아니라, 교섭을 통해서 해결될 가능성이 거의 없는 상황에도 교섭의 장점이 워낙 커서 다른 방법을 사용하지 않을 정도로 국가들이 신뢰하기 때문이다. 다른 방법이 사용되는 경우에도, 교섭을 배제하는 것이 아니라, 수단과 관련된 사항으로서 예컨대, 사실심사위원회 혹은 조정위원회의 권한 위임 사항, 또는 중재판정 이행방식과 같은 사항에 대해서 교섭을 한다.

따라서 여러 가지 형식의 교섭은 국제분쟁에서 중요한 부분을 차지한다. 그러나 교섭은 차이를 해결할 수 있는 수단 이상의 의미를 갖는다. 교섭은 그러한 차이가 발생하지 않도록 예방하는 기법이기도 하다. 예방은 항상 치료보다 낫기 때문에 '협의'로 알려진 이러한 교섭형식부터 논의를 개시하는 것이 적절하다.

협 의

어느 국가의 정부가 자신의 결정 또는 행동방침이 타국에 해를 끼칠 수 있겠다고 예상하는 경우, 그로 인해 영향을 받는 국가와 토의하여 조정하고 수정할 여지를 만듦으로써 분쟁을 막을 방법을 만들 수 있다. 결정을 내리는 국가에게는 자국의 계획 중 아주 사소한 부분을 변경하는 것은 전혀 중요한 사항이 아니고, 그것만으로도 문제를 피할 수 있지만, 이러한 사항은 상대방이 지적할 기회를 가지는 경우에 비로소 알 수 있는 것들이다. 협의는 이러한 유용한 정보를 가장 적절한 시간, 즉 어떤 일을 수행하기 이전에 제공한다는 점에서 특별한 가치를 갖는다. 왜냐하면, 의사결정 단계에 수정할 사항이 있으면 수정하는 것이 나중에 하는 것보다 훨씬 쉽기 때문이다. 이후에 수정할 경우 완전히 동일한 조치라도 외국의 압박에 굴복하는 것처럼 보이거나, 비판자들이 국내적 이익을 희생하는 것이라고 지적할 수 있다.

독점금지법 소송절차에 관한 미국과 캐나다의 실행은 협의의 가치에 대해 좋은

---

and Negotiation, Ann Arbor, MI, 2000; V.A. Kremenyuk(ed.), *International Negotiation*, 2nd edn., San Francisco, 2002.

예를 보여 주었다. 이들 사건에서 활용된 절차에 대한 논문의 저자는 다음과 같이 언급하였다.

> 한 국가의 독점금지업무 담당 공무원들은 어느 경우라도 자신들의 행동방식을 수정하는 것을 완전히 거부하겠지만, 공무원들이 자신들의 계획을 약간 수정하도록 설득할 수 있는 경우도 종종 있다. 협의 후, 기본적인 조사규칙을 변경하여 덜 공격적인 방법으로 기소안을 마련하기로 합의하거나, 증인으로부터 '자발적'인 증언만 받도록 하거나, 조사나 소송을 개시하는 정부 공무원들이 독점금지법 대상자에게 사건의 진행 과정을 알리고, 그들이 입장을 표명할 수 있는 기회를 주기로 합의할 수 있다.3)

일련의 양자적 양해로부터 발달했던 이러한 협력정책은 양국의 경쟁법과 사기적 시장행위 방지에 관한 법을 조정하기로 규정한 협정에 포함되었다.

협의는 타자를 의식하여 감안하는 것과 관련된 두 가지 방식, 즉 통고와 사전 동의 획득과 구별해야 한다. 예컨대, A국이 B국에 B국의 이해관계에 영향을 줄 수 있는 조치를 곧 취하겠다고 통고하기로 결정하거나, 경우에 따라서는 A국이 법적으로 통고의무를 부담한다고 가정할 수 있다. 그러한 경고를 미리 받은 B국은 대응방안으로서 A국에 대해서 공식적인 의사표명 여부를 고려할 시간을 갖게 되고, 어느 경우이든지 사전경고가 없었더라면 A국이 B국에 대해서 *기정사실(fait accompli)*을 주장하는 것으로 여겨질 수 있는 상황으로 인하여 양국 사이에 마찰음이 발생하는 경우를 회피할 수 있다. B국이 여기기에 통고만 갖고서는 교섭을 통해 협의에서 결정될 수 있는 것에 영향을 줄 기회를 대신할 수 없는 것이 당연하다고 해도, 이러한 통고 방식이 분쟁을 회피하는 데 다소 기여할 수 있다.

타국의 동의를 얻는 것도 때때로 법적 의무일 수 있지만, 통고와 정반대의 상황이다. 이 경우, 제안된 조치의 영향을 받는 국가는 해당 조치에 대하여 거부권을 누린다. 이것이 매우 중요한 권한인 점은 분명하고, 거부권의 예외적 성격에 대해서

---

3) B.R. Campbell, "The Canada-United States antitrust notification and consultation procedure"(1978), 56 *Can. Bar Rev.* 459 at 468 참조. 호주 관련 약정에 대해서는 S.D. Ramsey, "The United States-Australian Antitrust Cooperation Agreement: a step in the right direction"(1983-4), 24 *Va JIL* 127.

Lake Lanoux 사건의 중재재판부가 다음과 같이 강조한 사항이 적절하였다.

> 양국 간 합의를 조건으로 하거나 이러한 합의를 통하지 않고서는 특정 분야에서 더 이상 관할권 행사를 할 수 없다는 점을 인정하는 것은 국가주권을 본질적으로 제한하는 것이며, 그러한 제한은 명백하고 설득력 있는 증거가 존재하는 경우에만 인정될 수 있을 뿐이다. 물론, 국가실행상 일부 특별한 사례에서 이러한 가정이 현실이 되었다; 따라서 두 국가는 때때로 일정 영역에 대해서 공동으로 관할권을 행사한다(공동소유, *공동통치, 공동영유*); 마찬가지로, 일정한 국제약정에서 복수의 국가 대표자들이 공동으로 해당 국가 또는 국제기구의 이름으로 일정한 관할권을 행사한다. 그러나 이러한 경우는 예외적이며, 국제사법재판기관의 결정에서는 특히 이 사건에서와 같이 일국의 영토주권을 훼손하는 경우라면, 이들의 존재를 좀처럼 인정하지 않는다.[4)]

이 사건에서, 스페인의 주장은 관습국제법과 양국 간 조약에 따르면, 프랑스가 수력발전계획용으로 피레네 산맥의 일정 수역을 이용하기 위한 공사를 수행하려면 스페인의 동의를 얻을 의무를 부담한다는 것이었다. 그 주장은 배척되었지만, 중재재판부는 스페인의 이익을 해칠 수 있는 사업에 대하여 프랑스는 스페인과 협의할 의무를 부담한다고 판단하였다. 그러한 협의의무의 성격에 대하여, 중재재판부는 다음 사항을 언급하였다.

> 혹자는 종종 정확하지는 않지만 '합의하기 위해 교섭할 의무'가 있다고 한다. 실제로, 국가들이 이렇게 해서 합의한 방식은 형태가 매우 다양하며 그 적용범위는 국가들이 정한 방식에 따라서, 그리고 이를 이행하기 위해 고안된 절차에 따라서 달라진다; 그러나 이렇게 해서 부담하는 의무가 실재한다는 점은 논쟁의 여지가 없으며, 예컨대, 정당한 사유 없이 논의를 중지하는 것, 논의를 비정상적으로 지연시키는 것, 합의된 절차를 무시하는 것, 반대 제안이나 반대되는 이익을 고려하지 않는 것, 그리고 더 일반적으로는 신의칙을 위반하는 경우에 제재를 받을 수 있다.[5)]

---

4) *Lake Lanoux Arbitration (France* v. *Spain)* (1957) 24 ILR 101 at 127. 이 사건의 의미에 대한 논의로는 J.G. Laylin and R.L. Bianchi, "The role of adjudication in international river disputes: the *Lake Lanoux* case"(1959), 53 *AJIL* 30 참조.

5) 24 ILR 101 at 128. 추가적으로 C.B. Bourne, "Procedure in the development of international drainage basins: the duty to consult and negotiate"(1972), 10 *Can. Yearbook Int. L.* 212; F.L. Kirgis, *Prior Consultation in International Law*, Charlottesville, VA, 1983, ch. 2 참조.

Land Reclamation 사건에서 분쟁 단계별로 협의가 수행하는 역할을 찾아볼 수 있다.[6] 이 사건에서 말레이시아는 조호르 해협 간척행위에 대응하여 싱가포르를 제소하였다. 말레이시아는 싱가포르의 간척행위가 말레이시아에 피해를 야기하며 통고나 협의 없이 수행되었기 때문에, 싱가포르는 1982년 유엔해양법협약에 따른 의무를 위반하였다고 주장하였다. 말레이시아는 먼저 국제해양법재판소(ITLOS)에 잠정조치를 구하였다. ITLOS는 2003년에 내린 결정에서 당사국들이 정보 공유와 협력에 관하여 다양하게 약속한 바를 기록하였고, 당사국들에 분쟁을 조사하고 권고의견을 낼 수 있는 독립적인 전문가 조직을 설치하도록 요청하였다. 전문가 조직은 요청받은 대로 분쟁 해결 협정의 근거가 되는 권고안을 제출했고, 얼마 후 이것이 중재 당사자의 합의 내용에 근거한 중재판정에 포함되었다. 화해 타결된 바에 따라서 양국은 향후 당사국간 협력을 증진하기 위한 공동기구를 설치하였다. 따라서 이 사건에서 협의는 세 가지 역할을 수행하였다. 처음에는 말레이시아의 청구사항의 근거가 되었고, 그 후 잠정조치 명령에서 과도기간 중 운영방식의 일부를 형성하였으며, 마지막으로 최종 화해 타결의 주요 부분이 되었다.

다양한 방식의 상호 조정행위가 어떻게 구조적으로 결합될 수 있는지를 보여주는 또 다른 예는 남서대서양에서 영국군과 아르헨티나군의 동원을 규제하기 위하여 1990년에 설립된 '상호간 정보 및 협의에 관한 잠정제도'이다.[7] 이 제도에서는 사건 발생 가능성을 줄이고, 사건 발생시 그 후유증을 제한하기 위한 목적으로 직접 통신선로를 만들었다. 이러한 협의방식에서는 공군과 해군 동원시 그리고 특정 규모 이상의 훈련일 경우에는 적어도 25일 전에 서면으로 통지하도록 규정하였다. 이는 단순히 통고방식일 뿐이나, 이 제도의 두 가지 특징은 주목할 만하다. 첫째, 통고규정은 해당 의무의 대상이 되는 영역과 해군과 공군 부대를 매우 상세히 규정함으로

---

6) *Case Concerning Land Reclamation by Singapore in and around the Straits of Johor (Malaysia* v. *Singapore)*, Provisional Measures Order of 8 October 2003, 126 ILR 487; J.G. Merrills, "New horizons for international adjudication"(2006), 6 *Global Community YBILJ* 47 at 48-57.

7) (1990) 29 ILM 1296; 그리고 부속서의 A문서 참조. 이에 대한 논의로는 M. Evans, "The restoration of diplomatic relations between Argentina and the United Kingdom"(1991), 40 *ICLQ* 473 at 478-80 참조. 후속 진전 사항에 대해서는 R.R. Churchill, "Falkland Islands: maritime jurisdiction and co-operative arrangements with Argentina"(1997), 46 *ICLQ* 463 참조.

써 오해의 소지를 최소화하였다. 둘째, 각 당사국의 연안과 근접하여 가장 민감한 영역과 관련하여, 통고국은 '정치적 또는 군사적으로 애로사항을 야기할 수 있는' 동원에 대해서 즉각 연락을 받아서 "상호 합의할 사항이 있으면 그 절차를 수행하도록 하였다." 그러므로 이 경우에 통고에 관한 권리 및 이에 상응하는 의무가 있을 뿐만 아니라, 어느 경우에는 적어도 상대방의 동의를 얻어야 한다.

협의방식이 사전에 합의된 경우, 일방이 취한 조치에 대해서 타방이 예외를 주장한다면 그러한 협의방식의 준수 여부가 문제되는 것은 당연하다. 예컨대, *Pulp Mills on the River Uruguay* 사건[8]에서, 아르헨티나는 우루과이를 국제사법재판소(ICJ)에 제소하면서, 특히 우루과이가 양국 간 국경을 형성하는 강에 두 개의 대형 제지공장을 건설하도록 허가하기 전에 자국에 통고하고 협의하지 않았다고 주장했다. 여기서 문제된 의무는 1975년 우루과이 강 규정이라고 하는 양자조약에 규정되어 있었으며, ICJ는 당사국들의 행위를 검토한 이후, 우루과이가 이 규정에 따른 절차적 의무를 위반하였다고 판단하였다. 또한, 아르헨티나는 우루과이가 제지공장이 야기하는 생태학적 영향으로 인하여 위 조약의 실질적 의무도 위반하였다고 주장하였다. 그러나 ICJ는 이 주장이 충분히 증명되지 않았다고 판단하였다. 경계하천과 같은 공유자원을 이용하는 것에 관하여 협력약정을 체결하는 것이 오늘날 점점 일반화되고 있기에, 이 사건은 협력방식의 중요성을 잘 보여주고 있다.

Sarayaku 사건[9]에서, 미주인권재판소는 원주민 공동체의 토지를 침해할 수 있는 개발사업을 수행할 경우, 국가가 원주민 공동체와 협의할 의무의 범위에 대해서 판단해 달라는 요청을 받았다. 이 사건이 발생했던 이유는 1996년에 에콰도르가 Sarayaku 공동체와 협의 없이 이들이 조상에게서 물려받은 토지에서 석유 개발을 하도록 허가했기 때문이었다. 원주민 공동체는 전통적인 생존수단을 활용할 수 없었고, 이동의 자유를 상실하였기 때문에 석유 개발 허가로 인하여 피해를 당했다는

8) *Pulp Mills on the River Uruguay (Argentina* v. *Uruguay)*, Judgment [2010] ICJ Rep. 14; C.R. Payne, Note (2011) 105 *AJIL* 94 참조.

9) *Kichwa Indigenous Community of Sarayaku* v. *Ecuador*, Inter-American Court of Human Rights (ser. C) No. 245 (2012); L. Brunner and K. Quintana, "The duty to consult in the Inter-American system: legal standards after Sarayaku"(2012), 16 *ASIL Insights*, Issue 35 참조.

점이 인정되지만, 에콰도르는 자국이 나중에 국제노동기구의 1989년 제169호 협약을 비준한 이후에야 비로소 협의의무가 발생하였다고 주장하였다. 그러나 미주인권재판소는 이러한 주장을 배척하면서 협의의무는 일반 국제법원칙이기에 에콰도르에 책임이 있다고 판단하였다. 비록 이 사안은 다소 특별한 사항의 맥락에서 파악해야 할 것이지만, 국가가 자국내 원주민에 대해서 부담하는 책임에 대해서 이 결정이 중요한 의미를 갖는 점은 명확하다.

양자 관계에서 협의의 장점은 더 많은 수의 국가들이 관련되는 사항에서도 똑같이 분명하다. 다자적 맥락에서 협의에는 모종의 제도적 구조가 필요한 것이 보통이다. 이러한 제도적 구조는 매우 다양하며, 반드시 정교해야만 유용한 것은 아니다. 예컨대 남극조약은 현재 연차회의 방식을 기반으로 운영되고 있지만, 최근까지도 상설기관이 없었다. 하지만, 남극조약에서 특별한 지역과 관련해서 환경 및 그 밖의 문제를 다룰 때, 소위 '선제적 협력'(anticipatory co-operation)이 갖는 가치의 예를 찾을 수 있다. 더 면밀한 규제가 필요할 경우, 더 복잡한 제도적 방식이 적절할 수 있다. 따라서 국제통화기금(IMF)은 한 때 자국 통화의 액면가를 변경하기로 결정한 회원국에게 변경 이전에 IMF의 찬성을 얻도록 하였다. '찬성'(concurrence)이라는 용어는 '회원국의 제안에 우호적으로 추정한다는 생각을 전달하기 위하여' 선택되었다는 점이 흥미롭다.[10] 그렇다고 하더라도, 그러한 방식이 의미하는 바는 극도로 민감한 결정은 국제적 검토를 받도록 한다는 것이었다. 결과적으로 액면가 제도가 1978년에 폐지될 때까지, 이러한 규정은 실행상 상당히 어려운 문제를 야기했다.

국가들 사이에서 협의는 보통 임의적 과정이기에, 위의 사례에서 보았듯이, 상호주의에 따라서 협의하게 되는 경우를 제외하고 제도화하는 것이 어렵다. 협의의무는 의사결정을 더디게 할 것이며, 의무를 정의하는 방법에 따라서, 국가의 선택지를 제한할 것이다. *Lake Lanoux* 사건에서, 중재재판부는 협의의무의 준수 여부를 결정하는 것은 '미묘한 사항'(delicate matter)이라고 하면서, 사실상 프랑스가 요구받은 사항 일체를 모두 이행하였다고 판단했다. 하지만, 협의가 강제적이라면, 의무가 발생하는 상황뿐만 아니라 그 내용 또한 주의해서 정의해야 할 것이며, 그렇지 않을 경

10) J. Gold, "Prior consultation in international law"(1983-4), 24 *Va JIL* 729 at 737 참조.

우, 합의된 절차를 이행했는지 여부에 관한 사항 자체가 분쟁거리가 될 수 있다.

협의가 자발적이든 아니면 의무적이든, 행정부 차원에서 협의하는 것이 입법부의 경우보다 종종 더 쉬운데, 이는 행정부의 의사결정 구조가 입법부에 비해 덜 경직적이고, 더 중앙집중적이기 때문이다. 그러나 입법조치도 국제분쟁을 야기할 수 있다. 따라서 협의와 동일한 효과를 얻고자 기획된 절차는 똑같이 유용한 역할을 수행할 수 있다. 국가들의 관계가 긴밀한 경우, 공통이익에 관한 사항에 대해서 입법조치와 행정조치의 조정을 교섭하기 위한 기구를 설립할 수 있다. 국가들이 국경을 공유하는 경우에는 환경보호 사항, 또는 무역량이 많다면 통상 관련 사항에 대해서 통일된 규정을 갖는 데서 오는 장점은 분명하다. 유럽연합(EU)의 경험이 보여 주듯이, 그러한 조화를 달성하기란 상당히 어렵다. 하지만, 통일된 규정을 달성할 수 없다면, 그 대안으로 국내법 규정들이 서로 양립할 수 있도록 하는 것은 크게 어렵지 않다. 어느 경우이든, 분쟁 회피라는 면에서 보상이 있기에 그러한 노력은 적극적으로 수행할 만하다.

그리하여, 협의는 국제분쟁을 회피하는 방법으로서 가치가 있다. 따라서 세계적으로 상호의존성이 커가고 있는 마당에 실행이 늘고 있는 점은 놀랄 일이 아니다. 하지만, 협의의 성과는 편차가 상당히 심하다. 제9장에서 보겠지만, 국제통상에서 협의의 중요성이 더욱 커지고 있지만, 자원 접근과 환경 보호와 같이 잠재적으로 분쟁의 원인이 될 수 있는 다른 문제의 경우, 협의절차의 발전속도가 기대에 비해서 느렸다. 이와 마찬가지로, 캐나다와 미국 사이에서 그리고 유럽에서 수많은 사항에 대해서 이미 협의 사례가 있지만, 세계적으로 다른 지역의 실행은 별로 알려지지 않고 있다. 끝으로, 그러한 절차가 개발되었던 경우라도, 이미 지적했듯이, 의무사항으로서 협의와 국가들이 선호하는 자발적 협의 간의 차이는 현저하다.

협의를 종합적으로 검토한 저서의 저자는 국가실행을 증거로 하여 다음과 같이 결론지을 수밖에 없었다.

> 사전 협의에 관한 규범들이 증가하고 있지만, 가까운 미래에 모든 사항에 대해서 의무적으로 사전 협의를 해야 할 가능성은 별로 없다. 따라서 공식적인 절차 구조상 사전 협의가

바람직한 한도에서, 비교적 잘 정의되면서, 반복적으로 등장하는 문제상황에 맞추어져야 할 것이다.11)

국가들이 협의절차를 수락하도록 설득하기가 어려운 점 그리고 협의절차가 설치되어 운용되는 방식을 통해서 국가는 개인과 유사한 실체가 아니라 다양한 기관과 이해관계의 복잡체라는 사실을 알 수 있다. 이 점을 일관적으로 유념한다면, 교섭의 중요한 특징과 다음 장에서 논의할 여러 가지 분쟁 해결수단을 훨씬 더 쉽게 이해할 수 있을 것이다.

교섭 형식

국가 간의 교섭은 '일반적인 외교 경로', 즉 각자의 외교부를 통하거나, 복잡한 교섭이라면 여러 관련 정부 부처의 대표들이 포함된 대표단 대표를 통하여 수행하는 것이 보통이다. 다른 경우, 교섭 사안이 적절하다면, 각 당사국의 소위 '관할당국', 즉 문제된 사안에 관하여 책임이 있는 특정 부처, 예를 들면 통상협정의 경우 무역부처, 혹은 무기 구매의 경우 국방부의 대표들이 교섭을 수행할 것이다. 관할당국이 하위부서라면, 이들 부서가 가능한 한도에서 교섭을 진행하고 이견이 있으면 상급 정부 기관에 회부하도록 지시를 받을 수 있다. 예컨대, *Lake Lanoux* 분쟁에서 논의된 조약 규정은 다음과 같다.

> 국경 관련 부서와 주의 최고 행정기관은 일반적인 이해관계에 관하여 규칙을 제정하거나, 각자의 이해관계와 관련해서 해당 규칙을 해석하거나 변경하는 권리를 협력하여 행사하고, 합의에 이르지 못한 경우, 분쟁을 양국 정부에 회부한다.12)

반복해서 등장하는 문제 또는 지속적으로 감독해야 할 상황이 있는 경우, 국가들

11) Kirgis, *Prior Consultation* (n. 5) p.375; I.W. Zartman(ed.), *Preventive Negotiation,* Lanham, MD, 2001 참조.

12) The Additional Act to the three Treaties of Bayonne(1866), Art. 16, in (1957) 24 ILR 104 참조.

은 소위 혼합위원회 또는 공동위원회를 설치하여 교섭을 제도화하기로 결정할 수 있다. 따라서 인접국은 경계 획정이나 다른 공통 관심사를 다루기 위하여 혼합위원회를 활용하는 것이 흔하다. 혼합위원회는 일반적으로 동일한 수의 모든 당사국의 대표자들로 구성되어 있으며, 기한 제한 없이 포괄적인 권한을 받거나, 특정 문제를 다루는 업무를 맡는다. 첫 번째 유형의 위원회로서 두드러진 예는 1909년에 설치된 이후 산업 발전, 대기오염을 포함한 다수의 문제, 그리고 국경하천과 관련해서 다양한 문제를 처리했던 캐나다-미국 국제공동위원회가 있다.[13)]

두 번째 유형의 위원회는 *Aerial Herbicide Spraying* 사건을 해결한 2013년 협정으로 설치되었다.[14)] 에콰도르는 콜롬비아가 독성 화학물을 공동국경 인근과 그 너머로 살포했다고 주장하면서 ICJ에 제소하였다. 그러나 양국은 배타적 구역을 설치하는 협정을 체결해서 이 지역에서 콜롬비아가 공중 살포를 하지 않기로 하였고 또한 공동위원회를 설치하여 이 구역 바깥에서 살포할 경우 제초제가 에콰도르 영역 내로 날아오지 않도록 하기로 했다. 이 협약에서는 배타적 구역의 폭을 줄일 수 있도록 하는 규정도 마련하였고, 콜롬비아의 살포작업시 운용 기준, 정보 교환 방식 그리고 분쟁 해결 장치도 규정하였다. 에콰도르는 이 협정으로써 자신의 청구사항이 충분히 해소되었다고 생각했다. 이에 따라서, 에콰도르는 ICJ 절차를 취하하도록 하였다.

다른 기능이 임의적 위원회에 할당될 수 있는데, 이러한 예는 *Lake Lanoux* 분쟁에서 찾을 수 있다. 이미 오래 전 1875년에 설치된 혼합위원회인 피레네 산맥 국제위원회에서 이 사안을 논의한 이후, 이 사안은 프랑스-스페인 기술위원회에 회부되었다. 이 위원회는 분쟁의 기술적 측면을 검토하기 위하여 1949년에 설치되었다. 기술위원회에서 합의를 도출할 수 없게 되자, 프랑스와 스페인은 특별혼합위원회를

---

13) 캐나다-미국 국제공동위원회의 업무에 관한 탁월한 조사 문헌으로는 M. Cohen, “The regime of boundary waters: the Canadian-United States experience”(1975), 146 *Hague Recueil des Cours* 219(with bibliography) 참조. 또 다른 국제공동위원회에 대해서는 L.C. Wilson, “The settlement of boundary disputes: Mexico, the United States and the International Boundary Commission”(1980), 29 *ICLQ* 38 참조.

14) *Aerial Herbicide Spraying(Ecuador* v. *Colombia)*, Order of 13 September 2013 [2013] ICJ Rep. 278 참조.

설치하여 라누 호수 이용방안을 작성하고 이를 양국 정부에 제출하여 심의하도록 하는 업무를 담당하도록 하였다. 특별혼합위원회에서도 합의할 수 없게 되었을 때에야 비로소, 당사국들은 이 사건을 중재에 회부하기로 결정했다. 프랑스는 이전에 우회수로 설치 계획의 실행 감독과 수로의 일상적 운영을 감시하는 직무를 수행하고자 네 번째 혼합위원회를 설치하자고 제안했지만 실패했다.

기구를 설치하여 교섭해도 효과가 없으면, 교착상태를 타개하기 위해서 국가수반이나 외교부 장관 간 '정상간 논의방식'을 활용할 수 있다. 그처럼 눈에 띄게 교섭하는 방식이 갖는 가치를 과장해서는 안 되겠지만, 정상외교는 교섭대표의 형식상 지위가 높아진 상태에서 합의할 여지를 주면서, 정부 관료주의를 어느 정도 우회함으로써 합의를 촉진할 수 있다. 그러나 정상외교는 상당히 많은 전통적인 교섭 중에서 마지막 단계가 되는 것이 보통이며, 어떤 경우에 정상외교는 적어도 이미 확정된 합의를 정치적으로 이용하려는 갈망에 지나지 않을 수 있다는 점을 주목해야 한다.

정상회담의 단점은 전통적인 교섭과 달리 대중의 이목이 집중된 가운데 진행되기에 달성하기 어려운 기대감을 유발한다는 점이다. 세계 지도자들 간 모종의 새로운 합의가 도출되지 않으면 그러한 회담은 실패했다고 생각하는 것은 현실과 동떨어지지만, 미국과 소련의 지도자들 간 회담을 둘러싸고 기대감과 두려움이 혼재되었던 점에서 이러한 생각이 잘 드러난다. 이러한 비정상적인 분위기를 전환하고자, 1989년 11월 미국 조지 부시 대통령은 러시아의 고르바초프 서기장과 예정된 회담을 '잠정 비공식 회담'이라고 표현하면서, 이 회담에서 특별히 토의할 안건이 없다고 강조했다.[15] 이렇게 해서 기대를 낮추려는 시도가 제대로 성공할 수 있을 것인지 의문이며, 정치인들이라면 자신들이 국제무대에서 이룬 업적에 대해서 언론이 무관심하게 다루기를 원할 가능성은 더 없다. 그러나 국제문제 해결은 일차적으로 각계각층에서 꾸준히 지속적으로 접촉해서 수행해야 하는 사안이기에 정상회담이 갖는 독특한 분위기를 제거하고 대신 일반적인 의사소통 방식으로 보이도록 하는 시도는 이점이 많다.

정상외교의 예에서 보았듯이, 공개적인 교섭의 경우는 국제기구의 활동에서도 잘

15) L. Freedman, "Just two men in a boat", *Independent*, 3 November 1989, p.19.

드러난다. 유엔 총회 등 유사 기관에서 국가들은 자신들이 선택한다면, 국제적인 이목이 집중된 가운데 외교 교섭을 할 수 있다. 이로써 분쟁국들이 냉정을 찾도록 하고, 분쟁국 이외의 국가들의 관심을 끌어서 이들이 분쟁 해결에 도움을 줄 수 있도록 하는 데 유용한 방법이 되는 것은 틀림없다. 그러나 이러한 교섭의 단점은 너무 눈에 띄는 행위로 인해서 비현실적이면서, 포기하기 어려운 태도를 견지하도록 부추길 수 있다는 점이다. 그러므로 화해 타결에 상당한 관심이 있는 국가로서는 공개적인 토론에서 극적으로 대립하기보다 국제기구에서 비공식적으로 접촉할 수 있는 기회를 많이 갖는 것이 더 유용할 수 있다.

국제기구에서 분쟁에 대하여 논의하는 것이 전통적인 외교 교섭과 동등한 것으로 볼 수 있는지는 법적으로도 의미 있는 쟁점이다. 1962년 *South West Africa* 사건[16]에서 남아프리카공화국이 제기한 선결적 항변 사항 중 하나는 자국과 제소국인 에티오피아 그리고 라이베리아 간에 어떠한 분쟁도 교섭으로써 해결할 수 없다는 점이 증명되지 않았기에 국제사법재판소의 재판관할권(위임통치협정 제7조에 근거함)에 해당되지 않는다는 것이었다. ICJ는 이러한 항변을 배척하면서, 유엔에서 남아공화국과 제소국들이 참여한 상태에서 서남아프리카 문제에 대하여 광범위한 토의가 있었다는 점, 그리고, 이러한 논의가 더 이상 진척되지 않았던 것은 해당 분쟁이 교섭으로 해결될 수 없었다는 것을 방증한다는 점을 근거로 하였다.

이에 Spender 재판관과 Fitzmaurice 재판관은 공동 반대의견에서, 이러한 판단에 반대하였다. 두 재판관의 견해에 따르면, 유엔에서 했던 논의는 위임통치협정 제7조의 교섭에 해당하지 않았다. 이들 재판관의 주장에 따르면, 그러한 논의는 제7조에서 규정하는 요건을 충족하지 않았는데, 왜냐하면 그러한 토의는 제소국과 남아공화국 간의 분쟁이라고 주장되는 사항에 초점을 맞춘 것이 아니라, 단지 유엔 총회와 남아공화국 간의 이견 사항을 중심으로 다루었기 때문이다. 이렇지 않았다고 해도, 국제기구 내부의 절차로써 당사국간 직접교섭을 대체한다고 간주할 수 없는 이유는 다음 사항 때문이다.

---

16) *South West Africa*, Preliminary Objections, Judgment [1962] ICJ Rep. 319.

> '교섭'이 국제기구의 총회 회의장에 한정되고, 회원국들의 주장, 총회 결의, 그리고 이에 대한 총회의 조치, 주장에 대한 부인, 결의안 준수 거부, 혹은 이에 따라 취해진 조치에 대한 대응으로 되어 있어서, 당사국간 직접적인 외교교섭이 전혀 없고, 따라서 국가 차원과 외교적 차원에서 화해 타결할 시도가 전혀 없는 상태에서 교섭으로 분쟁을 해결할 수 '없다'고 ICJ가 판단할 정도로 정당성이 충분하지 않다.[17]

Northern Cameroons 사건[18]은 위 사건과 매우 유사한 문제를 제기했다. 카메룬 신탁통치협정 제19조는 위임통치협정 제7조와 마찬가지로 교섭에 의하여 해결이 불가능한 분쟁만 대상으로 하였다. ICJ는 다른 근거로 이 사건을 판단하였고, 제19조의 이러한 부분을 논의하지 않았다. 그러나 Fitzmaurice 재판관은 *South West Africa* 사건에서 피력한 자신의 의견에 따라 요건사실을 검토하면서, '교섭'은 '두 국가가 국제기구 총회석상에서 상호 주장하거나 자신들의 이의 제기 사항과 주장사실을 담은 성명서를 회원국들에 배포하는 것'을 의미하지 않는다고 하였다. 이는 "논쟁일 뿐 교섭이 아니다"라고 하면서,[19] 직접교섭이 꼭 있어야 한다는 견해를 반복했다. 이 사건에서 '교섭'이라는 것은 유엔 총회 절차의 형식을 취했을 뿐이었다고 하면서, Fitzmaurice 재판관은 제19조의 요건이 충족되지 않았다는 영국의 항변을 지지했다.

이 사건에서의 문제는 회피할 수 없는 것임이 분명하다. 이미 언급하였듯이, 국제기구는 일정한 유형의 국제분쟁을 공론화하는 장으로서 매력적이다. 그러한 논의가 전통적인 교섭을 얼마나 대체한다고 보는 것이 적절할지는 사법기관과 정치기관의 관계를 결정하는 더 큰 과정의 일부로서, 사법기관이 해결해야 하는 문제이다.

교섭의 실질적 측면

교섭에 의한 화해 타결이 가능하려면 당사국들이 합의에서 얻는 이익이 손실보

---

17) *Ibid.*, 562.

18) *Northern Cameroons*, Judgment [1963] ICJ Rep. 15.

19) *Ibid.*, 123.

다 더 크다고 믿어야 한다. 그들의 이해관계가 정반대라면, 일방이 자신의 입장을 전면 포기하거나 아니면 상당 부분 포기해야 하는 방식은 수락할 수 없을 것이다. *Lake Lanoux* 사건 분쟁이 바로 이러한 경우로 여겨지는데, 화해 타결 방안을 교섭하려는 시도가 여러 번 있었지만, 스페인은 국경수로에 영향을 미치는 공사에 대해서 거부권을 요구하고, 프랑스는 완전한 행동의 자유를 주장하여, 양측 입장의 간극을 도저히 극복할 수 없었다.

그러한 교착상태를 피할 수 있는 방법들은 많이 있다. 분쟁의 실질적 측면에 관한 교섭이 교착상태에 있는 경우, 당사국은 절차적인 해결방법에 합의할 수 있을 것이다. 이는 득이 실보다 많아야 한다는 원칙의 예외가 아니라 *Lake Lanoux* 사건에서 알 수 있듯이 바로 그러한 원칙을 예시하는 것이다. 그 사건에서, 당사국들이 분쟁을 중재재판에 회부하기로 합의한 결과 양국은 거의 40년간 논의되었던 문제를 확정적으로 해결하면서 프랑스와 스페인 관계에서 심각한 걸림돌이 되었던 것을 제거할 수 있는 이익을 갖게 되었다.

또 다른 방법은 분쟁의 핵심사항을 쪼개서 각 당사국이 만족을 얻을 수 있는지를 모색하는 것이다. 이러한 유형의 해결방법은 1978년에 호주와 파푸아뉴기니 간 토레스 해협에서의 해양경계 획정 문제에서 고안되었다.[20] 이 분쟁을 몇 갈래로 파악한 후, 당사국들은 토레스 해협 내 도서 주민의 이해관계, 섬의 법적 지위, 해저 관할권, 어업 관할권, 해양환경 보호와 항행권을 별개로 다루는 협정을 교섭하는 데 성공했다. 이전에 이 지역의 해양경계 획정 문제 단 하나만으로 교섭했다가 모두 실패했다는 점 때문에 이 문제를 매우 기능적으로 접근하는 방식의 장점이 부각되었다.

분쟁 분할이 불가능하다면, 일방이 실질적인 사항에서 양보한 것을 보상하기 위하여 절차적 합의를 활용할 수 있다. 1961년 영국과 아이슬란드는 영국의 이익을 보호하기 위한 단계적 조업 축소 방안에 대한 대가로 아이슬란드의 주장을 인정하였고, 장래에 분쟁 발생시 이 문제를 ICJ에 회부하기로 합의함으로써 아이슬란드의

---

20) H. Burmester, "The Torres Strait Treaty: ocean boundary delimitation by agreement"(1982), 76 *AJIL* 321; D. Renton, "The Torres Strait Treaty after 15 years: some observations from a Papua New Guinea perspective" in J. Crawford and D.R. Rothwell(eds.), *The Law of the Sea in the Asian Pacific Region*, Dordrecht, 1995, p.171 참조.

어업을 제한함으로써 발생한 분쟁을 종결지었다. 합의사항은 다음과 같다.

> 아이슬란드는 아이슬란드 주변 어업 관할권 확장과 관련하여, 1959년 5월 5일 알싱(Althing) 결의를 계속해서 이행한다. 그러나 그러한 확장에 관해서 6개월 전에 영국 정부에 통고해야 하고, 그러한 확장과 관련하여 분쟁이 발생한 경우, 일방 당사국의 요청으로 해당 문제를 국제사법재판소에 회부하기로 한다.[21)]

위 규정에 대해서 두 가지 점을 언급할 만하다. 첫째, 일방당사국이 ICJ에 제소할 수 있도록 표현되어 있지만, 이는 영국의 요청으로 포함되었다는 점이 *준비작업문서(Travaux Préparatoires)*에서 분명하다. 둘째, 알싱 결의를 언급한 점은 일방 당사국이 중요하다고 여기는 정책이나 원칙을 해하지 않으면서 어떻게 타협할 수 있는지를 보여준다.

방금 인용한 것과 같은 합의로써, 당사국들은 합의하는 데 큰 장애물로 여겨질 수 있는 것에 대해서 이견이 있다는 점을 인정하면서도 교섭을 성공리에 마무리하는 경우가 드물지 않다. 다른 외교적 기술과 같이, 그러한 '무해'(without prejudice) 조항은 양자 교섭에서만큼이나 다자교섭에서 유용하다. 다자교섭의 경우 민감한 쟁점을 회피해야 할 필요성이 훨씬 더 클 수 있기 때문이다. 이러한 좋은 예를 특히 1959년 남극조약[22)]에서 찾을 수 있다. 남극조약은 제4조에서 기존의 권리 및 청구를 보전하되 더 확장하지 않도록 규정하면서 남극을 국제적으로 관리할 수 있는 기반을 마련하였다.

이에 비견되는 양자적인 사례는 영국과 아르헨티나가 1989년에 타결했던 비공식 합의로서, 여기에서 양국은 포클랜드 제도를 둘러싼 여러 가지 쟁점에 대해서 논의하기로 하면서도, 주권 문제는 제기하지 않기로 하였다.[23)] 남극의 경우에서처럼, 이

---

21) [1973] ICJ Rep. 8.

22) Antarctic Treaty, 1959, (1960) 54 *AJIL* 477. 남극조약의 여러 가지 측면에 대한 논의는 J. Hanessian, "The Antarctic Treaty 1959"(1960), 9 *ICLQ* 436 및 J. Crawford, "The Antarctic Treaty after 50 years" in D. French, M. Saul and N.D. White(eds.), *International Law and Dispute Settlement: New Problems and Techniques*, Oxford, 2010, p.271 참조.

23) 당사국들은 소위 '포괄적 쟁점' 하에 주권 문제를 두고, 그 밖의 다른 이견에 대해서 논의하기로 합의하였다. Evans, "The restoration of diplomatic relations" (n. 7) 476-7 참조. 비공식

러한 합의의 효과는 각 당사국이 주권 문제에 대해서 자신의 입장을 견지하면서도, 그 밖의 사항에 대해서 교섭이 진행될 수 있도록 하는 것이다.

이러한 방식이 교섭국들에서 인기 있는 이유를 쉽게 이해할 수 있고 이들 방식은 양립할 수 없는 입장들을 타개하기보다 우회할 방법을 찾는 데 가치가 있다는 점을 쉽게 인정할 수 있다. 1959년에 남극조약 제4조와 같은 창의적인 방식이 없었다면 남극 문제를 수용 가능한 방법으로 다룰 수 없었을 것이다. 이와 마찬가지로, 1984년에 아르헨티나가 주권 문제를 제기하면서 포클랜드 제도 문제를 논의하려는 시도가 실패했다는 점만 상기해도, 어떠한 맥락에서 '무해' 규정이 중요한지 파악할 수 있을 것이다. 하지만 이러한 방식이 만사형통인 것은 아니다. 국가들이 이견을 갖는 사항은 사라질 수 없고, 이들이 매우 중요한 한 전혀 잊혀질 수 없기에 향후 발생할 문제의 근원으로 남을 것이다. 1961년 협정 체결 후 10년도 지나지 않아 아이슬란드는 다시금 어로 제한을 확대하였다. 그리고 현재 남극의 법적 지위나 포클랜드 제도의 미래가 완전히 해결된 것으로 볼 수 없다는 점은 굳이 언급할 필요가 없다. 따라서 '무해' 규정 방식은 교섭으로써 분쟁을 해결하는 수단이라기보다는 분쟁을 관리하는 방법으로 여겨져야 한다. 교섭 가능한 사항에 주의를 집중함으로써, 고난도의 다른 문제를 다룰 수 있을 때까지 교섭을 진전시킬 수 있다.

분쟁의 성질과 당사국의 이해관계로 인하여 일방은 합의 과정에서 이익을 보지만, 상대방은 손해를 부담하는 경우가 종종 발생한다. 그러한 경우, 보상방법으로서 생각할 수 있는 것은 불리하게 된 당사국이 교섭 시간과 장소와 같은 세부사항을 통제하도록 하는 것이다. 특히 교섭장소의 통제는 상당히 중요한 상징적 의미를 갖기에 좋은 결과를 내기 위하여 활용할 수 있는 요소가 된다. 더 근본적인 해결책은 분쟁 두 가지를 묶어 전반적인 득실을 따지고, 양쪽이 수락할 수 있는 해결책을 교섭하는 것이다. 그러한 '일괄타결 방식'(package deals)은 제3차 유엔해양법회의와 같

합의 문안에 대해서는 (1990) 29 ILM 1291 참조. 동일한 방식이 나중에 양국의 '남서대서양 내 연근해 활동의 협력에 관한 공동선언'(Joint Declaration on Co-operation over Offshore Activities in the South West Atlantic, 1995)에서 활용되었다. 공동선언문은 (1996) 35 ILM 301 참조.

은 다자교섭에서 특히 흔하다. 여기에서, 참여 국가의 수가 많고 의제가 광범위하여, 쟁점 교환 방식이 회의절차의 특징으로서 두드러졌다.[24]

국제교섭의 실질적 내용과 관련되는 또 다른 요소는 오늘날 외교의 공개적 측면이 과거보다 훨씬 더 중요해졌다는 점이다. 왜냐하면, 교섭이 제안과 반대제안을 서로 교환하여, 양측이 만족할 만한 조치를 이끌어 낼 수 있는 합의에 도달하려고 시도하는 것이라고 해도, 관련 당사국의 한 쪽 혹은 양쪽의 일반대중과 국제공동체 전체로 된 청중을 당사국들이 의식하는 것이 교섭 결과에 큰 영향을 끼칠 수 있기 때문이다. 상호 이익을 교환하는 것은 보통 교섭이 성공하기 위한 필수요소인데, 만약 교섭의 전 단계가 자국내 이익단체의 감시를 받는다면 그로 인해서 제한당할 가능성이 많다. 다른 한편으로는 상대방이 대중의 호의적인 반응을 끄는 데에만 관심을 갖는다고 의심하게 되면, 상대방의 진지한 제안도 단순한 선전으로 치부해 버릴 것이다. 냉전시대에 군비 제한과 축소 방식을 교섭하는 것이 어려웠던 점에서 이 두 가지 경우의 사례를 찾을 수 있다.

이로 인해서 민감한 문제를 다루는 교섭인 경우, 언론매체의 요구로 인하여 합의가 위태롭게 되지 않도록 예방조치가 반드시 필요하다. 1982년에 포클랜드 제도에 대한 충돌 말미에 영국군 지휘관이 포트 스탠리(Port Stanley)에서 아르헨티나군의 항복을 교섭할 때, 협정 타결시까지 공식 사진사를 옆방에 대기시켰다. 나중에, 그 지휘관은 교섭의 최종 단계에 아무 것도 개입하지 못하도록 하기 위하여 그러한 조치를 취했다고 설명하였다. 교섭이 진행되는 동안, 영국 정부도 같은 이유로 포트 스탠리에 관한 보도를 금지시켰다.[25]

교섭 상황을 대중에게 알리는 것이 실재로 필요하든 그러지 않든 이는 합의 가능성을 막을 뿐만 아니라, 피할 수도 있는 문제를 야기하는 원인이 될 수도 있다. *Aegean Sea Continental Shelf* 사건에서, ICJ가 요청받은 검토 사항은 1975년 5월 그리스와 터키 수상의 회담 후 이들이 언론에 발표한 공동성명의 법적 의미에 관한

---

24) H. Caminos and M.R. Molitor, "Progressive development of international law and the package deal"(1985), 79 *AJIL* 871.

25) 이러한 교섭에 대한 설명으로는 L. Freedman and V. Gamba-Stonehouse, *Signals of War: The Falklands Conflict of 1982*, London, 1990, ch. 23 참조.

것이었다. 공동성명에서 핵심 문장은 다음과 같다.

> 회담 과정에서 양국 수상은 양국 관계와 관련하여 현재 상황을 야기했던 문제를 고려할 수 있었다. 이들은 그러한 문제를 교섭으로써 평화적으로 그리고 에게해 대륙붕과 관련하여 헤이그 소재 국제사법재판소에서 해결하기로 결정하였다.[26)]

그리스의 주장은 이로써 대륙붕에 관한 분쟁을 ICJ에 회부하기로 하는 합의가 성립되었고, 어느 쪽 일방이 의무 이행에 필요한 후속 협정의 체결을 거부하는 경우, 일방 제소할 수 있다는 것이었다. 터키는 공동성명의 법적 효력을 전면 부정했고, 어떠한 경우이든, 특별협정을 교섭하기 이전에 ICJ 제소를 상정한 것으로 볼 수 없다고 주장했다.

ICJ는 1978년 판결에서 분쟁 대상인 문서에서 사용된 용어와 해당 문서를 채택한 정황이 이 문서 해석과 관련된다고 판단하였다. ICJ는 공동성명의 배경이 되는 사정에서, 당사국들이 이전 외교교섭과 로마 외무장관 회담에서, 공동으로 재판을 청구할 수 있는지를 논의했었다고 판단하였다. ICJ는 수상 회담에서 이러한 사정이 변경되었다거나 제소 가능성을 당사국들이 예정했다고 할 만한 증거를 공동성명의 문안에서 전혀 찾지 못했다. 사실상, 공동성명에서 당사국 전문가들의 후속 회담을 언급한 점은 이 사안의 공동 회부만 예정했다는 것을 확인하는 것이었다. 이러한 해석은 당사국들의 후속 실행에서 더 지지를 받았다. 애초부터 터키는 특별협정을 교섭해야 한다고 주장했었고, 그리스조차 ICJ 절차가 개시될 때까지도 공동성명만으로 ICJ의 재판관할권의 근거가 된다고 주장하지 않았다. 따라서 ICJ가 내린 결론은 공동성명서가 ICJ 관할권의 근거가 될 수 없다는 것이었다.

카타르와 바레인의 *Maritime Delimitation and Territorial Questions* 사건[27)]에서 다

---

26) [1978] ICJ Rep. 39, 40. 이 판결에 관한 포괄적인 검토로서는 D.H.N. Johnson, "The International Court of Justice declines jurisdiction again"(1976-77), *7 Aust. Year Book Int. L* 309 참조.

27) *Maritime Delimitation and Territorial Questions between Qatar and Bahrain*, Jurisdiction and Admissibility, Judgments of 1 July 1994 and 15 February 1995 [1994] ICJ Rep. 112 and [1995] ICJ Rep. 6. 이 사건의 평석에 대해서는 M.D. Evans, Note (1995) 44 *ICLQ* 691 참조.

소 유사한 문제가 제기되었는데, ICJ는 반대로 결론내렸다. 이 사건의 첫 번째 문제는 1990년에 개최된 아랍협력이사회의 회의 의사록이 양국 간 합의로서 ICJ 관할권의 근거가 될 수 있는지 여부였다. ICJ는 의사록이 바레인이 주장한 것처럼 '단순한 교섭 기록'이라기보다는 합의라고 결정하였고, 이 점을 확정지은 후 합의 내용을 결정해야만 하였다. 이를 위해서는 분쟁의 대상과 분쟁 회부 방법 양자에 대해서 결정해야 했는데, 이는 상당히 어려운 점이 있었다. 따라서 국가들은 ICJ에 분쟁을 제기하는 사항을 논의할 때, 이에 관해서 추후 논란이 발생하지 않도록 하려면 약속한 사항의 내용과 범위를 명확히 할 필요가 있다.

교섭과 사법재판

교섭은 모든 국제분쟁의 어느 단계와도 결부될 수 있기에, 그 점에서, 앞으로 살펴볼 다른 분쟁 해결방식 전체와 관련되지만, 교섭과 사법재판의 관계가 특히 중요하다. 교섭은 당사국들이 자신들의 분쟁을 최대한 통제할 수 있는 일종의 과정이다. 반대로 사법재판은 적어도 재판소가 내리는 결정과 관련해서 당사국들은 분쟁에 전혀 관여할 수 없다. 따라서 교섭에서 사법재판으로 이전하는 시점을 결정하는 것, 그리고 재판소가 처음 관여하게 된 시점과 운영되는 기간에 있어 교섭과 사법재판의 관계를 결정하는 것은 국가들과 국제재판소들이 똑같이 충분히 주의를 기울여야 했던 사항이었다.

양자의 연결고리가 중요한 상황은 분쟁 해결을 위한 교섭의 완료를 조건으로 사법재판의 관할권이 성립하도록 국가들이 선택한 경우이다. 여기서 발생하는 제1질문은 관할권과 관련해서 교섭으로 간주되는 것이 무엇인지의 여부이다. 그 다음 제2질문은 교섭에 의한 분쟁 해결의 가능성이 소진되었다는 것을 어떻게 확정할 수 있는지의 여부이다. *South West Africa* 사건은 유엔에서 진행된 외교교섭과 관련해서 위의 제1질문을 제기했고, 이는 다른 맥락에서도 발생할 수 있다. 예컨대, *Border and Transborder Armed Actions* 사건[28]에서는 온두라스와 니카라과 사이에

28) *Border and Transborder Armed Actions*, Jurisdiction and Admissibility, Judgment [1988] ICJ

분쟁과 관련된 교섭이 여전히 진행되고 있는지의 여부가 문제되었다. ICJ는 콘타도라(Contadora) 절차의 다자외교가 교섭보다는 중개에 해당된다고 판결하였다. 이에 따라서, ICJ는 자신의 재판관할권이 아직 성립되지 않았다는 온두라스의 주장을 배척하였다.

교섭을 위한 전제조건이 충족되었는지의 여부는 콩고민주공화국(DRC)과 르완다의 *Armed Activities* 사건[29]에서도 문제되었다. 이 사건에서 DRC는 1971년 몬트리올 협약을 포함하여 다수의 조약을 근거로 ICJ의 관할권이 성립한다고 보았다. 이 협약 제14조에서는 당사국들의 어떠한 분쟁도 '교섭에 의해서 해결될 수 없는' 경우에는 그들 중 일방의 요청에 의하여 중재재판에 회부되고, 당사자들이 중재재판부 구성에 합의할 수 없는 경우, ICJ에 회부될 수 있다고 규정하고 있다. ICJ는 소의 적격성 및 관할권에 관한 판결에서, DRC가 교섭을 개시하려고 했다는 점, 그리고 중재재판을 제안했다는 점을 증명하지 못했다는 이유로 이 규정을 근거로 재판관할권을 갖지 않는다고 판단하였다. 반대로, 이 사건 이전의 *Lockerbie* 사건[30]에서, 리비아가 제14조를 원용할 수 있었던 까닭은 리비아의 중재재판 요청을 미국과 영국이 거절하였고, ICJ는 해당 분쟁을 교섭으로써 해결할 수 없다는 점에 동의했기 때문이다.

교섭 가능성이 소멸되었다는 것을 증명하려면 모종의 교섭이 있었다는 점을 제시해야 할 것으로 보인다. 대개는 제시할 수 있겠지만, 분쟁의 일방당사자가 교섭할 의지가 없다는 점을 명확히 한 경우라면 교섭이 없어도 ICJ의 재판권 행사를 막지 못한다.[31] 결과적으로, 분쟁 당사국들이 분쟁 해결수단으로서 교섭이 우선하도록

Rep. 69. 이 점에 관한 ICJ의 판결 그리고 콘타도라(Contadora) 절차의 의미는 뒤의 제11장에서 더 논의될 것이다.

29) *Armed Activities on the Territory of the Congo(New Application: 2002) (Democratic Republic of the Congo* v. *Rwanda)*, Jurisdiction and Admissibility, Judgment [2006] ICJ Rep. 6; A. Orakhelashvili, Note (2006) 55 *ICLQ* 753; *Application of the International Convention on the Elimination of All Forms of Racial Discrimination(Georgia* v. *Russian Federation)*, Preliminary Objections, Judgment [2011] ICJ Rep. 70.

30) *Questions of Interpretation and Application of the 1971 Montreal Convention Arising from the Aerial Incident at Lockerbie*, Preliminary Objections, Judgment [1998] ICJ Rep. 9 and 115; F. Beveridge, Note (1999) 48 *ICLQ* 658 참조.

31) *United States Diplomatic and Consular Staff in Tehran*, Judgment [1980] ICJ Rep. 3.

명시한 경우, 어느 일방 당사국이 단순히 교섭을 거절하는 것만으로 법적 절차를 지연시킬 수는 없을 것이다. 이렇게 하지 않으면 당사자들이 사법재판 회부로써 의도했던 효과가 상실될 수 있는 점은 쉽게 이해할 수 있다. 그러나 교섭이 있었으나 해결책이 나오지 않은 경우 더 어려운 상황이 발생한다. 이 경우, 소송을 피하고자 하는 당사국은 교섭하기 위해서 더 노력을 기울여야 한다고 주장하기 십상이지만, 이에 반대하는 국가는 재판권 행사를 위하여 더 이상 필요한 것이 없다고 재판소 혹은 판정부를 설득할 것이다. 심판관이 교섭으로써 화해 타결에 이를 수 있는 여지가 여전히 있는지 여부를 결정하는 수고를 덜어 주기 위해, 1965년 내륙국 통과 무역에 관한 협약과 같은 조약[32)]에서는 더 선호하는 절차의 활용시한을 규정하였다.

유엔해양법협약 제283조 제1항에서는 이 협약의 해석이나 적용에 관한 분쟁의 당사국이 "교섭이나 그 밖의 평화적 수단에 의한 분쟁 해결에 관하여 의견을 신속히 교환해야 한다"고 규정하고 있다. 따라서 이 협약 제15부에 의하여 재판소 혹은 판정부에 분쟁이 회부된 경우, '의견 교환'이 관할권의 전제조건이 되어서, 이 요건을 해석하는 것이 매우 중요할 수 있다. 더욱이, 이 협약 제283조 제2항에서 이와 유사한 의무를 찾아볼 수 있는데, 이에 따르면 어느 절차가 '화해 타결 없이 종료되었거나 해결에 이르렀지만, 해결의 이행방식에 관하여 협의할 필요가 있는 상황인 경우'에 그러한 의무가 발생한다. 따라서 의견 교환은 분쟁이 처음 발생하였을 때 최초로 요구되는 사항 이상의 의미를 갖지만, 어떻게 진행되느냐에 따라서 지속적인 의무사항이 될 수도 있다.

의견 교환은 유엔해양법협약에서 구속력 있는 결정을 수반하는 강제적인 절차를 활용하기 위한 조건이기에, 이 조건을 충족했는지 여부가 종종 논쟁 대상이 되는 것은 당연하다. *Southern Bluefin Tuna* 사건[33)]의 잠정조치 단계에서 일본은 교섭으

---

32) 597 UNTS 3. 이 협약 제16조 제1항의 규정은 다음과 같다. "Any dispute which may arise with respect to the interpretation or application of the provisions of this Convention which is not settled by negotiation or by other peaceful means of settlement within a period of nine months shall, at the request of either party, be settled by arbitration."

33) *Southern Bluefin Tuna* cases, Request for Provisional Measures, Order of 27 August 1999, (1999) 38 ILM 1624.

로써 분쟁을 해결하려는 충분한 노력이 있었다는 점을 부인하였고, *MOX Plant* 사건[34)]에서는 영국이, *Land Reclamation* 사건에서는 싱가포르가 이와 유사한 주장을 제기하였다. 그러나 이 세 사건에서 모두 국제해양법재판소(ITLOS)는 당사국간 연락사항을 검토하였고, 모두 제283조의 요건을 충족했다고 결론내렸다. 예컨대, 마지막 사건에서 ITLOS는 말레이시아가 싱가포르에 자신이 우려하는 사항에 대해서 알렸다는 점을 파악하고서, "이 사건의 정황상 말레이시아가 의견 교환을 통해서 긍정적인 결과를 낼 수 없다고 결정하였다면 그러한 의견 교환을 계속할 의무가 없다"고 판단하였다.[35)]

당사국들이 국제재판관할권의 조건으로서 교섭을 통한 화해 타결 가능성을 모색하지 않아도 되는 경우라도 이견이 국제분쟁으로 취급될 수 있는 정도를 맞추려면, 외교교섭이 필요한 것이 보통이다. 사법재판과 관련하여 이 점이 특히 중요하다. 그 이유는 나중에 보겠지만, 사법재판은 다소 특별한 분쟁 해결 방식이고 모든 종류의 이견에 적절한 것으로 간주되지 않을 수도 있기 때문이다. 사법재판이 갖는 특별한 기능 중의 하나는 국제적인 정치기구와 달리, 긴장이 만연해 있지만, 해결되어야 할 문제가 특별히 없는 상황을 처리하도록 재판소에 요청할 수 없다는 점이다. 이 결과, 교섭이 수행하는 기능 중 하나는 그러한 상황에 집중해서 법정에서 다툴 수 있는 쟁점사항을 밝혀내는 것이 된다. 따라서 교섭은 관할권과 관련해서 갖는 중요성 이외에도 재판소나 판정부에 회부할 수 있을 정도로 이견이 있는 사항이 충분히 확정적인지를 결정할 때 종종 필요할 것이다.

재판권 유무 판단 혹은 분쟁 명확화 기능이 교섭과 사법재판의 관계에서 또 다른 중요한 측면이라고 해도, 이들 두 과정이 꼭 상호 연결되어야 한다고 보거나, 교섭이 필수불가결하다고 믿는 것은 잘못이다. 분쟁의 존재를 증명하려면, 일방 당사국의 주장에 대하여 타방 당사국이 적극적으로 반대한다는 점을 증명해야 한다. 보통, 이러한 것은 당사국의 외교교섭을 활용해서 공식 대표들이 쟁점이 되는 사항을 정

34) The *MOX Plant* case, Request for Provisional Measures, Order of 3 December 2001, (2002) 41 ILM 405.

35) 126 ILR 487, para. 48. 제283조에 대해서는 The *Barbados/Trinidad and Tobago* case, Award of 11 April 2006, (2006) 45 ILM 798 참조.

의하고, 해당 사항을 교섭으로 해결하려는 노력이 실패했다는 점을 보여주는 방식이 될 것이다. 그러나 분쟁이 존재하려면 분쟁이 공식적으로 의견 교환 와중에 드러나야 한다는 법규칙은 없다. 이견의 대상이 극히 명백하다면, ICJ는 공식적인 접촉이 없었더라도, 분쟁이 존재한다고 판단할 것이라는 점을 표시한 바 있다. 이러한 상황이 *Diplomatic Staff in Tehran* 사건에서 있었다. 이 사건에서 이란의 행위로 인하여 양국 관계가 단절되었지만, ICJ는 관련 국제조약의 해석과 적용과 관련해서 미국과 분쟁이 있었다고 판단하는 데 거리낄 것이 없었다.

어느 사건을 재판소나 판정부에 회부하는 것은 국제적인 차이를 해소하려는 시도 중의 하나에 불과하다. 그리고 앞서 살펴 보았던 여러 가지 사례에서 나타나듯이, 당사국들이 사전에 사법적 해결에 합의했더라도, 분쟁이 발생하는 경우 당사국들이 여전히 사법적 해결을 원할 것이라고 보장할 수 없다. 따라서 교섭도 진행 상태에 있는 경우, 원칙상 국제재판소의 권한이 영향을 받는지 여부는 더 고려해야 할 문제이다. 오해를 피하기 위해서, 당사국들이 공식적으로 교섭을 우선하기로 합의할 수 있는지 여부는 여기서 문제되지 않는다는 점을 강조해야 한다. 왜냐하면, 이미 살펴 보았듯이, 이는 관할권을 정하는 문서에서 적절한 규정을 포함시킴으로써 쉽게 정리될 수 있기 때문이다. 오히려 문제는 교섭과 사법재판의 관계상 두 가지 해결방법을 동시에 수행하는 것이 부적절하거나 용인될 수 없는지의 여부, 그리고 간단히 말해서, 재판관이 교섭자의 판단을 존중할 수 있어야 하는지의 여부이다.

이러한 쟁점은 *Aegean Sea Continental Shelf* 사건에서 다뤄졌던 본안전 판단 사항 중 하나였다. 터키 정부의 주장에 대해서 ICJ는 그리스와 터키가 교섭을 지속하는 중에는 재판절차를 진행하지 않아야 하고, 교섭이 활성화되어 있으면 법적으로 ICJ의 재판권 행사가 제한된다는 것을 의미하는 것으로 해석했다. ICJ는 터키의 이런 주장을 강력히 배척했다. ICJ는 교섭과 사법적 해결은 유엔헌장 제33조에 함께 열거되어 있는 점에 주목하였고, 여러 경우에 이 두 방식이 동시에 실행되었던 점을 지적하였다. 더구나, 어떤 경우에는, 교섭으로 화해 타결된 경우, 사법절차가 취하되었다. 이러한 점에 비추어서, ICJ는 "이 소송 중에 교섭이 적극적으로 실행되고 있는 점은 법적으로 ICJ의 사법적 기능 수행을 전혀 방해하지 않는다"고 판단

하였다.[36)]

따라서 교섭이 기본적인 분쟁 해결수단이지만, 교섭이 우선 활용되거나 특별한 지위를 갖는지 여부는 당사국에게 달렸고, 사법재판 가능성에 관한 원칙에 좌우되지 않는다. 이러한 접근방식이 합리적인데, 그 이유는 이로써 불필요하게 국가들의 행위를 제한하지 않고, 복잡한 분쟁에 대해서 서로 다른 절차를 동시에 활용하도록 허용함으로써, 평화적 해결의 여지를 높일 수 있기 때문이다. 비록 이 점은 교섭과 사법재판의 관계에서 적절하지만, 그에 못지않게 다른 맥락에서도 맞는 말이다. 왜냐하면, 나중에 다른 장에서도 보겠지만, *Aegean Sea Continental Shelf* 사건에서 채택된 접근방식이 사법재판과 그 밖의 정치적 절차의 관계가 다투어진 사례에서도 활용되었기 때문이다.

교섭에 관하여 마지막으로 언급해야 할 부분은 실체적 사안에 있어서의 교섭과 사법재판의 관계에 대한 것이다. 국제분쟁의 당사국들이 분쟁을 외교적으로 처리하면서, 교섭 과정 중에 나중에 사법재판에 분쟁이 회부될 경우 자신들의 입장에 해가 될 수 있는 언급이나 행동을 할 수 있다. 이러한 위험을 과장하지 않아야 하고, 국가가 자신의 행위로 인하여 입장이 개선되는 효과를 볼 수 있다고 해도, 피해가 될 수 있는 여지가 실재한다면(아니면 존재할 것으로 생각된다면) 이로 인해서 국가는 분쟁을 사법재판에 회부하는 것을 주저할 수 있다. 이러한 유형의 문제를 해결하는 방법은 분쟁의 실질적인 사항에 관하여 수행한 교섭과 사법절차를 분리시키는 것이다. 이러한 방법이 사용된 예를 미국과 캐나다가 *Gulf of Maine* 사건[37)]을 ICJ 소재판부에 회부하기로 합의했던 특별협정에서 찾을 수 있다. 이 협정의 제5조 제1항은 다음과 같다:

> 어떠한 당사국도 1969년 이후 당사국간 교섭 또는 논의 과정에서 다뤄진 해양경계 획정의

---

36) *Aegean Sea Continental Shelf*, Judgment [1978] ICJ Rep. 3 at 12; *Application of the Interim Accord of 13 September 1995(Former Yugoslav Republic of Macedonia* v. *Greece)*, Judgment of 5 December 2011, [2011] ICJ Rep. 644.

37) *Delimitation of the Maritime Boundary in the Gulf of Maine Area*, Judgment [1984] ICJ Rep. 246. 이 사건은 다음 제6장과 제7장에서 논의할 것이다.

해결 제안 또는 그에 대한 대응의 성격 또는 내용을 증거로 제출하거나 주장에서 언급할 수 없으며, 또는 어떠한 방식이든 공개할 수 없다.[38)]

이러한 유형의 조항은 다소 드문데, 이는 교섭이 장기화되거나 사법적 단계에서 상당성이나 인용 가능성 기준이 중요한 역할을 수행할 것으로 예상되는 경우에만 외교교섭의 증거능력을 배제하는 것이 중요할 수 있다는 점을 시사한다. 그러나 첫 번째 상황에서, 무익한 교섭에서 확실한 화해 타결로 이행할 수 있다는 점이 갖는 가치가 특히 두드러진다. 더욱이, 특정한 유형의 결정을 내릴 때 형평 기준을 활용하는 경향은 앞으로 보게 되겠지만, 일부 국제법 분야에서, 규칙에 근거한 사법재판과 타협을 강조하는 조정의 경계가 다소 모호해졌다는 점을 의미한다. 그러므로 교섭이 사법재판의 장벽이 되지 않으려면, 분쟁이 소송으로 다투어지는 단계에서 외교 관련 내용을 참조하지 못하도록 금지하는 것이 점차 필요해질 수 있다.

교섭의 한계

분쟁 당사자들이 서로 상대하기를 거부한다면 교섭이 불가능한 것은 당연하다. 때때로 심각한 분쟁으로 인해서 관련 국가들이 외교관계를 단절하기도 한다. 이러한 조치는 무력이 사용되었을 때 특히 흔하다. 1979년 테헤란 소재 미국 대사관 점거 이후, 미국과 이란 관계 단절, 그리고 1982년 포클랜드 제도 침공 이후 영국과 아르헨티나의 외교관계 단절이 좋은 예이다. 물론, 공식적인 외교관계가 종료되었다고 해서, 관련 국가의 접촉이 완전히 사라지는 것은 아니다. 그러나 앞서 언급했던 여러 가지 표준적인 외교적 접촉방식을 활용할 수 없게 되고, 이는 교섭 과정에서 상당한 걸림돌이 된다.

분쟁 상대방의 당사자 적격을 부인하기 위하여 혹은 일반적인 불만 표시로서, 불

---

38) (1981) 20 ILM 1378. 교섭에 대해서는 제7조 제1항에서도 언급되고 있으며, 이에 대한 규정은 다음과 같다. “Following the decision of the Chamber, either party may request negotiations directed toward reaching agreement on extension of the maritime boundary as far seaward as the Parties may consider desirable.”

승인제도를 활용하는 경우에도 유사한 결과가 도출된다. 여기에서 문제는 공식적인 경로가 전혀 없다는 점이다. 이 경우 발생하는 효과는 아랍-이스라엘 사태에서 나타난다. 수년 동안 아랍 국가들이 이스라엘을 국가로 승인하지 않았고, 이스라엘은 팔레스타인해방기구(PLO)를 인정하지 않았기 때문에 아랍 국가들과 이스라엘은 직접 교섭할 수 없었다. 공식적인 의사소통이 없는 경우 다른 수단으로 보완할 수도 있다. 이는 미국이 북경 정부를 승인하기 수년 전부터 미국과 중국 대표들이 깊은 논의를 진행한 것에서 볼 수 있다. 그러나 아랍 국가들과 이스라엘의 경우에서처럼, 국가 불승인이 분쟁의 실체적인 쟁점을 반영하는 경우, 그러한 연결고리가 형성될 이유가 희박하다.

당사국들의 입장 차가 크고, 이러한 입장 차이를 메울 공통의 이익이 없는 경우라면 교섭은 효과가 없을 것이다. 양쪽을 만족시키기 위하여 합의를 형성하기 위한 다양한 방법에 대해서는 이미 언급하였다. 하지만 아무리 창의적인 방식으로도 이러한 기능을 수행할 수 없는 경우가 많다는 점은 솔직하게 인정해야 한다. 영토분쟁에서, 영토를 점유하고 있는 당사국은 교섭할 이유가 전혀 없다. 어떠한 분쟁이든, 일방 당사국은 자신에게 법적 권리가 있다고 주장하고, 타방 당사국은 자신의 입장이 법적으로 취약하다는 점을 인정하면서도, 다른 사항을 근거로 화해 타결을 추구할 경우, 실체적인 사항에 대해서 합의가 이루어질 여지가 별로 없다. 예컨대 분쟁을 중재재판에 회부하기로 하는 절차적 합의조차도 어느 한 쪽에 손해를 야기하는 것으로 보여서 교섭하기가 어려울 것이다.

논의 대상에 대해서 합의하지 못하여 교섭이 '말만 하는' 단계를 전혀 넘어서지 못하는 것은 대개 실체적인 사항에 관하여 당사국들의 입장 차가 크다는 점을 방증한다. 예컨대, 영국이 지브롤터 문제에 관하여 스페인과 논의할 때, 주권 문제를 의제로 하지 않으려는 것은 법적 권원과 같은 중요한 쟁점에 관하여 양보하지 않겠다는 의지를 명백히 보여준다. 국가들의 관계가 고정적이지 않고, 오늘은 상상할 수도 없는 양보를 내일에는 침착하게 고려할 수 있는 것이 사실이지만, 매우 심각한 경우를 포함하여 많은 분쟁들은 시간이 무르익을 때까지, 교섭이 해결해 줄 수 있는 것이 없다.

교섭이 성공할 가능성이 아주 적어도, 분쟁 당사국들은 교섭을 시도할 의무를 부담한다고 추정하는 것이 보통이다. 이렇게 추정하는 것이 옳은지는 혹시라도 교섭을 부적절한 화해 타결 수단으로 간주하게 될지 여부에 달려 있다. 교섭이 부적절한 것으로 간주되는 경우가 있는데, 만약 당사국들이 다른 방식에 합의했다면, 교섭을 요구하면서 합의된 절차를 거부하는 국가는 자신의 의무를 위반하는 것이고, 자신의 교섭 요구가 거부되더라도, 이의를 제기할 이유가 없다. 1972년 '대구 전쟁'(Cod War)에서 아이슬란드는 앞서 인용했던 조약의 사법적 분쟁 해결 규정을 위반하였고, 영국은 이 분쟁을 ICJ에 회부했다.[39]

국가는 항상 교섭할 준비를 하고 있어야 한다는 생각은 어떠한 합의 내용도 일반적으로 각 당사국이 주장하는 내용이 아니라 각자가 상대방에 대해서 갖는 권력을 반영한다는 점을 무시하는 것이라는 점이 교섭에 대해 더 일반적인 반대 이유이다.[40] 실제로 "국제적인 교섭에서 비교적 세력이 약한 쪽이라도 세력이 더 강한 쪽이 원하는 바에 따라야 하는 것은 아니며,"[41] 세력이라는 개념 자체도 복잡하다. 그러나 전혀 정당성이 없는 주장을 하는 국가가 우월한 힘을 사용하여 자신에게 유리한 쪽으로 화해 타결을 교섭할 수 있는 것도 사실이다. 이러한 이점을 가진 당사국은 당연히 교섭을 요구하면서, 이에 대한 어떠한 반대라도 부당하다고 할 것이다. 그러나 이러한 상황에서 교섭하는 것은 해결책이 정당하지 않을 것이 명백하기에, 비교적 입장이 취약한 쪽이 교섭 제안을 거절할 근거가 충분하다.

교섭으로 분쟁을 해결하려는 시도가 실패할 수 있는 점은 교섭의 또 다른 단점이다. 교섭이 실패하게 되면 흔히 생각하듯이 분쟁이 원래대로 돌려지지 않기 때문이다. 반대로, 교섭을 통하여 당사자들이 느리지만 서로 가까워지고 있는 점을 보여줌으로써 사안을 개선할 수 있지만, 역효과를 낳을 수도 있다. 사실, 교섭은 분쟁을 평화적으로 해결하기 위한 가능성을 모색하는 것이기 때문에, 교섭에 진전이 없는

---

39) *Fisheries Jurisdiction (United Kingdom* v. *Iceland)*, Jurisdiction of the Court, Judgment [1973] ICJ Rep. 3.

40) Northedge and Donelan, *Political Aspects* (n. 2) p.282.

41) J.W. Salacuse, "Lessons for practice" in I.W. Zartman and J.Z. Rubin(eds.), *Power and Negotiation* (n. 2) p.255 at p.257.

경우에는 모든 대안들이 없어진 것으로 보아서, 무력 사용을 부추길 수 있다. 포클랜드 제도 분쟁에 관한 논문의 저자는 다음과 같이 언급하였다.

> 교섭 중 다른 대안을 고려하는 동안 교섭을 통해서 충돌을 통제할 수 있지만, 언제든지 대안을 고려했다가도 상호 합의하여 폐기한다. 분쟁은 … 해결될 기미가 점점 더 적어진다. 반드시 화해 타결은 아니라도, 성공적으로 충돌을 통제하려면, 활용 가능한 대안이 끊이지 않도록 하는 능력이 있어야 할 것으로 보인다.[42)]

1982년 Falklands 전쟁 이전 20년의 기간 동안 있었던 사건들을 보면 이러한 분석이 옳은 것으로 보인다. 처음에, 영국은 아르헨티나와 분쟁이 있다는 점을 부정했지만, 그 이후 계속 부인하는 것이 적절하지 않게 되자, 할 수 있는 한 교섭의 공식화를 지연시켰다. 결국, 교섭이 개시되었을 때, 이러한 전략이 현명해 보였다. 왜냐하면, 대안들이 하나씩 논의되었다가 거부되면서, 양측이 모두 수용할 수 있는 화해 타결 방안을 확보할 가능성이 곧 완전히 사라질 지경에 이르렀기 때문이었다. 이는 아르헨티나가 무력으로 포클랜드 제도를 점령하려고 시도했던 것이 법적으로나 도덕적으로 정당했다는 것을 의미하지 않으며, 또한 당사국들이 교섭에 실패했기에 전쟁이 불가피했다고 생각할 것도 아니다. 이것이 시사하는 바는 교섭의 종료가 때로는 분쟁이 새로우면서 더 위험한 국면에 진입했다는 신호가 될 수 있고, 그 결과, 정부들이 이러한 파장을 의식하고서 교섭 참여에 소극적이라는 것이다.

물론 국가는 조약으로써 교섭할 의무를 부담할 수 있으며, 또한 교섭할 의무가 일반법에 의하여 발생하는 상황에 처할 수도 있다. 예컨대, 1997년 ICJ는 헝가리와 슬로바키아가 다뉴브 강 사업에 관한 조약의 목적을 가장 잘 수행하기 위한 방법을 결정하기 위하여, 신의성실히 교섭할 법적 의무가 있다고 판단하였다.[43)] 이 사건 이전에 ICJ는 관습국제법에 따라, 이웃 국가들 간의 대륙붕 경계 획정은 "형평원칙

42) R. de Hoyos, "Islas Malvinas or Falkland Islands: the negotiation of a conflict, 1945–1982" in M.A. Morris and V. Millan(eds.), *Controlling Latin American Conflicts*, Boulder, CO, 1983, p.185 at pp.192–3.

43) *Gabcikovo-Nagymaros Project(Hungary/Slovakia)*, Judgment [1997] ICJ Rep. 7.

에 따른 합의에 의하여야 한다"고 판단하였다.[44] 이와 비슷하게, 1974년에 ICJ는 영국과 아이슬란드가 아이슬란드 수역 내에서 각자의 어업권에 관하여, "이견을 형평에 맞게 화해 타결할 수 있도록 신의성실히 교섭할 의무를 상호 부담한다"고 판단하였다.[45] 이들 세 사건에서, ICJ가 말하고자 했던 것은 둘 이상의 국가들이 권리를 다투기에, 문제되는 사안은 일방 국가가 규제할 사항이 아니고, 교섭해야 할 사항이라는 것이었다.

위와 같은 상황에서, 앞서 살펴 보았던 협의 사례와 마찬가지로, 교섭의무는 심지어 분쟁이 발생하기 이전에도 존재한다. 그러나 교섭은 종종 분쟁 발생시 요건으로 제시되어서, 온전히 한 절차가 되거나 더 일반적으로는 다른 방법을 사용하기 이전에 필수적인 예비단계가 된다. 이러한 유형의 교섭의무는 1978년 조약에 있어서 국가승계에 관한 비엔나 협약 제41조에 예시되어 있다.[46] 이 조문은 다음과 같다.

> 이 협약의 적용 또는 해석에 관한 분쟁이 둘 이상의 협약 당사국 간에 발생한 경우, 당사국들은 일방의 요청이 있으면, 협의와 교섭의 과정으로써 해결을 모색해야 한다.

따라서 일부 상황에서, 교섭할 의무가 있는 것은 명백하다. 또한 다른 상황에서, 이미 보았듯이 분쟁 당사국은 화해 타결 수단을 채택하는 것과 관련해서 '신속하게 의견을 교환할 것'과 같이 보다 약한 의무를 부담하는 경우도 있다. 그러나 다른 국가들에 피해를 줄 수 있는 조치를 취하기 전에, 일반적으로 그들과 협의할 의무가 없듯이 교섭으로써 분쟁을 해결해야 한다는 일반적인 의무도 없다는 점을 강조할 필요가 있다. 유엔헌장 제33조에서 여러 가지 분쟁 해결수단들이 대안으로 예시되어 있고, 그래서, 교섭의무가 특정되지 않은 경우, 국가는 또 다른 절차를 활용하도록 제안할 권리를 갖는다. 예컨대, 영토주권에 관한 분쟁에서, 법적 권원을 확신하

---

44) *North Sea Continental Shelf*, Judgment [1969] ICJ Rep. 3.

45) *Fisheries Jurisdiction(United Kingdom* v. *Iceland)*, Merits, Judgment [1974] ICJ Rep. 3.

46) R. Lavalle, "Dispute settlement under the Vienna Convention on Succession of States in respect of Treaties"(1979), 73 *AJIL* 407.

는 국가는 영국이 지브롤터(Gibraltar) 사건에서 그랬듯이, 사법적 해결을 주장하는 것이 당연하다. 물론 타방 당사국의 주장이 법이 아닌 정치적 성격을 띨 경우, 그러한 제안이 수락될 가능성이 높지 않다. 그러나 이 점은 중요하지 않다. 교섭은 단순히 분쟁 해결수단 중 하나일 뿐이며, 법적으로 교섭할 의무가 없으면, 국가는 자신이 판단하기에 적절한 경우 교섭을 활용하거나 활용하지 않을 권리를 갖는다.

위에서 언급한 어느 것도 교섭이 국제분쟁을 처리하는 수단으로서 그다지 중요하지 않다는 점을 말하려는 것은 아니다. 거의 모든 사건에서, 외교교섭이 있어야 비로소 이견이 분쟁이라고 할 수 있을 만큼 충분히 명확해지고, 일단 분쟁이 발생하게 되면, 교섭을 통해서 최선의 해결책을 기대해 볼 수 있는 경우가 종종 있다. 하지만, 이미 보았듯이, 교섭이 기본인 것은 틀림없지만, 교섭이 불가능하거나, 효과적이지 않거나, 또는 적절하지 않을 수도 있다. 결국, 어떠한 진전을 보려면 다음 장에서 설명하게 될 방법을 활용하는 것이 필수적일 수 있다.

제2장

중 개

Mediation

02

중 개

Mediation

국제분쟁의 당사자들이 교섭으로 분쟁을 해결할 수 없는 경우, 제3자의 개입은 교착상태를 해소하고 수락 가능한 해결책을 만들어 내는 수단이 될 수 있다. 그러한 개입의 형태는 여러 가지가 있다. 제3자가 분쟁 당사국의 재교섭을 독려하기만 하거나, 다른 의사소통 방식을 더 알려 주기만 할 수도 있다. 이러한 상황에서, 중개자는 '주선'(good offices)에 기여한다고 한다. 반면에, 분쟁을 조사하고, 당사자들에게 해결책을 공식 제안하는 소임이 있을 수 있다. 다음 제4장에서 보겠지만, 이러한 개입 형태를 '조정'(conciliation)이라고 한다. 주선과 조정 사이에서 제3자가 활동하는 '중개'(mediation)가 있다.[1)]

중개는 주선과 마찬가지로 본질적으로는 교섭과 짝을 이루지만, 중개자는 적극적

1) 중개에 관한 유용한 논의에 대해서는 다음 문헌 참조. F.S. Northedge and M.D. Donelan(eds.), *International Disputes: The Political Aspects,* London, 1971, ch. 13; C.M.H. Waldock(ed.), *International Disputes: The Legal Aspects,* London, 1972, ch. 2B; K.V. Raman(ed.), *Dispute Settlement through the United Nations,* New York, 1977, ch. 3; S. Touval and I.W. Zartman(eds.), *International Mediation in Theory and Practice,* Boulder, CO, 1985; United Nations, *Handbook on the Peaceful Settlement of Disputes between States,* New York, 1992, ch. 2C; D.J. Bercovitch and J.Z. Rubin(eds.), *Mediation in International Relations,* London, 1992; J. Bercovitch(ed.), *Resolving International Conflicts: The Theory and Practice of Mediation,* London, 1996; M. Kleiboer, *The Multiple Realities of International Mediation,* Boulder, CO, 1998; M.C. Greenberg, J.H. Barton and M.E. McGuinness(eds.), *Words over War,* Lanham, MD, 2000.

인 참여자로서, 새로운 제안을 하고, 각 당사자의 제안을 타방에 전달할 뿐만 아니라 해석도 하는 권한을 갖고, 실제 그렇게 할 것으로 기대한다. 이러한 유형의 지원과 조정의 차이는 중개자가 독자적인 조사가 아니라 당사자들이 제공한 정보를 근거로 일반적인 제안을 비공식적으로 하는 것이라지만, 실행상 그러한 차이는 모호한 경향이 있다. 따라서 특정 사건에서, 중개와 조정을 분별하기 어렵거나, 언제 주선이 끝나고, 중개가 개시되는지도 정확히 말하기 어렵다.

중개는 당사자들이 구하거나 외부에서 자발적으로 제공할 수 있다. 중개가 일단 개시되면, 분쟁국은 사전에 중개자의 제안을 수락하겠다는 약속을 하지 않은 채, 중개를 통해서 해결책을 얻을 수 있다. 결과적으로 중개의 이점은 당사자들이 분쟁을 통제할 수 있는 것인데, 이점은 교섭이 필수적인 이익으로 인해서 교착상태에 빠진 경우라면 반드시 필요한 요건이다. 반면에, 체면 유지하는 정도에서 타협하는 것이 필요한 사항이라면, 직접 교섭에서보다 중개 진행 과정에서 양보해야 할 것을 양보하는 것이 정치적으로 더 용이할 수 있다. 분쟁이 민감한 쟁점에 관한 것이라면, 절차의 전면 비공개는 어떠한 경우에도 이점이 있다. 그러나 다른 분쟁 해결수단과 마찬가지로 모든 국제분쟁이 중개 대상으로 적합한 것은 아니다. 중개의 첫째 요건은 중개하려는 제3자가 있어야 한다.

중개자

중개는 국제기구, 국가, 혹은 독자적으로 행동하는 개인이 수행할 수 있다. 유엔과 수많은 지역기구에서 분쟁 해결은 해당 기구의 기본 목적이기에 결과적으로 유엔 사무총장과 지역기구의 사무총장이 종종 주선과 중개에 관여한다. 어떠한 경우에는 비정부기구가 중개자로서 활약할 수 있다. 예컨대, 국제적십자위원회(ICRC)는 정치적 분쟁에 관여하는 것을 피하지만, 무력충돌 또는 구금자 대우가 인도적인 문제를 야기하는 경우 자주 개입한다.[2] 중개자로 활동할 경우 분쟁에 관여하고, 그

2) D.P. Forsythe, "Humanitarian mediation by the International Committee of the Red Cross" in Touval and Zartman(eds.), *International Mediation* (n. 1), p.233.

결과에 영향을 미칠 수 있기에 분쟁의 평화적 해결이나 특정한 해결책에 관심 있는 국가들이 중개자의 역할에 대해서 관심을 가질 수도 있다. 따라서 국제분쟁 진행 중에 하나 이상의 외부자들이 중개를 제의하며 끼어드는 경우가 일반적이다.

1982년 포클랜드 제도 침공에 대한 영국과 아르헨티나의 분쟁에서, 첫 번째로 미국 국무장관 헤이그(Alexander Haig)가 중개를 제의하였고, 그 후 유엔 사무총장인 케야르(Javier Pérez de Cuéllar)가 주선을 하였다.[3] 미국 입장에서는 북대서양조약기구(NATO) 동맹국과 미주기구(OAS)의 주도국 사이에 전쟁이 있게 되면 두 동맹국 중 하나를 선택해야 하는 상황에 처하게 되는데, 이 점만은 절대 피하기를 바랐다. 반면에, 유엔 사무총장이 분쟁에 관여했던 것은 이미 안전보장이사회가 아르헨티나의 침공을 비난했고, 거의 모든 유엔 회원국들이 더 많은 유혈사태의 위협을 피하기 위하여 새로운 시도를 갈망했기 때문이었다.

1978년 *Beagle Channel* 중재판정[4] 이행으로 인해서 칠레와 아르헨티나 간 전쟁이 임박했을 때, 교황은 중개자로 사모레(Antonio Samoré) 추기경을 제안했고, 양국은 이 제안을 수락했다. Falklands 위기에서와 같이, 개입 동기를 파악하기는 어렵지 않다. 왜냐하면, 두 가톨릭 국가 사이의 전쟁 가능성으로 인해 자연스럽게 생긴 우려가 더 커졌던 것은 미국이 이러한 우려를 상기시켰고, 남미 문제에 5세기 전부터 교황이 관여해 왔던 전통이었기 때문이었다.

이보다 이전에 있었던 영토분쟁으로서, 1965년 카슈미르 지역에 대한 인도와 파키스탄의 충돌에서, 소련의 중개가 이미 발생했던 전쟁의 정전을 확보하는 데 도움이 되었다. 앞의 사례에서는 역사 및 종교와의 관련성으로 중개가 제안되었다면, 이번 사건에서는 소련의 남부 국경에 근접한 지역의 안정을 회복하고 중국이 개입하는 위험을 회피하는 동시에, 이 지역에서 소련의 영향력을 증가시키기 위한 정치적

---

3) 이들 시도와 벨라운데 페루 대통령이 헤이그 국무장관의 중개 결과를 발전시키고자 했던 것에 대해서 잘 설명하고 있는 문헌으로는 L. Freedman and V. Gamba-Stonehouse, *Signals of War: The Falklands Conflict of 1982*, London, 1990, chs. 12-18; Kleiboer, *Multiple Realities* (n. 1) ch. 5 참조.

4) *Beagle Channel Award* (1977) 52 ILR 91, (1978) 17 ILM 634. 이 사건에 관한 논의에 대해서는 다음 제5장 참조.

이익과 관련되었다.[5)]

영향력 증대를 원하는 것은 결코 강대국에 한정되지 않는다. 실제로, 중소국들은 중개로써 다른 이해관계를 보호하면서도 더 큰 국가들과 관계를 개선할 기회를 가질 수 있다. 예컨대, 1980년에 알제리는 미국과 이란 간 외교관 인질 분쟁에서 주선과 함께 중개를 수행하였다. 이 분쟁은 미국 내 이란 자산에 대한 매우 복잡한 교섭 후에, 최종적으로 해결되었다. 이러한 화해 타결로 미국인의 시각에서 알제리의 명성이 높아졌을 뿐만 아니라, 더 중요하게는 초강대국과 이슬람 국가의 전쟁으로 이어질 수 있었던 위기를 해소했다.[6)] 이와 유사한 면에서, 1975년에 이란과 이라크 사이의 위험한 긴장상태에 알제리가 개입한 것이 이슬람 세계에서 중개자로서 알제리의 위신과 영향력을 높이는 데 도움이 되었으며, 알제리가 석유수출국으로서 큰 이해관계를 가졌던 석유수출국기구(OPEC)의 결속을 보전하기도 하였다.[7)]

1991년에서 1995년 기간 유고슬라비아의 분열에 수반된 위기에서 유럽공동체(EC), EC와 함께 작업한 유엔, 그리고 미국을 비롯한 수많은 중개자들이 여러 차례 중개를 시도하였다. EC가 관여하게 된 동기는 유고슬라비아를 구성했던 많은 국가들과 역사적 그리고 지리적으로 연결되었기 때문이었고,[8)] 유엔의 경우에는 인도적 고려 및 평화와 안보 문제가 복합되면서 안전보장이사회가 유엔헌장 제7장에 따른 조치

---

5) T.P. Thornton, "The Indo-Pakistan conflict: Soviet mediation at Tashkent, 1966" in Touval and Zartman(eds.), *International Mediation* (n. 1), p.141 참조. 소련이 중개를 시도했지만 실패했던 1990년 걸프 위기에서도 유사한 동기를 찾을 수 있을 것이다. L. Freedman and E. Karsh, *The Gulf Conflict 1990-1991*, London, 1993, pp.175-9 참조.

6) G. Sick, "The partial negotiator: Algeria and the US hostages in Iran" in Touval and Zartman(eds.), *International Mediation* (n. 1), p.21; R.M. Slim, "Small state mediation in international relations: the Algerian mediation in the hostage crisis" in Bercovitch and Rubin(eds.), *Mediation in International* (n. 1), p.206 참조. 이라크의 쿠웨이트 침공시 알제리가 시도했던 중개가 실패했던 경우에 대해서는 Freedman and Karsh, *The Gulf Conflict* (n. 5) p.248 참조.

7) D. Lieb, "Iran and Iraq at Algiers, 1975" in Touval and Zartman(eds.), *International Mediation* (n. 1), p.67.

8) K. Webb, V. Koutrakou and M. Walters, "The Yugoslavian conflict, European mediation, and the contingency model: a critical perspective" in J. Bercovitch(ed.), *Resolving International Conflicts: The Theory and Practice of Mediation*, London, 1996, p.171; M.C. Greenberg and M.E. McGuinness, "From Liston to Dayton: international mediation and the Bosnia crisis" in Greenberg, Barton and McGuinness(eds.), *Words over War* (n. 1), p.35 참조.

를 채택하였기 때문이었다. 미국은 비교적 늦은 단계에 중개에 관여하였다. 미국은 안보리 이사국 그리고 NATO 회원국 자격에서 위기사태에 긴밀히 관여하였고, 지역 안정에 대한 중대한 위협을 해결하고자 했던 초창기 노력의 실패를 목격하였다.

방금 살펴 보았던 사례에서 중개가 제시되도록 유도하는 우려 사항의 유형이 나타난다. 그러나 상당히 많은 수의 분쟁에서 능력 있고 의욕 있는 중개자가 없었기 때문에 중개가 이루어질 수 없었던 경우가 있는 점을 주목해야 한다. 제3국은 자신들이 초강대국들 사이에서 중개자로서 활동할 자격이 있다고 여기지 않을 것이며, 더욱이 초강대국들은 자신들의 분쟁에 외부자가 개입하는 것을 달갑게 받아들이지 않을 것이다. 또한, 대부분의 경우, 중개는 피곤하고 종종 인정받지도 못하는 업무이기에 그에 상응한 강력한 유인동기가 필요하다. 갈티에리(Galtieri) 정부와 대처(Thatcher) 정부를 화해시키려고 부에노스아이레스와 런던을 오가기 위해서는 인내와 강인한 체력 이상의 것이 필요하였다. 헤이그(Haig) 미 국무장관의 임무에서 드러나듯이, 중개자의 역할을 맡겠다고 나선 국가는 이전 동맹국과 척을 지고, 자신이 가졌던 행동의 자유를 희생할 수 있다. 그러나 성공적으로 임무를 완수했다고 해서 이러저러한 외교적 비용을 보전받게 되리라고 전혀 보장할 수 없다. 그러한 상황에서, 수치로만 계산하면 반드시 중개 의지가 떨어지고, 그 결과 일부 분쟁에서 의욕 있는 중개자를 구하기 어려운 점은 이해하기 어렵지 않다.

중개 동의

중개는 국제분쟁 당사자들에게 강요할 수 없으며, 당사자들이 동의할 때에만 이루어질 수 있다. 그렇기에, 당사자들이 주도해서 미리 중개자를 임명하지 않았다면, 이런 형태의 지원을 고려하려는 의욕이 없는 것이 큰 장애물이 될 수 있다. 이러한 이유는 비록 중개자의 제안에 구속력이 없다고 해도, 중개행위 자체가 관련 정부 중 어느 한 쪽 혹은 양쪽 모두가 받아들일 수 없는 파장을 가질 수 있기 때문이다.

중개를 수락함으로써 해당 정부는 자신의 분쟁이 국제적 관심사항으로서 합당하다는 점을 인정한다. 따라서 남아프리카공화국의 분리정책(apartheid) 시기 남아공에 대해서 격노했던 경우에서처럼 국제적 비난 여부가 논란의 핵심 사항이라면, 중개는 고려할 여지가 없을 것이다. 더욱이, 중개로 인한 해결은 항상 모종의 타협이 될 수 있다. 그렇기에, 정부가 분쟁에서 이길 수 있다고 믿거나, 아니면 아직 양보할 때가 아니라고 믿을 경우에도 중개가 이루어질 가능성이 별로 없다. 전자와 관련해서 분명한 사례는 1956년 소련의 헝가리 간섭 후 소련이 유엔 사무총장의 중개를 거절했던 경우에서처럼 국가의 입장이 확고부동한 경우이다. '타협 불가' 상황의 사례는 나이지리아가 비아프라 지역내 분리독립 전쟁에 대해서 중개를 거부한 경우인데, 나이지리아의 주장에 따르면 이 사안은 국내관할권에 관한 사항이었다.

정부가 중개를 수락하도록 유인하는 요인은 이미 살펴본 분쟁에서 예시된 바 있다. Falklands 위기시, 영국과 아르헨티나는 지역내 동맹국들의 공감을 확보하고 유지하면서, 외부 국가들과 소원해지는 것을 피하고자 노력했다. 무력충돌시 이들의 정치적 또는 경제적 지원이 유용할 수 있었다. 이 사건에서 당시 중개가 수락되었던 이유는 성공에 대한 기대만큼이나 정치적으로 합리적이라는 이미지를 보여주고 싶어했기 때문이었다. 반대로, 유고슬라비아 위기시, 세르비아는 유엔이 부과한 경제제재로 인하여 심한 압박을 받고 있었고, 사면초가 상태의 보스니아 정부는 필사적으로 외부의 지원을 구하였으며, 크로아티아 혹은 보스니아 내 세르비아 소수민 어느 쪽도 국제사회의 개입에 대해서 이의를 제기할 수 있는 처지가 아니었다. 이러한 요소로 인하여 초기 단계부터 중개가 가능했다. 하지만, 사태가 복잡하고, 그 성격이 계속해서 바뀌면서, 미국이 주도하고 1995년 데이턴(Dayton) 평화협정으로 정점을 찍은 마지막 노력만이 성공하였다고 할 수 있다.

많은 분쟁에서, 외부 의견은 그다지 중요하지 않지만, 다른 유인사유가 있을 수 있다. Falklands 분쟁에서는 아르헨티나 정부가 영국의 강력한 대응을 예상하지 못했던 것으로 보이지만, *Beagle Channel* 분쟁에서는 아르헨티나의 무력 사용이 전쟁으로 이어질 것이 확실했던 상황이었다. 아르헨티나는 군사위원회가 통치했었기에, 전쟁은 국내적으로 극단적인 영향을 미칠 수 있었다. 이러한 상황과, 결과는 좋지 않았지만 중재재판소를 설치함으로써 칠레와 아르헨티나가 이미 한 차례 이 분쟁을 외부적으로 해결하려고 시도했던 점을 감안하면, 교황이 적기에 개입한 후, 이들이

중개를 수락하고 분쟁 해결을 다시 시도하려고 했던 것은 아마 그다지 놀랄 일이 아닐 것이다.[9)]

반대로, 카슈미르 분쟁에서, 인도와 파키스탄 사이에 20년 동안 있었던 적대행위의 산물이었던 전쟁은 이미 발발한 상태였다. 이 사건에서 중개를 수락한 주요한 동기로 여겨졌던 것은 각자 자신의 주장을 납득시키려고 무력을 사용해 보았지만, 어느 쪽도 더 나아가 자신의 해결책을 단독으로 강제할 힘을 갖지 못했기 때문이었다. 따라서 적대행위를 늘 피할 수 있는 상황이 아니라면, 군사적 교착상태가 분쟁 당사국들로서는 재고하기에 좋은 기회가 된다.

중개가 특히 적절한 경우는 당사자들이 자신들의 정책을 재고해야만 하는 단계까지 분쟁이 진전되었을 때이다. 교착상태가 그러한 상황인 것은 분명하다. 또 다른 경우는 분쟁 지속의 위험성이 분쟁 종식 비용보다 더 크다는 점을 당사자들이 알게 되는 때이다. 예컨대, 이란-이라크 분쟁에서 이라크가 쿠르드족을 진압하기로 결정했기에 이란은 쿠르드족에 대한 지원을 확대해서 거의 확실히 이라크와 전쟁에 돌입할 것인지 아니면 쿠르드족에 대한 지원을 중단하는 대신, 이라크가 이란의 국경지역 요구를 인정하도록 할 것인지 중에서 선택할 수 있었다. 이라크는 국경분쟁보다 쿠르드족 문제가 당장 더 긴급하다고 결론내렸기에, 두 국가가 유엔의 사실조사단, 이집트의 외교적 제안, 마지막으로 알제리의 중개를 수락할 수 있는 길이 열렸다.

이란과 미국 사이의 외교관 인질 사건에서도 알제리가 관여했는데, 거의 일년 간 지속되었던 교착상태에서 이란이 결국 미국에 접근하였다. 여기서 중요한 요소는 이슬람 혁명에 수반해서, 처음부터 계속 분쟁을 복잡하게 만들었던 국내의 혼란이 진정되기 시작했다는 점이다. 이러한 상황으로 인하여, 인질에 대한 새로운 정책을 마련해서 실행하기가 더 수월했다고 해도, 점차 그렇게 움직이는 것이 필요하기도

---

9) 다음 문헌 참조. M. Laudy, "The Vatican mediation of the Beagle Channel dispute: crisis intervention and forum building" in Greenberg, Barton and McGuinness(eds.), *Words over War* (n.1), p.293; T. Princen, "International mediation: the view from the Vatican"(1987), 3 *Negotiation Journal* 347; T. Princen, "Mediation by a transnational organisation: the case of the Vatican" in Bercovitch and Rubin(eds.), *Mediation in International* (n. 1), p.149; G R. Moncayo, "La mediation pontificale dans l'affaire du Canal Beagle"(1993), 242 *Hague Recueil des Cours 197.*

하였다. 정치적인 면에서, 인질을 삼았던 목적이 대체로 달성되었고, 미국 대통령 선거가 목전에 있었으며, 이란은 재정적, 외교적으로 고립되는 고통을 겪고 있었다. 이라크가 1980년 9월 이란을 공격할 기회를 포착했을 때, 미국 내 이란 자산동결 조치를 해제시키기 위한 거래를 모색해야 한다는 압박이 더 커졌다. 분쟁 해결이 달성되려면 훨씬 어려운 협상이 필요했겠지만, 미국과 이란 양쪽이 당시 중개 제의를 수락할 준비가 된 상태였다.

중개가 진행되려면 분쟁 당사자들이 중개의 좋은 점을 인정하는 것 이상의 것이 필요하다. 이들은 중개자 선정에 관해서도 합의해야 한다. 관련 정부가 보기에 중개자로 물망에 오르는 사람이 자신들의 입장을 잘 이해하지 못하거나, 공감하지 않거나, 완전히 상대방 편이거나, 당사자들의 이익보다 자신의 관심사항에 더 신경을 쓴다면, 원칙적으로는 중개를 반대하지 않아도, 그 후보자를 수락하지 않을 가능성이 높고, 다른 제안이 성공할 가능성이 더 높다.

개인이 중개자로서 유망한 능력을 갖추고 있는지는 개인적 자질과 명성, 분쟁 발생 시간과 장소를 포함하여 국가가 처한 상황에 달려 있다. 예컨대, *Beagle Channel* 분쟁에서 교황은 중개자로서 특히 적합한 권위를 가졌을 뿐만 아니라, 교황의 특사는 개인적인 외교기술이 흠잡을 데 없는 사람이었다. "지칠 줄 모르고, 유머와 호의가 넘쳐나며, 늘 미소짓고 긍정적이면서도 분별력이 있는 신부님"[10]으로 알려진 사모레(Samoré) 추기경에게 그 힘든 역할을 맡긴 것은 현명한 선택이었음이 분명했다.

때로는 중개자가 엄격히 중립을 지킬 것으로 여겨져야만 중개를 수락하게 될 것이라고 여겨진다. 중립성은 일부 중개자와 상황에 대해서 분명히 중요하다. 예컨대, 국제적십자사(ICRC)는 정치적 분쟁에서 어느 한쪽을 편들지 않으려 항상 주의하고, 인도적 문제에 관한 ICRC의 평판은 자신의 중립성 유지 여부에 좌우된다는 점을 인정하고 있다. 이 점은 유엔 사무총장이 더 많은 문제에 대해서 개입하는 경우에도 마찬가지이다. 뒤의 제10장에서 보겠지만, 유엔 사무국은 분쟁사태시 주도권을 가지면서 동시에 정치기관이 할당한 기능을 수행하는 역할도 할 수 있는데, 이 두 가지 경우에 모두 공정해야 한다. 그러나 다른 경우, 중개의 승낙 여부는 중개자가 무

10) *The Economist,* 13 January 1979, p.54.

엇을 제안할 수 있는지 그리고 양쪽과 대화할 수 있는 위치에 있는지 여부에 더 많이 좌우될 수 있다. 따라서 어느 쪽도 편들지 않았던 이슬람 국가 알제리는 1975년 이란과 이라크 사이를 중개하기에 이상적인 지위에 있었고, 외교관계 단절 이후 워싱턴에서 이란의 이익을 대변하도록 부탁받은 국가로서 인질사건에서도 중개의 적임자였다.

카슈미르 분쟁에서, 미국이나 영국 어느 쪽도 중개자로서 활동할 수 있는 처지가 아니었다. 미국은 파키스탄과 너무 가까운 관계였고, 영국은 불과 몇 개월 전에 쿠츠(Rann of Kutch) 지역에 대한 인도와 파키스탄 사이의 분쟁을 중개하는 데 성공했지만, 카슈미르 분쟁 당시 인도에 대한 군사원조를 중단하였고, 유엔에서 인도를 비난하려고 했다. 반대로 소련의 수락 여부는 지역 강대국으로서 소련이 가졌던 이익과 영향력, 그리고 소련이 파키스탄보다 인도와 관계를 발전시키는 데 더 관심을 기울였던 정책을 그 당시 수정했던 점에 좌우되었다. 전쟁이 발발하였을 때, 소련은 파키스탄을 비난하지 않았다. 그래서 소련이 인도에 대한 군사적 지원을 유지했는데도 불구하고 파키스탄은 중개자로서 소련의 적합성을 인정할 수 있었다.[11)]

국가들이 중개를 제의할 때, 일반적으로 그 이유는 분쟁 해결 그 자체나 특정한 분쟁 해결 내용이 자신들의 이익을 늘릴 수 있다고 보기 때문이다. 이는 널리 인정된 바이고, 중개자가 당사국들이 원하는 것 또는 이들이 거부할 수 없는 것을 제의하는 경우, 이는 결격 사유가 되지 않는다. 따라서 중개 국가가 자신만의 이익이 있고, 분쟁의 일방 당사국과 긴밀한 관계를 갖는 점은 그 국가가 타방 당사국과 대화할 수 있는 한 반대 사유가 되지 않는 것이 일반적이다. 사실상, 일방과 특별한 관계에 있다는 점은 장점이며, 이 분야 저서에서 지적했듯이, 일방 당사국과 가까운 국가가 중개자로 행동하겠다고 제안한 경우, "친밀함은 자신의 우방국에 '한마디 할' 수 있다는 것을 의미하기에 타방 당사국의 협력을 자극할 수 있다."[12)]

11) N. Schwiesow, "Mediation" in E. Luard(ed.), *The International Regulation of Frontier Disputes,* London, 1970, pp.161-2.

12) Touval and Zartman, *International Mediation* (n. 1) p.257.; P.J. Carnevale and S. Arad, "Bias and impartiality in international mediation" in Bercovitch(ed.), *Resolving International Conflicts* (n. 1) p.39.

특정 중개자를 수락하도록 유인한 경우는 Falklands 위기에서 잘 나타난다. 이 사건에서, 어느 쪽도 유엔을 대신해서 분쟁 해결의 가능성을 모색할 수 있었던 유엔 사무총장의 권위에 도전할 수 없었으며, 미국의 입장은 카슈미르 분쟁의 소련과 다소 유사했다. 미국은 북대서양조약기구(NATO) 내에서 영국과 동맹관계였고, 향후 영국 기동부대를 군수지원할 수 있는 처지였다. 또한 당시 미국은 아르헨티나와 이전보다 더 긴밀한 관계를 발전시키려고 노력했었다. 아르헨티나가 미국의 객관성 여부에 대해서 가졌던 의구심보다 미국이 자국의 동맹국에 영향력을 행사할 수 있는 지위에 있었던 점,[13] 그리고, 이전 사례에서도 있었던 다른 고려 사항으로서, 특히 이웃 강대국이 제의한 중개를 거부할 경우 부담해야 할 정치적 비용이 더 중요했다.

중개의 기능

당사자들이 자신들 나름대로 분쟁을 해결하기 위해서 지급해야 할 비용을 감당하기 어렵다고 생각하여 중개가 성사된 경우 중개자의 소임은 당사자 양쪽이 만족할 조치를 마련할 수 있는 해결책을 고안하거나 촉진하는 것이다. 물론, 이것이 불가능할 수 있고, 이 경우에 중개는 실패할 것이다. 그러나 수완이 능한 중개자는 이러한 결과를 피하기 위하여 활용 가능한 여러 가지 수단을 갖고 있다.

주선을 통해서 당사자들의 의사소통을 촉진시키는 것만으로도 많은 것을 성취할 수 있다. 어떤 분쟁이 중개자의 도움을 필요로 할 정도로 심각하면, 이미 당사자들의 대면 접촉을 제한하는 상황이거나, 당사자들이 서로 공개적으로 교섭하는 것이 어렵게 되었을 수 있다. 예컨대, 외교관 인질 사건시, 1979년 11월 테헤란 소재 미국 대사관이 점거되고 후속 구조임무가 실패하자, 미국과 이란의 공식 관계는 단절되었다. 더욱이 이란 혁명 당국이 미국을 이란의 적, 그리고 정신적 가치의 파괴자로

13) 사실, 이 방면의 주도적인 연구에 따르면, "아르헨티나는 미국이 중개하리라는 생각에 전반적으로 만족했다. 미국의 중개를 확보하는 것은 포클랜드 제도 점령 이면에 있었던 원래 목표 중 하나였다." Freedman and Gamba-Stonehouse, *Signals of War* (n. 3) p.168.

간주했기 때문에, 이 위기를 종료시키는 것이 이란 자신에게 이익이 된다고 결정했음에도, 이란은 미국과 직접 교섭할 수 없었다. 따라서 공식적인 접촉이 없었기에, 양국 간 소통을 복원하는 업무를 매우 다양한 중개자들이 수행했고, 결국에는 양 당사자들이 주선과 중개를 위임했던 알제리가 수행하였다.[14]

일단 당사자들이 접촉을 하면, 중개자는 분쟁 과정에서 발생했던 긴장을 해소하고, 교섭에 우호적인 분위기를 조성하는 데 도움이 될 수 있다.[15] 그러한 중개자는 효과적인 정보의 통로가 될 수도 있다. 따라서 외교관 인질 사건에서 알제리는, 미국측의 특정 제안을 변경해서 수용 가능성을 높이고, 미국 내 이란 자산이 상징적으로 매우 중요한 의미를 갖지만, 그 자산을 처리하는 방식의 재정적 의미는 부차적인 고려 사항이라는 이란 측 의사를 완곡하게 전달할 수 있었다.[16] 모든 국제분쟁은 오해를 제거하면 해결될 수 있다고 믿는 것은 순진한 것이지만, 그러나 당사자 일방의 태도는 타방의 능력과 의도를 자신의 입장과 비교 평가하여 결정되기에, 중개자의 보고서는 현실적인 상황 평가를 하도록 하고, 화해하고자 하는 자세를 갖도록 할 때 중요할 수 있다. 예컨대, Falklands 위기시, 헤이그 미국 국무장관이 맡았던 첫 번째 임무 중 하나는 영국이 포클랜드 제도를 수복하기 위하여 무력 사용을 위협한 것이 단순한 엄포가 아니라는 점, 그리고 가능한 해결 내용만 고집할 경우 치르게 될 대가가 상당히 높을 것이라는 점을 아르헨티나 정부에 설득하는 것이었다는 설명은 신빙성이 있다.[17]

정보의 원천으로서 중개가 갖는 가치는 과장되지 않아야 한다. 중개자들에게 결점이 없지 않으며, 앞서 보았듯이, 종종 자신이 갖는 이해관계가 이들의 말과 의사

---

14) 알제리 관여 이전의 비전통적인 방식에 관한 생생한 기술에 대해서는 P. Salinger, *America Held Hostage,* London, 1982 참조.

15) H.G. Darwin, "Mediation and good offices" in Waldock(ed.), *International Disputes* (n. 1) p.83 at p.85.

16) Sick, "The partial negotiator" (n. 6) p.35. 이러한 유형의 상황에서 중개가 갖는 가치를 탁월하게 설명한 것으로는 R. Cohen, "Cultural aspects of international mediation" in Bercovitch(ed.), *Resolving International Conflicts* (n.1) p.107; G.O. Faure, "International negotiation: the cultural dimension" in V.A. Kremenyuk(ed.), *International Negotiation,* 2nd edn, San Francisco, 2002, p.392 참조.

17) Freedman and Gamba-Stonehouse, *Signals of War* (n. 3) p.176.

전달 방식에 영향을 미칠 수 있다. 따라서 다음 사항을 유념해야 할 것이다.

> 각국 정부는 중개자(또는 그 밖의 정보원이나 정보 통로)를 전적으로 신뢰하지 않는다. 오히려, 전달받은 정보는 출처나 정보 통로의 동기와 이해관계로 추정되는 사항에 비추어서 그리고 정보 수령자 자신의 목적을 추구할 때 유용한지에 따라서 해석된다.[18]

그러므로 중개자가 제공한 정보를 항상 신뢰하게 될 것이라고 전혀 보장할 수 없다. 하지만, 그러한 정보가 존재하기 때문에 아전인수격의 생각을 하지 않게 될 것이 분명하며, 때때로 정부정책 비평가들(이들의 압박이 화해 타결을 독려하는 데 중요할 수 있음)에게 가치 있는 내용의 첩보를 제공한다.

중개자들이 실체적인 면에서 기여하는 부분은 무엇인가? 이미 언급했듯이, 양쪽 당사자를 만족시키는 것을 목표로 해야 한다. 일부 상황에서, 각국에 그들이 원하는 것을 전부 또는 대부분 제공함으로써 이들을 만족시킬 수 있을 것이다. 이러한 까닭은 국제분쟁에서 당사자의 목표가 같은 경우는 거의 드물고 종종 전혀 다르기 때문이다. 물론 분쟁의 존재는 당사자들의 목표가 전혀 양립할 수 없다는 점을 보여준다. 그러나 교섭이 실패하면 이러한 차이점에만 관심이 집중할 수 있다. 그러므로 당사자들에게 자신들의 핵심 목적을 상기시켜 줄 수 있는(혹은 그러한 목적을 재정의할 수 있는) 중개자는 상호 만족할 만한 타결방식을 제안할 수 있는 위치에 있다.

예컨대, *Beagle Channel* 분쟁에서, 아르헨티나의 주요 관심사는 논란의 대상이었던 중재판정이 자신의 해양 주권에 미치는 효과에 있었던 것이 명백했던 반면, 칠레는 판정의 결정사항이 지켜지는 것과 그로 인한 영토적 효과를 지키는 데 집중하였다. 따라서 사모레 추기경의 중개로 촉진된 타결에서 분쟁 도서에 대한 칠레의 주권을 확인하였고, 이 대가로 칠레는 남대서양 수역에서의 권리를 포기하였다.[19] 이와 유사하게, 1975년 이란-이라크 분쟁에서, 이란의 쿠르드족 지지에 대해서 이란 국왕은 이를 필수 이익이라기보다 목적을 위한 수단으로 간주했던 것이 분명하

---

18) Touval and Zartman(eds.), *International Mediation* (n. 1) pp.15, 16.

19) 분쟁을 해결했던 교황의 1980년도 제안 그리고 1984년 평화우호조약에 대해서는 (1985) 24 ILM 7 and 10 참조.

였다. 결과적으로 이라크가 자국의 주된 관심사는 이란의 간섭을 종식시키는 것이라고 결정하였을 때, 알제리는 국경 문제에 관한 이라크의 양보를 내용으로 하는 해결안을 마련할 수 있었다.

강국의 입장에 있는 국가는 자국의 목표가 반영된 해결을 기대하는 것이 당연하겠지만, 중개 수락은 보통 최소한 일부라도 양보할 준비가 되어 있다는 점을 의미한다. 양쪽 당사자 모두 스스로 비교적 강국이라고 간주하고 있고, 이들의 목표가 전혀 양립할 수 없다면, 중개가 되더라도, 대개는 실패할 것이다. 이러한 위험을 줄이기 위하여 중개자는 유인책을 추가하여 당사자들이 계산할 때 참작하도록 할 수 있다. Falklands 위기와 카슈미르 분쟁에서, 중개국이 일방 당사자에게 상당한 군사적 지원을 하고 있었다는 점은 양쪽이 양보하도록 하는 유인책으로 활용될 수 있었던 것이 명백하다. 더욱이 카슈미르 분쟁에서, 인도는 안전보장이사회의 비난을 받지 않기 위하여 소련의 영향력에 의존하였다. 소련이 보호를 철회할 수 있다는 위협이 실제로 있었는지 여부와 상관없이, 그러한 가능성으로 인해 코시긴(Kosygin)이 중개자로서 행사할 수 있는 교섭능력이 높아졌다.[20]

강대국에 중개자를 맡아 달라는 부탁이 그렇게나 많은 이유 중 하나는 강대국이라는 지위에서 생기는 힘을 활용하여 당사자들에게 영향력을 미칠 수 있기 때문이다. 예컨대, 나미비아의 미래에 관한 교섭에서, 안전보장이사회의 서방 출신 5개국 대표로 구성된 대화상대그룹(Contact Group)이 중요한 역할을 수행했다.[21] 이 그룹의 구성원은 남아프리카공화국을 상대로 장차 공동행동으로써 경제제재를 할 수 있다고 위협할 수 있는 입장에 있었고, 이러한 교섭방식은 단합된 행동이 있어야 믿을 수 있는 것이었다. 이와 반대되는 기법으로서 협력에 대한 보상 제공 방식을 활용한 사례는 1960년 국제부흥개발은행(IBRD)의 중개를 통하여 인더스 강 수역 분쟁을

---

20) Thornton, "The Indo-Pakistan conflict" (n. 5) pp.158-9. 소련이 파키스탄을 상대로 거부권을 행사할 수 있다는 점은 코시긴도 파키스탄에 대해서 압력을 가할 수 있는 좋은 입장에 있었다는 것을 의미하였다. 이러한 유형의 영향력이 갖는 가치에 대해서는 추가적으로 Carnevale and Arad, "Bias and impartiality" (n. 12) 여러 부분 참조.

21) M.A. Spiegel, "The Namibia negotiations and the problem of neutrality" in Touval and Zartman(eds.), *International Mediation* (n. 1) p.111.

해결한 경우이다. IBRD는 파키스탄에 스스로 물 공급을 통제하는 데 필요한 자원을 제공함으로써, 사실상 파키스탄이 목표로 삼았던 것의 비용을 지불해 주었고, 타방 당사국인 인도에는 분쟁으로 인한 부담을 덜어 주었다. 즉, 이 분쟁 해결에서는 외부 개입의 도움으로 양 당사자들이 자신들의 목표를 실현할 수 있었다.[22)]

중개로 분쟁을 해결하는 것은 일종의 타협이지만, 당사국들이 똑같이 취급받아야 하는 것은 아니다. 각 당사자들이 무엇이라도 받아야겠지만, 분쟁 종결대가로 분쟁 해결시 받고자 하는 것만 받으면 된다. 상대적으로 지위가 약한 국가는 자신이 원래 세웠던 목적을 포기하고, 손실을 차단하고 체면을 세우는 방법으로써 어느 정도 대리만족할 수 있는 것을 수락하려고 할 수 있다.[23)] 따라서 일방 당사자는 자신의 청구에 대하여 다소 상징적이거나 명분상 인정받는 것만으로도 만족할 수 있다. 이 경우, 특히 직접 교섭에 애로사항이 있는 경우, 중개를 활용해서 그러한 방식을 임기응변식으로 마련할 수 있다. 예컨대, Falklands 분쟁의 중개에서, 포클랜드 제도에 양국 국기를 게양하고, 상징적으로 아르헨티나 군이 주둔하는 방안이 논의되었는데, 다른 상황이었다면 이 방식 어느 것이나 군대의 철수를 유도하는 방식으로 적절했었을 것이다.

분쟁비용은 분쟁이 해결되면 끝나기에 분쟁이 평화적으로 해결되었다는 사실 그 자체가 해결 내용과 상관없이 하나의 성과로 취급될 수 있다. 이것이 분쟁의 평화적 해결을 장려하는 핵심 요소이고, 능숙한 중개자는 분쟁이 해결되면 그로 인해서 당사자들이 얻게 될 공로를 강조하면서도, 실패할 경우 야기될 심각한 후유증을 주지시킨다. 이란-이라크 협정은 1975년 제1차 석유수출국기구(OPEC) 정상회담 폐막식에서 발표되어 대중의 환호를 받았다. 여기에서 성공적인 결과를 얻으려면 어떻게 조율해야 하는지를 볼 수 있다. 반대로, 1938년 뮌헨 협정에서 나타나듯이, 어떠한 대가를 치르더라도 평화를 갈망하는 것은 실제로 침략자를 회유하는 것밖에 되

22) 이 분쟁의 배경과 이를 해결했던 인더스 강 수역 조약(Indus Waters Treaty, 1960)의 세부사항에 관한 설명으로는 A.H. Garretson, C.J. Olmstead and R.D. Hayton(eds.), *The Law of International Drainage Basins*, New Yark, 1967, ch. 9; S.C. McCaffrey, *The Law of International Watercourses*, Oxford, 2001, pp.248-50 참조.

23) F. Edmead, "Analysis and prediction in international mediation" in Raman(ed.), *Dispute Settlement* (n. 1) p.221 at pp.260-7.

지 않았던 것을 외교적 성과로 내세우는 결과가 될 수 있다.

평화적 해결과 밀접하게 관련되는 중요한 가치는 국제법과 유엔헌장을 지키는 것이고, 사법적 결정과 국제기구의 결의를 준수하는 것이다. 이들이 가장 잘 작동되는 경우는 다른 압력이 뒷받침하는 것이지만, 그러한 경우라도 분쟁이 해결될 정도로 충분하지 않을 수 있다. 하지만, 이러한 힘을 과소평가할 수 없다. 인도적 사안에서 국제적십자사(ICRC)의 중개는 각국 정부가 ICRC로부터 '국내적 사안을 잘 관리하고 있다는 인증'(good house-keeping seal of approval)을 받고 싶어하는 점[24] 그리고 무엇인지 감추어야 할 것을 갖고 있는 국가들에 붙는 혐오감에 상당히 의존한다. 이러한 요소들은 정치적 분쟁의 중개와도 관련된다. 예컨대, Falklands 위기시, 아르헨티나가 적대행위를 피하기 원했다면, 아르헨티나 군대의 Falklands 철수를 요구했던 안보리 결의 제502호는 훌륭한 철군 사유가 될 수 있었을 것이다.

어떤 쪽도 이길 수 없는 분쟁에서 양쪽이 출구를 모색할 수 있다. 카슈미르 분쟁에서, 군사적 고착상태는 양 당사자가 자신들의 원래 목적을 달성하기보다 손실을 차단하는 데 더 관심을 가졌다는 것을 의미했다. 그 경우, 중개가 정전 형태로, 그리고 인도와 파키스탄 간에 미해결 문제를 계속 논의하도록 하는 방식의 형태로 명예로운 탈출구가 되었다. 장래의 절차에 관한 이러한 형태의 합의는 가장 중요한 대체적 성과이다. 이로써 당사자들은 잠시 여유를 가지면서도 일이 진전되고 있다고 느끼고, 결단의 시기를 늦춘다. 영국의 중개를 통해 쿠츠 지역 분쟁이 중재에 회부될 수 있었던 것처럼, 그러한 방식으로 분쟁이 결국 해결되기도 한다.[25] 하지만, 분쟁의 본질을 다루지 못함으로써, 절차적 합의에서 당사자들이 지향해야 할 해결방안을 제시하면서, 재고의 여지를 남겨 두는 것이 문제이다.

중개는 만병통치약이 아니지만, 많은 국제분쟁에서 중요한 역할을 수행하는 것은 분명하다. 그러므로 중개의 중요성을 유엔 총회에서 인정하는 것은 당연하다. 유엔 총회는 2011년에 '분쟁의 평화적 해결, 충돌 예방 및 해결에서 중개의 역할 강화하기'(Strengthening the role of mediation in the peaceful settlement of disputes, conflict prevention

24) Forsythe, "Humanitarian mediation" (n. 2) p.242.

25) *Rann of Kutch Arbitration*, 50 ILR 2. 추가적인 논의에 대해서는 다음 제5장 참조.

and resolution)[26]라는 제목의 결의를 통과시켰다. 이 결의에서는 국가들이 중개의 가치를 인정하도록 독려하고, 주목할 만한 유엔의 조치에 대해서 지지를 표명하며, 사무총장이 최근과 현재의 경험을 고려해서, 더 효과적인 중개 관련 지침을 개발하도록 요청했다. 이러한 요청에 답해서, 사무총장은 상세한 보고서를 작성하여,[27] 유엔 총회 결의의 이행 성과를 요약 보고했다. 부속서에서는 효과적인 중개를 위한 지침서와 그에 대한 회원국의 견해를 제시했다. 이 지침서는 참고문서로서 중개를 접근하는 방식을 더 잘 이해할 수 있도록 하였으며, 중개를 효과적으로 구성하고 관리하는 방법에 대해서 조언하였다.

이와 관련된 분쟁 해결 분야에서 국제변호사협회(IBA)는 사무총장 보고서가 발간되었던 같은 해에 투자자-국가 중개규칙을 만들었다.[28] 제5장에서 보겠지만, 20세기 말 이후 국가와 외국인 투자자 사이의 분쟁 수가 두드러지게 증가한 결과 오늘날 그러한 분쟁이 수백 건이나 진행 중에 있다. 비록 현재 중재가 그러한 분쟁을 처리하는 표준적인 방법이지만, 중개절차에 일부 결함이 존재함에 따라 국가, 투자자, 국제기구는 중재를 대체하지는 않더라도, 이를 보충하는 방법으로서 중개의 가능성을 탐색하게 되었다. 양자투자조약(BITs) 그리고 북미자유무역협정(NAFTA)과 같은 다자투자조약(MITs)에서는 중개를 활용하도록 장려하지만, 이들은 중개하는 방식에 대해서 자세히 규정하지 않고 있다. 바로 이러한 미비점을 IBA 규칙이 시정하려는 것이다. 이 규칙은 매우 짧지만, 핵심 요소를 모두 다루고 있다. 예컨대, 중개자 임명에 대해서 규정하고 이들의 역할을 명확히 정의하고 있다. 몇 가지 새로운 요소 중 제9조의 '중개관리회의'(Mediation Management Conference)는 중개가 실제로 개시되도록 하기 위한 규정이다. 물론, 이 규칙이 항상 중개의 성공을 보장하는 것은 아니지만, 최소한 중개의 활용을 촉진할 수는 있다. 만약 새로운 IBA 규칙이 이러한 효과를 갖는다면, 규칙의 목적은 달성될 것이다.

---

26) UN Doc. A/65/L. 79 (2011).

27) UN Doc. A/66/811 (2012).

28) International Bar Association Mediation Committee State Mediation Sub-committee, *IBA Rules for Investor-State Mediation* (2012).

중개의 한계

분쟁 해결의 수단으로서 중개가 갖는 한계의 중요성은 이미 충분히 언급했다. 중개할 마음가짐 그리고 중개자가 있어야 한다는 점은 이미 살펴 보았다. 일단 중개가 개시되면, 중개의 성공 여부는 양보할 사항이 있으면 당사자들이 기꺼이 양보할 의지를 갖고 있는지에 좌우된다. 이러한 것은 유능한 중개자가 위에서 기술했던 방법으로 장려할 수 있지만, 중개 성공 여부는 종종 중개하기에 적절한 시점인지 여부에 달려 있다.

Falklands 위기시, 당사자들의 목표는 서로 정반대였다. 아르헨티나의 목적은 포클랜드 제도를 지배하는 것이었다. 영국은 포클랜드를 무한정 점유하려는 의지가 확고하지 않았지만, 주민들이 원하는 경우에만 그러한 조건 하에서 주권을 포기할 수 있다는 입장이었다. 이러한 상황에서, 아르헨티나의 통치는 어불성설이었다. 그러므로 중개를 통한 해결은 어느 일방 당사자가 원래 세웠던 목표를 포기하고서 손실을 줄일 준비가 되어 있는지 여부에 달려 있었다. 그러나 아르헨티나 공군과 영국 해군 간 전투에서 어느 군대가 군사적으로 우위에 있는지를 확인하기 전에 중개가 있었다. 따라서 양측이 여전히 군사적 해결을 고려할 수 있었던 시점에 중개를 시도할 수밖에 없었고, 그러한 상황에서 중개가 성공할 가능성은 거의 없었다.[29)]

반대로, 외교관 인질 분쟁에서 알제리는 이란이 위기를 종료시키기로 결정하였을 때 중개 요청을 받았다. 이것은 미국이 처음부터 하려고 했었던 것이었기에 중개자는 당사자들이 접촉해서, 세부적인 해결안을 마련하도록 돕는 역할을 수행했다. 마찬가지로 이란-이라크 분쟁에서 알제리가 개입한 시기도 적절하였다. 거기에서도, 당사자들은 해결할 준비가 되어 있었다. 더욱이, 이집트가 외교적으로 주도하여 이미 기반을 닦아 놓았고 유엔 사실조사 및 중개단의 적극적인 지원이 있었다.

중개 제의가 시의적절하면, 이전 단계에 관여했거나, 여전히 배후에 있을 수 있

---

29) 아르헨티나 지휘부의 경우 "전투에서 패배하는 것이 불명예보다 더 나았다"고 하는 지적도 있었다. "이 경우, 앵글로-색슨족의 물질주의적 상식과 *남성우월주의*(*machismo*)와 *체면중시*(*dignidad*)를 절대적 요건으로 간주했던 아르헨티나는 서로 맞지 않았다." Cohen, "Cultural aspects" (n. 16) p.120 참조.

는 제3자들의 노력을 활용할 수도 있을 것이다. 예컨대, 카슈미르 분쟁 교섭에서, 양측은 합의 실패시, 이 분쟁이 안보리에 회부되리라는 것을 알고 있었다. 그 경우에, 소련의 태도가 매우 중요했을 것이고, 앞서 보았듯이, 코시긴(Kosygin)은 중개자로서 상당한 교섭력을 갖게 되었다.

해결수단이 소진되거나 분쟁 악화의 위험성과 같은 다른 요소가 중개자에게 도움이 될 수 있다. 따라서 카슈미르 분쟁과 쿠츠 지역(Rann of Kutch) 분쟁에서, 당사자들의 군사조치가 이미 있었고, 당사자들이 대안을 모색하고 있었던 점을 이용하여 적기에 중개가 제안되었다. 따라서 이들 분쟁이 시기적으로 중개를 진행하기에 충분히 무르익었다. 그러나 이들 두 분쟁이 상당히 유사했지만, 중개의 효과는 매우 달랐다는 점을 유념할 만하다. 이미 언급하였듯이, 쿠츠 지역 분쟁에서 중개는 결국 구속력 있는 중재로 이어졌다. 그러나 카슈미르 분쟁에서는 정전 합의 이후, 기본문제를 해결하는 데에는 아무런 진전이 없었다. 카슈미르에서처럼, 중요한 이익이 걸려 있는 경우라면 영구적 해결을 이뤄내기보다 잠정적 해결을 교섭하는 것이 일반적으로 훨씬 더 쉬울 것이다. 물론 정전은 아무 것도 없는 것보다는 낫지만, 충치를 임시로 때우는 것처럼, 문제의 근원을 다루기 위한 조치가 없다면, 미래에 훨씬 더 많은 문제가 발생할 수 있다.

이와 관련되는 점은 만약 미래의 절차에 관하여 합의한 경우라도 누군가 해당 합의의 이행을 확보하지 못한다면, 합의의 효력이 없을 수 있다는 것이다. 그러므로 중개자는 "당사자들 나름의 장치에 맡겨 두면, 이들은 합의하자마자 혹은 합의를 이행하게 순간 그러한 합의에서 벗어날 수 있다"는 점을 인식해야 하며, 이렇게 되는 경우를 미연에 방지하기 위하여 중개자의 역할 확장을 모색해 볼 수 있다.[30] 이란-이라크 분쟁에서, 알제리는 1975년 평화조약에 관한 교섭을 감독하였을 뿐만 아니라, 당사자들이 합의했던 혼합위원회를 창설한 후 위원회 협의 동안에도 알제리 대표자가 참석할 수 있도록 하였다.[31] 세 단계 모두에서 제3국이 참석한 결과, 당사자들이 합의를 유지하고, 이전 교섭에서 나타났던 교착상태와 상대국 비방을 피할

30) Touval and Zartman, *International Mediation* (n. 1) p.268.

31) Lieb, "Iran and Iraq at Algiers" (n. 7) pp.83-4.

수 있도록 도와주었다.

알제리 협정 교섭 및 협정을 이행하기 위한 세심한 주의에도 불구하고, 1980년 9월에 이라크는 이란을 공격하여 이전 협정에서 양보했던 영역을 회복하려고 하였다. 이 전쟁은 8년간 지속되었고, 양측이 지쳐서 이번에는 유엔 사무총장이 하는 외부의 중개를 다시 한 번 수락할 준비가 되었을 때에야 종료되었다. 물론, 전쟁이 발발했다는 점을 근거로 1975년 화해 타결을 비난할 수는 없다. 이 화해 타결로써 당시에 가능했던 모든 것을 성취했기 때문이다. 하지만, 두 가지 유형의 잠정 타결 방식이 있는 점을 유념해야 한다. 즉, 카슈미르 협정과 같이, 임시적 타결 이상으로는 아무 것도 의도하지 않았던 것, 그리고 알제리 협정과 같이, 비록 분쟁의 기본적인 쟁점을 다루고 항구적인 것을 의도했지만, 상황의 변화로부터 오는 압력을 견뎌내지 못했던 것이 있다.

때때로, 중개는 부분적인 해결책만 얻을 수 있다. 심지어 당사자들이 근본적으로 양립할 수 없는 입장을 끈질기게 고수한다면, 그 정도의 진전도 불가능할 것이다. 예컨대, 이러한 경우는 당사자들이 기존의 권리를 인정받기보다 정치적 해결이 필요하다는 점을 인정할 준비가 되어 있지 않은 경우이다. *Beagle Channel* 분쟁에서, 칠레가 원래의 중재판정으로 주장 가능한 자국의 관할권 일체를 이행하려고 고집했다면, 사모레 추기경의 제안은 성과를 낼 수 없었을 것이고, 이와 똑같이, Falklands 위기에서 영국이 향후 포클랜드 제도의 법적 지위에 대한 논의를 거부했다면, 중개는 무의미했을 것이다.

이와 동일하게, 중개의 어떠한 해결책도 한쪽이 주 목적을 포기하고 그 대가로 얻는 것이 별로 없는 경우 중개가 효과적이지 않을 가능성이 높다. 이것이 1991년 걸프 전쟁으로 이어진 위기사태가 진행되는 동안의 상황이었다.[32] 1990년 8월 이라크의 쿠웨이트 침공 및 유엔 안전보장이사회의 제재 부과 이후 유엔 사무총장, 프랑스, 소련 및 다수 국가들은 평화적 해결을 도출하기 위하여 여러 가지를 시도하였다. 이러한 모든 시도가 실패했는데, 특히, 그 이유는 이라크의 쿠웨이트 철수가 핵심 요구사항이었고, 이라크는 침략에 대해서 아무런 보상을 받을 수 없었기 때문

32) Freedman and Karsh, *The Gulf Conflict* (n. 5) pp.430-2.

이었다. 이는 이라크에 유인책으로 제시할 수 있는 사항을 명백히 제한했고, 군 철수에 대한 주된 유인책은 철수하면 군사적 충돌의 위협이 제거될 것을 의미했다. 그러므로 아주 처음부터 이러한 위기가 중개로써 타결될 것이라고 생각했던 사람들은 별로 없었다는 점은 놀랄 일이 아니다.

중개는 일방 혹은 쌍방 당사자의 국내정치에서 쟁점이 되는 분쟁의 경우에도 좌초될 수 있다. 정부가 채택한 입장이 후퇴하면 배신행위로 비난받을 수밖에 없는 경우이거나, 분쟁 대상이 너무 감정적이어서 교섭행위 자체가 논쟁을 불러일으킬 수 있다. 어느 일방 당사자의 정부가 불안정하거나 분할된 경우라면 사정은 더 어렵다. 전자의 경우, 정부는 비판에 특히 민감하기 쉬우며, 후자의 경우 지속적인 정책을 수행하기가 불가능할 수 있다. 인질 사건시의 해결이 보여 주듯이 국제분쟁이 국내정치의 주요 쟁점이 되어도 효과적인 중개를 할 수 없는 것은 아니다. 그러나 국내적으로 반향이 큰 경우라면 교섭 과정 중 기밀을 엄격히 유지하는 것이 필수적인 것이 명백하다. 더욱이, 이러한 점에서 다른 분쟁 해결 수단과 동일하게 중개도 한계를 갖기에, 이러한 유형의 일부 사례에서 보면, 각 당사자의 입장차가 너무 커서 도저히 좁힐 수 없을 정도이다.

따라서 중개가 효과적인 경우는 당사국들이 중개의 효과를 원하는 경우일 때뿐이다. 그리고 이는 대체로 당사자들이 당면한 사정에 좌우된다. 이 점이 중개의 유용성을 크게 제한하지만, 균형잡힌 시각을 갖는 것이 중요하다. 중개자를 이미 사실상 다 만들어진 합의에 권위를 부여하는 사람 정도로만 보는 것은 완전히 틀린 생각이다. 반대로 중개는 당사자의 대화를 촉진함으로써, 이들에게 정보를 제공하고, 제안을 하며, 이들의 목적을 파악하고 탐색하며, 해결이 가능한 범주를 검토함으로써, 당사자들이 합의로 나아가는 과정에서 중요한 역할을 수행할 수 있다. 비록 성과가 종종 불완전하고, 때로는 실패가 불가피해도, 중개자의 일은 당사자들을 위해서 노력을 아끼지 않으며, 이들이 화답하리라는 것을 신뢰하는 것이다.

제3장

사실심사

Inquiry

03

사실심사

Inquiry

일부 사실문제, 법, 또는 정책에 관한 국가들의 이견이 너무 심각하여 국제분쟁이 발생하는 경우, 해당 사항에 대한 이들의 관점을 조절하기 어렵거나 불가능할 수 있다. 이러한 경우, 당사자 일방이나 쌍방은 자신들의 입장에 대해서 '협상 불가는 아니다'라는 이유로 그에 대해서 논의하는 것을 거부할 수 있다. 혹은 당사자 일방이 자신의 청구를 포기하거나 인내심을 잃고서 무력으로 해결책을 강요하기까지 교섭이 수년간 지체될 수 있다. 이 결과, 주선이나 중개의 지원을 받는다고 해도, 교섭은 모든 국제분쟁을 해결하는 적절한 수단으로 간주될 수 없다.

국가의 경우, 개인과 마찬가지로, 이해관계 없는 제3자가 분쟁에 투입되어서 당사자들에게 객관적인 평가를 제공할 때, 교착상태가 발생할 위험이 크게 줄어드는 점은 경험으로 알 수 있다. 국제적으로 이러한 성과를 얻기 위한 방법이 많이 개발되었다. 그러한 방법 중에서 이번 장에서 다룰 것은 '사실심사'로 불리는 것이다.

전문용어로서 '사실심사'는 서로 구분되면서도 관련되는 두 가지 의미로 활용된다. 넓은 의미에서, 사실심사는 재판소 등의 기관이 사실에 관한 다툼이 있는 쟁점을 해결하려고 할 때마다 수행하는 과정을 말한다. 대부분의 국제분쟁에서 법적·정치적 문제가 있어도 사실에 관한 다툼이 발생하기에, 운용면에서 사실심사는 종종 중재, 조정, 국제기구의 조치 및 그 밖의 제3자적 해결방법을 구성하는 주된 요소가 되는 것이 분명하다.

유엔, ICJ 등 기관들의 업무에서 사실심사가 차지하는 위치는 뒤의 장들에서 살펴볼 것이다. 우리가 이 장에서 관심을 갖는 사항은 사실심사의 다른 측면으로서, 어느 재판소든지 업무로서 수행해야 하는 과정이 아니라, 국가들이 일부 분쟁사안을 독립적으로 조사하기를 원하기 때문에, 중재나 다른 기법들보다 선호하는 구체적인 제도적 방식이다. 그래서, 제도적 측면에서, 사실심사는 사실심사위원회로 알려지고 1899년 헤이그 협약으로 소개된 특정한 유형의 국제판정부를 의미한다.

1899년 헤이그 협약

1898년 2월 15일, 아바나 항구에 정박해 있던 미국 전함 *Maine*호가 폭발로 파괴되면서, 사관과 선원 259명이 사망하였다.[1] 미국과 스페인의 관계는 이미 경색된 상태였고, 미국은 *Maine*호 참사가 유럽 국가의 소행이라고 확신하는 데 주저함이 없었다. 비록 스페인이 책임을 부정하였고 스페인이 구성한 사실심사위원회는 폭발의 원인이 선박 내부에 있었다고 판단하였지만, 이에 대응해서 미 해군 인사로 구성된 또 다른 위원회는 *Maine*호가 잠수함 기뢰로 인해 파괴되었다고 판단하여 미국의 의혹이 확인되었다.

*Maine*호 사건이 추후 발생한 미국-스페인 전쟁의 근본원인이었다고 하는 것은 잘못이겠지만, 실제로는 증거 해석에 대한 이견에 지나지 않았던 것이 전쟁을 촉발하는 효과를 가졌던 점은 1899년 헤이그 평화회의에 참가한 각국 대표들에게 깊은 인상을 남김으로써 이들이 국제분쟁에서 사실확인이라는 문제를 진지하게 주목하게 되었다. 이 회의에서 논의된 핵심 사항은 *Maine*호 사건에서 전혀 만족스럽지 않았던 국가별 사실심사위원회를 국제위원회로 대체해서 국제분쟁의 사실과 정황을 공정하게 조사하도록 하자는 러시아 대표단의 제안이었다.

논의를 통해서 드러난 여러 의구심 중에서, 일부 소국들이 가졌던 두려움은 사실심사위원회가 외국의 간섭을 은폐하는 수단이 될 수 있다는 것이었기에, 결국 회의

1) *Maine*호 사건의 세부사항에 대해서는 *Annual Register*, 1898, pp.362-3 참조.

에서는 여러 가지 중요한 조건들이 충족되면 그러한 위원회를 수락할 수 있도록 하자는 데 합의가 되었다. 이들 조건들은, 사실심사위원회는 '존엄이나 필수적 이익과 무관한' 분쟁에만 활용된다는 점, 사실 문제만 다루고, 법률문제는 다룰 수 없다는 점, 그리고 마지막으로 위원회 설치와 위원회가 판단한 사항의 이행 어느 쪽도 의무사항이 아니라는 점이다. 이러한 제한 하에, 1899년 헤이그 협약의 6개 조문에서 사실심사위원회의 설치와 운영방식을 개괄하였다.2) 이 규정들의 가치는 곧 드러났다.

Dogger Bank 사실심사

1904년 10월 9일 이른 시각에, 러시아군 함대가 러일전쟁에 참여하기 위해 발트해에서 극동으로 가는 길에 자신도 모르는 사이에 도거 뱅크 주변의 헐(Hull) 지역 어선단 안쪽으로 들어갔다. 혼란이 이어지면서, 러시아 제독은 그 지역에 있다고 소문이 났던 일본 어뢰선이 자신을 공격하고 있다고 잘못 생각하고서 발포 명령을 내렸다. 약 10분간 계속된 발포로 상당한 피해가 발생했다. 저인망 어선 중 한 척이 침몰되었고 다른 선박 5척은 파손되었으며, 선원 두 명이 사망했고 여섯 명이 부상당하였다.3)

사고 소식이 영국에 전해지자 감정이 고조되었고, 러시아 군함을 차단할 준비가 되었다. 러시아 군함은 자신의 착오를 알지 못한 채 그 즈음 지브롤터에 접근하고 있었다. 사안이 더 악화되기 전에, 영-러 관계의 파국을 어떻게든 피하고자 했던 프랑스가 적극적인 외교행위로써 양국이 헤이그 협약에 따라 사실심사위원회를 설치하도록 설득했다.

1904년 11월에 설치된 사실심사위원회는 양 당사국 출신 제독 1인과 프랑스, 오스트리아-헝가리 그리고 미국 출신 제독 각 1인으로 구성되었다. 위원회에 위임된 권한은 다음과 같았다.

---

2) Hague Convention for the Pacific Settlement of Disputes, 1899, Arts. 9-14; A. Eyffinger, *The 1899 Hague Peace Conference*, The Hague, 1999, 제10장 참조.

3) 이 사고의 전말 그리고 로제스트벤스키(Rojdestvensky) 제독의 운명에 대해서는 R. Hough, *The Fleet that Had to Die*, London, 1975 참조.

> 북해(North Sea) 사고와 관련된 모든 정황, 특히 책임소재, 그리고 사실심사를 통해서 책임이 확인될 경우 양국 국민 또는 제3국 국민이 부담할 잘잘못의 정도를 조사하여 보고하는 것[4]

위원회는 두 달 동안 증인 심리 그리고 보고서 준비를 진행했고 해당 보고서는 1905년 2월에 제출되었다. 이 보고서에서 위원회는 저인망 어선 사이나 근처 어느 곳에서도 어뢰정이 없었다고 판단했다. 따라서 러시아 제독이 발포를 명령한 것은 전혀 정당성이 없었다고 결론내렸다. 그러나 보고서에서는 위원회 위원들의 의견에 따르면, 이러한 판단은 '로제스트벤스키 해군 제독 또는 제독의 전대 소속원의 군사적 자질이나 인간성을 폄훼하려는 성격'이 아니라는 점이 추가로 언급되었다.[5] 양 당사자가 보고서를 수락한 후, 러시아는 영국에 손해배상 방식으로 65,000파운드를 지불했고 이 사건은 종결되었다.

Dogger Bank 사례는 분쟁 해결수단으로서 국제사실심사위원회가 갖는 장점을 극명히 보여준다. 만약 해당 사안을 두 개의 국가별 사실심사 방식으로 조사했다면, *Maine*호 사건에서처럼 반대되는 결론에 도달함으로써 문제를 악화시켰을 것이 거의 확실하다. 비록 그러한 결과로 인해서 필경 전쟁이 발생했을지는 의문의 여지가 있지만, 영국이나 러시아 어느 쪽도 그러한 단계를 미리 상정하지 않았기에 사실심사위원회를 설치하기로 결정함으로써, 상당히 민감성 높은 사안과 관련된 분쟁이 통제 불가능한 상태가 될 수 있는 위험을 제거하는 효과가 있었다.

이 점에서, 사실심사는 만약 실제로 정책 사이에 충돌이 없다면, '명예'와 '필수적 이익'이 결부된 분쟁마저도 사실심사 절차에서 다뤄지기에 적절하다는 점도 보여주었다. 사실상, 해당 사안의 민감성 자체 때문에 긴장완화 방법으로서 사실심사를 신속히 마련하도록 했던 것이 분명하다.

다른 측면에서도, 위의 사실심사는 헤이그 협약에서 예정했던 양식에서 벗어났

---

4) Declaration between Great Britain and Russia, relating to the constitution of an international commission of inquiry on the subject of the North Sea incident, signed at St Petersburg, 12/25 November 1904, Art. 2. J.B. Scott, *The Hague Court Reports*, New York, 1916, p.411. 프랑스어 원문은 *ibid.*, 614 참조.

5) *Ibid.*, 410.

다. '잘잘못'을 가려야 할 의무로 인하여 위원회는 사실확인 기능뿐만 아니라 중재 판정부 기능까지 맡게 되었던 것으로 보인다. 위원회를 구성했던 제독들은 정말 현명하게도 자신들 업무에서 이러한 측면을 덜 중시하고자 했고, 법적으로는 다소 모호한 의미를 갖는 결정에서[6] 나중의 경험으로 확인되었듯이 분쟁 해결을 위해서, 법적 쟁점과 사실적 쟁점은 항상 엄밀히 구분될 필요는 없다는 점을 보여 주었다.

또 하나의 측면에서, *Dogger Bank* 사례는 중요하다. 위원회는 조사를 시작하기 이전에 절차 규칙을 결정하느라 소중한 시간을 허비했다. 장래에 위원회가 업무를 신속히 수행할 수 있도록, 1907년 헤이그 협약에서는 1899년 협약에서 다소 개괄적으로 규정했던 조문을 확장하여 여러 개의 조문을 위원회 구성과 절차 관련 사항에 할애하였다.[7] 결과적으로, 다음 번 국제사실심사위원회가 소집되었을 때 바로 이러한 새로운 방식이 활용되었다.

1907년 헤이그 협약의 사실심사

신 협약에 따른 첫 번째 사건은 1911년에서 1912년 사이의 터키-이탈리아 전쟁 중 튀니지 연근해에서 발생한 일련의 사건에 관한 것이다. 프랑스는 이 전쟁에서 중립국이었지만, 이탈리아 정부는 프랑스 선박이 터키 전시금제품 수송에 관여했다고 강하게 의심하였다. 이탈리아 해군이 프랑스 선박을 나포한 결과 이미 2건의 분쟁이 발생하여 중재에 회부된 상태였고,[8] 1912년 1월 25일 프랑스 우편선 *Tavignano*호가 나포되고 다른 배 두 척이 이탈리아에 따르면 공해상에서 그러나 프랑스에 따르면 튀니지 영해에서 폭격당하자 이 사안은 1907년 협약에 따라 사실심사위원회에 회부하기로 합의되었다.

---

6) 이 사건에 대한 학술적 평가를 잘 요약하고 분석한 것으로는 N. Bar-Yaacov, *The Handling of International Disputes by Means of Inquiry,* Oxford, 1974, pp.72-81. 아울러 R.N. Lebow, "Accidents and crises: the Dogger Bank affair"(1978), 31 *Naval War College Review* 66 참조.

7) Hague Convention for the Pacific Settlement of International Disputes, 1907, Arts. 9-35. 주석서로는 Bar-Yaacov, *Inquiry* (n. 6) 제4장 참조.

8) 중재에 회부된 프랑스-이탈리아 분쟁은 *Carthage*호 사건과 *Manouba*호 사건이다. 1913년 5월 6일 중재판정에 대해서는 Scott, *Hague Court Reports* (n. 4), p.330 and p.342 참조.

프랑스, 이탈리아, 영국 해군 장교로 구성된 위원회의 주된 질문은 논란 대상인 사건 발생 장소가 정확히 어느 곳인지를 결정하는 것이었다. 이 점에 관하여 증거들이 크게 상충되는 점을 해결하기 위하여, 위원회는 증인 신문과 문서 검토에 국한하지 않았고 사고 현장을 방문하기도 했다. 그러나 만장일치로 채택된 보고서에서, 위원회는 사건 발생 지역을 대강 표시하기로 결론지었다.[9] 위원회의 판단에 따르면, 비록 *Tavignano*호가 튀니지 수역에서 나포되었을 수도 있고 그렇지 않을 수도 있지만, 명확히 포격 사고가 있었던 점은 분명하였다.

사실심사위원회를 설치하기로 하는 결정에 수반해서, 다음 단계는 분쟁의 법적 측면을 중재에 회부하도록 상정하는 합의가 있었다. 위원회 보고서 수령 이후, 이러한 취지의 결정이 내려졌다. 그러나 이 사건이 심리되기 전에, 이탈리아 정부가 이 청구를 만족시키기 위하여 5,000프랑을 지불하기로 합의하면서, 해당 쟁점은 법정 외에서 타결되었다. *Dogger Bank* 사건이 폭발적인 사태를 진정시킨 점에서 사실심사의 가치를 보여 줬다면, *Tavignano*호 사건은 다른 상황에서 나중에 진행된 중재의 근거로서 사실심사가 어떻게 활용될 수 있는지를 보여 주었다.

사실에 관한 다툼이 있는 쟁점을 사실심사위원회에 맡김으로써, 당사자들은 필요한 전문지식을 가진 판정부가 가장 빠른 시점에 증거를 검토할 수 있도록 하였다. *Tavignano* 위원회 구성은 이전 위원회와 마찬가지로 당시 수행할 작업을 수행하는 데 이상적이었고, 1907년 협약 규정으로써 절차적인 쟁점을 해결해야 하는 수고를 덜었으며, 한 달도 안 되는 기간에 조사를 마칠 수 있었다. 앞에서 살펴 보았듯이, 비록 이 위원회는 중요한 쟁점을 미해결 상태로 둘 수밖에 없었지만, 프랑스와 이탈리아 정부는 위원회의 업무에 충분히 만족했고, 중재협정에서 위원회 보고서를 활용하도록 하는 규정을 포함시켰다.

역설적으로, 이 분쟁을 최종적으로 해결한 것은 중재가 아니었다는 점도 중요하다. 왜냐하면, 비록 사실확인이 중재의 선결적 단계로서 예정될 수 있고 그러한 방식으로 기능할 것이 분명하지만, 실행상 헤이그 협약 지지자들이 예견했듯이, 사실관계 또는 그 일부만 규명되더라도 교섭을 통한 해결을 도모하는 데 충분하다는 것

9) Scott, *Hague Court Reports* (n. 4) p.413.

을 보여주기 때문이다.

1907년 협약에 따라 열린 다음 번 사실심사는 이전 사건과 다르지 않은 사태에 관한 것이었다. 1917년 5월 7일, 제1차 세계대전 중에 독일 잠수함이 노르웨이 선적의 *Tiger*호를 추격하여 스페인 북부 연근해에서 침몰시켰다. *Tavignano*호 사고에서처럼, 정당화 근거로서 제시되었던 것은 중립국 선박이 전시금제품을 운송하였다는 것이었고, 중요한 질문은 선박의 위치였다. 이번에도 중립국 스페인은 자국의 영해에서 나포가 일어났다고 주장하였고, 독일은 이 사건이 공해에서 발생했다고 주장했다.

오랜 외교교섭 이후, 스페인과 독일은 1907년 협약에 따라 사실심사위원회를 설치하고, 중요한 사건들의 발생장소를 결정하는 업무를 맡기기로 합의하였다. *Tiger* 위원회는 이전 위원회와 마찬가지로 분쟁 당사국 출신의 해군 장교와 중립국(이 사건에서는 덴마크) 출신 위원장으로 구성되었다. 다시 한 번, 선박의 항행에 관한 증거가 첨예하게 충돌하였고 위원회는 정확히 무슨 일이 발생했는지를 결정내리는 것이 대단히 어렵다는 것을 경험했다. 그러나 결국 *Tiger* 위원회는 선박 추적과 나포는 스페인의 수역에서 발생했다고 결론내렸다.[10)]

*Tiger*호 사실심사는 비록 많은 측면에서 이전 사건과 유사하지만, 흥미로운 점이 몇 가지 있다. 이 사건은 국제사실심사의 당사국들이 위원회 보고서의 구속력을 사전에 합의했던 첫 번째 사건이었다. 이처럼 헤이그 협약에서 벗어남으로써 관련 국가들이 분쟁 해결을 달성하고자 사실확인 과정을 활용하기로 결정한 점이 부각되었고, *Dogger Bank* 위원회의 권한위임사항에 법적 질문을 포함시켰던 것과 같이, 적절한 상황에서 사실심사 절차가 중재를 대체하는 기능을 충분히 수행할 수 있을 정도로 얼마나 유연한지를 보여 주었다.

그러나 위원회 결정의 구속성으로 인해서 *Tiger*호 사실심사 절차는 일면 중재에 근접했지만, 위원회가 증거를 처리하는 방식은 사실심사 절차의 독특한 특징을 강조하는 데 도움이 되었다. 특정 시점에 잠수함과 피해 선박의 위치에 관한 증거는

---

10) Bar-Yaacov, *Inquiry* (n. 6) pp.156-71 참조. 위원회 보고서는 출간되지 않았다. 관련 문서는 헤이그 소재 상설중재재판소 도서관에 있다.

해석하기가 극도로 어려웠다. 일부 이러한 이유는 *Tavignano*호 사건에서 이미 드러났듯이 바다에서 선박의 위치는 엄밀히 그리고 사건 발생 이후에 결정하는 것이 종종 어렵기 때문이었다. 또한 이전 사건과 달리, 사고 발생 이후 사실심사까지의 시간이 경과하면서 후속 작전에서 모두 소실되어 버린 대상 잠수함과 그 선원, 그리고 핵심적인 항해일지를 포함하여 매우 중요한 증거들이 파괴되었기 때문이었다. 이러한 상황에서 중재를 진행할 경우, 증명책임 부담에 관하여 상당한 논란이 발생했을 것으로 예상되었다. 사실심사위원회는 중재재판소가 아니라는 점으로 인하여 위원회는 지극히 첨예한 법적 쟁점을 다루지 않은 채 증거를 평가해서 종국적으로 분쟁을 해결할 수 있었다.[11)]

마지막 사건도 독일 잠수함과 관련되었다. 1916년 3월 16일, 네덜란드 증기선 *Tubantia*호가 공해에서 어뢰에 맞아 침몰되었다. 네덜란드 정부는 이 침몰이 유보트(U-boat) 소행이었으며 네덜란드가 중립국이었기 때문에 독일이 금전배상을 해야 한다고 주장하였다. 반면, 독일은 식별 가능한 어뢰 파편이 수거되었기에 자국의 어뢰로 인해 침몰된 사실을 부정할 수 없었음에도, 문제의 어뢰는 사실상 영국 구축함을 향해 발사되었지만, 명중하지 못했던 것이 물에 떠 있다가 10여일 후 *Tubantia*호를 침몰시켰던 것이 분명하다고 주장하였다.

전쟁 종료 후, 양국 정부는 침몰 원인을 밝혀 내기 위한 목적으로 사실심사위원회를 설치했다. 위원회는 덴마크, 스웨덴, 네덜란드 및 독일 출신 해군 장교와 스위스 법률가를 위원장으로 하여 구성하였으며, 다양한 증인과 전문가를 심리하였고 1922년 2월 보고서를 제출하였다.[12)] 이 보고서에서, 위원회는 *Tubantia*호가 사실상 잠수함 공격의 피해를 당했다고 결론지었다. 비록 위원회는 어뢰 공격이 고의였는지 아니면 착오의 결과였는지를 결정할 지위에 있지 않다는 점을 조심스럽게 추가했지만, 독일에 책임이 있다는 점을 분명히 판단하였다. 독일 정부는 보고서의 결론

---

11) 증명책임 부담이 가질 수 있는 중요성은 해당 쟁점을 상세히 검토했던 독일측 위원의 개별 의견에서 명확하다. 이러한 증거 요소가 사실심사위원회 업무에서 갖는 일반적인 중요성에 대해서는 다음 문헌에 담긴 다윈(H. Darwin)의 평석 참조. C.M.H. Waldock(ed.), *International Disputes: The Legal Aspects,* London, 1972, p.169.

12) J.B. Scott, *The Hague Court Reports* (Second series), New York, 1932, p.135.

을 수락하였고, 청구를 만족시키기 위하여 네덜란드 정부에 배상금 650만 플로린을 지급하였다.

이 사건은 사실심사위원회가 위원으로 법률가를 포함시켰던 첫 번째 사건이었다. 비록 이 위원회는 자신의 위임권한을 넓게 해석하여, 조사 대상인 '사실'에 고의와 동기에 관한 질문을 포함시켰지만, 이 사건에서는 특별히 결정해야 할 법적 쟁점이 없었다는 점은 분명하다. 그러므로 위원회에 법률가를 포함시킨 것은 조사 대상인 사안의 심각성(사실상 형사고발)을 반영하고, 매우 다양하고 기술적인 증거가 이례적으로 많았다는 점에서 당사자들이 법률가로서 자격을 갖춘 위원장이 반드시 필요하다고 여겼다는 점을 보여 준다고 할 수 있다.[13)]

*Tubantia*호 사실심사는 그 절차가 중재를 닮았다는 점에서도 주목할 만하다. 왜냐하면, 이미 보았듯이, 비록 법적 쟁점이 다투어지지 않았고, *Tiger*호 사실심사와 반대로, 당사자들이 사전에 위원회 보고서를 수락하기로 약속하지 않았지만, 준비서면 교환과 구술증거의 처리는 둘 다 헤이그 협약의 사실심사 규정보다는 사법절차를 더 연상시켰기 때문이다.

1911년에서 1940년 시기 조약 실행

*Tubantia*호 사건에서 명백히 드러났듯이, 국가들이 헤이그 협약 양식에서 벗어나고자 열망했던 것은 대서양 반대편에서 이미 이루어진 다수의 중요한 발전의 영향을 받았기 때문이었다. 1911년에, 미국은 프랑스 그리고 영국과 조약을 교섭하였고, 이 조약에서는 당사자간 모든 이견 혹은 논란사항을 중재 혹은 공동사실심사위원회에 회부하도록 규정하였다. '테프트(Taft) 혹은 녹스(Knox)' 중재조약으로 알려진 이들 조약에서 위원회의 구성과 절차는 일반적으로 1907년 헤이그 협약의 관련 조항들이 규율하도록 규정하였다. 하지만, 헤이그 협약에서 이탈한 두드러진 사항으로서, 새로운 조약에서는 조사 대상이 될 수 있는 분쟁의 종류를 제한하지 않았으며, 위원회가 사실확인뿐만 아니라 권고할 수 있는 권한도 가졌고, 더 나아가, 어느 분

13) Bar-Yaacov, *Inquiry* (n. 6) p.178.

쟁이 중재의 대상이 될 수 있는지 여부에 대하여 위원회가 내린 결정은 당사자들을 구속하도록 규정하였다.

1913년에서 1940년 사이, 미국은 브라이언 제 조약(Bryan treaties)으로 알려진 일련의 조약들을 체결하였는데, 이 또한 헤이그 협약을 근거로 하였다. 이들 조약에서는 대상을 제한하지 않았으며, 권고를 내릴 권한을 부여하지 않았지만, 조약에서 규정한 위원회는 임의적이 아니라 영구적인 기관이 되도록 하였다는 점에서 또 한번 혁신적인 사항을 규정하였다. 초창기 브라이언 제 조약에 자극 받아서 아르헨티나, 브라질, 그리고 칠레는 1915년에 소위 ABC 조약을 체결했고, 영국은 1919년에 브라질 그리고 칠레와 다소 유사한 조약을 체결했으며, 1923년에 미주 16개국들은 동일한 취지에서 사실심사 방식을 담은 곤드라(Gondra) 조약을 체결하였다.[14)]

비록 매우 광범위하지만, 방금 기술한 조약 실행으로써 헤이그 협약으로 생성되었던 것과 같은 일련의 사실심사는 발생하지 않았다.[15)] 그러나 그러한 의미에서 그 중요성은 무시할 정도이지만, 그러한 조약 실행은 분쟁 해결 발전의 중요한 단계를 표방한다. 왜냐하면, 이들 조약들은 추후 발전에 필수적인 세 가지 원칙을 일찌감치 인정했기 때문이다. 즉, 영구적 혹은 상설적인 위원회는 *Dogger Bank* 위원회와 같은 임의기구에 비해 상당한 장점을 갖는다는 점, 조사 가능한 분쟁 유형이 제한되지 않아야 한다는 점, 그리고 위원회가 분쟁 해결에 기여할 수 있는 바는 위원회가 권고할 수 있는 권한을 갖게 됨으로써 증가할 수 있다는 점이다. 다음 장에서 살펴보겠지만, 이들 요소들이 마침내 합쳐지면, 그 결과물은 조정으로 알려진 제도적 기술이 된다.

---

14) D.V.B. Galeano, "The Gondra Treaty"(1929), 15 *Grotius Soc. Trans.* l.

15) 테프트 조약은 전혀 발효하지 않았고 브라이언 제 조약에서 규정한 절차는 이제까지 *Letelier and Moffitt* 사건(1992)에서 단 한번 활용되었다. 이들 조약과 그 의미에 대한 논의에 대해서는 Bar-Yaacov, *Inquiry* (n. 6) pp.113-17; J.-P. Cot, *International Conciliation*, London, 1972, pp.66-74 참조.

*Red Crusader*호 사실심사

1922년 *Tavignano*호 사실심사 이후, 거의 40년이 경과된 후에서야 다음 번 국제 사실심사위원회가 설치되었다. 이는 영국과 덴마크가 1961년 *Red Crusader*호 사건을 조사하기 위해 설치했던 사실심사였다.

앞서 살펴 본 다른 사건들과 같이, 이 사고도 바다에서 발생하였다. 1961년 5월 29일. 덴마크 어업보호선 *Niels Ebbesen*호는 패로 제도(Faroe Islands) 근처에서 어구(漁具)를 물 속에 두고 있던 영국 저인망 어선 *Red Crusader*호와 마주쳤다. 덴마크 함장은 불법조업 혐의로 해당 저인망 어선을 정선시켰고, 자신의 선원 중 2명을 어선에 승선시켜 나포하고자 하였다. 패로 섬의 항구로 가는 도중에, *Red Crusader*호 선원이 경비대원을 무력화시키는 데 성공했고, 항로를 돌렸다. 덴마크 어업보호선의 추격을 받은 저인망 어선이 실탄사격을 받아 뱃머리, 돛대, 무선 안테나 그리고 레이더 시설이 파손되었다. 영국의 호위함이 현장에 도착했고 억류되었던 덴마크인들이 자기들 선박으로 귀환했으며, 선박 세 척 모두 애버딘 항구로 향했다.

뒤 이은 외교교섭에서 덴마크 정부는 이 사고를 심각히 보았다는 점이 분명했다. 특히, 영국 저인망 어선이 나포되어야 할 경우, 덴마크인이 비무장 상태로 승선해야 긴장을 줄일 것이라고 영국 정부가 사전에 요청했기에, 덴마크 쪽에서 비무장했기 때문이었다. 분쟁을 해결하기 위해, 영국과 덴마크는 몇 번의 교섭 이후, 사고를 수사하기 위한 사실심사위원회를 설치하기로 마침내 합의하였다.

위원회는 벨기에, 프랑스 출신의 저명한 국제법 전문가와 네덜란드 항만청장의 3인으로 구성되었다. 위원회의 권한위임 사항은 다음 사항을 조사해서 양국 정부에 보고하는 것이었다.

> (i) 1961년 5월 29일 밤 영국 저인망 어선 *Red Crusader*호를 나포하기까지의 사실관계로서, 1959년 4월 27일 교환각서로 설정한 패로 제도 주변 어업 규제에 관한 양국 정부 사이의 협정에 부속한 지도의 청색선(blue line) 내에서 *Red Crusader*호가 조업 중이었는지 여부, 혹은 어구를 인양하여 보관하지 않은 상태였는지 여부를 포함함.

(ii) 나포 상황, 그리고

(iii) 그 이후 *Red Crusader*호가 애버딘 항구에 도착하기 이전에 발생한 사실관계와 사고[16)]

이 위원회는 영국과 덴마크가 제출한 서면 입장서를 접수했고, 헤이그에서 구술심리를 열었다. 1962년 3월 상당한 양의 보고서가 당사국들에 배부되었다. 이 보고서에서, 위원회는 사고의 내용인 사건을 상세히 기술하고서, 다음과 같이 주요 결론을 이끌어 내었다.[17)]

1. 비록 *Red Crusader*호가 어구를 인양하여 보관하지 않은 채로 해당 구역 내에 있었다고 해도, 그 배가 금지구역 내에서 조업 중이었다는 점은 증명되지 않았다.
2. *Red Crusader*호는 나포되었지만, 선장이 생각을 바꾸었고, '자신이 처음에 옳게 수락했었던 당국의 관할권에서 탈출하여 회피하려고 시도했다.'
3. 탈출 후 발포할 때, 덴마크 함장은 '적법한 무력 사용의 범주를 넘어섰다'. 왜냐하면, 그 상황에서 '그러한 폭력행위는 정당화'되지 않았기 때문이다.
4. 영국의 해군 장교들은 덴마크 선박과 *Red Crusader*호 사이에 '폭력 발생을 피하기 위해 모든 노력을 다 했다' 그리고 '흠잡을 데 없는' 태도와 행동을 보여 주었다.

이미 살펴 보았던 사건에서처럼, 비록 이 사건의 경우, 위원회 보고서가 배부된 후부터 영국과 덴마크가 자신들의 청구를 상호 포기함으로써 쟁점을 해결하기로 합의하였다고 선언하기까지 거의 일년이 걸렸기에 약간 지체되었지만, 사실심사위원회의 보고서가 분쟁 해결을 촉진하였다.

헤이그 협약에 따른 사실심사는 국가들이 갈망하는 매우 구체적인 유형의 제3자적 해결이 어떻게 해서 순수한 사실심사에 중재적 요소를 가미할 수 있는지를 보여 주었다면, *Red Crusader*호 위원회는 융화 과정이 훨씬 더 진전했다는 점을 보여 준다. 왜냐하면, *Red Crusader*호 위원회의 구성, 절차 그리고 판단이란 측면에서 위원회는 근본적으로 사법적 운영방식이었다.[18)] 위원회 과반수는 법률가였고, 이 판정

16) Exchange of Notes of 15 November 1961, para. (b), UKTS No. 118 (1961, Cmnd No. 1575), 또한 Bar-Yaacov, *Inquiry* (n. 6) p.185.

17) 35 ILR 485 그리고 부속서의 문서 B 참조.

18) Bar-Yaacov, *Inquiry* (n. 6) p.192.

부가 중재재판소였다면, 이처럼 법적 그리고 비법적 전문성이 혼재되어도 전혀 이상하지 않았을 것이다. 더구나, 다수의 중재판정부와 마찬가지로, 그러나 이전 사실심사위원회들과 다르게, 판정부 구성원 누구도 어느 한 쪽 분쟁 당사국의 국민이 아니었다.

*Tubantia*호 사실심사에서처럼, *Red Crusader*호 절차는 서면 단계와 구술 단계로 나뉘었다. 그러나 후자의 경우, 주요한 혁신사항은 중재에서처럼 주요 증인 신문을 위원회 위원이 아니라 당사국 대표들이 수행했다는 점이다. 그에 못지않게 중요한 점은 당사자들이 이전 사실심사위원회 보고서와 달리, 위원회 보고서를 자동적으로 공표하지 않고, 중재판정과 같이 양국 정부의 동의를 받아서 공표하도록 결정한 점이었다.

위원회의 판단은 비록 사고의 사실관계에 주로 치중했지만, 중요한 법적 결정들을 분명히 포함했다. 덴마크 당국의 권한을 *Red Crusader*호의 선장이 '옳게' 수락했다는 점 그리고 나중에 발포했던 것은 "적법한 무력 사용의 범주를 넘어섰다"는 위원회의 판단은 앞서 지적했듯이[19] 법적 판결이며, 이는 이 사건의 다른 특징과 같이 사실심사보다 오히려 중재를 시사한다.

그렇다면 *Red Crusader*호 사실심사와 중재의 차이점은 무엇이었는가? 두 가지 중요한 차이점을 파악할 수 있고 당사자들이 이러한 해결 형태를 선호했던 이유를 설명할 수 있다.

첫째, 사실관계를 확정하는 것이 주된 관심사인 판정부(tribunal)를 설치함으로써 당사자들은 이 사건의 법적 의미 전체를 둘러싸고 논쟁하는 것을 피할 수 있었다. 물론, 당장 중요했던 법적 쟁점으로서 사격의 합법성 여부와 같은 것을 고려해야만 했다. 하지만, 이 사항을 중재에서 다뤘다면 패로 제도 어업 제한의 합법성 여부 또한 논쟁의 대상이 되었을 가능성이 있다. 왜냐하면, 이 쟁점은 당시 영국과 덴마크 사이에서 의견 차가 명확했던 주제였기 때문이다.[20] 따라서 중재가 아니라 사실심

---

19) E. Lauterpacht, *The Contemporary Practice of the UK in the Field of International Law 1962(I)*, London, 1962, p.53.

20) 위원회의 권한위임사항에서 언급된 '청색선'(blue line)은 6해리 어업선으로서, 덴마크가 이 한계선 바깥에서 영국이 조업할 권리를 인정한 것에 대응해서, 영국은 이를 1959년 협정에

사위원회를 활용하여 해당 사항을 처리함으로써, 양국은 지체없이 현안 문제에 대한 해결책을 확보하고 더 넓은 근거에서 내린 사법판단이 갖는 선례로서의 의미를 획득할 수 있었다.

둘째, 절차는 사실심사 형식이었기 때문에 그 결과는 판정이 아니라 보고서였다. 양측 모두에게 잘못이 있다는 위원회의 판단에도 불구하고 보고서의 효과에 관한 질문의 답은 당사자들이 좌우하게 되었다. 그리하여, 이들이 해결에 합의하기까지 거의 1년이 걸렸다는 점은 이러한 측면에서 법적 구속력이 있는 중재판정으로서 손해 또는 그 밖의 다른 구제수단을 명시했다면, 아마도 더 신속히 해결책이 나왔었을 것이라는 점을 시사한다. 그러나 이러한 지체도 정부들이 비교적 사소한 분쟁에서도 행동의 자유를 중시하는 점 그리고 그 결과로서, 이러한 요구를 포섭하는 수단으로서 사실심사 절차의 유용성을 상기시켜 준다.

Letelier and Moffitt 사건

*Red Crusader*호 사실심사 후 거의 30여 년이 지나서야 *Letelier and Moffitt* 사건의 결정이 내려졌다. 이는 브라이언 제 조약(Bryan treaties) 중 하나에 근거해서 설치된 위원회로서 처음이자 이제까지 유일한 조사 사건이다.

이 사건이 일어났던 상황은 이례적이고 이로 인해서 이 위원회의 업무와 이전 위원회의 업무를 구분하는 여러 가지 특징이 생겼다. 분쟁은 1976년 자가용차에 설치되었던 폭탄이 워싱턴DC에서 폭발하여 전임 칠레 외무장관 레텔리에(Orlando Letelier)가 살해되면서 시작되었다. 이 폭발로 인해 같은 차를 타고 이동 중이던 미국인 모피트(Moffitt) 부부 중 부인이 사망했고 남편은 중상을 입었다. 망인의 남편 모피트, 레텔리에의 상속인과 망인의 친인척들이 칠레에 폭발 책임이 있다고 주장

서 인정했다. 하지만, 1961년경, 덴마크는 이러한 약속 조치를 수정하고자 했고, 1962년에 이전 협정을 일방적으로 종료시킨 후 1964년 3월에 12해리 한계선을 설정하였다. 이 사례와 당시 전개상황에 관한 검토로는 D.H.N. Johnson, “European fishery limits” in *Developments in the Law of the Sea 1958-1964*, British Institute of International and Comparative Law Special Publication No. 6, London, 1965, pp.48-92 참조.

하면서, 미국에서 칠레를 상대로 소송을 제기했다. 주권면제 주장이 배척된 후, 청구가 인정되었고, 원고들에게 손해배상금으로 약 5백만 미국 달러를 지급하도록 판결되었다.[21] 그러나 판결은 이행되지 않았고, 그 후 미국 법원은 칠레의 국적 항공사 자산에 대한 집행을 확보하기 위한 시도를 배척하였다.[22]

1988년에 미국은 이 사건으로 인한 사망 및 상해와 관련하여 칠레를 상대로 국제청구를 제기하였고, 이후 양국 간 1914년 브라이언-수아레즈 무지카(Bryan-Suárez Mujica) 조약[23]의 규정을 원용하였다. 비록 칠레는 그 사고에 대한 책임을 부인했지만, 피해자 가족을 대표하는 미국에 *위로금(ex gratia)*을 지급할 준비가 되어 있다는 점을 보여 주었다. 이러한 양보를 감안해서, 미국과 칠레는 1990년 협정을 체결했고, 이 협정에서 칠레는 만약 자국의 책임이 증명된다면 지급해야 할 총액에 상당한 위로금을 지급하기로 합의하였다.[24] 이 협정에서는 지급할 금액을 1914년 조약에 따라서 설치된 위원회가 결정하기로 하였고, 이것이 결정해야 할 유일한 질문이라고 규정하였다.

이 협정에 첨부된 *특별협정(compromis)*으로 임명된 5인 위원회는 베네수엘라 출신 ICJ 판사 아길라 모슬리를 위원장으로 하고, 양 당사자 국적의 각 1인을 포함한 다른 4명의 법률가로 구성되었다. 위원회는 미국과 칠레로부터 서면 입장서를 접수하였고, 당사국들의 요청에 의해 미주인권위원회가 제공하는 시설을 이용하였다. 1992년 1월에 내려진 결정에서 위원회는 보상 문제와 관련해서 수많은 법적 및 사실적 쟁점을 검토했으며, 여러 가지 개별 청구들을 고려한 후, 만장일치로 총 250만 미국 달러를 약간 상회하는 금액을 지급하도록 결정하였다.[25]

당사국들의 원래 의도에 따라서, 이 결정으로 분쟁이 유효하게 해결되었다. 당사국들은 이미 위원회의 결정을 구속력 있는 것으로 취급하기로 합의하였고, 결정이

---

21) 63 ILR 378. 88 ILR 747도 참조.

22) 79 ILR 561.

23) Treaty for the Settlement of Disputes that May Occur between the United States and Chile, 1914, US Treaty Series No. 621.

24) Chile-United States: Agreement to Settle Dispute Concerning Compensation for the Deaths of Letelier and Moffitt, 1990, (1991) 30 ILM 422.

25) 88 ILR 727. (1992) 31 ILM 1도 참조.

내려진 후 한 달 이내에 칠레는 결정금 전액을 지급하여 피살자 친인척들에게 분배되도록 하는 데 합의하였다는 점을 기억해야 할 것이다.

*Red Crusader*호 사건에서처럼, 이 사건에서 위원회가 맡은 업무는 본질적으로 재판이었고, 이 점은 위원회의 업무 각 단계에서 드러났다. 위원회 구성원에는 저명한 국제법 전문가들이 포함되었고, 비록 쟁점의 성질상 증인 신문이 필요 없었는데도 당사국들은 사실상 서면 변론서를 제출하였고, 타방의 주장에 대해서 서면으로 의견을 낼 수 있었다. 결국, 결정은 비공개 사항으로 취급하지 않도록 했지만, 결정을 공표하기 위한 방식은 마련되지 않았다.

위원회의 결정은 *Red Crusader*호 사건의 보고서처럼 법적으로 중요한 결정 몇 가지와 사실관계에 관한 수많은 판단을 포함했다. 사실상, 보상 여부가 쟁점인 경우 평가를 규율하는 원칙에서 관련 사실을 파악하기 위한 틀을 제공하기 때문에 법적 결정이 이전 사건에서보다 여기에서 훨씬 더 중요했다. 이러한 측면에서, 특별협정에서는 구체적으로 위원회가 '적용 가능한 국제법 원칙에 따라' 결정하도록 요구했다. 이로써, 위원회는 무엇보다도 상설국제사법재판소가 *Chorzów Factory* 사건에서 내린 결정,[26] 그리고, 비금전적 손실과 관련한 사법재판소와 중재판정부의 실행, 뿐만 아니라 상당한 인과관계와 특별비용에 대한 보상과 같은 질문을 참조하게 된 점은 주목할 만하다. 국제법에 대한 기여의 측면에서 이 사건 판결이 갖는 의의는 비큐나(Orrego Vicuña) 교수의 찬성 의견에서 더 논의되었다.

물론, 위원회는 칠레가 테러행위에 책임이 있다고 결정하지 않았으나, 관련된 총액이 *도의적 차원에서*(*ex gratia*) 지급되었다는 점이 결정의 법적 근거나 논쟁의 진정한 성질에 전혀 영향을 미치지 않는다. 비큐나 교수가 언급했듯이, 당사국들은 전문적인 기술을 활용하여 자신들의 입장을 주장하였고, "법률과 사실 관련 사항은 무엇이라도 당사자들이 절차 진행 중에 정확히 논박했다."[27] 따라서 비록 미국이 원래 1914년 조약을 원용해서 피해자의 죽음을 둘러싼 '사실관계를 조사하여 보고하려고' 했지만, 종국적으로 설치된 위원회는 전통적인 유형의 사실심사위원회라기보

---

26) *Chorzów Factory* case, PCIJ Series A, No. 17.

27) *Orrego Vicuña,* concurring opinion, section 5, 88 ILR 741.

다 구속력 있는 결정을 내리고, 법률과 사실 문제에 대해서 결정하는 면에서 중재재판소에 더 가까운 기능을 하였다. 따라서 *Letelier and Moffitt* 사건을 보면 앞서 언급했던 일반적인 사항으로서 사실심사위원회가 때때로 기대하지 않았던 방식으로 활용될 수 있다는 점, 그리고 특별한 사항으로서 다음 제5장에서 다시 마주하겠지만, 면목을 세워 주는 해결책이 필요할 때, 책임소재와 같은 다른 요소들에 대해서 판단하지 않으면서도 특정 쟁점을 권위 있게 해결하는 데 사실심사 및 중재 같은 절차가 도움을 줄 수 있다는 점을 확인하였다.

사실심사의 가치

앞서 살펴본 사건들에서 분명한 점은 처음 *Dogger Bank* 사건부터 가장 최근의 *Letelier and Moffitt* 사건에 이르기까지, 국제사실심사위원회는 가치 있으나 여전히 궁금증을 유발하는 양면적인 기록을 갖는다는 것이다. 비교적 좁은 범위에서 분쟁을 관리하기 위한 제도로서 헤이그 협약이 예정했던 사실심사는 '명예'와 '필수적 이익'이 명백히 관련된 사건들에서 사실뿐만 아니라 법적 쟁점을 결정하기 위하여 활용되었고, 위원회의 구성과 절차는 원래 고안되었던 심사위원회보다 재판소를 더 많이 닮았다. 반면, 이처럼 사실심사위원회의 역할이 횡적으로 확장되었지만, 기대했던 만큼 그에 상응해서 활발히 이용되지는 않았다. 오히려, 1905년에서 1922년 사이 네 건의 사실심사 이후 1962년 *Red Crusader*호 사건까지 40년의 공백이 있었고, 다양한 조약의 정교한 규정들과 사실확인 절차를 사용하도록 촉구하는 유엔 총회 결의가 있었는데도, 그 이후 단 한 건의 사건만 있었다.[28] 이처럼 외견상 모순되는 경향은 현대사회의 국제분쟁 해결에 대해서 많은 것을 말해 준다.

Dogger Bank 사건 그리고 *Tavignano*호 사건처럼 다양한 분쟁에 사실심사가 활용되었던 것은 주권국가들이 관련되는 경우, 형식보다 기능이 더 중시되는 점을 상기

28) Resolution 2329 (XXII), 18 December 1967; Waldock(ed.), *Legal Aspects* (n. 11) p.175; United Nations, *Handbook on the Peaceful Settlement of Disputes between States*, New York, 1992, ch. 2B.

시켜 준다. 국제분쟁은 그 정황과 대상의 다양성이 무한하기에, 국가들이 수락 가능한 절차를 모색할 때, 사실심사 기능을 *Tiger*호 사실심사의 '순수한' 형태에서부터 중재에 가까운 *Red Crusader*호 그리고 *Letelier and Moffitt* 사실심사에까지 다양한 범위의 제도적 해결책을 제공하도록 변용했다.

그렇다면, 사실심사 절차가 이토록 탄력적인데도, 더 넓게 활용되지 않는 이유는 무엇일까? 이에 대한 답은 더 복잡하다.

첫째 이유는 너무 명백해서 쉽게 간과될지도 모르지만, 때로는 사실을 다양하게 해석할 수 있는 경우 교섭이 더 적합하다는 점이 판명되었기 때문에 사실심사위원회를 설치할 필요가 없다는 것이다. 예컨대, 1999년 5월, 유고연방공화국을 상대로 NATO가 11주 동안 공습작전을 수행하던 중, 미국 비행기가 베오그라드 소재 중국 대사관을 폭격해서, 중국인 3명이 사망하고 20명이 부상당했다. 공습을 기획했던 사람들이 미국 당국이 제공한 부정확한 첩보에 의존해서, 해당 건물을 유고군 기관이라고 생각하고 있었기에 그 공격은 명백한 실수였다. 이 공격에 대해서 많은 논란이 있었고 처음에는 정황이 불분명했기에 이 사안은 원칙적으로 국제사실심사를 통해 조사할 수 있는 것이었다. 그러나 결국, 이 사안은 설명과 사과를 포함한 논의 그리고 미국의 배상금 지불을 통해 해결되었다.[29)]

두 번째는 사실심사가 필요한 경우, 헤이그 협약의 장치를 활용하지 않아도 수행할 수 있는 방법이 많다는 점이다. 국제연맹은 1921년 핀란드와 스웨덴 사이의 *Åland Islands* 분쟁, 그리고 1925년 영국과 터키 사이의 *Mosul* 분쟁을 포함하여 7건의 사건에서 독자적인 사실심사위원회를 설치하였다.[30)] 이들 위원회는 당사자들 대표를 포함하지 않고서, 각 분쟁의 상황을 상당히 자세히 검토하였으며, 일부 사건에서는 조정도 시도하였다. 유엔도 이와 비슷한 방식으로 사실심사를 활용했다. 예컨대, 1982년에 안전보장이사회는 사실확인위원회를 설치하여, 세이셸(Seychelles)에서

---

29) (2000) 94 *AJIL* 127. 그리고 이들 국가들이 포함된 다른 사례에 대해서는 (2001) 95 *AJIL* 630 참조. 이라크가 1987년 페르시아 만에 정박하고 있던 미국 스타크 함(USS *Stark*)을 공격한 것에 대해서 배상금을 지급하겠다고 제의한 것을 미국이 1989년 3월 수락한 것에 대해서는 (1989) 83 *AJIL* 561 참조.

30) Cot, *International Conciliation* (n. 15) p.250.

외국인 용병들이 주도한 쿠데타 시도를 조사하도록 하였고, 1984년 이란-이라크 전쟁에서 화학무기가 사용되었을 때, 유엔 사무총장 케야르(Pérez de Cuéllar)는 스위스, 스웨덴, 스페인, 호주 국적 전문가들로 구성된 위원회를 파견해서, 전선의 상황을 연구하여 보고하도록 하였다.[31)]

더 최근에는, 유엔인권이사회(UNHRC)가 가자(Gaza) 지역 무력충돌을 조사하기 위한 위원회를 설치하였다. 2009년에 발간된 *가자 보고서*[32)]는 이스라엘과 팔레스타인 양쪽의 무장집단이 국제인도법에 따른 의무를 위반했고, 그에 따라서 전쟁범죄를 범했다고 결론내렸다. 이 보고서는 UNHRC와 유엔 총회에서 채택되었고, 여기에서 양측이 자신들을 상대로 제기된 위반 주장에 대해서 조사하도록 촉구했다. 이스라엘은 나중에 다수의 인도법 위반을 인정했지만, 조직적이고 의도적으로 국제법을 위반했다는 주장은 부인했다. 한편, 팔레스타인 당국은 자신이 직접 조사를 수행했다고 주장했지만, 하마스(Hamas) 무장집단을 지목한 핵심 위반 주장을 다루지 못했다. *가자 보고서*는 사실 그리고 법적 쟁점에 관한 분쟁에 대해서 제3자의 조사가 가치 있다는 점뿐만 아니라, 당사자들의 협력이 없는 경우, 그리고 이들이 조사관의 판단을 수락할 의지가 없는 경우 발생하는 어려움을 보여준다.

가자 지구 사태에서 더 구체적인 측면은 2010년 *Mavi Marmara*호 사고에서 조사된 사항이었다. 여기에서 6척의 배로 구성된 소형선단이 이스라엘의 가자 지구 봉쇄를 뚫으려고 시도하던 중, 이스라엘 군대가 선박에 승선해서 제압했다. 작전 수행 중, 터키 선적 *Mavi Marmara*호에 승선해 있던 9명의 활동가들이 피살되었고, 다수가 부상당했다. 이러한 진압작전에 대해서 많은 비난이 있었고, 이스라엘과 터키 사이에 긴장을 초래하자, 양쪽 모두 사실심사위원회를 설치했지만, 서로 다른 결론을 내렸다. UNHRC 조사 이후, 유엔 사무총장은 4인으로 구성된 사실심사위원회를 설

---

31) R.R. Probst, "'Good offices' in international relations in light of Swiss practice and experience"(1987), 201 *Hague Recueil des Cours* 211 at 372.

32) *Human Rights in Palestine and Other Occupied Palestinian Territories: Report of the United Nations Fact-Finding Mission on the Gaza Conflict,* UN Doc. A/HRC/12/48 (2009), 골드스톤 보고서(Goldstone Report)로도 알려져 있다. 그리고 Z. Yihdego, "The Gaza Mission: Implications for international humanitarian law"(2012), 13 *Melbourne JIL* 158 참조.

치했다. 위원회는 이스라엘과 터키 대표자 각 1인, 그리고 전직 뉴질랜드 수상인 팔머(Geoffrey Palmer)를 위원장으로, 곧 퇴임할 콜롬비아 대통령 우리베(Alvaro Uribe)를 부위원장으로 하여 구성하였다. 2011년 공표된 보고서[33]에서 위원회는 가자 지구 봉쇄는 합법이지만, 선박에 승선하기로 결정한 것과 소형선단의 행위를 모두 비난하는 결론을 내렸다. 양쪽 국적 위원은 보고서의 결론에 동의하지 않았고, 그 결과, 사전에 합의된 바에 따라서 위원장과 부위원장의 결정으로 보고서가 채택되었다. 비록 이러한 결과는 다소 만족스럽지 않았지만, 이 보고서는 이스라엘-터키 관계를 개선하는 데 기여했던 것으로 보인다.

2011년에 UNHRC는 국제사실심사위원회를 설치하여, "리비아의 국제인권법 위반 사항 일체를 조사하고, 그러한 위반과 범죄가 자행된 사실관계와 정황을 확정하며, 가능하다면, 책임질 사람을 식별하고, 특히 책임 관련 조치를 권고하도록 했는데, 이 모든 것은 개인책임을 묻기 위해서였다."[34] 그 다음 해, 위원회는 보고서를 배부했다. 위원회는 리비아 정부가 민간인 주민에 대한 공격시 살인, 강제실종, 고문을 포함하여 인도에 반한 범죄 그리고 전쟁범죄를 저질렀다고 판단하였다. 위원회는 반정부군도 심각한 위반을 저질렀다고 판단하였지만, NATO가 충돌에 개입하면서, 항상 성공하지는 않았지만 민간인 피해를 막으려고 했다는 점도 판단하였다. 이러한 사실심사는 UNHRC가 수행했던 수많은 다른 경우와 같이, 사실과 법적 쟁점을 조사했고, 추가조치의 근거로서 권위 있는 증거를 제공하기도 했다.

몇 가지 면에서 사실심사와 유사한 이례적인 절차는 1990년 이라크의 쿠웨이트 침략으로 인한 청구를 처리하기 위하여 안전보장이사회가 설치한 절차이다. 유엔배상위원회[35]라 불렸던 기구를 활용하여 절차적으로 정부, 회사, 국제기구가 배상

---

33) *Report of the Secretary-General's Panel of Inquiry on the 31 May 2010 Flotilla Incident* (2011). 팔머 보고서(Palmer Report)로도 알려져 있다. R. Buchan, "The Palmer Report and the legality of Israel's naval blockade of Gaza"(2012), 61 *ICLQ* 264 참조.

34) *Situation of Human Rights in the Libyan Arab Jamahiriya,* HRC Res, S-15/2, UN Doc. A/HRC/RES/S-15/1 (2011).

35) 이 위원회에 관한 설명으로는 J.R Crook, "The United Nations Compensation Commission: a new structure to enforce state responsibility"(1993), 87 *AJIL* 144 참조. 그리고 이 위원회의 최근 작업 중 일부에 대한 설명으로는 M. Kazazi, "Environmental damage in the work of the UN Compensation Commission" in M. Bowman and A.E. Boyle(eds.), *Environmental Damage*

청구한 것을 전문가 패널이 평가하고, 이라크 원유 판매 대금에서 징수한 금전으로 마련한 특별기금에서 배상금을 지급받도록 하였다. 그러한 청구 중 매우 많은 수가 현재 검토되었고, 이 결과, 배상금으로 수십억 달러가 지급되었다. 여기에서 관련된 절차는 흔히 생각할 수 있는 것과 반대로, 중재 또는 사법재판이 아니고, 행정적 성격을 가졌다. 왜냐하면 이라크의 책임이라는 넓은 쟁점은 1991년 안보리 결의 제687호에서 해결되었고 위원회의 절차는 당사자 대립 방식이 아니고, 보통 서면 입장서를 통해서 수행되었기 때문이다. 따라서 사무총장의 말을 인용하자면, 위원회는 "본질적으로는 청구사항을 심사하고, 청구의 진정성을 검증하며, 손실을 평가하고, 지급금을 산정하며, 다툼이 있는 청구사항을 해결하는 사실 확인 기능을 수행한다."[36]

유엔의 전문기관도 일정한 사태에 대해서 사실심사를 수행할 수 있다. 따라서 국제노동기구(ILO)는 노동협약 관련 진정사항을 처리하기 위하여 수차례 사실심사위원회를 설치하였고, 1983년 9월, 국제민간항공기구(ICAO)는 ICAO 사무총장에게 소련 영공에서 대한민국 점보제트기를 격추시킨 것과 관련된 *KE007*기 사건을 조사하도록 지시했다. 그 해 연말에 준비되었던 사실심사 보고서[37]는 소련 측이 협력하지 않은 것에 불만을 표시하였으며 해당 사건의 모든 측면을 밝힐 수 없었다. 그러나 이는 사실관계 중 많은 것을 확정했고 ICAO 이사회가 소련의 공격을 비난했던 결의안의 근거를 제공하였다. 그 결과 이 결의안으로 인해서, 장래에 그러한 사고의 위험성을 줄이고자 고안된 시카고 민간항공협약 개정안을 1984년 5월 채택하도록 촉진하였다. 그리하여, 이 사건에서 기구 차원의 사실심사는 관련 국가 중 한 국가가 동의하지 않아도 가능했으며, 비록 보고서가 분쟁을 해결했다고 말할 수는 없겠지만, 분쟁의 결과와 관련해서 보고서는 중요했다.

---

in International and Comparative Law, Oxford, 2002, p.111 참조.

36) UN Doc. S/2259 (2 May 1991), para. 20, 인용된 곳은 J. Collier and V. Lowe, *The Settlement of Disputes in International Law,* Oxford, 1999, p.42 참조.

37) *Destruction of Korean Air Lines Boeing 747 over Sea of Japan 31 August 1983, Report of lCAO Fact-Finding Investigation,* ICAO Doc. C-WP/7764 (1983), Attachment, p.1. 보고서 일부가 전재된 곳은 (1984) 23 ILM 864 참조.

이와 다소 유사한 조사가 2014년 말레이시아 항공기 *MH17*기 사고[38]에서 필요했다. 이 사건에서, 정기여객운송 중이던 항공기가 우크라이나 상공에서 격추되면서, 탑승자 전원이 사망하였다. 추락 원인이 명확하지 않았기에 네덜란드 안전위원회가 사실심사를 하도록 위촉받았다. 네덜란드가 관여했던 이유는 ICAO 협약상 항공기 사고 발생국은 자국의 조사권을 타국에 위임할 수 있고, 이 사건에서 우크라이나가 위임했기 때문이었다. 2015년에 공표된 조사보고서에서, 조사단은 해당 비행기는 러시아군이 사용하는 유형의 지대공 미사일로 인해 격추되었다고 결론내렸다. 보고서는 미사일이 발사될 수 있었던 지역을 식별했고 항행로가 분쟁지역 상공을 통과하는 것으로 알려진 점에 비추어 모든 당사자의 위험성 평가를 비난하였다. *KE007*기 사고에서처럼 이 사실심사는 분쟁을 해결하지 않았지만, 러시아가 지원하는 분리주의자들이 결부되었을 가능성이 높다는 점을 적시함으로써, 일부 중요한 질문에 대해서 답했다.

1993년에 세계은행(World Bank)은 자신이 자금을 지원하는 사업으로 인해서 부정적인 영향을 받는다고 생각해서, 해당 사업이 세계은행의 운영 정책과 실행을 위반한다고 주장하는 공동체, 기구, 단체로부터 신청을 받아서 해당 신청을 검토하기 위하여 조사 패널[39]을 설치하여, 일종의 상설사실심사 절차를 마련하였다. 조사 패널의 업무는 우선 이러한 사항을 조사해야 하는지 여부에 대해서 집행이사에게 권고하고, 그 후 조사 요청을 받으면, 조사를 수행하는 것이다. 패널의 판단사항은 구속력이 없지만, 현장 방문과 협의를 활용하여 공정한 조사를 근거로 하는 점에서 중요한 의미를 갖는다. 평가는 준사법적인 측면을 갖기에 패널 보고서는 엄밀한 의미에서 사실심사의 범주를 넘어서지만 중요한 사실확인 요소를 포함하는 것이 분명하다. 세계은행의 패널은 유용한 실행을 형성하기 시작했고[40] 현재 미주개발

---

38) R. Abeyratne, "Flight MH17 and state responsibility for ensuring safety and security of air transport"(2014), *J Transp. Secur.* 347.

39) 패널과 그 의미에 대한 평가에 대해서는 C. Chinkin, "Alternative dispute resolution under international law" in M.D. Evans, *Remedies in International Law: The Institutional Dilemma*, Oxford, 1998, p.123 at pp.134-7; P. Sands, *Principles of International Environmental Law*, 2nd edn., Cambridge, 2003, pp.210-11 참조.

40) 다음 문헌 참조. R.E. Bissell, "Recent practice of the Inspection Panel of the World Bank"(1997),

은행(Inter-American Development Bank)과 아시아개발은행(ADB) 모두 유사한 장치를 갖추고 있다.

지역기구들도 때때로 사실심사위원회를 설치하였고, 제8장에서 보겠지만, 1982년 해양법협약은 '특별중재'에 관한 조문에서 사실심사를 규정하고 있다. 사실심사는 운용면에서 사법적 해결의 요소를 구성하는 경우가 빈번하다는 점은 앞에서 언급하였다. 그러므로 추정컨대, 상설국제사법재판소와 이를 승계한 현재의 국제사법재판소 형태로 상설사법재판소가 창설됨에 따라, 그렇지 않았으면 사실심사의 대상이 될 수 있었던 수많은 분쟁에서 소송이 활용되었을 것이다. 이와 마찬가지로, 다음 장에서 보겠지만, 초기 사실심사위원회에 이어서 조정위원회가 제1, 2차 세계대전 사이 기간 그리고 그 이후에 등장하였다. 이는 국제연맹 시기에 사실심사와 조정을 융합했던 것도 전환효과를 가졌다는 것을 의미한다.

그러므로 현재 전통적인 사실심사위원회를 대체할 수 있는 방안이 많다는 점은 사실심사 사건 수가 비교적 적은 또 다른 이유이다. 그러나 세 번째로 그 이상의 근본적인 설명이 있다. 모든 형태의 제3자적 해결방식은 한때 기대했던 것보다 인기가 덜하다는 점이 판명되었다. 국가들이 말하자면 사법적 해결보다 사실심사를 더 매력적인 것으로 여기도록 할 만한 강력한 이유가 없고, 나중에 살펴 보겠지만, 국가들은 다소 예외적인 상황에 한해서만 국제재판소와 판정부에 분쟁을 회부하려고 한다. 사실인즉슨, 국가들은 종종 분쟁해결보다 자신의 견해를 관철시키는 데 더 관심이 많다. *KE007*기 사고는 이 점을 완벽하게 보여 주고 있다. 이 사고는 일부 *Dogger Bank* 사건을 연상시키지만, 전통적인 방식의 사실심사위원회에 잘 부합한다고 생각할 수 있다. 안보이익, 간첩행위 비난, 그리고 아마도 소련의 지휘계통에 관한 질문이 결부된 분쟁은 헤이그 협약문을 작성했던 사람들이 염두에 두었던 유형의 분쟁이 아닌 점은 맞다. 그러나 앞서 살펴 보았듯이, 사실심사위원회는 바로

---

91 *AJIL* 741; A.N. Gowlland Gualtieri, "The environmental accountability of the World Bank to nonstate actors: insights from the Inspection Panel"(2001), 72 *BYBIL* 213; D. French and R. Kirkham, "Complaint and grievance mechanisms in international dispute settlement" in D. French, M. Saul and N.D. White(eds.), *International Law and Dispute Settlement: New Problems and Techniques*, Oxford, 2010, p.57 at pp.68-72.

이러한 유형의 사건을 처리하기 위해 변용될 수 있고, 변용되어 왔다. 그러므로 기술적 관점에서 보면, 이 사고를 조사하기 위한 국제 사실심사위원회를 설치하는 데 어려움이 없었을 것이다. 이렇게 되지 않았던 것은 분쟁 해결을 위하여 활용 가능한 절차가 탄력적이지 않아서가 아니라, 소련이 자국이 해당 사고에 대해서 했던 설명 또는 자국 조치의 일부분들이 국제적인 장에서 다투어지도록 하는 것을 원하지 않았기 때문이었다. 비록 이로 인해서 ICAO가 이 사항을 조사할 수 없었던 것은 아니었지만, 이제까지 우리들이 고려했던 유형으로서 합의에 의한 사실심사위원회의 가능성은 완전히 배제되었던 것이 분명하다.

그러므로 일부 특별한 조건이 충족되는 사정에서만 전통적인 사실심사위원회를 설치할 여지가 있다. 이미 지적했듯이, 이들 조건은 다툼이 있는 사안이 법률 혹은 정책이 아니라 주로 사실에 관한 사항이라는 점, 다른 절차가 활용되지 않고 있는 점, 그리고 가장 중요한 것은 당사자 자신들이 사건에 대해서 파악했던 것이 틀린 것으로 밝혀질 수 있는 점을 수락할 용의가 있다는 점이다. 이런 상황의 조합이 그다지 자주 발생하지 않는다는 것은 분명하다. 그러한 경우가 생길 때, *Red Crusader* 호 사건과 *Letelier and Moffitt* 사건의 매우 만족스러운 결과는 분쟁 해결수단으로서 국제사실심사위원회가 여전히 유용한 결과를 도출해 낼 수 있다는 것을 보여 준다.

제4장

조 정

Conciliation

04

조 정

Conciliation

조정은 다음과 같이 정의할 수 있다.

> 성격 여하를 불문하고 국제분쟁을 해결하기 위한 방법으로서, 당사자들이 상설 혹은 임시로 분쟁을 처리하기 위해 설치한 위원회에서 분쟁을 공평하게 검토하고, 해결 내용을 정의하여 당사자들이 수락할 수 있도록 하거나, 분쟁 해결을 위하여 당사자들이 요청하는 도움을 주려는 시도[1)]

이 방법이 포괄적 성격을 갖는다는 점은 한눈에 봐도 알 수 있다. 중개가 본질적으로 교섭을 확장한 것이라면, 조정은 공식적으로 제3자가 개입할 수 있는 법적 기반을 마련하여, 일면 사실심사 또는 중재와 비교할 수 있지만, 그렇다고 이들 방식과 동일하지 않은 제도이다. 왜냐하면, 사실심사의 핵심인 사실확인은 조정의 요소

1) 이 인용문은 1961년 국제법학회(Institute of International Law)가 채택한 국제조정절차규칙 제1조의 내용이다. (1961) 49(ii) Annuaire 385-91 참조. 이들 규정에 관한 평석으로는 H. Fox, "Conciliation" in C.M.H. Waldock(ed.), *International Disputes: The Legal Aspects*, London, 1972, p.93; N. Bar-Yaacov, *The Handling of International Disputes by Means of Inquiry*, Oxford, 1974 참조(이 책 제5장과 제7장은 사실심사 측면에서 조정을 잘 설명하고 있다). 일반적인 분석으로는 J.-P. Cot, *International Conciliation*, London, 1972; United Nations, *Handbook on the Peaceful Settlement of Disputes between States*, New York, 1992, ch. 2E; S.M.G. Koopmans, *Diplomatic Dispute Settlement*, The Hague, 2008 참조.

로서 중요할 수도 있고 그렇지 않을 수도 있다. 한편, 당사자들이 '수락 가능'하지만 이들을 구속하지 않는 내용을 찾는 작업은 중재와 확연히 대조되고, 조정과 중개가 연관되어 있는 점을 상기시킨다.

조정의 등장

조정은 1920년 스웨덴과 칠레가 체결한 조약에서 처음 규정하였다.[2] 하지만, 이 조약에서는 사실심사를 강조하였고, 유일하게 조정을 언급한 조항에서는 조정을 선택절차 중 하나로 제시하였다. 이 시기 많은 조약에서는 이와 유사한 방식으로 조정을 다루었다. 하지만, 조정을 더 비중있게 다룬 경우도 있었다. 예컨대, 1921년 독일과 스위스 간 조약에서 조정과 중재를 상호 대체 가능한 분쟁 해결수단으로 규정하였다. 조정이 선택되면, 상설조정위원회는 사실관계 및 법률을 조사하고 해결책을 제안하는 이중의 업무를 맡게 되었다. 1922년 국제연맹 총회는 약간의 토론을 거친 후, 채택한 결의에서 회원국들에 분쟁을 조정위원회에 회부하는 규정을 담은 조약을 체결하도록 권고하였고, 이러한 독려에 힘입어서, 1920년대 초반 5년 동안에 서명된 20개 이상의 조약에서 조정 형식을 규정하게 되었다.

1925년에는 두 가지 중요한 발전이 두드러졌다. 첫째, 프랑스와 스위스 간 조약에서 상설조정위원회의 기능을 정의하였다. 이는 나중에 체결된 조약의 본보기가 되었고, 그 내용은 다음과 같다.

> 상설조정위원회의 임무는 다툼이 있는 문제를 명확히 하고, 그러한 목적에서 사실심사 등의 방법으로 유용한 모든 정보를 수집하고, 당사자들이 합의할 수 있도록 노력하는 것이다. 위원회는 해당 사건을 검토한 후, 적합하다고 여겨지는 해결 내용을 당사자들에게 제안하며, 시

2) 미국과 캐나다 간 국경수역에 관한 조약(1909)에 관한 논의 그리고 국제공동위원회의 활동에 대해서는 제1장 참조. 조정의 발달과정에 관한 자세한 설명으로는 J. Efremoff, "La conciliation internationale"(1927), 18 *Hague Recueil des Cours* 5; "L'organisation de la conciliation comme moyen deprévenir les guerres"(1937), 59 *Hague Recueil des Cours* 103; C.C. Hyde, "The place of commissions of inquiry and conciliation treaties in the peaceful settlement of disputes"(1929), 10 *BYBIL* 96 참조.

한을 정하여 이들이 결정하도록 할 수 있다.

조정절차 종료시, 위원회는 사안에 따라서 보고서를 작성해서, 양 당사자들이 합의를 도출했다는 사실, 그리고 필요하다면, 합의의 내용을 적시하거나, 화해 타결이 불가능했다는 점이 증명되었다는 것을 적시해야 한다.

위원회의 조정절차는 당사자들이 달리 합의하지 않는 한, 분쟁이 위원회에 회부된 날로부터 6개월 이내에 종료해야 한다.[3]

이후 얼마 지나지 않아, 네 건의 로카르노(Locarno) 양자조약[4]에서, 독일은 벨기에, 프랑스, 체코슬로바키아, 폴란드와 당사자들이 법적 분쟁을 사법적 해결이나 중재에 회부하기로 합의한 경우를 제외하고, 이들과의 모든 분쟁은 조정의 대상이 되도록 하는 데 합의하였다. 로카르노 조약에서 규정하는 상설위원회의 권한은 프랑스-스위스 조약에서 규정한 것과 사실상 동일했으며, 이러한 방식은 국제연맹 총회에서 로카르노 방식을 승인했을 때 그리고 1928년 국제분쟁의 평화적 해결을 위한 제네바 일반의정서에서 이 방식이 구현되었을 때에 다시 활용되었다.

제네바 일반의정서에 따르면, 당사국들은 양자적 상설위원회를 설치하거나, 상설위원회가 분쟁 당시에 없다면, 임시위원회를 설치하기로 동의하였다. 관련국들이 상설국제사법재판소(PCIJ)의 관할권을 수락하지 않은 경우, 강제조정을 수행하고, 조정이 실패할 경우, 해당 분쟁을 중재에 회부해야 한다. 제네바 일반의정서가 1949년에 개정되었지만, 이러한 규정 방식은 바뀌지 않았다. 이들 방식은 1929년 체코슬로바키아와 루마니아, 그리고 세르비아-크로아티아-슬로베니아 왕국 간 조약에서 인용되었다.

조정은 초창기에는 브라이언 제 조약(Bryan treaties)의 사례에 상당 부분 영향을 받았지만, 유럽의 조약 실행에서 분쟁 해결수단으로서 두각을 나타냈다. 하지만, 얼마 지나지 않아 대서양을 건너 미주에서도 활용되기 시작하였다. 일찍이 1923년에, 미국과 중미 5개국은 워싱턴 조약에 서명하였는데, 이 조약에서 사실심사뿐만 아니라

---

3) M. Habicht, *Post War Treaties for the Pacific Settlement of International Disputes,* Cambridge, MA, 1931, p.226.

4) 로카르노 조약은 전부 7건이다. 본문에서 언급한 4건 그리고 보증조약 3건이 있다.

조정의 권한을 갖는 위원회를 창설하도록 규정하였다. 앞서 언급한 바와 같이, 같은 해 체결된 곤드라(Gondra) 조약은 브라이언 제 조약의 규정 방식으로 회귀해서 사실심사를 확장하였다. 그러나 제네바 일반의정서와 유럽에서 유행하던 조정에 대응해서, 미주일반조정협약(Inter-American General Convention of Conciliation, 1929)은 곤드라 조약을 개정하여, 제4조에 따라 설치된 사실심사위원회가 조정권한을 넓게 행사할 수 있었다. 이러한 발전은 1933년에 한 단계 더 나아가서, 1929년 조약의 의정서에서 양자적 상설위원회를 설치하도록 규정하였고, 동시에 다자적인 사베드라 라마스(Saavedra Lamas) 협정[5]은 제네바 일반의정서 규정을 본보기로 한 조정 규정을 담게 되었다.

1925년 이후 제2차 세계대전까지의 시기에 조정에 우호적인 움직임이 전세계적으로 최고조에 달하였고, 1940년까지 거의 200건의 조약이 체결되었다. 이 중 과반수는 1925년 프랑스-스위스 조약을 본보기로 하였다. 하지만, 조정위원회의 기능과 절차와 같이 중요한 사항에 대한 접근방식에는 상당한 차이가 있었고, 앞으로 보게 되겠지만, 나중에 위원회의 추후 업무에서 이러한 차이점이 드러났다.

조정위원회의 업무

1931년에 독일-리투아니아 위원회는 메멜(Memel)에서 독일인 5명을 추방함으로써 야기된 분쟁을 검토하였다. 3년 후, 벨기에-룩셈부르크 위원회는 금지품목 매매를 둘러싼 분쟁을 심사하였으며, 1938년에는 철도 부설과 관련한 덴마크와 리투아니아 간 분쟁이 조정에 회부되었다. 이들 세 건의 분쟁사건 모두 결국 위원회의 권고를 기반으로 해결된 것으로 알려져 있다. 그러나 절차가 비공개라는 점과 위원회 보고서가 한 번도 공개된 적이 없었다는 점으로 인해서, 제1, 2차 세계대전 사이 기간 동안 다양한 위원회의 활동에 관한 사항은 알려진 것이 거의 없다.[6] 이후 설

5) P.C. Jessup, "The Argentine Anti-War Pact"(1934), 28 *AJIL* 538.

6) 제2차 세계대전 이전 조정위원회의 활동에 대한 개괄적인 설명은 Cot, *International Conciliation* (n. 1) pp.91-2; Koopmans, *Diplomatic Dispute Settlement* (n. 1) pp.87-9 참조.

치된 위원회들의 업무에 대해서는 문서가 더 잘 갖추어졌고, 더 두드러진 일부 사례들을 연구함으로써, 앞 절에서 설명한 장치가 활용된 목적을 파악할 수 있다.

차코(Chaco) 위원회는 볼리비아와 파라과이 간 국경에 소재한 방과디아 요새(Fort Vanguardia)에서 전투가 발생한 이후 설치되었다.[7] 곤드라 조약 개정 회의였던 미주국가회의의 주선의 결과로 설치된 차코 위원회는 분쟁 당사자측 대표 각 2인, 미국 및 다른 미주국 대표 각 1인으로 구성되었다. 차코 위원회를 창설한 의정서의 내용에 따르면, 해당 위원회의 기능은 사실심사를 진행하고 해결안을 제출하는 것이었다. 만일 위원회의 제안이 수락되지 않으면 보고서를 작성하기로 하였으며, 조정이 성립할 수 없으면, 위원회는 "조사된 사항의 진위 여부를 확정하고 국제법에 따라서 조사 결과로 드러나는 책임관계를 확정"하도록 하였다.[8]

차코 위원회는 6개월간 업무를 수행하였으며, 양측의 각 당사자가 제출한 방대한 양의 증거뿐만 아니라 양측 포로의 증언을 검토하였다. 1929년 9월, 위원회는 만장일치로 조정결의안을 채택하였다. 이 결의안에서, 위원회는 당사자들이 각자의 청구사항을 상호 포기하고, 영토의 현상을 복원하며, 외교관계를 재개하기로 합의했다는 점을 선언할 수 있었다.

위원회의 성공으로 인해서 보고서는 작성할 필요가 없었다. 하지만, 위원회 시간의 상당 부분은 이 전투가 어떻게 해서 발발했는지 그리고 사실관계에 관한 다른 쟁점을 조사하는 데 소진되었던 것이 분명하다. 이러한 측면에서 차코 위원회는 이전 장에서 논의되었던 사례들과 유사한 점이 분명하지만, 중요한 차이점은 조정 과정에서 사실심사는 위원회의 유일한 기능이 아니었으며, 심지어는 주된 기능도 아니었고, 다만 당사자들을 화해시키기 위한 근거를 준비하는 방식에 불과했다는 것이다.

이와 매우 다른 유형의 국경분쟁이 1947년 프랑스-사이암 조정위원회에 회부되었다.[9] 사이암(Siamese)은 자국과 프랑스령 인도-차이나 간 국경선이 민족적·지리

7) *Proceedings of the Commission of Inquiry and Conciliation, Bolivia and Paraguay, March 13, 1929-September 13, 1929* (1929). 이에 대한 평석으로는 L. Woolsey, "Commission of inquiry and conciliation, Bolivia and Paraguay"(1929), 23 *AJIL* 110; (1930) 24 *AJIL* 122, 573 참조.
8) (1929) 23 *AJIL* 98.

적·경제적 측면의 복합적인 이유로 변경되어야 한다고 주장하였다. 이에 프랑스는 동의하지 않았다. 양국 간 협정에서 당사국 대표자 각 1인씩 그리고 중립위원 3인으로 구성된 조정위원회를 설치하여 해당 문제를 논의하기로 하였다. 이 위원회의 구성과 권한은 모두 1928년 일반의정서에 따라 결정되었다.

당사국들의 증거와 특정 질문에 대한 이들의 답변을 심의한 후, 위원회는 당사국들이 합의에 이르도록 노력하였다. 이러한 노력이 성공하지 못하자, 위원회는 보고서를 작성했고, 이 보고서에서 위원회는 당사국들의 주장과 위원회의 자체 결론을 요약하였으며, 많은 세부적인 사항에 대해서 권고하였다. 비록 위원회는 국경을 일부 조정하면서 이와 함께 국경체제의 일정 사항을 변경하도록 제안했지만, 위원회 보고서의 내용은 사이암의 청구사항을 사실상 배척하는 것이었다. 라오스 전체를 양도하라는 사이암의 요청은 위원회의 권한 밖의 사항이라는 이유로 배척되었고, 위원회는 민족적·지리적·경제적 증거를 검토한 결과, 다른 분쟁지역에 대해서도 국경을 이동시킬 실익이 없다고 결론내렸다.

프랑스-사이암 분쟁에서 위원회의 사실관계 조사는 *Chaco* 사건에서처럼 특정 사건과 관련되지 않았고, 오히려 국경지역 내 민족적·지리적·경제적 사태 전체와 관련되었다. 더욱이, 위원회의 관심사항은 이들 사항과 관련된 자료를 확인하는 것뿐만 아니라, 이 문제와 관련해서 국경을 변경하고 조정하는 것에 대해서 해당 자료가 어떠한 중요성을 갖는지를 결정하는 것이었는데, 이는 증거의 해석에 관한 사항으로서 이전 사례에서 한번도 수행되어 본 적이 없는 것이었다.

프랑스-사이암 분쟁은 단순히 정치적 이해관계가 걸린 충돌이었다는 점에서 이례적이었다. 조정에 회부된 대부분의 분쟁에는 정치뿐만 아니라 법률이 결부되었다. 1952년에 벨기에-덴마크 위원회[10]는 1940년 벨기에가 독일의 공격을 받아 점령당했을 때 두 척의 덴마크 상선 *Gorm*호와 *Svava*호가 앤트워프에서 다른 곳으로 이전된 상황을 검토해 달라는 요청을 받았다. 이들 배 두 척 모두 나중에 실종되었

9) S. Bastid, "La Commission de conciliation franco-siamoise" in *Etudes en l'honneur de Georges Scelle,* vol. I, Paris, 1950, p.1.

10) H. Rolin, "Une conciliation belgo-danoise"(1953), 57 *RGDIP* 353.

고 1927년 벨기에-덴마크 조약에 따라 설치된 위원회는 벨기에가 배상금을 지불해야 하는지 여부에 대해 조언해 달라는 요청을 받았다. 이 질문에 답하기 위해, 위원회는 우선 벨기에 당국이 취한 조치의 법적 성격을 판단하려고 하였다. 위원회는 해당 선박들이 전리품으로서 나포되지 않았다는 점에는 의견이 합치되었지만, 징발되었다고 말할 수 있을지 여부에 대해서는 의견이 갈렸다. 만약 위원회가 중재재판소였다면, 이 논점에 대해 반드시 판단했어야 했을 것이다. 하지만, 위원회의 소임은 조정이었기 때문에, 이 쟁점을 미해결 상태로 두고서 합의안을 제시할 수 있었다. 이를 당사국들이 수락했고, 이에 따라서 벨기에는 손해배상 액수를 감액하여 지급하였는데, 이는 덴마크 측 청구사항이 명확하지 않았던 점을 반영한 것이었다.

1955년에 프랑스-스위스 위원회[11]는 앞서 언급했던 1925년 조약의 영향 하에서 활동하면서, 법적 측면에서 중요한 또 다른 분쟁을 다루었다. 벨기에-덴마크 사례와 마찬가지로, 이 분쟁은 1940년 발생한 충격적인 사건에서 야기되었다. 프랑스가 독일에 항복했을 때, 프랑스군의 일원으로 싸웠던 폴란드 사단병력이 스위스로 넘어갔고 그곳에서 억류되었다. 억류는 1945년까지 지속되었고, 이들의 억류비용을 누가 지불해야 하는지에 관한 것이 분쟁사안이었다. 스위스는 해당 부대가 프랑스를 위해서 싸웠기에 프랑스에 책임이 있다고 주장했다. 프랑스는 그 병사들이 폴란드인이었기에 폴란드에 책임이 있다고 했다. 사실관계는 실제로 다투어지지 않았기에, 위원회는 주로 법적 쟁점을 조사하였다. 위원회는 당사자들의 주장을 심리한 후, 프랑스는 자국적 억류자가 석방되었던 1941년 2월까지의 억류비용을 지불하고, 형평성을 이유로 나머지 억류기간에 대해서 프랑스는 상당한 액수의 보상금을 스위스에 지불하도록 제안했다. 만약 이 분쟁이 중재에 회부되었다면, 당사자들이 수락했던 결론과 다른 결과가 나왔겠지만, 이전 사례에서처럼 위원회는 당사자의 법적

11) F.M. Van Asbeck, “La tâche et l'action d'une Commission de conciliation”(1956), 3 *NTIR* 1; “La procédure suivie par la Commission permanente de conciliation franco-suisse”(1956), 3 *NTIR* 209; S. Bastid, “La commission de conciliation franco-suisse”(1956), 2 *AFDI* 436; A. Gros, “Remarques sur la conciliation internationale” in *L'Evolution du Droit Public: Etudes Offertes à Achille Mestre,* Paris, 1956, p.279 참조.

권리를 평가하고, 이를 바탕으로 조정안을 마련했다.12)

다음에 논의할 사례에서는 법적 쟁점이 훨씬 더 부각되었다. 1956년에 이탈리아-스위스 위원회에 회부되었던 분쟁은 스위스 국민이 이탈리아의 특별재산세를 면제받을 수 있는지 여부에 관한 것이었다.13) 동맹국가의 국민들은 이미 1947년에 이탈리아와 체결한 평화조약에 따라서 면제를 누리고 있었고, 스위스와 이탈리아 간 이전 조약에 최혜국대우 조항이 포함되어 있었다. 따라서 문제는 해당 조항이 평화조약에 담긴 특혜조치에 적용되는지 여부였다.

위원회는 1924년 이탈리아-스위스의 조정과 사법적 해결을 위한 조약에 따라 설치되었다. 위원회는 '분쟁의 법적 측면을 우선적으로 고려하는 것'이 자신의 의무라는 관점을 취했고,14) 스위스 국민은 면세를 누릴 자격이 없다고 판단하였다. 하지만, 위원회는 문제된 조약규정에서 스위스 국민이 이탈리아 법에 따라서 평등한 대우를 누릴 수 있도록 했기에, 분쟁 대상인 법률이 외국기업을 차별함으로써 평등기준을 위반했다고 결정했다. 이 점과 소송절차 중 드러났던 다양한 사실관계들을 참작하여, 위원회는 분쟁의 '공평한 해결'로써 스위스 국민들은 세금을 납부해야 하지만, 조세 부담이 다양한 방식으로 경감되어야 한다고 제안하였고,15) 당사자들은 이 제안을 수락하였다.

지금까지 논의했던 사례에서, 조정은 여러 명의 조정위원으로 구성된 위원회가 수행했다. 그리고 이러한 것이 양자 또는 다자조약의 일반적인 방식이었다. 하지만, 국가들은 분쟁을 1명의 조정인에게 회부할 수도 있다. 1977년에 케냐, 우간다, 탄자니아는 이러한 방식을 채택하여, 경험이 풍부한 스위스 외교관 움브리히트(Victor Umbricht) 박사에게 구 동아프리카공동체(East African Community: EAC) 자산의 배분안을 마련하도록 요청하였다.16) 이 분쟁이 발생했던 이유는 EAC 구성 국가들이 독립

---

12) 위원회는 동시에 또 다른 분쟁을 해결하는 데에도 성공했다. 이 분쟁은 프랑스 세관 직원이 스위스의 영토주권을 위반했다는 주장에 관한 것이며, 주로 사실관계를 다룬 것으로 보인다. Bar-Yaacov, *Inquiry* (n. 1) pp.220-4 참조.

13) M. Breton-Jokl, "La Commission permanente de conciliation italo-suisse" (1957), 3 *AFDI* 210.

14) (1958) 25 ILR 316.

15) 위원회 보고서의 부속서 참조. *Ibid.*, p.322.

16) 이 사례에 관한 포괄적인 설명에 대해서는 V. Umbricht, "Principles of international mediation:

전후에 자신들의 경제활동을 통합했다가, 당시 각자 독자적인 노선을 취하기로 결정했기 때문이었다. 이렇게 하기 이전에 EAC의 자산과 채무의 범위, 그리고 더 논란이 있었던 사항으로서 이러한 것의 배분에 관한 합의가 필요했다. 3개국이 교섭을 통해서 이러한 사항을 해결할 수 없었기에, 세계은행(World Bank)은 이들 국가들이 움브리히트 박사에게 폭넓은 권한을 부여하여, 전체 쟁점을 조사하고 그에 대한 해결안을 요청하도록 권고하였다.

우선, 조정인의 업무는 매우 어려운 축에 속하는 것이 분명했다. EAC의 자산은 토지, 선박, 항공기, 철로, 철도차량뿐만 아니라 공장, 기계류, 부품 및 비물질적인 자산까지 포함하였다. 이러한 자산들이 동아프리카 전역에 산재했었고, 공동체의 채무와 함께 그 소재를 파악하여 가치를 산정해야만 했었다. 1년이 채 안 되는 기간에 재고목록을 작성해야 했지만, 당연하게도 이 과정은 실제 4년이 소요되었고, 종국적으로 순가치가 미화 10억 달러를 초과하는 자산이 드러났다.

그 후, 조정인은 적절한 분배기준을 찾았다. 다양한 안들이 부적절하다고 해서 배척되었고, 마침내 채택된 방식에 따라서 케냐에 자산의 42.7%, 탄자니아에 34.3%, 우간다에 23%를 부여하였다. 이 방식이 당사국들에 제시되었을 때 이를 즉시 수용하지 않았으나, 자신들이 가졌던 권한에 따라서, 조정인의 제안을 교섭의 기반으로서 활용하였다. 움브리히트 박사의 추가 지원을 받아서, EAC 사무를 종결하는 협정이 1984년 5월에 체결되었다. 비록 이 협정에 따른 자산 배분이 처음에 제안되었던 것과 다소 차이가 있었지만, 조정인의 보고서와 판단사항은 화해 타결에 중요한 기여를 했다는 점은 분명하다.

이후 조정에 회부된 분쟁에는 전통적인 유형의 위원회가 관여하였다. 그리고 비록 이 분쟁에서 법적 그리고 사실적인 면에서 일부 어려운 쟁점이 있었지만, *East*

---

the case of the East African Community" (1984), 187 *Hague Recueil des Cours* 307 참조. 당사자들이 움브리히트 박사를 '중개자'로 칭했지만, 그는 조정 업무를 한 것이 명확하다. 중개자와 조정인의 역할을 동시에 수행하는 개인이 별로 기여하지 못하는 점에 대해서는 K.R. Simmonds, "The Belize mediation"(1968), 17 *ICLQ* 996; J.G. Merrills, "The Belize-Guatemala territorial dispute and the legal opinion of January 2002"(2002), *Global Community YBILJ* 77 at 80-1, 91-2 참조.

African Community 사건보다는 훨씬 단순했다. 1980년에 아이슬란드와 노르웨이는 위원회를 설치하여 아이슬란드와 Jan Mayen섬 사이의 대륙붕지역 경계선 획정에 관한 권고를 요청했다. 이 위원회는 문제의 해역에서 아이슬란드가 갖는 '강력한 경제적 이해관계'와 함께, '기존의 지리적·지질학적 요소 및 그 밖의 특별한 사정'을 고려해 달라는 요청을 받았다. 위원회는 이들 사항과 관련된 증거를 상세히 조사한 후, 실질적으로 탄화수소 생산이 충분히 예상되는 지역을 전부 포함하는 공동개발협정을 제안하였다. 이 권고(부록의 C 문서)는 나중에 당사자들이 수락했고, 1981년에 분쟁을 종료하는 조약에 인용되었다.[17)]

조정 실무

모든 조정위원회의 기능은 동일하다. 즉, 분쟁을 조사하고 해결 가능한 내용을 제안하는 것이다. 하지만, 일부 검토 사례에서 이미 드러났듯이, 넓은 권한범위 내에서, 조정위원회는 여러 가지 상이한 업무를 수행해 왔다. 위원회가 무슨 일을 하는지 그리고 자신의 업무를 어떻게 진행하는지는 우선 해당 위원회를 설치한 문서에 좌우된다. 그러나 상당 부분은 당사자들이 특정 사안에 대한 자신들의 입장을 어떻게 주장하기로 했는지, 그리고 조정위원회의 구성원들이 자신의 역할을 어떻게 인식하는지에 좌우되기도 한다. 결과적으로, 비록 조정위원회의 실무에서 공통점이 많이 나타나지만, 가장 기본적인 사항에 대한 접근방식이 상당히 다르다는 점도 파악할 수 있다.

어떤 종류의 과정을 조정이라고 하는가? 한 견해는 조정을 일종의 제도화된 교섭으로 간주한다. 위원회의 업무는 당사자들의 대화를 독려하고 구조화하는 것이지만, 성공적인 결론을 도출하려면 당사자들에게 어떠한 지원이라도 제공하는 것이

17) 위원회 보고서는 (1981) 20 ILM 797 그리고 62 ILR 108 참조. 조약은 상당 부분 위원회의 권고사항을 인용하였으며, 이에 대해서는 (1982) 21 ILM 1222 참조. 이 위원회의 의장이 해당 사례에 대해서 회고한 사항으로는 E.L. Richardson, "Jan Mayen in perspective"(1988), 82 *AJIL* 443; R.R. Churchill, "Maritime delimitation in the Jan Mayen area"(1985), *Marine Policy* 16 참조.

필요할 수 있다. 이러한 접근방식의 전제는 분쟁 해결이 당사자의 합의를 확보하는 것에 좌우된다는 것이고, 이 점은 조정과 중개의 유사성에 주목한 것으로서 차코 위원회, 프랑스-사이암 위원회, 그리고 *Jan Mayen* 분쟁[18]에서 찾을 수 있다. 다른 견해는 조정이 사실심사나 중재에 더 가깝다고 보아서,[19] 위원회의 기능은 당사자들이 갖는 입장의 장·단점에 대해서 정보를 제공하고 조언해서, 그들이 주장하는 점이 아니라 응당 받을 만한 것에 상응하는 해결책을 제안하는 것이라고 한다. 이러한 접근방식은 벨기에-덴마크 위원회의 업무와 *East African Community* 사건 조정에서 볼 수 있으며, 이는 조정이 브라이언 제 조약(Bryan treaties)에서 규정했던 확장된 사실심사 절차와 역사적으로 연결되는 점을 반영한다.

위원회가 조정의 성격에 대하여 어떠한 견해를 가졌는지가 위원회의 업무에 중요한 영향을 미칠 가능성이 높다는 점은 분명하다. 조정을 중재에 준하는 형식으로 보거나 이러한 기능을 수행하도록 당사자들이 요청했던 경우라면, 자연히 조정을 주로 교섭의 장으로 파악하는 위원회에 비해 더 형식을 중시하는 방식으로 운영되는 경향이 있다. 따라서 벨기에-덴마크 사건의 서면절차와 구두절차 모두 중재를 연상시켰다. 반대로, *Jan Mayen* 사건의 위원회는 만장일치로 권고사항을 제출하는 것을 목적으로 했고, 당사국측 조정위원 2인은 이전에 외교적 교섭 전체에 참여했었기 때문에, 어떤 종류의 변론 주장도 필요하지 않다고 결정했다. 이 양자에서 중간적인 입장은 서면절차와 구두절차가 혼합되었던 프랑스-사이암 사례, 그리고, 구두절차가 매우 비형식적이어서, 당사국측 대리인들이 위원회 위원과 나란히 앉아 위원회 업무 전반에 참여했던 프랑스-스위스 사례 그리고 이탈리아-스위스 사례에서 찾을 수 있다.

조정위원회는 분쟁의 성격 그리고 배경을 검토해야 할 의무가 있기에 일반적으로 조사권한이 넓다. 하지만, 온전히 분쟁을 규명하는 데 *존재의의(raison d'être)*가 있

---

18) 벨리즈와 과테말라가 2000년에 OAS의 지원을 받아서 개시했던 '촉진절차'(Facilitation Process)와 이에 대한 논의는 Merrills, "The Belize-Guatemala territorial dispute" (n. 16) 81 and 93-4, and in Koopmans, *Diplomatic Dispute Settlement* (n. 1) pp.102-4 참조.

19) 국제법학회(Institute of International Law)의 롤린(Rolin) 교수 보고서에서 표시된 견해에 대해서는 (1959) 48(i) *Annuaire* 30-42 참조.

는 사실심사와 달리, 조정위원회의 목적은 당사자들의 조정이다. 따라서 조정위원회의 조사권한은 목적을 달성하기 위한 수단에 불과하다. 그 결과, 만약 어떤 사항을 밝힐 경우 조정이 더 곤란해진다면, 그러한 노선의 조사는 지속될 가능성이 없다. 1958년에 프랑스-모로코 조정위원회는 프랑스 당국이 Ben Bella와 다른 네 명의 알제리 반란 지휘자를 태우고 모로코에서 튀니지로 향하던 항공기를 선회시킨 사건을 조사하기 위해 설치되었다.[20] 모로코는 위원회에 대해서 선회된 비행기의 승객 전원을 신문할 수 있도록 해 달라고 요청하였다. 그러나 위원회는 "위원회 의견으로는 이러한 증거를 취득할 경우 프랑스와 모로코의 관계를 악화시킬 가능성이 있기에 위원회가 양국 정부로부터 위탁받은 임무의 취지를 저버릴 수 있다"는 이유로 이러한 요구를 거절하였다.[21]

위원회는 다양한 방식으로 정보를 획득할 수 있다. *Jan Mayen* 사건의 위원회는 컬럼비아 대학에서 가졌던 회의에서 해당 지역을 연구했던 지질학자와 지구물리학자들이 발견했던 사항을 설명하도록 함으로써 기술적인 사항에 관한 증거를 얻었다. 차코 위원회는 방과디아 요새(Fort Vanguardia)의 위치를 확정하기 위한 조사를 수행하는 것은 거절했으나, 양측의 포로를 아르헨티나와 브라질에서 중립적 위원회가 신문하도록 하였다. 프랑스-사이암 위원회는 분쟁지역 방문, 증인의 증언 청취 없이, 당사자들과 협의하여 마련한 질문지상의 정보를 기반으로 하였다.

East African Community 사건에서, 조정인이 갖는 권한의 성격상 정보 수집이 조정인 업무의 핵심사항이었다. 공동체의 자산을 확인하고 목록을 정리하고, 그 후 그 가치를 환산하는 것은 방대하고도 복잡한 업무였다. 움브리히트 박사가 이러한 업무를 완수하려면 지원을 받아야 했기에 관련 국가들은 그에게 전문위원을 임명할 권한을 부여했고 이러한 기능이 충분히 활용되었다.[22] 조정인으로서 처음 취한 조치의 하나는 회계, 재정, 기술 전문가로 감사위원회를 구성해서, 지침서 작성 및 적

---

20) Note, "L'Affaire du F-OABV"(1958), 4 *AFDI* 282; C. Rousseau, "Echec de la procédure d'enquête et de conciliation dans l'affaire du dêeroutement de l'avion transportant de Rabat à Tunis les chefs nationalistes algériens Ie 22 octobre 1956"(1958), 62 *RGDIP* 691 참조.

21) Cot, *International Conciliation* (n. 1) p.193.

22) Umbricht, "Principles of international mediation" (n. 16) 328-41.

용에 관하여 이들의 자문을 구하는 것이었다. 이 기관은 정기적으로 회동했고, 이 기관 외에도, 움브리히트 박사는 제한기간 동안 40명이 넘는 기술 및 재정 전문가들에게 정보를 수집하고 확인하도록 하였다. 이들을 실무작업반으로 조직하였고 이 안에서 EAC 기관 전체에 관한 보고서 초안을 준비하고, 보고서 초안을 각 정부에 제공해서 의견을 받도록 했고, 이러한 초안은 종국적으로 조정인이 자산 배분에 관하여 제안할 때나 당사자들이 후속 교섭을 준비할 때 바탕이 되었다.

이미 언급한 대로, 조정위원회가 다뤘던 분쟁 중 많은 경우에 법적 문제들이 제기되었고, 이 점이 위원회 구성에도 반영되었다. 비록 움브리히트 박사의 경우는 외교관이었지만, 위원회는 법률가들로 구성되었고, 기술적 전문성을 갖춘 개인도 고용되었다. 제1차 세계대전 이전 대일본 차관의 복잡한 재정 문제와 관련된 사례에서 당사자들은 국제통화기금(IMF) 총재를 단독 조정인으로 임명하였고,[23] 이후 유사한 대상을 다룬 사례[24]에서는 국제부흥개발은행(IBRD) 총재가 동일한 자격에서 복무하였다.

조정위원회는 당사자들을 합의로 이끌기 위해 얼마나 적극적이어야 하는가? 초기 조정 조약에서 위원회의 임무는 조사를 수행하고 조정안을 제시하는 것이었고, 당사자들은 조정을 실행했다. 비록 두 건의 대일본 차관 사례의 조정인들이 이러한 접근방식을 따랐지만, 다른 위원회들은 보다 적극적인 역할을 수행하려고 하였다. 프랑스-사이암 위원회와 이탈리아-스위스 위원회 모두 조사 종료 후 보고서 제출 이전에 당사국간 합의를 도모하려고 시도하였으며, 두 번째 사례에서는 이 방법이 성공했다. 차코 위원회는 보다 급진적인 접근방식을 채택하여 조사 착수 이전에 조정 업무를 개시하였다. 이는 이례적인 절차였기에, 조정보다는 중개를 연상시킨다.

위원회가 조사를 수행하든, 아니면 제안서 작성과 조정 업무를 하든, 그러한 활동이 성공하려면 진행 과정을 비공개로 하는 것이 필수적이다. 분쟁은 늘 민감한

---

23) *In re Imperial Japanese Government 4% Loan of 1910 Issued in France-Methods of Resumption of Service*, 29 ILR 4. 이 사건에서, 역시 전문가인 슈타이언(M. von Steyern)이 IMF 총재를 대리하였다.

24) *In re City of Tokyo 5% Loan of 1912-Plan for Resumption of Payment and Interest on the French Tranche of the Loan*, 29 ILR 11.

쟁점들을 불러일으킨다. 정부로서는 비공개적으로 자국의 양보를 제안하는 것이 훨씬 수월하다. 따라서 비밀 유지가 일반규칙이 되었다. *Ben Bella* 사례에서 모로코가 공개심리를 요청한 것은 배척되었다. 이는 아마도 이미 감정이 격해진 상태에서, 공개적으로 주목받게 되면 조정의 명분이 더 높아질 수 없을 것이라는 이유 때문이었을 것이다.[25] 심지어 일부 절차를 공개적으로 진행한 바 있었던 차코 위원회도 가장 민감한 사항은 비공개로 진행하였다.

앞서 언급하였듯이, 조정의 가장 큰 특징 중 하나는 위원회의 보고서가 결정이 아닌 제안의 형식을 갖는다는 점이다. 따라서 심지어 법을 주로 고려했던 사건에서도, 위원회의 보고서는 중재판정과 사뭇 다르고, 당사자들을 구속하지 않는다. 조정의 이러한 특징으로 인하여, 위원회는 자가당착인 상황에 봉착하였다. 한편으로 위원회는 자신의 제안이 설득력을 갖도록 하기 위하여, 가능한 여러 가지 뒷받침이 될 만한 근거를 제시한다. 다른 한편, 위원회는 당사자들에게 추후 소송에서 인용될 만한 법적 논쟁이나 사실관계의 판단을 제공하지 않으려 한다. 벨기에-덴마크 위원회는 결론서면에 부대해서 그 이유를 구두로 설명하는 특이한 방편을 채택 했다. 프랑스-스위스 위원회 그리고 이탈리아-스위스 위원회는 결론과 이유를 모두 서면으로 기술하는 쪽을 채택해서 실무상 더 만족스러웠지만, "위원회가 법률적 사항에 대해서 제시한 의견은 당사자들이 사법재판소든 아니면 중재판정부든 어느 경우에서도 인용할 수 없다"는 제한에 구속되도록 하였다.[26] 이후 체결된 조정 조약[27]은 이와 동일한 효과를 갖는 규정을 담았기에 이러한 예방책의 필요성이 잘 인정되었다는 점을 보여 준다.

조정위원회의 제안은 수락될 수도 있고, 거절될 수도 있기 때문에, 위원회가 당사자들에게 몇 개월의 기간을 특정하고 당사자들이 반응하도록 하는 것이 일반적인 실행이다. 만약 위원회의 제안이 수락되면, 위원회는 조정 사실을 기록하고 해결 내

---

25) 이 사례에서 프랑스 잡지 *L'Express*의 선정적 보도의 해로운 결과에 대해서는 Cot, *International Conciliation* (n. 1) pp.166-7 참조.

26) (1958) 25 ILR 321. 또한 Koopmans, *Diplomatic Dispute Settlement* (n. 1) pp.153-5 참조.

27) Treaty for Conciliation, Judicial Settlement and Arbitration between the United Kingdom and the Swiss Confederation (1965) Cmnd 2741.

용을 제시하는 *의사록(procès verbal)*을 작성한다. 제안된 내용이 거절되면, 조정은 성립하지 않게 되고, 당사자들은 추가적인 의무를 부담하지 않는다. 따라서 일반적인 경우 조정인의 기능은 보고서 제출로써 마무리되고, 그 이후 모든 것은 당사자들이 좌우할 수 있다. 하지만 국가들은 다른 방식에 합의해서, 조정인에게 더 광범위한 역할을 수행하도록 요청할 여지가 있다. 이러한 면에서 *East African Community* 사건은 다시 참고할 만하다.

관련 자산과 채무를 확인하고 평가한 후(이 두 과정 모두 협력국가들이 긴밀히 결부되었음), 움브리히트 박사는 당사자들의 법, 경제, 재정 관련 주장을 청취하고서, 1981년 10월 배분에 관한 자신의 제안이 포함된 보고서를 제출하였다. 그 이후, 협정 교섭을 위하여 장관급 회의가 연달아 열렸다. 이들 회의에서 배분기준 선택 그리고 각 기준에 부여할 비중에 대한 당사국들의 의견차가 명확히 드러났다. 재정적으로 당사국들이 희망하는 것과 현실적으로 가능한 것의 차이를 좁히고자, 움브리히트 박사는 다수의 외국 정부들과 접촉하여 재정 지원을 얻으려고 하였다. 이러한 노력은 협력 당사국들의 동의를 받았지만, 성공을 거두지 못했다. 1983년 2월, 조정인은 당사자들의 요청으로 협력국가의 대통령들에게 추가보고서를 제출했다. 이 보고서 발표시점과 11월에 개최되었던 협력국가 대통령단 회의 사이의 기간에, 움브리히트 박사는 당사국들 간 이견을 더 좁히려고 왕복외교를 하였다. 앞서 지적했듯이, 이는 성공적이었고 EAC 해체 후 7년이 지난 1984년 5월에 최종 협정이 서명되었다.[28] 따라서 이 사례에서 조정인은 이례적으로 장기간에 걸쳐서 다양하게 관여했다. 처음에는 광범위한 사실심사를 감독하고 해결안을 제시하였다가, 분쟁의 마지막 단계에서는 중개자의 역할까지 수행하였다.

---

28) 조정인의 보고서 제출 후 상황에 대한 설명으로는 Umbricht, "Principles of international mediation" (n. 16) 356-8 참조. 이와 다소 유사한 기능을 왓츠 경(Sir Arthur Watts)도 수행하였다. 그는 1996년 유고슬라비아 고등대표에 의해서 승계 문제 특별교섭관(Special Negotiator for Succession Issues)으로 임명되었다. 이러한 자격에서 그는 당사자들에게 교섭 기본안을 작성했고, 이로써 당사자들은 종국적으로 2001년에 타결할 수 있었다. Koopmans, *Diplomatic Dispute Settlement* (n. 1) p.49 참조.

현대 조약법상 조정의 위치

1945년 이래, 조정은 양자조약 실행에서 입지를 유지했지만, 범위는 훨씬 축소되었다. 제2차 세계대전 후 수년 동안에 소수의 조약이 체결되었고, 보다 최근에는 조정의 주창자인 스위스가 영국 그리고 다수의 다른 국가들과 조약을 체결하였다. 물론, 국가들은 총칙적 의무를 정하는 이런 종류의 조약 이외에, 개별 분쟁을 대상으로 위원회를 설치하는 협정을 체결할 여지가 있다. 이러한 형태의 임의적 조치는 *Jan Mayen*섬 분쟁과 *EAC* 사례에서 조정인이 갖는 권한의 근거가 되었으며, 1986년에 타바(Taba) 지역 내 국경분쟁 해결에 관한 이집트와 이스라엘 간 조약[29]의 일부가 되었다. 후자의 조약은 이례적이었다. 왜냐하면, 비록 이 조약은 일차적으로 중재협정이었지만, 중재 진행 중 조정하는 방식에 관한 세부사항을 포함했기 때문이었다. 그러나 조정이 시도되었지만 성공하지 못했고, 결국 이 분쟁은 중재로 해결되어야 했다.[30]

조정이 양자조약 실행에서 다소 인기를 잃었다면, 다자조약은 전혀 다른 양상을 보여 준다. 보고타 규약(Pact of Bogotá, 1948)에서는 조정을 규정하면서 이와 함께 다른 다양한 절차를 규정하고 있고, 제11장에서 보겠지만, 보고타 규약 내 조정 관련 규정들과 사법적 해결에 관한 규정들의 관계는 1988년에 있었던 사건에서 ICJ가 다루었던 쟁점 중 하나였다.[31] 분쟁의 평화적 해결을 위한 유럽협약(1957)은 1925년 프랑스-스위스 조약과 유사하게 조정을 규정하였다. 조정을 언급하는 다른 지역협정으로는 아프리카통일기구헌장(1963) 그리고 동카리브국가기구설립조약(1981)이 있다.[32] 전자의 경우, 조정은 1964년 의정서에서 상정했던 중개·조정·중재위원회의

---

29) Agreement to Arbitrate the Boundary Dispute concerning the Taba Beachfront, Egypt-Israel (1986), 본문은 (1987) 26 ILM 1; Koopmans, *Diplomatic Dispute Settlement* (n. 1) pp.63-6 참조.

30) *Boundary Dispute concerning the Taba Area*, Arbitration Award, 1988, 본문은 (1988) 27 ILM 1421 참조, 이 사례 요약은 (1989) 83 *AJIL* 590 참조. 이 분쟁의 추가적인 논의로는 제5장 참조.

31) *Border and Transborder Armed Actions,* Jurisdiction and Admissibility, Judgment [1988] ICJ Rep. 69.

32) 조약문은 (1981) 20 ILM 1166 참조.

기능 중 하나였다.[33] 반면, 후자의 경우 조정은 조약의 부속서에 규정되어 있으며, 여기에서 조정인단을 정하고, 요청이 있으면 조정인단에서 조정위원을 선정하여 위원회를 구성하도록 하였다.

조정은 특정 주제에 관한 수많은 조약의 분쟁 해결 규정에서도 활용될 수 있다. 이 책은 특정 분야의 분쟁 해결방식을 자세히 설명하는 것을 목적으로 삼지 않았지만, 조정은 국제통상 관련 협정의 절차로서 호평을 받고 있고[34] 인권보호를 위한 조약에서도 두드러진다는 점은 언급할 만하다. 따라서 유럽인권협약 제38조에 따르면, 유럽인권재판소의 기능 중 하나는 "이 협약과 부속 의정서에서 정하는 인권 존중을 기반으로, 사안의 우호적 해결을 확보하기 위하여 관련 당사자들의 처분에 따르도록 하는 것"이라고 하였고, 이와 유사한 규정은 다른 문서에서도 찾을 수 있다.[35]

이 협약의 원래 형태에 따르면 우호적 해결을 장려하는 것이 유럽인권위원회의 책무 중 하나였다. 유럽인권위원회는 인권전문가 집단으로서 유럽인권협약에 따라 회부된 모든 사건들을 다루었다. 1999년 제도 개편과 위원회 폐지 후, 이 기능은 유럽인권재판소로 이관되었다. 이는 실무적으로 재판소 사무처장이 이러한 기능을 수행한다는 것을 의미한다.[36] 비록 절대다수의 사건, 그리고 결과면에서 우호적으로 해결된 사안들은 개인이 제기한 청구에 관한 것이지만, 드물게는 국가간 사건에서도 동일한 가능성이 있다. 따라서 2000년에 *Denmark* v. *Turkey* 사건[37]은 이러한 방

---

33) 제11장 참조. 결국 위원회는 한 번도 운용되지 못했고, 2001년 OAU가 신생 아프리카연합(African Union)으로 교체되었을 때 삭제되었다. C.A.A. Packer and D. Rukare, "The new African Union and its Constitutive Act"(2002), 96 *AJIL* 365 at 376 참조.

34) 제9장 참조.

35) International Covenant on Civil and Political Rights (1966), Arts. 41 and 42; International Convention on the Elimination of All Forms of Racial Discrimination (1965), Art. 12; American Convention on Human Rights (1969), Arts. 48, 49; African Charter on Human and Peoples' Rights (1981), Art. 52 참조. 이들 조약과 그 밖의 인권조약의 조정 관련 논의에 대해서는 A.H. Robertson and J.G. Merrills, *Human Rights in the World,* 4th edn., Manchester, 1996 참조.

36) 우호적 해결절차의 발전에 관해서는 Koopmans, *Diplomatic Dispute Settlement* (n. 1) pp.184-99 참조.

37) *Denmark v. Turkey,* Case No. 34382/97, ECtHR (Friendly Settlement), 5 April 2000. 이보다

식으로 해결되었다. 이 사건의 청구사항은 덴마크 국민을 학대했다는 의혹에 관한 것이었는데, 협약에서 터키가 불법행위가 있었던 여러 가지 사건을 인정하고, 상당한 액수의 배상금 지급과 특정 인권보호 사업을 수행하기로 약속하여 해결되었다. 이는 근본적으로는 양자적 해결이었고, 사무처는 제38조에 따라서 협약문 작성을 자문하였다.

제38조와 관련하여 두 가지 일반적 사항을 언급하는 것이 현 맥락에서 특히 중요하다. 하나는 권리보호에 관한 제도적 기능의 일환으로서, 제38조가 정기적으로 활용되는 유형의 조정 규정이었다는 것이다. 다른 하나는 이 협약에서 '인권 존중을 기반으로' 한 우호적 해결이라고 언급함으로써, 제38조의 취지는 단순히 유럽 인권재판소를 더 이상 활용하지 않은 채 화해 타결을 이루려는 것이 아니라, 사건을 비공식적으로 처리할 수 있도록 하면서도, 동시에 협약의 기본가치를 지키려는 것이라는 점을 분명히 했다는 것이다. 이 협약을 비롯하여 인권조약에서 조정은 당사자들이 수락 가능한 해결을 확보하기 위한 수단 이상이지만, 추가적으로 중요한 실질적 구성요소를 갖기 때문에, 이러한 방식에 따른 우호적인 해결은 일반적으로 이해되는 조정과 구분된다.

다른 주제에 관한 수많은 조약에서도 조정을 전통적 맥락에서 규정하고 있다. 실제로, 조정을 다른 절차와 결합하거나, 아니면 다른 절차의 대안으로서 조약 규정에 포함시키는 것은 현대 다자조약에서 거의 항상 드러나는 특징이다. 예컨대, 1969년 조약법에 관한 비엔나 협약[38]에서는 *강행규범(ius cogens)*에 관한 조문의 해석과 적용에 관한 분쟁을 ICJ에 회부하고, 조약상 의무의 유효 여부와 종료에 관한 다른 분쟁은 강제조정으로 다루도록 규정하였다. 위원회 설치 방식은 이 협약의 부속서에서 자세히 기술하였다. 부속서 규정에 따라서 유엔 사무총장이 조정인으로 활동할 만한 자격을 갖춘 법률가의 명부를 마련하도록 하였다. 위원회는 각 당사국이 두 명의 조정인을 임명하여 설치하는데, 조정인은 반드시 위 명부에서 임명해야 하는

앞서서 덴마크, 프랑스, 네덜란드, 노르웨이 그리고 스웨덴이 터키를 상대로 제기하였고 역시 우호적 방식으로 해결된 국가간 사건에 관해서는 Koopmans, *Diplomatic Dispute Settlement* (n. 1) p.190 참조.

38) 협약문은 (1969) 63 *AJIL* 875 참조.

것은 아니다. 이렇게 임명된 네 명의 조정인들이 의장으로 활동할 다섯 번째 조정인을 임명한다. 이 절차의 특징은 어떠한 조정인이든 정해진 기한 내에 임명되지 않으면 유엔 사무총장이 임명할 수 있도록 함으로써 절차 진행상 차질이 발생하는 것을 예방한다는 점이다. 조정위원회는 "당사국들을 심리하고, 청구와 이의 제기 사항을 검토하여, 당사자들에게 분쟁의 우호적 해결방안을 제안하고",[39] 위원회 구성 후 12개월 이내에 보고서를 제출해야 한다. 앞서 제기되었던 점에 비추어 볼 때, 협약 부속서에서는 위원회 보고서에 "사실관계 혹은 법적 문제에 관한 결론"이 포함되는 것을 상정했지만, 그와 함께, 해당 보고서가 당사자를 구속하지 않는다고 하면서, 보고서는 "분쟁의 우호적 해결을 촉진하기 위하여 당사자들이 고려하도록 제출되는 권고 이외의 성격은 없다"고 규정하는 점이 흥미롭다.[40]

1975년 보편적 성격의 국제기구와의 관계에서 국가의 대표에 대한 협약[41] 및 1978년 조약에 대한 국가승계에 관한 비엔나 협약에서도[42] 전반적으로 유사한 조정방식을 규정하고 있다. 두 협약에서, 협의를 전제조건으로 해서 조정방식이 개시되도록 하였고, 1969년 협약에서와 같이 위원이 임명되지 않는다고 해서 위원회 설치가 차단되지 않는다. 1975년 협약은 이례적으로 5인이 아닌 3인 위원회를 규정하고, 위원회가 관련 국제기구에 ICJ의 권고적 의견을 구하도록 권고할 수 있는 점도 규정하였다. 한편, 1978년 협약은 독특하게도 유엔이 조정위원회의 비용을 부담하도록 규정하고 있다. 양 협약은 일반적인 방식으로서 위원회의 권고가 구속력을 갖지 않도록 규정하고 있다. 하지만, 전자의 협약에 "모든 분쟁 당사국들이 이를 수락하지 않는 한"(제85조 제7항)이라는 문구가 추가되었으며 일방 당사자는 그러한 권고를 일방적으로 따르겠다고 선언할 수 있도록 하였다.

1965년 ICSID 협약[43]에서는 조정에 관한 세부적인 규정을 포함하여 외국인 투자

---

39) Annex, para. 5.

40) *Ibid.*, para. 6.

41) 협약문은 (1975) 69 *AJIL* 730 참조.

42) 협약문은 (1978) 72 *AJIL* 971 참조.

43) A. Broches, "The Convention on the Settlement of Investment Disputes between States and Nationals of Other States"(1972), 136 *Hague Recueil des Cours* 331.

자와 투자유치국 간 분쟁의 해결을 위한 상세한 방식을 담고 있다. 다음 장에서 볼 수 있듯이, 비록 이 협약에서는 중재를 강조하고 있지만, 투자분쟁 당사자들이 원한다면 활용할 수 있을 정도로 조정에 관한 규정이 아주 상세하다. 따라서 이 협약에서는 일방 당사자의 요청으로 조정위원회를 설치할 수 있도록 규정하고 있다. 조정위원회는 "높은 덕망이 있고 법률, 상업, 산업 혹은 금융 분야에서 공인된 자격이 있으며 독립하여 판단을 내릴 수 있다고 신뢰받을 수 있는 사람"으로 구성한다(제14조 제1항). 위원회의 업무는 당사자측 대리인들을 심리한 후 화해 타결 내용을 권고하는 것이다. 마지막으로 당사자들이 해결안을 수락하든지 여부와 상관없이 위원회는 보고서를 작성한다(제34조). 하지만, 실무상 조정절차는 별로 활용되지 않았고, 바로 이처럼 활용되지 않은 이유로 인하여 제2장에서 설명했듯이 국제변호사협회(IBA)에서 투자자-국가 중개규칙을 마련하게 되었다.

조정을 다른 분쟁 해결방법과 결합하여 활용하는 사례로서 두드러진 경우는 수많은 환경 관련 조약에서도 찾을 수 있다. 예컨대, 1985년 오존층 보호를 위한 비엔나 협약[44]은 협약의 해석 또는 적용과 관련해서 분쟁이 발생하면 당사자들은 교섭에 의한 해결을 우선 시도하도록 규정하고 있다. 만약 교섭에서 성공하지 못하면, 당사자들은 공동으로 제3자의 주선이나 중개를 시도할 수 있다. 여전히 해결되지 않은 분쟁을 다루려면 국가들은 추가로 중재를 수락하거나 ICJ의 재판관할권을 수락한다고 선언할 수 있다. 마지막으로, 만약 당사자들이 각자 서로 다른 절차를 수락했거나 아무 절차도 수락하지 않았다면, 다른 해결수단에 합의하지 않는 한 해당 분쟁을 조정에 회부해야 할 의무를 부담한다. 이 협약은 위원회 구성 방식에 대해 다소 간단히 규정하면서도 핵심 사항을 포함하고 있다.

1992년 생물다양성협약(Convention on Biological Diversity),[45] 1992년 기후변화에 관한 기본협약(Framework Convention on Climate Change),[46] 그리고 1994년 사막화방지협

---

44) 협약문은 (1987) 26 ILM 1516 참조. 하지만, 1985년 비엔나 협약에 대한 1987년 몬트리올 의정서 제8조에서는 비준수절차를 마련하도록 규정한 점을 주목해야 한다. 비준수절차는 위에서 기술한 분쟁해결규정의 중요성을 매우 떨어뜨렸다. 다음 각주 59)에 대한 본문 내용 참조.

45) 협약문은 (1992) 31 ILM 818 참조.

46) 협약문은 (1992) 31 ILM 849 참조.

약(Convention to Combat Desertification)[47]에서 유사한 방식을 찾을 수 있다. 생물다양성협약에서는 조정절차를 부속서에서 규정한 반면에, 다른 협약에서는 조정절차의 채택 여부는 추후 당사국회의에서 정하도록 남겨 두었다. 다른 한편, 후자의 협약들은 분쟁이 존재한다는 사실을 통지한 후 12개월 경과 후 조정을 개시하도록 규정한 반면, 생물다양성협약에서는 1985년 비엔나 협약과 같이 시한을 특정하지 않고 조정이 활용되도록 하였을 뿐이다. 이리하여, 이들 협약 전체에서 조정은 일정한 역할을 갖게 되었고, 협약의 해석 또는 적용과 관련되면서 다른 수단으로써 해결될 수 없는 분쟁이 발생할 경우, 비록 구속력은 없지만 강제적인 절차를 활용할 수 있게 되었다.

1997년 국제수로의 비항행적 이용법에 관한 유엔협약[48]에서 위의 사례와 연관되는 분쟁 해결방식을 찾을 수 있다. 이 협약은 제32조에서 개인들이 국내 구제절차에 접근하는 것을 차별하지 못하도록 규정한 후, 제33조에서 국가 차원에서 분쟁을 처리하는 단계적 절차를 규정하였다. 이 단계적 절차는 우선 교섭을 이용하고, 이후 다른 다양한 선택지들을 활용하며, 추후 필요하다면 어느 당사자라도 강제적 사실확인 절차를 원용할 수 있도록 하였다. 이 절차는 3인으로 구성되는 위원회가 수행하는데, 3인 위원 중 1인은 제3국 출신으로서 위원장 역할을 수행하며, 비구속적 보고서를 제출하는 것으로 임무를 마감하는데, 주로 사실심사 형태로 여겨진다. 이러한 절차가 현 맥락과 관련되는 점은 위원회의 보고서에 위원회의 판단(근거 포함됨) 이외에도 "위원회가 분쟁의 형평스러운 해결책으로 적절하다고 여기는 권고를 포함하며, 관련 당사자들은 이러한 권고를 신의성실히 고려해야 한다"고 한 것이다. 따라서 제33조에 따른 위원회는 상당 부분 조정기능을 갖기도 한다. 왜냐하면, 수자원에 관한 권위자가 지적했듯이, 위원회 보고서는 "당사자들이 예측하지 못한 해결책이나, 국내 정치적 혹은 다른 이유로 인하여 당사국 자신들이 주도해서 채택하기 어려운 해결책을 제시할 수 있기" 때문이다.[49]

---

47) 협약문은 (1994) 33 ILM 1332 참조.

48) 협약문은 (1997) 36 ILM 700 참조.

49) S.C. McCaffrey, *The Law of International Watercourses,* Oxford, 2001, p.444.

마지막으로, 지적해야 할 사항은 1982년 유엔해양법협약에서 조정을 상세하면서도 매우 중요하게 다루고 있는 점이다. 하지만, 이러한 방식은 이 협약에서 폭넓게 규정하고 있는 다른 해결수단과 함께 검토하는 것이 가장 적절할 수 있다. 그러므로 이러한 측면의 조정 관련 논의는 다음 제8장으로 미루고자 한다.

후속 발전

분쟁을 처리하기 위한 수단으로서 조정에 대한 관심은 다수의 후속 발전에서 분명히 드러난다. 이러한 발전 중 첫 번째는 조정에 관한 규범안을 마련하려는 유엔의 노력이다. 1990년 유엔 제6위원회는 국가간 분쟁의 조정에 관한 규칙 초안을 담은 보고서를 총회에 제출했다. 총회는 사무총장에게 규칙안을 배포하여 의견을 수렴하도록 했고, 이 규칙 초안을 유엔 국제법 10개년 계획의 일부로서 그리고 유엔 헌장 및 유엔의 역할 강화 특별위원회에서 검토하기로 결정했다. 이 특별위원회는 1995년에 업무를 완수하였고, 모델 규칙(Model Rules) 수정안이 포함된 보고서를 제출했고, 이 보고서는 총회의 승인을 받았다.[50)]

수정된 모델 규칙의 조문은 29개이며, 절차 개시부터 보고서 제출에 이르기까지 조정에 관한 모든 측면을 다루고 있다. 모델 규칙이기에 구속력이 없지만, 분쟁 당사국들이 양자협정에서 이 규칙을 단순히 언급하거나 바꾸고 싶은 사항이 있으면 원하는 대로 변경해서 채택하기로 합의할 수 있는 규범이 되도록 하려는 것이다. 모델 규칙은 국가 자신들이 당사국인 협약에서 조정을 의무적 절차로서 규정하였지만 필요한 방식을 규정하지 않고 있는 경우에 특히 유용할 수 있다. 협약에서 나름의 방식을 담고 있다면, 그런 경우라도 당사자들이 원하면 해당 형식을 따르는 대신 모델 규칙을 활용할 수 있는 점에서 모델 규칙의 가치가 있겠지만, 당연히 모델 규칙을 활용할 여지는 더 적어진다. 마찬가지로, 분쟁 당사자들이 이미 ICJ 혹은 중

50) GA Res. A/50/50 (1996); V. Morris and M.C. Bourloyannis-Vrailas, "The work of the Sixth Committee at the Fiftieth Session of the UN General Assembly"(1996), 90 *AJIL* 491 at 497 참조. 상설중재재판소는 동 기간에 모델 규칙을 채택하였다. 이 두 가지 접근방식에 대한 논의와 상호 비교에 대해서는 Koopmans, *Diplomatic Dispute Settlement* (n. 1) pp.106-20 참조.

재에 분쟁을 회부할 의무를 부담하고 있는 경우라도 어려움은 없다. 왜냐하면 통상적으로 국가들은 우선 조정을 시도하고, 다른 방법을 찾기까지 구속력 있는 절차의 활용을 유예하기로 합의할 여지가 있기 때문이다.

국가들이 지금까지 보다 더 자주 조정을 활용하기로 결정하지 않는 한, 모델 규칙은 국제분쟁 처리 방식에 큰 영향을 미칠 것으로 보이지 않는다. 하지만, 작지만 하나의 진전으로서, 이들 규칙은 조정의 기본적인 틀이 되고, 조정의 잠재력에 주목하도록 하는 점에서 유용하다.

더 광범위한 성격의 발전은 과거 유럽안보협력회의(CSCE: Conference on Security and Co-operation in Europe)였던 유럽안보협력기구(OSCE: Organization for Security and Co-operation in Europe)에서 조정을 활용하기 위하여 취한 여러 가지 시도에서 찾을 수 있다. 뒤 제11장에서 보겠지만, 이 기구는 1975년 헬싱키 협정에서 시작된 지역기구에 준하는 정치기구이다. 비록 이 협정에서는 참여국들이 자신들의 분쟁을 평화적 수단으로 해결할 의무를 부담하도록 하였지만, 1989년에 끝난 비엔나 후속 회의 때에서야 비로소 이 원칙을 이행하기 위한 조치들이 채택되었다. 이것이 가능했던 것은 모든 쟁점에 대해서 발전을 지체시켰던 동·서 양 진영의 대립이 종료되었기 때문이었다. 하지만, 현재 분쟁 해결에 관한 쟁점을 다루기 위한 중요한 조치가 채택되었으며, 비록 그 효과가 과장되지 않아야 하겠지만, 조정을 주축으로 한 점은 분명히 흥미롭다.

첫 번째 단계는 중개와 조정의 결합을 포함한 CSCE 분쟁 해결장치를 마련하는 것이었다.[51] 비엔나 후속 회의의 폐막식 문서에서 '특정 분쟁 유형에 대한 제3국의 강제개입' 개념을 수락하였고, 세부사항은 1991년 발레타(Valletta)에서 열린 전문가 회의에서 합의되었고, 그 후, 같은 해 CSCE 베를린 회의와 1992년 헬싱키 문서에서 승인 받았다. 알려진 바와 같이, 발레타 절차는 분쟁을 두 단계로 처리하도록 규정하였다. 첫 번째 단계에서, 분쟁 해결에 실패한 당사자들은 조정인 명부에서 1인 이

---

51) K. Oellers-Frahm, "The mandatory component in the CSCE dispute settlement system" in M.W. Janis(ed.), *International Courts for the Twenty-First Century,* Dordrecht, 1992, p.195. CSCE 분쟁의 평화적 해결 절차 조문은 *Ibid.,* 206; (1991) 30 ILM 390 참조.

상의 개인을 선정하여 '장치'(Mechanism)를 마련하고 이 장치가 해당 분쟁을 다루기 위해 채택된 절차에 대해 '논평이나 권고'를 하도록 한다.[52] 두 번째 단계에서, 개인 또는 패널은 분쟁의 내용에 대해 논평하거나 권고할 권한을 갖는다. 어느 단계에서나, 당사자들은 사실확인이나 그 밖의 기능을 수행하도록 절차를 변경하거나 조절하도록 합의할 수 있다.

이 과정은 어떤 분쟁 당사국이라도 개시할 수 있고, 반드시 합의가 필요한 것은 아니다는 점을 유념하는 것이 중요하다. 이러한 면에서 이 절차에 회부하는 것은 강제적이고, 어느 당사자가 협력을 거부하더라도 장치가 설치되도록 규정하고 있다. 하지만, 비록 이 장치에서 나오는 평가와 권고를 신의성실히 그리고 협력정신으로 고려해야 하겠지만, 이는 구속력이 없다. 따라서 이 과정은 본질적으로 조정의 일종이며, 특히 첫 단계에서 중개의 요소가 가미되고, 당사국들이 원하면, 사실심사의 요소도 갖는다. 이 장치를 추가적으로 제한하는 사항은 타방 당사국이 "해당 분쟁이 영토 보전, 혹은 국방, 영토에 대한 주권적 권원과 관련해서 혹은 다른 지역에 대한 관할권 관련 주장이 경합하는 쟁점을 야기한다는 이유로 인해서, 이 장치를 설치하지 않거나, 지속하지 않아야 한다고 고려하는" 경우이다(제12절). 이로 인하여 적용 대상이 상당히 제외될 것이 분명하다.

1992년 CSCE 이사회의 스톡홀롬 회의에서, 참가국들은 공식적인 조정절차를 창설함으로써 발레타 절차를 보완하기로 결정했다.[53] 여기에서 합의된 방식에 따라서, 분쟁 당사국들은 합의에 의하거나 양측이 ICJ 규정 제36조 제2항에 의한 방식과 유사한 선언을 함으로써 사전에 그 관할권을 수락한 경우에는 일방적으로 분쟁을 조정위원회에 회부할 수 있게 되었다.[54] 위원회는 발레타 조정인 명부에서 각 당사자가 1인씩 선정한 조정인과 이후, 이들이 해당 명부에서 위원장으로 선정한 제3자로 구성된다. 이 위원회의 권한과 절차는 유엔 모델 규칙과 다소 유사하게 규정되

52) 장치를 마련하는 절차는 1992년 스톡홀름 CSCE 이사회 제3차 회의에서 단순화되었다. 분쟁의 평화적 해결에 관한 이사회 결정의 제1부속서의 본문 내용은 (1993) 32 ILM 551 at 556 참조.

53) 분쟁의 평화적 해결에 관한 이사회 결정의 제3부속서 참조. *Ibid.*, 568.

54) '선택조항'으로 알려진 제36조 제2항에서 정한 절차는 제6장에서 기술한다.

었지만, 상당한 차이가 있는 것도 있다. 따라서 당사자들은 보통 위원회의 제안을 거부하는 데 제한이 없지만, 일방 당사자는 전체적으로 혹은 특정 분쟁과 관련하여, 상호주의 조건 하에 위원회 제안을 구속력이 있다고 수락 선언을 할 수 있다. 이와 마찬가지로, 위원회 업무의 제도적 배경을 반영하여서, 위원회는 OSCE 고위급 이사회[55]에 보고서를 송부해야 한다.

조정을 훨씬 더 많이 활용하기 위하여 또 다른 결정이 스톡홀름에서 내려졌다. 직전에 설명했던 절차가 본질적으로 자발적인 것이었던 반면, 스톡홀롬 회의에서 각료이사회는 자신이 직접 혹은 고위급 이사회가 두 참가국 어느 쪽에라도 상당한 기간 내에 분쟁을 해결할 수 없다면 조정을 시도하도록 지시할 수 있다고 결정하였다.[56] 그러므로 이러한 '지시받은 조정'은 강제적이며, 이러한 새로운 권한을 활용할 수 있도록, 분쟁 당사자는 조정 지시 여부에 관한 최초의 결정에 참여할 수 없도록 하였다. 지시받은 조정은 마치 당사자들이 공동으로 요청한 것과 같이 동일한 절차를 약간 수정해서 사용하며, 비록 그 절차의 선택 여부는 임의적이진 않지만 당사자들은 여전히 조정위원회의 권고를 거부할 수 있다. 더욱이, 모든 분쟁이 지시받은 조정의 대상이 되는 것은 아니다. 다른 절차에서 이미 다루어지는 것, 그리고 발레타 절차에서 제외되는 유형에 속하는 분쟁에 대해서는 조정명령이 내려질 수 없다. 앞에서와 같이, 이러한 제한은 중요하다.

이제까지 언급했던 모든 방식에 일반적으로 해당되는 사항은 OSCE 국가에게 의무를 창설하기 위하여 이러한 방식들이 고안되었다고 해도 이러한 의무는 정치적인 것이지 법적 성격을 갖지 않는다는 점이다. 이는 1975년 헬싱키 협약 이후 CSCE 의무사항은 조약이 아닌 정치적 약속의 형식을 취했다는 점에 기인한다. 이러한 점으로 인하여 그동안의 발전이 무의미하다거나, 그러한 발전을 쉽게 무시해도 된다는 것은 아니고,[57] 현행 분쟁 해결방식을 조사할 경우, 최소한 이러한 방식을 유념해

---

55) 이전에는 CSCE 고위급 공무원 위원회로 알려져 있다.

56) Annex 4 to the CSCE Council's Decision on Peaceful Settlement of Disputes, (1993) 32 ILM 570.

57) 인권 문제에 관하여 예를 들면, 소련과 동유럽 공산주의 정부들이 1975년 헬싱키 협정에 서명한 것은 이들이 1966년 유엔 인권규약을 비준한 것보다 훨씬 큰 의미를 가졌다. 더 자세히는 Robertson and Merrills, *Human Rights in the World* (n. 35) pp.179-90 참조.

야 할 것이다. 하지만, 지금부터 논의할 OSCE의 발전 상황은 위와 다르다. 왜냐하면, 그 형식이 조약이기에, 이미 논의했던 다양한 협약과 상호 비교할 수 있기 때문이다. CSCE 내부의 조정 및 중재에 관한 스톡홀름 협약[58]이 그것인데, 이는 1992년 회의의 또 다른 성과이다.

그 이름에서 드러나듯이, 이 협약은 두 가지 서로 다른 분쟁 처리 방식, 즉 제5장에서 더 논의할 중재 및 조정에 관한 것이다. 이 협약에서는 집합적으로 조정 및 중재재판소로 알려진 조정인과 중재인단을 당사자국들이 지명하여 설치하도록 규정하고 있다. 재판소 본부는 제네바에 있고, 자체적으로 절차 규칙을 제정하며, 당사국들이 합의해서 또는 일방적으로 회부하는 사건들에 대해 조정을 할 권한을 갖는다. 위원회는 각 사건별로 임명되고, 위원회 위원은 각 당사국이 패널에서 선정한 각 1명, 이와 함께 재판소 사무국이 선정한 홀수 인원(보통 3명)으로 한다. 위원회의 기능은 "분쟁 당사자들이 국제법과 CSCE 공약사항에 따른 해결책을 모색하도록 지원하는 것"이다(제24조). 이 절차를 통해서 분쟁이 해결되지 않으면, 위원회는 자신의 제안이 담긴 보고서를 작성하고, 당사자들은 이를 수락하거나 거부할 수 있다. 하지만, 위원회의 제안이 수락되지 않을 경우, 위원회 보고서는 OSCE 이사회로 송부된다.

이 협약은 1994년에 주로 서유럽 지역의 12개국이 수락하여 발효하였다. 비록 이 협약은 당사국에 대해서만 의무를 창설하지만, 이 협약을 수락한 국가는 다른 분쟁해결 절차에 합의하지 못하면 해당 분쟁을 조정에 회부할 의무를 부담할 수 있기 때문에 잠재적으로라도 중요한 의미가 있었다. 이러한 측면에서, 발레타 절차와 대조적으로 배제되는 분쟁 유형이 없다는 점, 그리고 이 협약에서는 국가들이 특정 분쟁 형태를 조정 대상에서 배제하는 유보를 할 수 있도록 하는 규정이 없는 점은 특히 중요하다. 따라서 이 협약의 당사국이 되면 해당 OSCE 국가는 조정에 대해서 일반적이고 조건 없이 약속한 것이 된다. 하지만, 이처럼 상세한 OSCE 조정방식 중 어느 것도 지금까지 전혀 사용되지 않았다는 사실은 다른 경우와 마찬가지로, 새로

58) 협약문은 (1993) 32 ILM 557 참조. 이 협약은 CSCE 이사회의 1992년 분쟁의 평화적 해결 결정의 제2부속서가 되었다.

운 방식과 절차가 필요한 것이 아니라 국가 쪽에서 이미 확립된 방식을 현명하게 활용하여 미해결 분쟁을 다룰 준비가 되어 있어야 한다는 점을 시사한다.

마지막으로 주목해야 할 발전은 특별한 조정 형식으로서 새로운 '준수절차'가 최근 환경협정에서 출현한 것이다. 이러한 유형의 첫 번째 협정은 1987년 오존층 파괴물질에 관한 몬트리올 의정서(Montreal Protocol on Substance that Deplete the Ozone Layer)[59]였다. 이 의정서에 따르면 의정서 당사국 10개국으로 구성되는 이행위원회를 설치하여, 사무국이나 당사국이 회부한 다른 당사국의 비준수와 관련된 입장을 심리한다. 그 후, 위원회는 "이 의정서 규정을 존중하여 해당 사안을 우호적으로 해결할 수 있도록" 권고할 수 있다. 오존 체제의 이행을 수많은 기관에서 검토하고 있는데, 준수절차는 이 중 하나일 뿐이다. 그러나 분쟁을 '내부적'이고 비공식적으로 처리하는 이 새로운 절차는 발전하고 있는 규제체제에 특히 적합하다. 왜냐하면, 이 절차는 당사자들의 기대와 양해를 반영할 뿐만 아니라, 동시에 급변하는 영역에서 법의 결정화를 피할 수 있기 때문이다. 그러므로 이러한 사례를 따라서, 비준수절차가 다수의 다른 환경조약에 도입되거나, 규정되었던 것은 당연하다.

비준수절차 운영의 좋은 사례는 러시아의 경우에서 볼 수 있다. 몬트리올 의정서에 따른 러시아의 이행이력 문제가 1995년 이행위원회에서 제기되었다. 2002년까지 공개조사와 자금 및 원조 지원 제공에 따라 러시아는 의무를 준수할 수 있게 되었다. 모든 사건들이 이렇게 성공적이진 않았지만, 조약 당사국 전체가 참여하고, 비난의 근거를 찾기보다 의무를 준수할 유인을 제공하는 데 목적을 둔 감독방식에 이

59) 협약문은 (1987) 26 ILM 154 참조. 다음 문헌 참조. D.G. Victor, "The operation and effectiveness of the Montreal Protocofs non-compliance procedure" in D.G. Victor, K. Raustiala and E.B. Skolnikoff, *The Implementation and Effectiveness of International Environmental Commitments*, Laxenburg, 1998, p.137; C. Chinkin, "Alternative dispute resolution under international law" in M.D. Evans(ed.), *Remedies in International Law: The Institutional Dilemma*, Oxford, 1998, p.123 at pp.128-34; P. Sands, *Principles of International Environmental Law,* 2nd edn., Cambridge, 2003, pp.205-10; J. Klabbers, "Compliance procedures" in D. Bodansky, J. Brunneé and E. Hey(eds.), *The Oxford Handbook of International Environmental Law*, Oxford, 2007, p.995; K.N. Scott, "Non-compliance procedures and dispute resolution mechanisms under international environmental agreements" in D. French, M. Saul and N.D. White(eds.), *International Law and Dispute Settlement: New Problems and Techniques*, Oxford, 2010, p.225.

점이 있는 것이 분명하다. 전통적인 국가책임법은 비록 필연적으로 조약상의 의무를 근거로 하지만, 동시에 의무 이행을 장려하는 수단으로는 엉성하고 만족스럽지 않다. 특히 환경조약의 경우, 전통적인 방법이 “거의 작동하지 않는다. 즉, 이들이 거의 적용되지 않고, 적대적이며 … 상호 이익이 되도록 해결할 여지가 거의 없다”는 지적이 있었다.[60] 따라서 이러한 결점들을 바로잡기 위하여 비준수절차가 등장한 점은 논리적인 진전으로 볼 수 있다.

몬트리올 의정서 외에, 2001년에 준수체제가 마련되었던 1997년 교토 의정서,[61] 2002년에 당사국들이 준수이사회를 설치했던 1998년 오르후스(Aarhus) 협약,[62] 2004년에 비준수절차가 채택되었던 2000년 생물 안전성에 관한 카르타헤나 의정서(Cartagena Protocol on Biosafety)[63]를 포함하여 현재 20개 이상의 다른 조약에서 비준수절차를 규정하고 있다. 다른 조약에서도 상응하는 방식이 협상 중에 있다. 국가의 국제적 공약사항을 감시하고, 이견을 해소하기 위한 비교적 새로운 수단으로서 비준수절차는 중요한 발전이지만, 이 절차는 특히 더 전통적인 분쟁 처리 방식과의 관계는 물론이고, 아직 해결되지 못한 쟁점들을 다수 제기하고 있다. 그렇지만, 비준수절차는 다자적 조정방식으로서 독특한 이점을 가지며, 그러한 장점은 점점 더 두드러질 가능성이 높다.

조정의 중요성

조정이 활용될 수 있었던 90여년 동안, 20건 미만의 사례가 다뤄졌다. 비록 이 숫자는 조금 더 긴 기간 동안 사실심사위원회가 처리한 사건 수보다 약간 많지만, 인상적인 기록은 전혀 아니다. 200건 이상의 양자조약들과 다양한 다자간 문서들이 유사한 규정을 갖고 있는 점을 감안할 때, 처음에 조정을 도입하자고 주창했던 사

60) Koopmans, *Diplomatic Dispute Settlement* (n. 1) p.227. 다음 문헌도 참조. M. Asada, “The OPCW's arrangements for missed destruction deadlines under the Chemical Weapons Convention: an informal non-compliance procedure”(2014), 108 *AJIL* 448.

61) 의정서 원문은 (1998) 37 ILM 22 참조.

62) 협약문은 (1999) 38 ILM 517 참조.

63) 의정서 원문은 (2000) 39 ILM 1027 참조.

람들이 기대했던 대로 조정이 표준적인 절차가 되지 못했다는 점은 분명하다. 그 이유는 무엇일까?

그에 대한 설명은 조약 자체에서 찾을 수 있다. 일부 양자조약에서는 조정을 특정 유형의 분쟁에 한정하고 있다. 제네바 일반의정서와 같은 일부 다자조약에서는 유보를 넓게 인정하고 있어서, 당사자의 의무를 제한하는 것과 같은 효과가 발생한다. 더욱이, 일부 조약은 실제 적용되어서라기보다 사례로서 중요하였다. 왜냐하면, 예컨대 스웨덴과 칠레, 혹은 브라질과 폴란드 간 분쟁[64]은 결코 흔하지 않았기 때문이다.

사실심사의 경우와 마찬가지로, 다른 분쟁 해결수단의 영향도 고려해야 한다. 나중에 다른 장에서 보겠지만, 분쟁 해결에 관심이 있는 정부는 분쟁 해결시 국제기구 내의 비공식적인 조정의 도움을 받을 수 있다. 이와 마찬가지로, 단순히 불만을 토로하기를 원하는 정부는 유엔 내의 장을 활용할 수 있는데, 조정위원회는 이를 상대하겠다고 기대할 수 없고 그렇게 해서도 아니된다. 양자 조정이 중재의 특징을 더 많이 가질수록, 정치적 성격의 분쟁은 국제기구에서 다루려는 경향이 더 강해질 것이다. 그러나 조정위원회를 설치하고 운영하는 것이 쉽지 않고 저렴하지도 않기 때문에, 법적 분쟁이 있는 국가들도 불확실한 조정보다 이미 시도되고 검증된 중재 절차를 선호하는 경우가 있다.

Interhandel 사건[65]에서, 미국은 조정에 회부하자는 제안을 거부하는 이유로서 사실관계가 명확한 점을 들었다. 이는 때때로 조정의 잠재적 활용도가 충분히 인정받지 못하는 점을 시사한다. 이 점은 조정이 제한적으로 실행되고, 조정에 관해 발간된 자료가 별로 없기에 더 악화된다. 조정이 비교적 상세한 절차라는 점으로 인해 소규모 분쟁에서 조정의 활용이 억제될 여지가 있다. 그러나 중개자와 달리 조정위원회는 일반적으로 자신의 제안을 뒷받침할 정치적 권위가 없기에, 다른 고려사항을 차치하더라도 대규모 분쟁에서 특별히 조정을 선택할 이유가 있는 것도 아니다.

---

64) 브라질과 폴란드는 1933년에 조정조약을 체결하였다.

65) *Interhandel,* Judgment [1959] ICJ Rep. 6.

1938년 수데텐(Sudeten) 위기시 나치 독일은 체코슬로바키아의 조정 요구를 무시했다. 호의와 타협하려는 자세는 분명 조정의 선행요건이고, 조정이 시도되었던 거의 모든 사례에서, 당사국들은 이웃 국가였거나 근접국가로서, 우호관계 유지에 관심이 있었다. 조정은 사실심사와 같이 당사국들이 자신들 반대편의 입장을 더 잘 이해하고, 자신을 객관적으로 평가할 수 있도록 해주며, 또한 중개와 같이 교섭할 때 제3자의 도움을 받고, 체면을 잃지 않으면서 양보할 수 있는 기회를 갖도록 한다.

지금까지 조정이 가장 유효했던 것으로 증명되었던 분쟁은 주요 쟁점이 법적 성격을 갖지만 당사자들이 형평에 따른 타협을 갈망한 경우였다. 벨기에-덴마크, 프랑스-스위스, 그리고 스위스-이탈리아 사례는 모두 이러한 유형이었다. 이와 마찬가지로, 두 건의 대일본 차관 사례, 이탈리아와 그리스 사이의 *Roula* 사건(1956),[66] 그리고 보다 최근의 *Jan Mayen* 사건들도 이러한 유형이었다. 이들 사례에서, 조정은 확실한 대체수단인 *형평과 선에 따른(ex aequo et bono)* 중재보다 두 가지 면에서 이점을 갖는다.

첫째, 조정 수행방식이 당사국들의 참여와 당사국 상호간 대화를 통해서 수행되기에 사법절차에서 때때로 발생하듯이, 당사국들이 전혀 예상하지 못했던 결과가 발생할 위험이 없다. 둘째, 이미 언급한 대로 위원회의 제안은 구속력이 없고 만약 수락할 수 없다면 거절할 수 있다. 국가들이 분쟁에 대한 통제력을 보유하는 것을 중시하는 점은 앞서 언급한 바 있고, 여기서도 이 점은 동일하다.

직전에 언급했던 모든 사례에서 조정은 성공했다. 이들 사례는 모두 법적이면서 중요도 면에서 2차적인 쟁점에 관한 것이었다는 점이 중요하다. 다른 유형의 분쟁에서 조정 활용시 경험했던 어려움은 조정의 한계를 드러낸다. 차코 위원회는 방과디아 요새(Fort Vanguardia) 사건에만 집중하도록 지시받았다. 그리고 나중에 위원회는 해당 지역의 오랜 국경분쟁 전체를 조사할 수 있는 권한을 얻었지만, 위원회의 해결안은 채택되지 않았다. 프랑스-사이암 위원회는 신중한 입장에서 라오스 문제를 배제함으로써 자신의 권한범위를 제한하였지만, 그럼에도 사이암이 위원회 보고서를 거부했다. *Ben Bella* 사례에서 조정위원회가 회항 항공기의 승객을 증인으로

66) J.P.A. François, "Le Palais de la Paix en 1956"(1957), 4 *NTIR* 69 at 71.

세우는 것을 거부하자, 모로코 대표가 사임하였다. 그리고 *Vitianu* 사건(1949)에서, 루마니아 외교관이 결부된 분쟁을 조정방식으로 해결하려고 했던 시도는 스위스 당국이 간첩행위 관련 국내 절차의 철회를 거부하자 무산되었다.[67] 이 모든 사례에서, 정치적 성격의 상당한 이해관계가 다투어졌고, 격한 감정으로 인해서 당사국들이 타협안을 수락하는 것이 어려웠다.

하지만, 비록 거금이 결부된 경우라도, *East African Community* 사건이 조정으로 해결되었다는 점, 그리고 심지어 성공하지 못했어도 조정의 결과가 여전히 중요할 수 있는 점은 주목할 만하다. 비록 차코 위원회는 근본적으로 쟁점을 해결하지 못했지만, 당면 과제를 해소하는 데에는 성공하였다. 이와 마찬가지로, 프랑스-사이암 위원회의 보고서는 거부되었지만, 사이암에서 신정부가 집권했을 때, 신정부는 국경분쟁이 종료된 것으로 간주한다고 밝혔다. 단번에 분쟁을 해결하는 방법이 있을 것이라고 믿고 싶겠지만, 부분적 해결 혹은 단계적인 해결이 종종 관리 가능한 최선의 방안이 될 수 있다.

조정의 중요성을 평가할 때, 많은 조약에서 조정 규정들이 아직 활용된 적이 없었고, 이로 인해서 이러한 방식이 무의미하다고 생각할 수 있겠지만, 사실은 그렇지 않다는 점도 유념할 만하다. 조약법에 관한 비엔나 협약의 교섭에 긴밀히 관여했던 전임 법률고문은 다음과 같이 말하였다.

> 현재 이 협약에서 규정하듯이, 자동적인 분쟁 해결절차가 갖는 주된 가치는 내용의 정확성이 아니라, 그 존재 자체에 있다. 역설적이지만, 이들 절차는 적게 활용될수록 더 효과적이다. 어느 국가도 장기간 고비용의 국제조정이나 소송을 원하지 않는다. 이들이 외교부처와 이들 부처의 법률고문에게 부과하는 부담이 매우 크지만, 결과는 그다지 명확하지 않다. 중요한 것, 즉 사실상 결정적인 것은 부당한 청구를 하는 경우 혹은 정당한 청구를 거부하는 경우 꼭 필요한 억제책으로서 자동적으로 활용할 수 있는 분쟁 해결 절차가 반드시 준비되어 있어야 한다는 점이다.[68]

---

67) Cot, *International Conciliation* (n. 1) p.93.

68) I. Sinclair, *The Vienna Convention on the Law of Treaties*, 2nd edn., Manchester, 1984, p.235.

물론, 이러한 평가는 일반적이든 아니면 특정 주제에 관한 것이든 다른 다자조약에서, 그리고 사실상, 실제 사용 여부와 상관없이 양자조약의 조정방식에도 동일하게 적용될 수 있다.

이에 현재 조정은 분쟁 해결 규정에 자주 포함되고 분쟁 발생시 국가들이 실제 사용하는 절차 중에서 차지하는 지위는 작다. 조정으로 처리된 사례의 수가 적고, 조정절차를 시도한다고 해도 성공하리라는 보장은 없지만, *Jan Mayen* 사건 그리고 *East African Community* 사건은 조정의 가치를 시의적절히 상기시켜 주었다. 이들 사례에서 드러나듯이, 임의적으로 조정을 활용하는 것은 조약에서 규정한 상설방식에 못지않게 실무상 편리하고, 위에서 지적했듯이, 국제기구의 비공식적 조정도 또 다른 선택지이다. 사실심사절차에서 조정이 발전했듯이 조정절차는 다양한 필요에 맞추어 변용될 수 있고 국제분쟁 해결에 대한 외부인의 관여를 구조화하는 데서 얻는 이점을 보여준다.

제5장

중 재

Arbitration

05

중 재

Arbitration

국제분쟁 해결에서 활용 가능한 수단은 보통 두 집단으로 나뉜다. 지금까지 살펴본 교섭, 중개, 사실심사, 조정은 외교적 수단이라고 불린다. 왜냐하면 당사자들이 분쟁을 통제하고, 자신들의 편의에 따라서 해결안을 수락하거나 거절할 수 있기 때문이다. 반면, 중재와 그 밖의 사법적 해결은 당사자들이 원하는 것이 보통 국제법에 기반한 구속력 있는 결정일 때 활용되기에 이들은 법적 해결수단으로 알려져 있다.

사법적 해결에서는 분쟁이 ICJ 혹은 국제해양법재판소(ITLOS)나 유럽인권재판소(ECtHR)와 같은 상설재판기관에 회부된다. 반면 중재에서는 당사자들이 자신들의 분쟁 한 건 혹은 여러 건을 처리하기 위한 장치를 마련해야 한다. 역사적으로 중재가 먼저 개발되어 상설사법기관 설립의 모태가 되었다. 그러므로 이 장에서는 앞서 등장한 제도로서 중재를 중점적으로 다루고자 한다.[1]

1) 일반 참고서적으로는 다음 문헌 참조. J.G. Wetter, *The International Arbitral Process: Public and Private*, 5 vols., New York, 1979(이 책은 사례와 자료를 상당히 잘 정리하고 있음); J.L. Simpson and H. Fox, *International Arbitration: Law and Practice*, London, 1959; C.M.H. Waldock(ed.), *International Disputes: The Legal Aspects*, London, 1972, ch. 2; United Nations, *Handbook on the Peaceful Settlement of Disputes between States*, New York, 1992, ch. 2F; C. Gray and B. Kingsbury, "Developments in dispute settlement: inter-state arbitration since 1945"(1992), 63 *BYBIL* 97; S. Muller and W. Mijs(eds.), *The Flame Rekindled: New Hopes for International Arbitration*, Dordrecht, 1994; J. Collier and V. Lowe, *The Settlement of Disputes in International Law*, Oxford, 1999, chs. 3, 4 and 8; R.Y.

중재의 형태

중재는 협정의 해석·적용에 관하여 분쟁이 있는 경우 이를 활용하도록 조약에서 규정하거나, 분쟁 발생시 당사자들이 이를 마련할 수 있다. 전자의 경우, 뒤의 제8장에서 보겠지만, 조약에서 보통 중재를 위한 절차적 틀을 정한다. 반대로, 후자의 경우 절차는 당사자가 정할 사항이다. 하지만, 국가들이 장래의 분쟁을 중재에 회부하기로 하는 일반적 약속을 조문으로 작성하든지, 아니면 이미 발생한 분쟁을 회부하기 위한 *특별협정(compromis)*을 교섭하든지 첫 단계는 구성할 판정부의 유형을 결정하는 것이다.

한 가지 방식은 당사자들이 자국인으로 동수의 중재인을 임명하고, 중립적인 중재인(혹은 심판관)으로 위원회를 설치하여 이들이 사건을 맡도록 하는 것이다. 이러한 형태의 판정부는 외국인의 피해 청구를 처리하기 위하여 빈번히 활용되었으며, 그 기원은 거의 200여년 전으로 거슬러 올라간다. 겐트 조약(Treaty of Ghent, 1814)에서 미국과 영국은 자신들이 특정 분쟁에 합의할 수 없는 경우, 이해관계 없는 제3자를 위촉하여 양국 위원들이 중재하는 데 합의하였다. 반면, 그 이전 이보다 더 잘 알려진 제이 조약(Jay Treaty, 1794)에서는 양국 위원들만 임명되었다. 이러한 초기의 영·미 위원회는 현대적 의미의 사법적인 판정부는 아니었지만, 이는 사실상 교섭에 의한 타결을 이루고자 사법적 고려와 외교적 고려를 혼합한 것이었다. 하지만, 현대적 형태의 혼합위원회에서는 사법적 요소가 우위를 점하게 되어 영국-베네수엘라 위원회가 결정한 *Bolivar Railway Company* 청구 사건(1903)[2]과 미국-멕시코 일반청구권위원회가 결정한 *Youmans* 청구 사건(1926)[3]은 국제법을 적용한 권위 있는 사례로 간주된다.

Jennings, "The differences between conducting a case in the ICJ and in an ad hoc tribunal: an inside view" in N. Ando, E. McWhinney and R. Wolfrum(eds.), *Liber Amicorum Judge Shigeru Oda*, The Hague, 2002, p.893.

2) *Bolivar Railway Company Claim (Great Britain* v. *Venezuela)* (1903) 9 RIAA 445.

3) *Youmans Claim (United States* v. *Mexico)* (1926) 4 RIAA 110. 이러한 유형의 사례가 갖는 중요성에 대한 논의로는 B.J. Bederman, "The glorious past and uncertain future of international claims tribunals" in M.W. Janis(ed.), *International Courts for the Twenty-First Century*, Dordrecht, 1992, p.161 참조.

또 다른 형태의 중재는 외국의 국가원수 또는 외국 정부에 분쟁을 회부하여 이들의 판단을 요청하는 오랜 실행에서 찾을 수 있다. 그러한 예는 고전시대에서 찾을 수 있으며, 중세시기 교황에게 이러한 역할을 종종 부탁했던 경우에서도 찾을 수 있다. 영향력 있는 외부인을 분쟁에 개입시키는 효과 때문에, 이러한 형태의 중재는 중개와 일부 동일한 이점을 갖는다. 유력한 중재인은 유력한 중개자와 마찬가지로 당사자가 불리한 결정을 수락하도록 압박하거나 회유할 필요가 있을 때 혹은 지도 제작, 실측 조사 등의 업무를 수행함으로써 합의사항을 이행하기 위한 전문성 또는 자원이 필요할 때 유용할 수 있다. 이러한 중재 형태의 단점 중 한 가지는 주권자인 중재인이 당사자들의 질문에 답하면서 이유를 제시하지 않는 경우가 빈번했다는 점이다. 그러므로 이러한 결정에서 사법적인 사항을 고려했다면, 어떤 부분에서 그러한 고려가 있었는지를 알기가 불가능했다. 하지만, 19세기 말에 이르러, 중재가 본질적으로 사법적 절차로 인정받게 되면서, 법률가의 자문을 기반으로 결정에 이유를 제시하는 것이 일반화되었다. 그 결과 1931년에 이르면, 이탈리아 국왕이 내린 *Clipperton Island* 사건[4]과 같이 중재결정에서는 일반적으로 국제법을 근거로 분쟁을 해결하게 되었다.

비록 주권자를 중재인으로 활용하는 중재방식은 현재 드물지만, 이러한 중재 형태가 현대적 상황에 맞추어 탄력적으로 활용된 두 건의 중재사건이 있다. 에드워드 7세의 증손녀이자 후계자였던 엘리자베스 2세 여왕은 1902년 조약에 따라 칠레와 아르헨티나 간의 영토분쟁에서 중재인으로 활동할 권한을 갖게 되었다. 1966년 양국 간의 *Palena* 사건[5]에서 이러한 권한이 법조인인 맥네어경(Lord Mcnair)과 두 명의 지리학 전문가로 구성된 판정부에 위임되었다. 반면 *Beagle Channel* 사건(1977)[6]에서는 아르헨티나가 이 문제를 ICJ에 회부하기를 원했기에 중재판정부는 전원 ICJ 재판관인 법률가로 임명되었다.

---

4) *Clipperton Island Case (France* v. *Mexico)* (1931), (1932) 26 *AJIL* 300.

5) *Argentine-Chile Frontier Case* (1966) 38 ILR 10; 16 RIAA 109. 이 사건에 대한 논의로는 H. Fox, "Arbitration" in E. Luard(ed.), *The International Regulation of Frontier Disputes*, London, 1970, pp.172-91 참조.

6) *Beagle Channel Arbitration (Argentina* v. *Chile)* (1977) 52 ILR 93. 이에 대한 논의로는 M. Shaw, "The Beagle Channel Arbitration Award"(1978), 6 *Int. Rel.* 415 참조.

혼합위원이나 주권자 신분의 중재인이 모두 적절하지 않다고 여겨지면, 또 다른 방법으로서 특별한 자격을 가진 개인에게 분쟁을 회부해서 결정을 받을 수 있다. 1899년 헤이그 협약에서는 중재인 명부를 마련하고서, 어울리지 않게 '상설중재재판소'(PCA)라는 명칭 하에 건물부지, 도서관, 직원을 갖춘 사무국을 설치하였다. 이 사무국은 현재에도 존재하며, 중재 및 그 밖의 평화적 해결 형식을 촉진하는 데 중요한 역할을 담당하고 있다. 예를 들면, 최근에 PCA는 70건 이상의 사건, 즉 5건의 국가간 중재사건, 48건의 양자간 혹은 다자간 투자조약에 따른 중재사건, 그리고 계약분쟁으로서 국가, 국가적 실체, 혹은 국제기구가 관련된 18건의 중재사건을 관리하였다. 이처럼 다양하면서도 광범위한 활동은 지속될 것으로 보인다.[7)]

적합한 개인을 발견할 수 있다면, 단독 중재인을 활용하는 것이 복수의 중재인으로 판정부를 구성하는 것보다 더 빠르고 비용이 더 저렴할 수 있다. 그러나 그러한 중재인이 부담해야 하는 요구사항도 그만큼 증가할 것이다. 따라서 *Tinoco* 중재[8)]에서 태프트(Taft) 미 연방대법원장의 결정이나 *Island of Palmas* 사건[9)]의 후버(Max Huber)의 결정은 단독 중재인 방식이 갖는 장점을 보여 주지만, 단독 중재인 형태가 모든 경우에 적절하다고 할 수 없다. *Monetary Gold* 중재[10)]에서도 이러한 방식이 활용되었다. 여기에서, 단독 중재인 소서홀(George Sauser-Hall)은 PCA 위원으로서 당사자들의 요청에 따라 ICJ 소장이 임명하였다. 보통, 단독 중재인은 법조인으로 임명되지만, 예외적으로 다른 자격의 중재인이 임명될 수 있다. 따라서 1986년 프랑스와 뉴질랜드는 유엔 사무총장에게 *Rainbow Warrior* 사건[11)]의 중재인으로 활동하도

---

7) PCA가 외면당했던 시절이 지난 후, 최근 역할이 새롭게 주목받고 있다. J.L. Bleich, "A new direction for the PCA: the work of the expert group" in Muller and Mijs(eds.), *The Flame Rekindled* (n. 1) p.17; W.E. Butler, "The Hague Permanent Court of Arbitration" in M.W. Janis(ed.), *International Courts* (n. 3) p.43; P. Hamilton, H.C. Requena, L. van Scheltinga and Bette E. Shifman(eds.), *The Permanent Court of Arbitration: International Arbitration and Dispute Resolution*, The Hague, 1999 참조.

8) *Tinoco Arbitration (Great Britain* v. *Costa Rica)* (1923) 1 RIAA 369.

9) *Island of Palmas Case (The Netherlands* v. *United States)* (1928) 2 RIAA 829.

10) *Gold Looted by Germany from Rome in 1943 (United States, France, United Kingdom, Italy)* (1953) 20 ILR 441.

11) *Ruling Pertaining to the Differences between France and New Zealand Arisingfrom the Rainbow Warrior Affair* (1986) 74 ILR 241. (1981) 81 *AJIL* 325; (1987) 26 ILM 1346 그리고

록 요청하였고, 사무총장은 판단의 이유를 제시하지 않았으나 미해결 쟁점을 다루어서 해당 분쟁을 해결하였다.

현대의 조약 실행에서 가장 흔히 찾아볼 수 있는 판정부의 형태는 일반적으로 3인 또는 5인의 홀수 위원으로 구성된 합의체로서 다수결 방식으로 사안을 결정하는 권한을 갖는다. 이러한 형태의 판정부는 유명한 *Alabama Claims* 사건(1871-2)[12]에서 처음 활용되었다. 이 사건은 미국 남북전쟁 시기 영국의 중립의무에 관한 것이었다. 이 사건에서 영국과 미국 정부는 5인으로 구성된 판정부를 설치하였고, 이 중 당사자 국적의 중재인은 2인뿐이었다. 이러한 특징과 함께, 판정부는 사법절차를 엄격히 준수하고, 중재판정의 이유를 제시하여 중재 발전의 결정적인 계기를 마련하였다. 5인으로 구성된 재판부가 구성된 사례로는 이집트와 이스라엘 간 *Taba* 분쟁(1988),[13] 혹은 그 이전의 영국과 프랑스 간 *Channel* 중재(1976-7),[14] 두 단계로 이루어진 *Eritrea/Yemen* 중재(1998-9),[15] 그리고 벨기에와 네덜란드 간 *Iron Rhine Railway* 중재[16]가 있다. 반면 기니와 기니비사우 간 그리고 기니비사우와 세네갈 간의 *Maritime Delimitation* 사례들,[17] 미국과 영국 간 *Heathrow Airport* 사건,[18] 아일랜드

뒤의 부록 중 문서 J 참조. 이에 대한 논의로는 M. Pugh, "Legal Aspects of the Rainbow Warrior Mfair"(1987), 36 *ICLQ* 655 참조.

12) J.B. Moore, *History and Digest of the International Arbitrations to Which the United States Has Been a Party*, London, 1898, vol. I, p.653; 또한 A.G. La Pradelle and N. Politis, *Recueil des Arbitrages Internationaux*, Paris, 1957, vol. II, p.713에서도 찾을 수 있음. 중재판정과 배경자료를 집성한 것은 Wetter, *The International Arbitral Process* (n. 1) vol. I, pp.27-173; T. Bingham, "The Alabama Claims Arbitration"(2005), 54 *ICLQ* 1 참조.

13) *Arbitral Award in the Dispute concerning Certain Boundary Pillars between the Arab Republic of Egypt and the State of Israel* (1988) 80 ILR 224, 이 사건의 요약은 (1989) 83 *AJIL* 590 참조.

14) *Delimitation of the Continental Shelf (United Kingdom of Great Britain and Northern Ireland and the French Republic)* (1977) 54 ILR 6. 이 사건의 분석과 평석으로는 J.G. Merrills, "The United Kingdom-France Continental Shelf Arbitration"(1980), 10 *Calif. Western Int. L* 1314 참조.

15) *Eritrea-Yemen Arbitration*, Phase I (1998), Phase II (1999), (2001) 40 ILM 900 and 983. 이 사건의 논의에 대해서는 N.S.M. Antunes in (1999) 48 *ICLQ* 362; (2001) 50 *ICLQ* 299 참조.

16) *Iron Rhine Railway Arbitration (Belgium/Netherlands)* (2005), <www.pca-cpa.org.>에서 찾을 수 있음.

17) *Guinea-Guinea-Bissau Maritime Delimitation* Case (1985) 77 ILR 636; *Guinea-Bissau-Senegal Maritime Delimitation* Case (1989) 83 ILR 1.

18) *United States-United Kingdom Arbitration concerning Heathrow Airport User Charges* (1992-3)

와 영국 간 *OSPAR(제9조)* 중재[19]에서는 보다 작은 규모인 3인 판정부가 활용되었다.

중재인 선정

단독 중재인 임명처럼 합의체 판정부의 위원 자격은 당사자간 교섭 사항으로서, 일반적으로 각 당사자는 1인 이상 '자국적' 중재인을 임명하고 나머지 '중립적' 위원은 이들 중재인들이 합의하여 결정한다. 당사자들이 초기 단계에 판정부 구성에 합의한다면, 중재협정에서 해당 위원의 성명을 기재할 수 있다. 예컨대, *Channel* 중재의 *특별협정(compromis)*에는 판정부 구성시 당사자들이 선정하기로 합의한 5인의 법률가들이 열거되었다(부록 문서 D 참조). 하지만, 많은 경우 누구를 중재인으로 할지는 나중에 결정할 사항으로 남겨 둔다. 이 경우, 중재협정에서는 판정부 위원의 자격요건만 간단히 정의하고 판정부를 구성하기 위해 따라야 할 절차를 마련한다. 이러한 유형의 조항은 기니와 기니비사우 간 *Maritime Delimitation* 사건의 중재재판소를 구성하기 위한 협정[20]에서 찾을 수 있다.

미국 대사관 인질 위기 이후 1981년에 이란-미국 청구권재판소를 설립했을 때, 전원합의체를 설치하고, 여기에서 소재판부를 조직해서 특정 사건들을 해결할 필요가 있었다. 이러한 이유로, 중재인 지명방식이 전통적인 중재보다 더 정교해졌다. 그러므로 재판소 설립 문서는 다음과 같이 규정하였다.

> 재판소는 9인 또는 이란과 미국이 업무를 신속히 처리하는 데 필요하다고 합의하는 경우 10인 이상의 3배수 인원으로 구성한다. 이 협정 발효 후 90일 이내에 양국 정부는 각각 재판관 중 3분의 1씩을 임명한다. 이들은 임명된 후 30일 이내에 상호 합의 하에 나머지 3분의 1의 재판관을 임명하며 이들 나머지 3분의 1 중에서 재판소장을 임명한다. 청구사항은 재판소장의 결정에 따라서 전원재판부 또는 재판부 구성원 중에서 3인의 패널이 결정할 수 있다.

---

102 ILR 216. 이 사건의 분석으로는 S.M. Witten, "The US-UK arbitration concerning Heathrow Airport user charges"(1995), 89 *AJIL* 174 참조.

19) *Access to Information under Article 9 of the OSPAR Convention (Ireland* v. *United Kingdom)* (2003), (2003) 42 ILM 1118, 이 사건의 요약으로는 (2004) 98 *AJIL* 330 참조.

20) 이 협정문에 대해서는 77 ILR 642 참조.

각 패널은 재판소장이 구성하며, 위에서 정한 세 가지 방법으로 임명된 각 위원 1인으로 구성한다.[21)]

당연히 합의체 중재는 종종 중립적 중재인(들)의 결정에 좌우된다. 그러므로 누구를 중립적 중재인(들)으로 정할지는 관련 국가들로서는 매우 중요하기 때문에, 때때로 적합한 후보자에 대해서 합의하는 것이 어려울 수 있다. 이 점을 고려해서, 중재조약은 의견 불합치시 ICJ 소장이나 그 밖의 이해관계 없는 제3자가 중립적 중재인을 임명할 수 있도록 종종 규정한다. 이러한 방식은 많은 경우에 유용했다. 예컨대 *Lake Lanoux* 중재[22)]에서 프랑스와 스페인 정부는 중재판정부의 의장 중재인 선정을 스웨덴 국왕에게 위임하였고, *Rann of Kutch* 사건[23)]에서는 유엔 사무총장이 인도와 파키스탄을 위하여 같은 역할을 수행하였다.

제3자에게 중재판정부 구성을 완료하는 데 필요한 절차를 이행할 권한을 부여하는 것은 두 가지 측면에서 이점이 있다. 앞서 언급했던 사례에서는 제3자에게 권한을 부여함으로써 진정으로 어려움을 겪고 있었던 국가들이 교착상태를 모면할 수 있었다. 다른 한편으로는 중재 자체에 거부감을 가졌던 국가가 중립적 중재인의 선임에 협조하는 것을 전면 거부함으로써 절차 진행을 방해하는 것을 예방하기도 한다. 그러나 중재에 반대하는 국가가 자국적 중재인을 임명하는 것마저 거부하는 경우를 가정해 보자. 이러한 비협조 사례의 결과가 *Peace Treaties* 사례[24)]에서 다루어졌다.

---

21) Declaration of the Government of the Democratic and Popular Republic of Algeria concerning the Settlement of Claims by the Government of the United States of America and the Government of the Islamic Republic of Iran, 1981, Art. III(l), I Iran-US CTR 10; (1981) 20 ILM 230. 다양한 이유로, 재판소 구성은 실무상 많은 문제를 야기했다. 이에 대한 논의는 R. Khan, *The Iran-United States Claims Tribunal*, Dordrecht, 1990, chs. 3, 4; G.H. Aldrich, *The JUrisprudence of the Iran-United States Claims Tribunal*, Oxford, 1996, pp.9-44 참조.

22) *Lake Lanoux Arbitration (France* v. *Spain)* (1957) 24 ILR 101. 더 자세히는 제1장 참조

23) *Indo-Pakistan Western Boundary (Rann of Kutch) (India* v. *Pakistan)*(1968) 50 ILR 2. 이에 대한 평석은 J.G. Wetter, "The Rann of Kutch Arbitration"(1971), 65 *AJIL* 346 참조.

24) *Interpretation of Peace Treaties with Bulgaria, Hungary and Romania,* Advisory Opinion, First Phase [1950] ICJ Rep. 65; Second Phase [1950] ICJ Rep. 221. 이에 대한 평석은 K.S. Carlston, Note (1950) 44 *AJIL* 728 참조.

불가리아, 헝가리, 루마니아와의 평화조약은 이 조약의 해석·이행과 관련하여 발생한 분쟁을 중재위원회에 회부하도록 규정하였다. 통상적인 관례에 따라서, 평화조약에서는 각 당사자가 1인의 자국적 중재인을 임명하고, 제3의 중재인은 합의하여 임명하거나, 합의에 이르지 못할 경우 유엔 사무총장이 임명하여 중재위원회를 구성하도록 하였다. 1947년 평화조약이 발효한 뒤 얼마 지나지 않아 영국과 미국은 과거 적국이었던 세 국가가 인권 관련 의무를 위반하고 있다고 불만을 제기하였다. 하지만, 중재절차를 개시하려고 하자, 피신청국들은 중재위원회의 자국적 중재인 임명하는 것을 거부했다. 1950년에 유엔 총회가 이러한 행위의 법적 효과에 대한 권고적 의견을 요청하자, 이 사안 전체가 ICJ에 회부되었다.

이 사건의 첫 번째 단계에서 ICJ는 분쟁이 존재하지 않기에 평화조약의 분쟁 해결 규정이 적용될 수 없다는 피신청국의 주장을 배척하였다. 그리고 불가리아, 헝가리, 루마니아는 중재위원회의 자국적 중재인을 임명할 의무가 있다고 판단하였다. 이러한 의견에도 불구하고, 이러한 의무가 이행되지 않을 것이 분명하자, ICJ는 제소국들이 조약에서 유엔 사무총장을 활용하도록 한 규정을 원용하여 중재를 진행시킬 수 있을지 여부를 판단해야 하였다. 이들 조약에서 '제3의 중재인'이라는 용어는 '중립적 중재인'만 의미하고, 양 당사자 국적의 중재인이 임명되는 것을 전제조건으로 해서 유엔 사무총장이 임명권한을 행사하도록 하려는 의도는 없었다는 주장이 있었다. 하지만, ICJ는 이러한 주장이 조약문 해석으로서 납득하기 어렵다고 판단하였다. ICJ는 당사자들이 합의하지 못하는 경우만 대상으로 하도록 조약문을 해석해야 한다고 판단하였다. 결과적으로, 비록 피신청국이 자국적 중재인을 임명하지 않아 국제책임이 발생하지만, 그 자체만으로 위와 같은 주장에 따라서 중재위원회를 구성하는 것은 정당화될 수 없었다.

Peace Treaties 사례는 중재를 원하지 않는 국가가 중재 진행을 막기 위해서 활용할 수 있는 장애물, 그리고 중재인 임명에 관한 규정을 작성할 때 발생 가능한 모든 상황을 고려하여 주의해야 한다는 점을 여실히 보여주고 있다. 중립적 중재인을 둘러싸고서 의견이 일치하지 않는 경우, 가장 간단한 해결책은 3개월 또는 다른 적절한 기간 후 제3자가 필요한 임명을 할 수 있다는 취지의 규정을 마련하는 것이다.

이러한 규정이 오늘날도 항상 포함되는 것은 아니지만, 이 같은 규정이 양자조약에 등장한지 50년 이상이 되었으며, 국제법위원회(ILC)와 PCA 모두 이를 인정하였다.[25) 이와 유사한 방식은 1928년 제네바 일반의정서 제23조, 1948년 보고타 규약 제45조, 1957년 분쟁의 평화적 해결을 위한 유럽협약 제21조를 위시하여 분쟁 해결에 관한 주요 다자조약에 포함되었다. 뒤의 제8장에서 보겠지만, 이러한 방식은 1982년 해양법협약의 중재규정에서도 찾을 수 있다.

중재가 이란-미국 청구권재판소와 같은 상설기구에서 진행되는 경우, 중재인이 이미 임명되어 있기 때문에 분쟁당사국의 불이행으로 인한 교착상태는 발생하지 않을 것이다. 그러나 당사자 국적의 중재인들이 '중립적' 중재인의 임명이나 의장 중재인 선정에 합의하지 않을 가능성은 여전하다. 이러한 가능성을 대비해서, 이란-미국 청구권재판소의 설립문서에서는 미선임 중재인 문제는 PCA 사무총장이 정한 '중재인 선정기관'이 하도록 규정하였다. 이러한 자격에서 행동하도록 지정된 자는 중립적 중재인에 대한 이의 제기 사항을 해결하는 업무도 수행한다.[26) 일반적으로 중재와 관련해서 최근 중재인에 대한 이의 제기가 증가하였는데, 분쟁 해결을 위하여 중재를 활용하는 경우가 증가한데 비해 중재인 자격을 가진 사람들의 수가 증가하지 않은 것이 그 이유 중 하나이다. 그 결과, 실제로 이해충돌이 있거나, 아니면 그러할 것으로 여겨지는 경우가 증대되었다. 중재인에 대한 이의 제기가 자주 인정되지는 않지만, 이는 지속적으로 문제가 될 가능성이 있다.

---

25) The ILC Model Rules of Arbitral Procedure (1958), *ILC Year Book,* 1958, vol. II, p. 12; 조약문에 대해서는 Simpson and Fox, *International Arbitration* (n. 1) p.295; Wetter, *The International Arbitral Process* (n. 1) vol. V, p.232; The Permanent Court of Arbitration's Optional Rules for Arbitrating Disputes between Two States (1992) 참조, 이 규정문은 (1993) 32 ILM 572 참조. *Dubai/Sharjah Boundary* arbitration, 91 ILR 543에서, ILC의 모델중재규칙(Model Rules)은 관습국제법을 유권적으로 선언한 것으로서 간주되어서 진정한 중재판정의 의미 있는 특징을 파악하는 데 활용되었던 점이 흥미롭다. D.W. Bowett, "The Dubai/Sharjah Boundary Arbitration of 1981"(1994), 65 *BYBIL* 103 at 116 참조.

26) 제닝스 경(Sir Robert Jennings)이 이러한 역할을 수행한 경우에 대해서는 (2000) 94 *AJIL* 378; (2001) 95 *AJIL* 895 참조.

권한 위임 사항

중재인 임명이 당사자들에게 달려 있듯이, 중재절차 수행방법 그리고 중재인에게 판단을 요청할 문제도 당사자들이 결정한다. 1899년 그리고 1907년 헤이그 협약에서는 많은 후속 중재를 위하여 절차적 틀을 제공하는 규정을 마련했다. 더 최근에는 ILC, 국제법협회(ILA), 그리고 그 밖의 기관들이 수행한 작업을 통해서 이들 규정이 정교해졌다. 하지만, 종국적으로는 당사자들이 절차적 방식에 대해서 합의하는 것이고, 다른 경우와 마찬가지로, 여기에서도 당사자들은 자신들의 분쟁을 처리하는 것에 대해서 높은 수준의 통제력을 행사할 수 있다.

절차를 정할 때에는 중재 수행방식, 중재장소 및 중재비용 지급 방법을 결정한다. 또한 서면변론의 횟수 및 순서, 구두변론 단계, 시간 제한과 같은 중요한 문제에 대해서 매우 상세한 규정을 포함하는 것이 보통이다. 일반적으로 *특별협정*에 포함되는 다른 사항으로는 중재판정부의 증거 획득 방식, 전문가 임명 및 현장 답사 여부, 잠정조치 결정 여부, 중재절차에서 사용될 언어, 의사결정 방식, 중재인의 개별의견 허용 여부, 그리고 판정의 공개 여부가 있다. 비록 이들 각 사항은 개별적으로 교섭될 수 있지만, 당사자들이 표준규정을 활용하기로 합의한다면, 분명히 편리할 것이다. 마찬가지로 절차적으로 더 세부적인 사항을 다룰 때, 확립된 관행을 따르면 시간이 절약될 수 있다. 예컨대 1985년 *Maritime Delimitation* 사건에서 중재판정부는 제1차 회의에서 "ICJ와 동일한 절차규칙을 따라서 중재를 수행하기로 합의하였으며, 더 세부적으로는 ICJ 규칙 제30조와 제31조, 제49조~제50조, 제52조, 제54조, 제56조~제58조, 제60조~제68조, 제71조, 제72조, 제94조~제95조, 그리고 제98조를 *필요한 부분만 약간 수정하여(mutatis mutandis)* 적용하기로 합의하였다."[27]

이와 유사하게, *Heathrow Airport* 중재의 당사자들은 판정부가 국제투자분쟁해결센터(ICSID: International Centre for Settlement of Investment Disputes)의 절차 규칙을 응용한

27) Award, para. 9, 77 ILR 647. 이와 유사한 접근방식이 *Dubai/Sharjah Boundary* 중재에서 활용되었다. 이 사건에서 *특별협정*의 모호성으로 인해서 많은 문제가 발생하였다. Bowett, "The Dubai/Sharjah Boundary Arbitration" (n. 25) 108-9 참조.

절차규칙을 사용하는 데 합의하였다.[28] 국제상사중재에서 발전한 규칙을 활용한 것은 이 분쟁에 결부된 복잡한 경제적 쟁점 때문이었다. 그리고 이와 동일한 이유로 다른 수많은 절차적 혁신이 있었다. 따라서 미국과 영국은 변론절차를 동시에 진행하기보다 단계적으로 진행하는 데 합의하였다.[29] 한편, 판정부는 절차를 두 단계로 나누어서, 첫 단계에서는 미국이 청구하는 근거가 잘 되었는지를 결정하고, 그 후 필요하다면, 구제절차 단계에서 손해배상금을 결정하기로 하였다. 결과적으로, 이 사건은 화해 타결되었기에 두 번째 단계는 전혀 시도된 바 없다. 하지만, 구제절차 단계의 구술심리 전 단계에서 판정부가 미국측의 설득에 따라 영국이 수백 장의 재무 관련 서류를 제출하여 조사받도록 명령한 점은 흥미롭다. 물론, 중재절차 전 증거 개시는 국내 민사소송에서는 흔하지만, 국가간 중재에서는 다소 이례적이다. 이 사건에서 매우 넓은 범위에서 이 방식이 활용되었다는 점은 이 사건의 쟁점들이 갖는 특수한 성격을 다시금 부각시켜 주며, 이미 기술했던 혁신사항과 같이, 국제중재의 절차적 틀이 어떻게 변용되어서 당사자의 요구사항을 충족할 수 있는지를 보여 준다.

쟁점을 정의하는 것은 중요하다. 왜냐하면, 이로써 중재인의 중재관할 범위가 정해지기 때문이다. 쟁점을 넓게 정의함으로써, 당사자들은 우호적 관계에 대한 큰 장애요인을 제거하는 데 중재를 활용할 수 있다. 역으로 (그리고 보다 흔히) 쟁점을 좁게 정의함으로써, 당사자들은 더 넓은 범위의 문제들을 조사하다가 문제를 해결하기보다 문제를 더 악화시키는 경우를 방지 하거나, 교섭이나 일부 다른 해결방식이 더 적합한 특정 쟁점은 중재 대상에서 배제할 수 있다. 예컨대, *Rainbow Warrior* 사건에서 프랑스와 뉴질랜드는 유엔 사무총장에게 오클랜드 항구에서 침몰된 선박에 대해서 프랑스가 지불해야 할 배상액, 그리고 이러한 행위를 이유로 뉴질랜드에서 징역형을 선고 받은 프랑스 첩보원 2명의 장래를 포함하여 다수의 분쟁사안을 판단해 달라고 요청하였다. 유엔 사무총장은 배상금 지급시기가 도래했는지 여부를 결정하

28) Witten, "The US-UK arbitration" (n. 18) 182-3.

29) *Ibid.,* 183, n. 34. 1977년 'Burmuda II' 협정은 동시변론을 두 차례 진행하도록 예정했으나 당사자들이 달리 합의하여 상대방의 주장에 대해 답변할 수 있었다.

도록 요청받지는 않았다. 왜냐하면, 이미 배상책임이 인정되었기 때문이었다. 뿐만 아니라, 뉴질랜드가 프랑스 첩보원들을 구금한 것이 정당한지 여부에 대해서도 결정하도록 요청받지 않았다. 왜냐하면, 양국은 각자의 과거 행동을 정당화하기보다 분쟁 해결책으로 수락 가능한 사항을 모색하는 데 더 관심이 있었기 때문이었다. 그러므로 비록 유엔 사무총장이 다양한 쟁점을 처리해야 했지만, 분쟁 해결을 위하여 당사자들은 어느 사항에는 집중하되 다른 사항은 배제하는 방법을 선택했다.

질문(들)을 구성하는 방식은 일반적으로 당사자들이 교섭할 사항이며, 그 중요성 때문에 합의하기 어려울 수 있다. 이러한 경우가 *Beagle Channel* 분쟁에서 있었다. 여기에서, 픽톤(Picton), 누에바(Nueva), 레녹스(Lennox) 섬에 대한 주권이 이 사건의 핵심 쟁점이었던 것이 분명했으나 칠레와 아르헨티나 양국은 상호 수락 가능한 *특별협정*을 고안할 수 없었다. 이를 해결하기 위하여, 양국이 각자 작성한 질문을 모두 판정부에 제출하고 판정부가 이를 결정하도록 하였다. *Eritrea/Yemen* 중재에서는 다른 해결책이 채택되었다. 여기에서는 영토주권이 다투어졌지만, 당사자들은 특정 도서들이 중재 대상 범위에 포함되는지 여부에 대해 합의할 수 없었다. 그러므로 양국은 판정부가 '양 당사자의 개별 입장'을 고려하여, 본안전 사안으로서 결정하도록 요청하였다. 이들은 분쟁상태였던 자신들의 해양경계가 영토권원에 주로 좌우되기에 중재를 두 단계로 수행하는 데 합의했다. 그러므로 이들은 분쟁의 대상 범위와 더불어 권원에 관한 쟁점을 중재의 첫 단계에 결정하고, 그 이후 해양경계 획정 문제에 관하여 두 번째 단계를 수행하는 요건을 *특별협정*에 포함시켰다.

당사자들이 판단받기 원하는 쟁점을 특정하지 못하면, 합의사항이 정확히 무엇인지를 둘러싸고 분쟁이 발생하고 손해를 야기할 가능성이 있다. 예컨대, *Alabama Claims* 사건에서 영국과 미국은 판정부가 간접손해에 대해서 손해배상금을 판정할 권한이 있는지에 대해서 이견이 있었고, 이로 인하여 거의 중재를 진행하지 못할 지경에 이르렀다. 반면에 쟁점을 너무 좁게 정의할 경우, 때때로 다른 종류의 어려움을 야기할 수 있다. *Taba* 분쟁은 국가간 경계를 구분하는 특정 기둥(pillars)의 위치에 관한 것이었다. 이집트와 이스라엘은 *특별협정* 부록에서 각자의 입장서를 첨부하고서 판정부에 대해서 문제된 기둥의 위치를 결정하도록 요청했다. 그러나 협정문 부속서에서 이들 국가들은 판정부가 이스라엘이나 이집트가 제시하여 협정문 부속서에 기록된 장소 이외의 경계 표시 기둥의 위치를 정할 권한은 없다고 기술하였다. 달리 말해서, 판정부는 양 당사국들이 경쟁적으로 주장하는 위치 중에서 선택해야 했고, 다른 해결책을 고를 수 없었다. 이러한 형태의 지시는 선례가 없지도 않았고, 물론 매우 명확하였다. 하지만, 어느 쪽도 설득력 있는 안을 제시하지 못하면 문제가 발생하게 된다. 위 사건의 중재인 중 한 명은 이스라엘의 주장이 배척되더라도 이집트의 주장이 더 신빙성이 있는 것도 아니어서 판정부는 어느 쪽 당사자도 자신의 주장을 증명하지 못했다고 선언해야 한다고 생각하였다.[30] 판정부 과반수는 이러한 결론을 배척했지만, 판정부의 권한을 너무 엄격히 제한하는 경우 문제를 야기할 수 있다는 점은 분명하다.

이와 다소 유사한 어려움이 해양경계 획정에 관한 최근 사례에서 다수 발생하였다. 이 경우 당사자들은 판정부가 지도상에 경계선을 긋는 것을 원하는지, 아니면 경계 획정에 적용 가능한 원칙 및 규칙을 제시하는 것만 원하는지, 아니면 이 두 가지 사항의 중간에 해당되는 무엇을 하기 원하는지 여부를 결정해야 한다.[31] 뿐만 아니라, 당사자들은 판정부가 대륙붕만 다루는 것을 원하는지, 아니면 배타적 경제수역(EEZ) 전체를 다루기를 원하는지 여부를 결정해야 하며, 만약 EEZ 전체라면, 판정부가 단일 경계선으로써 모든 사항을 정하도록 할 것인지, 아니면 해양에 대한 관할권과 해저에 대한 것을 별개로 다루도록 할 것인지 여부도 결정해야 한다. 최근 중재합의의 경향은 단일 경계선을 정하도록 요구하는 것이며 이러한 해결책의 이점은 쉽게 알 수 있다. 하지만, 법리적 관점에서 보면, 이러한 유형의 지시로 인하여 판정부가 자신의 업무를 적절히 수행하는 것이 어려워질 수 있다. 왜냐하면 해양 관련 고려사항과 해저 관련 사항이 종종 매우 다르기 때문에 서로 다른 취지에서 별개의 경계선을 마련하는 것이 더 나을 수도 있기 때문이다.

---

30) 라피도스(Lapidoth) 교수의 상세한 반대의견으로는 80 ILR 312 at 347-8 참조.

31) 예컨대, 대상과 관련된 원칙 및 규칙을 파악해서 "이 사안에서 이들 원칙과 규칙이 적용되는 실무적 방식을 정확히 특정함으로써, 양국의 전문가들이 대상 지역의 경계를 어려움 없이 획정할 수 있도록 하는 것." 이에 대해서는 The Special Agreement in the *Tunisia-Libya Continental Shelf* case in [1982] ICJ Rep. 21 참조. 이러한 유형의 지시를 해석할 때 봉착하게 되는 문제에 관한 논의는 제7장 마지막에서 두 번째 부분 참조.

중재인은 부탁받은 질문(들)에 대해서만 답할 권한을 가질 뿐이기에, 자신들의 중재 관할권을 벗어나는 경우 그 판정이 무효라는 이의가 제기될 수 있다. 결과적으로, 비록 중재판정부의 업무에서 관할권 문제는 ICJ 절차만큼 두드러지지 않지만, 그러한 관할권 문제가 제기되면, ICJ에서와 같이 동의의 원칙에 따라 면밀히 다루어진다. 예컨대, *Channel* 중재에서 영불해협도서(Channel Islands)와 노르망디(Normandy), 브리타뉴(Brittany) 연안 사이의 해저 경계를 획정하기 위해서는 각 당사국의 영해에 관한 다수의 분쟁사안을 결정해야 했다. 이는 *특별협정*의 내용을 벗어나는 것으로서, 영국과 프랑스는 이 점에까지 *특별협정*을 확장하는 것을 원하지 않았던 것이 분명했기에 재판소는 해당 영역에 대해서 경계를 획정하는 것은 자신의 권한을 벗어나는 것이고 당사국들이 스스로 정할 사항으로 남겨 두어야 한다고 판단하였다. 한편, *Eritrea/Yemen* 사건에서 판정부는 특정 도서가 예멘에 속하는 점을 확인한 후, 다만 이러한 사실이 에리트레아 국적의 어부들이 주변 바다에서 전통적으로 누리는 권리에 영향을 미치지 않는다고 판단하였다. 중재협약에서는 '주권에 관하여' 판단하는 것만 요청했기 때문에, 판정부의 이러한 접근방식에 의문이 제기될 수 있으나, 실무적인 관점에서는 판정부의 권한 범위를 재치 있게 해석한 것으로서 타당하다고 할 수 있다.[32]

St. Pierre and Miquelon 사건[33]에서는 제3자와 관련해서, 동의 문제가 발생하였다. 프랑스는 캐나다 연안 근처에 위치한 도서의 대륙붕 경계 획정과 200해리 이원 해역에 대한 자국의 권원에 대해서 판정부가 결정하도록 요청하였다. 하지만, 재판소는 이렇게 할 경우 중재 당사자가 아닌 국제공동체에 대한 프랑스의 권리를 판단하게 될 것이라고 판시하였다. 그러므로 판정부는 프랑스가 요청한 바와 같이 판단범위를 확장할 권한이 없다고 판시하였다. 뒷장에서 ICJ도 이와 유사한 제한 하에서 운영된다는 것을 살펴볼 것이다. 따라서 중재인의 권한에 소송 당사자들의 동의가 필수적일 뿐만 아니라 제3자의 권리가 다투어지는 경우 해당 제3자의 동의도 필수

---

32) N.S.M. Antunes, "The Eritrea-Yemen Arbitration: first stage-the law of title to territory re-averred"(1999), 48 *ICLQ* 362 at 383-4. 하지만, 다음 각주 53)에 대한 본문 내용도 참조.

33) *Case Concerning Delimitation of Maritime Areas between Canada and the French Republic (St. Pierre and Miquelon)* (1992) 95 ILR 645. 이 사건의 요약은 (1993) 87 *AJIL* 452 참조.

적이다.

위의 사례에서, 관련 재판소들은 주요 쟁점에 대해서 결정할 수 있었기에 이들의 권한을 제한하는 사항이 그다지 중요하지 않았다. 하지만, 때로는 관할권 문제가 중재인 권한의 핵심 사항과 결부된다. *Haji-Bagherpour* v. *United States* 사건의 결정[34]에서, 이란-미국 청구권재판소는 1980년 4월 실패했던 외교적 인질 구출 시도 중 미군이 파괴한 유조선의 이란인 소유주들이 제기했던 청구에 대해 관할권이 없다고 판단하였다. 유사한 사례로서 *Grimm* v. *Iran* 사건[35]에서 재판소는 남편이 암살당한 것을 이유로 청구를 제기했던 부인의 사건에서 신청인의 '재산권'이 쟁점 사안이 아니었다는 이유로 관할권이 없다고 판시하였다. 따라서 이들 사례에서 개인의 청구 제기는 실패했고, 관할권 결격사유로 인해서 기각되었다.

이들보다 더 의미 있는 경우는 하나의 판단이 일련의 사건 전체의 운명을 결정짓는 효과를 가질 때이다. 예컨대, *Case No. A/18* 사건[36]에서 재판소는 그 설립취지에 입각할 때, 이란과 미국의 이중국적자가 일반국제법에 따라 지배적 혹은 실효적 국적 기준을 충족하면 이들의 청구에 대해서 판단할 관할권을 갖는다고 결정하였다. 이전 판단에서, 재판소는 알제리 협정 내용에 따를 경우, 이란이 미국 국민을 상대로 제기한 청구에 대해서 일반적으로 관할권이 없다고 결정했다.[37] 이것도 중요한 결정이었는데, 왜냐하면 재판소에 계류 중이던 사건에서 이란이 미국인을 상대로 제기한 반소에 대한 재판소의 권한을 한정하는 효과를 가졌기 때문이다.

결정의 근거

쟁점을 정의하는 것에 못지않게 중요한 것은 당사자들이 판정부에 대해서 결정

34) (1983) 2 Iran-US CTR 38; 71 ILR 600.

35) (1983) 2 Iran-US CTR 78; 71 ILR 650.

36) (1984) 5 Iran-US CTR 25; 75 ILR 176. 이 결정의 범위가 나중에 다루어진 경우는 *Saghi* v. *Iran* (1993), 14 Iran-US CTR 3; 84 ILR 609 참조.

37) Iran-United States Claims Tribunal, Decision with regard to Jurisdiction over Claims Filed by Iran against US Nationals (1981) 1 Iran-US CTR 101; 62 ILR 595.

시 적용할 기준에 대해서 지시하는 것이다. 많은 경우 판정부는 국제법에 따라 특정 사항을 결정하도록 지시받는다. *Channel* 중재에서 재판소는 이러한 기준에 따라서 영국령과 프랑스령의 대륙붕 경계를 결정하도록 요청 받았고, *Beagle Channel* 사건의 특별협정에서는 쟁점 사항에 관한 양쪽의 서로 다른 주장을 기술한 이후 이와 유사한 내용을 담았다. 지시사항이 명확하지 않다면, 준거법을 참조해야 한다. 예컨대 *Rann of Kutch* 사건에서 당사자들은 각자의 청구와 재판소에 제출된 증거에 입각하여 사건을 결정하도록 재판소에 요청하였고, *Taba* 분쟁의 특별협정에서는 준거법에 대해서 전혀 언급하지 않은 채, '승인된 국경'을 표시하는 경계 기둥(pillars)의 위치만 결정하도록 요청했다. 이처럼 지시사항이 별로 도움이 되지 않는 경우에도, 각 재판소는 해당 사건에서 일반적인 실행을 좇아서, 당사자들이 원하는 것은 국제법을 근거로 한 결정이라고 추정하고서 그에 따라서 판결했다.

때때로, 당사자들은 판정부가 국제법을 근거로 결정내리기를 원하면서도 특정한 측면이 강조되기를 원한다. 예컨대, 2000년에 에리트레아와 에티오피아가 분쟁상태인 국경을 확정하기 위해 경계위원회를 설치했을 때, 양국은 위원회에 대해서 '관련 식민지 조약' 및 적용 가능한 국제법을 근거로 업무를 수행하도록 요청하면서, "위원회는 *형평과 선에 따라(ex aequo et bono)* 결정할 권한이 없다"는 점을 명확히 규정하였다.[38] 이와 유사하게 *Eritrea/Yemen* 사건에서 판정부는 "사안에 적용 가능한 국제법 원칙, 규칙 및 실행에 따라서, 그리고 특히 역사적 권원을 기반으로" 영토주권에 관하여 판단하도록 요청 받았다. 마찬가지로 이 중재사건의 두 번째 단계에서 판정부는 첫 번째 단계에서 내린 결정을 참작해서, 그리고 "유엔해양법협약 및 그 밖의 관련 요소를 … 고려하여" 에리트레아와 예멘 간의 해양경계를 획정하도록 요청받았다. 분쟁사안과 각 당사자의 입장을 고려할 때, 법에 근거한 결정이라면 이러한 지시사항이 없다고 해도 앞서 언급한 요소들을 무시할 수 없었을 것이다. 하지

38) 이 위원회 작업 중 이 점과 다른 사항에 대해서는 J.G. Merrills, "Reflections on dispute settlement in light of recent arbitrations involving Eritrea" in A. Constantinides and N. Zaikos(eds.), *The Diversity of International Law*, Leiden, 2009, p.109; M.N. Shaw, "Title, control and closure? The experience of the Eritrea-Ethiopia Boundary Commission"(2007), 56 *ICLQ* 755 참조.

만, 구체적으로 지시사항을 포함시킴으로써, 양국은 자신들이 이 사건의 핵심사항으로 파악했던 것 그리고 이에 따라 판정부가 결정에서 다루도록 기대하는 바가 무엇인지를 분명히 제시하였다.

당사자들이 국제법에 따른 해결이 적절하지 않다는 점에 합의하는 경우, 당사자들은 중재인에게 다른 근거로 분쟁에 대해서 결정하도록 지시할 수 있다. 때때로 이는 대상이 되는 분쟁과 그 주변의 복잡한 상황을 분리하는 방법이 될 수도 있다. 예컨대 *Alabama Claims* 사건에서 당사자들은 판정부에 대해서 미국이 국제법으로 간주하였지만 영국은 국제법으로 인정하지 않았던 중립에 관한 특정 규칙들을 적용하도록 지시했다. 그리고, 이때 당사자들이 중립규칙을 *특별법(lex specialis)*으로 적용하기를 원했던 것은 이 규칙의 지위에 대해서 상호간 의견 불일치가 더 커졌다고 해도 분쟁 해결에 더 이상 장애가 되지 않는다는 점을 의미했다. 반면에 중재인의 권한범위를 확장하지 않는 경우라면, 이렇게 시도할 수 있는 여지가 제한된다. 따라서 1992년 OSPAR 협약 제32조에 기초하여 설치된 *OSPAR(제9조)* 중재 사례에서 판정부는 유일한 준거법은 해당 협약뿐이라고 판단하였으며, 그에 못지않게 중요한 사항으로서, 해당 협약 해석시, 명시적 권한이 없다면, 국제법의 발전적 양상 및 실행 또는 '거의 법이 된' 발전상태를 고려할 수 없다고 판단하였다.[39)]

당사자들은 중재인이 적용해야 할 법을 명시할 수 있기에 국내법을 단독으로 또는 다른 법제도와 결합해서 활용하도록 할 수도 있다. *Trail Smelter* 사건[40)]에서 판정부는 '미국 내에서 동일한 문제를 다룰 때 적용했던 법과 실행, 뿐만 아니라 국제법과 실행'도 적용하도록 지시를 받았다. 해당 분쟁은 당시 국제법이 막 발전하기 시작했던 초국경 대기오염으로 인한 책임에 관한 것이었기에 이 사건에서 국내법을 활용하도록 허가함으로써, 판정부가 법적으로 인정받을 수 있는 근거를 갖고서 결정할 수 있게 되었을 뿐만 아니라, 국제환경법을 발전시킬 수 있는 소중한 기회를

39) 판정부는 2대 1의 다수결로 이러한 결정을 내렸다. 이러한 결론에 대한 비판으로서는 P. Sands, *Principles of International Environmental Law,* 2nd edn., Cambridge, 2003, pp.857-8 참조, 그러나 이와 비교해서 T.L. McDorman, Note (2004) 98 *AJIL* 330 at 337-9 참조.

40) *Trail Smelter Arbitration (United States* v. *Canada)* (1938 and 1941) 3 *RIAA* 1905. 이 사건에 대한 평석으로는 J.E. Read, "The Trail Smelter dispute"(1963), 1 *Can. Yearbook Int. L.* 213 참조.

갖게 되었다.

물론, 국내법을 기준으로 삼는 것은 상사중재에서 특히 일반적이다. 예컨대, 중요한 사례인 *BP* v. *Libya* 사건[41]과 결부된 양허협약에서는 다음과 같이 규정하였다.

> 이 양허계약은 국제법 원칙과 공통되는 리비아 법 원칙에 따라 규율되고, 해석되며, 이러한 공통원칙이 없는 경우 국제판정부에서 적용될 수 있었던 원칙들을 포함하여 법의 일반원칙에 따라 규율되고, 해석된다.

국가 이외의 실체가 결부된 이러한 종류의 분쟁은 이 책의 연구범위를 벗어나지만 이와 유사한 조항을 국가 간의 중재협정에서도 찾을 수 있다. 예컨대 이란-미국 청구권재판소는 '법을 존중하는 것에 기반하여 모든 사건을 판단'하고, '관련 무역관행, 계약 규정, 그리고 사정 변경을 감안해서, 재판소가 적용 가능하다고 결정한 국제사법(國際私法) 규칙 그리고 상사법과 국제법 원칙'을 적용하도록 지시받았다. 이러한 지시는 재판소 업무의 성격이 주로 상사적인 특성을 가졌던 점뿐만 아니라, 재판소의 활동에 상당한 자유를 부여하려는 의도를 반영하는 것이 분명하다.[42]

당사자들이 판정부에 한층 더 많은 자유를 부여하고 싶다면, 중재인들이 국제법이나 국내법의 규칙, 뿐만 아니라 공정성과 합리성을 고려할 수 있도록 권한을 부여할 수 있다. 앞서 언급했던 조항에서 '사정변경'이라고 한 부분에서 이러한 면을 엿볼 수 있고, *Trail Smelter* 사건의 판정부에 대해서는 "관련 당사국 모두에게 해결책이 될 수 있는 사항을 마련하고자 하는 체약국들의 희망을 고려"하도록 지시한 점에서 이 점이 매우 분명했다. 이러한 지시사항이 없을 경우, 중재판정부는 법 적용·해석 권한을 제한하거나 확대하기 위하여, 종종 다양한 사항을 '공평'하게 고려함으로써 동일한 성과를 얻었다. 이러한 기법은 영토분쟁 그리고 경계분쟁에 관한 중재에서 특히 두드러졌다. 때때로 이들 분쟁에서 최선의 해결책은 법률적으로 엄

41) *BP Exploration Company (Libya) Ltd* v. *Government of the Libyan Arab Republic* (1973) 53 ILR 297. 이 사건의 분석으로는 R.C.A. White, "Expropriation of the Libyan oil concessions: two conflicting international arbitrations"(1981), 30 *ICLQ* 1 참조.

42) J.R. Crook, "Applicable law in international arbitration: the Iran-US Claims Tribunal experience"(1989), 83 *AJIL* 278; Aldrich, *The Jurisprudence* (n. 21) ch. 4 참조.

밀히 정당화하기 어려울 수 있다. 따라서 *Rann of Kutch* 사건에서 파키스탄에 특정 영역을 부여하는 판정은 "이러한 만 입구를 외국 영역으로 인정할 경우 공평하지 않을 것이다. 그렇게 인정할 경우 분열과 갈등을 조장할 것이다. 이 지역의 평화와 안정을 최우선적으로 고려할 때, 영역 전체가 온전히 파키스탄 영역으로 둘러싸인 이 영역은 파키스탄 영역으로 간주되어야 한다는 점을 승인하고 확인할 수밖에 없다"는 근거로 정당화되었다.[43)]

이미 관련 법규칙에서 형평을 적용하도록 한 경우 중재인에게 그러한 권한을 명시적으로 부여할 필요가 없다는 점은 언급할 만하다. 예컨대, *Heathrow Airport* 중재에서 중재판정부에 회부된 문제는 영국이 공항 이용자 간에 '공평한 배분'에 따라서 정당하고 합리적인 부담금을 부과하도록 허용함으로써 미국과 체결한 1977년 항공서비스협정 제10조에 따른 의무를 충족하는지 여부였다. 이처럼 매우 일반적인 용어로 인해서 중재인들은 상당히 많은 자유를 누리는 것이 분명하지만, 동시에 중재인들이 업무를 수행하기가 어려워졌다. 왜냐하면, 중재인들에게 지침이 될 만한 국제적 선례가 별로 없었기 때문이다.[44)] 이러한 상황의 또 다른 사례는 해양경계 획정에 관한 법에서 찾을 수 있다. 이 경우, 사법판결 및 국가실행과 국제협약이 발달한 결과, 법에서는 모든 관련 상황을 고려하여 형평한 결과에 도달하기 위해 형평 원칙에 따라서 경계를 획정해야 한다는 점이 현재 인정되고 있다. 이로 인해서, 적용 가능한 원칙의 내용, 특정 상황의 관련성 그리고 특정 사안에 대한 결과의 적절성에 관해 논란의 여지가 상당히 많은 것은 분명하다.

하지만, 이제까지 발생했던 다양한 사건을 결정할 때, 국제재판소와 판정부는 자신들의 결정이 법에 근거해야 한다는 점, 그리고 추가로 권한이 부여되지 않으면, 자신들이 "재량권을 갖게 되거나, … *형평과 선에 따라(ex aequo et bono)* 결정할 수

43) 50 ILR 530. 이들 사건에서 국제판정부가 형평 및 관련 고려사항을 활용한 점을 예리하게 분석한 사항으로는 A.L.W. Munkman, "Adjudication and adjustment: international judicial decision and the settlement of territorial and boundary disputes"(1972-3), 46 *BYBIL* 1 참조. 다른 맥락의 형평에 관해서는 C.W. Jenks, *The Prospects of International Adjudication*, London, 1964, ch. 7 참조.

44) Witten, "The US-UK arbitration" (n. 18) 191. 같은 저자가 지적하듯이, 적용되는 용어의 일반적인 내용으로 인하여 결정이 선례로서 갖는 가치가 사라지는 효과도 발생했다.

없다"는 점을 지속적으로 강조했다는 점이 흥미롭다.[45] 결과적으로, 특정 기준들이 경계 획정과 관련된다는 점은 인정되지만, 자연을 재구성하거나 국가들의 경제적 불평등을 보상하려는 시도는 경계 획정과 무관하다. 이러한 방식으로 해양경계 획정을 다룬 판정부들은 형평이라는 관념에 내재된 유연성을 활용하려고 하면서, 동시에 판정부가 갖는 법적 성격을 유지하면서, 조정 성격의 접근방식은 피했다. 이러한 미묘한 차이가 실제로 유지될 수 있는지 여부에 관한 쟁점은 다음 제7장에서 다시 다룰 것이다.

중재인들이 당사자들로부터 형평한 고려를 하도록 요청받았을 때 또는 스스로 형평성을 고려하기로 결정할 경우, 이들은 이제 더 이상 단순히 재판관으로서 관련 규범을 적용하는 것이 아니라 자신이 맡은 사건에 관한 법을 만드는 입법자의 역할을 취하기 시작한다. 위에서 언급했던 사건에서, 형평은 법의 일부로서 혹은 법을 보충하는 것으로서 활용되었다. 따라서 중재인은 이러한 두 기능을 결합하였다. 하지만, 때때로 완전히 입법적인 해결책이 요구되는 경우 현재의 권리문제는 뒷전이 된 채 공정하고 합리적인 해결을 모색하는 것이 중점적으로 다루어진다. 중재는 그러한 해결책이 가능할 정도로 충분히 탄력적이기에 당사자들은 판정부에 대해서 형평과 선(*ex aequo et bono*)에 따라서 결정을 내리도록 요청함으로써 이러한 해결책을 얻을 수 있다.

판정부가 이러한 근거에서 사건을 결정할 수 있는 권한을 받았던 사례는 중재조약에서 다수 찾을 수 있다. 영국과 포르투갈이 체결한 델라고아만(Delagoa Bay) 관련 청구에 관한 1872년 협약은 "중재인이 각 당사자의 주장 중 어느 하나에 대해서 전적으로 유리한 결정을 내릴 수 없는 경우, 중재인은 분쟁에 대하여 자신이 생각하기에 형평한 해결책이 되도록 결정해야 한다"고 규정하였다. 1907년 콜롬비아와 에콰도르 사이에 체결된 국경분쟁에 관한 중재조약은 더 나아가 "중재인은 … 엄격하게 법을 적용하는 대신 양국의 필요와 편의에 따라 형평한 국경선을 택할 수 있다"고 규정하였다.[46]

45) *Maritime Delimitation* case, 77 ILR 635 at 675-6.
46) Munkman, "Adjudication and adjustment" (n. 43) 24.

이러한 기반에서 결정된 여러 사례에서 중재인은 보통 외교적 교섭으로 해결될 만한 사안을 규율하는 새로운 체제의 규칙을 설정해 달라는 요청을 받았다. *Bering Sea* 중재[47] 그리고 *North Atlantic Coast Fisheries* 사건[48]은 모두 이러한 방식으로 미국과 영국의 향후 행동에 관한 기본틀을 마련했던 한편, *Brcko* 중재[49]에서 1995년 데이턴(Dayton) 평화협정에 따라 설치된 판정부는 보스니아와 헤르체코비나의 분쟁지역에 대한 특수체제를 설정했고, *Free Zones* 중재사건[50]에서 판정부는 무관세 지역과 스위스 간 상품 거래를 '현재의 경제조건에 더 적합한 방식으로' 규율하기 위하여 통관규칙을 설정하는 어려운 임무를 수행하였다.

Rainbow Warrior 사건과 같은 이례적인 상황에서, 유엔 사무총장은 이와 다소 유사하게 자신의 기능을 해석하였다. 이 사건에서, 당사자들은 사건의 결정 근거를 전혀 제시하지 않은 것으로 보이며, 유엔 사무총장은 정교한 형식의 결론을 내렸지만, 쟁점에 대해서는 탐색할 필요가 없다고 보았다. 하지만, 유엔 사무총장은 수감된 프랑스 요원들의 향후 처리에 관한 중요한 문제를 다룰 때, 당사자들의 상반된 입장을 정리한 뒤, '첩보원 2명에 관한 해결책은 이처럼 상호 충돌하는 입장을 존중하면서 동시에 이를 상호 조정하는 방안'을 모색하는 것이 자신의 업무라고 보았다.[51] 이는 사무총장이 자신의 직무는 당사자들의 법적 권리를 결정하기보다 양자가 수용할 수 있는 결과를 찾는 것으로 여겼다는 점을 분명히 보여 주고, 이 점은 사무총장이 내린 해결책을 통해 증명되었다. 왜냐하면, 유엔 사무총장은 손해배상 및 그 밖의 여러 문제들을 해결하였을 뿐만 아니라, 프랑스 요원들을 뉴질랜드에서 프랑스령 폴리네시아의 멀리 떨어진 섬에 있는 기지로 이송시켜서 3년의 군 징계를 받도

---

47) *Bering Sea Arbitration (Great Britain* v. *United States)* (1893) in Moore, *International Arbitrations* (n. 12) voL I, p.935; 또한 (1912) 6 *AJIL* 233 참조.

48) *North Atlantic Coast Fisheries Arbitration (Great Britain* v. *United States)* (1910), 11 *RIAA* 173.

49) *Arbitral Tribunal for Dispute over Inter-Entity Boundary in Brcko*, Final Award, (1999) 38 *ILM* 534; 그리고 M.G. Karnavas, "Creating the legal framework of the Brcko district of Bosnia and Herzegovina"(2003), 97 *AJIL* 111 참조. 하지만, 이러한 체제를 설치할 때 판정부는 자신의 권한 위임 사항을 극도로 넓게 해석하는 방법을 취하였다.

50) *The Free Zones of Upper Savoy and the District of Gex*, Arbitral Award (1933), (1933-4) 10 PCIJ Ann. R (Ser. E) 106; Wetter, *The International Arbitral Process* (n. 1) vol. I, p.596 참조.

51) *Rainbow Warrior* ruling, 74 ILR 241 at 272.

록 결정했기 때문이다. 위에 이행된 이 기발한 해결책은 중재인이 당사자들의 법적 권리만 염두에 두었다면 전혀 생각할 수 없었던 것이었다. 이 점에서 이 사건은 중재판정부가 새로운 체제를 형성한 사건들과 닮았다. 그러나 당사자간 입장을 상호 조정하는 점을 특별히 강조한 점은 이 사건이 *형평과 선에 기초한* 중재보다 조정에 더 가까운 절차였다는 것을 보여 준다.

Eritrea/Yemen 중재사건에서, 판정부는 이 사건의 제1단계에서 판정부가 영토적 권원에 관하여 내린 결정이 양 당사자의 전통적인 어업권을 침해하지 않는다고 판시한 후, 제2단계에서 그러한 권리의 범위와 근거를 결정해야만 했는데, 에리트리아와 예멘은 이 사항에 대해 예상대로 매우 다른 견해를 피력하였다. 따라서 판정부는 어업에 관한 체제를 확인하거나, 아니면 더 정확히는 이러한 체제를 창설하는 것이 자신의 업무라고 판단하였다. 이는 *특별협정*에서 정한 것이 아니라 자신이 앞서 내린 결정의 결과였다. 이와 같이 스스로 업무를 부여하는 것이 이례적이지만, 앞서 언급했듯이 이는 상황상 필요하고 정당한 것으로 간주할 수 있다. 하지만, 판정부가 이슬람법을 내용으로 해서 새로운 체제를 설명하기로 결정한 것을 정당화하기는 쉽지 않다. 왜냐하면, 이러한 법제도를 적용하도록 요청받은 적이 없었기 때문이다. 이 사건에 대해 한 비평자가 지적했듯이, 국제중재판정부는 “당사자들이 국제법 적용을 원한다는 점을 분명히 제시했던 경우, 그리고 판정부의 목적을 달성하는 데 필요한 요소가 국제법에 모두 담겨 있는 경우라면 국제법을 견지하는 것이 좋다.”[52]

Free Zones 사건과 같이 *형평과 선에 기초한* 중재, *Rainbow Warrior* 사건과 같이 ‘구속력 있는 조정’과 같은 경우와 *Channel* 중재와 같이 법에 따른 중재의 차이는 어느 정도인가? 종종 사법판결은 단순히 기계적으로 규칙을 적용하는 절차가 아니고, 항상 창의적인 요소를 수반한다는 점이 지적되었다. 역으로 중재인에게 의도적으로 재량권을 부여한 경우에도, 중재인이 진공상태가 아니라 당사자의 법적 권리

---

52) W.M. Reisman, Note (2000) 94 *AJIL* 721 at 729, 그리고 더 세부적인 분석으로는 N.S.M. Antunes, “The second stage of the Eritrea-Yemen arbitration and the development of international law”(2001), 50 *ICLQ* 299 at 301-16 참조.

를 바탕으로 법을 만든다. 따라서 법에 따른 중재와 *형평과 선에 따른* 중재는 근본적으로 다른 작업이라기보다 연장선상의 한 부분이라고 보아야 한다. 그리고 법이 특정 중재와 관련되는지 여부가 문제라기보다 중재인이 법 이외의 다른 근거에 기반하여 결정할 수 있는 권한을 어느 정도까지 행사할 수 있는지 여부가 문제될 것이다.

그러나 법에 따른 중재와 *형평과 선에 따른* 중재의 차이가 과장되지 않아야 하는 만큼 과소평가되어서도 안될 것이다. *Free Zones* 사건과 같은 형태의 중재에서, 중재인은 전통적인 법적 중재에 비해서 더 광범위하고 다양한 범위의 증거를 검토하여 의사를 결정해야 하기에, 업무가 이전과 상이하고 더욱 힘들 것이다. 이 점이 판정부 구성 그리고 업무의 조직에 의미를 갖는 것이 분명하다. 만일 당사자들의 청구취지가 비사법적인 성격의 기술적 사안이 주된 내용이 된다면, 판정부는 전문가의 참여를 요청할 가능성이 크다. 혹은 *Free Zones* 사건에서처럼 비법률가이지만 적합한 기술을 가진 사람들로 구성될 것이다. 이 점에서 중재와 사실심사 및 조정절차는 분명히 유사성이 있고, 앞서 살펴 보았듯이, *Rainbow Warrior* 사건에서 이 점이 강조되었다.

더 기본적인 사항은 당사자들이 판정부에 지시한 것은 일반적으로 판정부가 갖는 권한의 한계가 되며 반드시 존중되어야 한다는 것이다. 법에 따른 결정, *형평과 선에 따른* 결정, 혹은 이 양자의 사이에 있는 결정을 요구하는 것은 판정부가 당사자들의 분쟁을 더 좁게 또는 더 넓게 해결하기를 당사자들이 바라는 것이다. 판정부가 사실상 당사자들이 설정한 기본 틀에 따라서 사안을 접근하지 않은 것이 판명되면, 뒤에서 보겠지만, 이는 해당 결정을 취소하는 근거가 될 것이다.

판정의 효과

중재판정은 구속력은 있지만, 반드시 최종적인 것은 아니다. 왜냐하면 결정의 해석, 재심, 교정, 상소 또 는 무효화 절차를 추가적으로 진행할지 여부는 당사자들에게 달려 있기 때문이다. 이러한 단계가 허용되는지 여부, 그리고 만약 허용된다면,

그 새로운 사례를 원래의 판정부가 심리할 수 있는지, 아니면 ICJ와 같은 다른 기구로 회부해야 하는지 여부는 부분적으로는 일반국제법에 좌우되지만 주로 중재합의의 내용에 따라서 결정된다.

판정을 해석하거나 상소할 권한은 일반적으로 명시적인 동의가 필요한 사항이다. 당사자들이 중재를 이용하는 목적은 분쟁을 종료시키기 위한 것이기에 상소에 관하여 규정하는 경우는 비교적 드물다. 반면에 해석은 판정을 바로잡기보다 명확히 하는 것과 관련되기에 더 쉽게 정당화되고 자주 허용된다.

따라서 *Taba* 사건의 *특별협정*에서는 '판정의 해석이나 그 이행에 관한' 당사자간 분쟁은 일방 당사자의 요청에 따라서 판정이 내려진 후 30일 이내에 의미를 명확히 하기 위하여 해당 판정부에 회부될 수 있도록 규정하였다. 이와 유사하게 *Channel* 중재의 협정에서는 '판정의 의미와 범위'에 관한 분쟁은 3개월 이내에 다시 회부되도록 허용하였다. 두 번째 사례에서는 판정의 두 부분과 관련하여 심각한 이견이 발생했기 때문에 해석조치의 중요성이 증명되었다. 이 문제는 추가로 절차가 진행된 후에야 비로소 해결되었는데, 이 절차에서 중요한 쟁점은 중재재판소가 자신의 판정을 어느 범위까지 재심할 권한을 갖는지 여부였다.

Channel 중재에서 판정부가 그 결정에 대해서 재심 요청을 받았을 때, 자신의 권한을 벗어나지 않도록 주의해야 한다는 점을 보여 주고 있다. 이와 동일하게 에리트리아-에티오피아 경계위원회도 에티오피아의 '해석, 수정 및 협의 요청'을 배척하면서, 에티오피아가 요청했던 바는 위원회의 해석이나 재심 권한을 넘어섰다는 점에서 청구의 수리적격성이 없다고 하였다.[53] 반면에 *Iron Rhine Railway* 사건에서 판정부는 벨기에의 요청에 따라 내용을 약간 수정한 판정문의 해석을 내고서,[54] 판정문의 범위 및 이행에 관해서 벨기에의 여러 가지 질문에 대해서 답했다. '해석 권한이 행사된 사법재판과 중재 실행은 다소 제한적인 것'이 사실이지만,[55] 이러한 사례들은 발생 가능한 다양한 상황들을 반영하고, 해석 관련 실행이 어떻게 축적되

53) Eritrea-Ethiopia Boundary Commission, Decision on Interpretation of 24 June 2002, <www. pea-cpa.org.>.

54) *Iron Rhine Railway,* Award on Interpretation of 20 September 2005, <www. pea-cpa.org.>.

55) C. Brown, *A Common Law of International Adjudication,* Oxford, 2007, p.173.

고 있는지를 보여 준다.

Rainbow Warrior 사건의 여러 가지 이례적인 특징 중 하나는 이행에 관한 분쟁이 처음 협정에서 다루어지지 않고 판정 자체에서 다루어졌다는 점이다. 뉴질랜드는 유엔 사무총장의 판단을 이행하는 데 필요한 합의사항의 해석 혹은 적용과 관련해서 분쟁이 발생할 경우 해당 분쟁이 강제중재의 대상이 되도록 하고자 애썼다. 유엔 사무총장은 프랑스가 이에 반대하지 않는다고 하면서, 그러한 절차를 설치하도록 결정했다. 이로써, 이미 지적했듯이 판시 사항은 미래의 당사자 관계를 규율하기 위한 기본틀을 마련하는 것이었다는 점뿐만 아니라, 위에서 개괄했듯이 이 사건에서 중재 요소 중 일부는 조정을 연상시키는 것으로 대체되었다는 점이 더 분명해진다. 유엔 사무총장은 장래 발생할 분쟁을 중재에 회부하기 위한 방식을 개괄하면서, 당사자들이 3인 판정부의 중립 중재인과 자국적 중재인을 지명하지 못하는 경우 사무총장이 직접 해당 중재인을 지정할 권한을 갖도록 한 점도 흥미롭다. 판시한 사항의 다른 부분과 마찬가지로, 이러한 조치는 나중에 당사자들의 협정에 포함되었고,[56] 그 가치가 곧 증명되었다.

Rainbow Warrior II 중재를 촉발했던 분쟁[57]은 프랑스 정부가 사무총장의 판시사항에 따라서 두 요원을 하오섬(island of Hao)으로 이송한 뒤, 3년으로 정해진 격리기간이 만료하기 이전에 이들 두 사람을 모두 본국으로 송환했기 때문에 발생했다. 이에 뉴질랜드는 반발하여 이러한 일방적인 조치는 프랑스의 의무를 위반한다고 주장했고, 당사자의 사전 합의에 따라 이 쟁점이 중재에 회부되었다. 3인으로 구성된 판정부가 설치되어 협정에서 정한 *특별법(lex specialis)*과 '적용 가능한 국제법 규칙과 원칙'에 따라 사건을 결정하였다. 첫 번째 중재와 달리, 1990년에 내려진 판정은 충분한 근거를 제시했으며 국가책임, 구제방식 그리고 그 밖의 여러 가지 사항과 관련해서 중요한 법적 사항을 판시하였다. 판정부는 뉴질랜드의 주장을 대부분 인정했지만, 기술적인 이유에서 손해배상 판정을 내리지 않기로 결정했다. 대신에 위법

56) 74 ILR 276.

57) *Rainbow Warrior (New Zealand* v. *France)* (1990) 82 ILR 499. 이 사건의 분석과 평석에 대해서는 J.S. Davidson, "The Rainbow Warrior arbitration concerning the treatment of the French agents Mafart and Prieur"(1991), 40 *ICLQ* 446 참조.

성을 확인하였고 이례적인 추가 조치로, 양국 간 우호관계를 증진하기 위하여 공동 기금을 조성하도록 권고하였다. 프랑스는 이 기금에 미화 2백만 달러에 상당하는 제1차 기여금을 제공하기로 합의하였다. 만약 프랑스 정부가 원래의 의무를 신의성실히 수행하였다면, 유엔 사무총장이 제1차 중재에서 내린 결정으로 사안이 종결되었을 것이다. 유감스럽게도 그렇게 되지 않자, 적어도 뉴질랜드가 예견했던 대로 해당 분쟁을 최종적으로 끝낼 수 있는 장이 마련되었다.

명시적인 동의 없이, 새로운 사실을 고려하기 위하여 판정을 재심할 권한은 일반적으로 존재하지 않는다. 하지만, 당사자들이 이러한 취지의 규정이 유용하겠다고 생각한다면 이러한 규정을 포함시키지 못하도록 막을 수는 없다. 예컨대 기니와 기니비사우가 *Maritime Delimitation* 사건을 중재에 회부했던 협정에는 판정의 이행과 해석에 관한 분쟁이 발생할 경우 추가 절차를 허용하는 규정과 재심할 수 있도록 허용하는 규정이 모두 포함되었다. 재심 규정에서는 "판정에 결정적인 영향을 미칠 수 있었던 새로운 요소가 발견된 경우로서, 판정문 송달 이전에 이 새로운 요소를 판정부가 알지 못했고 재심을 요청한 당사자에게도 알려지지 않았으며, 재심 요청 당사자 측에 과실이 없었다면", 어느 일방 당사자도 판정의 재심을 요청할 수 있다고 규정하였다. 이 조문의 문안은 ICJ 규정 제61조를 본딴 것이다. 그리고 이 조문이 포함된 이유는 아마도 *Channel* 중재에서 이러한 규정이 없어서 영국이 겪었던 어려움으로 설명될 것이다.

이와 연결해서, 표현이나 계산상 오류가 있는 결정은 최소한 해당 판정이 집행되기 전까지 해당 오류를 수정할 수 있고, 이러한 권한은 내재된 것이기에 명시적으로 권한을 부여할 필요가 없다는 점도 주목해야 한다. 이 점은 *Channel* 중재에서 확인된 바 있고, *BP* v. *Libya* 사건의 제2단계 절차에서 신청인은 *직무 완료(functus officio)*되지 않은 상태의 판정부가 법률상 근본적인 오류를 범하였고 해당 결정을 확정하려는 의도가 없었다면, 판정부의 고유한 권한으로써 해당 판정을 재심할 수 있다고 주장하기까지 하였다. 이 사건에서 중재인은 그 점에 대해서 판단할 필요가 없다고 판시하였다. 그러나 *Trail Smelter* 사건과 다수의 다른 사건에서 재심권한이 제한적으로 인정된 것으로 보이는 점은 신청인 주장의 근거가 타당했을지도 모른다는 것을 보여 준다.

국가들은 양 당사국에 이행할 의무를 부과하고 분쟁을 종식시킬 결정을 얻으려는 의도를 갖고서 사건을 중재에 회부한다. 그러나 결정이 국제법상 구속력을 가지려면 판정부가 제대로 구성되고, 지시받은 사항을 수행하였으며, 적절한 판정을 내렸어야 한다. 그러므로 당사자는 무효이론을 근거로 판정의 효력을 부정할 수 있다.[58)]

중재인은 자신이 갖는 권한의 근거가 되는 문서가 무효이거나, 아직 발효하지 않았거나, 종료된 경우라면 판정을 내릴 관할권을 갖지 않는 것이 분명하다. 이는 *Arbitral Award* 사건(1960)[59)]에서 니카라과가 1906년 스페인 국왕이 내린 경계 판정에 대해서 이의를 제기했던 근거 중 하나였다. 니카라과는 1894년에 온두라스와 체결했던 가메즈-보닐라(Gamez-Bonilla) 조약에서 스페인 국왕을 중재인으로 임명했는데, 이 스페인 국왕이 중재인으로서 활동하는 데 동의하기 이전에 해당 조약이 만료되었다고 주장했다. 하지만, ICJ는 해당 조약은 1896년 비준서 교환시 발효되어 이 사건의 결정적인 시점에 유효했고, 따라서 스페인 국왕을 중재인으로 임명하는 데 필요한 근거가 되었다고 판시하였다.

중재인의 권한은 당사자의 합의에 근거하기에 중재인직 임명이 합의에 따르지 않았다는 근거로 판정을 다툴 수 있다. 물론, 이는 *Peace Treaties* 사건에서 중립 중재인 임명의 적절성에 관한 권고적 의견을 구해야만 했던 이유이기도 하다. 그리고 같은 쟁점이 *Arbitral Award* 사건에서 니카라과가 했던 또 다른 주장의 근거가 되었다.

가메즈-보닐라 조약에서는 다른 여러 가지 가능성을 소진한 후에만 스페인 국왕을 임명하도록 규정하였다. 니카라과는 이러한 요건이 준수되지 않았기 때문에 스페인 국왕 임명은 무효라고 주장하였다. 하지만, ICJ는 이에 대해서도 동의하지 않았고, 조약이 준수되지 않은 점을 니카라과가 증명하지 못했다고 판시하였다. 이 점

---

58) 무효 쟁점에 관한 포괄적인 검토로서는 W.M. Reisman, *Nullity and Revision*, New Haven, CT, 1971 참조.

59) *Arbitral Award Made by the King of Spain on December 23, 1906*, Judgment [1960] ICJ Rep. 192. 이 사건에 대한 평석과 분석에 대해서는 D.H.N. Johnson, Note (1961) 10 *ICLQ* 328 참조.

과 그 이전의 쟁점 모두에 대해서, ICJ는 니카라과가 스페인 국왕이 중재인으로 임명되는 것을 승인했고, 1911년까지 전혀 이의 제기를 하지 않았던 점을 지적하였다. 이러한 상황에서 ICJ는 이 조약의 효력과 상관없이 니카라과는 중재판정부 설치에 대해서 이의를 제기할 입장이 아니라고 판단하였다.

중재인 임명의 적법성이 문제되는 사건은 오히려 드물다. 중재인이 지시사항대로 하지 않아서, 자신의 권한 범위를 넘어섰는지 여부에 관한 쟁점이 더 흔하다. 중재인이 법 적용에 대한 당사자들의 지시사항을 따르지 못한 경우라면 명백한 관할권 유월에 해당한다. 이는 *OSPAR(제9조)* 사건의 판정부가 주의를 기울였던 이유이기도 하다. 마찬가지로, 중재인에게 두 가지 대안 중 하나를 선택하도록 요청했는데도 제3의 해결책을 마련한 경우, 판정에서 중재에 회부된 질문에 대해서 답하지 않은 경우, 또는 중재에 회부되지 않은 다른 질문을 다룬 경우에도 판정에 대해서 이의 제기를 할 수 있다. 기니비사우와 세네갈 간에 발생한 1991년 또 다른 *Arbitral Award* 사건[60]에서 기니비사우는 판정부가 특별협정의 두 가지 질문 중 두 번째 질문에 답하지 못했기에 세네갈과의 분쟁을 해결하지 못했다는 점을 근거로 ICJ에 대해서 1989년 *Maritime Delimitation* 사건의 판정이 무효라는 점을 확인해 달라고 요청하였다. 하지만, ICJ는 양국 간의 협정에서 첫 번째 질문에 대해서 부정적인 답변이 내려질 경우를 조건으로 해서 두 번째 질문에 답변하도록 했다고 판단하여, 그러한 주장을 배척했다. 따라서 판정부는 첫 번째 질문에 대해서 긍정적으로 답했기에 요청받았던 사항을 수행했다는 것이다.[61]

또한, 기니비사우는 2대 1로 결정된 판정이 진정한 의미의 다수결이 아니었다는 이유로 판정 무효를 주장하였다. 이렇게 주장한 이유는 의장 중재인이 결정에 찬성 투표했으나, 의장 선언에서 반대 견해를 제시한 중재인을 지지하는 인상을 보였기

---

60) *Arbitral Award of 31 July 1989*, Judgment [1991] ICJ Rep. 53. 이 사건의 분석에 대해서는 F. Beveridge, Note (1992) 41 *ICLQ* 891; C.A. Hartzenbusch, Note (1992) 86 *AJIL* 553 참조.

61) 이 사건의 판정부가 자신의 업무를 더 넓게 해석했다면, 의장 중재인이 제시했듯이 두 질문 모두에 대해서 답변할 수 있었다. 하지만, 논란의 여지가 있는 다른 대안이 활용 가능했던 점이 판정부 결정에 대한 상소와 관련되었겠지만, ICJ는 이 점은 무효 관련 쟁점과 아무런 관련성이 없다고 판시하였다. 따라서 이 사건은 상소절차와 무효절차의 차이로서, 특히 무효절차의 범위가 훨씬 더 제한적이라는 점을 분명히 보여 준다.

때문이었다. 하지만, ICJ는 이러한 주장도 배척하면서, 표결은 명확했고, 의장 선언은 반대 표시가 아니라 자신이 선호하는 바를 반영하였다고 판단하였다. 결론적으로 중재인 자신이 반대했던 결론에 너무 많은 열정을 드러내는 것은 현명하지 않은 처사이지만, 결정 그 자체가 명확하다면, 규율 없이 한 행동만으로는 판정을 무효로 만들 사유가 되지 않는다.[62)]

판정부가 사건을 다룰 때 사법절차의 기본규칙을 위반했다면 판정은 무효가 될 것이다. 그 누구도 자기 사건을 스스로 재판할 수 없다는 원칙에 따라, 중재판정부 구성원은 일방 당사자와 동질감을 갖거나, 그로부터 지시를 받을 수 없다. 흔히 '자국적' 중재인을 임명하는 실행은 이러한 원칙을 위반하지 않는다. 왜냐하면, 당사자들이 자국적 중재인을 지명한다고 해도 이들 국적의 중재인은 여전히 사법원칙 하에 행동해야 하기 때문이다. 그러나 *Buraimi* 중재[63)]에서와 같이 중재인이 증인과 증언할 사항을 사전에 준비했다고 믿을 만한 근거가 있다면, 해당 판정은 취소될 수 있다.

마찬가지로 양측이 모두 각자의 주장을 제시할 수 있도록 공정한 기회를 가져야 한다는 원칙은 기본적으로 중요한 사항이다. 물론, 출석을 거부하는 당사자가 자신의 주장에 대해서 심리하지 않았다는 이유를 들어 판정이 무효라고 주장할 수 없다. 하지만, 판정부가 당사자에게 한 번도 제시하지 않았던 고려사항을 근거로 결정하는 경우라면 사정은 달라질 수 있다. 이러한 이유로 *Eritrea/Yemen* 중재의 제2단계에서 판정부가 이슬람 법을 도입한 것은 위험한 시도였고, 이는 *BP* v. *Libya* 사건[64)]에서 신청인이 중재절차를 다시 개시하려고 했던 근거 중 하나였다. 이 사건에서 그러한 신청은 다른 근거로 각하되었지만, 원칙적으로 이러한 사법적 돌발 행위는 적절한 경우 판정을 취소하는 효과를 갖지 않을 이유가 없어 보인다.

결정의 이유를 제시하지 않는 것도 판정을 취소하는 또 다른 근거가 될 수 있다.

---

62) 추가적으로 S. Schwebel, "The majority vote of an international arbitral tribunal" in S. Schwebel, *Justice in International Law,* Cambridge, 1994, p.213 참조.

63) *Buraimi* 중재와 관련해서 유용한 자료집은 다음 문헌에서 찾을 수 있다. Wetter, *The International Arbitral Process* (n. 1) vol. III, pp.357-87.

64) *BP* v. *Libya: Competence to Re-open First Stage of Proceedings,* Award (1974) 53 ILR 375.

이미 언급했듯이, 이유가 기재되지 않은 판정은 특히나 군주가 중재인이었던 20세기 초반에는 흔했으나, 법적 해결수단과 정치적 해결수단 간 구분이 더 명확해지면서 이유가 기재된 판정으로 대체되었다. 하지만, 1899년까지도, *Venezuela-British Guiana Boundary* 사건의 판정부는 이유를 기재하지 않고서 결정을 내렸으며, 이러한 이유로 인해, 그리고 다른 근거로도 이 결정의 효력이 의문시될 것이 분명하다.[65] 이유가 기재된 판정이 중요한 이유는 당사자들이 결과에만 관심을 두지 않는 한, 판정부가 자신들의 주장에 어떻게 반응했는지를 알 권리를 갖기 때문이다. 그리고 더 근본적으로 판정에 이유를 기재하도록 하는 것은 판정부가 단순히 절반씩 절충해서 합의를 유도하려는 유혹을 이기고서, 사건의 본안에 근거하여 결정을 내리도록 하기 위한 최선의 방식이기 때문이다.

Abyei 중재[66]에서, 수단 정부와 수단인민해방운동단체(SPLM)가 설치한 판정부는 아비에이(Abyei) 지역의 경계를 정하는 임무를 부여받은 전문가위원회가 '위임 받은 권한을 유월했는지' 여부를 판단해 달라고 요청 받았다. 판정부는 전문가위원회의 결정에서 적절한 이유가 제시되지 못한 점을 근거로 어떤 면에서는 유월이 있었다고 결정했다. 이 사건에서 주요 논점은 결정에 대하여 이의 제기가 있었을 때 항소방식이 아니라 더 제한적인 근거로서 '권한유월'에 근거한 후속 재심의 범위였다. 그러므로 이 판정은 해당 사건의 위임권한과 사법심사의 일반원칙 양자의 미묘한 관계에 대한 논의를 포함하여, 다소 기술적인 쟁점에 관하여 자료가 풍부한데, 여기에서 판정부가 결정에 이유를 기재해야 할 의무를 다루고 있는 점은 특히나 흥미롭다.

판정 취소의 다른 근거는 사기로서 판정부에 대한 주장에 기망이 있는 경우, 또는 구성원의 부패, 그리고 '중대한 오류'로서, 이는 "작성자의 견해라고 하는 것들

---

65) *Venezuela-British Guiana Boundary Arbitration (Venezuela* v. *Great Britain)* (1899), *British and Foreign State Papers,* vol. 92, 1899-1900, p.160 참조. 또한 귀중한 보조문서로는 Wetter, *The International Arbitral Process* (n. 1) vol. III, p.81 참조. 이에 대한 추가적인 논의로는 A.O. Cukwurah, *The Settlement of Boundary Disputes in International Law,* Manchester, 1967, pp.161-2, 214-16 참조.

66) *Abyei Arbitration (Sudan/Sudan People's Liberation Movement)* (2009), <www.pca-cpa.org.>.

이 … 용어가 엄밀하지 못하고, 모호하며, 법적 정확성이 없는 경우"이다.[67] 그러나 이러한 사유들은 결정에 이의를 제기하는 근거로 종종 주장되었고, 때로는 필사적으로 주장되었다고 할 수 있다. 일부 사례는 이미 살펴 보았던 제목 중 하나로 더 명확히 분류할 수 있다. 다른 사례의 경우, 이러한 주장은 결정의 본안에 대해서 시험삼아 이의 제기하는 것으로서, 아마도 항소 근거에 불과할 것이다. 아르헨티나가 *Beagle Channel* 사건 판정에서 주장했던 '각 당사자가 주장하는 사실의 평가와 이들이 제출한 증거 사이의 부조화' 및 '해석상 흠결'[68]이 이러한 부류에 해당하는 것이 분명하다. *Arbitral Award* 사건에서 유사한 주장이 있었을 때, ICJ는 아래와 같이 간단히 언급했다.

> 니카라과가 이 재판소에 주목하도록 한 '중대한 오류'의 사례는 중재인에게 제출된 문서 및 그 밖의 증거에 대한 평가에 지나지 않는다. 문서와 증거의 증명력에 관한 평가는 중재인의 재량권에 속하며 이는 문제될 여지가 없다.[69]

따라서 분명한 것은 궤도에서 벗어난 것만으로는 충분하지 않다. 중대한 오류가 판정 취소의 근거가 되려면, 해당 결정이 핵심적이고 명백한 측면에서 잘못되어야 한다.

투자중재

이제까지는 주로 국가간 중재에 대해서 다루었다. 물론, 그러한 분쟁이 이 책의 주된 관심사항이다. 하지만, 일부 경우, 개인 혹은 기업이 국가와 소송을 벌일 수 있다. 이러한 상황이 국제투자중재로서, 투자자의 본국과 투자유치국이 분쟁해결조항을 담은 투자조약의 당사국인 경우이다. 이러한 조약의 예는 양자투자조약(BIT) 혹

---

67) K.S. Carlston, *The Process of International Arbitration,* New York, 1946, pp.191-2.

68) 아르헨티나 정부의 판정무효선언문은 (1978) 17 ILM 738 참조. 조약문은 Wetter, *The International Arbitral Process* (n. 1) vol. I, p.380에도 있음.

69) [1960] ICJ Rep. 215-16.

은 북미자유무역협정(NAFTA)과 같은 다자간투자조약(MIT)이며 어느 경우이든 개인 투자자가 투자자 본국의 개입 없이 중재를 활용할 수 있다. 이는 국가간 소송이 아닌 것이 명백하기에 투자중재라는 복잡한 주제를 여기에서 자세히 다루는 것은 적절하지 않을지도 모른다. 하지만, 이렇게 중재를 활용하는 경우가 현재 점차 중시되고 있기에 그 주요 특징을 개괄하고자 한다.

대부분 투자분쟁은 BIT 혹은 MIT와 결부된다. 하지만, 다른 가능성도 있다. 예컨대, 투자자와 투자유치국 사이의 계약에 중재조항이 포함된 경우이다. 투자중재는 1965년 ICSID 협약에 의하여 투자중재를 위하여 설립된 국제투자분쟁해결센터(ICSID)를 통해서 자주 관리된다. 투자조약에서 보통 투자자가 ICSID 혹은 임의적 판정부를 통한 중재를 선택하도록 하고 있기 때문이다. 투자중재의 중요성은 현재 150개 이상의 국가가 ICSID 당사국이고, 3,000건 이상의 BIT가 발효한 상태라는 점에서 확인할 수 있다. 비록 최초의 BIT는 1959년에야 체결되었고, BIT에 기반한 첫 번째 판정은 1990년에야 비로소 내려졌지만, 아래의 사례들이 제시하듯이 투자중재는 현재 널리 활용되고 있다.

투자조약 하에서 분쟁이 발생하는 경우, 첫 번째 질문은 관련 판정부가 관할권을 갖는지 여부이다. 이 점에서 몇 가지 쟁점이 제기된다. 분쟁은 투자조약 그리고 ICSID 협약이 적용된다면 이 협약 의미 내의 '투자'에 관한 것이어야 한다. 이 점이 *Philip Morris* v. *Uruguay* 사건[70]의 쟁점 중 하나였다. 이 사건에서 스위스 담배제조회사는 흡연 관련 질병과 사망을 예방하려는 목적에서 취한 우루과이의 조치에 대해서 이의를 제기했다. 우루과이의 주장에 따르면, 신청인의 활동은 ICSID 협약 제25조 의미 내의 '투자'에 해당하지 않았다. 하지만, 판정부는 이러한 해석을 배척했고, 피신청국이 제기한 다수의 관할권 항변도 배척하였다. *Italy* v. *Cuba* 사건[71]에서도 이와 유사한 질문이 제기되었다. 이 사건은 이례적으로 국가간 BIT 분쟁 사례인데, 이탈리아가 쿠바에 귀속되는 행위로 인해 여러 회사가 손실을 입었다고 주

70) *Philip Marris Brands Sàrl* v. *Oriental Republic of Uruguay*, ICSID No. ARB/10/7, Decision on Jurisdiction (2013); B. Sabahi and K. Duggal, Note (2014) 108 *AJIL* 67 참조.

71) *Republic of Italy* v. *Republic of Cuba*, Interim Award, (2005); M. Potesta, Note (2012) 106 *AJIL* 341 참조.

장하자 '투자'에 관한 문제가 제기되었다. 판정부는 중간 판정에서, 자신이 '투자'로 간주하는 것이 무엇인지를 정의했고, 이탈리아에 후속 단계의 절차에서 이러한 사안에 한정하도록 요청했다.

관할권이 존재하기 위한 또 다른 요건은 투자조약에서 규율하는 투자자 혹은 국민이 투자를 했어야 한다는 것이다. 이러한 조건은 *Ioan Micula* v. *Romania* 사건[72]에서 제시되었다. 이 사건은 출생지 루마니아에서 스웨덴으로 이주한 두 사람과 이들이 지배했던 3개 회사와 관련되었다. 피신청국은 신청인이 루마니아와 실효적으로 연결된다고 주장하여, 이들의 스웨덴 국적 획득에 대해서 이의를 제기하였다. 비록 루마니아는 실효적 국적에 관한 규칙이 ICSID 협약과 스웨덴-루마니아 BIT 양자에 적용되어야 한다고 주장했지만, 판정부는 그러한 주장을 배척했고, 신청인이 처한 상황을 면밀히 검토한 후에, 이들이 양 협약의 요건을 충족했다고 결론내렸다. 세 번째 요건은 조약에서 정한 시한 내에 사건이 회부되어야 한다는 것이다. 이는 *Philip Morris* 사건의 또 다른 쟁점이었다. 여기에서, 우루과이는 신청인이 1988년 스위스-우루과이 BIT에서 정한 18개월 시한을 준수하지 못했다고 주장하였다. 하지만, 이러한 항변은 '투자'의 의미에 관한 것과 마찬가지로 배척되었다.

Abaciat v. *Argentina* 사건[73]에서는 이례적으로 관할권과 수리적격성 문제를 동시에 제기하는 상황이 발생하였다. 2001년 지독한 경제위기 이후, 아르헨티나는 미납한 채무의 조정을 시도하였다. 하지만, 많은 채권자들이 새로운 내용을 수락하지 않았고, 이탈리아의 8대 은행 연합체가 1990년 이탈리아-아르헨티나 BIT에 따른 중재에서 아르헨티나 부실채권에 대한 이탈리아 채권자를 대리하겠다고 제안했다. 아르헨티나 측에서 개선된 채무지급안을 제시하자 다수의 신청인이 중재신청을 철회했지만, 거의 6만여 명의 채권자들은 철회하지 않아서, ICSID 판정부가 청구를 심리할 권한이 있는지 여부의 질문이 제기되었다. 아르헨티나는 여러 가지 근거에서 판정

72) *Ioan Micula, Viorel Micula, S.C. European Food S.A., S.C. Starmill S.R.L. and S.C. Multipack S.R.L.* v. *Romania*, ICSID Case No. ARB/O5/20, Decision on Jurisdiction and Admissibility(2008), (2009) 48 ILM 51; C. Knahr, Note (2010) 104 *AJIL* 81 참조.

73) *Abaciat and others* v. *Argentine Republic*, ICSID Case No. ARB/07/05, Decision on Jurisdiction and Admissibility (2011); K.H. Cross, Note (2011) 15 *ASIL Insights*, Issue 30 참조.

부에 권한이 없다고 주장하였다. 특히 아르헨티나의 중재 동의는 국가 채무 조정과 관련해서 전례 없는 집단소송을 허용하는 것으로 해석될 수 없다고 주장하였다. 아르헨티나에 따르면, 이러한 소송에서 내려진 결정은 ICSID 절차의 성격을 근본적으로 변경시킬 뿐만 아니라, 채권자들이 수정된 지급안을 거부하도록 북돋움으로써, 결과적으로 채무조정절차 전체를 복잡하게 만든다는 것이다. 이러한 강력한 주장에 대해서 3인의 중재인 중 1인이 수긍했지만, 다수는 이를 배척했고, 결과적으로 아르헨티나는 본안에서 자신의 주장을 방어할 수밖에 없었다.

관할권과 수리적격성 요건이 충족되면, 다음 질문은 해당 청구가 본안 단계에 타당한지 여부이다. 이것 역시 다수의 상이한 쟁점을 야기할 수 있다. 많은 사례에서 질문되는 사항은 투자자가 투자조약에서 일반적으로 보장하는 '공정하고 공평한' 대우를 받았는지 여부이다. 따라서 *Vannessa Ventures* v. *Venezuela* 사건[74)]에서 캐나다 채굴회사는 피신청국 국내 법원의 소송절차 지연으로 인하여 피신청국이 관련 BIT에 따른 의무를 위반하였다고 주장하였다. 적법절차 여부는 공정하고 공평한 대우의 한 요소인 것이 분명하다. 그러나 판정부는 이 사건에서 의무 위반이 없었다고 결론내렸다. 판정부는 추가적으로 주장된 국내 법원의 독립성과 공평성 흠결에 대해서도 같은 결론을 내렸다. 첫 번째 주장과 마찬가지로, 판정부는 그러한 잘못이 있었다면, 원칙상 의무 위반에 해당될 수 있다는 점을 인정했지만, 사실관계 면에서 그러한 주장을 배척하였다.

NAFTA의 해석 및 적용과 관련된 *Glamis Gold* v. *United States* 사건[75)]에서도 판정부는 유사한 결론에 도달했다. 신청인인 캐나다 채굴회사는 입법조치와 그 밖의 조치를 통하여 피신청국이 캘리포니아에 있는 노천금광사업 승인을 부당하게 지연시켜 손실을 야기했다고 주장하였다. 이 사건의 특이점은 판정부가 독자적인 조약 기준으로서 공정하고 공평한 대우를 참고하지 않고 적법절차에 관한 관습국제법의 최소대우 기준을 참고해서 결정했다는 점이다. 따라서 이 사건에서는 관습법상 요

---

74) *Vannessa Ventures Ltd.* v. *Bolivarian Republic of Venezuela*, ICSID Case No. ARB(AF)/04/6, Award (2013); A. Reinisch, Note (2014) *Global Community YBILJ* 837 at 851-2 참조.

75) *Glamis Gold Ltd.* v. *United States*, Award (2009); S.W. Schill, Note (2010) 104 *AJIL* 253 참조.

건에 관한 쟁점이 다투어졌고, 판정부는 이 사항에 대해서 피신청국의 입장을 들어주었다.

투자조약에 흔히 포함되는 또 다른 보장은 수용시 보상을 약속하는 것이다. 이로 인해 제기된 문제는 여러 사건에서 쟁점이 되었다. 즉, 무엇이 수용인지에 관한 것이다. 이는 *Vannessa Ventures* 사건의 또 다른 쟁점이기도 하였다. 이 사건의 판정부는 한 회사가 자신의 권리를 다른 회사에 양도하는 것은 계약 위반에 이르는 사안으로 피신청국은 이에 따라 해당 계약을 종료할 권리를 갖기 때문에 수용이 없었다고 결정하였다. 이와 유사하게, *Glamis Gold* 사건에서 판정부는 피신청국이 규제방식으로써 여러 가지 조치를 취했지만, 채굴이 여전히 가능했기에, 그 결과 수용이 없었다고 판시하였다. 수용은 항상 직접적일 필요는 없고, 피신청국의 조치로 인하여 투자가치가 사라지게 되는 효과를 갖는다면 때로는 간접적일 수 있다. 이러한 상황이 *Tza Yap Shum* v. *Peru* 사건[76)]인데, 여기에서 판정부는 피신청국이 자의적으로 과세권을 행사하는 것은 간접수용에 해당할 수 있고, 이로써 1994년 페루-중국 BIT를 위반하였다고 결정하였다.

그 밖의 투자조약 의무로는 완전한 보호와 안전 보장 및 비차별에 관한 규정이 있다. 투자조약 위반이 파악되면, 통상적인 구제는 발생한 손실에 대한 금전배상이다. 이러한 손실을 증명해야 하는지 여부에 관한 문제 이외에도, 때때로 이와 관련해서 발생하는 법적 쟁점은 무엇이 배상 대상이 되는 손실인지 여부이다. 예컨대, *Rompetrol* v. *Romania* 사건[77)]에서 ICSID 판정부는 평판 손실의 형태로서 '정신적 손해'의 배상 여부를 고려했다. 중재인들은 이러한 쟁점에 대해서 이전 판정부가 다양한 견해를 피력했다고 설명하였다. 이 사건에서, 판정부는 중간적인 견해를 취했다. 판정부는 원칙상 정신적 손해를 배척하지 않지만, 이러한 유형의 손실이 갖는 개념적 그리고 재량적 성격으로 인해서 신중한 접근이 필요하다고 판시하였다. 판정부는 투자자의 요구사항은 정신적 손해의 수준에 해당하지 않고, 오히려 실제적

---

76) *Tza Yap Shum* v. *Republic of Peru*, ICSID Case No. ARB/07/6, Award (2011); Shen Wei, Note (2014) 108 *AJIL* 315 참조.

77) *Rompetrol Group N. V.* v. *Romania*, ICSID Case No. ARB/06/3, Award (2013); A. Reinisch, Note (2014) *Global Community YBILJ* 837 at 861-2 참조.

인 경제적 손실 혹은 손해의 일부로서, 일반적인 방식의 배상을 받을 수 있다고 판시하였다.

ICSID 협약에 따르면, 유효한 중재판정은 승인되어야 하고, 어떠한 당사국 법원을 통해서도 집행될 수 있다. 이 점은 1958년 외국 중재판정의 승인과 집행에 관한 뉴욕 협약의 대상이 되는 임의중재의 경우와 같다. 투자중재의 등장은 분쟁 해결 분야에서 공급이 수요에 맞추어 변경될 수 있는 방법을 부각시켰다. 투자중재가 등장하기 이전에는 외국인 투자자와 투자유치국 사이에 발생한 분쟁은 외교적 보호의 사례로 다루어져서 투자유치국과 투자자의 국적국간 분쟁으로 비화되었을 것이다. 오늘날에는 더 이상 그렇지 않다. 비록 외교적 보호가 여전히 가능하고, 때때로 활용된다고 해도, 투자중재의 발전은 투자자와 국가 모두에게 대안적인 절차를 제공했고, 더 나아가 국내 법원을 활용하여 판정의 효율적인 집행을 촉진할 수 있게 되었다.

마지막으로, 현재 고려 대상인 유형의 중재에서, 일방 당사자가 판정에 대해서 이의를 제기하고 싶은 경우 관련 법은 무엇인가? 투자중재판정부의 결정은 일반적으로 상소 대상이 되지 않는다. 그러나 상황에 따라서 판정을 재심할 수 있다. 신청인이 임의중재 방식을 선택한 경우, 뉴욕 협약에서 집행과 이의 제기에 관한 규칙을 정하고 있다. 이 협약 제5조에서는 원용할 수 있는 여러 가지 근거를 나열하고 있다. 이들 근거는 판정부가 자리잡았던 국가의 법원 혹은 판정의 집행이 시도되는 국가의 법원을 통해서 원용될 것이다. 예컨대, *BG Group* v. *Argentina* 사건[78]에서 미국 연방대법원은 중재판정부가 권한을 유월했다는 주장이 있는 경우 미국 법원이 적용할 수 있는 재심 기준을 판단하였다. 이 사건은 영국인 투자자가 아르헨티나의 가스산업에 투자한 경우로서, 피신청국이 중재인의 판정에 대해서 이의를 제기한 사건이었다. 하지만, 법원은 원래의 결정을 존중하는 입장을 취했고 소를 기각하였다.

ICSID를 통하여 중재를 수행하는 경우, 국내 법원의 역할은 집행에 한정되고 판정의 유효 여부에 관한 분쟁을 다룰 수 없다. 대신, 이러한 분쟁은 ICSID의 취소위원회가 다루며, ICSID 협약 제52조 제1항(부록의 문서 K 참조)에서 규정하는 5가지 기

78) *BG Group PLC* v. *Republic of Argentina*, 134 S. Ct. 1198 (2014); A. Roberts and C. Trahanas, Note (2014) 108 *AJIL* 750 참조.

준을 적용하여 처리한다. 따라서 *Compania de Aguas* v. *Argentina* 사건[79]의 ICSID 취소위원회는 원래의 중재인 중 1인이 중재 신청인 중 한 회사의 지분을 갖고 있었던 스위스 은행에서 직책을 보유했기 때문에 판정이 취소되는지를 결정해야만 하였다. 아르헨티나에 따르면, 이는 중재판정부가 제대로 구성되지 않았다는 점을 의미하였고, 또한 공정성과 적법절차 원칙이 침해되었다는 점도 의미하였다. 비록 ICSID 협약에서는 적절한 경우 이를 취소할 수 있는 근거로서 인정하고 있지만, 취소위원회는 협의 과정 중 논란이 있었지만, 협약의 요건에 위반되지 않았다고 결정하였다. 그 결과, 판정의 효력은 유지되었다.

Sempra Energy International v. *Argentina* 사건[80]의 취소위원회는 이와 다른 사항을 다루었다. 이 사건은 심각한 경제 및 재정위기에 대응하기 위한 아르헨티나의 조치와 관련된 사건 중 하나로서, 피신청국은 1991년 미국-아르헨티나 BIT에 따른 의무를 위반하였다고 주장될 수 있는 여러 가지 조치를 취하였다. 신청인의 청구에 대해서, 아르헨티나는 필요성을 원용하여 항변하였다. 그러나 중재판정부는 관습국제법을 근거로 이를 배척하였다. 아르헨티나는 후속 취소절차에서, 무엇보다도 판정부의 접근방식이 잘못되었고, BIT 규정이 갖는 더 넓은 의미를 그다지 비중 있게 취급하지 않은 결과 명백한 법 적용의 오류를 범했다고 주장하였다. 취소위원회는 이에 동의하여 BIT를 우선적으로 적용하지 않음으로써, 원 중재판정부의 중재인들이 권한범위를 유월했다고 판시하고, 해당 판정을 취소하였다. 이처럼 판정이 무효로 처리되면, 이 사건의 청구는 새로운 판정부의 심리에 회부될 수 있다.

Sempra Energy International 사건은 투자중재에서 필요성 항변의 범위에 대한 판례법을 형성하는 데 기여했을 뿐만 아니라, 보다 일반적으로, 외국인 투자와 결부된 분쟁에서 투자자의 이해관계국뿐만 아니라 국가의 이해관계를 상기시켜 준다. 물론, 투자중재의 한 가지 기능은 투자유치국이 자의적이고 부당하게 투자에 개입하

---

79) *Compania de Aguas* v. *Argentina*, ICSID Case No. ARB/02/16, Annulment Decision (2010); S.L. Karamanian, Note (2011) 105 *AJIL* 553 참조.

80) *Sempra Energy International* v. *Argentine Republic*, ICSID Case No. ARB/02/16, Annulment Decision (2010), (2010) 49 ILM 1445; B.M.J. Szewczyk, Note (2011) 105 *AJIL* 547; A.O. Sykes, "Economic 'necessity' in international law"(2015), 109 *AJIL* 296; A. Roberts, "Clash of paradigms: actors and analogies shaping the investment treaty system"(2013), 107 *AJIL* 45 참조.

지 못하도록 하고, 위법행위시 투자자에게 신뢰할 만한 구제를 부여하는 안정적 환경을 조성하는 것이다. 하지만, 잊지 말아야 할 것은 외국인 투자를 존중하는 것은 국가의 책임의 한 요소에 불과할 뿐이고, 항상 최우선 순위는 아닐 수 있다는 점이다. 투자조약에서는 이 점을 인식해서, 투자유치국의 의무를 정의하는 것과 동시에 예외적인 상황을 위한 필요성과 같은 항변사유를 규정하고 있다. 그러므로 중재인의 임무는 투자조약을 해석하고 적용할 때 이 양자 간에 적절히 균형을 잡아서, 양측의 이해관계가 합리적으로 적절히 고려될 수 있도록 하는 것이다.

중재의 활용성

중재는 지난 200년에 걸쳐 발전해 오면서 분쟁 당사자들이 스스로 선택한 재판관(들)으로부터 결정을 구할 기회를 제공하였다. 이 점이 중요한 이유는, 만약 정부를 설득해서 제3자에게 분쟁을 회부하도록 하려면, 이들이 결정을 내릴 제3자를 신뢰해야 하기 때문이다. 앞서 살펴 보았듯이, 중재판정부는 당사자들이 정한 분쟁의 대상 그리고 결정 기준을 갖는다. 따라서 중재가 갖는 또 다른 이점은 선별된 문제에 대해서 합의된 기준으로 해결책을 도출하는 데 활용될 수 있다는 점이다. 마지막으로 중재는 사실심사나 조정과 달리 구속력이 있는 결정을 내리게 된다. 결론적으로 해석, 무효 등의 문제가 발생하지 않으면 중재판정으로써 분쟁을 처리하게 된다.

이러한 장점을 고려해 보면, 1945년 이래 국가들이 중재를 특정 유형의 분쟁을 다루는 적합한 방식으로 계속 간주해 온 점은 당연하다. 임의 중재판정부에 회부된 여러 사안 중[81] 대다수는 영토분쟁 또는 그에 준하는 분쟁이었다. 이들 분쟁에서 쟁점은 주로 법적 성격을 띠었고, 결과는 부차적으로 중요하였다. *Palena* 사건, *Lake Lanoux* 사건, *Rann of Kutch* 사건, *Channel* 중재, *St. Pierre and Miquelon* 사건, *Taba* 분쟁 그리고 *Eritrea/Yemen* 사건 모두 이 부류에 속한다. *Brcko* 사건 중재에서

81) 이 점에 대한 요약으로서 유용한 자료로는 Gray and Kingsbury, “Developments in dispute settlement” (n. 1) pp.99-109 참조. 그리고 이전의 조사·연구로는 D.H.N. Johnson, “International arbitration back in favour?”(1980), 34 *Yearbook of WA* 305 참조.

보스니아와 헤르체코비나 내의 보스니아/크로아티아계 공동체와 세르비아계 공동체 간 영토분쟁을 처리하는 데에도 이와 유사한 방식이 활용되었다. 물론 중재는 일련의 분쟁 전체를 처리하는 데 활용될 수도 있다. 예컨대 2000년대에, 에리트레아와 에티오피아는 청구권위원회[82]를 설치해서 당시 발생했던 전쟁으로부터 야기된 여러 가지 분쟁을 처리했다. 그 결정은 단일 사건에서와 마찬가지로, 우호관계에 대한 장애물을 제거하는 수단으로서 중재의 가치를 보여 주었다.

중재는 국제조약 체결 실행에서 중요한 위치를 차지한다. 때때로 조정과 함께 다양한 주제에 관한 다자 및 양자조약의 분쟁 해결 조항에서 찾을 수 있다. 예컨대, 1960년 인더스 수역(Indus Waters) 조약에서는 인더스 수역의 활용과 관련한 인도와 파키스탄 간 분쟁을 중재에 회부하도록 하는 규정을 담고 있다. 2010년, 파키스탄은 해당 지역에서 당시 인도가 건설 중이던 수력발전사업의 허용 여부 관련 분쟁에서 인도를 상대로 절차를 개시하였다. 2013년 일부 판정에서,[83] 판정부는 하류로 흐르는 강물의 최소량 확보 방안을 나중에 결정한다는 조건 하에 인도가 사업을 계속 수행할 수 있다고 판시하였다. 인도는 조약 위반으로 밝혀진 일부 하천 퇴적물 관리방법을 사용하는 것이 금지되었다. 2013년 말 경, 판정부는 확정판정을 통해, 해결되지 않은 채 남아 있던 쟁점을 해결하였다. PCA가 관리하였던 이 사건은 팽팽하고 복잡한 분쟁을 평화적으로 해결할 수 있게 하는 중재의 가치뿐만 아니라 중재조항이 어떻게 조약의 실효성을 제고할 수 있는지도 잘 보여 준다.

그 밖의 예로는 1999년 테러자금 조달 억제를 위한 국제협약[84]에서 이 협약 관련 분쟁을 중재에 회부하도록 규정한 사례, 그리고 독일과 잠정적 전후 처리에 관한 조약에서 일련의 판정부가 각자 나름대로 관할권을 갖고서 중재를 할 수 있도록 규정한 사례가 있다. 따라서 독일의 대외부채협약 중재판정부는 이 협약의 해석에

82) 위원회의 작업에 관한 설명으로는 J.R. Weeramantry, Notes (2005) 99 *AJIL* 465; (2006) 100 *AJIL* 201; (2007) 101 *AJIL* 616 참조.

83) *In re Indus Waters Kishenganga Arbitration, Pakistan* v. *India*, Partial Award (2013); J.R. Crook, Note (2014) 108 *AJIL* 308 참조.

84) 조약문은 (2000) 39 ILM 270 참조. 하지만, 제24조 제1항에서는 강제중재를 규정하면서도, 제24조 제2항에서는 이 규정에 대해서 유보할 수 있도록 하였다.

관한 정부간 분쟁에 대해서 수차례 중재판정을 내렸다.[85] 그리고 독일 내 재산권 및 이익에 관한 중재위원회는 국가와 개인 모두의 재산 및 재산 관련 청구권을 처리했다. *OSPAR(제9조)* 사건은 앞서 살펴 보았듯이, 1992년 OSPAR 협약 제32조에 근거한 중재에 회부되었고, *Rhine Chlorides* 사건[86]은 1976년 염소로 인한 오염으로부터 라인강을 보호하기 위한 협약의 1993년 의정서에 따라서 중재에 회부되었으며, 이전의 *Heathrow Airport* 사건은 양자간 국제항공서비스협약에서 발생한 중재에 미국이 관련된 일련의 사건 중 하나였다.[87] 더 최근에는, 나중에 제8장에서 보겠지만, 1982년 해양법협약의 분쟁 해결 규정에 따라서 수건의 중재가 있었다.

국제중재는 국가만 배타적으로 갖는 특권이 아니라는 점도 지적할 만하다. 국가와 개인이 결부된 투자중재는 이미 설명한 바 있고, 이러한 '혼합'중재는 다른 맥락에서도 가능하다. 예컨대, *Bank for International Settlements* 사건[88]에서 판정부는 국제결제은행(BIS)의 개인 주주 퇴출이 합법이었고, 보상 수준도 적절했다고 결정했다. 반대로, *Eurotunnel* 사례[89]에서는 영국 정부와 프랑스 정부가 피신청인이었고, 이들에 대해서 2개 회사가 양허계약 위반을 주장하면서 소를 제기했다. 양허계약에 따라, 두 회사는 영불해협 터널을 건설하여 운영하고 있었다. 이 사건은 사실 및 법적 쟁점이 복잡한 사건이었으며, 국제화된 계약을 대형 사업에 활용한 사례이면서, 그러한 계약의 의미에 관한 분쟁이 해결되도록 했다는 점에서 중재의 가치를 보여주었다.

따라서 중재는 국제분쟁을 다루는 중요한 수단이다. 하지만, 중재의 중요한 한계

85) 예컨대, *Young Loan Arbitration* (1980) 59 ILR 494 참조.

86) *Rhine Chlorides Case (Netherlands/France)* (2004), <www.pca-cpa.org.>.

87) *Air Transport Services Agreement Arbitration (United States* v. *France)* (1963) 38 ILR 182; *Italy-United States Air Transport Arbitration* (1965) 45 ILR 393; *Case Concerning the Air Services Agreement of 27 March 1946* (1978) 54 ILR 304 참조. 마지막 사례에 관한 논의로는 L.F. Damrosch, "Retaliation or arbitration-or both? The 1978 United States-France aviation dispute"(1980), 74 *AJIL* 785 참조.

88) *Bank for International Settlements Arbitration* (2002/3); D.J. Bederman, "The unique legal status of the Bank for International Settlements comes into focus"(2003), 16 *Leiden JIL* 78 참조.

89) *Eurotunnel Arbitration (The Channel Tunnel Group Ltd. and France-Manche SA* v. *United Kingdom and France)* (2007); M. Audit, Note (2008) 57 *ICLQ* 724 참조.

를 인식해야 한다. 다음 장에서 살펴 보겠지만, 국가들은 사법적 분쟁 해결에 대하여 일반적인 약속을 하는 데 소극적이고 이와 마찬가지로 중재라는 개념에도 회의적이다. 한편 개별 분쟁에서는 교섭이나 다른 외교적 수단이 선호될 수 있다. 그 결과, 나중에 보겠지만, 1982년 해양법협약은 중재에 관하여 폭넓은 조항을 담고 있으면서도, 조정과 그 밖의 다양한 평화적 분쟁 해결 방식도 활용하고 있다.

분쟁 처리에 다른 수단을 활용할 수 있다는 점 그리고 국가들이 유연성 유지에 높은 가치를 부여한다는 점은 중재가 조약 규정에서 명시된 경우라도, 중재가 실제로 이용되기 위해서는 중재인들이 중재와 그 밖의 다른 해결수단의 관계를 검토해야 한다는 것이다. 예컨대, 제8장에서 보겠지만 *Southern Bluefin Tuna* 사건[90]에서 호주와 뉴질랜드는 일본과의 분쟁을 해양법협약 제7부속서에 따른 중재에서 다루려고 시도했지만, 판정부가 제281조에 의하여 관할권 행사를 할 수 없다고 판시하여 실패했다. 한편 2003년에 *MOX Plant* 사건[91]의 또 다른 제7부속서 판정부는 사법적 예양을 고려할 때, 이 사건을 처리할 수 있는 유럽공동체사법재판소(ECJ)의 입장이 명확해질 때까지 절차를 중단해야 한다고 결정하였다.[92] 이처럼 관할권이 제한되는 것은 단순히 중재에만 특정된 문제가 아니며, 사법체계가 복잡해짐에 따라 모든 재판소와 판정부가 고려해야 할 사안이다. 하지만, 위 사례에서 강조되는 사항은 비록 중재가 유용하다고 해도, 그 밖의 방식 및 절차의 활용 여부도 함께 파악해야 한다는 점이다.

또 다른 한계는 집행에 관한 것이다. 비록 중재판정에서 구속력 있는 결정이 내려지지만, 일반적으로 중재에서 패소한 당사자가 판정을 승인할 의무를 이행하도록 보장할 방법이 없다. 이렇다고 중재 결정이 무시되는 경우가 흔하다는 것은 아니다. 반대로 국가들은 대개 결정을 수락하지 않아서 야기되는 정치적 비용을 감당하기보다 분쟁의 종결을 더 선호하기 때문에, 보통 중재판정을 이행한다. 이것도 중재가

---

90) *Southern Bluefin Tuna Case (Australia and New Zealand* v. *Japan)*, Award on Jurisdiction and Admissibility (2000), 판정문은 (2000) 39 ILM 1359 참조.

91) *MOX Plant Case (Ireland* v. *United Kingdom)*, Order No. 3, text in (2003) 42 ILM 1187.

92) R.R. Churchill and J. Scott, "The MOX Plant litigation: the first half-life"(2004), 53 *ICLQ* 643 at 652. 제8장에서 언급되듯이, ECJ 결정 이후 이 절차는 취하되었다.

사법적 해결과 유사한 점이다. ICJ에서 큰 어려움은 보통 관련 국가로 하여금 ICJ의 관할권을 수락하도록 설득하는 것이다. 이러한 어려움이 극복되면, 집행 문제는 일반적으로 발생하지 않는다. 그러나 불리한 결정을 이행할 실질적인 이유가 있다고 해도, 일부 상황에서 이행을 막는 요소가 우세할 수 있으며, 이 경우 집행절차가 없는 점은 분명 눈에 띄는 한계이다.

여러 가지 방법으로, 중재판정을 집행하는 문제를 극복할 수 있다. 가장 좋지만, 또한 가장 드문 방법은 중재에서 패소한 당사자가 자신의 의무를 다시 불이행하지 못하도록 절차를 마련하는 것이다. 예컨대, 이란-미국 청구권재판소의 판정금이 지급되는 기금은 원래의 협정으로 조성되었고, 기금액이 미화 5억 달러 이하가 되면 이란이 보충하도록 하였다. 물론 이러한 방식조차도 종국적으로는 근간이 되는 의무의 이행에 좌우된다. 1992년 이란의 약속 범위 자체가 분쟁사항이 되었을 때 이 쟁점이 재판소에 회부되어 판단받았다.[93] 따라서 위의 방식도 위험이 전혀 없는 것은 아니라는 점은 분명하다. 그러나 기금 조성 방식의 결과로써 재판소로부터 유리한 결정을 얻어 낸 미국 국적의 신청인은 다른 유사한 상태의 운이 없는 신청인에 비해서 훨씬 더 안정을 누렸다.[94]

또 다른 접근방식은 판정부가 결정할 때 양 당사자가 모두 수락할 수 있는 결정을 내림으로써 이들이 결정을 거부할 수 없도록 하는 것이다. 이러한 방식은 중재와 사법적 해결을 구별하는 특징 중 하나로 여겨졌으며, *Rainbow Warrior* 사건에서 유엔 사무총장이 자신의 업무를 상당 부분 이러한 정신에서 접근했던 점은 앞에서 살펴본 바 있다. 하지만, 판정부가 자신이 갖는 관할권의 범위를 지키면서, 이러한 방향으로 가기 위해서는 한계가 있는 것이 명백하다. 예컨대, 국제법을 기준으로 한 결정을 요청하면서 이러한 조건을 주장하는 국가들은, 당사국의 법적 권리보다 중재인이 선호하는 타협안에 더 가까운, 조정안에 불과한 결정에 만족할 가능성이 별

93) *United States* v. *Iran*, Decision No. 130-A28 FT, 19 December 2000, 이에 대한 사례 평석으로는 (2001) 95 *AJIL* 414 참조.

94) 중재에서 승소한 이란인 신청인은 다른 지위에 있다는 점을 주목해야 한다. M. Aghahosseini, "The enforcement mechanism provided for the awards of the Iran-United States Claims Tribunal"(2003), 3 *Global Community YBILJ* 3 참조.

로 없다. 따라서 *Rainbow Warrior* 사건의 접근방식은 그 사건의 이례적인 상황에서 적절했다고 해도 그 적용범위는 제한적이다.

중재판정 이행을 개선하고 전반적으로 중재에 대한 관심을 증진하는 것이 실질적인 가치를 갖는 마지막 방안은 무효 주장 처리 방식의 개선이 될 것이다. 앞서 지적했듯이, 현재 국제중재판정의 유효 여부에 관한 분쟁이 사법적인 수단으로 해결되는 것이 거의 불가능한 것은 유감이지만 사실이다. 그 전형적인 예가 1899년에 내려진 *Venezuela-British Guiana Boundary* 사건인데, 그 결정의 유효성에 의문이 제기되었으나 아직까지 권위 있는 검토의 대상이 된 적이 없다. 반면, 1960년 *Arbitral Award* 사건에서 무효 여부에 관한 쟁점은 당사자들이 이 사항을 ICJ로 회부해서 해결했는데, 이는 예외적이다. 이러한 상황을 국제법위원회(ILC)는 '무법상태'라고 정확히 묘사했는데, 이 의미는 무효 주장이 외교적으로 다루어진다는 것이다. 이는 국가간 중재 실행의 심각한 약점이다. 한편으로, 국가가 의심스럽거나 만족스럽지 않은 판정에 대해서 이의를 제기할 수 없다면, 분쟁을 중재에 회부하는 것은 예상보다 더 위험하고, 장점은 더 줄어들 것이다. 반대로, 국가가 법적 의미가 없는데도 검증할 수 없는 근거로 판정의 유효 여부에 대해서 이의 제기할 수 있다면, 중재판정이 갖는 '구속적' 효과는 대부분 무의미해진다.

위에서 살펴 보았듯이 투자 사건에서 내려진 중재판정의 집행 그리고 유효 여부를 다루기 위하여 국내법상의 제도와 절차를 활용하는 장점으로 인하여 이러한 유형의 분쟁을 위하여 새로운 형태의 중재가 발달하는 계기가 되었다. 독특한 특징을 많이 갖춘 이란-미국 청구권재판소의 창설로 예시되었듯이, 이러한 경향이 계속될 가능성이 있다는 것은 의문의 여지가 없다. 중재판정 재심에 관한 한, 전통적 중재 방식의 흠결을 인지하고서, 혹자는 무효 여부에 관한 쟁점을 강제적 사법재판의 대상이 되도록 하는 것이 답이라고 하였다. 강제적 사법재판으로써 많은 문제를 회피할 수 있는 점은 의문의 여지가 없다. 하지만, 당장은 이러한 방식이 채택될 가능성은 거의 없어 보인다. 물론 진정으로 분쟁 해결을 갈망하는 국가는 하찮은 구실로 중재판정을 거부하지 않지만, 그러한 행동을 취할 준비가 된 국가들은 이후의 소송에서 자신들의 냉소적인 태도가 드러나더라도 중재판정을 거부하는 태도를 굽히지 않을 것이다. 그러므로 무효라는 구체적인 쟁점 그리고 더 일반적인 쟁점으로서 준수 여부와 관련해서, 실질적인 해답은 당사자들에게 있다. 주권국가들의 세계에서 다른 분쟁 해결수단과 같이, 중재의 유효성은 관련 정부의 책임 있는 행동에 좌우될 것이다.

제6장

국제사법재판소 I: 조직과 절차

The International Court I: Organisation and Procedure

06

국제사법재판소 I: 조직과 절차

The International Court I: Organisation and Procedure

사법적 해결은 법적 구속력이 있는 결정을 얻기 위하여 분쟁을 상설재판소에 회부하는 것과 결부된다. 사법적 해결이 중재에서 발전하였기에 양자 간 유사성이 크고, 현재 일반 또는 특별 관할권을 갖는 수많은 재판소를 통해 다양한 형태로 사법적 해결이 활용될 수 있다. 특별관할권을 갖는 재판소의 사례는 나중에 해양법협약을 검토할 때 다루겠지만, 이들 특별관할권을 가진 재판소의 이점과 한계는 우선 국제재판소를 살펴보면 더 쉽게 이해될 것이다.

'국제재판소'라는 용어는 1919년 평화적 해결방식의 일부로서 설립된 상설국제사법재판소(PCIJ)와 그 기관을 계승하여 1945년에 유엔의 주요 사법기관으로 설립된 국제사법재판소(ICJ), 두 재판소를 포섭한다. 이 두 재판소에 대한 관심으로 인해서 이들 재판소가 활동한 모든 측면을 상세히 다룬 수준 높은 저작물이 발표되었다.[1)]

---

1) 훌륭한 개론서로는 A. Eyffinger, *The International Court of Justice 1946–1996*, The Hague, 1996 참조. ICJ에 관한 표준서로는 S. Rosenne, *The Law and Practice of the International Court,* 4th edn., Leiden, 2006; A. Zimmermann, C. Tomuschat and K. Oellers-Frahm(eds.). *The Statute of the International Court of Justice. A Commentary,* Oxford, 2006 참조. 아래에서 일부 언급되지만, ICJ의 작업이라는 측면을 특별히 다룬 저술로서 다음 문헌 참조. L. Gross(ed.), *The Future of the International Court of Justice,* New York, 1976; L.F. Damrosch(ed.), *The International Court of Justice at a Crossroads,* New York, 1987; V. Lowe and M. Fitzmaurice(eds.), *Fifty Years of the International Court of Justice,* Cambridge, 1996; A.S. Muller, D. Raic and J.M. Thuranszky(eds.), *The International Court of Justice,* The

이 장에서는 ICJ가 분쟁 해결시 수행하는 역할과 특별히 관련되는 ICJ의 조직 및 절차상 특징을 중점적으로 다루고자 한다.

쟁송관할권

ICJ가 분쟁을 결정하는 권한은 ICJ 규정에서 정의하고 있으며, ICJ의 쟁송관할권(contentious jurisdiction)으로 알려져 있다. ICJ 규정에 따르면, 오직 국가만이 쟁송절차의 당사자가 될 수 있고, 해당 사안에 관한 ICJ의 권한은 관련 국가들의 동의에 좌우된다. 동의의 원칙은 중재만큼이나 ICJ가 하는 사법재판의 기본이며, 특정 분쟁과 관련된 모든 국가들이 동의하지 않으면 결정을 내릴 관할권이 없다는 것을 의미한다.

국가는 여러 가지 다양한 방법으로 동의할 수 있다. 동의는 분쟁 발생 전에 조약의 분쟁 해결조항을 활용하거나 ICJ 규정 제36조 제2항에 따른 선언에서 할 수 있다. 또는 동의는 분쟁 발생 후에 당사국간 특별협정에 의하거나 분쟁 당사국 일방의 ICJ 제소에 대응할 때 할 수도 있다. 일단 동의를 표시하는 법률행위가 행해졌다면, 실제 사건이 발생했을 때 해당 국가가 소송을 원하지 않아도 관할권이 성립할 수 있다. 따라서 ICJ가 소송을 원하지 않는 피제소국으로부터 관할권 항변 사항을 판단해 달라는 요청을 자주 받고, 근거 부족을 이유로 그러한 항변을 빈번히 배척했어도, 이것과 ICJ의 관할권이 동의에 기초한다는 것이 모순되지 않는다.

사전에 분쟁을 ICJ에 회부하도록 규정하는 조약에는 두 가지 유형이 있다. 평화적 해결 촉진을 일반적인 목표로 하는 다자조약들이 다수 체결되었다. 이러한 조약들에는 일반의정서(1928), 보고타 규약(1948), 분쟁의 평화적 해결을 위한 유럽협약(1957)이 있으며, 여기에서 사법적 해결을 일반적으로 수락했는데, 관련 국가들에 미치는 파급력이 컸다. 이러한 이유로, 이들 조약들은 널리 지지받지 못하였거나, 상

Hague, 1997; C. Peck and R.S. Lee(eds.), *Increasing the Effectiveness of the International Court of Justice,* The Hague, 1997; G.I. Hernandez, *The International Court of Justice and the Judicial Function,* Oxford, 2014; C.J. Tams and J. Sloan(eds.), *The Development of International Law by the International Court of Justice,* Oxford, 2013.

당한 유보 하에 수락되었다. 그러므로 이런 종류의 다자적 방식은 다소 만족스럽지 못하다는 것이 증명되었다. 더 성공적이었던 것은 특정 주제에 관한 조약에서 해당 협정의 해석이나 적용에 관한 분쟁을 ICJ에 회부하도록 하는 조문을 포함한 것이었다. 최근의 ICJ *연감(Yearbook)*에서 나타나듯이, 이러한 두 번째 종류의 조약들이 상당수 체결되었고 여러 사건에서 ICJ 관할권의 근거가 되었다. 예컨대, 2004년 ICJ는 미국에서 '사형집행 대기자 명단'(death row)에 있는 멕시코인들에 관한 의무를 둘러싼 분쟁을 결정할 수 있었는데, 멕시코와 미국이 모두 1963년 영사관계에 관한 비엔나 협약에 부속한 강제적 분쟁 해결에 관한 의정서의 당사국이었기 때문이었다.[2)]

사전에 ICJ의 관할권에 복종하는 다른 방법은 '선택조항'(optional clause)이라고 알려진 ICJ 규정 제36조 제2항에 따라서 선언하는 것이다. 선택조항 수락 선언은 국가가 특정 내용과 조건에 따라서 사법적 해결을 수락한다는 것을 표시하며, *Arrest Warrant* 사건[3)]처럼 양 당사국이 모두 해당 분쟁을 포함하는 수락선언을 했다면 ICJ의 관할권이 성립한다. 수락선언은 일방 행위이기에, 국가는 다른 국가들의 동의 없이도 ICJ의 관할권을 수락하고, 사법적 해결 원칙에 대한 지지를 표명할 수 있다는 이점이 있다. 반면, 수락선언은 협정과 거의 동일하게 기능하기에 실제로 효과적인지는 얼마나 많은 국가들이 선택조항제도에 참여할 준비가 되어 있는지 그리고 이들 행동의 근거가 되는 내용에 좌우된다. 바로 이 부분에서 개선의 여지가 있다. 오직 유엔 회원국 중 3분의 1만이 제36조 제2항에 따라서 수락선언을 했고 유효한 수락선언 중 다수는 유보로 인해 무력한 상태이다.[4)] 선택조항은 관할권의 중요한 근거가 될 수 있지만, 아직까지 그러한 가능성이 실현될 여지는 없다.

분쟁 발생 후 ICJ의 관할권 행사에 대하여 동의하는 방법으로서 가장 흔히 사용

2) *Avena and Other Mexican Nationals (Mexico* v. *United States)*, Judgment [2004] ICJ Rep. 12; 그리고 D.L. Shelton, Note (2004) 98 *AJIL* 559 참조.

3) *Arrest Warrant of 11 April 2000 (Democratic Republic of the Congo* v. *Belgium)*, Judgment, [2002] ICJ Rep. 3; C. Wickremasinghe, Note (2003) 52 *ICLQ* 775 참조.

4) 이 문제에 관한 더 자세한 설명으로는 J.G. Merrills, "Does the optional clause still matter?" in K.H. Kaikobad and M. Bohlander(eds.), *International Law and Power: Perspectives on Legal Order and Justice*, Leiden, 2009, p.431 참조, 그리고 이보다 앞선 문헌으로는 "The optional clause revisited"(1993), 64 *BYBIL* 197 참조. 수락선언의 예시 사례로는 뒤 부록의 문서 F 참조.

되는 것은 특별협정을 교섭하는 것이다. 이러한 협정은 당사국들이 다툼이 있는 사항을 정하고, ICJ 규정의 조문에 따라서, ICJ가 결정할 수 있는 근거를 명시할 수 있는 기회를 갖는 점에서 중재회부*특별협정(compromis)*과 유사하다. 이러한 탄력성으로 인하여 특별협정은 ICJ를 활용하는 방법으로서, 국가들의 주목을 끌고 있고, 그 결과 매우 빈번히 활용된다. 예컨대, 2008년에 ICJ는 싱가포르와 말레이시아 간 특별협정에 따라 *Sovereignty over Pedra Branca* 사건[5]을 결정할 수 있었고, 최근에는 보츠와나와 나미비아 간 *Kasikili/Sedudu Island* 사건,[6] 그리고, 헝가리와 슬로바키아 간 *Gabcikovo-Nagymaros* 사건[7]에서도 유사한 근거로 결정을 내렸다.

PCIJ 시기 이래로 분명한 점은 일단 선택조항 혹은 그 밖의 다른 근거로 관할권이 성립하면, 당사국들은 절차 진행 중 비공식적으로 동의를 표시함으로써 관할권의 범위를 확대할 수 있다는 것이다. 나중에, 이 원칙이 확대되어서 일방 제소 후 피제소국이 수락하면 그것을 근거로 관할권이 성립되도록 하였다. 이런 경우는 2003년에 프랑스가 ICJ에 대해서 몇 개월 전 콩고공화국이 자신을 상대로 개시한 절차에 동의한다고 했을 때 있었다.[8] 이러한 원칙은 *확대관할권(forum prorogatum)*으로 알려져 있으며, 국가들이 특별협정을 체결할 필요 없이, 진행 중인 분쟁에서 ICJ의 관할권을 수락할 수 있는 또 다른 방법이 된다. 하지만, 보통 소송할 준비가 되어 있는 국가라면 특별협정 교섭을 원할 것이고, 반면 그러한 준비가 되어 있지 않은 국가라면, 동의의 표시로 해석될 만한 행동을 하지 않으려고 주의할 것이다.

---

5) *Sovereignty over Pedra Branca/Pulau Batu Puteh, Middle Rocks and South Ledge (Malaysia/Singapore),* Judgment [2008] ICJ Rep. 12; C.G. Lathrop, Note (2008) 102 *AJIL* 828.

6) *Kasikili/Sedudu Island (Botswana/Namibia),* Judgment [1999] ICJ Rep. 1045; M.N. Shaw, Note (2000) 49 *ICLQ* 964.

7) *Gabcikovo-Nagymaros Project (Hungary/Slovakia),* Judgment [1997] ICJ Rep. 7; P.N. Okowa, Note (1998) 47 *ICLQ* 688.

8) ICJ Press Releases 2002/37 (9 December 2002) and 2003/14 (14 April 2003) relating to the *Certain Criminal Proceedings in France* case. 이 원칙의 기원에 대해서는 H. Waldock, "Forum prorogatum or acceptance of a unilateral summons to appear before the International Court"(1948), 2 *ILQ* 377 참조.

관할권 분쟁

분쟁 여부를 결정하는 관할권은 법률행위에서 나타나는 동의에 근거하기에 때로는 관련 국가가 ICJ에 그에 필요한 권한을 부여했는지 여부에 대해 이견이 있다. 이 경우 관할권 문제는 ICJ 규정 제36조 제6항에 따라서 ICJ가 해결하는데, 이 조문에 따라서 ICJ는 *관할권 판단권한(compétence de la compétence)*을 갖는다. 그러므로 국가는 ICJ의 관할권에 대해서 항변을 제기할 수 있지만, 근거가 타당하지 않으면, 항변은 기각될 것이다. 예컨대, *Right of Passage* 사건[9]에서 인도는 각 당사국의 선택조항 수락선언의 내용에 기반한 선결적 항변을 최소 여섯 차례 제기하였다. 그러나 ICJ는 이를 모두 기각했고 본안 사안에 대해서 결정했다. 항변이 인용되는 경우라도, 그 효과는 때때로 ICJ의 권한을 제한할 뿐이고, 완전히 제거하지 않는다. 예컨대, 니카라과가 1984년 미국을 상대로 제소했던 *Nicaragua* 사건[10]에서, ICJ는 특정 다자조약을 대상으로 하는 유보가 적용될 수 있다는 피제소국의 주장을 인용했지만, ICJ는 관습국제법을 기반으로 해당 사건에 대해서 결정할 권한을 여전히 갖는다고 판시하였다.

관할권 분쟁은 절차가 시작할 때 다루어지며 종종 절차상 개별적인 단계가 된다. 따라서 1988년에 니카라과와 온두라스 간 사건에서 ICJ는 관할권과 수리적격성에 관한 다수의 쟁점을 다룬 후 자신의 권한이 보고타 규약 제31조에 근거 한다고 결정하였다.[11] 이와 유사하게 *Fisheries Jurisdiction* 사건[12]에서 관할권은 영국과 아이슬란드 간 협정에 근거하였는데, ICJ 는 해당 조약의 유효성과 적용범위에 관한 다양한 주장을 검토하고 배척함으로써 1973년에 자신의 권한을 확정하였고, 그 다음 해 주된 분쟁을 결정하였다.

---

9) *Right of Passage over Indian Territory,* Preliminary Objections, Judgment [1957] ICJ Rep. 125.

10) *Military and Paramilitary Activities in and against Nicaragua,* Merits, Judgment [1986] ICJ Rep. 14. 이 쟁점은 관할권 및 수리적격성에 관한 이전 절차에서 이전되었다.

11) *Border and Transborder Armed Actions,* Jurisdiction and Admissibility, Judgment [1988] ICJ Rep. 69. 추가적인 논의로는 제11장 참조.

12) *Fisheries Jurisdiction (United Kingdom* v. *Iceland),* Jurisdiction of the Court, Judgment [1973] ICJ Rep. 3. 독일연방공화국이 이와 병행되는 절차를 개시하였다.

ICJ가 관할권 문제를 검토할 때 발생하는 법적 쟁점의 범위는 매우 넓다. 따라서 *Maritime Delimitation and Territorial Questions* 사건[13]에서 ICJ는 카타르와 바레인이 법적으로 구속력이 있는 합의를 하였는지 여부를 판단하고 나서, 그 합의의 정확한 범위와 효력을 결정했다. 한편 이란이 미국을 상대로 제기한 *Oil Platforms* 사건[14]에서는 양국 간에 조약이 체결되었던 것은 확실하였지만, 피제소국인 미국은 무력 사용 행위를 둘러싼 분쟁은 해당 조약의 적용범위에 해당하지 않는다고 주장하였다. 더 나아가, 보스니아-헤르체코비나와 유고슬라비아연방공화국 간 *Genocide Convention* 사건[15]에서는 승인이나 국가적 지위 여부를 포함하는 훨씬 더 광범위한 쟁점이 관련되었다. 이 사건은 유고슬라비아 분열 이후의 상황에서 발생하였기 때문에, ICJ는 보스니아가 1948년 제노사이드 협약의 당사국이 되었는지, 그리고 만일 그러하다면 언제 되었는지, ICJ의 *시간적 관할권(ratione temporis)*의 범위, 그리고 *확대관할권(forum prorogatum)* 등 여러 가지 관할권 근거로 주장되는 사항의 관련성을 고려했다.

선택조항에 따른 수락선언에서 특히 관할권 문제가 많이 발생하는 것으로 드러났다. 예컨대, *Norwegian Loans* 사건[16]에서, ICJ는 프랑스가 노르웨이에 대해 제기한 사건을 결정할 관할권이 없다고 결정했다. 왜냐하면, '프랑스공화국 정부가 본질적으로 국내관할권에 해당한다고 이해하는 사안에 관한 이견'을 배제하도록 프랑스가 유보했기 때문이었다. 비록, 노르웨이의 수락선언에 그러한 유보사항은 없었지만, ICJ는 이전의 실행을 좇아서 노르웨이는 피제소국으로서 프랑스의 수락선언 내

---

13) *Maritime Delimitation and Territorial Questions between Qatar and Bahrain,* Jurisdiction and Admissibility, Judgments of 1 July 1994 and 15 February 1995 [1994] ICJ Rep. 112 and [1995] ICJ Rep. 6. 이 사건에 대한 평석으로는 M.D. Evans, Note (1995) 44 *ICLQ* 691 참조.

14) *Oil Platforms (Islamic Republic of Iran* v. *United States of America),* Preliminary Objection, Judgment [1996] ICJ Rep. 803. 이 사건에 대한 평석으로는 M.D. Evans, Note (1997) 46 *ICLQ* 693; P.H.F. Bekker, Note (1997) 91 *AJIL* 518 참조.

15) *Application of the Convention on the Prevention and Punishment of the Crime of Genocide (Bosnia and Herzegovina* v. *Yugoslavia),* Preliminary Objections, Judgment [1996] ICJ Rep. 595. 이 사건에 대한 평석으로는 P.H.F. Bekker and P.C. Szasz, Note (1997) 91 *AJIL* 121; C. Gray, Note (1997) 46 *ICLQ* 688 참조.

16) *Certain Norwegian Loans,* Judgment [1957] ICJ Rep. 9.

에 있는 유보사항을 원용할 자격이 있다고 판시하였고 ICJ의 권한범위에서 해당 사건을 제외하였다. 따라서 국가가 ICJ 관할권 수락 범위를 제한하는 것은 양날의 칼과 같다. 이러한 제한은 자신을 상대로 특정 청구가 제기되지 못하도록 막는 면에서 국가를 보호하지만, 유보국가 자신이 원고가 되는 경우, 분쟁을 ICJ에 가져갈 수 없게 하는 방해요인이 되기도 한다.

만약 어느 국가가 소송을 피하기를 원한다면, 해당 국가는 자연스럽게 자신이 했던 수락선언이나 상대방의 수락선언에 있는 유보사항을 이용하려고 할 것이다. *Aerial Incident* 사건[17]에서 파키스탄은 이러한 권한을 제한하고자 ICJ 규정에서 명시적으로 허용하지 않는 유보는 '불법'이고 원용할 수 없다고 주장하였다. 그러나 ICJ는 그러한 제한은 없다고 판시하면서, 인도가 영연방의 일원이거나 과거 영연방 일원이었던 국가와의 분쟁을 대상으로 자신의 수락선언에서 유보한 사항을 원용할 권리가 있다고 판시하였다. 이 사건 바로 직전에 스페인과 캐나다의 *Fisheries Jurisdiction* 사건[18]에서 ICJ는 유보의 효과를 제한하려는 또 다른 시도를 배척하였다. 스페인은 유보로써 불법행위를 보호할 수 없다는 취지에서 유보는 합법적으로 해석되어야 한다고 주장하였다. 하지만, ICJ는 유보의 목표는 합법성 여부가 모호한 행위에 대해서 이의를 제기할 수 없도록 하려는 데 있다고 지적하였다. 그러므로 스페인의 주장을 수락할 경우 유보의 취지를 저해하게 될 것이다.

Nicaragua 사건에서 제기되었던 중요한 점은 국가가 어떻게 수락선언을 종료시킬 수 있는지였다. 미국의 수락선언에서는 6개월 전 사전 통보를 하면 종료될 수 있도록 규정하였다. 반대로, 니카라과의 수락선언은 종료에 관한 규정이 없었고, 즉시 종료될 수 있다는 주장도 있었다. 니카라과가 자국을 상대로 제소하리라 예상했던 미국은 6개월 전 사전 통보 없이 자국의 수락선언을 종료하고서, 새로운 수락선언에서 니카라과의 청구를 대상으로 유보하였다. 이러한 술책이 원래의 수락선언의 통보요건과 일치하지 않는다는 이유로 이의가 제기되었을 때, 미국의 답변은 니카

17) *Aerial Incident of 10 August, 1999 (Pakistan* v. *India),* Jurisdiction, Judgment [2000] ICJ Rep. 12; J.G. Merrills, Note (2001) 50 *ICLQ* 657 참조.

18) *Fisheries Jurisdiction (Spain* v. *Canada),* Jurisdiction of the Court, Judgment [1998] ICJ Rep. 432; L. de La Fayette, Note (1999) 48 *ICLQ* 664.

라과가 자신의 수락선언을 종료하면 즉시 효력이 발생하기에 상호주의에 따라서 미국도 동일한 편의를 누려야 한다는 것이었다. 하지만, ICJ는 이러한 주장을 배척하고 새로운 선언은 무효라고 판시하였다.[19)]

선택조항제도는 ICJ의 재판관할권을 수락하는 다른 방법들과 마찬가지로 원래 PCIJ 규정의 일부였고 제1차 세계대전과 제2차 세계대전 사이 기간에 제36조 제2항에 따른 수락선언이 상당수 있었다. 현재의 ICJ가 1945년에 설립되었을 때 ICJ 규정 제36조 제5항에 따라서, 여전히 유효한 수락선언이 새로 설치된 ICJ를 받아들이는 데 활용되도록 하는 방식이 마련되었다. 이는 신생 ICJ가 관할권 수락을 핵심으로 해서 시작할 수 있도록 하고, 전신인 PCIJ와 계속성을 유지하도록 하려는 것이었다. 그러한 목표는 모두 실현되었지만 치러야 할 대가도 있었다. 왜냐하면, 이 조항을 적용하는 것, 그리고 이와 유사하게 조약을 기반으로 관할권이 성립하도록 하는 방식을 담고 있는 제37조 제5항을 적용하는 것이 놀랄 만큼 복잡한 기술적 문제들을 야기했기 때문이었다.

ICJ 규정 제36조 제5항에 따라서 이전된 ICJ의 관할권은 *Nicaragua* 사건에서 다뤄져야 했던 또 다른 선결적 사항이었다. 니카라과는 1929년에 수락선언을 하였지만, 명확하지 않은 이유로 PCIJ 규정의 서명 의정서를 비준하지 않았다. 이런 상황에서 니카라과는 자신의 수락선언이 1945년에 '유효'(in force)했고 따라서 제36조 제5항에 의하여 유지될 수 있다고 ICJ를 설득하는 것이 어려울 수 있다는 점을 인식하고서, 자국의 선언이 ICJ *연감(Yearbook)*에 연속 게재되는 것을 항의 없이 허용함으로써 ICJ 관할권을 수락하겠다는 의도를 충분히 보였다고 주장하였다. 이러한 '묵인에 의한 관할권' 개념이 전혀 새로운 것은 아니었지만,[20)] 니카라과가 새로운 수락선언을

19) *Military and Paramilitary Activities in and against Nicaragua,* Jurisdiction and Admissibility, Judgment [1984] ICJ Rep. 392. 그리고 일반적으로는 E.B. Weiss, "Reciprocity and the optional clause" in Damrosch(ed.), *The International Court* (n. 1) p.82 참조. ICJ 판단의 주된 이유는 선택조항의 유효기간은 그 내용에 따라서 규율되고 상호주의가 아니라는 것이었다. 부수적 이유로는 종료에 관한 조항이 없는 수락선언은 즉시 종료되지 않고 합리적인 통지에 의해서만 종료된다는 것이었다.

20) 이와 유사한 점이 다음 사건에서 다루어졌다. *Temple of Preah Vihear,* Preliminary Objections, Judgment [1961] ICJ Rep. 17. 본문에서 언급된 이유 이외에, ICJ는 제36조 제5항은 유효한 수락선언이 이전에 효력이 없었다고 해도, 이들을 회생시키는 효과를 갖는다고 판시함으로

하거나 의정서 비준을 통하여 동의를 명확히 표시하는 경우에 비해서 그 입장이 분명하지 않았던 것은 당연하다. 그렇지만 ICJ의 다수 재판관은 이 주장을 인용했고, 상당한 논란이 있었지만 니카라과가 되살려 낸 수락선언과 미국이 소멸시키지 못했던 수락선언이 복합적인 효과를 갖게 되어서 ICJ가 해당 분쟁에 대하여 관할권을 갖는 데 충분하다고 판시하였다.

제37조 제5항에 따라서 이전된 관할권이 *Aerial Incident* 사건에서 다투어졌다. 이 사건에서, 파키스탄은 자신의 선택조항과 더불어 또 다른 주장으로서 ICJ가 1928년 일반의정서에 근거하여 관할권을 갖는다고 하였다. 인도는 다양한 근거로 이러한 결론에 반대하면서, 일반의정서가 더 이상 효력이 없고, 비록 효력이 있다고 해도, 양국이 1947년 독립시 어느 국가도 일반의정서를 승계하지 않았다고 주장하였다. 하지만, ICJ는 관할권 문제에 대해서 판시할 때, 이들 문제에 답하는 것을 피하였고, 대신 더 좁은 근거에서 해당 사건을 결정하면서, 비록 일반의정서가 처음에는 양국을 구속했다고 해도 인도가 이를 폐기한 것은 유효했기에, 1979년에는 해당 의정서에 구속받지 않게 되었다고 판시하였다. 따라서 결과적으로 일반의정서는 관할권의 근거가 되지 않았고 파키스탄은 제37조 제5항을 활용할 수 없었다.

ICJ의 관할권 사건 대다수는 분쟁당사국 일방 또는 쌍방이 관할권을 수락하겠다는 의사를 밝힌 문서 또는 절차에 흠결이 있는지를 둘러싸고 발생한다. 이러한 동의의 문제는 전형적으로 선택조항과 관련하여 복잡한 문제를 야기하지만 반드시 이에 국한된 것은 아니다. 즉, 동의의 원칙은 해당 분쟁에 관련된 모든 국가들이 반드시 동의를 표시해야 한다는 것으로, 이는 곧 제3국이 ICJ의 관할권 행사에 동의하지 않는다면 다른 두 국가가 그러한 제3국의 권리가 직접 관련되는 소를 제기할 수 없음을 의미한다. *Monetary Gold* 사건[21]에서 이 원칙이 명확히 제시되었는데, 이 사건을 제기했던 4개국 모두 ICJ의 관할권을 수락했지만, ICJ가 사법적 판단을 거부했

써 니카라과의 수락선언은 여전히 유효하다는 자신의 결론을 지지하였다. 하지만, 이것은 그다지 설득력이 있어 보이지 않는다.

21) *Monetary Gold Removed from Rome in 1943*, Judgment [1954] ICJ Rep. 19. 이 사건의 평석으로는 D.H.N. Johnson, "The case of the Monetary Gold Removed from Rome in 1943" (1955), 4 *ICLQ* 93 참조.

던 이유는 알바니아의 재산권이 소송 대상이 된 사건에서 알바니아가 ICJ의 관할권을 수락하지 않았기 때문이었다.

동의원칙의 적용범위는 *Nicaragua* 사건에서 더욱 명확해졌다. 왜냐하면, 이 사건에서, 이미 살펴 본 사항 이외에, 미국은 해당 분쟁이 사건 당사자가 아닌 온두라스, 코스타리카, 엘살바도르의 법익과 관련되기 때문에 제소 신청이 부적격한 것으로 ICJ가 판단해야 한다고 주장했기 때문이다. ICJ는 이러한 주장을 배척하면서 *Monetary Gold* 사건의 원칙이 적용되는 상황은 비당사국의 법익이 "결정의 영향을 받을 뿐만 아니라 그 자체로 결정의 대상이 되는 경우"에만 적용된다고 판시하였다.[22] *Nicaragua* 사건의 경우는 이에 해당하지 않았기 때문에, ICJ는 절차를 진행할 권한이 있다고 판단하였다. *Nicaragua* 사건에서 '필수적 당사자' 개념을 넓게 파악하는 것을 배척하면서, ICJ는 제3국의 동의가 일반적으로 필요하지 않다는 접근방식을 취했다. 따라서 ICJ는 예외적인 경우를 제외하고, 제3국의 동의가 필요하다는 점을 부정하는 입장을 취함으로써, 자신이 관할권을 행사할 때 직면할 수 있는 장애물을 제거하였다. 다른 한편, 국제분쟁이 항상 양자적인 것만은 아니기에 제3국의 이해관계를 무시하는 판결은 충분히 효과적일 수 없는 것이 정치적 현실이다. 이에 ICJ 규정에 소송참가를 허용하는 규정이 포함되었다. 이 부분은 ICJ의 부수적 관할권에 관한 사항으로서 아래에서 살펴볼 것이다.

추가로 고려할 만한 점은 제소국이 제소 사건에 대해서 특별히 법익을 갖지 않고 법을 집행하는 것에 대해서만 관심을 갖는 경우에도 ICJ가 분쟁을 다룰 권한이 있는지 여부이다. 엄밀히 말해, 이는 관할권 문제라기보다 청구의 수리적격성 문제이지만, 이 점에서도 관련되는데, 그 이유는 해당 사안이 소위 *민중소송(actio popularis)*의 허용 여부에 관한 쟁점으로서 여러 가지 상황에서 소송 제기 권한을 누가 갖는지와 갖지 않는지를 결정하기 때문이다. 최근까지 ICJ의 권한에 대한 전통적인 견해

---

22) [1984] ICJ Rep. 431. 이 쟁점에 관해서는 *Certain Phosphate Lands in Nauru (Nauru* v. *Australia),* Preliminary Objections, Judgment [1992] ICJ Rep. 240 참조. 이 사건의 요약으로는 A. Anghie, Note (1993) 87 *AJIL* 282; *East Timor (Portugal* v. *Australia),* Judgment [1995] ICJ Rep. 90 참조. 이 사건의 평석으로는 C. Chinkin, Note (1996) 45 *ICLQ* 712; P.F. Bekker, Note (1996) 90 *AJIL* 94 참조.

는 *민중소송*이 허용되지 않는다는 것이었다. 하지만, *Whaling in the Antarctic* 사건[23]에서 호주는 일본의 포경정책에 대해서 이의를 제기할 수 있었고, 뉴질랜드는 분쟁 대상인 특정 행위가 분쟁 당사국 어느 국가의 수역에서도 행해지지 않았는데도 이 사건에 참가할 수 있었다. 마찬가지로, *Questions relating to the Obligation to Prosecute or Extradite* 사건[24]에서 벨기에는 해당 사안이 벨기에와 아무런 관련성이 없었지만, 세네갈이 1984년 유엔 고문방지협약을 준수하였는지 여부에 대해서 이의를 제기할 수 있었다. 그러므로 현재 적어도 일정한 경우에는 *민중소송*이 가능한 것으로 보인다.

부수적 관할권

쟁송관할권 이외에, ICJ는 그 규정상 두 가지 유형의 관할권, 즉 부수적 관할권과 권고적 관할권을 추가적으로 행사할 수 있다. ICJ는 자신의 부수적 관할권에 의하여 잠정조치를 명하고, 제3자의 소송참가를 허용하며, 판결을 해석하거나 재심할 수 있다. 이들 권한은 ICJ 규정에서 부여하는 것이기에 ICJ가 이를 행사하도록 국가들이 추가적으로 동의를 표시할 필요가 없고, 적절히 활용된다면 다양한 부수적 권한이 분쟁 해결에 기여하는 효과가 있다. 반대로, 권고적 관할권은 주로 국제기구의 권리 및 의무에 관한 것으로서, 곧 보다시피, 때때로 기대 이상으로 국가간 분쟁과 밀접한 관련성을 갖지만, 현 맥락에서는 그만큼 중요하지는 않다.

잠정조치는 ICJ 규정 제41조에서 규정하며, 그 명칭이 시사하듯 소송이 진행되는 동안 당사자들의 권리를 보호하는 것과 관련이 있다. 잠정조치의 정당성은 기본적인 사법 원칙으로서 재판소의 판결이 효과를 가져야 한다는 점에 있고, 이렇게 하기 위해서, 재판소는 자신이 사건을 다루고 있는 동안 당사자 일방이나 쌍방이 상황을 악화시키거나 상황이 *기정사실화(fait accompli)*되어 돌이킬 수 없다는 것으로

---

23) *Whaling in the Antarctic (Australia* v. *Japan: New Zealand intervening),* Judgment [2014] ICJ Rep. 226; S.E. Rolland, Note (2014) 108 *AJIL* 496.

24) *Questions relating to the Obligation to Prosecute* or *Extradite (Belgium* v. *Senegal),* Judgment [2012] ICJ Rep. 422.

상대방을 곤란하게 만들지 못하도록 할 필요가 있을 수 있다. 물론 소송당사자들의 법적 권리를 보호하기 위한 방식들은 국내법 제도에서 익숙한 특징이다. 국제적인 차원에서 이러한 절차들이 특별히 필요한 이유는 특히 관할권 문제를 결정해야 할 경우 소송이 지연되는 경우가 잦고, 또한 분쟁이 국제적 위기를 촉발했던 경우라면, 분쟁을 평화적으로 해결할 가능성을 위협하는 방식으로 당사자들이 행동할 수 있기 때문이다.

예컨대, 부르키나파소와 말리 사이의 *Frontier Dispute* 사건[25]에서, 두 나라는 ICJ에 대해서 10여년 전 두 나라 사이 전쟁의 원인이 되었던 경계문제를 해결해 주도록 요청하였다. 하지만, ICJ가 결정을 내리기 전에 분쟁이 확산되어, 전투가 다시 발발하였다. 휴전 방안이 마련되었고, 최종 판결의 집행을 저해하지 않도록 하기 위하여, 양측은 ICJ에 대해서 잠정조치를 내려 달라고 요청하였다. ICJ는 다소 다른 내용으로 된 당사자들의 요청사항을 검토한 후, 증거가 훼손되는 경우를 예방하고, 보다 일반적으로는 분쟁의 연장이나 악화를 예방하기 위하여 잠정조치가 필요하다고 결정하였다. 이에 따라서, ICJ는 당사국들에 휴전 준수, 국경에서 자국 군대의 철수를 명령하였고, 분쟁지역의 시정(administration) 상태를 변경하거나, 분쟁을 심화시키거나 상대국의 권리를 침해하는 어떠한 조치도 취하지 않도록 명령하였다.

Questions relating to the Seizure and Detention of Certain Documents and Data 사건에서는 이례적인 상황이 발생하였다. 티모르-레스테(Timor-Leste, 동티모르)는 호주를 상대로 절차를 개시하면서 호주가 당시 진행 중인 중재와 관련된 문서, 자료, 그리고 그 밖의 재산을 압수하여 보유하는 것에 대해서 불만을 표시하였다. 동시에, 티모르-레스테는 여러 가지 잠정조치를 신청하면서, 자신의 권리를 보호하기 위하여 그러한 조치가 필요하다고 주장하였다. ICJ는 이에 동의했고, 특히 호주에 대해서 해당 사건이 종결되기까지, 압수한 자료를 티모르-레스테에 대해서 불리한 방식으로 활용하지 않도록 해야 한다고 명령하였다. 그 이듬 해, 호주는 압수한 자료를

25) *Frontier Dispute*, Provisional Measures, Order of 10 January 1986 [1986] ICJ Rep. 3. 이와 다소 유사한 상황이 결부된 더 최근의 사례로는 The *Land and Maritime Boundary between Cameroon and Nigeria*, Provisional Measures, Order of 15 March 1996 [1996] ICJ Rep. 13 참조, 이 사건의 요약으로는 J.G. Merrills, Note (1997) 46 *ICLQ* 676 참조.

반환하겠다는 의사를 표명했고, ICJ에 해당 자료를 밀봉상태로 보관하도록 했던 명령 부분을 변경해 줄 것을 요청하였다. 이에 동의한 ICJ는 원래의 명령을 변경했다. 마지막으로, 한 달 후, 해당 자료가 반환되자 티모르-레스테는 소송의 목적이 달성되었기에 소송 취하를 희망한다는 입장을 ICJ에 전달했다. 이에 따라서, ICJ는 사건목록에서 해당 사건을 삭제하기로 결정했다.[26)]

ICJ는 본안에 대하여 결정할 관할권이 일견 존재하는 것을 인정하는 문서가 없으면 잠정조치를 명령하지 않을 것이다. *Frontier Dispute* 사건에서처럼 특별협정으로 사건이 회부된 경우에는 이러한 문제가 발생하지 않을 여지가 많다. 그러나 관할권의 근거가 선택조항 수락선언이거나 조약인 경우로서 그 효력이 다투어지는 경우 이러한 문제가 장애물이 될 수 있다. 예컨대, *Legality of Use of Force* 사건[27)]에서, 유고슬라비아는 1999년 코소보에 대한 폭격작전을 이유로 NATO 회원국 10개국을 제소하면서, 이 중 6개국에 대해서는 이들 국가의 선택조항에 따른 수락선언을 근거로 하였고, 10개국 전체에 대해서는 1948년 제노사이드(Genocide) 협약을 근거로 하였다. 그러나 유고슬라비아가 잠정조치를 요청했을 때, ICJ에 *일견(prima facie)* 관할권이 없다는 이유로 해당 요청이 기각되었다. 제노사이드 협약과 관련하여 이러했던 이유는 ICJ가 잠정적이나마 문제된 행위가 제노사이드의 요건을 충족한다고 말할 수 없다고 보았고, 선택조항과 관련해서는 제소국 또는 피제소국 어느 한 쪽의 수락선언에 ICJ의 관할권을 배제하는 것으로 보이는 유보 혹은 제한이 있었기 때문이었다.

일견 관할권에 관한 요건이 충족된다면 ICJ는 잠정조치의 필요성 여부를 결정해야 한다. 이때, ICJ는 당사자들이 긴장 완화를 위해 이미 취할 수 있었던 모든 조치들을 포함하여 다양 한 요소를 고려해야 한다. 따라서 그리스와 터키가 일촉즉발의

---

26) *Questions relating to the Seizure and Detention of Certain Documents and Data (Timor-Leste v. Australia),* Provisional Measures, Order of 3 March 2014 [2014] ICJ Rep. 147; R.J. Bettauer, Note (2014) 108 *AJIL* 762 참조. 이후의 전개상황에 대해서는 The Orders of 22 April and 11 June 2015 [2015] ICJ Rep. 147 참조.

27) *Legality of Use of Force,* Provisional Measures, Order of 2 June 1999 [1999] ICJ Rep. 124 (Belgium); C. Gray, Note (2000) 49 *ICLQ* 730 참조.

전쟁 상황에까지 이르렀던 분쟁에 관한 *Aegean Sea Continental Shelf* 사건[28]에서, ICJ는 무력 사용을 금지하는 명령을 고려할 필요가 없다고 결정하였다. 왜냐하면, 유엔 안보리가 이미 채택한 결의를 양국이 환영했고, 그 결의는 양국이 분쟁을 평화적으로 해결할 것을 촉구했기 때문이었다. 반대로, *Nicaragua* 사건[29]에서 미국은 ICJ의 잠정조치가 콘타도라(Contadora) 절차를 저해할 수 있기 때문에 그러한 조치를 거부하도록 ICJ를 설득하는 데 실패했다. 이러한 판단은 잠정조치의 '필요성' 여부에 대해서 달리 판단할 수 있는 점을 반영하지만, 보다 넓게는 이 책 전체에서 강조하고 있듯이, 분쟁 해결방식이 상호 연관되어 있는 점을 보여주고 있다.

상황이 다소 이례적이었던 *Pulp Mills on the River Uruguay* 사건[30]에서는 잠정조치 요청에 대한 평가와 관련해서 재량권 요소를 찾아볼 수 있다. 아르헨티나는 우루과이가 양국 간 국경을 이루는 강에 관한 조약을 위반하였다고 주장하며 소송을 개시하였다. 아르헨티나의 불만 사항은 우루과이가 해당 조약에서 요구하는 통보와 협의 절차를 거치지 않고 강에 펄프제지공장 두 곳을 건설하도록 허가했다는 것이었다. 잠정조치 신청서에서 아르헨티나는 우루과이의 펄프제지공장 건설 중지 및 수생환경 보호 조치의 협력을 명령해 줄 것을 요청하였다. 그러나 ICJ는 정황상, 제41조에 따른 권한을 행사할 필요가 없다고 판시하였다. 비록 아르헨티나의 요청은 기각되었지만, ICJ는 아르헨티나가 향후 새로운 사실에 근거하여 또 다른 잠정조치를 요청할 수 있다고 설명하였다. 그러나 이번에는 우루과이가 ICJ에 잠정조치를 신청했다. 우루과이의 불만 사항은 '아르헨티나 국민으로 조직된 집단들'이 강의 다리를 차단하고 있다는 것이었다. 그리고 우루과이는 이러한 상황을 종결시키도록 아르헨티나에 명령해 줄 것을 요청하였다. 하지만, ICJ는 모든 상황을 고려한 후, 요청받은 조치들이 불필요하다고 다시 결정하였다.

---

28) *Aegean Sea Continental Shelf,* Interim Protection, Order of 11 September 1976 [1976] ICJ Rep. 3.

29) *Military and Paramilitary Activities in and against Nicaragua,* Provisional Measures, Order of 10 May 1984 [1984] ICJ Rep. 169.

30) *Pulp Mills on the River Uruguay (Argentina* v. *Uruguay),* Provisional Measures, Orders of 13 July 2006 and 23 January 2007 [2006] ICJ Rep. 113 and [2007] ICJ Rep. 3.

잠정조치는 법적 구속력을 갖기에,[31] 국가들은 ICJ의 결정사항을 이행할 것으로 예상된다. 하지만, 실행상 잠정조치는 *Frontier Dispute* 사건에서와 같이 양 당사자가 사법적 개입이 가치 있다고 인정할 용의가 있는 경우에 가장 효과적이다. 이들 조치는 *Nicaragua* 사건과 같이 한 쪽이 사법적 해결 개념 전체를 거부할 경우에는 유용성이 덜 하다. 왜냐하면, 그러한 사건의 본안 판결과 마찬가지로 이들 조치를 효과적으로 집행할 수 없기 때문이다. 위에서 지적했듯이, ICJ는 본안에 대해서 결정할 관할권을 *일견(prima facie)* 인정하는 문서가 없으면, 잠정조치를 명령하지 않는다. 따라서 어느 국가가 동의의 원칙을 우회하는 방법으로서 ICJ의 잠정조치 권한을 활용할 여지는 없다. 다른 한편, 앞에서 살펴 보았듯이, 관할권 동의와 소송하려는 의지가 서로 일치하지 않을 수 있다. 그래서 ICJ에 피소된 국가가 이전에 수락했던 ICJ의 관할권을 거부하는 것은 드문 일이 아니다. 바로 이러한 상황이 ICJ 소송을 원하지 않는 국가가 제소국의 권리를 저해하지 않도록 하기 위한 조치가 필요한 경우인데, 이때 잠정조치가 종종 효과적이지 않다.

하지만, 제41조는 ICJ가 잠정조치 결정을 내리고, 그러한 결정이 준수되는 사례에 국한해서 의미를 갖는 것은 아니라는 점에 주목해야 한다. 그러한 경우가 이상적인 상황이겠지만, 어느 국가의 요청이 인용되는 경우 해당 국가는 소송 초기에 자신의 청구사항을 널리 알릴 수 있고, ICJ의 평가가 잠정적인 성격을 갖는다고 해도 소송의 1차전을 이김으로써 상대방을 당혹스럽게 만들었다고 여겨질 수 있다. 실로 잠정조치 신청은 기각되더라도 신청국에 도움이 되기도 한다. 예컨대, *Passage of the Great Belt* 사건[32]에서, 핀란드는 발트해에서 나가는 출구 중 하나를 가로질러 교량을 건설하려는 덴마크의 권리에 대해서 이의를 제기하였다. 핀란드는 잠정조치를 요청했고, 제41조에 따른 절차의 진행 과정에서 덴마크는 소송 진행 중 본안 심리 이전에 교량을 완성하지 않기로 약속했으며, ICJ는 절차를 신속히 진행하기로 결정

31) *LaGrand (Germany* v. *United States)*, Judgment [2001] ICJ Rep. 466, paras. 99-103; M. Menneke and C.J. Tams, Note (2002) 51 *ICLQ* 449 참조. 이 결정 이전에 잠정조치의 지위는 명확하지 않은 사항이었다.

32) *Passage through the Great Belt (Finland* v. *Denmark)*, Provisional Measures, Order of 29 July 1991 [1991] ICJ Rep. 12. 이 사건의 평석으로는 C. Gray, Note (1993) 42 *ICLQ* 705 참조.

했다. 비록 ICJ가 잠정보호는 불필요하다고 판시했지만, 이런 것들은 핀란드에는 이익이었음을 보여 주었다.[33]

ICJ가 국가의 소송참가를 허락하는 권한은 ICJ 규정 제62조 및 제63조에 명시되어 있다.[34] 제63조에 따르면 어느 국가든지 자신이 당사국인 조약의 해석을 다루는 사건에 참가할 권리를 갖는다. 반대로 제62조에 따르면 국가가 스스로 판단하기에 '해당 사건의 결정에 의하여 영향 받을 수 있는 법적 성격의 이해관계'를 갖는 경우 참가를 요청할 수 있는 권한을 갖는다. 이들 규정은 그동안 별로 활용되지 않았지만, 제62조에 따른 소송참가 여부는 ICJ의 재량사항으로서 이미 다수의 문제를 제기하였다.

ICJ의 관할권은 합의에 의한 것이기에 출석하지 않은 국가의 이해관계를 다루는 것은 분명히 바람직하지 않다. 따라서 그런 국가들에 소송참가 기회를 부여할 필요가 있다. 그러나 제62조의 기능이 단순하지만, 이와 관련해서 두 가지 면에서 어려움이 발생하였다. 즉, '법률적 성질의 이해관계'가 무엇인지의 문제, 그리고 제62조를 원용하려는 국가가 자신과 해당 사건의 원 당사국들 사이에 관할권 면에서 연결고리가 있다는 점을 지적해야만 하는 상황이 있는지, 있다면 무엇인지의 문제이다.

Tunisia-Libya Continental Shelf 사건에서 두 문제가 모두 부각되었다. 이 사건에서, 북아프리카의 두 국가들이 중부 지중해에 있는 양국 각자의 대륙붕구역 경계획정시 적용 가능한 국제법 규칙과 원칙을 적시하도록 ICJ에 요청했고, 제3국인 몰타가 소송참가하고자 하였다. 몰타와 원 당사국 간에는 관할권 면에서 연결고리는 없었다. 하지만, ICJ가 몰타의 소송참가 신청을 기각했던 것은 몰타가 넓은 구역에 관한 법에 대해서 자신의 견해를 제출할 수 있도록 허가해 달라고 요청하면서, 자신의 참가로 인하여 튀니지와 리비아*에 대한(vis-à-vis)* 자신의 청구가 쟁점 사항이

---

33) 더욱이, ICJ는 핀란드에 유리하게 본안에 대해서 결정되면 배상금 지급을 요건으로 할 뿐만 아니라 덴마크가 교량건설사업을 전면 포기해야 하는 결과도 야기할 수 있다는 점을 표시했다. 이는 나중에 양국 간 교섭에서 핀란드의 협상 지위를 강화시켰다. 추가적으로는 J.G. Merrills, "Interim measures of protection in the recent jurisprudence of the International Court of Justice"(1995), 44 *ICLQ* 112, 112-13, 140-1 참조.

34) 이들 규정으로 야기된 문제의 검토에 대해서는 C.M. Chinkin, "Third party intervention before the International Court of Justice"(1986), 80 *AJIL* 495; J.M. Ruda, "Intervention before the International Court of Justice" in Lowe and Fitzmaurice(eds.), *Fifty Years* (n. 1) p.487 참조.

되는 효과는 없다는 취지의 유보사항을 명시해서 신청서에 첨부했기 때문이었다. ICJ는 이처럼 조건을 부가한 것을 받아들일 수 없다고 판단하였고, "몰타가 허가를 구하는 소송참가의 성격 자체에서 나타나는 바는… 몰타가 원용하는 법률적 성질의 이해관계가 ICJ 규정 제62조의 의미에서 '사건의 결정에 의해서 영향을 받을 수 있는' 것으로 생각할 수 없다"고 결론지었다.[35)]

이 결정의 결과로서, *Tunisia-Libya* 사건은 몰타의 참여 없이 1982년에 본안판단이 내려졌다. 그 후, 몰타와 리비아가 자신들의 경계 획정 분쟁을 ICJ에 회부하였다. 이로 인해 이탈리아가 소송참가를 신청하게 되었고, 이전 사례에서 몰타의 경우처럼, 이번에는 이탈리아의 신청에 대해서 원 당사국들이 반대하였다. 이탈리아 주장의 근거는 리비아와 몰타가 ICJ에 회부한 대륙붕 구역에 이탈리아가 권리를 갖는 구역도 포함된다는 것이었다. 그러므로 이탈리아는 제62조의 의미 내에서 '법률적 성질의 이해관계'를 갖는다고 주장하였다. 1981년 몰타에 치명적이었던 반대에 대비하고자, 이탈리아는 소송참가가 허락되면, 자신이 주장했던 권리와 관련해서 ICJ가 내리는 어떠한 결정에 대해서도 승복하겠다는 점을 분명히 피력하기도 하였다.

이탈리아의 논리는 강해 보였으나 한 가지 취약점이 있었다. 이탈리아와 리비아 사이에는 관할권 면에서 연결고리가 없었다. 이것이 중요했는가? ICJ는 1984년 판결에서 중요하다고 판시하였다.[36)] *Libya-Malta* 사건에서 이탈라아의 신청에 대한 ICJ의 해석은 제62조에 따라서 어느 국가가 소송참가하기 이전에, ICJ는 관할권 면에서 연결고리가 있는지 여부를 항상 결정할 필요가 없다는 점을 의미했고, 바로 이 점에 대해서 재판관들의 견해가 갈렸다는 점은 개별의견을 통해서 분명히 알 수 있다. 하지만, 1990년 *Land, Island and Maritime Frontier* 사건[37)]에서, ICJ 소재판부가 온두

---

35) *Continental Shelf (Tunisia/Libyan Arab Jamahiriya)*, Application by Malta for Permission to Intervene, Judgment [1981] ICJ Rep. 3 at 19.

36) *Continental Shelf (Libyan Arab Jamahiriya/Malta)*, Application by Italy for Permission to Intervene, Judgment [1984] ICJ Rep. 3. 이 사건의 논의에 대해서는 G.P. McGinley, "Intervention in the International Court: The Libya/Malta Continental Shelf Case"(1985), 34 *ICLQ* 671 참조.

37) *Land, Island and Maritime Frontier Dispute (El Salvador/Honduras)*, Application to Intervene, Judgment [1990] ICJ Rep. 92. 이 판결은 1990년 2월 28일 ICJ의 결정에 따라서 소재판부가 내렸다. 이 결정과 후속 판결에 관한 평석에 대해서는 M.D. Evans, Note (1992) 41 *ICLQ* 896 참조.

라스와 엘살바도르 사이 다툼이 있었던 사항 중 하나인 Fonseca만의 수역체제에 대하여 니카라과가 '법률적 성질의 이해관계'가 존재한다는 점을 증명했다고 결정하였을 때, 관할권 관련 쟁점에 대해서 판단하지 않을 수 없었다. 소재판부는 어느 국가가 '비당사자'(non-party)로서 소송참가하는 경우, ICJ가 소송참가 여부를 판단할 권한은 당사국들이 해당 사건에 동의한 것에서 도출되는 것이 아니라, 이들 당사국들이 ICJ 규정에 따른 재판소의 권한 행사에 동의한 것에서 도출된다는 근거로 니카라과와 소송 당사국 간 관할권 면에서 연결고리가 제시될 필요가 없다고 결정하였다. 이러한 접근방식은 나중 사례에서 ICJ 전원재판부의 지지를 받았고, 분명히 옳았다. 왜냐하면, 이로써 소송참가는 잠정조치 등 ICJ의 부수적 관할권과 동일하게 취급되면서, 일관성을 갖는 장점이 있을 뿐만 아니라, 국가가 요건에 부합하는 이해관계를 증명하면 언제든지 소송참가가 가능하게 되어서 ICJ 규정 제62조의 취지를 달성할 수 있기 때문이다.

또 다른 측면에서도, *Land, Island and Maritime Frontier* 사건 결정은 소송참가를 촉진할 수 있을 것으로 보인다. 앞의 두 사례에서 보건대, 만약 소송참가를 신청한 국가가 '법률적 성질의 이해관계'가 있다는 점을 증명하기 위하여, 침해당할 수 있는 권리를 특정하게 되면, 그 국가는 해당 분쟁을 ICJ에 회부하였다고 비난받을 수 있다. 그러나 반대로 그 국가가 그렇게 하지 않으면, 몰타와 같이 '법률적 성질의 이해관계'가 없다는 판결을 받게 된다. 하지만, *Land, Island and Maritime Frontier* 사건에서 소재판부는 니카라과가 주장하는 법익을 균형감 있고, 효율적으로 검토하여 그 주장의 일부를 인용함으로써 이러한 모순적인 상황을 벗어날 수 있는 방법을 제시했다. 관련 국제법 규칙상 일반적인 이해관계는 제62조에 따른 소송참가의 근거가 되기에는 충분하지 않고, 니카라과의 주장 중 다수는 이러한 근거에서 배척되었다는 점을 주목하는 것이 중요하다. 그렇지만 소재판부는 제62조에 따라서 소송참가 신청이 인정된 첫 번째 사례로서, Fonseca만 수역의 지위와 관련해서 니카라과가 청구한 소송참가를 인용함으로써 중요하면서도 고무적인 선례를 마련했다.

후속 판례에서 제62조 혹은 제63조에 따른 소송참가가 언제 가능한지가 더 명확해졌다. 따라서, 니카라과와 콜롬비아 간 *Territorial and Maritime Dispute* 사건[38]에서, 코스타리카와 온두라스는 모두 카리브해 연안국이므로 이 사건에서 제기된 해양경계 획정 문제에 이익을 갖는다는 점을 근거로, 비당사자 소송참가를 시도하였다. 하지만, ICJ는 이들 각국이 ICJ 결정에 영향을 받을 수 있는 법률적 성질의 이해관계를 증명하지 못했다는 점을 근거로 양측의 신청을 기각하였다. 한편, 독일과 이탈리아 간 *Jurisdictional Immunities of the State* 사건[39]에서 무엇보다 그리스 판결을 이탈리아에서 집행할 수 있는지 여부가 관건이었는데, ICJ는 만장일치로 그리스의 소송참가 신청을 허락하였고, 1946년 포경협약의 해석과 적용에 관한 *Whaling in the Antarctic* 사건[40]에서 뉴질랜드가 제63조에 따라서 소송참가 신청을 하였을 때도 유사한 결론에 이르렀다.

이즈음에서 이 주제와 관련해서 반드시 언급해야 할 점이 있다면, 장차 소송참가를 염두에 두는 국가의 경우 제62조를 원용할 기회는 그 자체로도 매우 가치가 있다는 것이다. 예컨대, *Ligitan and Sipadan* 사건[41]에서, 필리핀은 북보르네오에 대한 자국의 청구권을 보호하고자, 인도네시아와 말레이시아 간 분쟁에서 소송참가를 시도했지만, '법률적 성질의 이해관계'가 있다는 점을 증명하지 못했다는 이유로 신청이 기각되었다. 하지만, ICJ는 필리핀에 대해서 소송 당사자들의 주장이 필리핀의 영유권 주장과 무관하다는 점을 분명히 했고, 또한 비록 ICJ가 소송참가 신청을 배척하였지만, "현재의 소송에서 인도네시아, 말레이시아 그리고 필리핀이 제시한 입장을 주지"한다고 밝혔다. 따라서 제62조와 제41조 사이에는 이 점에서 유사점이 있다. 왜냐하면, 앞서 보았듯이, 잠정보호 신청이 거부되더라도 일부 이점이 있을 수 있기 때문이다.

판결을 재심할 수 있는 권한은 ICJ 규정 제61조에 있으며 새로운 사실이 밝혀지

---

38) *Territorial and Maritime Dispute (Nicaragua v. Colombia)*, Application for Permission to Intervene, Judgments [2011] ICJ Rep. 348 and 420.

39) *Jurisdictional Immunities of the State (Germany* v. I*taly: Greece intervening)*, Application for Permission to Intervene, Order of 4 July 2011 [2011] ICJ Rep. 494.

40) *Whaling in the Antarctic (Australia* v. *Japan: New Zealand intervening)*, Declaration of Intervention of New Zealand, Order of 6 February 2013 [2013] ICJ Rep. 3.

41) *Sovereignty over Pulau Ligitan and Pulau Sipadan (Indonesia/Malaysia)*, Application to Intervene, Judgment [2001] ICJ Rep. 575; J.G. Merrills, Note (2002) 51 *ICLQ* 718 참조.

고, 이러한 사실이 결정에 중대한 영향을 미쳤던 경우에만 행사될 수 있다. 반대로 판결 해석권한은 더 넓으며, 제60조에 따라서, 일방 당사국의 요청만 있으면 행사할 수 있다. 소송참가 규정과 같이, 이들 권한도 거의 활용되지 않았지만, 적절한 상황에서 사법적 해결의 효과를 높이는 데 활용될 수 있을 것이다. 따라서 *Tunisia-Libya* 사건[42] 절차의 마지막 단계에서 ICJ는 새로운 사실이 더 일찍 발견될 수 있었다는 근거에서, 그리고 어쨌든지 그러한 사실이 그다지 중요하지 않다는 이유로 튀니지의 1982년 판결의 재심 요청을 거부하였다. 하지만, ICJ는 이전 판결의 해석에 관한 부수적 신청에 대해서는 긍정적으로 반응하였다. 이 사례에서, 튀니지의 '해석' 신청이 판결을 재심하기 위한 또 다른 시도일 뿐인지 여부에 대해서 상당한 논쟁이 있었고 ICJ는 해당 신청을 수락하면서도 이 둘의 차이를 강조하기 위해 주의를 기울였다.

이와 다소 유사한 점이 *Land and Maritime Boundary* 사건에서 지적되었다. 이 사건에서, 나이지리아는 이례적으로, 본안 절차가 아직 진행 중에 있을 때, 관할권과 수리적격성에 관한 ICJ 판결의 해석을 신청하였다.[43] 이전에는 이런 유형의 신청이 없었지만, ICJ는 규정 제60조의 용어가 본안 판결, 뿐만 아니라 선결적 항변 판결에 대해서 해석할 수 있을 정도로 충분히 일반적이라는 점을 인정했다. 하지만, ICJ는 규정 제60조에서 판결은 "최종적이며 상소할 수 없다"고 규정하였기에, 기본원칙인 기판력의 원칙을 반영하고 있으며, 이는 항상 준수되어야 한다는 점을 지적했다. 쟁점이 된 해당 사안에 대해서, ICJ는 이전 판결에서 나이지리아가 항변했던 사항을 배척했는데, 배척했던 내용과 해석 신청은 양립할 수 없다고 설명하였다. 그러므로 ICJ는 *기판력(res judicata)*의 원칙을 위반하지 않고서는 판결을 '해석'할 수 없었고, 이로 인해 나이지리아의 신청은 수리될 수 없었다.

제60조의 중요성은 *Temple* 사건[44]의 가장 최근 절차에서 가장 잘 확인할 수 있

---

42) *Application for Revision and Interpretation of the Judgment of 24 February 1982 in the Case concerning the Continental Shelf (Tunisia/Libyan Arab Jamahiriya)* [1985] ICJ Rep. 192.

43) *Request for Interpretation of the Judgment of 11 June 1998 in the Case concerning the Land and Maritime Boundary between Cameroon and Nigeria (Cameroon* v. *Nigeria)*, Preliminary Objections, *(Nigeria* v. *Cameroon)*, Judgment [1999] ICJ Rep. 31.

다. 1962년 ICJ는 캄보디아와 태국 간 영토분쟁인 *Temple* 사건에서 캄보디아에 유리한 판결을 내렸다. 2011년 판결 이행을 둘러싼 이견으로 인해서 이 지역에서 무력충돌이 발생했으며, 캄보디아는 제60조에 따른 해당 판결의 해석과 동시에 제41조에 따른 잠정보호조치를 요청하였다. 잠정조치 요청은 곧 허가되었다. 그리고 2013년에 ICJ는 1962년 판결의 의미와 범위에 대해서 당사자간 분쟁이 있다고 판단하고서 캄보디아에 유리한 해석 결정을 내렸다. 원판결을 내렸던 재판관들이라면 ICJ가 반백년 후에 해당 사건을 재심한다는 점에 틀림없이 놀랐을 것이다. 그러나 제60조는 시한이 없고, 신청이 허가되면 결정의 효율성을 상당히 제고할 수 있다. 그러므로 비록 첫 번째 결정이 내려진 후 상당히 오랜 시간이 경과된 후 해석하는 것이 전례 없는 일이었던 것은 분명하지만, *Temple* 사건은 시의적절히 제60조의 가치를 상기시켰다.

판결의 재심 신청은 판결 해석에 대한 요청과 마찬가지로 이전 본안 판결이나 관할권 및 수리적격성에 대한 판결과 관련된다. 따라서 *Genocide Convention* 사건에서 유고슬라비아는 관할권과 수리적격성에 관한 ICJ의 1996년 판결의 재심을 신청하면서, 원판결이 유고슬라비아의 법적 지위를 제대로 판단하지 못한 채 내려졌다고 주장하였다.[45] 한편 *Land Island and Maritime Frontier* 사건에서, ICJ 소재판부는 새로운 서면 증거를 기반으로 엘살바도르가 요청한 재심을 다루었다.[46] 하지만, 두 신청이 모두 기각된 것은 의미가 있다. 유고슬라비아의 청구가 기각된 것은 해당 청구가 근거했던 사실이 원판결이 내려졌을 때는 존재하지 않았다는 이유 때문이었

---

44) *Request for Interpretation of the Judgment of 15 June 1962 in the Case concerning the Temple of Preah Vihea (Cambodia* v. *Thailand)*, Judgment [2013] ICJ Rep. 281; J.D. Ciociari, Note (2014) 108 *AJIL* 288 참조.

45) *Application for Revision of the Judgment of 11 July 1996 in the Case concerning Application of the Convention on the Prevention and Punishment of the Crime of Genocide (Bosnia and Herzegovina* v. *Yugoslavia)*, Preliminary Objections *(Yugoslavia* v. *Bosnia and Herzegovina)*, Judgment [2003] ICJ Rep.; N. Tsagourias, Note (2004) 53 *ICLQ* 731 참조.

46) *Application for Revision of the Judgment of 11 September 1992 in the Case concerning the Land, Island and Maritime Frontier Dispute (El Salvador/Honduras: Nicaragua intervening) (El Salvador* v. *Honduras)*, Judgment [2003] ICJ Rep. 392; M.N. Shaw, Note (2005) 54 *ICLQ* 1013 참조.

고, 엘살바도르의 경우에는 새로운 사실들이 결정적인 성질을 갖지 않았기 때문이었다. 이 두 결정의 정당성은 인정되지만, *Tunisia-Libya* 사건이 주는 인상은 확정성 추정이 너무 강력해서 제61조를 기반으로 한 청구가 성공하는 경우는 예외적이라는 점을 이들 결정에서 확인할 수 있다.

이미 기술한 사항들은 모두 ICJ 규정에서 규정하고 있고, 이 외에도 ICJ는 추가적으로 반소(counter-claims)를 다룰 수 있는 부수적 권한을 갖는데, 이러한 권한은 ICJ 규칙에서 규정하고 있다. 규칙 제80조에 따르면, 반소가 다뤄질 수 있는 조건은 해당 반소가 "재판소의 관할 대상에 해당되고 타방 당사자의 청구사항과 직접 관련되어야 한다"는 것이다. 그 결과, 일방 당사자의 신청으로 분쟁이 ICJ에 회부되면,[47] ICJ는 절차를 개시한 국가의 청구만 다루도록 제한되는 것이 아니라, 여러 가지 관련된 쟁점을 상대방이 제기하는 경우, 그러한 쟁점도 다룰 수 있다. 물론, 피제소국은 별개의 분쟁을 ICJ에 회부하는 방식으로 반소를 활용할 수 없고, 해당 사건에 대한 ICJ 관할권의 기반을 확장하는 도구로써 활용할 수도 없다. 그러나 반소 제도가 없다면 복잡하게 전개되었을 분쟁이 더 충분히 다뤄질 수 없을 것이기에 반소 자체는 국제적 사법정의 증진에 도움이 될 수 있다.

비록, 반소 제도는 PCIJ 시절까지 거슬러 올라가지만, 최근까지도 거의 활용되지 않았다. 하지만, 1997년에 *Genocide Convention* 사건에서 ICJ는 보스니아와 헤르체코비나가 제노사이드를 자행했다는 주장과 관련해서 유고슬라비아가 제기한 반소를 다루어야 했고, 곧이어 *Oil Platforms* 사건에서 이란의 무력 사용과 관련해서 미국이 반소 제기를 하였다. 두 사건에서 모두 반소의 수리적격성 여부가 다투어졌기에, ICJ는 이들 청구의 수리적격성 여부를 결정하기 앞서서 제80조의 요건을 면밀히 검토하였다.[48] 더 최근에 ICJ는 *Jurisdictional Immunities of the State* 사건[49]에서 이

47) 특별협정으로 사건이 제소되면, 각 당사자의 청구사항은 일반적으로 해당 협정에 포함된다. 따라서 반소의 문제가 발생할 여지가 없다. H. Thirlway, "The law and procedure of the International Court of Justice 1960-1989 (part twelve)" (2001), 72 *BYBIL* 37 at 175 참조.

48) The Court's Orders of 17 December 1997 (*Genocide Convention* case) [1997] ICJ Rep. 243; 19 March 1998 (*Oil Platforms* case) [1998] ICJ Rep. 190. 이에 대한 논의는 P.H.F. Bekker, Note (1998) 92 *AJIL* 508; Thirlway, "The law and procedure" (n. 47) 174 참조.

49) *Jurisdictional Immunities of the State (Germany* v. *Italy),* Counter-Claim, Order of 6 July

탈리아의 반소 신청 사안이 이탈리아가 ICJ 관할권의 기반으로 삼았던 1957년 분쟁의 평화적 해결에 관한 유럽협약의 적용범위를 벗어난다는 근거에서 해당 신청을 기각하였다. 이와 마찬가지로, *Certain Activities Carried out by Nicaragua in the Border Area* 사건[50]에서 ICJ는 니카라과가 제기한 최소 4건의 반소에 대해서 판단해야 했지만, 여러 가지 근거에서 이들 청구를 모두 기각하였다. 반소에 수리적격성이 있다고 판단되는 경우라도, 지금까지 실행상 중요성은 별로 증명되지 않았다. 하지만, 이들은 제한적이지만 피제소국에 유용한 선택사항이 되기에 소송 전술의 하나로서 고려할 만한 가치가 있다.

권고적 의견

ICJ의 권고적 관할권은 ICJ에 대해서 국제기구의 요청이 있을 경우 법적 의견을 제시할 수 있도록 하려는 목적이 있다. 비록 권고적 관할권의 세부사항과 그 기능은 이 책의 범위를 벗어나지만, 두 가지 점은 언급할 만하다. 하나는 쟁송관할권과의 관계이고 다른 하나는 더 일반적인 성격에 관한 것이다.

유엔의 주요 사법기관인 ICJ는 총회나 다른 기구로부터 국가간 법적 분쟁에 대하여 권고적 의견을 요청받을 수 있다. ICJ의 쟁송관할권이 합의에 기반한다는 점을 감안할 때, ICJ는 권고적 의견 요청에 어떻게 대응해야 하는가? 이 문제는 곧 다루게 될 권고적 절차에서 특별재판관 문제와 연결되며 ICJ가 수차례 검토한 바 있다. *Western Sahara* 사건[51]에서 ICJ는 앞서 *Peace Treaties* 사건에 대한 권고적 의견의 논리 전개를 발전시켜서,[52] 그 사건의 쟁점은 ICJ가 의견을 낼 관할권을 갖는지 여부보다 ICJ가 의견을 내는 것이 적절한지 여부였기에 고려할 요소에는 신청의 대상

2010 [2010] ICJ Rep. 310.

50) *Certain Activities carried out by Nicaragua in the Border Area (Costa Rica* v. *Nicaragua)*, Counter-Claims, Order of 18 April 2013 [2013] ICJ Rep. 200.

51) *Western Sahara,* Advisory Opinion [1975] ICJ Rep. 12. 이 사건의 평석으로는 P.V. Lalonde, "The death of the Eastern Carella doctrine"(1979), 37 *U. Toronto Fac. L. Rev.* 80 참조.

52) *Interpretation of Peace Treaties with Bulgaria, Hungary and Romania*, First Phase, Advisory Opinion [1950] ICJ Rep. 65.

과 취지, 분쟁의 기원과 성질, 활용 가능한 증거의 적절성이 포함된다고 판시하였다. ICJ 실행은 이들 요소들을 평가할 때 사건을 수리하는 쪽으로 강하게 추정한다는 점을 보여 준다. 이는 아마도 ICJ 구성원 다수의 경력이 유엔과 관련되고 인권, 비식민화, 그리고 다수의 다른 쟁점을 둘러싼 분쟁이 더 이상 단순히 국가간 문제가 아니라 국제기구의 관심사항이 되는 것이 합당하다는 사실을 반영하기 때문일 것이다.

일반적으로는 엄밀한 의미에서 국가간 법적 분쟁과 관련이 없는 권고적 의견조차도 보통 직접 혹은 간접적으로 국가간 논란과 연관된다. 예컨대, *WHO Regional Headquarters* 사건의 권고적 의견[53)]은 표면상으로는 전문기구가 본부 사무소를 이전할 수 있는지 여부의 상황에 관한 것이지만, 실제로는 이집트와 주변 아랍 국가들의 반목현상에서 비롯된 것이었다. 마찬가지로 *Nuclear Weapons* 사건의 권고적 의견[54)]도 핵무기 위협 혹은 사용이 국제법상 허용되는지 여부에 관한 추상적인 문제에 관한 것이었지만, ICJ는 유엔 회원국들의 의견이 크게 분열되었던 쟁점을 다루었다. 이들 사건 및 이전 사건들에서도 ICJ는 권고적 의견 요청에 응할 때 정치적 상황은 전혀 문제가 되지 않는다고 판단함으로써, 국제기구 내에서 발생하는 국익의 충돌이라도 법적 형식으로 제시된다면 재판소의 법적 관심을 받기에 적절한 대상이 될 수 있다고 밝혔다.

권고적 의견과 분쟁 해결의 관계는 *Construction of a Wall* 사건[55)]에서 확인되었다. 이 사건은 유엔 총회가 ICJ에 팔레스타인 점령지역에서 건설 중이던 이스라엘의 보안장벽이 갖는 법적 효과에 대해서 평가해 달라고 신청한 데서 비롯되었다. ICJ는 해당 신청을 다룰 권한을 갖는다는 점 그리고 관할권 행사를 거절할 이유가 전혀

53) *Interpretation of the Agreement of 25 March 1951 between the WHO and Egypt,* Advisory Opinion [1980] ICJ Rep. 73. 이 사건의 평석으로는 C. Gray, "The International Court's advisory opinion on the WHO-Egypt Agreement of 1951"(1983), 32 *ICLQ* 534 참조.

54) *Legality of the Threat or Use of Nuclear Weapons*, Advisory Opinion [1996] ICJ Rep. 66. 이 사건의 평석으로는 N. Grief, Note (1997) 46 *ICLQ* 681; 그리고 M.J. Matheson, "The opinions of the International Court of Justice on the threat or use of nuclear weapons"(1997), 91 *AJIL* 417 참조.

55) *Legal Consequences of the Construction of a Wall in the Occupied Palestinian Territory,* Advisory Opinion [2004] ICJ Rep. 136; S.C. Breau, Note (2005) 54 *ICLQ* 1003.

없다는 점을 확인한 후, 법적 쟁점을 자세히 검토한 결과, 해당 장벽은 불법이고 이스라엘과 다른 국가들에게 심각한 결과를 초래했다고 결론내렸다. 이 의견에서 주목할 만한 특징은 비록 해당 질문이 정치적 측면 그리고 명백히 쟁송적 성격을 가졌던 점이 있었지만 ICJ가 자신에게 권한이 있다고 한 점, 그리고 그러한 판단이 거의 만장일치에 근접했다는 점이다. 당연하지만 흥미로운 점은, ICJ는 권고적 의견 마지막 부분에서 보충적으로 유엔 총회가 교섭에 의한 해결 그리고 이 지역 내 모두의 평화와 안전을 위하여 팔레스타인 국가 수립을 장려할 필요성이 있다고 강조한 것이다.

ICJ 재판관

ICJ는 15인의 재판관으로 구성되며, 이들은 유엔 총회와 안보리에서 9년 임기로 선출된다. 임기가 끝날 시점에 재판관들은 재선에 출마할 수 있으며 선거는 ICJ 재판관의 3분의 1인 5명이 3년의 간격을 두고 선출되는 방식이다. ICJ 규정 제9조에 따라서, 재판관 선거는 '세계의 주요 문명형태 및 주요 법체계를 대표하는' 방식으로 시행된다. 이 요건은 매우 중요하다. ICJ 재판관의 국적국 분포가 국제공동체 전체의 균형과 다양성을 반영하는 것으로 보이지 않으면, 자국의 문화가 제대로 대표되고 있지 않다고 여기는 국가는 ICJ를 자신들의 법적 분쟁을 처리하는 데 적합한 기관으로 간주하지 않을 가능성이 높다. 더욱이, 그런 상황에서는 국제적으로 법을 해석하고 적용하는 ICJ의 권위, 심지어는 권한마저도 의문시될 것이다. 따라서 제9조는 사법재판과 국제법의 정치적 기반과 직접적인 관련성을 갖는다.

국제재판소의 선거는 처음에는 국제연맹, 그 후에는 유엔과 같은 정치적 기구의 전유물이었다. 결과적으로, 1919년 이래 재판소의 구성은 해당 기간 중 기관 내 세력균형의 변동상황을 반영한다.[56] 예컨대, 아프리카와 아시아를 대표하는 재판관의 수는 식민지 시대인 1922년 2명에서 현재 6명으로 늘어난 반면, 프랑스, 영국, 러시

56) ICJ의 구성에 관한 이러저러한 측면에 대한 명쾌한 분석으로는 S. Rosenne, "The composition of the Court" in Gross(ed.), *The Future of the International Court* (n. 1) p.377 참조.

아연방을 포함하여 같은 기간 유럽을 대표하는 재판관의 수는 10명에서 6명으로 줄었다. 방금 언급한 국가들은 미국, 중국과 함께 안보리 상임이사국으로서 ICJ에 자국적 재판관을 가질 자격이 있는 것으로 간주되고 있다. 이제는 ICJ의 나머지 10개의 자리도 1965년 안보리 확대 후 합의된 '공평한 지리적 배분'의 유형을 따르기로 합의한 것으로 보인다. 이런 방식에 따르자면, 현재 ICJ 재판관의 출신국 배분은 제9조에 충분히 부합하기에 한 때 동일한 목적을 달성하고자 제안되었던 ICJ 재판관 증원은 필요하지 않은 것으로 보인다.

분쟁과 복잡한 국제법 문제들을 다룰 권위를 수립하고 유지하기 위하여, ICJ 구성원들은 자신들이 다루는 사건을 결정할 개인적 능력이 증명되어야 한다. ICJ 규정 제2조에 따르면 재판관은 "덕망이 높은 자로서 각 국가에서 최고위직 법관으로 임명되는 데 필요한 자격을 가진 자 또는 국제법에 정통하다고 인정된 법률가"가 되도록 규정하고 있다. 재판관의 출신국 분포는 다수의 합의가 필요한 사항이지만 제2조의 요건을 충족하는 것은 선거에 관한 사항이라기보다 후보자 지명에 관한 사항이다. 이론상, 후보자 지명은 독립적인 국가집단들의 전권사항이지만, 실행상 각국 정부들이 막강한 영향력을 행사한다. 비록 ICJ 재판관 일부가 상대적으로 경험이 부족하여 잡음이 나온 적이 있고, 후보자 지명 과정에 개선의 여지가 있는 것이 분명하지만, 일반적으로 재판관들의 자격이 충분치 않다고 할 수는 없다.

재판관들이 일반적 자격과 함께 특정 사건을 공정하게 처리할 수 있는 능력을 갖는 것도 매우 중요하기에 ICJ 규정의 제17조와 제24조 두 규정은 각각 재판관이 이전에 다른 자격으로 사건에 관여했던 경우, 그리고 그 밖의 특별한 이유로 사건에 참여할 수 없는 경우를 규정하고 있다. 비록 이들 규정의 취지는 분명하지만, 전직 법률고문, ILC 위원, 그리고 직업외교관을 ICJ 재판관으로 선출하고 있는 경향 때문에 각 재판관이 특정 사건에서 재판관직을 수행할 수 없는지 여부를 결정하는 것이 점점 더 어려워졌다. 예컨대, *Namibia* 사건에서 ICJ 재판관 중 3인이 이미 다른 자격으로 이 사건에 관여했다는 근거에서 이들의 적격 여부가 다투어졌고, 더 최근에는 *Construction of a Wall* 사건에서 이스라엘이 같은 이유로 이집트의 전직 외교관이었던 재판관의 적격 여부를 문제삼았다. 비록 한 사건에서는 10대 4의 다수결로 결정되었으나 ICJ는 이 모든 신청을 기각하였다.[57] 최소한 이와 관련해서, ICJ 재판관의 사전 경력으로 인한 문제가 계속해서 발생할 것이 확실해 보인다.

쟁송사건에서 양 분쟁 당사국 모두 ICJ에 국적 재판관을 갖지 않은 경우, 양측은 해당 사건에서만 ICJ 재판관으로 특별재판관을 임명할 수 있다. 예컨대, 루마니아와 우크라이나 간 *Maritime Delimitation in the Black Sea* 사건[58]에서 양국 모두 특별재판관을 임명하였다. 이와 마찬가지로 일방 당사국이 사건 당시 ICJ에 국적 재판관을 갖고 있고, 타방은 그렇지 않다면, 국적 재판관이 없는 당사국도 특별재판관을 임명할 수 있다. 따라서 러시아가 피제소국이었던 *CERD* 사건[59]에서 제소국인 조지아는 특별재판관을 임명하였다. 하지만, ICJ 재판관들은 개인 자격으로 배석하고 자신의 국적국을 대표하지 않는다. 그러나 다른 한편으로는 특별재판관이 자신을 임명한 국가의 입장을 인용할 것이라고 예상된다는 점에서, 한 논자가 지칭했듯이 '외교적 민감성에 대한 양보'가 정당한지 여부에 대해서 치열한 논쟁이 있다.[60]

국내의 재판 실행에 비추어 보면 특별재판관 제도는 분명 변칙으로 보인다. 그러나 이런 비교가 과연 적절한가? 국내법상 법원은 단일한 법문화 출신자들로 구성되고, 그러한 문화를 바탕으로 자신들이 내리는 결정을 정당화하고, 강제관할권을 행사한다. 이 중 어느 것도 국제적으로는 해당 사항이 없다. 따라서 어느 정부가 ICJ에 분쟁을 회부하려면 무엇이라도 신뢰해서 행동할 만한 것이 필요하다. 특별재판관의 투표는 중재재판소의 당사자 '국적' 중재인의 경우와 마찬가지로, 사건의 결과를 바꿀 가능성은 전혀 없다. 그러나 그의 존재는 당사국과 ICJ를 연결하는 중요한 고리가 된다. 따라서 특별재판관은 공정성을 지킬 의무를 갖지만, 자신을 임명했던 국가의 사실관계와 법적 주장들을 다른 재판관들이 충분히 이해하고 고려하도록 해야

57) The *Namibia* case [1971] ICJ 3, 6 및 9; *The Construction of a Wall* case, ICJ Press Release 2004/4 (3 February 2004); Thirlway, "The law and procedure" (n. 47) 42-6 참조.

58) *Maritime Delimitation in the Black Sea (Romania* v. *Ukraine)*, Judgment [2009] ICJ Rep. 61; C.G. Lathrop, Note (2009) 103 *AJIL* 543 참조.

59) *Application of the International Convention on the Elimination of All Forms of Racial Discrimination (Georgia* v. *Russian Federation)*, Provisional Measures Order of 15 October 2008 [2008] ICJ Rep. 353; S. Ghandhi, Note (2009) 58 *ICLQ* 713 참조.

60) Rosenne, "Composition of the Court" (n. 56) p.407. 다른 비판적 견해로는 D.D. Nsereko, "The International Court, impartiality and judges ad hoc"(1973), 13 *Ind. I Int. L* 207 참조.

할 책임을 부담하기도 한다.[61] 이런 상황에서, 특별재판관 제도는 아마도 아직은 없애기에는 유용성이 너무 크다.

ICJ의 권고적 절차에서 특별재판관이 임명될 수 있는 상황에 관한 문제가 수차례 제기되었다. 이러한 문제가 발생하는 이유는 국제기구들만 요청할 수 있는 권고적 의견이 때로는 국가간 분쟁과 연결되고, 만약 이들 분쟁이 쟁송사건의 대상이라면 특별재판관을 임명하는 것이 정당했을 것이기 때문이다. 특별재판관을 임명하는 목적은 두 경우 모두 동일하다고 인식하였기에 ICJ는 권고적 관할권과 쟁송관할권을 같이 취급하는 방법을 시도하였다. 비록 *Namibia* 사건에서 ICJ는 남아공이 특별재판관을 임명할 자격이 없고, ICJ는 그러한 임명을 허가할 잔여 재량권도 없다고 판시하여 논란의 여지가 있었지만,[62] 후에 *Western Sahara* 사건[63]에서 더 설득력 있는 근거에서 모로코의 유사한 신청을 받아들인다고 판시하였다.

소재판부

ICJ 사건들은 일반적으로 전원재판부가 심리한다. 하지만, ICJ 규정 제26조~제29조는 특정 부류의 사건에 대해서, 신속한 업무 처리를 위하여 혹은 개별 사건을 처리하기 위하여, 더 적은 수의 재판관으로 구성되는 소재판부를 설치하도록 규정하고 있다. 수년간 이들 절차는 거의 이용되지 않았지만, 이런 절차를 통하여 ICJ의 활동을 향상시킬 수 있는 가능성이 현재 실현되고 있다. 1972년에 ICJ는 이들 절차를 더 많이 활용하기 위한 노력의 일환으로서 재판소 규칙을 개정하여 소재판부의 활용을 증진하고, 장래의 소송 당사자들이 재판부 구성뿐만 아니라 그 규모에도 영향을 미

---

61) The separate opinion of Judge ad hoc Lauterpacht in the *Genocide Convention* case [1993] ICJ Rep. 408-9; S.M. Schwebel, "National judges and judges ad hoc of the International Court of Justice"(1999), 48 *ICLQ* 889 참조.

62) [1971] ICJ Rep. 12. 이 사건에 대한 논의로는 M. Pomerance, "The admission of judges ad hoc in advisory proceedings: some reflections in the light of the *Namibia* case"(1973), 67 *AJIL* 446 참조.

63) [1975] ICJ Rep. 6. 이 사건에 대한 논의로는 I.R. Suh, "National judges in advisory proceedings of the International Court"(1979), 19 *Ind. J Int. L* 20 참조.

칠 수 있도록 하였다. 이와 마찬가지로 1993년에 ICJ는 국제환경법에 관한 분쟁을 다루기 위하여 7명의 재판관으로 된 소재판부를 설치하기로 결정하였다. 환경 소재판부는 한 번도 이용되지 않아서 2006년 폐지되었다. 하지만, 소재판부는 현재까지 여러 사건에서 활용되었고 이런 사례를 통해서 일부나마 결론을 도출해 낼 수 있다.[64]

소재판부 절차는 1981년 미국과 캐나다가 ICJ에 제소한 *Gulf of Maine* 사건에서 처음 활용되었다. 새로운 재판소 규칙에 따르면, 비록 소재판부 구성 여부에 관한 문제는 ICJ의 비밀투표에 의하여 최종 결정되지만 당사국들과 이에 대해서 협의해야 한다. ICJ의 투표가 '잘못된' 결과를 야기할 여지를 피하기 위하여 캐나다와 미국은 재판부 구성시 자신들의 희망사항이 받아들여지지 않으면, 소를 취하하고 해당 분쟁을 중재에 회부하겠다는 점을 분명히 하였다. 이런 상황에서 ICJ는 재판관 2명이 항의했지만, 당사국들이 요청한 소재판부 재판관을 선출하였다.[65]

일반적인 상황에서, ICJ는 당사자들의 희망사항을 무시하는 것이 거의 불가능하다. 왜냐하면, 이 사건에서 분명히 보여 주듯이, 당사자들은 불만이 있으면, 다른 곳으로 가버릴 수 있기 때문이다. 그 결과, 비록 ICJ가 소재판부 구성에 대해서 최종적인 통제권을 갖지만, 비밀투표는 보통 형식적인 것이 될 것이다. 하지만, 이러한 상황은 자연스러운 것으로서 소재판부의 활용을 장려하려는 노력의 결과로서 예상하지 못했던 것이 아니다. 그러므로, ICJ에 대해서 소재판부를 설치해 달라는 요청이 있었던 후속 사건들에서 ICJ는 *Gulf of Maine* 사건의 접근방식을 따라, 당사자들이 요청했던 재판부를 선출했다.[66]

---

64) 소재판부 절차에 대한 논의로서, 본문 내에서 언급된 사항의 다수를 상세히 기술한 것으로는 S.M. Schwebel, "Ad hoc chambers of the International Court ofJustice"(1987), 81 *AJIL* 831; R. Ostrihansky, "Chambers of the International Court of Justice"(1988), 37 *ICLQ* 30; E. Valencia-Ospina, "The use of chambers of the International Court of Justice" in Lowe and Fitzmaurice(eds.), *Fifty Years* (n. 1), p.503; Thirlway, "The law and procedure" (n. 47) 46-57 참조.

65) *Delimitation of the Maritime Boundary in the Gulf of Maine Area*, Constitution of Chamber, Order of 20 January 1982 [1982] IC] Rep. 3. 이 사건의 논의로는 R.H. Brauer, "International conflict resolution: the IC] chambers and the Gulf of Maine dispute"(1982-3), 23 *Va. JIL* 463 참조.

66) 이 점에 대해서는 여러 가지 사건의 결정에서 명확히 기술되어 있지 않지만, 오다(Oda) 재판관과 슈베벨(Schwebel) 재판관의 학술 저작, 뿐만 아니라 정황증거를 통해서 추론할 수

현재, ICJ 규정에서는 소재판부의 최소 규모를 정하지 않고 있기에, 이론상 단독 재판관으로 소재판부를 설치할 수도 있을 것이다. 마찬가지로, 최대규모도 규정되어 있지 않다. 그러나 전원재판부의 의결정족수가 9명이기 때문에 7명을 초과하는 수의 재판관으로 소재판부를 구성할 가능성은 없어 보인다. *Gulf of Maine* 사건과 소재판부가 구성되었던 후속 사건에서 소재판부는 5인의 재판관으로 구성되었고, 이는 중재재판소에서 자주 활용되는 수로서, 현재 표준이 된 것으로 보인다. 소재판부에 선출된 재판관들은 일반적으로 현직 ICJ 재판관이어야 하지만, 일반 사건의 경우와 같이 특별재판관도 임명될 수 있다는 점을 주목하는 것이 중요하다. 따라서 *Gulf of Maine* 사건에서 캐나다는 이러한 자격에서 활동할 재판관을 임명하였고,[67] *Land Island and Maritime Frontier* 사건[68]에서 1989년 원래의 소재판부가 설치되었을 때, 그리고 2002년에 엘살바도르가 판결의 재심을 요청했을 때, 양국이 모두 재판관을 지명하였다. 결과적으로, 이들 절차의 소재판부는 3인의 정규 재판관 그리고 2인의 특별재판관이 포함되었다.

소재판부 절차는 당사자들이 재판부의 규모와 구성을 통제할 수 있는 중재의 큰 장점과 ICJ의 이점으로 인식되는 사항으로서 활용 가능한 재판관 목록을 갖추고, 재판소 건물 및 국제소송에 필요한 설비 일체에 대해서, 유엔이 모든 비용을 지불한다는 점을 결합한 것이 매력적이다. 당사자들은 통상적으로 사건 준비 그리고 소송에서 주장할 때 발생하는 비용을 직접 지불해야 하지만, 소재판부 절차는 중재를 준비하고 필요한 자금을 융통하는 것에 비해서 훨씬 저렴하다. 또한, ICJ는 조약 규정 형식의 설립문서와 확립된 절차규칙을 갖추고 있다. 물론, 이런 것들로 인해서 ICJ에 요청할 수 있는 사항이 제한되지만, 이로 인해서 당사자들은 일정 부분 책임을 덜게 된다. 결과적으로 소재판부 절차는 상당한 유연성을 제공하면서도, 중재와 구분된다.

있다.

67) 루다(Ruda) 재판관은 원래 소재판부 재판관으로 선출되었지만, 당사자들이 특별재판관을 임명할 수 있도록 사임했다.

68) *Land, Island and Maritime Frontier Dispute (El Salvador/Honduras)*, Composition of Chamber, Order of 13 December 1989 [1989] ICJ Rep. 162.

이제까지 소재판부에 회부된 사건의 수는 비록 많지 않지만, 언제 소재판부를 활용할 수 있는지를 이미 보여 준다. 소재판부는 비교적 간단한 분쟁을 해결하는 것으로서 전원재판부의 시간과 자원을 활용하는 것이 적절하지 않는 경우에 특히 적합하다고 생각할 수 있다. 이럴 수도 있지만, 실제로 이러한 부류에 해당했던 경우는 이제까지 결정된 사건 중에서 엘살바도르의 재심 신청뿐이라고 할 수 있다. *Gulf of Maine* 사건[69]은 대륙붕 경계 획정에 관하여 극도로 복잡한 쟁점을 제기했고, 그 결과 소재판부의 판결은 ICJ 전원재판부가 이 분야에서 이전에 내렸던 결정 중 어느 것보다도 실제로 더 길었다. 부르키나파소와 말리(1986) 그리고 베냉(Benin)과 니제르(2005) 사이의 *Frontier Dispute* 사건[70]에서 모두 영토분쟁 사건들이 그러하듯 소재판부는 역사적이고 지리학적으로 얽혀 있는 실타래 같은 사안들을 풀어 내야만 하였다. 이탈리아와 미국 간 분쟁에 관한 *ELSI* 사건[71]에서 기업금융과 관련된 증거도 난해하고 방대했다. 이와 마찬가지로, 원래의 *Land, Island and Maritime Frontier* 사건[72]에서 소재판부는 다시금 장문의 판결을 내렸다. 여기에서 상세한 증거를 많이 처리했고, 육지 영토의 획득과 해양법에 관한 중요한 문제를 다루었다.

위의 사건들이 보여주는 바는 간단한 사건들을 처리하는 방법으로서 소재판부가 갖는 장점이 무엇이든지 간에 국가들은 소재판부 절차를 전문성을 감안하여 선발된 소규모 재판부에서 매우 기술적인 문제를 야기하는 사건들을 심리하도록 하는 방법으로 보기도 한다는 점이다. 이는 전통적으로 중재가 갖는 중요한 장점인 것을 기억할 수 있을 것이다. 따라서 이런 유형의 사건을 결정하기 위하여 소재판부를 활용하는 것은 두 절차가 어떻게 수렴하는지를 추가적으로 보여주는 증거이다. *Gulf of Maine* 사건은 소송의 복잡성으로 인하여, 미국과 캐나다는 약 미화 1,400만 달러

---

69) *Delimitation of the Maritime Boundary in the Gulf of Maine Area*, Judgment [1984] ICJ Rep. 246.

70) *Frontier Dispute*, Judgment [1986] ICJ Rep. 554; *Frontier Dispute (Benin/Niger)*, Judgment [2005] ICJ Rep. 90; S. Allen, "Case concerning the Frontier Dispute (Benin/Niger)" (2006), 55 *ICLQ* 729 참조.

71) *Case concerning Elettronica Sicula SpA (ELSI)*, Judgment [1989] ICJ Rep. 15.

72) *Land, Island and Maritime Frontier Dispute (El Salvador/Honduras: Nicaragua intervening)*, Judgment [1992] ICJ Rep. 351. 이 사건의 평석으로는 M. Shaw, Note (1993) 42 *ICLQ* 929 참조.

의 비용을 지출한 것으로 추산된다는 점을 덧붙일 만하다.[73] 그러므로 소재판부의 소송이 저렴하다는 것은 매우 상대적인 개념이다. 반대로, 만약 해당 분쟁을 중재에서 처리했다면, 당사국들은 판정부 비용도 지불해야 했을 것이기에, 결코 저렴하지 않았을 소송이 더욱 비싸게 되었을 것이다. 그러므로 ICJ를 활용하여 얻게 되는 비용 절감은 당사자들이 이미 상당한 금전을 지출할 용의가 있었떤 복잡한 분쟁의 경우 특히 매력적일 수 있다.

국가들이 소재판부 절차를 이용하기 시작하기 전에는 소송 당사자들이 재판부 구성에 영향을 미칠 수 있게 되면 소재판부가 이념적으로 특정 성향을 갖도록 구성되는 것을 장려하지 않을지, 그리고 이로 인해서 소재판부가 내리는 결정의 질과 권위가 훼손되지 않을지에 대한 우려가 때때로 표시되었다. 전원재판부에 대한 입장과 달리, 소재판부 구성시 '주요 문명형태' 그리고 '세계의 주요 법제도'를 대표해야 한다는 요건이 없고, 앞서 보았듯이, 실행상 소재판부의 구성은 당사국들이 결정하기 때문이다. 이제까지 구성된 소재판부의 경우 예상될 수 있듯이 특정한 선호도를 반영하는 것이 확실하다. *Gulf of Maine* 사건의 재판관들은 북미와 서유럽에서만 선정되었다. 반대로 1986년 *Frontier Dispute* 사건의 소재판부는 이들 지역 출신 재판관은 전혀 포함되지 않았던 반면, 수용 주장에 관한 사안을 다루었던 *ELSI* 사건의 재판관들은 전원이 선진산업국 출신들이었다. 하지만, 소재판부는 지속적으로 다양한 사법적 전문성을 활용하고 있다. 그러므로 이념적 편향 위험은 과장되지 않아야 할 것이다.

실제로 소재판부가 부당하게 편협한 관점을 취하는 것은 아닌데 이는 소재판부 결정의 질과 권위를 통해 확인할 수 있다. *Gulf of Maine* 사건의 판결은 영국-유럽의 법적 관점을 전혀 반영하지 않은 채 *Tunisia-Libya* 사건에서 전원재판부가 취한 접근법을 충실히 따랐다.[74] 이와 마찬가지로 두 건의 *Frontier Dispute* 사건 판결은 특정 사실관계를 분석하는 것이 주된 내용이었지만, 영토 획득에 관하여 확립된 원

73) D.R. Robinson, D.A. Colson and B.C. Rashkow, "Some perspectives on adjudicating before the World Court: the Gulf of Maine case"(1985), 79 *AJIL* 578 at 588.

74) J. Schneider, "The Gulf of Maine case: the nature of an equitable result"(1985), 79 *AJIL* 539.

칙들을 적용하였다. 한편, *ELSI* 사건의 판결 논리도 전통적인 입장을 따랐다. *Land, Island and Maritime Frontier* 사건에서 소재판부는 Fonseca만의 수역에는 일반법보다는 특별한 역사적 체제가 적용된다고 결론내렸다. 반대로, 다양한 영토적 쟁점을 다룸에 있어서, 소재판부는 *국경선 보존의 원칙(uti possidetis juris)*과 그 밖의 다른 원칙의 범위와 적용에 대해서 세심한 주의를 기울였고, 앞서 언급했듯이, 판결의 재심신청을 기각했던 후속 결정을 적절히 설명하였다. 전원재판부라면 이들 각 사건을 동일하게 결정했을까 하고 의문을 가져볼 수 있겠지만, 재판부의 법 적용이 때때로 다를 수 있었다고 해도 기본원칙을 전혀 다르게 취급했을 가능성은 거의 없다. 이들 사례들이 선례로서 갖는 중요성에서 보자면, 방금 언급했듯이 이들의 법적 분석이 제대로 되었다면, 이들 사건들이 자주 인용되고 근거로서 활용되리라고 기대할 수 있을 것이다. *Libya—Malta Continental Shelf* 사건에서 전원재판부가 유사한 쟁점을 다루었을 때 *Gulf of Maine* 사건의 결정이 폭넓게 인용되었다는 점, 그리고 나중 사례에서 소재판부의 결정을 수차례 언급했던 점이 이러한 견해를 반영한다.[75)]

이 새로운 규칙이 처음 제시되었을 때 소재판부 절차가 너무 인기가 많아 국가들이 전원재판부를 더 이상 활용하기를 원하지 않을 것이라는 우려가 일각에서 제시되었다. 겨우 소수의 사건이 소재판부에 회부되었기에, 현재 그런 우려는 근거가 없었던 것으로 보인다. 그러나 국가들이 전원재판부 활용을 일반적으로 더 선호하면, 소재판부 활용을 독려하는 시도가 여전히 가치 있는 것으로 간주될 수 있다. 국가들은 새로운 규칙이 ICJ의 편리함과 중재의 여러 가지 이점을 결합할 수 있는 기회를 제공한다는 것을 인정한 바 있다. 소재판부에 회부되었던 사건들을 보건대, 복잡한 증거가 결부된 분쟁과 아마도 지역성이 강한 쟁점의 경우에 소재판부가 특히 유용한 것으로 간주되었다. 결정 자체는 비록 결과적으로는 전원재판부의 판결만큼 비중이 없다고 해도 이들 판결에 비견할 만한 것이 분명하고, 편협한 사항을 선언할 것이라는 우려와는 전혀 거리가 멀다.

---

75) M. Shahabuddeen, *Precedent in the World Court*, Cambridge, 1996, pp.171-7. 앞에서 지적했듯이, 현재 전원재판부는 제62조에 대해서 *Land, Island and Maritime Frontier* 사건의 소재판부가 취한 입장을 지지한 바 있다.

소재판부 절차의 가치를 평가함에 있어서, 추가적으로 두 가지를 유념해야 한다. 첫째는 비록 소재판부 절차가 널리 활용되어 왔던 것은 아니지만 분쟁 해결방식의 선호도가 바뀔 수 있고 국가들이 사용하기를 원하면 현재 대체 절차로 활용될 수 있다는 점이다. 다른 한 가지는 오늘날까지 소재판부는 결정으로써 모든 분쟁을 해결했지만, 전원재판부의 모든 결정이 이러했다고 말할 수 없는 점은 불행한 일이다. ICJ 재판관의 배경이 오늘날 매우 다양하고, 일부 분쟁의 대상은 매우 전문화되어서 국가들이 특정 사건에 대해서 규모가 더 작고 엄선된 재판부를 선호하는 것은 충분히 이해할 수 있다. 특별재판관, 제척 등의 사안과 같이 현재 소재판부 절차가 다시 활성화되고 있는 점은 '결정은 누가 하는가?'라는 질문이 중재에서만큼이나 사법적 해결과도 관련되는 것을 보여 준다.

제7장

국제재판소 II: 재판소의 업무

The International Court II : the Work of the Court

07

국제재판소 II: 재판소의 업무

The International Court II : the Work of the Court

제6장에서 살펴 보았듯이 ICJ의 제도적 특징은 국제적인 사법재판을 수행하고자 하는 국가들의 의도 그리고 이들의 요청에 대응하는 ICJ의 능력에 큰 영향을 미친다. 하지만, ICJ가 기회를 얻으면 어떻게 분쟁을 처리하는지는 ICJ가 내린 판결에서 드러나기에 그러한 판결이 제도적 특징에 못지않게 중요하다. 이번 장은 ICJ의 법리를 세밀하게 기술하거나 ICJ가 국제법 발전에 기여한 바를 고려하기 위한 것이 아니다. 그러므로 ICJ의 판례법을 일람하려는 것이 아니라, ICJ의 일상 업무를 통해서 드러나는 분쟁 해결과 사법재판 사이의 관계를 보여 주려는 것이다. 이에 대한 논의는 결정이 내려지는 과정 자체에서부터 시작하는 것이 좋다.

사실의 확정

국제적 차원에서 주장을 증명하는 것은 주로 적합한 서증(documentary evidence)을 찾고 제출하는 것이다. 이러한 자료는 사실과 법 양쪽에 모두 관련되며 조약문, 국제기구 및 국회의 공식기록, 외교 서한, 기록물, 지도, 동영상, 사진, 진술서를 포함한다. 이러한 증거의 양은 매우 방대하고, 사실상 배제하는 규칙이 없기에 국가들은 자신들의 주장에 도움이 될 수 있는 것은 모두 제출할 수 있다. 비록 거의 활용되지 않는 방법이지만, 증인과 전문가의 구두진술, 혹은 심지어 ICJ 자신의 현장 방문으로 서증을 보강할 수도 있다. 예컨대, 헝가리와 슬로바키아 간 국경 하천의 댐 건설 방식에 관한 *Gabcikovo-Nagymaros* 사건에서 ICJ는 당사자들의 요청으로 1997년 관련 지역을 방문하기로 결정했었다.[1]

증거를 평가하는 것은 ICJ의 업무이며, 항상 사실관계가 법 적용의 핵심이기에 이는 길고도 섬세한 과정이 될 수 있다. 일부 경우에 당사자들이 제출한 자료의 상당 부분은 확인되지 않았거나, 판단 대상인 쟁점과 무관하여서 채택되지 않을 수 있다. 예컨대 해양경계 획정에 관한 분쟁에서 ICJ는 생태학, 지형학에 관한 상세한 증거를 무시하고, 논란이 덜한 지리학 관련 자료를 지지하는 경향을 보였다. 하지만, 일부 분쟁에서는 이렇게 집중할 대상을 좁힐 수 없어서, 사실 이외에 달리 다룰 사항이 없다. 따라서 중미에서의 국경 통과와 무력 사용에 관한 법적 쟁점이 다뤄졌던 *Nicaragua* 사건[2]에서, ICJ는 막대한 양의 혼란스러운 자료를 평가해야만 했고, 사실 판단 부분만 판결문의 55쪽을 차지하였다.

Nicaragua 사건에서 논란이 있었던 관할권 판단 이후, 미국이 더 이상 소송에 참여하지 않기로 결정하면서 ICJ의 어려움은 더욱 심화되었다. 이로 인해 ICJ가 이 사건에서 판결을 내리지 못한 것은 아니었지만, 일방 당사자의 증거가 없어서, ICJ는 사법절차의 핵심 특징인 양측 주장의 공방을 살필 수 없었다. 이 사건에서 ICJ는 피제소국이 출석하지 않았던 다른 사건에서처럼 사실을 확정하기 위하여 당사자의 인정, 증명력 추정, 공지의 사실 그리고 정황증거에 대한 재판소의 사실 인정 방식을 광범위하게 활용하였고, 판결문 작성시 편향되었다는 인상을 주지 않도록 특히 주의를 기울였다.[3] 그렇다고 해도, 미국은 재판에서 자국 입장을 변론하지 않음으로

---

1) *The Gabcikovo-Nagymaros Project*, Order of 5 February 1997 [1997] ICJ Rep. 3. 1997년 4월에 이루어졌던 현장 방문은 ICJ로서는 처음 수행했던 일이다. P. Tomka and S.S. Wordsworth, "The first site visit of the International Court of Justice in fulfilment of its judicial function"(1998), 92 *AJIL* 133 참조.

2) *Military and Paramilitary Activities in and against Nicaragua*, Merits, Judgment [1986] ICJ Rep. 14.

3) K. Highet, "Evidence, the Court and the Nicaragua case"(1987), 81 *AJIL* 1. 이러한 문제는 Highet의 다음 문헌에서 예상되었다. "Litigation implications of the US withdrawal from the Nicaragua case"(1985), 79 *AJIL* 992.

써 스스로 돌이킬 수 없을 정도로 불리한 입장에 처하게 되었던 것이 분명하다. ICJ가 아무리 꼼꼼하다고 해도, 일방이 불출석하는 경우, 궐석으로 인해 그 나라의 주장 중 중요한 사항이 누락되지 않도록 할 수 있는 방법이 없다.

사실 판단으로 발생할 수 있는 문제는 아래의 두 사건에서 살펴볼 수 있는데, 여기에서 ICJ는 이례적으로 복잡한 상황에 직면하였다. *Armed Activities on the Territory of the Congo* 사건[4)]에서, 콩고민주공화국(DRC)은 우간다가 자국을 무력 침략하고, 국제인권법과 국제인도법을 다수 위반했고, 자국의 천연자원을 불법적으로 착취했다고 주장하였다. 이러한 주장은 최소 7개의 다른 나라뿐만 아니라 수많은 반란단체들이 결부된 장기간의 내란기간 중 벌어진 활동에 관한 것이었기 때문에 사실을 확정하고 우간다의 책임 여부를 결정하는 것은 매우 힘든 작업이었다. 이와 유사하게 *Genocide Convention* 사건[5)]에서, 유고슬라비아가 폭력에 의하여 분열된 후 일어난 발칸반도의 충돌 기간 중 세르비아가 보스니아와 헤르체코비나에서 집단학살을 자행했는지가 문제되었다. 앞의 사건에서와 마찬가지로 이러한 사실을 확인하기 위하여 ICJ는 잔혹행위 자체 그리고 이에 대한 공식 정책과 관련된 방대한 증거를 조사하는 것이 필요했다. 하지만, 이 사안 중 일부는 이미 구유고전범재판소(ICTY)에서 조사했었기에 ICJ는 ICTY가 판단한 사실이 '매우 설득력이 있다'고 하면서, 이들 중 일부를 활용할 수 있었다.

이 외에도 ICJ가 기술적·과학적 증거를 포함하는 사건을 다루는 경우에 애로사항이 발생할 수 있다. 그 이유는 ICJ가 다룰 수 있는 영역인 법적·사실적 문제에 관한 분쟁과 ICJ의 영역이 아닌 과학적 논쟁 해결을 구별하는 것이 명확하지 않기 때문이다. 예컨대, *Pulp Mills on the River Uruguay* 사건[6)]에서, ICJ가 당사자들의 과학적 증거를 처리하는 방식을 여러 명의 재판관이 비판한 것은 옳았다. 하지만, 보다

4) *Armed Activities on the Territory of the Congo (Democratic Republic of the Congo* v. *Uganda)* [2005] ICJ Rep. 168; P.N. Okowa, Note (2006) 55 *ICLQ* 742.

5) *Application of the Convention on the Prevention and Punishment of the Crime of Genocide (Bosnia and Herzegovina* v. *Serbia and Montenegro)*, Merits, Judgment [2007] ICJ Rep. 43; S. Sivakumaran, Note (2007) 56 *ICLQ* 695 참조.

6) *Pulp Mills on the River Uruguay (Argentina* v. *Uruguay)*, Judgment [2010] ICJ Rep. 14; C.R. Payne, Note (2011) 105 *AJIL* 94 참조.

최근에는 *Whaling in the Antarctic* 사건[7]에서 ICJ는 새로운 접근방식으로서, '엄격하고 신속한 일정'이라고 불린 방법을 채택하여,[8] 더 만족스러운 결정을 내렸다. 과학적·기술적 쟁점이 점차 더 중요해지고 있는 이유는 다양한 유형의 환경 관련 분쟁이 국제재판소에 종종 제기되기 때문이다. 제9장에서 살펴 보겠지만, 세계무역기구는 이러한 유형의 사건들을 자주 다뤘다. 그러므로 이들 사건에서 증거를 제대로 다룰 수 있는 방법을 찾는 것은 현재 상당히 어려운 문제이다.

ICJ 규정과 규칙에 ICJ가 당사국들이 제출한 자료를 ICJ 자신이 조사한 자료로 보충할 수 있도록 고안된 규정이 다수 있다. ICJ는 당사국들에 증인이나 전문가를 활용하도록 요구할 권한이 있으며, 당사국들이 합의하지 못하는 사실에 관한 사항에 대해서 다른 증거를 제출하도록 요구할 수 있다. ICJ 규정 제30조 제2항은 ICJ가 보좌인을 임명하여 소송 진행 중에 배석하도록 해서, 결정이 최신의 과학적 지식을 반영하고 기술적 오류가 발생하지 않도록 하고 있다. 규정 제50조에 의하면 ICJ는 조사를 의뢰할 권한도 있다. 비록 이 권한이 활용된 경우는 거의 없었으나 *Corfu Channel* 사건에서 가치를 발휘하였다.[9]

ICJ는 당사국 측 증인과 감정 증인 간 서로 충돌하는 증거를 심리한 후, 네덜란드, 노르웨이, 스웨덴 해군의 선임장교로 구성된 전문가위원회를 구성하였고, 이 위원회에서 코르푸 해협에서의 수뢰 폭파에 관한 보고서를 두 건 제출하였다. 현지답사 후 작성된 두 번째 보고서 제출 후, ICJ는 알바니아의 책임을 확정짓는 데 충분하다고 판단하였다. 이로 인해서 손해배상 관련 질문과 이에 따른 기술적인 쟁점이 제기되었다. 그러므로 ICJ는 네덜란드 해군의 선임장교 2인으로 된 전문가위원회를 또 임명하였다. ICJ는 영국의 청구에서 손해배상액 산정이 공정하고 정확하다는 이들의 결론을 수락하였고, 이를 바탕으로 확정판결을 작성하였다.

국제소송은 복잡하고 이제 ICJ는 매우 바쁘기 때문에 사건 처리 속도를 높이려는 다양한 조치가 최근 몇 년 동안에 도입되었다. 이러한 조치들로는 재판소 규정 그

---

7) *Whaling in the Antarctic (Australia* v. *Japan: New Zealand Intervening)*, Judgment [2014] ICJ Rep. 225; S.E. Rolland, Note (2014) 108 *AJIL* 496 참조.

8) C.R. Payne, "Australia v. Japan: ICJ halts Antarctic Whaling"(2014), 18 *ASIL Insights*, Issue 9.

9) [1949] ICJ Rep. 142, 152 and 258.

리고 일부 중요한 실무지침(Practice Directions)의 개정뿐만 아니라 절차를 간소화하기 위한 그 밖의 조치들이 있다.[10] 증거 제출과 특별히 관련되는 조치로서, 당사자 서면변론서의 부속문서를 엄격히 선별하도록 하고, 서면변론 종결 후 새로운 문서 제출을 제한하며, 구두변론시 당사자들이 서로 입장을 달리하는 쟁점에 집중하도록 권장하는 것이다. 다른 조치로는 서면변론의 횟수를 제한하는 것이 있다. ICJ는 이런 조치들을 채택하면서, 당사자가 자신의 입장을 주장할 수 있는 여지를 부당하게 제한하지 않으면서 효율성을 제고하고자 하는데, 이를 위해서는 정책으로 상당히 섬세하게 이해관계의 균형을 잡아야 할 필요가 있다.

준거법의 확인

ICJ가 활용할 법의 연원은 규정 제38조 제1항에 있고, 이를 적용하는 방식은 사법적 해결에 대한 국가들의 태도에 상당히 영향을 미칠 수 있다. 국내 법원에서와 마찬가지로 ICJ의 업무에서 본질적인 문제는 계속성과 혁신을 조화시키는 것이다. 하지만, 국제적으로 이 문제는 세 가지 요소, 즉 단일 법문화의 부존재, 국제법의 상대적 미발달 상태, 그리고 국제사회의 급격한 변화가 발생하는 동안 초래되는 긴장상태로 인하여 복잡해진다.

문화적 측면은 *Western Sahara* 사건[11]에서 잘 드러난다. 이 사건에서 스페인은 해당 영역이 식민화 당시 *무주지(terra nullius)*였는지 여부는 고전국제법 기준에 따라서 결정되어야 한다고 주장하였고, 반면, 알제리와 모리타니아는 ICJ가 서사하라가 일부분으로 속했던 아랍-이슬람 문명이 전통법 제도 밖에 존재했던 것을 인정해야 한다고 주장하였다. ICJ는 권고적 의견에서, 이 점에 관한 스페인의 주장을 지지하면서, 더 급진적인 견해를 배척하였다. 하지만, ICJ는 해당 영역 관련 '법적 연결고

10) R. Higgins, "Respecting sovereign states and running a tight courtroom"(2001), 50 *ICLQ* 121; The Notes by S. Rosenne in (2002) 2 *Global Community YBILJ* 207; J.G. Merrills in (2003) 3 *Global Community YBILJ* 277.

11) *Western Sahara*, Advisory Opinion [1975] ICJ Rep. 12. 이 사건을 문화적 측면에서 논의한 것으로는 M. Shaw, "The Western Sahara case"(1978), 40 *BYBIL* 118 참조.

리'의 쟁점에 대해서는 지역의 특수한 성격을 면밀히 검토하였고 해당 사건에서 아랍-이슬람적 요소를 권고적 의견의 핵심 사안으로 삼았다. 책상물림의 관점에서는 이를 전통적 접근방식과 비서구적 법문화 개념을 혼합하려는 시도라고 비난하기 쉽다. 그러나 ICJ 당사국 수가 확대되면서 그와 함께 결정의 기준도 함께 확장되는 것이 필연적이다. 더욱이 이렇게 되는 것이 옳다. 왜냐하면, 사법적 결정이 분쟁 해결 수단으로 인정받으려면 ICJ는 결정을 받게 되는 당사국의 다양성을 인정하고 자신이 내리는 판결을 국제공동체의 많은 국가들이 지지하고 이해할 수 있는 언어로 작성해야 하기 때문이다.

ICJ 소장은 최근 ICJ 결정이 "법과 정치를 구별하는 예측 가능성의 핵심사항을 지속적으로 제공해야 한다"면서, "국제공동체의 합당한 수요와 염원에 대응하는 방식으로" 그렇게 해야 한다고 발언하였다.[12] 이러한 긴장관계는 *Arrest Warrant* 사건[13]에서 찾아 볼 수 있는데, 이 사건에서 ICJ는 전쟁범죄와 반인도적 범죄의 혐의와 관련해서도 외무장관은 다른 나라 법원의 관할권으로부터 완전한 면제를 누린다고 결정했다. 이 쟁점에 관하여 명확한 국가실행이 없는 상황에서, ICJ는 직무기준을 근거로 결론을 내렸으며, 면제와 불처벌을 구별하고자 주의하면서도, 국제 공서양속에 근거한 주장은 배척하였다. 그렇기에, ICJ는 이 사건 절차를 신중하게 진행했다. 반대로, 이보다 몇 달 전 *LaGrand* 사건[14]에서, ICJ는 1963년 영사관계에 관한 비엔나 협약 제36조 제1항이 국가뿐만 아니라 개인에게도 권리를 부여하는 점을 인정하였고, 이에 따라서 현대 국제법에서 그러한 권리를 부여하기 위한 협약이 반드시 인권조약일 필요는 없다는 진보적 견해를 지지하였다.

사회적·법적 변혁기에 사법재판을 하기 위해서는 국가실행에서 명확한 지침을 찾을 수 없는 경우라도 분쟁을 해결할 수 있는 기술이 필요하며, 사정이 안정되기 시작한 후에는 비구속적 선언, 강령, 지침, 그리고 그 밖의 '연성'(soft) 자료로 증명

---

12) ICJ 창립 제60주년 기념식에서 히긴스(Rosalyn Higgins) 재판관의 연설, ICJ Press Release 2006/15 (12 April 2006).

13) *Arrest Warrant of 11 April 2000 (Democratic Republic of the Congo* v. *Belgium)*, Judgment [2002] ICJ Rep. 3. 이 사건의 평석으로는 C. Wickremasinghe, Note (2003) 52 *ICLQ* 775 참조.

14) *LaGrand Case (Germany* v. *United States)*, Judgment [2001] ICJ Rep. 466. 이 사건의 평석으로는 M. Menneke and C.J. Tams, Note (2002) 51 *ICLQ* 449 참조.

된 실행에서 드러나는 새로운 경향이 규범력의 최소기준을 넘어 법으로 인정받을 수 있는지 결정하는 방법을 갖추어야 한다. 예컨대, *Gabcikovo-Nagymaros* 사건[15]에서, ICJ는 헝가리와 체코슬로바키아가 1977년에 체결한 조약을 환경보호에 관한 국제법의 후속 발전에 비추어 해석하고 적용해야 한다고 판시하였다. 이는 그 자체로도 현 맥락에서 어느 정도 중요한 판단이었지만, 이렇게 판단하기 위하여 주장에서 인용된 다양한 문서 중 어느 것이 '법'으로 인정될 수 있는지의 문제는 궁금증을 자아낼 뿐이다.

ICJ는 1974년 *Fisheries Jurisdicton* 사건[16]에서 국가실행이 유동적이고 명확한 지침을 제시하지 않는 상황을 다루었다. 영국이 ICJ의 결정을 구했던 문제는 아이슬란드가 50마일 배타적 어업권을 주장하는 것이 국제법을 위반하는지, 그러한 청구가 영국에 대항할 수 있는지, 그리고 분쟁지역의 어족자원 보존이 아이슬란드의 일방적 규제사항인지 여부였다. 하지만, 매우 다양한 국가실행에 직면하여, ICJ는 관습국제법 문제를 다루지 않았고, 영국의 역사적 권리 면에서 아이슬란드의 규제는 영국에 대항할 수 없다는 점에 근거하여 결정을 내렸다.

비록 ICJ의 접근방식은 비난 받았지만, 이 사건의 상황에서는 그러한 방식을 권장할 여지도 많았다. 이 사건이 ICJ에 부탁된 때는 민감한 시기였기에 ICJ는 가능한 가장 좁은 근거에서 해당 사건을 판단함으로써 '입법적'(legislative) 결정이 되지 않도록 하였다. 사실상, ICJ는 사법재판소로서, 아직 국제법적 지위를 얻지 못한 정치적 동향 등은 ICJ 결정의 근거가 될 수 없다는 점을 강조하는 수고를 마다하지 않았다. 하지만, 이는 다소 오해의 소지가 있다. ICJ는 당시 등장하고 있었던 배타적 경제수역의 개념을 인정할 수 없었지만, 국가실행의 증거는 확실히 설득력이 없었던 아이슬란드의 '우선적 권리'를 고려했다. 이에 대한 설명을 찾는 것은 어렵지 않다. ICJ는 자신의 결정이 지향하는 바를 당시 진행 중이었던 제3차 유엔해양법회의 경향과

15) *Gabcikovo-Nagymaros Project (Hungary/Slovakia)*, Judgment [1997] ICJ Rep. 7. 이 사건의 평석으로는 P.N. Okowa, Note (1998) 47 *ICLQ* 688 참조.

16) *Fisheries Jurisdiction (United Kingdom* v. *Iceland)*, Merits, Judgment [1974] ICJ Rep. 3. 이 사건에 대한 비판적 평석으로는 R.R. Churchill, "The Fisheries Jurisdiction cases: the contribution of the International Court of Justice to the debate on coastal states' fisheries rights"(1975), 24 *ICLQ* 82 참조.

일치시켰다. ICJ는 자신에게 법을 수정할 능력이 없음을 인정하고 기존의 확립된 원칙을 폐기할 수 없다고 하면서도, 상당한 수준의 법적 혁신을 달성했다.

ICJ의 기능 확대

이제까지의 사례에서 살펴보건대 ICJ가 법을 적용할 의무를 부담하지만, 실무상 결정 근거를 확장해서 문화적 다양성을 고려하고 법을 다듬고 정교하게 만들며 변화하는 상황을 고려할 수 있었다. 하지만, 계속성 요구로 인하여 일정한 제한이 부과되기에, ICJ가 이러한 제한을 무시할 경우 더 이상 법정이라고 할 수도 없게 되는 비용을 치르게 될 것이라는 점이 충분히 언급되었다. 그러므로 당사자들이 여기기에 법이 만족스럽지 않거나, 적합하지 않다면, 그 때에는 다른 근거에서 결정을 내리도록 해야 한다.

사법적 기능이 어떻게 확장될 수 있는지 고려할 경우, ICJ는 조약이나 그 밖의 문서에서 부여한 관할권의 한계와 당사국들의 변론에서 정한 분쟁의 범위를 항상 지켜야 한다는 점을 우선 인식해야 한다. 예컨대, *Kasikili/Sedudu Island* 사건[17]의 특별협정에서는 보츠와나와 나미비아 간 국경과 분쟁 대상인 섬의 지위에 대하여 판단을 내려 주도록 요청했다. ICJ는 이 사건 판결에서 이러한 요청에 대해서 답하면서, 다소 의외로 해당 섬을 둘러싼 두 수로에서 양국의 선박과 국민이 모두 같은 대우를 받을 권리가 있다고까지 판시하였다. 이는 ICJ의 기능을 넓게 본 것이지만, 당사자들이 사전에 협력사항을 다루기로 약속했어야 정당화될 수 있었고 이들의 특별협정을 해석하는 것과 관련된다고 할 수 있는 것이었다. 그러나 ICJ의 한 재판관은 이보다 더 나아가서 당사자들이 환경 보호 수단으로서 섬과 수로를 공동으로 규율하는 체제를 교섭하도록 요청할 기세였다.[18] 이는 목적으로서는 칭찬할 만한 것이 분명하지만, 재판소의 역할을 너무 넓게 보는 견해는 당사자들이 실제로 ICJ에 대해

---

17) *Kasikili/Sedudu Island (Botswana/Namibia),* Judgment [1999] ICJ Rep. 1045. 이 사건의 평석으로는 M.N. Shaw, Note (2000) 49 *ICLQ* 964 참조.

18) 위러만트리(Weeramantry) 재판관의 반대의견에 대해서는 *ibid.*, paras. 114-16 참조.

서 요청했던 것 그리고 ICJ 관할권의 근거가 되는 특별협정과 조화되기 어렵다.

규정 제38조 제2항에 따라서, ICJ는 당사자들의 요청이 있으면 *형평과 선(ex aequo et bono)*에 근거하여 결정할 수 있다. 이로써 법원은 완전히 유연성을 확보하는 장점을 갖지만, 그로 인해 결정기준이 완전히 불확실해지는 대가도 치러야 한다. 어쩌면 이러한 이유로, ICJ가 이 규정에 따라서 사건을 결정하도록 요청받아 본 적이 없었을 것이다. 이보다 덜 극단적인 대안은 당사자들이 합의한 사항을 기반으로 결정해 달라고 사건을 ICJ에 회부하는 것이다. 이미 지적했듯이 중재에서는 흔한 일이지만 이 역시 드문 일이다. 이러한 유형의 지시사항으로 인해서 때로는 당사자들이 진정으로 원했던 것이 무엇인지에 대해서 이견이 발생할 수 있다. 따라서 *Kasikili/Sedudu Island* 사건의 특별협정에서는 1890년에 체결된 조약과 '국제법 규칙과 원칙'을 근거로 결정을 내려 주도록 요청했다. 보츠와나는 시효취득과 묵인에 대한 나미비아의 주장은 협정의 적용대상이 아니기에 ICJ가 이에 관한 나미비아의 주장을 판단할 수 없다고 주장하였다. 하지만, ICJ는 이에 동의하지 않았고, '국제법 규칙과 원칙'을 언급한 특별협정에 비추어서 해당 조약을 해석할 권한을 갖고, 뿐만 아니라 독립적으로 해당 규칙과 원칙을 적용할 권한도 갖는다고 판시하였다.

ICJ에 매우 구체적으로 지시를 했던 예는 1986년 *Frontier Dispute* 사건의 특별협정에서 볼 수 있다. 이에 따라 ICJ 소재판부는 말리와 부르키나파소 간 경계를 정하도록 요청받았으며, 당사국들은 해당 경계선이 '특히 식민시대에서 내려온 국경선 보존의 원칙을 지키는 것'에 기반해야 한다는 희망을 표시하였다.[19)] 이러한 *국경선 보존(uti possidetis)*의 원칙은 특별협정의 본문이 아닌 전문에 언급되어 있었지만 소재판부는 당사자들이 이를 근거로 분쟁을 해결해 주도록 명확히 요청했다고 판단하고 그에 따라서 절차를 진행했다. 소재판부가 설명했듯이, 이 사건에서 적용해 달라고 요청받았던 원칙은 특별규칙이기보다 아프리카, 스페인령 미주대륙의 국가들, 그리고 다른 곳에서 영토문제와 일반적으로 관련되는 원칙이었다. 그러므로 특별협정이 없었더라도 *uti possidetis* 원칙이 결정에 포함되었을 것이다. 하지만, 당사자들이 해당 원칙에 특별히 주목함으로써, 그 원칙이 주목받을 만한 가치가 있다고 당

19) *Frontier Dispute*, Judgment [1986] ICJ Rep. 554 at 557.

사자들이 생각했던 주목을 받게 되었고, 실제로 해당 사건의 핵심사항이 되었다.

이보다 덜 간접적인 지시사항은 *Tunisia-Libya Continental Shelf* 사건의 특별협정에서 찾을 수 있다. 여기에서는 ICJ가 분쟁지역의 대륙붕 경계 획정시 적용할 수 있는 국제법 원칙과 규칙들이 무엇인지를 결정하고, "형평원칙과 이 지역 특유의 관련 사정, *뿐만 아니라 제3차 해양법회의에서 수락된 새로운 경향에 따라서*" 결정을 내리도록 요청하였다.[20)]

이 지시에 따라서, ICJ는 전통적인 법정으로서 맡는 자신의 역할과 당사자들이 고안한 기능으로서 분쟁 해결에 있어 전향적이며 준입법적 도구로서의 기능을 조화시켜야만 했던 것이 분명하다. 이러한 부담을 해소할 때, ICJ는 상례를 벗어나지 않는 타협을 이루어 냈다. ICJ는 재판기관으로서 자신이 수행하는 역할을 강조하면서도, *특별협정(compromis)*의 지시사항을 인정하였고, 그 지시사항의 전제와 제3차 해양법회의에서의 내용이 서로 양립한다는 점을 증명하는 데 공을 들였다. 하지만, ICJ는 마지막 사항으로서 확립된 원칙들을 참고하여 자신의 결정을 더 정당화했다. 비록, ICJ의 권한범위 내에 '새롭게 수락된 경향'을 포함시킨 것이 그 결정에 아무런 영향을 미치지 않았다는 추정은 잘못이겠지만, ICJ가 기존의 법을 고려했던 것은 앞서 다루었던 *Fisheries Jurisdiction* 사건과 거의 판박이었다. 그 사건에서, 당시의 발전 상황은 ICJ가 *존재하는 법(lex lata)*을 강조했을 때 기대할 수 있었던 것보다 더 넓고 더 효과적인 역할을 수행했다. 그리고 *Tunisia-Lybia* 사건의 경우, ICJ는 다양하게 여러 가지를 시도할 수 있는 권한이 있었지만, 자신의 결정을 뒷받침하기 위하여 확립된 법을 선택하였던 점에서는 똑같이 신중했다.

방금 살펴본 두 사례에서, 당사자들은 ICJ가 적용할 원칙들을 적시하여 ICJ의 기능을 변경할 수 있었다. ICJ는 허용 가능한 해결책의 범위를 제한하는 방식으로 질문을 구성함으로써 이와 같은 효과를 거둘 수 있을 것이다. 따라서 *Gulf of Maine* 사건[21)]의 특별협정에서는 양국의 대륙붕과 어업수역 간에 '단일 해양경계'의 경로

---

20) *Continental Shelf (Tunisia/Libyan Arab Jamahiriya)*, Judgment [1982] ICJ Rep. 18 at 23(강조 추가). 이 사건에서 이 점과 다른 측면에 대한 평석으로는 M.B. Feldman, "The Tunisia-Libya Continental Shelf case: geographic justice or judicial compromise?"(1983), 77 *AJIL* 219 참조.

21) *Delimitation of the Maritime Boundary in the Gulf of Maine Area,* Judgment [1984] ICJ

를 정하도록 소재판부에 요청하였고, 경계선이 지나는 기준점을 특정하였다. 이러한 지시사항에 대해서, 소재판부는 어느 것도 국제법상 요건에 반하지 않는다고 하면서, 지시사항에 따라서 경계선을 획정하였다. 그렇다고 해도, 소재판부에 선택의 여지가 있었다면 소재판부는 대륙붕과 어업권의 취지상 상이한 경계선이 필요하다고 판시할 수 있었을 것이고, 이와 마찬가지로 경계선의 종점을 달리 정할 수 있었을 것이다. 그러한 가능성을 배제함으로써, 당사자들은 자신들이 중요하다고 여기는 것에 소재판부가 주목하도록 지시하였고, 수락할 수 없는 해결책을 배제한 것은 결과적으로 준거법을 특정한 것과 매우 유사해졌다.

ICJ가 형평을 활용할 수 있는 본원적 권한을 가져서 독자적으로 자신의 기능을 확장할 수 있는지 여부는 다소 복잡한 쟁점을 야기하는 문제이다.[22] 한편으로, ICJ는 법을 판단하는 기관이고, 명시적으로 권한을 받지 않고서는 형평으로 가장하든 아니면 다른 근거에서든 일반적인 입법기능을 행사할 권한이 없다. 그러므로 ICJ는 기존 법령을 무시하고 과감하게 담당 사건 전부를 '형평에 맞게' 결정해야 한다는 견해는 예전에 혹시라도 의미가 있었겠지만, 지금은 아무 의미도 없다. 반대로 모든 결정은 기존의 특정 규칙을 참고할 경우에만 정당성을 갖는다고 하는 것은 현대법의 다양한 성격을 감안할 때, 매우 비현실적일 뿐만 아니라, 이미 살펴 보았듯이, 모든 재판소들이 다소 불분명한 협약이라도 그 범위 내에서 분명히 혁신적인 사항을 실질적으로 수행하고 있는 것을 무시하는 것이다.

법에 유연성을 도입하는 방법으로 잘 알려진 것 중의 하나는 '*법 안의* 형평'(equity *infra legem*) 개념을 활용하는 것이다. *Frontier Dispute* 사건에서 소재판부는 이를 "현재 유효한 법을 해석하는 방법이고, 법이 갖는 속성 중 하나인 형평의 한 형태"로 기술하였다.[23] 그러므로 이와 관련되는 것이 그다지 급진적이지 않다는 점을 알 수 있다. 그렇다고 해도, 이 사건의 판결에서 드러나듯이, ICJ는 이런 형태의 형평으로써 유용한 근거를 추가할 수 있다. 왜냐하면, 특별한 사정에서 다른 해결책이 나올

Rep. 246.

22) 이 점에 대한 탁월한 논의로는 M.B. Akehurst, "Equity and general principles of law"(1976), 25 *ICLQ* 801 참조.

23) [19861 ICJ Rep. 567-8.

수 없다고 판단한 후, 소재판부는 당사자 간에 국경이 될 수 있는 영역을 균등하게 분할하는 것을 정당화하기 위한 근거로서 형평을 활용했기 때문이다.[24]

방금 기술한 방식으로 형평을 제한적으로 활용하는 것은 논란을 야기할 가능성이 없다. 이전 장에서 지적했듯이 중재재판소는 '*법 안의* 형평'을 자주 활용하였고 ICJ도 그에 못지않게 합리적인 해결책을 모색할 자격이 있다. 하지만, ICJ가 한 발 더 나아가서 보다 일반적인 성격의 형평적인 고려를 근거로 한다면 사법재판의 역할에 대해서 의구심이 발생하지 않을 수 없다. 예컨대, *Fisheries Jurisdiction* 사건에서 ICJ는 관습국제법에 따라서, 관련 국가는 각자의 어업권에 관한 이견의 '형평한 해결'을 위해 신의성실히 교섭할 법적 의무가 있다고 결정했다. ICJ의 견해에 따르면 이러한 결론은 ICJ가 아이슬란드는 관련 구역에서 배타적이진 않지만 우선권을 누린다고 이전에 판시했던 사항에서 도출되는데, 이는 어려운 문제에 대해 법적으로 효과적인 해답을 하려는 시도로 간주할 수 있다. 하지만, 아마도 당사자들이 형평한 해결에 이르도록 교섭하지 못하는 경우라면, 이들이 ICJ에 다시 돌아와서 필요한 해결책을 제시하도록 요구할 자격이 있을 것이다. ICJ는 법을 적용하는 재판소로서 그렇게 할 수 있을 것인가? 이 점이 바로 사법재판의 역할에 대한 질문을 제기하는 경우이다.

해양법의 후속 발전으로서, 특히 국가들의 배타적 경제수역(EEZ) 권리를 일반적으로 인정한 것은 ICJ가 어업권 분쟁에서 형평한 해결을 제시하도록 전혀 요구받지 않았음을 의미한다. 하지만, 해양법의 또 다른 분야에서 이런 형태의 형평을 적용하는 것은 상당히 중요한 쟁점이다. 대륙붕 경계 획정 사건인 1969년 *North Sea Continental Shelf* 사건[25]에서, ICJ는 관습국제법에 따르면, 국가들은 '형평의 원칙에 따라' 대륙붕 경계를 교섭해야 할 의무가 있다고 판시하였다. 하지만, 1982년 *Tunisia-Lybia Continental Shelf* 사건의 판결에서, ICJ는 우리가 보았듯이 제3차 유엔해양법회의(UNCLOS Ⅲ)의 영향을 받아서, '형평한 결과'를 추구해야할 의무에 대한 요건을 변경했다. 이는 논란을 야기했고 이 사건과 소재판부가 동일한 접근방식을

24) *Ibid.*, 633.

25) *North Sea Continental Shelf*, Judgment [1969] ICJ Rep. 3.

취했던 나중의 *Gulf of Maine* 사건에서 ICJ 재판관 중 한 명이 이를 강하게 비난했다.

Gros 판사가 제시한 주장의 요점은 ICJ가 결과를 강조함으로써 매몰되었던 형평은 "법을 초월하고, 확립된 규칙과 유리되며, 사건을 맡은 재판관 집단 각각이 그때 당시에 갖는 정치적 혹은 경제적 견해에 따라서 판단할 수 있고 그러한 판단을 하는데 제한이 없다고 선언한 무엇이라도, 그것에만 근거하였다"는 것이다.[26] 이러한 비판에 비추어, 경계 획정에 관한 더 최근의 사건에서 ICJ는 형평한 결과의 달성을 강조하기보다 자신의 방법론으로서, 우선 등거리를 기준으로 잠정적인 경계선을 설정하고, 그 후 적절한 경우, 이를 보정하기 위하여 형평을 적용한다는 것을 더 강조한 점이 흥미롭다.[27] 이러한 접근방법이 경계 획정 결정시 재량적인 요소를 제거하지는 않지만, 결정 과정의 예측 가능성을 더 높이는 경향이 있고, 따라서 경계 획정 과정이 법원 연계 조정과 같은 것으로 보이지 않게 한다. Gros 판사가 지적하였듯이 일반적으로 재판관들은 조정을 수행하도록 요청받지 않고 또한 조정을 수행할 자격도 없기에 이는 환영할 만한 발전이다.

ICJ가 자신의 기능을 확장시킨 또 다른 방법은 재판절차상 당사자들에게 권고할 수 있는 기회를 활용하여, 이들에게 ICJ 결정으로 인한 특정 결과 이외에도 일반법에 따른 의무를 부담한다는 점을 상기시켜 주는 것이다. 따라서 *Armed Activities on the Territory of the Congo* 사건에서 ICJ는 "분쟁과 관련된 모든 당사자들이 콩고민주공화국과 대호수(the Great Lakes) 지역에서 인권이 존중되도록 이들 지역내 평화절차를 지원"하도록 촉구하였고,[28] 최근의 다른 사례에서도 이와 유사한 요청을 하였다. ICJ의 권고사항은 구속력이 없어서, 판결 혹은 잠정보호 명령의 법률 혹은 사실에 관한 판단과 전혀 다르다. 하지만, 잘 판단해서 활용하면, 권고는 분쟁 당사자들

---

26) [1984] ICJ Rep. 388.

27) 예컨대 *Maritime Delimitation in the Black Sea (Romania* v. *Ukraine)* [2009J ICJ Rep. 61; C.G. Lathrop, Note (2009) 103 *AJIL* 543; *Maritime Dispute (Peru* v. *Chile)*, Judgment [2014] ICJ Rep. 3; A.G. Jain, Note (2015) 109 *AJIL* 379 참조. 이러한 경계 획정 방식에 대하여 잘 설명하는 것으로는 Y. Tanaka, "Reflections on maritime delimitation in the Cameroon/Nigeria case"(2004), 53 *ICLQ* 369 참조.

28) [2005] ICJ Rep. 168, para. 221. 이에 관한 심도 있는 조사로는 J. d'Aspremont, "The recommendations made by the International Court of Justice"(2007), 56 *ICLQ* 185 참조.

의 더 넓은 책임을 강조하고 이들 분쟁의 평화적인 해결을 장려하는 맥락과 연결짓는 방법이다. 그러한 것으로서, 권고는 드러나지 않지만, 합법적으로 ICJ의 기능을 확장하는 방법으로 여길 수 있다.

법적 분쟁과 정치적 분쟁

1985년 초, 미국은 니카라과가 자신을 상대로 제기한 ICJ 사건에 더 이상 참여하지 않겠다고 선언했다. 이미 지적했듯이 이러한 행동은 절차적으로 중요한 효과를 야기했지만, 정당화 근거로 두 가지 이유가 제시되었다. 첫째는 ICJ가 이 사건을 판단할 관할권을 갖는다고 결정한 것이 잘못이라는 점이고, 둘째는 관할권 문제와 전혀 무관하게, ICJ는 해당 사안이 정치적이어서 재판 대상이 될 수 없는 쟁점을 야기한다는 근거에서 해당 사안을 수리할 수 없다고 판단했어야 했다는 점이다. 미국이 공식 설명에서 언급했듯이, 미국의 견해에 따르면 해당 사건의 본안을 심리할 수 있다고 결정한 것은 "ICJ의 한계를 크게 벗어나는 것으로서, ICJ가 전통적으로 표방했던 사법 자제에서 일탈하여 정치적 영역으로 진입하는 위험한 모험을 시도한 것"을 뜻하였다.[29)]

Nicaragua 사건은 사법재판이 정치적 분쟁 해결에 어떠한 역할을 하는지에 관한 질문이 제기된 첫 번째 사안이 아니고 마지막이 될 가능성도 없다. 왜냐하면 이것은 국내법과 국제법 양쪽 모두에서 재판 가능성 여부의 핵심 사안이기 때문이다. 하지만, 국제법적 차원에서 이것은 사법재판할 수 있는지 여부 그 자체와 관련된 문제를 야기한다. 왜냐하면 재판소는 법을 다루는 기관이고, 보통 정치적 질문에 대해서 결정할 권한을 갖고 있지 않기 때문이다. 그러나 국가들은 정치적 체제로서, 이들의 분쟁은 정치적 측면을 갖지 않을 수 없다. 그러므로 국가간 분쟁을 결정해야 할 책무를 갖는 ICJ의 지위는 특히 미묘하다.

분쟁의 정치적 측면이 ICJ의 사법재판 권한과 어떠한 관련성을 갖는지 결정할 때, ICJ는 항상 두 가지 원칙을 적용하려고 했다. 첫째, ICJ에 회부된 문제가 법적 기준

29) 미국 국무부의 배경설명이 인용된 자료로는 (1985) 79 *AJIL* 438 at 441 참조.

을 적용해서 해결할 수 없는데 ICJ의 권한을 당사자들이 확대하지 않았다면, ICJ는 사법적 판단을 거부해야 한다. 이는 재판소의 일반적인 기능은 법을 적용하는 것이기에 ICJ는 완전히 정치적이거나 비법적 유형의 분쟁과 쟁점을 결정할 수 없다는 점에서 비롯된다. 이미 지적했듯이, Gros 판사가 *Gulf of Maine* 사건에서 반대의견을 냈던 것은 ICJ가 바로 이러한 원칙을 간과했다고 생각했기 때문이었다.

두 번째 원칙은 첫 번째 원칙의 논리적 귀결이며, 그에 못지않게 근본적인 원리로서, 만약 어느 사건에서 국제법적 질문이 제기된 경우, ICJ가 자신의 기능을 충실히 수행하려면 사건의 배경이 무엇이든지 혹은 정치적으로 얼마나 복잡하든지 결정을 내려야 한다는 것이다. ICJ는 유엔헌장의 해석과 관련된 초창기 다수의 권고적 의견에서 이 점을 분명히 했고, 나중에 있었던 다수의 사건에서 이 원칙을 반복했다.

예컨대, *Aegean Sea Continental Shelf* 사건에서 터키가 ICJ에 보낸 서신 중 하나에, 그리스와 터키 간 분쟁은 '매우 정치적인 사안'이라는 언급이 있었다. 이로 인해 ICJ는 이 사건이 법적 분쟁이 아니라 정치적 분쟁에 관한 것이라고 할 수 있는지 여부를 고려하게 되었다. ICJ는 "양국의 대륙붕 경계 획정과 관련해서 이들이 관련된 분쟁은 당연히 일부 정치적 요소를 가질 수밖에 없다"고 설명하면서, 당사자들의 주장을 보면 이들 간 분쟁은 각자의 권리에 대한 갈등을 포함하고 있는 점이 명확하다고 판시하였다. ICJ는 "그리스와 터키 양측이 모두 서로 상대방에 대해서 주장하고 있는 주권적 권리가 있고 양국을 갈라놓는 분쟁의 근저에는 법적 권리가 존재하는 점이 명백하다"고 결론내린 후,[30] 에게해 대륙붕에 관한 법적 분쟁이 양국 간에 존재한다고 판단하였다.

이와 마찬가지로, *Diplomatic Staff in Tehran* 사건에서 이란은 소송절차가 인질억류에 관한 쟁점에만 국한되면서, ICJ는 해당 사건을 인지할 수 없게 되었다고 주장하였다. 그 이유에 대해서 이란은 아래와 같이 말하였다.

> 이 문제는 개별적으로는 파악할 수 없으며, *특히* 25년 이상 미국이 이란 국내문제에 지속적으로 개입해 온 것, 뻔뻔할 정도로 우리나라를 착취해 온 것, 그리고 국제규범과 인도적 규

---

30) *Aegean Sea Continental Shelf*, Judgment [1978] ICJ Rep. 3 at 13.

> 범을 전부 위반하고, 이 모든 것과 충돌하여 이란을 상대로 자행했던 수많은 범죄들과 관련되는 문제로서, 전반적인 문제 중 주변적인 것 그리고 2차적인 측면만 나타낼 뿐이다.[31]

1979년 12월, 잠정보호조치에 관한 결정에서 ICJ는 미국 외교공관 점령과 국제적으로 보호받는 사람들을 억류한 것은 관련된 법 원칙의 중요성에 비추어 '2차적' 혹은 '주변적'인 것으로 간주할 수 없다는 점을 분명히 했다. ICJ는 더 나아가 ICJ 규정이나 규칙 어느 것도 문제된 분쟁이 다른 측면을 갖고 있다는 이유만으로, ICJ가 분쟁의 한 측면을 인지하지 못하는 것은 아니라는 점을 지적하였고, 결론적으로, 이란 정부에 대해서 만약 이란 정부가 이란 내에서 미국이 행했다고 하는 활동들이 분쟁 대상과 밀접한 관련성을 갖는다고 생각한다면, 이들 행위에 대해서 항변하거나, 반소 방식으로 주장할 수 있다는 점을 상기시켰다.

1980년에 ICJ는 본안을 결정할 권한이 있는지의 문제를 검토하게 되었을 때, ICJ는 이전에 언급했던 사항을 반복했고, 이란이 선결적 절차 이후 증거를 제출하거나 자신의 주장을 지지하는 조치를 전혀 취하지 않았다는 점을 지적하였다. 이런 상황에서, ICJ는 이란의 주장을 인용할 수 없다고 결정했다. ICJ는 자신이 법적 문제에 대해서 결정할 의무를 부담하고, 정치적 고려사항을 장애물로 간주할 경우 자신의 기능을 수행할 수 없게 될 것이라는 가정에서 절차를 진행했다. ICJ는 다음과 같이 말하였다.

> 주권국가들 간의 법적 분쟁은 그 성격상 정치적인 맥락에서 발생할 가능성이 높고, 관련 국가들 간에 더 넓고 오랜 정치적 분쟁 중 한 요소에 불과한 경우가 종종 있다. 그러나 ICJ에 회부된 법적 분쟁이 정치적 분쟁의 한 측면에 불과하다는 이유 때문에 당사자들 간 다툼이 있는 법적 문제의 해결을 거부해야 한다는 견해가 아직 ICJ에서 주장된 적이 없다. … 확립된 법리에 반하여, ICJ가 그러한 견해를 취한다면, 이는 국제분쟁의 평화적 해결에서 자신의 역할을 과도하고 근거 없이 제약하게 될 것이다.[32]

Nicaragua 사건에서 ICJ는 이 점과 관련해서 한 걸음 더 나아갔다. 이 사건의 관

31) *United States Diplomatic and Consular Staff in Tehran,* Judgment [1980] ICJ Rep. 3 at 19.
32) *Ibid.,* 20.

할권 단계에서 미국은 해당 사건을 재판할 수 없다고 주장하였다. 그러나 비록 그러한 주장이 다양한 방식으로 개진되었지만, 미국은 해당 사항 전체가 정치적이라는 넓은 견지에서 ICJ가 해당 사건의 처리를 거부해야 한다고 말하지는 않았다. 대신, 미국은 더 구체적으로, 사법재판이 중미 문제를 다루는 적합한 수단으로서 일반적으로 인정받았던 콘타도라(Contadora) 절차와 양립할 수 없다는 점을 특히 주장하였다. 미국은 니카라과가 콘타도라 절차와 관련되는 특정 쟁점만 검토하도록 ICJ에 요청했다는 점, 그리고 이 결과, 재판소 결정으로 인해 포괄적이고 통합된 절차로서 ICJ의 개입 없이 지속되어야 할 교섭이 균형을 상실할 것이라는 점을 지적하였다.

당연히, ICJ는 이러한 주장을 배척하였고, 이러한 주장이 이전 사건에서 이란이 주장한 것과 본질적으로 유사하다고 간주하였다. ICJ에 따르면, 두 사건에서, 피제소국은 해당 사건이 더 큰 쟁점을 야기하기 때문에 ICJ가 일정한 법적 문제에 대해서 결정하지 말도록 제안했다. 하지만, ICJ의 일은 대상 사건을 더 넓은 맥락에서 고려하지 않고 사건의 어떠한 법적 쟁점이라도 결정하는 것이다. *Nicaragua* 사건에서 무력 사용은 그 이전 사건에서 외교법에 관한 쟁점을 야기했던 것과 같은 방식으로 법적 쟁점을 제기했기에, 이 두 사건에서 ICJ는 절차를 속행할 권리가 있었다.[33)]

모든 국제분쟁은 어느 정도 정치적 측면을 갖기에 분쟁이 ICJ에 회부될 경우에는 언제라도 이론상 이들 사건에서 주장했다가 배척당한 것과 같은 주장이 제기될 수 있다. 하지만, 당사자들은 자신의 분쟁을 재판받기로 선택함으로써, 해당 분쟁의 법적 측면과 정치적 측면을 분리하기로 이미 합의하였다는 단순한 이유로 인해 분쟁이 너무 정치적이어서 ICJ가 결정할 수 없다는 항변은 대부분의 사건에서 제기되지 않는다. 달리 말하면, ICJ가 재판할 수 있는지 여부를 다루어야 할 사건인지를 판별하는 것은 어느 유형의 분쟁이 정치적이고 다른 것은 정치적이지 않다는 점에 있지 않고, 오히려 비록 모든 국제분쟁이 정치적이지만, 일부는 당사자들이 정치색을 없앨 수 있는 반면에 다른 것은 대상 사건에서 정치적 측면과 법적 측면을 구분하는

33) 이와 유사한 점이 *Construction of a Wall* 사건(2004)에서 제기되었다. 그러나 ICJ가 권고적 의견을 내리는 것에 반대하는 이러 저러한 주장은 배척되었다. 이 결과에 대해서는 제6장 그리고 재판 대상의 적격성 여부에 관한 미국의 입장에 대해서는 (2004) 98 *AJIL* 361 참조.

작업인 탈정치화를 ICJ가 해야 한다는 점에 있다.

ICJ가 정치색이 다분한 분쟁을 다룰 능력이 있는지 여부가 문제된 사건은 모두 일방 제소된 사건들로서 해당 분쟁의 성격을 어떻게 규정할 것인지에 대해서 근본적인 이견이 있었던 것들이었다. 제소국에는 법적 측면이 가장 중요했기에 해당 사건을 ICJ에 제기하는 것은 법적 권리에 기반하여 자신의 청구를 인정받겠다는 의도였다. 반대로, 피제소국에 있어 해당 쟁점의 핵심은 정치적인 사항이었기에 법적 쟁점이 결부될 수 있다고 해도 해당 사건은 사법재판을 받는 것이 부적절했다. 이처럼 탈정치화가 덜 된 사건에 봉착할 경우, ICJ는 법적 판단기관에 허용되는 입장만 취하여, 분쟁의 성질에 관한 쟁점을 판단할 권한을 갖는다는 점을 확정지은 후, 분쟁의 정치적 사안이 무엇이 되든지, 해당 사건에 법적 쟁점이 있기만 하면 제소국은 결정을 받을 권리를 갖는다고 판시하였다.

당사자들이 분쟁에서 정치색을 제거할 수 없으면 그제서야 ICJ가 탈정치화 작업을 수행한다. 하지만, 이러한 책임을 부담하는 것이 옳다고 해도 때로는 결과가 좋지 않을 수도 있다. 분쟁에서 법적 측면과 정치적 측면을 분리할 경우 일부 ICJ 결정을 수락하도록 하는 데 어려움이 있을 수 있고, 뒤에서 곧 보겠지만, 사법재판이 국제분쟁의 해결에 기여할 수 있는 바를 제한하기 마련이다. 이란은 '지난 25년에 걸쳐서 이란과 미국 관계에 관한 정치적 기록 전체'를 *Diplomatic Staff in Tehran* 사건의 맥락으로 보았던 점, 그리고 미국은 '중미 지역이 직면한 정치, 사회, 경제, 안보적 사항이 상호 복잡하게 얽힌 것'을 *Nicaragua* 사건에서 관련 사항으로 보았던 점은 법적 절차에서 재판의 대상이 될 수 있는 유형이 아니었던 것이 분명하다. 그러나 이 점들은 피제소국들과 관련되는 사항이었다. 그리하여 법적 요소를 분리한 결과 이행 가능한 결정이 도출되려면 피제소국의 이해관계가 다른 면에서 인정되도록 하는 것이 중요하다는 결론이 나온다.

따라서 고도의 정치적 분쟁에 대해서 재판 대상이 될 수 있다고 판시되었던 사건의 의미를 파악하려면, 재판의 대상이 될 수 없는 중요한 사항이 많이 있다는 점을 유념해야 한다. ICJ가 대상 사건에 법적 쟁점이 존재한다는 이유로 그 사건을 결정할 수 있다고 판단한 것이 옳아도, 그리고 동시에, 분쟁 당사자 일방이 어떠한 느낌의 불만을 갖더라도, "적용해야 할 법규칙을 전혀 발견할 수 없는 쟁점은 재판 대상이 될 수 없다"는 견해를 취하는 것이 그만큼 옳아도,[34] 그러한 불만이 다른 곳에서 다뤄질 수 없다면 ICJ 결정이 지켜지지 않을 가능성이 높다.

판결의 효력

쟁송사건의 결정은 법적 구속력을 갖는다. 그렇다고 해서 이들 결정이 분쟁 해결에 효과적인가?

첫 번째로 주목해야 할 점은 소송은 상이한 기능을 수행할 수 있다는 것이다. 따라서 국가들이 ICJ에 사건을 제소할 때 이들은 확실한 해결책보다 자기들 사이의 차이를 좁히는 결정을 구하거나 다른 방식으로는 분쟁 해결에 근접하는 결정을 모색할 수 있다. 예컨대 *Ambatielos* 사건[35]에서, 유일한 문제는 영국이 그리스와의 상사분쟁을 중재에 회부할 의무를 부담하는지 여부였다. ICJ는 영국이 그러한 의무를 부담한다고 결정했고, 그에 따라서 중재가 시도되었다. 이와 마찬가지로, *North Sea Continental Shelf* 사건의 당사자들은 여느 때처럼 ICJ에 북해에서 자신들의 대륙붕 경계를 획정하도록 요청하는 대신 관련 '원칙과 규칙'을 표시하는 것만 요구하면서, 경계 획정 자체는 추후 교섭사항으로 남겨 두었다.[36] 이런 유형의 단계적 해결책은

---

34) S. Roberts, *Order and Dispute: An Introduction to Legal Anthropology*, Harmondsworth, 1979, p.21. 이 쟁점에 대한 추가적인 논의로는 다음 문헌 참조. E. Gordon, "Legal disputes under Article 36(2) of the Statute" in L.F. Damrosch(ed.), *The International Court of Justice at a Crossroads*, New York, 1987, p.183; T. Sugihara, "The judicial function of the International Court of Justice with respect to disputes involving highly political issues" in A.S. Muller, D. Raic and J.M. Thurànszky(eds.), *The International Court of Justice*, The Hague, 1997, p.117; S.V. Scott, "Litigation versus dispute resolution through political processes" in N. Klein(ed.), *Litigating International Disputes*, Cambridge, 2014, p.24.

35) *Ambatielos*, Merits, Judgment [1953] ICJ Rep. 10. ICJ의 권고적 관할권을 유사한 방식으로 사용한 경우에 대해서는 *Applicability of the Obligation to Arbitrate under Section 21 of the United Nations Headquarters Agreement of 26 June 1947*, Advisory Opinion [1988] ICJ Rep. 12 참조.

36) ICJ가 이러 저러한 사건에서 '조정기관'의 역할을 수행한 것에 대한 검토에 대해서는 C.F. Murphy, "The World Court and the peaceful settlement of disputes"(1977), 7 *Ga J Int. and Compo. L.* 551 참조.

자신들의 분쟁에 관한 통제수단을 기꺼이 포기하고자 하는 국가들의 주목을 끌기 때문에 이행 문제는 거의 발생하지 않는 경향이 있다.

비록 국가들이 사법재판을 분쟁 해결 과정의 한 단계 정도로 활용하고 있는 점이 종종 분명하지만, 때때로 이들의 의도가 정확히 무엇인지는 논란의 여지가 있다. 이 경우 *특별협정(compromis)*에 모호한 부분이 실제로 있든, 아니면 상상에 의한 것이든 ICJ가 첫 번째로 수행해야 할 업무는 합의되지 않은 부분을 해결하고, 자신의 권한범위를 확정하는 것이다. 따라서 *Libya-Malta Continental Shelf* 사건의 특별협정 제1조는 ICJ에 각자 주장하는 대륙붕 구역에 적용 가능한 국제법 원칙과 규칙이 무엇인지 그리고 '이 특정 사건의 양 당사국이 어려움 없이 해당 구역의 경계를 획정할 수 있도록 그러한 원칙과 규칙을 적용할 수 있는 방법에 관한 원칙'에 대해서도 결정하도록 요청했고, 뒤 조문에서 규정된 대로 협정을 체결해서 하기로 했다.[37)]몰타는 ICJ가 그러한 기능을 수행하려면 *Tunisia-Libya* 사건에서처럼 지도에 경계선을 그려야 한다고 주장하였다. 반면, 리비아는 사정이 *North Sea Continental Shelf* 사건과 더 유사하기에, 필요한 것은 관련된 원칙과 규칙을 적시하는 것일 뿐이라고 주장하였다. 이러한 주장들을 심리한 후, ICJ는 비록 몰타의 주장을 온전히 인용하지는 않았지만, 경계선을 긋는 것이 적절하다고 최종 결정했다. 관할권 관련 문서의 적용범위에 관한 다른 사건과 같이 이러한 결정은 국가들이 원칙적으로는 ICJ의 결정에 따르겠다고 약속한 경우라도, 이들이 부담하기로 한 약속의 범위를 명확히 해야 할 필요가 있다는 점을 보여 준다.

물론 많은 경우에 국가들이 재판소에 가는 목표는 확실한 해결을 확보하기 위한 것이 분명하다. 만약 양 당사국이 중요한 자격 기준인 소송의지가 있는 당사자라면, 보통 결과적으로 내려지는 결정만으로 분쟁이 종료될 것이다. 예컨대, 프랑스와 영국이 영토주권 쟁점에 관하여 '팔짱 끼고서 함께' ICJ에 갔던 *Minquiers and Ecrehos*

---

37) *Continental Shelf (Libyan Arab Jamahiriya/Malta)*, Judgment [1985] ICJ Rep. 13 at 16 참조. 비슷한 방식으로, 카메룬은 자신이 일방 제소한 *Land and Maritime Boundary* 사건에서 ICJ에 대해서 육상 경계선을 '정확히 특정해 주도록' 요청했지만, 이러한 요청으로 인하여 당사자들 간에 ICJ가 수행할 업무의 성격이 정확히 무엇인지에 대해서 일부 논란이 있었다. J.G. Merrills, Note (2003) 52 *ICLQ* 788 at 790 참조.

사건[38]에서 프랑스에 불리했던 결정이 이행되리라는 점에 추호의 의구심도 없었다. 이는 놀라운 일이 아니다. 소송은 본질적으로 적대행위가 아니고, 분쟁을 제3자에게 회부함으로써 분쟁의 정치색을 제거하는 편리한 방법이다. 그러므로 소송을 진행할 용의가 있는 국가는 결정을 거부할 가능성이 거의 없다. 왜냐하면, 그렇게 할 경우, 소송에 내재된 비용은 차치하고라도, 해당 분쟁을 다시 정치적 영역으로 되돌릴 뿐이고, 그 결과 소송을 수행하고자 했던 목적을 저버리게 될 것이기 때문이다.

이런 유형의 일부 사례에서, 기술적인 요인으로 인해서 이행상 어려움이 있을 수 있다. 예컨대, 경계 관련 판정은 종종 나중에 경계선을 긋는 과정을 통해서 이행되어야 할 경우가 있다. *Arbitral Award* 사건[39] 이후, 당사자들 간에 경계선을 긋는 것과 관련해서 추가 교섭이 있었고, 미주간 평화위원회(Inter-American Peace Committee)에서 일부 미결 문제를 해결하기 위하여 혼합위원회를 설치하였다. *Frontier Dispute* 사건에서 이행 관련 쟁점은 특별협정에서 사실상 처리되었다. 소재판부가 판결을 내렸을 때, 육지 경계를 결정하기 위하여 도움이 필요할 것이라고 예상해서, 당사자들은 결정 후 12개월 이내에 국경선을 긋는 데 동의했고 소재판부가 3인의 전문가를 지명하여 당사자들이 이러한 업무를 할 때 지원하도록 하는 내용을 판결에 담도록 요청했다. 소재판부는 1986년 결정에서 이러한 방식을 원칙적으로 지지했지만, 전문가를 지명하기 전에, 소재판부는 '특히 그러한 활동의 실제적인 측면과 관련해서' 당사자들의 견해를 이해하기 원한다는 의사를 피력했다.[40] 결과적으로 프랑스인 변호사, 알제리인 지도제작사, 그리고 네덜란드인 측지전문가 3인의 전문가들이

---

38) *Minquiers and Ecrehos*, Judgment [1953] ICJ Rep. 47. 이 사건의 평석으로는 D.H.N. Johnson, "The Minquiers and Ecrehos case"(1954), 3 *ICLQ* 189 참조. '팔짱 끼고서 함께'(Arm in arm) 표현의 출처는 S. Rosenne, *The World Court*, 3rd edn., Deventer, 1974, p.142 참조. 준수 쟁점에 관한 일반적인 서술로는 C. Paulson, "Compliance with final judgments of the International Court of Justice since 1987"(2004), 98 *AJIL* 434; C. Schulte, *Compliance with Decisions of the International Court of Justice*, Oxford, 2004; Y. Shany, *Assessing the Effectiveness of International Courts*, Oxford, 2014 참조.

39) *Arbitral Award Made by the King of Spain on 23 December 1906*, Judgment [1960] ICJ Rep. 192. ICJ의 *Territorial Dispute* case [1994] ICJ Rep. 6 판결문을 이행하기 위한 리비아와 차드 간 1994년 협정문에 대해서는 (1994) 33 ILM 619 참조.

40) [1986] ICJ Rep. 648.

1987년 소재판부의 결정으로 지명되었다.[41)]

당사자들이 이행 문제를 최소화하기 위하여 추구할 수 있는 다른 방법은 여러 가지이다. 따라서 *Gulf of Maine* 사건의 특별협정에서는 아마도 *Channel* 중재사건에서 발생한 이행 관련 문제들을 피하기 위하여 고안된 지리적 좌표, 지도, 그리고 그 밖의 기술적 사항에 관한 상세한 규정을 담았다.[42)] 더욱이, 추가적인 안전장치로서, 특별협정에서는 기술적 사항과 관련해서 그리고 특히 해양경계 획정 준비 및 경계선 설정과 관련해서 당사자들이 원하는 바를 수행할 때 소재판부를 지원하기 위해 전문가를 임명하도록 규정했다. 이렇게 전문가로 임명된 수로학자에게 당사자들이 제출한 변론서 사본이 제공되었고, 구두변론에 참석하는 것 외에도 소재판부 협의 내내 참석할 수 있었다.

이 사건에서 협정의 또 다른 특징은 어느 일방 당사자라도 소재판부의 결정 이후, 당사자들이 추가로 해양경계를 확장하는 것에 대해서 교섭을 요청할 권리를 부여하도록 규정하였다는 점이다. 더 나아가 협정에서는 교섭이 있었지만 특정 기한 내에 아무런 합의도 이루지 못한 채, 해당 분쟁이 다른 형식의 구속력 있는 제3자 절차에 회부되지 않은 경우, 일방 당사자는 해당 분쟁을 소재판부에 제기할 수 있다고 규정하였다. 이처럼 흥미로운 방식은 ICJ에 대한 당사자들의 신뢰를 기반으로 장래에 발생할 수 있는 분쟁에 대해서 사전에 규정하는 것이었다. 반대로, *Gabcikovo-Nagymaros* 사건을 ICJ에 회부하기로 하는 특별협정에서, 당사국들은 판결 후, '판결 집행방식에 관한 교섭에 착수하기로' 하였고, 만약 6개월 이내에 합의하지 못하면, 일방 당사자가 이 쟁점에 관하여 ICJ의 '추가 판결'을 요청할 수 있도록 합의하였다.[43)] 이는 현명한 예방책이었는데, 왜냐하면 판결의 이행을 확보하려는 노력이 실패했었을 때, 슬로바키아는 1998년에 ICJ의 추가 판결을 요청할 수 있

41) *Frontier Dispute,* Nomination of Experts, Order of 9 April 1987 [1987] ICJ Rep. 7. 최근에 ICJ는 *Burkina Faso/Niger Frontier Dispute* 사건에서 유사한 기능을 수행했다. ICJ의 2013년 7월 22일 결정에 대해서 [2013] ICJ Rep. 226 참조.

42) 특별협정문에 대해서는 (1981) 20 ILM 1378 참조. *Channel* 중재사건의 문제에 대해서는 J.G. Merrills, "The United Kingdom-France Continental Shelf arbitration"(1980), 10 *Calif. Western Int. LJ* 314 at 349-55 참조.

43) 1993년 특별협정 제5조의 규정문에 대해서는 (1993) 32 ILM 1293; 그리고 부록의 문서 E 참조.

었기 때문이다.

또 다른 방법으로서, 일방 당사자가 ICJ에 되돌아가서 ICJ 결정에 대해서 해석신청을 할 수 있도록 허용하는 규정을 특별협정에 포함시킬 수 있다. 예컨대, 2002년에 베냉과 니제르는 국경분쟁을 ICJ 소재판부에 제기하는 특별협정을 체결하면서 여기에서 판결이 내려진 후 18개월 이내에 경계 획정 작업을 개시하도록 하였고, 판결 이행이 어려운 경우, 일방 당사자가 해당 사안을 다시 ICJ에 회부하도록 하는 규정을 포함시켰다. *Tunisia-Lybia Continental Shelf* 사건의 특별협정 제3조도 같은 효과를 갖도록 규정했다. *Avena* 사건[44]에서 멕시코는 ICJ 규정 제60조를 이와 비슷한 방식으로 활용하고자 하였다. 이 규정은 해석에 관한 사항을 다루고, ICJ가 행사하는 부수적 관할권의 일부를 구성한다는 점을 기억할 수 있을 것이다. 멕시코의 불만사항은 미국이 자국 내에서 살인 혐의로 유죄판결을 받은 일부 멕시코인들 사건의 재심에 관한 2004년 ICJ 판결을 일부 이행하지 않았다는 것이다. 하지만, ICJ는 멕시코의 요청이 이전 판결에서 결정되지 않았던 사항과 관련되었기에 이 결과 제60조에 따라서 해당 요청을 처리할 수 없다고 결정하였다.

결정의 이행이 거부되면, 사건에서 승소한 당사자는 다수의 선택지를 갖는다. 유엔헌장 제94조 제1항에서는 국가들이 ICJ 결정을 준수하도록 요구하고 있고, 제94조 제2항에서는 유엔 안보리가 "판결을 집행하기 위하여 권고하거나 취해야 할 조치를 결정할 수 있다." 하지만, 이러한 방식으로 사건을 다시 정치적 영역으로 되돌리는 것은 어렵기에 원판결의 의미에 대해서 진정으로 다투는 것이라면 국가는 ICJ에 원판결의 해석을 요청하거나, 심지어 새로운 사건을 제기하는 쪽을 더 선호한다. 예컨대, 2012년에 ICJ는 니카라과와 콜롬비아의 대륙붕 경계를 확정했으나 콜롬비아가 그 결정의 이행을 거부했다. 그러므로 2013년에 니카라과는 콜롬비아의 행위가 니카라과의 주권을 침해할 뿐만 아니라 불법적인 무력 사용의 위협이라고 주장하면서, 콜롬비아를 상대로 추가 절차를 개시했다.[45] 분명한 것은 추가 절차가 항

44) *Request for Interpretation of the Judgment of 31 March 2004 in the Case concerning Avena and Other Mexican Nationals (Mexico* v. *United States of America)*, Judgment [2009] ICJ Rep. 3; (2009) 103 *AJIL* 362 참조.

45) *Alleged Violations of Sovereign Rights and Maritime Spaces in the Caribbean Sea*, ICJ Press

상 가능한 것은 아니고, 해석의 경우처럼 원판결과 똑같이 집행문제의 대상이 될 수 있다. 하지만, 적절한 경우, 이러한 선택지가 유엔 안보리를 활용하는 것보다 더 매력적일 수도 있다.

분쟁에 결부된 국가 중 어느 국가가 소송을 원하지 않는다고 가정해 볼 수 있다. 이미 살펴 보았듯이, 동의만 있으면, 일방 당사국이 소송을 원하지 않아도 ICJ가 해당 사건에 대해서 결정할 수 없는 것은 아니다. 규정 제53조에 따르면, 만약 ICJ가 관할권을 갖고, 제소국의 주장이 사실 및 법에 충분한 근거가 있다고 인정되면, 일방 당사국의 출석 거부는 아무런 장애가 되지 않는다.[46] 더욱이, 소송을 가장 원하지 않았던 당사국이라도 여전히 결정을 이행할 수 있다. 예컨대, *Temple* 사건[47]에서 태국은 집요하게 ICJ의 관할권에 대해서 이의를 제기했지만, 분쟁영역을 캄보디아에 이양하는 결정을 수락했다. 하지만, 국가들의 의지에 반하여 이들을 법정에 나오도록 만들었던 분쟁은 소송으로써 해결을 달성하는 것이 거의 불가능하다는 점은 분명하다.

불행하게도, 소송을 원하지 않던 국가에 불리한 결정이 분쟁을 해결하지 못했던 경우가 수차례 있었다. 이들은 *Fisheries Jurisdiction* 사건들(1974), *Diplomatic Staff in Tehran* 사건(1980) 그리고 *Nicaragua* 사건(1986)이다. 첫 번째 사건의 경우, 곧 이은 해양법의 발전으로 인해서 집행 시도가 부적절한 것으로 여겨졌다. 두 번째 사건에서, 유엔 안보리를 통하여 판결의 집행을 확보하려는 어떠한 시도도 소련의 거부권 행사로 인하여 차단되었을 것이다. 반면, *Nicaragua* 사건에서, 미국이 이와 같은 입장에 있었다. 이 세 사건 모두 ICJ가 결정할 수 있었고, 실제로 결정했던 법적 쟁점

Release 2013/36 (27 November 2013) 참조.

46) 제53조로 인한 문제의 분석에 대해서는 Sir Gerald Fitzmaurice, "The problem of the 'non-appearing' defendant government"(1980), 51 *BYBIL* 89; I. Sinclair, "Some procedural aspects of recent international litigation"(1981), 30 *ICLQ* 338; J.I. Charney, "Disputes implicating the institutional credibility of the Court" in Damrosch(ed.), *The International Court* (n. 34) p.288 참조.

47) *Temple of Preah Vihear*, Merits, Judgment [1962] ICJ Rep. 6. 이 사건의 평석으로는 D.H.N. Johnson, "International Court of Justice, judgments of May 26, 1961 and June 15, 1962"(1962), 11 *ICLQ* 1183 참조. 하지만, 제6장에서 기술하였고, 판결의 의미에 대해서 당사국들 간 이견으로 인하여 필요했던 해석에 관한 후속 절차 참조.

이 있었지만, 이들 쟁점과 피제소국의 견해로는 해당 사건을 재판 대상이 될 수 없도록 만드는 더 넓은 범위의 쟁점과 얽혀 있었다. 따라서 각 사건에서 제소국이 일방적으로 ICJ에 분쟁을 회부하여 해당 분쟁의 정치색을 제거하려고 시도했을 때, 피제소국은 출석을 거부하였고, ICJ는 제53조를 원용할 수밖에 없었다.

사법적 해결을 달성하겠다는 의지가 종종 동의에 못지않게 중요다는 점은 때때로 이야기되듯이 독자적인 ICJ 활용을 무의미하게 만들지 않는다. 소송을 통한 해결을 원하지 않는 피제소국이라도 자신의 정책을 변경하도록 설득당할 수 있다는 점을 명백히 고려할 수 있다는 것은 차치하고라도, 소송할 준비가 되어 있는 국가는 이러한 사실을 여러 가지 방식으로 자국에 이롭게 활용할 수 있다. 양측이 조약이나 그 밖의 다른 방식으로 ICJ의 관할권을 분명히 수락하였을 때, 소송 개시는 제소국이 그러한 방식을 진지하게 고려하고 있다는 점을 표시하여, 또한 법적 권리에 대한 분쟁은 사법재판으로 해결되어야 한다는 원칙을 제소국이 지지한다는 점을 드러낸다. 영국이 아이슬란드와의 분쟁을 ICJ에 가져가기로 한 결정은 이 두 가지 목적을 모두 달성하였다. 소송은 분쟁에서 정치색을 배제하는 방식이기에 ICJ에 제소하는 국가는 긴장을 완화하고 평화적 해결을 추구하고자 하는 열망을 보내는 것이기도 하다. 이 점은 감정이 격해졌을 때, 혹은 *Aegean Sea Continental Shelf* 사건에서처럼 양측이 전쟁에 유사한 준비태세에 돌입했을 때 지극히 중요하다. 마지막으로 *Diplomatic Staff in Tehran* 사건과 *Nicaragua* 사건 둘 다 상당히 부합하는 사항은, 사건을 ICJ에 제소해서 승소한 국가는 권위 있고 객관적인 기관으로부터 자신의 입장이 갖는 정당성을 인정받는다는 것인데, 이는 중립적인 입장의 국가들로부터 지지를 확보하고 동맹국들의 지지를 공고히 하는 데 유용하게 활용할 수 있다.

ICJ의 의의

1945년에 설립된 이래, ICJ는 부수적 절차와 관할권 판결을 포함하여 매년 평균 3건을 약간 상회하는 정도의 쟁송사건을 심리했다. 실체적으로 국가간 분쟁에 관한 권고적 의견을 추가해도 소송은 예외적이고 절대다수의 분쟁은 다른 수단으로 처리되는 상황은 별로 바뀌지 않는다. 그러므로 ICJ가 분쟁 해결에 기여하는 바가 대수롭지 않다고 결론내리기 쉽다. 그러나 이는 ICJ의 중요성을 과소평가하는 것이다. 최근 수년 동안 ICJ에 회부된 사건 수가 상당히 증가했고, 사건목록에 10건을 초과하는 수의 사건이 등재되어 있는 것은 현재 낯설지 않은데, 이는 ICJ의 인기가 전례없이 상승했다는 점을 보여 준다.[48] 많은 조약에서는 분쟁을 ICJ에 회부하도록 규정하고 있고, 선택조항에 따라서 모종의 수락선언을 하는 국가의 수가 천천히 증가하고 있다. 앞서 지적했지만, 이러한 유형의 약속은 분쟁을 막는 경향이 있어서, 이처럼 ICJ가 '이면'(back-ground)에서 수행하는 역할을 간과해서는 아니된다. 더욱이, 최근 몇 년 사이에 수건의 분쟁은 해당 사안이 ICJ에 회부된 이후, 결정을 내릴 필요도 없이 해결되었다.[49] 비록 법정 이외에서 해결된 사례들은 판결이 필요 없지만, 물론 이러한 사례에서 사법재판을 활용할 수 있다는 것만으로도 분쟁 해결에 기여하는 바를 추가적으로 보여주고 있다.

방금 지적한 사항 이외에도, 국내 법원과 비교할 때, 국제재판소와 판정부가 차지하는 지위는 미미한 것이 분명하다. 이러한 사정에 대해서는 국가들이 특히 중요한 이익이 결부된 경우, 자신들의 분쟁에 대해서 통제권을 포기하는 것을 원하지 않는 점, ICJ를 구성하는 개인을 신뢰하지 않으려는 점, 그리고 국제법이 현재의 문제에 대해서 적절히 답하지 못하고 있다고 느끼는 점을 포함하여 많은 이유가 제시되었다.

국가들이 소송할 준비가 되어 있는 사례와 아마도 더 중요하게는 소송할 준비가 되어 있지 않은 것들을 분석해 보면, 이들 이유 제시 전부 어느 정도 진실을 담고 있고, 수년에 걸쳐서, ICJ에 관한 저작물의 상당 부분이 현재 상황을 어떻게 개선할

48) ICJ의 최근 업무에 관한 설명은 *AJIL*과 *Global Community YBILJ*에서 매년 발간되는 조사보고서에서 찾을 수 있다.

49) *Passage through the Great Belt* case, Order of 10 September 1992 [1992] ICJ Rep. 348, (1993) 32 ILM 101; *Phosphate Lands in Nauru* case, Order of 13 September 1993 [1993] ICJ Rep. 322; *Maritime Delimitation* case, Order of 8 November 1995 [1995] ICJ 423; *Aerial Incident of 3 July 1988*, Order of 22 February 1996 [1996] ICJ Rep. 9, (1996) 90 *AJIL* 278 참조. 2003년, 리비아는 미국과 영국을 상대로 제기한 두 건의 *Lockerbie* 사건의 소송 취하에 합의하였다. ICJ Press Release 2003/29 (10 September 2003), 또한 제1장에서 논의했던 *Aerial Herbicide Spraying* case (2013) 참조.

수 있는지를 고려하는 데 집중되었다는 점을 알 수 있다.[50)]

ICJ 활용을 장려하기 위한 여러 가지 제안은 마지막 장에서 하겠지만, 아마도 일반적인 사항은 여기서 지적할 수 있을 것이다. 그것은 때때로 사법적 해결에 너무 많은 것을 기대하고 있다는 것이다.[51)] 심지어 국내적인 차원에서도, 소송은 예외이고 일반적인 경우가 아니며, 대부분의 분쟁은 다른 수단으로 해결된다. 그러므로 ICJ를 개선하기 위하여 무엇을 할 수 있을지 고려하는 것은 충분히 의미 있는 일이지만, 사법재판에 집착하지 않고, 조정과 같은 다른 방식이 기여할 수 있는 점을 간과하지 않는 것이 중요하다. 뒤에서 보겠지만, 법적 해결방법과 비법적 해결방법 모두 1982년 해양법협약의 두드러진 특징이다.

모든 분쟁이 사법재판의 대상으로 적합하지 않다는 점은 ICJ 스스로도 인정하고 있다. ICJ는 수많은 경우에 사법재판소는 국제적으로 논란이 있는 사항 일체에 대해서 결정하는 일반적인 권한을 위임받지 않고, 분쟁 해결 장치로서 특수한 지위를 차지한다는 점을 밝힌 바 있다. 예컨대, ICJ는 '분쟁'이 있는 사건에 대해서만 사법재판을 할 수 있을 뿐이기에, 쟁송사건에서 ICJ의 권한은 당사자들의 이견이 어느 정도 구체화된 상황에 한정된다. 또는 약간 다른 방식으로 표현하자면 ICJ의 기능은 다른 사법기관의 기능처럼 이견차가 심각해지기 전에 차단하지 않고, 정체 모를 긴장상황을 누그러뜨리지도 않는다. 오히려 당사자들의 관계에서 특정한 위기상태를 해결하도록 요청 받을 경우에만 개입하는 것이다.

사법재판이 제한되는 방식은 정치적 기구와 비사법적인 절차가 초기 단계에 수행하는 역할을 강조한다. 그래서, 뒤의 제10장에서 보겠지만, 유엔헌장 제34조에 따라서, 안보리는 '국제적 마찰이 되거나 분쟁을 발생하게 할 우려가 있는 어떠한 분

---

50) 예컨대, C. Peck and R.S. Lee(eds.), *Increasing the Effectiveness of the International Court of Justice*, The Hague, 1997의 내용 참조. 그리고 이전의 것으로는 L. Gross(ed.), *The Future of the International Court of Justice*, New York, 1976; M.N. Shaw, "The International Court of Justice: a practical perspective"(1997), 46 *ICLQ* 831 참조.

51) 다음 문헌 참조. R.A. Falk, "Realistic horizons for international adjudication"(1970-1), 11 *Va. JIL* 314; R.B. Bilder, "Some limitations of adjudication as a dispute settlement technique"(1982-3), 23 *Va. JIL* 1; R.B. Bilder, "International dispute settlement and the role of adjudication" in Damrosch(ed.), *The International Court* (n. 34) p.155; Klein(ed.), *Litigating International Disputes* (n. 34).

쟁 또는 사태'를 조사할 수 있으며, 한편 양자 간 약정이나 지역기구를 통한 협의에서 재판 단계에 전혀 도달하지 않는 분쟁 회피 방식을 제공한다.

ICJ의 역할이 제한되는 또 다른 방식은 정치적 분쟁이 재판 대상이 될 수 있는지 여부에 관하여 앞서 논의했던 사항을 기억하면 알 수 있다. 여기에서 실제로 두 가지 제한사항이 있다. 하나는, 비록 ICJ가 *Nicaragua* 사건과 같은 경우에 기술적인 면에서 재판권을 확정할 수 있다고 해도, 그 결정이 비록 완전히 무시되지는 않지만, 훨씬 더 넓은 범위의 쟁점을 야기 하는 분쟁을 해결할 수 없는 것이 분명하다. 다른 제한사항은 첫 번째와 연관되는데, 다수의 분쟁에서는 법적 쟁점이 제기되지 않기에 ICJ의 형식적 권한범위에서 완전히 벗어나게 된다는 것이다. 그래서 이미 보았듯이, ICJ가 *형평과 선에 따라서* 결정을 내릴 권한을 갖지 못하면, 법적 근거에서 결정을 내리지 않고 정치적 혹은 경제적 평가를 요하는 문제를 다루지 않을 것이다. 따라서 *Haya de la Torre* 사건[52]에서 ICJ는 불법적인 정치적 망명 부여를 종료시키는 방식은 실행 가능성 혹은 정치적 편의성 고려에 좌우되는데, 이는 ICJ 기능상 평가할 수 없다는 근거에서, *Asylum* 사건에서 내린 판결의 집행방식을 특정하는 것을 거부했다.

이와 관련된 사항은 *Western Sahara* 사건에서 선결적 항변 사항 중 하나로 제기되었다. 유엔 총회는 권고적 의견 요청시 ICJ에 대해서 두 가지를 질문하였다. 즉, 서사하라 지역은 스페인의 식민지가 되었을 때 *아무에게도 속하지 않은 영역*(*terra nullius*, 無主地)이었는가? 만약 아니었다면 이 영역과 이웃 모로코와 모리타니아 영역의 법적 유대관계는 무엇이었는가? 스페인은 자국이 서사하라에 대해서 갖는 권원은 논쟁사항이 아니었기 때문에, 거의 100여 년 전, 식민지배 당시 해당 영역의 지위에 관한 질문은 역사적 관심사항일 뿐이고 적절성(propriety)을 근거로 답해서는 아니된다고 주장했다. 하지만, ICJ의 견해로는 권고적 의견을 요청하는 목적은 현재 의미를 상실한 쟁점을 파헤칠려는 것이 아니라, 유엔 총회가 해당 영역의 비식민화를 다룰 때 도움을 줄 수 있는 의견을 구하려는 것이었다. 따라서 제기된 쟁점은 적

52) *Haya de la Torre,* Judgment [1951] ICJ Rep. 71. 이 사건의 평석으로는 A.E. Evans, "The Colombian-Peruvian Asylum case: termination of the judicial phase"(1951), 45 *AJIL 755* 참조.

절성을 근거로 한 항변을 극복하기에 충분히 관련성이 있었다. 이 사건과 이전의 *Northern Cameroons* 사건[53)]에서 ICJ는 역사와 관련된 법률문제가 더 이상 소송대상이 아닌 시점을 사실상 결정하였다. 중요한 차이는, *Western Sahara* 사건에서는 비식민화가 막 개시되었기에 법적 고려사항들이 동시대와 관련성을 가졌지만, *Northern Cameroons* 사건에서는 중요한 결정이 이미 내려진 상태였기에 불편한 과거를 들춰 내는 것이 아무 소용이 없었을 것이다.

사건이 ICJ에 계류 중일 때 발생한 일은 이와 유사한 쟁점을 제기할 수 있고, 사법재판이 갖는 독특한 특징을 더욱 강조한다. 당사자들은 언제든지 소송을 취하할 수 있고, 이들이 ICJ 외에서 모종의 방식에 합의해서 추가로 소송절차를 진행하는 것이 아무 의미가 없을 때 그렇게 되는 것이 보통이다. 하지만, 어느 사건이 취하되면, 이는 당사자들의 전권사항으로 간주되어서 ICJ는 이렇게 결정한 이유를 묻지 않고 당사자들의 결정을 존중할 것이다. 그러므로 다른 재판소의 입장과 달리, ICJ가 당사자들의 희망을 어기면서 사건을 계속 유지할 이유가 없다.[54)] 더욱이, 때때로, ICJ는 소송을 제기한 목적이 성취되어서 추가적으로 절차를 진행할 필요가 없다는 결정을 스스로 내린다. *Nuclear Tests* 사건[55)]에서 그렇게 했고, 여기에서, ICJ는 법정 이외에서 행한 프랑스의 행위에 과장된 의미를 부여한 결과 해당 사건이 소송대상으로서 미확정 상태라고 판시하고서, 지극히 불편했던 분쟁을 사건목록에서 삭제해서 본안 사항을 다룰 필요가 없었다.

Nuclear Tests 사건들은 ICJ가 자신의 기능을 어떻게 보는지에 대한 증거를 추가하는 후속 재판이 있었다. 프랑스가 추가적인 대기 핵실험을 태평양에서 수행하지

---

53) *Northern Cameroons,* Judgment [1963] ICJ Rep. 15. 이 사건의 분석으로는 다음 문헌 D.H.N. Johnson, “The case concerning the Northern Cameroons”(1964), 13 *ICLQ* 1143 참조.

54) 이러한 쟁점에 관한 유럽인권재판소의 입장에 관한 논의로는 J.G. Merrills, *The Development of International Law by the European Court of Human Rights,* 2nd edn., Manchester, 1993, pp.60-3 참조.

55) *Nuclear Tests,* Judgments [1974] ICJ Rep. 253 and 457. 이들 결정에 대한 비판으로는 P. Lellouche, “The Nuclear Tests cases: judicial silence v. atomic blasts”(1975), 16 *Harv. Int. LJ* 614 참조. *Arrest Warrant* 사건(2002)에서, 벨기에는 일방 제소 신청 후 발생한 사건으로 인하여 제소된 사건의 목적이 상실되었다고 주장하였다. 그러나 ICJ는 이러한 주장을 배척하였다. 이에 대해서 이 사건 판결문 제32항 참조.

않겠다는 약속으로 간주되는 것을 ICJ에 제시했을 때 원래의 소는 기각되었다. ICJ는 만약, 판결의 '근거'가 되는 사항이 장래에 발생하는 사건의 영향을 받게 된다면, "ICJ 규정에서 정한 바에 따라 그러한 상황을 검토해 달라는 신청"에 응할 것이라고 말하기도 하였다.[56] 1995년에 프랑스는 태평양에서 일련의 지하핵실험을 시행하겠다고 선언하였고, 이로 인해, 원사건의 제소국 중 하나인 뉴질랜드는 위에서 인용한 문구를 근거로 하여 ICJ에 해당 사태를 다시 회부하였다.[57]

1995년 절차(*Nuclear Tests II* 사건)에서, 본질적으로 두 가지 질문, 즉 ICJ가 1974년 절차를 (사실상) 재개할 수 있는지 여부, 그리고 재개할 수 있다면, ICJ가 그렇게 하기 위하여 필요한 조건이 충족되었는지의 여부였다. ICJ는 첫 번째 질문에 대해서 '예'라고 답했고, 두 번째 질문에 대해서는 '아니오'라고 답했다. 부정적인 답변은 ICJ가 대기 핵실험만 다룬 판결의 근거에 지하핵실험이 영향을 미칠 수 없다고 판시한 점에 근거하였다. 따라서 이 점에서 ICJ는 자신의 역할이 확대되는 것을 원했던 사람들의 주장을 배척했다.[58] 반면, ICJ는 첫 번째 질문에 대해서 긍정적으로 답하면서, 만약 프랑스가 대기 핵실험을 재개한다면 뉴질랜드는 새로이 소송을 제기하지 않고서도 프랑스의 행위에 대해서 이의 제기를 할 수 있다는 점을 보여 주었다. ICJ 규정에서 어느 사건이 이러한 방식으로 부활될 수 있다고 명시적으로 규정하지 않고 있기에 이는 과감한 재판에 의한 입법으로써 ICJ의 권한을 이례적으로 높인 경우에 해당된다.

사법적 기능의 범위가 제한되는 점, 그리고 국가들은 ICJ에 분쟁을 회부하는 것을 주저한다는 점은 앞서 중재를 논의할 때 예상할 수 있었다. 그렇다면, 결론적으로 국제재판소를 가짐으로써 얻는 이점은 무엇인가?

첫 번째로 가장 명확한 것은 상설재판소가 존재함으로써 재판 대상이 될 수 있는

56) *Nuclear Tests (New Zealand* v. *France),* Judgment [1974] ICJ Rep. 457 at 477(para. 63).

57) *Request for an Examination of the Situation in accordance with Paragraph* 63 *of the Court's Judgment of* 20 *December 1974 in the Nuclear Tests (New Zealand* v. *France) Case,* Order of 22 September 1995 [1995] ICJ Rep. 288 참조. 이 사건의 평석으로는 M.C.R. Craven, Note (1996) 45 *ICLQ* 725; P.H.F. Bekker, Note (1996) 90 *AJIL* 280 참조.

58) 재판관 위러만트리(Weeramantry), 코로마(Koroma), 그리고 팔머(Sir Geoffrey Palmer)의 반대의견 참조.

분쟁이 발생하는 경우에는 언제든지 국가들이 새로이 재판소를 설치하는 수고를 덜어 준다는 점이다. 그러한 재판소를 설치하는 데 발생하는 시간과 노력(그리고 재판소 운영자금 조달 비용)을 절약하는 것 이외에도 이미 조직과 절차가 확립된 재판소에 사건을 회부할 수 있다는 점으로 인해서 재판소 구성원 선정 그리고 관련 사항에 대해서 교섭할 필요가 없고, 이에 따라서 중재에서 발생하는 문제를 피할 수 있다. 물론, 이와 반대로 중재의 탄력성으로 인해 특별한 요구사항이 있는 경우 중재가 더 매력적인 선택지가 되는데, 이미 살펴 보았듯이 이러한 고려사항으로 인하여 ICJ는 최근 사건에서 자신이 어떻게 해야 당사자의 희망사항에 맞추어 조정할 수 있을지를 고려하게 되었다.

둘째, 분쟁을 피하고 해결할 때 국제법의 발전이 도움을 주는 한, 상설재판소는 일관된 법리를 개발할 수 있는 능력을 갖고 있기에, 수시로 진행되는 중재보다 법의 진보에 더 많이 기여할 수 있을 것으로 기대할 수 있다. 이미 언급했듯이, 사실상 상설재판소들이 그렇게 할 수 있는지 여부는 수많은 요소들, 특히 적절한 기회의 제공 그리고 재판관들의 역할 인식에 좌우되지만, 소송을 통해서 '법이 명확해지고 발전하는 데 필요한 확실한 수단을 찾을 수 있는'[59] 가능성이 향상되리라는 것은 부정할 수 없다.

마지막 이점은 상설재판소가 평화적 해결 수단으로써 소송을 활용할 수 있다는 점을 국가들에게 끊임없이 상기시켜 준다는 것이다. 사실, 지금은 다음 장에서 논의할 국제해양법재판소와 제9장에서 검토할 세계무역기구(WTO)의 상소기구를 포함하여 다양한 유형의 다른 상설재판소들이 있다. 따라서, ICJ의 상징적인 의미는 축소되었다. 반대로, 비교적 최근에 등장한 재판소와 판정부들은 모두 다소 전문화되었기에 ICJ는 어떠한 국제법적 측면의 분쟁이라도 ICJ에 제소될 수 있다는 면에서 여

59) [1970] ICI Rep. 65 (Judge Fitzmaurice). 이러한 측면의 ICJ 업무에 대한 논의로는 다음 문헌 참조. M. Lachs, "Some reflections on the contribution of the International Court of Justice to the development of international law"(1983), 10 *Syr. J Int. L and Com.* 239; R.Y. Jennings, "The judiciary, international and national, and the development of international law"(1996), 45 *ICLQ* l; P. Kooijmans, "The ICJ in the 21st century: judicial restraint, judicial activism, or proactive judicial policy"(2007), 56 *ICLQ* 741; C.J. Tams and J. Sloan(eds.), *The Development of International Law by the International Court of Justice*, Oxford, 2013.

전히 일반 관할권을 갖는 유일한 재판소이다. 따라서 ICJ가 존재한다는 사실은, ICJ의 관할권을 확립하기 위한 간단한 절차와 함께 ICJ가 달리 누리지 못했을 사법재판 분야의 명성을 국제분야에서 계속 부여할 것이다.

제8장

해양법협약

The Law of the Sea Convention

08

해양법협약

The Law of the Sea Convention

지금까지 검토했던 해결방법은 모든 형태의 분쟁에서 활용될 수 있고 모든 국가들이 활용할 수 있다. 이러한 일반적인 방식과 함께, 특정 분야의 분쟁 해결을 위해 특정 국가집단이 만든 전문적인 절차도 찾을 수 있다. 전문분야에서 분쟁 해결을 위해 활용 가능한 장치는 다른 문헌[1]에서 광범위하게 검토했기에 이 장에서는 다시 기술하지 않을 것이다. 하지만, 그러한 장치를 구성할 때 결부되는 문제에 대한 생각과 수락된 방법을 수정하고 결합해서 해결책을 제시할 방식을 전달하기 위해, 다음 장에서는 국제통상법 분야에서 최근의 일부 발전사항을 살펴 보겠지만, 이 장에서는 1982년 해양법협약에서 파악되는 분쟁 해결 방식을 개괄하고 검토하고자 한다.

유엔해양법협약과 그 제도

1982년 협약은 307개 조문과 부속서 11건을 담고 있으며, 교섭하는 데 8년이 걸렸다.[2] 이렇게 길고 복잡한 문서를 갖고서, 거의 모든 국가들이 이해관계를 가진

1) 이 분야의 조사로는 C.M.H. Waldock(ed.), *International Disputes: The Legal Aspects*, London, 1972, ch. 4; United Nations, *Handbook on the Peaceful Settlement of Disputes between States*, New York, 1992, ch. 4 참조.

2) 협약의 성안 과정은 1974년에서 1982년까지 미국국제법학회지에 스티븐슨(J.R. Stevenson)

사안을 다루면서, 어떤 쟁점은 다른 것에 비해서 더 어렵다는 것이 자연스럽게 증명되었다. 당연히, 분쟁 해결은 가장 논란이 많은 쟁점 중 하나였으며, 현재의 협약 제15부 규정들은 협약문이 최종 합의되기 이전에 여러 번 수정되었다.

제3차 유엔해양법회의(UNCLOS III)가 1974년 베네수엘라의 수도 카라카스에서 실질적으로 첫 번째 회기를 가졌고, 분쟁 해결에 관한 쟁점은 주요 위원회의 업무와 관련되는 한도에서 각자 다루기로 결정하였다. 하지만, 세 개의 주요 위원회가 다른 쟁점에 집중할 가능성이 높아서, 분쟁 해결에 거의 시간을 할애할 수 없을 것이라는 것이 곧 분명해졌다. 따라서 비공식 그룹이 구성되어 분쟁 해결에 관한 쟁점을 검토하기로 하였고, 여기에서 작성한 실무보고서가 해양법회의 초기 논의의 중심이 되었다. 1975년 세 번째 회기에서 이 비공식 그룹은 분쟁 해결 조직으로 재구성되었고, 이 회기 말미에 해양법회의 위원장이 준비한 비공식 단일 교섭문안에 분쟁 해결 초안 규정이 포함되었다.

네 번째 회기 논의 후, 위원장 초안이 수정되었고 이 초안이 1976년 다섯 번째 회기에서 다시 검토되었다. 1977년, 후속 개정안들이 단일 교섭수정문안에 포함되었고, 1978년에는 비공식 통합 교섭문안에 포함되었다. 일부 특별히 어려운 문제를 파악하게 되면서, 1979년 여덟 번째 회기에서 추가 논의가 있었고, 다음 해 아홉 번째 회기에서 더 많이 수정되었다. 1981년 열 번째 회기까지도 분쟁 해결방식이 여전히 변경되었고, 1982년에 협약 전체가 승인되어 서명을 위해 개방되었을 때에야 비로소 문제된 조문들의 형식이 확정되었다.[3)]

해양법협약은 당사국들이 이 협약의 해석이나 적용과 관련하여, 자신들 사이의 어떠한 분쟁이라도 유엔헌장 제2조 제3항에 따라서 평화적 수단으로 해결한다는 기본원칙에서 출발한다(제279조). 이 조문의 효과는 양면적이다. 이 조문에 따라서 유

과 옥스만(B.H. Oxman)이 발표한 논문들을 통해서 편하게 추적할 수 있다. R.R. Churchill and A.V. Lowe, *The Law of the Sea*, 3rd edn., Manchester, 1999 참조.

3) 분쟁 해결 관련 협약 규정의 분석 그리고 해당 규정의 성안 논의에 대해서는 다음 문헌 참조. S. Rosenne and 1.B. Sohn(eds.), *United Nations Convention on the Law of the Sea 1982: A Commentary*, vol. V, Dordrecht, 1988; A.O. Adede, *The System for Settlement of Disputes under the United Nations Convention on the Law of the Sea*, Dordrecht, 1987; N. Klein, *Dispute Settlement in the UN Convention on the Law of the Sea*, Cambridge, 2005.

엔의 비회원국들이 이 협약의 당사국이 되는 경우 유엔헌장에 담긴 의무가 이들 비회원국에까지 확장되고, 또한, 이 조문은 모든 국가들에게 이 협약과 관련된 분쟁은 정의(justice)에 따라서 해결되어야 한다는 점을 확인시켜 주고 있다. 해양법협약은 더 나아가서 협약 제15부의 어떠한 규정도 국가들이 스스로 선택한 평화적 수단에 의하여 분쟁을 해결할 수 있는 권리를 저해하지 않는다고 규정하였다(제280조). 물론 당사국의 자치를 강조하는 것은 일반적인 실행과 일치하고 논란은 없었다. 하지만, 분쟁 해결수단을 자유롭게 선택할 수 있다는 원칙은 나중에 그 의미를 강조하는 조문에서 상세히 다루어졌다.

분쟁이 발생했을 때 당사자들은 어떠한 해결수단을 선택할지에 관해 '신속히 의견을 교환할' 의무를 부담한다(제283조 제1항). 이 중요한 규정에 관하여 현재 판례가 상당하다.[4] 이 규정은 협의를 강조하고 평화적 수단을 활용할 의무의 절차적 지지대(buttres)로 고안된 것이 분명하다. 하지만, 협의의무는 화해 타결이 되어서, '화해 타결의 이행방식과 관련하여 상황상 협의가 필요한' 때(제283조 제2항) 그리고 어느 절차가 성공적으로 활용되지 못했을 때에도 발생한다. 이미 지적했듯이, 어느 절차의 활용이 실패했을 때, 이 규정은 한 가지 해결수단에서 다른 수단으로 이행하는 것이 결코 자동적이지 않다는 점을 확실히 하는 효과를 갖는데, 이는 불가피하게 협약 자체의 해결방식이 갖는 영향력을 감소시킨다.[5]

이에 못지않게 중요한 것은 당사자들이 특정한 평화적 해결수단을 선택했을 때, 그러한 수단이 실패했다는 점이 증명되는 경우 그리고 당사자들이 합의하여 추가절차를 배제하지 않은 경우에만 협약에 규정된 절차들이 적용되도록 규정하고 있는 점이다(제281조). 더욱이, 만약 구속력 있는 결정이 내려지는 절차에 분쟁을 회부한다는 일반적, 지역적, 양자적, 혹은 다른 어떠한 성격의 합의가 있으면 당사자들이 달리 합의하지 않는 경우, 협약에 규정된 절차를 대신한다(제282조). 이들 조문의 효력상, 당사자들은 사전 합의로써 협약에서 규정하는 해결장치를 피할 수 있다.[6]

---

4) 예컨대, *Barbados/Trinidad and Tobago,* Award on Jurisdiction and Merits, (2006) 45 ILM 800 참조. 제283조에 관한 이전의 판례법 개요에 대해서는 Klein, *ibid.*, pp.62-4 참조.

5) A.O. Adede, "The basic structure of the disputes settlement part of the Law of the Sea Convention"(1982), 11 *Ocean Devel. and Int. L* 125 at 129.

요컨대 협약의 첫 번째 원칙은 평화적 해결수단을 자유롭게 선택하는 것이다. 그러나 만약 당사자들이 해결수단에 합의할 수 없는 경우 혹은 당사자들이 선택한 수단의 실패가 증명되는 경우에는 어떻게 하는가? 이 단계에서는 제283조에서 요구하는 의견 교환 후, '구속력 있는 결정을 수반하는 강제절차'라는 제목의 제15부 제2절이 적용된다.

강제적 해결 원칙

해양법협약에서 분쟁의 강제적 해결을 규정한 조문을 포함할지 여부에 관한 문제를 둘러싸고 상당한 이견이 있었다. 1958년 해양법협약에서 이에 상응하는 규정은 협약의 선택의정서뿐이었고, 새로운 협약에서도 동일한 접근방식이 채택되어야 한다는 견해가 있었다. 하지만, 다수는 그토록 많은 혁신적 내용들을 담고 있는 문서를 해석하고 적용할 경우 필연적으로 분쟁이 발생할 수밖에 없는데, 그러한 분쟁을 활용 면에서 의무적이고, 결과 면에서 구속력이 있는 제3자 절차를 활용해서만 해결할 수 있게 된다는 근거에서 이러한 견해를 수용할 수 없다고 판단하였다. 앞에서 지적했지만, 그러한 절차를 종국적으로 활용할 수 있다는 점을 알면 불합리한 면을 막을 수도 있고, 그렇게 함으로써 분쟁 회피 기능을 할 것이라는 점도 중요한 고려사항이었던 것은 의심의 여지가 없다. 그러므로 모종의 강제절차가 포함되어야 한다는 것이 최종 결정되었다.

이 협약과 같이 구속력 있는 결정을 확보하는 절차를 마련할 경우 첫 번째 문제는 이 협약의 모든 당사국들이 수락할 수 있는 방법을 찾는 것이다. 이미 보았듯이, ICJ는 보편적인 지지를 받지 못했기 때문에, 일부 국가들은 관할권이 제한된 상설재판소 혹은 임의 중재재판소와 같은 대안을 선호하였다. 유엔해양법회의에서, 이견이 너무 심했기 때문에 단일한 방법을 지정할 수 없다는 점이 분명해졌다.[7] 몇몇

6) 하지만, 해저에 관한 분쟁은 아래에서 기술하는 제11부 제5절의 특별규정의 적용을 받는다는 점을 주목해야 한다. 아래의 각주 31)에 대한 본문에서 기술하는 *Southern Bluefin Tuna* arbitration (2000) 중재사건에서 제281조의 해석이 중요하였다.

7) Rosenne and Sohn(eds.), *Commentary* (n. 3) pp.41-5.

국가들은 분쟁을 ICJ에 회부하기를 원하면서 ICJ가 내린 결정이 이미 해양법 발전에 기여했던 점을 지적했던 반면, 다른 국가들은 '새로운' 해양법과 관련된 분쟁은 새로운 재판소가 다루는 것이 더 적절하다고 생각했다. 세 번째 집단은 어떠한 유형의 상설재판소라도 너무 경직되었다고 생각해서 중재의 유연성을 강조하였고, 네 번째 집단은 다수의 해양법 분쟁으로 야기된 기술적 쟁점으로 인해서 기능적 접근과 전문기구의 창설이 필요하다고 생각했다. 이처럼 광범위하면서 다양한 견해에 직면하게 되자, 협약 교섭자들은 실행 가능한 방침을 취하여 선택의 자유 원칙을 다시금 원용함으로써 구속력 있는 해결방법을 선택하는 형태로 문제를 해결했다.

해양법협약에서는 국가들이 다음 중 하나 이상의 재판소에 분쟁을 회부하는 것을 수락하는 내용을 서면으로 선언하도록 규정하고 있다. 이들 재판소는 새로운 '국제해양법재판소', 국제사법재판소, 또는 중재재판소, 또는 특별중재재판소이며, 이 중 두 가지 형태의 중재재판소는 이 협약에 따라 구성되도록 하였다. 만약 분쟁의 양 당사자들이 동일한 절차를 수락하였다면, 당사자들이 달리 합의하지 않은 경우, 해당 절차가 활용되도록 하였다. 하지만, 당사국들이 서로 다른 절차를 수락한 경우 (혹은 한 당사국이 아무 절차도 수락하지 않은 경우) 해당 분쟁은 중재재판에 회부된다.[8] 이러한 방식은 협약 제287조에 규정되어서, 법정지 선택 문제를 깔끔하게 해결하였고, 아래에서 설명할 제한사항 하에 유용하면서 탄력적인 강제관할권 제도를 마련했다.

협약 제15부 제2절의 나머지 조문들은 의무적 해결 제도의 기능과 관련해서 수많은 사항을 다루고 있다. 또 다른 새로운 기구인 '해저분쟁재판부'의 독특한 역할은 제287조 제2항에서 인정되었다. *사물 관할권(ratione materiae)*에 관한 중요한 질문에 대해서는 제288조에서 다루고 있으며, 여기에서는 이 협약의 해석 또는 적용 그리고 이 협약의 '취지와 관련된' 국제협정에 관한 분쟁을 회부하도록 규정하였다. 제289조는 ICJ의 보좌인과 유사한 역할을 할 과학·기술 전문가를 임명하는 것에 대해

8) 이러한 목적에서 ICJ 혹은 새로운 해양법재판소를 활용하려는 시도는 1977년에 포기되었다. A.O. Adede, "Prolegomena to the dispute settlement part of the Law of the Sea Convention"(1977-8), 10 *NYUJ Int. L and Politics* 253 at 340 참조.

서 규정하고 있다. ICJ 규정을 연상시키는 또 다른 조문인 제290조는 (분쟁 당사국의 요청이 있을 경우에만) 잠정보호조치를 명령할 권한을 부여하는 한편, 협상과정은 어려웠지만, 실무상 매우 중요한 것으로 증명된 제292조는 국내 기관이 억류한 선박과 선원의 신속한 석방 문제를 다루고 있다.

이례적으로, 재판소는 어느 청구가 '법적 절차를 남용하는지 여부 혹은 청구의 근거가 *일견(prima facie)* 정당한지 여부'를 결정하기 위하여 강제관할권을 행사할 수 있다(제294조). 만약 청구가 법적 절차의 남용이라거나, 일견 근거가 정당하지 않다고 결정되면, 재판소는 해당 사건에 대해서 더 이상 조치를 취하지 않을 것이다. 이 규정은 근거 없는 제소가 남발되어 배타적 경제수역 내 권리 행사에 지장을 줄 수 있다는 일부 연안국가의 우려를 불식시키기 위하여 마지막 단계에 추가되었다. 이것은 근거 없이 제소된 경우를 처리하는 방법을 제공하고, 이러한 제소를 단념시키는 유럽인권협약 제35조 제3항[9] 규정과 유사하다. 유럽인권협약의 조문과 상응하는 또 다른 조문은 제295조이다. 이 조문은 국내구제완료가 일부 청구의 수리적격성 판단의 전제조건이라는 점을 확인하고 있다.[10] 하지만, 이 조문은 '국제법상 요구'될 때에만 적용될 뿐이다. 그러므로 국가의 직접적 이익에 관한 분쟁에서 혹은 국내구제완료가 전통적으로 필요하지 않았던 그 밖의 상황에서 국내구제완료를 요구하는 것이 아니라, 국내구제의 존재가 일반적으로 관련되는 분쟁에 대해서 그러한 요건을 유지하는 효력이 있다.

준거법 선택에 관한 문제는 관할권을 갖는 재판소에 대해서 '이 협약 그리고 이 협약과 충돌하지 아니하는 그 밖의 국제법 규칙'을 적용하도록 지시하는 것으로 처리하였다(제293조). 당사자들은 *형평과 선에 따라* 결정을 내리도록 요청하기로 합의

---

9) 제35조 제3항의 규정은 다음과 같다. "The Court shall declare inadmissible any individual application submitted under Article 34 which it considers incompatible with the provisions of the Convention or the protocols thereto, manifestly ill-founded, or an abuse of the right of application." 원 협약에서 이에 상응하는 규정은 제27조 제2항이었다. 제294조에 대한 논의로는 T. Treves, "Preliminary proceedings in the settlement of disputes under the United Nations Law of the Sea Convention: some observations" in N. Ando, E. McWhinney and R. Wolfrum(eds.), *Liber Amicorum Judge Shigeru Oda*, The Hague, 2002, p.749 참조.

10) 유럽협약의 구 조문 제26조인 제35조 제1항 참조.

할 수 있지만, 그러한 합의가 없다면, 이들의 의도는 이 협약이 다른 의무의 연원들보다 우선해서 적용되도록 하려는 것이 분명하다. 앞에서 논의했던 중재 그리고 사법적 해결에서, 국제재판소가 내린 결정의 근거는 국가들이 명백한 이유로 매우 중시하는 사안이라는 점을 보았다. 식민지 독립 직후에 '신생' 국가들이 ICJ 활용을 주저했던 것은 전통국제법에 대한 불신에서 비롯되었다는 견해가 널리 받아들여지고 있는 점을 유념한다면, '새로운' 해양법 자체의 많은 요소가 이들 국가의 영향력을 반영하고 있기에 이 법이 협약에서 그러한 우선순위를 얻었어야 했던 이유를 아는 것은 어렵지 않다.

강제적 해결 원칙의 예외

협약 제15부 제3절과 마지막 절의 제목은 '제2절의 적용에 관한 제한과 예외'로서 직전에 기술했던 절차에 구속받지 않거나, 반드시 구속될 필요가 없는 분쟁, 그리고 특정 사건의 경우, 차라리 다른 강제적 절차에 회부될 수 있는 분쟁에 관한 것이다. 따라서 제2절의 원칙은 당사자들이 스스로 선택한 수단으로 해결하지 못한 분쟁을 일정한 형식의 법적 재판소에 회부되도록 하는 것을 일반규칙으로 삼는 것이라면, 제3절은 특정 분쟁의 경우 아예 의무적 해결의 대상이 되지 않도록 하면서, 그 밖의 분쟁에는 사법재판이 아닌 절차가 필요하다는 가정을 기반으로 하고 있다.

제3절의 세부규정은 교섭 중에 형식이 여러 차례 바뀌어서 복잡하며, 협약의 실체적 조문과 밀접하게 연결되어 있다. 하지만, 이들 조문의 중요성은 각각 면밀히 분석하지 않아도 파악할 수 있다. 제297조는 주권적 권리 혹은 관할권의 행사와 관련된 특정 결정, 특히 재량권의 행사와 관련된 결정은 어떤 형식의 사법재판에서도 이의 제기의 대상이 될 수 없다는 연안국의 관점을 반영한다. 따라서 제2절의 절차가 전통적인 해양의 자유를 남용하거나 침해하는 것과 관련된 분쟁에 적용되도록 규정한 후, 해양 조사와 어업에 대한 연안국의 권리와 관련된 분쟁은 조정에 회부하도록 규정하고 있다.[11] 여기에서 중요한 점은 협약에서 정한 사안에서 조정을 의

11) 이러한 접근방식에 관한 평석으로는 S. Rosenne, "Settlement of fisheries disputes in the

무적으로 활용하도록 하면서도, 연안국의 재량권 행사는 문제될 수 없고 조정위원회 보고서는 어떤 경우라도 당사국들을 구속하지 않는다고 신중하게 기술하고 있는 것이다.

분쟁 해결 규정 초안에서, 제2절의 절차를 배제하는 것은 어느 경우라도 관련 국가가 그러한 취지로 선언한 바에 좌우되었다.[12] 제297조의 대상이 된 분쟁에서, 선택적 배제 제도는 나중에 방금 기술했던 포괄적 예외로 교체되었다. 하지만, 선택적 배제 제도는 세 가지 유형의 분쟁을 다루고 있는 제298조에 계속 남게 되었다. 여기에서, 국가는 선언서로써 제2절 절차 전부 또는 일부를 배제할 수 있다. 이들 분쟁에는 해양경계 획정이나 역사적 만 또는 역사적 권원이 결부된 분쟁,[13] 제297조와 연결된 군사활동 또는 법 집행에 관한 분쟁,[14] 그리고 유엔 안전보장이사회가 유엔헌장에 따라 그 기능을 행사하는 것에 대한 분쟁이 있다.[15]

첫 번째 범주의 해양경계 획정 및 그 밖의 분쟁의 경우, 협약 발효 후 발생한 분쟁이 강제 조정 대상이며 그 이후, 강제조정에서 합의가 되지 못할 경우 제2절에 규정한 절차의 대상이 될 수 있다. 하지만, 이처럼 상세한 방식에도 육지영토에 대한 주권 등의 권리에 관한 분쟁에는 그러한 방식이 전혀 적용되지 않고 두 번째, 세 번째 범주의 분쟁에는 이와 상응하는 규정이 없다. 선언은 언제라도 할 수 있고, 철회될 수 있으며, 효력에 있어서 상호적이라는 점이 명확히 언급되어 있다는 점도 주

---

exclusive economic zone"(1979), 73 *AJIL* 89; J.P.A. Bernhardt, "Compulsory dispute settlement in the law of the sea negotiations: a reassessment"(1978-9), 19 *Va. JIL* 69 참조.

12) A.O. Adede, "Settlement of disputes arising under the Law of the Sea Convention"(1975), 69 *AJIL* 798 at 813-14. 최종 문안으로 이전하는 과정에 관하여는 Adede, Note in (1977) 71 *AJIL* 305 및 Rosenne and Sohn, *Commentary* (n. 3) pp.87-106 참조.

13) 경계 획정을 둘러싼 논란에 대한 포괄적인 논의로는 A.O. Adede, "Toward the formulation of the rule of delimitation of sea boundaries between states with opposite or adjacent coasts"(1978-9), 19 *Va. JIL* 209; P.C. Irwin, "Settlement of maritime boundary disputes: an analysis of the law of the sea negotiations"(1980), 8 *Ocean Devel. and Int. L* 105; Rosenne and Sohn(eds.), *Commentary* (n. 3) pp.116-35; P. Weil, *The Law of Maritime Delimitation: Reflections*, Cambridge, 1989 참조.

14) 이러한 예외에 관한 분석으로는 M.W. Janis, "Dispute settlement in the Law of the Sea Convention: the military activities exception"(1977), 4 *Ocean Devel. and Int. L* 51 참조.

15) 물론, 안보리가 당사자들에게 이 협약에서 규정하는 분쟁 해결수단을 활용하도록 촉구하지 않아야 할 것이다.

목해야 한다(제298조 제3항). 달리 말하면, 제2절의 절차에서 특정 유형의 분쟁을 배제하기로 선언하는 국가는 이 규정에서 허용하는 한도에서 면제되지만, 그러한 분쟁에서 발생한 청구는 다른 국가를 상대로 제기할 권리를 상실한다. 이것은 국제관할권의 제한에 관한 사항을 규율하는 일반원칙에 따르는 것이지만, 만약 국가들이 제298조에서 부여한 기회를 넓게 활용하면, 그로 인해서 강제적 해결 원칙이 상당히 훼손될 것이라는 점을 보여 준다. 반면, 제298조에 따른 선언이 별로 없었기 때문에,[16] 실행상 이 규정의 효력은 예상보다 크지 않았다.

제3절의 규정이 복잡한 것은 자신의 사건을 스스로 판단하고자 하는 욕망과 구속력 있는 제3자적 해결 원칙 사이에 균형을 이루려는 시도 때문이다. 제297조에서 제2절의 절차로부터 특정 유형의 분쟁을 배제한 것과 제298조에서 다른 분쟁을 배제할 수 있는 기회를 부여한 것은 전통적으로 민감한 분야로서, 예컨대 영토주권과 군사활동, 그리고 유엔해양법회의에서 소위 '77그룹'[17]으로서 투표권을 행사하여 어업 및 조사 관련 사항을 배제시켰던 개발도상국의 특별한 관심사 양쪽을 모두 반영한다. 물론, 특정 유형의 분쟁으로서, 예컨대 재량권 행사에 관한 분쟁에 대해서 조정이 사법재판보다 분쟁 해결수단으로서 더 적합한지는 논란의 여지가 있다. 그렇다고 할지라도, 제3절에서 규정하는 제한과 예외가 없다면, 이 협약의 필수적인 부분으로서 구속력 있는 분쟁 해결장치의 채택이 일반적으로 수락되지 않았을 것이 분명하다.

비록 제3절은 이 협약에 따른 분쟁의 강제적 해결 범위를 축소하는 효과를 갖는다고 해도, 이들 규정에 대해서 추가로 두 가지 점에 주목해야 하는데, 이러한 점은 비-기술적 측면에서 이러한 제한을 한정한다. 첫째, 어느 국가가 특정 사건에서 제297조를 근거로 할지, 아니면 제298조를 근거로 할지 여부는 해당 국가가 일방적으로 결정할 사항이 아니고, 이 협약에서 분명히 정하고 있듯이, 관할권 존재 여부가

---

16) 세부 사항으로는 유엔 대양 및 해양법 국가의 전자주소 <www.un.org/Depts/los/> 참조.
17) 77그룹의 영향력에 대해서는 A.G. Friedman and C.A. Williams, "The Group of 77 at the United Nations: an emergent force in the law of the sea"(1978-9), 16 *San Diego L. Rev.* 555; G.A. Pierce, "Dispute settlement mechanisms in the Draft Convention on the Law of the Sea"(1980-1), 10 *Denver J Int. L and Pol.* 331 참조.

문제되는 재판소가 결정할 쟁점이다. 이는 협약이 국제법의 승인된 원칙을 포함하고 있는 또 다른 예이고, 물론 이로 인하여 적절한 사건에서 다양한 제한과 예외를 활용하지 못하는 것은 아니다. 하지만, 원칙의 역할은 이들 규정을 자신의 이익에 맞게 해석할 경우 필연적으로 야기될 수 있는 규정의 오남용을 막으려는 것이다.

둘째, 제3절 이면에 있는 의도는 특정 분쟁이 자동적으로 협약의 강제절차의 대상이 되지 않도록 차단하려는 것이지만, 제3절의 마지막 규정인 제299조는 선언으로 배제되는 범주의 분쟁이라고 해도 당사자들이 합의하는 한도에서 이들 절차를 활용할 수 있도록 허용하고 있다는 것이다. 다시 말하면, 제297조와 제298조가 적용되는 경우, 일방적으로 분쟁이 협약상 절차에 회부되지 않도록 차단하는 효과를 가지면서도 당사국들 합의로써 협약상 절차를 활용할 권리를 침해하지 않는다. 그러므로 이는 협약의 근본원칙인 선택 자유의 또 다른 예이다. 손(Shon)과 로잔(Rosenne)은 아래와 같이 언급하였다.

> 따라서 제15부의 마지막 조문은 제1절의 정신에 따라서 이 부를 끝내면서, 분쟁 해결이 제한되는 사안도 당사자들의 합의로써 분쟁을 우호적이고 평화적으로 해결할 수 있는 분쟁 해결 절차를 찾을 가능성이 여전히 있다는 점을 강조하고 있다.[18]

조 정

당사자들이 선택한 수단에 의한 분쟁 해결을 다루는 제15부 제1절에서 조정은 제3자적 해결 방법으로서 유일하게 특정해서 명시되었다.[19] 더욱이, 이미 살펴 봤듯이, 조정은 제3절에 따라 사법적 판단에서 배제되는 특정 유형의 분쟁에 대해서 의무적으로 활용된다. 그러므로 조정은 협약에서 중요한 지위를 차지하고 있다고 말할 수 있고, 적어도 이론적으로는 특정 분쟁과 관련해서 두 번 활용될 수 있다. 첫째로는 당사자들이 선택한 절차로서, 그리고 그 후, 첫 번째 시도가 실패할 경우, 제

---

18) Rosenne and Sohn(eds.), *Commentary* (n. 3) p.146.

19) 제284조 참조. 초안에서 중재 및 사법적 해결에 대해서 언급한 사항은 나중에 삭제되었다. Adede, "Prolegomena" (n. 8) 282 참조.

3절에 따른 강제적 방식으로서 활용될 수 있다. 자발적이거나 의무적인 조정에서 따라야 할 절차는 이 협약 제5부속서에 규정되어 있다. 일반적으로 제5부속서의 규정들은 최근 체결되는 다른 다자조약 규정을 따르고 있지만, 어떤 면에서는 더 상세하고 일부 세부적인 경우 차이가 있다.

이 협약 이전과 같이, 협약에서는 상설기관이 아닌 임시위원회에 분쟁을 회부하도록 규정하고 있다. 당사자들이 다른 방식에 합의하지 않으면, 위원회는 각 당사자가 2명의 위원을 임명하고, 그 후 이들이 추가적인 위원을 위원장으로 임명하여 위원회를 구성한다. 따라서 위원회는 일반적으로 5명의 위원으로 구성될 것이다. 합의가 안 될 경우, 위원장은 유엔 사무총장이 임명할 수 있으며, 유엔 사무총장은 당사자가 자기 자신의 위원을 임명하지 못할 경우에도 활동할 수 있다. 협약의 각 당사국들은 위원회의 위원 임명을 신속히 하기 위하여 유엔 사무총장이 수집하는 목록에 4명의 조정인을 지명할 권리를 갖는다.[20] 위원회를 설치할 때, 유엔 사무총장만 위원목록에 구속되지만 목록에 있는 후보자가 더 선호되고, 한 국가는 자국민을 둘 이상 선발할 수 없다. 이 목록에 선정되기 위한 자격요건은 "공정성, 능력 및 성실성 면에서 최고의 명성을 가져야 한다"는 것이다(제2조). 전례가 없지는 않지만 법률적 자격요건에 관하여 아무런 언급도 하지 않는 점이 두드러진다.[21]

통상적 관행에 따라, 위원회는 일반적으로 스스로 절차를 정하고, 다수결로써 보고서, 권고사항 및 그 밖의 사안에 관하여 결정을 내린다. 분쟁 당사국이 동의하면, 위원회는 협약 당사국에 구두로 또는 서면으로 자신의 견해를 진술하도록 요청할 수 있고, 당사국들이 동의하면, 이러한 기능을 다른 국가에도 확장할 수 있는 것으로 추정된다.[22] 위원회는 절차 진행 중 우호적인 해결을 촉진할 수 있는 어떠한 조치에 대해서도 주의를 기울일 수 있다.

조정위원회의 기능은 "당사자를 심리하고, 그들의 주장과 항변사항을 검토하며, 우호적인 해결에 도달하기 위해 당사자들에게 제안하는 것"이다(제6조). 이러한 방

---

20) 처음에는, 해양법재판소 사무국장. Adede, *ibid.*, 350 참조.

21) 보편적 성격의 국제기구와의 관계에서 국가의 대표에 관한 1975년 비엔나 협약 제85조 참조. 조약문의 경우 (1975) 69 *AJIL* 730 참조.

22) Rosenne and Sohn(eds.), *Commentary* (n. 3) p.319.

식은 1969년 조약법에 관한 비엔나 협약에서 가져온 것인데,[23] 원래는 비록 조정이 중재가 아니라도, 사실뿐만 아니라 법적 쟁점도 검토할 수 있다는 점을 강조하기 위해 제시됐다. 분쟁이 해결되지 않으면, 위원회 보고서에서 '분쟁 사안과 관련된 사실이나 법적 문제 전체에 관한 결론'을 기록하도록 지시한 것도 비엔나 협약을 연상시킨다. 이와 유사하게 위원회의 결론이 제시되도록 요구함으로써, 의도적으로 위원회 업무의 사법적 요소를 강조하였다. 하지만, 비엔나 협약은 '자격 있는 법률가'에 의한 조정을 상정했다. 새로운 해양법협약에 따라 임명된 조정인이 실무상 법률문제에 관한 결론을 도출할 수 있는 능력이 있을지 여부는 두고 볼 일이다.

방금 논의했던 규정들만 보면 조정은 제4장에서 '준(quasi) 중재'로 불렸던 것에 흡사해진다. 하지만, 조정 과정의 독특한 점을 강조하지 않을 수 없다. 이미 지적했듯이 특정 사건에서 국가의 재량권 행사는 이의 제기의 대상이 될 수 없다는 점 이외에 위원회의 지원에도 불구하고, 당사자들이 합의에 이르지 못했을 때에만 위원회의 결론이 제시된다는 점이다. 따라서 위원회 업무 중 중요한 부분은 절차 진행 중에 분쟁 해결을 확보하기 위하여 시도하는 것이다. 더욱이, 위원회 보고서의 결론이 어떠하더라도 '우호적인 해결을 위하여 위원회가 적절하다고 여기는 권고'가 수반되어야 한다(제7조). 그리고 위원회 보고서는 물론, 그 결론과 권고를 포함하여 당사자들을 구속하지 않는다.

협약에서 특정 상황의 경우 조정을 강제적 절차로서 상정한 점은 위원회의 공석을 채우기 위한 방식, 그 절차에 대한 국가의 복종의무(제11조), 그리고 비협력으로써 그러한 절차를 막을 수 없다(제12조)는 규정에서 나타난다. 예상했던 대로, 위원회가 조정권한을 갖는지 여부에 관한 이견은 위원회가 결정한다(제13조). 이 협약의 방식에 따라서 조정에 회부된 사건은 지금까지 한 건도 없다. 하지만, 의무적 조정이 예상되어서 불합리하게 행동하지 않도록 한다면, 조정은 소임을 다하는 것이다. 어쨌든지, 이전 협약들[24]에서 암묵적이지만 명시되지 않은 사안의 표현으로서, 이

23) 1969년 조약법에 관한 비엔나 협약 부속서 제5조. 조약문은 (1969) 63 *AJIL* 875 참조. 이 협약의 분쟁 해결 규정에 관한 교섭에 대해서는 R.D. Kearney and R.E. Dalton, "The treaty on treaties"(1970), 64 *AJIL* 495 at 554 참조.

24) 조정을 활용하는 선행 협약에 대해서는 제4장 참조.

러한 원칙을 확인한 것은 시의적절하고 긍정적인 발전이다.

중 재

이 협약에 따라, 해양법분쟁이 중재에 회부되는 방법은 3가지이다. 제15부 제1절에 따라서, 당사자는 어떠한 평화적 수단이라도 합의로써 선택할 수 있기에, 전통적 방식에 따라 중재재판소를 설치하기로 결정할 수 있다. 제2절에 따르면, 두 당사자들은 자신들이 원하는 해결수단으로써 중재를 선택한다고 선언할 수 있고, 이 경우 중재에 이 협약 규정이 적용될 것이다. 다른 경우, 제2절에 따른 선언 내용이 상호 공통되지 않으면, 이 협약에 따른 중재를 강제적 절차로서 수락한 것으로 간주될 것이다. 이 협약의 당사국 중 약 4분의 1만이 해결수단을 선택하는 선언을 했기 때문에,[25] 이러한 예비 방식이 매우 중요하다. 바로 이 협약에 따른 중재가 협약 제7부속서에서 규정된 방식이고, 여기에서는 이에 대해서 다루고자 한다.

중재재판소를 구성하는 방식은 조정과 관련하여 이전에 기술했던 규정과 유사하다. 유엔 사무총장이 중재인 목록을 작성하게 되어 있고, 협약 당사국은 4인을 지명할 수 있다. 지명되는 사람들은 "해사(maritime affairs)에 경험이 풍부하고, 공정성, 능력, 성실성에서 최고의 명성을 가져야 한다"(제2조 제1항). 이러한 자격요건은 가장 바람직한 것이 분명하지만, 예비 중재인의 법적 능력에 관하여 언급되지 않은 점으로 인해 다시금 불안을 야기하고 있다.[26] 분쟁에 셋 이상의 당사국들이 결부되지 않거나, 당사국들이 달리 합의하지 않는다면, 재판소는 5인으로 구성될 것이다. 각 당사국이 한 명씩 지명하고 위원장을 포함한 세 명은 합의로 임명한다. 뒤에서 살펴 보겠지만, '중립적' 요소는 조정위원회에서보다 더 중요하게 여겨지기 때문에 일반적으로 당사국의 국적을 갖지 않은 사람으로 구성된다. 재판소를 구성할 때, 유엔 사무총장의 목록에 있는 중재인이 선호된다.

---

25) 앞의 각주 16) 참조.

26) Adede에 따르면, "이와 관련해서, 협약의 해석 문제에 해양법 자체에 관한 전문가가 필요하지 않고, 다양한 사항에 관한 전문가를 포섭함으로써 재판소를 특정 분쟁에 맞게 조절할 수 있다는 견해가 있었다." Adede, "Prolegomena" (n. 8) 354.

제5장에서 설명되었듯이 어느 국가가 자기측 중재재판소 구성원을 임명하지 못하거나, 당사국들이 중립적 요소에 대해서 이견을 갖는 경우와 관련된 사항은 중재진행에 어려움이 발생하지 않도록 하기 위하여 반드시 명시적으로 규정되어야 한다. 협약은 판정부의 공석 및 위원장에 대한 의견 불일치는 당사자들이 선택한 개인 혹은 제3국, 또는 ITLOS 소장이 해결하도록 규정함으로써 이 문제를 처리하였다. 이러한 임명은 전부 유엔 사무총장의 목록에서 그리고 당사자들과 협의해서 하도록 했다. 중요한 중립성 문제를 확실히 하기 위한 분명한 시도로서, 협약에서는 이러한 방식으로 임명된 재판소 구성원도 당사자와 다른 국적을 갖도록 했고, "분쟁 당사국들을 위하여 복무했거나, 분쟁 당사국 영역 내에 일반적으로 거주하거나, 분쟁 당사국의 국민이어서는 아니된다"고 규정하고 있다(제3조 제3항).

절차 및 관련 사항을 다루는 규정들은 흥미로운 점을 다수 포함하고 있다. 중재재판소는 일반적으로 자체적으로 절차를 결정해서, "각 당사자에게 진술하고 입장을 제시할 충분한 기회를 보장하고"(제5조), 다수결로 결정을 내린다. 중재재판소 구성원에 의해서 중재절차가 무의미해지는 상황은 "구성원 절반 미만의 결석 또는 기권은 재판소가 결정을 내리는 데 장애가 되지 않는다"(제8조)는 이례적인 규정으로 차단되었다. 통상적인 실행에 따라서, 재판소의 비용은 일반적으로 당사자들이 부담한다. 해당 분쟁의 당사국들은 문서, 시설 그리고 정보를 제공하고, 증인과 전문가에 접근하며, 사건 관련 장소를 방문하기 위한 수단을 재판소에 제공함으로써 재판소의 업무를 용이하게 할 의무를 부담한다. 하지만, 이 점에서 협약상 지침은 "자국의 국내법에 따라서 그리고 자신이 처분할 수 있는 모든 수단을 활용하여" 지원하도록 한 규정으로 제한되는데(제6조), 이 방식에 따르면, 국가가 자원 부족을 주장할 수 있으며, 더 심각하게는 자국의 의무를 제한하는 법률을 스스로 제정할 수도 있다.

불출석 또는 무대응의 경우 ICJ 규정 제53조와 유사한 내용으로 다루어진다. 그러한 의무 불이행으로 인해서 결정을 내리지 못하는 것은 아니지만, 재판소는 판정을 내리기 전에 자신에게 관할권이 있는지 그리고 해당 청구가 사실 및 법률상 충분한 근거를 갖는지를 스스로 확인해야 한다. 중재판정은 당사자들을 구속하며, 이유가 기재되어야 하고, 분쟁 대상에 한정하며, 개별의견과 반대의견을 포함할 수 있다. 일반적인 중재와 같이, 당사자들이 달리 합의하지 않는다면, 판정은 확정적이고 항소할 수 없다.[27] 하지만, 제12조에 따르면 판정의 해석이나 집행방법에 관한 이견은 일방 당사자에 의하여 원 중재재판소에 언제든지 또는 합의에 의하여 다른 재판소에 회부할 수 있는 것은 놀라운 일이다. 이 협약의 몇몇 다른 부분과 같이, 제7부속서의 규정들은 국제기구와 관련된 분쟁에 *준용(mutatis mutandis)*된다.

이러한 방식의 가치는 일부 한계와 같이 협약 발효 후 중재가 활용된 사례에서 살펴볼 수 있다. *Bay of Bengal Maritime Boundary* 사건[28]에서 제7부속서 재판소는 방글라데시와 인도의 영해, 200해리 내외의 배타적 경제수역과 대륙붕의 해양경계를 결정했고, 동시에 양국의 연안이 매우 불확실한 수역에서 경계의 시작점을 결정했다. 해양경계는 *Barbados/Trinidad and Tobago* 사건[29] 그리고 *Guyana/Suriname* 사건[30]에서도 쟁점이 되었다. 두 번째 사건에서는 무력위협 관련 쟁점도 있었다. 반대로, 말레이시아와 싱가포르 사이의 *Land Reclamation* 사건[31]은 조호르 해협(Straits of Johore)의 간척사업에 관한 것으로서, 중재 진행 중 분쟁이 교섭으로 해결되어서 재판소는 합의된 내용대로 중재판정문을 작성했다.

때때로 사건이 중재재판소에서 개시되었다가 취하되기도 한다. 예컨대, 아일랜드와 영국 사이의 *MOX Plant* 사건[32]은 해양환경 위협에 관한 것이었는데, 제7부속서

---

27) 물론, 이로써 적절한 상황에서 중재판정의 취소 가능성을 배제하지 않는다. 이와 관련해서, 제10조에 서 중재판정은 "분쟁 대상에 한정되어야 한다"는 요건이 특히 중요할 수 있다. Rosenne and Sohn(eds.), *Commentary* (n. 3) p.435 참조.

28) *Bay of Bengal Maritime Boundary (Bangladesh* v. *India)*, Annex VII Arbitral Tribunal, 7 July 2014; D.H. Anderson, Note (2015) 109 *AJIL* 146 참조.

29) *Barbados/Trinidad and Tobago*, Award on Jurisdiction and Merits, (2006) 45 ILM 800. 이 사건의 평석으로는 B. Kwiatkowska, Note (2007) 101 *AJIL* 149 참조.

30) *Guyana/Suriname*, Award (2007), (2008) 47 ILM 166. 이 사건의 평석으로는 S. Fietta (2008) 102 *AJIL* 119 참조.

31) *Case concerning Land Reclamation by Singapore in and around the Straits of Johor*, Award on Agreed Terms (2005), www.pca-cpa.org. 또한 J.G. Merrills, "New horizons for international adjudication"(2006), 6 *Global Community YBILJ* 47 at 48-57 참조.

32) *MOX Plant Case (Ireland* v. *United Kingdom)*, Order No. 3, Suspension of Proceedings on Jurisdiction and Merits and Request for Further Provisional Measures (June 2003), (2003) 42 ILM 1187 참조. 같은 해 11월 제4호 결정에서, 절차 중지가 연장되었고, 2008년 6월 제6호 결정에서 절차가 종료되었다. 이 사건 절차 및 이와 관련된 *OSPAR(Article 9)* 사건 중재의 검토에 대해서는 R.R. Churchill and J. Scott, "The MOX Plant litigation: the first

재판소는 협약 제290조 제1항에 따라서 잠정보호조치 권한을 행사했으며, 유럽사법재판소에서 일부 관할권에 관한 쟁점사항을 명확히 할 때까지 절차를 중지하기로 결정했다. 유럽사법재판소의 판결 이후, 아일랜드는 이 사건을 취하하기로 결정했다. 다른 사건들은 제7부속서 재판소에서 개시되었다가 ITLOS로 이전되었다. 이러한 예는 아래에서 기술하는 *Bangladesh/Myanmar* 사건 그리고 1999년에 결정된 *M/V Saiga No. 2* 사건이다. 이와 마찬가지로, 칠레와 유럽공동체 간 *Swordfish* 사건에서, 칠레는 제7부속서 재판소에서 절차를 개시했지만, 당사자들 간 논의를 통해서, 해당 사건을 ITLOS의 특별재판부로 이송시켰다.[33]

몇몇 사건에서 제7부속서 재판소의 관할권에 대해서 이의 제기가 있었다. 예컨대, *Southern Bluefin Tuna* 사건[34]에서 호주와 뉴질랜드는 일본이 특정한 보존의무를 준수하지 않았다고 주장했다. 중재재판소는 논란을 야기한 결정에서 협약 제281조를 억지스럽게 해석하는 방식을 택하여 관할권 부존재를 이유로 사건을 기각했는데 이 결정에 대해 논란이 있었다. 반대로, *South China Sea* 사건 중재[35]에서 필리핀은 중국이 주장하는 다수의 해양권원에 대해서 항변했다. 재판소는 관할권을 넓게 접근하는 방식을 취하여, 일부 사항에 대해서는 재판권한이 있지만, 다른 것은 관할권 범위를 벗어난다고 판시하였다. 그런데, 이 사건은 제7부속서 중재재판에 회부된 여러 사건 중 하나로서, 당사자 간의 의견 불일치로 인해서 앞에서 기술했던 긴급방식에 따라서 ITLOS 소장이 중재인을 임명하도록 요청받았다.

따라서 이제까지의 기록은 여러 가지 사안에 관한 분쟁에 이 협약에 따른 중재가 활용될 수 있다는 점을 보여 주지만, 실행상 중재가 기능하는지 여부는 다른 평화적 해결수단과 관련해서 파악해야 한다.

---

half-life"(2004), 53 *ICLQ* 643 참조.

33) 아래의 각주 53), 54), 60) 참조.

34) *Southern Bluefin Tuna Case (Australia and New Zealand* v. *Japan)*, Award on Jurisdiction and Admissibility (2000), (2009) 39 ILM 1359; A.E. Boyle, Note (2001) 50 *ICLQ* 447 참조.

35) *Arbitration between the Republic of the Philippines and the Peoples' Republic of China* (2015).

특별중재

국가들의 해양활동은 당대의 국제적 상황이 갖는 여러 측면과 같이 매우 복잡하다. 그 결과 분쟁은 전문 자격을 갖추지 않은 중재인들이 다루기에 어렵다고 여겨지는 기술적인 쟁점과 관련된다. 이러한 문제를 대처하기 위하여, 1958년 해양법협약의 제3협약에서 일부 시도된 방법은, 어업과 보존 관련 분쟁을 결정하기 위하여 전문가를 임명하도록 규정하는 것이었다. 그러한 분쟁이 발생했을 때, 이 협약에서 규정했던 절차는 당사국간 합의에 따라 5인으로 구성된 특별위원회를 설치하는 것이었다. 위원은 "분쟁에 결부되지 않은 국가의 국민으로서, 해결해야 할 분쟁의 성격에 따라 어업과 관련해서 법·행정·과학적 문제에 전문성을 충분히 가진 자격자 중에서" 선발하도록 하였다(제9조 제2항). 특별위원회는 협약에 규정된 과학적·기술적 기준에 따라 결정하도록 했고, 이는 관련 국가들에 구속력이 있었다. 분쟁 해결에 대한 이러한 기능적 접근방식은 특별중재에 관한 신협약의 제8부속서에서 더 자세히 다루어졌다.

특별중재는 당사국이 협약 제15부 제2절의 선언에 따라 사전에 수락 가능한 구속력 있는 해결방법 중 하나이다. 그러므로 특별중재는 적절한 유형의 분쟁이 발생하고, 양 당사국이 모두 적절한 용어로 선언서를 기탁한 경우에는 언제든지 일방적으로 개시될 수 있다. 특별중재가 활용될 수 있는 분쟁은 어업, 해양환경의 보호와 보존, 해양과학 조사, 선박으로 인한 오염 그리고 투기를 포함한 항행과 관련된 협약상 조문의 해석 또는 적용과 관련된 것들이다. 어느 국가가 이러한 범주의 전부 또는 일부에 대해서 특별중재를 수락하는 것은 자유이기 때문에 관할권이 성립하기 위해서는 양 당사자의 선언에서 문제된 분쟁의 유형을 대상으로 해야 한다.

특별중재판정부를 설치하는 국가들을 지원하기 위하여, 유엔식량농업기구(FAO), 유엔환경계획(UNEP), 정부간 해양학위원회(IOC-UNESCO), 국제해사기구(IMO)의 네 분야에서 각자 전문가목록을 관리하도록 하였다. 각 당사국은 해당 분야에서 '법, 과학, 또는 기술적 측면에서 능력이' 증명되고, '공정성과 성실성에서 최고의 명성을 가진' 두 명의 전문가를 각 목록에서 지명한다(제3조). 여기에서는 법적 역량이 언급되어 있지만, 조정이나 중재 관련 규정에서는 이에 상응하는 사항이 누락된 것은 아마도 주요 국제협약을 해석하고 적용하는 데 있어서 흔히 생각되듯이, 법이 기본적인 자격요건이라기보다 또 다른 유형의 유용한 전문지식으로서 간주되고 있는 점을 시사한다.

특별중재판정부를 구성하는 방식은 각 당사국이 적절한 목록에서 선호하는 2인의 재판관을 선정하고, 그 위원장은 합의로써 선택한다는 점에서 근본적으로 중재가 아니라 조정방식을 따른다. 이와 마찬가지로, 판정부의 결원은 ITLOS 소장이 아니라 유엔 사무총장이 적절한 목록에서 충원한다. 하지만, 예상되는 바와 같이, 특정 후보의 결격사유에 관한 규정은 중재규정을 따르고 있고, 유엔 사무총장은 임명권을 행사할 때 당사자 및 관련 국제기구와 협의해야 한다.

특별중재판정부의 업무는 그 명칭이 말해 주듯이 일반적으로는 사법재판이 될 것이다. 하지만, 제8부속서의 마지막 규정(제5조)은 특정 상황에서 해당 기능을 확장해서 사실심사 및 조정을 포함할 수 있도록 하였다. 당사자들은 합의로써 특별중재가 가능한 유형의 분쟁에 대해서 사실심사를 수행하기 위하여 특별중재판정부를 설치할 수 있다. 여기서 흥미로운 점은, 달리 합의되지 않는 한, 특별중재판정부가 판단한 사실관계는 당사자에게 결정적이라는 것이다. 따라서 제3장에서 다뤘던 사례와 반대로 '구속력 있는 사실심사'의 현상이 나타난다. 더욱이, 만약 당사국들이 요청하면, 해당 판정부는 당사국들 간 분쟁을 야기한 문제를 검토할 때 근거가 될 수 있도록 구속력이 없는 권고사항을 작성할 수도 있다. 따라서 적절한 경우 그리고 당사국들과 합의하여 특별중재 장치를 추가적인 조정 형식으로 활용할 수 있다. '특별중재'라는 용어는 사실심사 또는 조정이 수반된 사실심사 어느 쪽을 기술하는 경우라도 적절해 보이지 않는다. 하지만, 앞서 논의했던 *Red Crusader* 사건 등에서 보았듯이,[36] 해상사고의 상황을 해명하려면 상당한 전문성이 필요할 수 있다. 이러므로 이러한 기능은 협약의 부속물로서 유용하다고 간주할 수 있다.

---

36) 앞의 제3장 참조.

국제해양법재판소

해양법협약에 의해 설립된 몇몇 새로운 기관들 중에서 새로운 재판소가 국제해양법재판소(ITLOS)이다.[37] 특정 유형의 분쟁은 해당 분쟁을 위하여 설치된 재판소가 가장 잘 처리한다는 생각은 새로운 것이 아닌데, 유럽인권협약의 장치가 잘 확립된 예이다. 그리고 이 협약의 특별중재 방식도 이와 동일한 생각을 반영한다. 하지만, 해양법은 기존 재판소의 권한범위를 벗어날 정도로 특별히 전문적인 영역이라고 할 수 없기에 ITLOS 설치는 어느 정도 ICJ에 대한 불신을 나타낸다고 생각할 수 있다. 이러한 점에서, 40개 조문으로 구성되어, 협약의 제6부속서를 구성하는 신설 ITLOS의 규정과 ICJ 규정을 비교하는 것이 흥미롭다.

함부르크에 위치한 ITLOS는 9년 임기로 선출된 21명의 재판관으로 구성된다. 이들은 "공정성과 성실성 면에서 최고의 명성을 누리고, 해양법 분야에서 능력이 인정된 사람"이어야 한다(제2조 제1항). 재판소 구성원의 지역 배분이라는 중요한 사항은 "세계의 주요 법제도를 대표하며, 지리적으로 공평하게 배분되어야 한다"는 요건에서 처리된다(제2조 제2항). 이 점을 분명히 하기 위해, ITLOS 구성원 중 2인이 같은 국적을 가질 수 없고, "유엔 총회에서 정한 각 지리적 그룹에서 적어도 3인 이상 선출된다"고 규정하였다(제3조 제2항). 제3차 해양법회의 당시, 지리적 그룹이 다섯 개였지만, 협약 제3조에서는 그 수가 언급되지 않았기에, 이러한 측면에서 협약에 융통성이 있다. 선거는 협약 당사국 3분의 2의 다수결로 당사국들이 지명한 후보자 목록에서 선출한다. 물론, 이는 ICJ 선거 운영 방식과 전혀 다르며, 유엔 안보리 상임이사국들이 신생 ITLOS에서 자리를 보장받지 못하는 것을 의미한다.[38]

특정 사건에서 재판관의 결격사유를 다루는 규정은 소송대표자, 소송대리인 등으로서 이전 사건에 참여한 적이 있는지에 관한 사항을 일반적으로 참고하며, ICJ 규

---

37) ITLOS의 구조와 작업방식에 관한 상세한 기술로는 G. Eiriksson, *The International Tribunal for the Law of the Sea*, The Hague, 2000 참조.

38) ITLOS의 이러한 측면과 다른 측면에 대해서는 Adede, "Prolegomena" (n. 8) 361-73 참조. 1996년 ITLOS의 제1차 선거에서 당선된 사람들은 중국, 러시아, 영국 후보자를 포함했지만, 프랑스 혹은 미국 출신 후보자는 없었다.

정 제17조를 본따서 만들었다. 하지만, ITLOS 구성원의 양립 불가능한 행위를 처리하기 위하여, ICJ 규정에서 정치적 그리고 행정적 기능을 금지한 것을 더 확장해서 "해양이나 해저자원의 탐사나 개발 또는 해양이나 해저 등의 상업적 이용과 관련된 기업의 어떠한 활동"(제7조)에도 적극적으로 관련되거나 재정적 이해관계를 갖는 경우를 포함시켰다. ICJ와 마찬가지로 ITLOS 구성원은 분쟁 당사국의 국민이라는 이유로 결격되지 않고, 현재 재판에서 대표되지 않은 당사국은 특별재판관을 임명할 수 있다.[39]

ICJ가 소재판부를 활용하도록 장려한 노력이 성과를 내었던 점을 비추어 보건대, 신생 ITLOS 규정에서 ICJ 규정과 매우 유사한 내용으로 소재판부에 대해서 규정하고 있는 점이 흥미롭다. 3인 이상의 구성원으로 된 소재판부를 구성해서, 특정 범주의 사건을 처리하도록 할 수 있다. 5인으로 구성된 약식절차 소재판부는 '업무의 신속한 처리'를 위해 구성되도록 하였다(제15조 제3항). 그리고 당사자들이 요청하는 경우 특정 분쟁을 처리하기 위해 소재판부를 구성할 수 있다. 마지막으로, ITLOS 규정에서 소재판부의 구성은 '당사자의 승인을 받아서'(제15조 제2항) ITLOS가 결정한다는 점을 명확히 했다. 이 규정은 *Gulf of Maine* 사건에서 처음에 어려움을 야기했던 점을 해결하기 위한 것으로 보인다.[40] ITLOS 규정에서는 해저분쟁재판부라는 특별재판부도 규정하고 있는데, 이에 대해서는 아래에서 추가로 논의한다.

ITLOS의 권한에 대해서는 흥미로운 점이 많다. 이미 지적했듯이, 분쟁이 ITLOS에 회부되려면 양 당사국들이 ITLOS의 관할권을 수락하는 선언을 해야 한다. 협약에서 ITLOS가 관할권을 갖는다고 규정한 경우, 또는 이미 발효 중인 해양법에 관한 조약의 당사국 전원이 분쟁을 ITLOS에 회부할 수 있다고 합의하는 경우에도 관할권을 갖는다. ICJ와 달리, ITLOS는 특정 상황의 경우 국제기구와 같은 국가가 아닌 다른 실체에도 개방되며(제20조 제2항), 또한 같은 규정에 따라서, 이 협약의 당사자가 아닌 국가도 활용할 수 있다. ITLOS는 이 협약 제도의 일부를 구성하는 다른 재판소

39) 제17조 참조. 국가 당사자가 아닌 실체가 특별재판관을 임명할 권리가 있다고 주장할 경우 이 규정의 적용 여부를 결정하는 문제에 대해서는 Rosenne and Sohn(eds.), *Commentary* (n. 3) p.368 참조.

40) 제6장 참조.

와 같이 일견(prima facie) 관할권이 존재하는 사안이라고 판명되면, 분쟁 당사자의 요청에 따라서 잠정조치를 내릴 권한도 갖는다(제25조). 이미 살펴 보았듯이, ITLOS의 준거법 선택은 주로 이 협약에서 규율한다.

절차적 규정은 간단하며 일반적으로 ICJ 규정과 유사하다. 사건의 각 당사자가 일반적으로 각자의 비용을 부담하며, ITLOS 운영경비는 협약 당사국과 국제해저기구가 합의된 조건에 따라 부담한다.[41] 제31조에 따라 사건의 결과에 대해서 법률적 성질의 이해관계를 가진다고 여기는 국가는 소송참가를 신청할 수 있으며, 제32조에 따라 이 협약의 당사국 또는 고려대상인 다른 국제협정의 당사국은 ITLOS 절차에 참가할 권리를 갖는다. 이들 둘 다 ICJ 규정을 본땄다. 이미 살펴 보았듯이, ICJ는 소송참가가 시도되었던 몇 안되는 경우에 참가를 허락하는 것을 주저했다. ITLOS의 정책이 똑같이 제한적일지는 두고 볼 일이다. 궐석재판에 관한 규정(제28조)은 ICJ 규정 그리고 협약 자체의 중재규정과 매우 유사하다. 결정을 내리는 데 필요한 의결정족수는 선출된 구성원 11명이며, 다수결 투표로 결정하고 개별 의견을 포함할 수 있다. ICJ의 결정과 같이, ITLOS의 결정은 최종적이지만 당사자의 요청이 있으면, ITLOS가 해석할 수 있다. 이와 유사하게, 결정은 당사자 간에만 그리고 특정 분쟁에 대해서만 구속력이 있다.

해저분쟁재판부

심해저 탐사 및 개발을 위하여 이 협약에서 예정한 복잡한 방식을 둘러싼 분쟁은 다른 유형의 분쟁에 관한 규정과 구별된 일련의 규정에서 다루고 있다. 실제로 해저분쟁은 여러 가지 특별한 문제를 야기하기 때문에 ITLOS와 관계없이 별개의 재판소가 다루도록 해야 한다는 제안이 처음에 있었다. 하지만, 비록 그러한 분쟁을 기능적으로 접근해야 한다고 해도, 최선의 방식은 독자적인 조직과 관할권을 갖는 해저분쟁재판부(SBDC: Sea-Bed Disputes Chamber)를 ITLOS에 설치하는 것이라고 최종

41) 이러한 방식 이면의 사고에 대해서는 Rosenne and Sohn(eds.), *Commentary* (n. 3) p.372 참조.

결정되었다.[42] 이러한 정책 변화의 결과로서, SBDC를 규율하는 규정은 협약에서 국제해저지역의 행정을 다루는 협약 제11부 제5절과 ITLOS를 설립하는 제6부속서 두 군데이다.

SBDC는 ITLOS에 선출된 21명의 구성원들이 자신들 중에서 3년 임기로 선정한 11명의 재판관으로 구성된다. 재판부 선출시, 세계의 주요 법체계가 대표되고 지리적으로 공평한 배분이 되도록 해야 한다. ITLOS는 특정 지리적 그룹에서 최소 3명의 재판관이 배분되기에 재판관 선발시 때로는 선택이 매우 제한될 것이다.[43] 한때, 재판관 선발은 정치기구인 국제해저기구 총회가 맡도록 해야 한다는 제안이 있었다. 하지만, ITLOS의 구성원을 협약 당사국들이 선출하기에 SBDC 구성원 선출에 당사국이 관여하는 것이 불필요하다는 점이 결국 수용되었다. 그러므로 총회는 대표성과 지역 배분에 관한 일반적 성격의 권고를 하는 것으로 제한되었고, 이는 제6부속서 제35조 제2항에서 규정하고 있다.

SBDC의 정족수는 7명이지만 특정 목적상 3인으로 된 특별재판부가 구성될 수 있다(제36조). 이처럼 '재판부 내에 재판부'를 구성하는 것은 당사자들의 승인을 받아 SBDC가 결정하도록 하였다. 만약 당사자들이 합의할 수 없다면, 중재재판소와 같은 방식으로 설립할 것이기에, 각 당사자가 1인의 구성원을 임명하고, 세 번째는 합의하여 임명하거나, 필요하다면 SBDC 소장이 임명하도록 하였다. 특별재판부를 설치할 수 있도록 한 것은 이미 상세히 규정된 사항을 필요 이상으로 복잡하게 만드는 것처럼 보일 수 있지만, 이는 협약 제11부와 관련된 분쟁을 일반적인 SBDC에서 다루기를 원하는 국가와 중재를 선호했던 국가들이 타협해야 했던 점으로 설명된다. 소재판부를 창설할 수 있게 됨으로써, 이처럼 새롭고 중요한 분야에 관한 법은 단일한 재판관 집단에서 개발한다는 원칙을 보전하면서, 중재를 원했던 국가들은 자신들이 원했던 대로 재판부 구성을 통제할 수 있는 수단을 얻게 되었다.[44]

SBDC의 권한은 국제해저지역의 복잡한 관리방식과 결합되어 있고, 이들 방식의

42) 해저분쟁을 해결하기 위한 제도를 협약의 일반제도와 통합하는 것에 대해서는 Note by A.O. Adede in (1978) 72 *AJIL* 84 참조.

43) Rosenne and Sohn(eds.), *Commentary* (n. 3) p.406.

44) *Ibid.*, 409.

세부사항은 다른 곳에서 찾아야 한다.[45] 하지만, 제187조에 규정된 SBDC의 관할권[46]은 국가간 분쟁, 국가와 국제해저기구의 분쟁, 국영기업과 자연인 혹은 법인을 포함하여 계약 당사자간 분쟁을 대상으로 한다. 따라서 비록 전통적으로 국가에 부여되었던 특권이 완전히 무시된 것은 아니지만,[47] 이 협약은 국제해저지역에 대한 잠재적 참여자 전체가 분쟁 해결 장치를 활용할 수 있도록 모색하였다.

SBDC가 적용하는 법은 SBDC의 관할권의 성질에 부합한다. 앞서 지적했듯이, 모든 재판소가 적용하는 제293조 규정 이외에, SBDC는 이 협약에 따라 채택된 '해저기구의 규칙, 규정 및 절차', 그리고 이와 함께 '계약과 관련된 사항에서 해저지역 내 활동에 관한 계약의 내용'을 적용한다(제6부속서 제38조). 제293조의 범위가 충분히 넓기에 이처럼 특정할 필요가 없다는 주장이 있을 수 있지만, 아마도 이 규정의 목표는 "해저분쟁재판부에서 진행되는 절차와 항상 관련될 수 있지만, ITLOS 전원재판부에서 진행되는 절차에서는 그다지 중요하지 않을 수 있는 것으로서, 협약에서 법이라고 하는 부분을 강조해서 명시하려는" 것이다.[48]

ITLOS와 달리 SBDC의 관할권은 협약의 모든 당사자들이 자동적으로 수락한다. 그러나 특정 분쟁에 대해서는 대체적인 절차를 활용할 수 있다. 따라서 이미 협약의 총칙 규정에서 접했던 선택의 자유 원칙이 해저분쟁 처리에서 다시 등장한다. SBDC의 대안으로, 협약의 해저 관련 규정에 관한 국가간 분쟁은 합의에 의하여 ITLOS의 일반 소재판부에 회부될 수 있다. 또 다른 대안은, 분쟁의 어느 당사자라도 요청하면, 이미 기술했던 SBDC의 특별재판부 형식에 회부될 수 있다(제188조 제1항 (b)호). 이와 유사하게, 만약 당사자들이 달리 합의하지 않으면, 계약의 적용 또는 해석에 관한 분쟁은 일방 당사자의 요청으로, UNCITRAL 중재규칙에 따른 구속력 있는 상사중재에 회부될 수 있다. 하지만, UNCITRAL 중재판정부는 협약을 해석할 권

45) 아래의 각주 50) 그리고 Churchill and Lowe, *Law of the Sea* (n. 2) ch. 12; Y. Tanaka, *The International Law of the Sea*, Cambridge, 2012, pp.170-85 참조.

46) 제187조에서 부여하는 관할권 이외에, SBDC는 제290조에 따라서 잠정조치를 내릴 권한을 갖는다.

47) 자연인 또는 법인이 결부된 절차에서, 제190조는 보증국에 대해서 출석 및 참여할 권리를 부여하고 있다.

48) A.R. Carnegie, "The Law of the Sea Tribunal"(1979), 28 *ICLQ* 669 at 680.

한이 없으며, 이러한 쟁점은 SBDC로 회부해서 판단을 받아야 한다(제188조 제2항 (a)호). 실행상 어려움을 야기할 수 있는 이러한 이례적인 방식은 상사중재에서 확립된 이점과 협약을 통일적으로 해석해야 할 필요성을 결합하려는 시도가 분명하다.

재판 대상이 될 수 없다는 근거에서 특정 쟁점을 배제하는 것은 협약의 총칙 규정과 SBDC 관련 규정의 또 다른 유사점이다. 제189조에 따르면, SBDC는 국제해저기구(ISA)가 협약에 따라 하는 재량권 행사를 문제삼을 수 없다. 더욱이, 만약 SBDC가 이 점에 대한 권고적 의견을 요청받지 않는다면, "국제해저기구의 규칙, 규정 및 절차가 이 협약에 부합하는지 여부에 관한 질문에 대해서 판단할 수 없을 뿐만 아니라 그러한 규칙, 규정 및 절차의 무효를 선언할 수도" 없다. 그러므로 필연적으로 SBDC의 관할권은 이 협약과 관련 법령의 적용에 관한 질문에 한정된다. 앞서 다루었던 연안국가의 재량에 관한 규정과 마찬가지로, 이러한 금지는 법적 권한의 행사에 관한 특정 분쟁은 사법재판 대상으로 적합하지 않다는 논란의 여지가 있는 입장에 타협의 여지 없는 주장이다. 할당된 영역 내에서 SBDC의 결정은 구속력이 있다. 그리고 협약은 해당 결정이 집행될 당사국의 영토 내에서 "집행이 신청된 영역 내 당사국의 최고법원이 내린 판결 또는 결정과 같은 방식으로" 집행되도록 규정하였다(제6부속서 제39조).

협약 제191조에 따라서, SBDC는 ISA 총회 혹은 이사회의 요청이 있으면 '이들의 활동범위 내에서 발생하는 법적 질문에 관하여' 권고적 의견을 내릴 수 있는 권한을 갖는다. 2011년에, SBDC는 *Activities in the Area* 사건에서 권고적 의견[49]을 내리면서 처음으로 이러한 권한을 행사하였다. ISA 이사회는 나우루의 부탁으로 국제수역에서 채굴하는 국가가 장래 부담할 의무사항을 명확히 하는 의견을 요청하였다. 그때, 이사회는 나우루의 요청을 3가지 질문으로 재구성했고, 이것을 기반으로 SBDC가 권고적 의견을 내렸다. 이 사건에서 가장 중요한 점은 SBDC가 보증국의 환경영향평가서 제공 의무를 포함하여 상당한 주의를 기울일 의무에 대해서 논의했다는

49) *Responsibilities and Obligations of States with respect to Activities in the Area*, Advisory Opinion, 1 February 2011, [2011] ITLOS Reports 10.; D. Freestone, Note (2011) 105 *AJIL* 755 참조.

것이고, 이는 환경법에 중요한 기여를 하였다. 이 사건은 SBDC가 권고적 의견을 요청 받은 첫 번째 사건일 뿐 아니라, SBDC에 회부된 첫 번째 사건이었다.

ITLOS의 업무 개시

1982년 해양법협약은 제308조에 따라서 60번째 비준서나 가입서가 기탁된 날로부터 12개월 후인 1994년 11월 발효되었다. 이보다 조금 일찍 7월 초, 유엔 총회는 1982년 해양법협약 제11부의 이행에 관한 협정을 부속서로 둔 결의 제48/263호를 채택하였다. 이 결의의 목적은 국제해저에 관한 규정을 수정해서 선진국들이 수락할 수 있도록 하는 것이었다.[50] 이 협정은 수년간 교섭했던 것이며 기존의 분쟁 해결방식에 영향을 미치지 않았지만, 협약을 수정한 것으로서, ITLOS 등 재판소가 관할권을 행사할 때 당연히 적용되는 것이다. 위 협정이 마련되면서, 협약은 일반적으로 수용될 수 있을 것으로 보였고, 따라서 관심은 이행 문제로 향하게 되었다.

1994년과 1995년 당사국회의에서, 제1차 ITLOS 구성원 선거를 시행하는 방식이 마련되었고, ITLOS 사무국장 직무대행이 임명되었으며, 공식언어로 영어와 프랑스어가 지정되었다.[51] 또한, ITLOS 구성원의 보수는 연간 수당, 구성원 1인이 ITLOS 업무에 참여하는 일별 특별 수당, 그리고 출석일별 생계수당의 세 가지 요소로 결정되었다. 이러한 방식은 ICJ 구성원들이 연봉 형태로 지급받는 것과 대조되는데, ITLOS 소장을 제외하고 모든 재판관이 현재 시간제로 근무하는 점을 반영한 것이다. 비록 ITLOS와 그 부속기관인 SBDC가 상설재판소이지만, 이들의 업무 수요를 예상하기 어려웠다. 결과적으로, 제한된 방식으로 시작하면서, 수요가 있어서 필요하다면 확장할 수 있도록 하는 것은 신중하고 경제적인 접근방식이다.

---

50) 1982년 해양법협약 제11부의 이행에 관한 협정, (1994) 33 ILM 1309. 이 협정의 분석 그리고 그 의미에 관한 논의로는 B.H. Oxman, “The 1994 Agreement and the Convention”(1994), 88 *AJIL* 687; D.H. Anderson, “Further efforts to ensure universal participation in the United Nations Convention on the Law of the Sea”(1994), 43 *ICLQ* 886 참조.

51) S. Rosenne, “Establishing the International Tribunal for the Law of the Sea”(1995), 89 *AJIL* 806.

제1차 ITLOS 구성원 선거는 1996년에 치러졌다. ITLOS 규정 제2조 제1항에서 구성원은 '해양법 분야에서 능력을 인정받은 자'이도록 하였고, 당연히, 선출된 구성원 중 다수가 법률고문, 정부 대표, 또는 전문학자로서 제3차 유엔해양법회의 또는 1994년 협정 교섭에 참석했었다. 3년마다 선거를 치르는 제도가 운영되도록 하기 위해서, 구성원 중 7명이 3년 또는 6년을 복무하고, 어느 구성원이 9년 임기 전체 기간 동안 복무할 것인지를 선거 후 추첨을 통해서 결정했다. 선출된 사람에는 아프리카, 아시아 집단에서 각 5명, 중남미 그리고 카리브 집단, 그리고 서유럽 등의 집단에서 각 4명, 그리고 동유럽 국가 출신 3명이 포함되었다. 이로써, ITLOS 규정 제2조 제2항에 따라서 ITLOS는 대표성을 갖게 되었고, 이러한 구성은 이후 선거에서도 유지되었다.

선거 전 여러 회의에서, 당사국들은 현명하게도 재판소의 내부절차를 규율하지 않기로 결정했다. 따라서 내부절차 규정을 만드는 것이 새로이 선출된 ITLOS 구성원들의 첫 번째 업무였고, 그래서 1996년과 1997년 회의에서 이들은 어업분쟁 재판부, 해양환경분쟁 재판부와 함께 SBDC를 설치하기로 했고, 동시에, 그 밖의 다양한 행정적이고 조직적인 사항을 다루었다. 이러한 사항에는 ITLOS 규칙 그리고 ITLOS 제소 사건의 준비와 주장에 관한 지침, 그리고 내부 실무에 관한 결의 채택이 있었다. 2007년 해양경계분쟁을 위한 소재판부가 추가로 설치되었다. ITLOS가 이러한 사항을 처리할 때 예상대로 ICJ의 경험을 따랐지만, 몇 가지 점에서 기존 실무를 이탈하고 변경한 것은 두 기관의 차이뿐만 아니라 ITLOS 절차를 효율적이고, 비용을 절감하며, '사용자에 편리'하도록 만들려는 노력을 반영하였다.[52)]

ITLOS가 설립되었을 때, 일각에서는 이 새로운 재판소의 존재가치를 정당화할 만큼 사건이 충분하지 않을 수도 있다는 의구심이 있었다. 하지만, 이러한 걱정은 현실화되지 않았다. *M/V Saiga No. 2* 사건[53)]에서 ITLOS는 기니(Guinea)가 세인트 빈

52) D. Anderson, "The International Tribunal for the Law of the Sea" in M.D. Evans(ed.), *Remedies in International Law: The Institutional Dilemma*, Oxford, 1998, p.71; T. Treves, "Introductory Note"(2001), 1 *Global Community YBILJ* 269 참조.

53) *M/V Saiga (No. 2) Case (Saint Vincent and the Grenadines* v. *Guinea)*, Judgment [1999] ITLOS Reports 10; (1999) 38 ILM 1323; L. de La Fayette, Note (2000) 49 *ICLQ* 467 참조.

센트 그레나딘(St. Vincent and Grenadines)에 등록한 유조선을 나포하고 억류하여 분쟁이 된 행위가 이 협약으로 정당화될 수 없기 때문에 배상금을 지급해야 한다고 결정했다. *Bangladesh/Myanmar* 사건[54]에서, ITLOS는 벵골 만에서 양국 사이에 하나의 해양경계선을 정하여, 각국의 영해뿐만 아니라 배타적 경제수역(EEZ)과 대륙붕을 획정했다. 이 사건은 ITLOS가 첫 번째로 해양경계에 관하여 결정한 것이었는데, 제7부속서 중재재판소가 나중에 이와 일치하는 방글라데시/인도 해양경계를 획정하는 데 영향력을 미쳤다. 그리고 더 최근에는 파나마와 기니비사우 간 *M/V Virginia G* 사건[55]에서 ITLOS는 EEZ에서 어선에 재급유하는 것은 연안국의 규제 대상이고, 유조선과 그 하물을 몰수하는 것은 연안국의 어업규칙 위반에 대한 징벌로서 허용된다고 결정했다. 하지만, 이 사건의 상황에서는 몰수가 필요하지 않았기 때문에 파나마에 손해배상금이 지급되었다.

이제까지 쟁송사건의 판결이 그다지 많지 않았지만, 제292조에 따른 특별절차의 경우는 그렇지 않다. 이 조문에 따라서, ITLOS에 억류 선박의 신속한 석방을 명령하도록 요청할 수 있는데, 이 조문이 매우 빈번히 원용되어서, 이 규정을 활용하는 것이 규칙이 되어 버렸다고 말할 수 있을 정도이다. 이와 비슷하게, ITLOS는 잠정보호조치 신청에 대하여, 중재절차 진행 중에 제290조 제5항에 따라서 다수의 잠정조치 명령을 내렸고, 자신이 결정을 내리기 이전에 제290조 제1항에 따라서 명령을 내리기도 했다. 이러한 명령은 제292조에 따른 판결과 같이 특정 분쟁을 해결하는 데 도움이 될 뿐만 아니라 중요한 절차적 문제를 해결하고 이 협약의 주요 규정이 갖는 의미를 명확히 하는 역할을 한다.

이미 살펴 보았듯이, 이 협약 제191조에 따라서 권고적 의견을 내릴 권한을 갖는 SBDC와 대조적으로, 이 협약이나 ITLOS 규정 어디에서도 ITLOS가 권고적 의견을 내리도록 허용하는 규정이 없다. 하지만, 이러한 누락 사항은 ITLOS 규칙 제138조에서 시정되었다. 이 조문에서는 이 협약의 취지와 관련된 국제협정에서 명시적으

54) *Delimitation of the Maritime Boundary in the Bay of Bengal (Bangladesh/Myanmar)*, Judgment, [2012] ITLOS Reports 4; D.H. Anderson, Note (2012) 106 *AJIL* 817 참조.

55) *M/V Virginia G (Panama/Guinea-Bissau)*, Judgment [2014] ITLOS Reports 4; (2014) 53 ILM 1164; B.H. Oxman and V.P. Cogliati-Banz, Note (2014) 108 *AJIL* 769 참조.

로 그러한 신청에 대해서 규정하는 경우 권고적 의견을 내릴 권한을 부여하고 있다. 2013년, ITLOS는 서아프리카지역기구인 소지역수산위원회(SRFC: Sub-Reginonal Fisheries Commission)로부터 EEZ 내 불법어업에 관한 다수의 질문에 대해서 권고적 의견을 구하는 신청을 접수했다. 2015년 ITLOS가 내린 의견[56]에서 불법·비보고·비규제 어업과 관련해서 기국의 의무와 책임을 포함한 다수의 사항에 관한 협약의 입장을 분명히 했다. 이는 ITLOS가 내린 첫 번째 권고적 의견이었고, 위에서 언급한 사례와 같이, 법적 지침으로서 도움이 되었다.

ITLOS 이력의 여러 가지 다른 특징에서 이 재판소의 중요성과 잠재력이 더욱 드러난다. 앞에서 언급하였듯이, *Swordfish* 사건에서, 칠레는 원래 유럽공동체와의 분쟁을 제7부속서 중재에 회부했지만, 당사자들이 논의한 후 이 사건을 ITLOS로 이전했고, 2000년도 말에 ITLOS 규정 제15조 제2항에 따라 특별재판부가 설치되었다.[57] 비록 소송절차는 나중에 중지되었지만, 이 사건은 국가와 국제기구 간 첫 번째 쟁송사건으로서 국제재판소에 회부된 점, 뿐만 아니라 이 협약 절차의 탄력성을 보여준 것으로서 주목할 만하다. 이는 의무적 관할권이 화해를 촉진한다는 면에서 가치가 있다는 점을 상기시켜 주기도 한다. 이 점은 *Chaisiri Reefer 2* 사건[58]에서도 여실히 드러나는데, 이 사건은 제292조에 따른 또 다른 신속석방 신청 사건으로서, 2001년 ITLOS 사건목록에 등재되었다가 당사자간 합의로 취하되었다.

혹자는 "대부분의 국제재판소는 천천히 경험하기 시작하고 꾸준히 자신들의 사건기록을 축적한다"고 통찰력 있는 평가를 하였다.[59] 이것이 ITLOS가 따라가야 할 길이 되어야 할 것이다. ITLOS의 한 구성원에 따르면 ITLOS의 사법정책은 "불필요한 비용이나 지체 없이, 준거법에 따라서 성실하고 철저하며 공정하게 사법행정을

56) *Request for Advisory Opinion submitted by the Sub-Regional Fisheries Commission*, Advisory Opinion, 2 April 2015, [2015] ITLOS Reports.

57) Tribunal's Order of 20 December 2000. 이 사건과 그 이후 소송절차의 중지에 대해서는 A. Serdy, "See you in port"(2002), 3 *Melbourne JIL* 79 참조.

58) 파나마가 예멘을 상대로 제기한 이 사건에 대해서는 T.L. McDorman, Note (2001) 12 *YBIEL* 592 참조.

59) 2006년 ITLOS 10주년을 맞이하여 ICJ 소장 히긴스(Rosalyn Higgins)의 연설이 인용된 것에 대해서는 T. Treves, "The International Tribunal for the Law of the Sea in 2006"(2007), 7 *Global Community YBILJ* 231 at 232 참조.

하는 것"이라고 설명했다.[60] 지금까지 ITLOS의 업무는 ITLOS가 이러한 목적에 헌신적이었다는 점을 보여 주었다. 제292조에 따른 사건을 처리할 때의 속도 그리고 잠정보호조치 신청에 응할 때 재량권을 효율적으로 활용한 점은 특히 칭찬할 만하다. ITLOS가 '사용자에게 편리한' 절차를 개발하려는 의도를 가진 점도 현재의 실행에서 분명하기에, 지금까지 ITLOS의 이력을 전혀 무시할 수 없고 미래에 대한 전망도 고무적이다.

해양법협약의 의미

160개국 이상이 1982년 해양법협약을 비준했고 제15부에 따른 실행도 일부 있었지만, 아직 검토되지 않은 부분이 많다. 결과적으로, 협약이 그 취지를 얼마나 잘 성취할지는 여전히 미지수이다. 그러나 만약 지금까지의 기록에서 미래에 대한 지향점을 일부 파악할 수 있다면, 협약은 분쟁 해결을 그 자체로 매우 중요하게 취급하였다. 왜냐하면 이를 통해서 국가가 활동하는 주 영역을 규제하기 위한 틀을 창설하고자 할 때 발생하는 쟁점과 해당 쟁점을 처리할 때 동시대에서 활용 가능한 수단을 보여 주기 때문이다.

첫 번째로 여러 면에서 가장 중요한 문제는 분쟁 해결 장치에 관한 규정이 이 조약의 필수적인 부분이 될 것인지의 여부이다. 이 협약의 특징 중에서 가장 고무적인 것 중의 하나는 이 질문에 대한 답이 긍정적이라는 것이다. 물론, 유념해야 할 점은 이 협약에서 정한 방식은 당사자들이 다른 방식을 마련하지 않았을 때에만 작동되고, 그러한 의미에서 본질적으로 보충적이라는 것이다. 그렇다고 해도, 이 협약이 분쟁 해결을 다루는 규정을 포함해야 한다고 인식한 점은 중요한 진일보로서 이 주제에 관한 이전 협약과 확연히 대비된다. 이러한 기본적인 쟁점이 해결되면, 제공되는 장치의 특징은 누가, 무엇을, 언제, 어떻게 하는 것에 관한 사항이다.

---

60) Anderson, "The International Tribunal" (n. 52) p.79; P. Chandrasekhara Rao, "The International Tribunal for the Law of the Sea: an evaluation" in Ando, McWhinney and Wolfrum(eds.), *Shigeru Oda* (n. 9) p.667 참조.

이미 살펴 보았듯이, 이 협약은 교섭, ICJ, 그리고 상사중재를 포함한 전통적인 분쟁 해결수단을 모두 활용하여 '누가'(who)의 문제를 다룬다. 그리고 나서 이것은 (사실상) ITLOS와 이와 관련된 SBDC라는 두 개의 새로운 재판소, 그리고 조정위원회 형식의 특별기구 그리고 일반 중재재판소와 특별중재재판소를 추가하였다. 이러한 재판소의 확산으로써 이 협약 규정의 다양함과 복잡성이 설명된다. 하지만, 77그룹은 새로운 재판소들이 자신들의 견해를 더 정확히 반영할 것으로 느낀 것이 영향력을 미쳤다고 믿을 이유가 있다. ITLOS가 업무를 개시하면서, 특히 그러한 사례를 다수 다뤄 온 ICJ가 당시에 재부상하고 있었기에, 혹자는 해양법 분쟁에 집중하는 새로운 재판소가 정말로 필요한지에 대해서 의문을 제기하였다.[61] 이는 더 넓게는 국제재판소의 확장에 관한 일반적인 쟁점을 야기하는데, 이러한 사항은 제12장에서 다룰 것이다. 여기서 말해야 할 것은 ITLOS가 고안된 것은 당시에 충분히 현실적이었던 수요를 충족하기 위해서였고, 자신의 법리를 발전시킴으로써 자신을 폄하하는 자들에게 답할 수 있는 기회를 가졌다는 점이다.

'무엇'(what)에 대한 질문에 대해서는 기술적 분쟁을 기능적으로 다루고, 특정 쟁점은 제3자의 검토대상에서 완전히 배제시키고, 다른 쟁점은 사법재판보다 조정으로 처리되도록 하려는 갈망을 반영하여 일련의 관할권을 중첩적이면서 배타적으로 세밀히 만듦으로써 답하였다. 마지막 두 가지 점에 대해서 77그룹의 영향력이 다시금 도드라졌다. 예상대로, 다수의 선진국을 포함하여 협약 당사국 중 다수는 제298조에서 제공하는 기회를 활용하여 강제관할권을 배제하는 선택을 했다. 그러나 대부분의 국가들은 조문에서 명시한 세 가지 범주의 분쟁을 모두 제외했고, 다른 국가들은 더 제한적인 예외를 설정했다. 제298조와 일반적인 협약 구조와 관련해서 중요한 점은 분쟁에 수개국이 결부되는 경우, 협약의 '살라미 자르기'(salami-slicing)

61) S. Oda, "Dispute settlement prospects in the law of the sea"(1995), 44 *ICLQ* 863. 그리고 이전 문헌으로는 E. Lauterpacht, *Aspects of the Administration of International Justice,* Cambridge, 1991, pp.19-22 참조. 이와 반대되는 견해로는 J.I. Charney, "The implications of expanding international dispute settlement systems: the 1982 Convention on the Law of the Sea"(1996), 90 *AJIL* 69; A.E. Boyle, "Dispute settlement and the Law of the Sea Convention: problems of fragmentation and jurisdiction"(1997), 46 *ICLQ* 37 참조.

접근방식(역자 주-어떤 것을 아주 조금씩 제거해 나가는 방식을 말함)으로써 분쟁의 모든 측면이 강제적이고 구속력 있는 해결의 대상이 되는 것은 아니라는 점이다.[62] 그래서, 예컨대 만약 어떠한 분쟁이 공해의 자유와 연안국가가 자국 쪽 EEZ에서 갖는 권리 양쪽과 연관되면, ITLOS 또는 중재재판을 통하여 분쟁 전체를 해결하기 위하여 양 당사자의 합의가 필요할 것이다.[63]

'언제'(when)라는 질문에 대한 답으로서, 협약에서는 당사자들이 모든 단계별로 수단을 선택하는 것을 매우 강조하고, 특정 분쟁에 대해서 국가가 아닌 실체들이 장치를 작동시킬 수 있도록 하였다. 특히 의무적 해결 관련 규정의 경우, 이러한 선택 요소가 협약을 수락하는 데 중요했다는 점이 분명해 보인다. 이 협약에 따른 관행이 발전하면서 강제적 해결에 대하여 '카페테리아'(cafeteria) 방식(역자 주-필요에 따라서 여러 가지 방안 중에서 선택하는 방식)을 채택한 효과는[64] 이 협약에 따른 실행이 발전하면서 충분히 드러날 수 있을 뿐이다. 하지만, 다수 국가가 제287조에 따라서 선택할 때 ITLOS를 지정했지만, 몇 개 국가들은 ICJ를 선택했고, 일부는 선택에 따라 다른 목적에 맞는 다른 법정을 선택했다. 반면, 많은 국가들은 아직 선호도를 표시하지 않았는데, 이는 남은 절차로서 중재가 계속해서 중요해질 것이라는 점을 시사한다. 이미 언급한 제한사항에도 불구하고, 협약에서 구속력 있는 결정을 얻기 위한 방식은 실제로 매우 넓다. 그러한 절차에 관하여 동의를 얻기가 지극히 어려웠던 점을 감안해 보면, 이는 괄목할 만한 성과이다.

마지막 쟁점인 '어떻게'(how)는 법 선택 그리고 절차의 목적에 관하여 질문을 제기한다. 이미 적시했듯이, 전자는 이 협약에 주도적 역할을 맡기는 방식으로써 다루었다. '새로운' 해양법이 결정의 틀이 되도록 보장하는 것이 중요하다는 점은 이미 설명한 바 있다. 하지만, 잊지 않아야 할 사항은 조정절차에서의 목적은 규칙을 적용하는 것이 아니라 우호적 해결을 증진하는 것이다. 조정이 협약의 선택적 장치와 의무적 장치 양쪽에서 중요한 위치를 차지하고 있기에 *Jan Mayen* 조정 사건의 해결

62) Boyle, *ibid.*, 41-7.

63) 그러한 분쟁만 논의한 것으로는 P.G.G. Davies, "The EC/Canadian fisheries dispute in the North Atlantic"(1995), 44 *ICLQ* 927 참조.

64) Boyle, "Dispute settlement and the Law of the Sea Convention" (n. 61) 40-1.

에서 찾을 수 있는 의미,[65] 즉 "엄격한 법을 근거로 하지 않아야 해결이 더 잘 되거나, 혹은 실제로는 성격상 그러한 근거로 해결될 수 없는"[66] 문제들이 해양법에 다수 있다는 점은 충분히 인식된 것으로 보인다.

이미 언급했듯이, 제288조는 1982년 협약과 관련된 다른 국제협약이 결부된 분쟁을 처리하기 위하여 제15부의 장치를 활용하도록 예정하고 있다. 이 규정의 가치 그리고 협약의 분쟁 해결방식이 갖는 더 넓은 잠재력은 1982년 협약의 흠결을 보충하려는 의도로 마련된 후속 조약, 이를테면 1995년 경계왕래성 어종 협정[67]에서 찾을 수 있을 것이다. 이 협정의 제30조 제1항에서는 관련 국가가 1982년 협약 당사국인지 여부와 무관하게 1982년 협약 제15부 규정을 이 협정의 해석 혹은 적용과 관련된 모든 분쟁에 적용하도록 규정하고 있다. 이것은 그 자체로 중요하지만, 이 협정의 제30조 제2항과 제30조 제5항은 제15부에 두 가지 면에서 새로운 특징을 추가함으로써, 그 적용범위를 훨씬 더 확장했다. 전자의 규정은 제15부 규정을 지역적 수산협정 등과 관련된 분쟁에까지 확대한 반면, 후자의 규정은 관할권을 갖는 재판소가 1982년 협약과 1995년 협정의 관련 규정뿐만 아니라 어떠한 지역 수산협정 등의 규정, '게다가 해양생물의 보존과 관리를 위하여 일반적으로 수락된 기준'도 적용하도록 하였다. 제15부를 활용하고, 그 적용범위를 확장시킴에 따라서, 이 협정의 의도는 경계왕래성 그리고 회유성 어족 자원과 관련해서 의무를 부담한 국가들이 의무의 법적 근원이 무엇이든지 해당 의무를 이행하도록 장려하려는 것이다.

물론, 경계왕래성 어종 협정 제30조 제2항이 적용되려면, 분쟁 당사자들이 이 협정을 비준하고, 또한 이 협정과 관련된 지역조약(regional treaty)을 비준하는 것이 필

65) 앞 제4장 참조.

66) *Settlement of Disputes* (Australian Paper), 21 March 1975. 이 내용은 다음 문헌에 인용됨. Adede, "Settlement of disputes" (n. 12) 80, n. 10.

67) The Straddling Stocks Agreement of 1995, (1995) 34 ILM 1542 참조. 이에 대한 분석으로는 다음 문헌 참조. D.A. Bahan, "Strengthening the law of the sea: the new Agreement on Straddling Fish Stocks and Highly Migratory Fish Stocks"(1996), 27 *Ocean Devel. and Int. L* 125; D.H. Anderson, "The Straddling Stocks Agreement of 1995"(1996), 45 *ICLQ* 463; F. Orrego Vicuña, *The Changing International Law of High Seas Fisheries,* Cambridge, 1999, ch. 10; A. Boyle, "Problems of compulsory jurisdiction and the settlement of disputes relating to straddling fish stocks" in O.S. Stokke(ed.), *Governing High Seas Fisheries,* Oxford, 2001, p.91.

수적이다. 이러므로 지역 수산관리기구를 설립하는 다수의 조약은 이 협정 제30조 제1항과 유사한 규정을 포함하고서, 관련 국가들이 또한 1995년 협정의 당사국인지 여부와 상관없이 1982년 협약의 분쟁 해결장치를 지역조약에서 발생한 분쟁에까지 확장하는 점은 의미가 있다. 예컨대, 2006년 남인도양수산협정(Southern Indian Ocean Fisheries Agreement)이 이러한 유형의 규정을 포함하고 있다.[68] 그렇기에, 이러한 방식으로써, 1982년 협약의 의무가 1982년 협약 자체의 당사국 그리고 1995년 협정 당사국의 범위를 넘어서 특정 지역조약을 수락한 당사국 전체에까지 확대될 수 있다.

하지만, 오해를 피하기 위해 또한 강조해야 할 사항은 여러 수산협약들의 분쟁 해결방식이 관련 국가들이 1995년 협정의 당사국이 아닐 때 적용되는 1982년 협약의 분쟁 해결방식보다 약하다는 것이다. 마찬가지로, 해양오염과 관련된 무수한 협약은 일반적으로 자기들 나름대로 분쟁을 다루는 방식을 갖고 있다.[69] 앞서 지적했듯이, 1982년 협약 제281조와 제282조로 인하여, 이것들이 1982년 협약의 장치를 배제시킬 것이고 만약 국가들이 ICJ 혹은 전통적인 중재를 활용하기로 선택한 경우, 그렇게 하는 것을 막을 방법도 없다. 따라서 1982년 협약의 의의는 해양법분쟁을 배타적으로 다루는 장치만 제공하려는 목표가 아니라, 오히려 그러한 분쟁을 진지하게 다루도록 하기 위한 여분의 틀을 마련한 것에 있다.

1975년에 발표한 논문에서, 이 방면을 선도하는 저자는 1982년 협약에서 발생하는 분쟁을 해결하기 위하여 효과적인 제도를 마련하는 것은 '해양공간 자체에서 새로운 세계질서를 지탱하는 한 축'으로 간주되어야 한다고 지적하였다.[70] 이미 보았듯이, 최종적으로 교섭된 방식은 복잡하고 어떤 면에서는 이상에 미치지 못한다. 하지만, 가능성을 모색하는 기술의 시도로서 이들의 성과는 주목할 만하고, 분쟁 처리와 해양법 자체 양쪽에 미치는 영향력은 이미 상당해졌다.

---

68) R. Churchill, "Trends in dispute settlement in the law of the sea: towards the increasing availability of compulsory means" in D. French, M. Saul and N.D. White(eds.), *International Law and Dispute Settlement: New Problems and Techniques,* Oxford, 2010, p.143 at p.158 참조.

69) *Ibid.*, pp.163-6.

70) Adede, "Settlement of disputes" (n. 12) 798.

제9장

국제통상 분쟁

International Trade Disputes

09

국제통상 분쟁

International Trade Disputes

국제통상에 관한 분쟁을 다루기 위하여 특별한 방식을 개발하기 시작한 것은 20세기 중반부터이고, 오늘날 가장 효과적이며 중요한 국제분쟁 해결 제도가 되었다. 따라서 이미 살펴 보았듯이 1994년에 발효한 제도에 따른 해양법 분쟁과 대조적으로, 통상분쟁은 지역협정과 일반협정에 근거하여 점진적으로 정교해진 방식으로 다루어질 수 있다. 지면 제한으로 인하여 이러한 복잡한 관계망을 자세히 검토할 수 없기에, 이 장에서는 핵심 요소를 중심으로 세계무역기구(WTO)의 분쟁 해결 제도를 개괄하고자 한다.

GATT(1947)부터 WTO까지

제2차 세계대전이 끝나감에 따라, 각국 정부는 전후 세계의 모습을 구상하게 되었다. 이 중 최우선적인 고려사항인 국제평화와 안전에 관한 사안은 유엔 창설로 이어졌다. 하지만, 국제통상을 포함한 재정적·경제적 사안도 그에 못지않게 중요했고, 이는 국제제도 형성에 영향을 미쳤다. 1930년대는 모든 면에서 무질서한 시기였기에, 이러한 경험을 반복하지 않기 위해 전후 시기의 지도자들은 경제적 상호의존성이라는 현실을 반영할 수 있는 방식을 마련하기로 결의하였다. 이 시기에 창설된 국제제도에는 국제통화기금(IMF), 세계은행(World Bank), 관세 및 통상에 관한 일반협정(GATT: General Agreement on Tariffs and Trade)이 포함되는데, 이들은 그 이후 국제경제질서의 기본틀을 마련했고, 물론 특정 목적을 위해 설치된 지역적 방식을 포함하여, 다수의 후속 문서 및 기구로 보충되었다.[1)]

1947년 GATT는 본래 국제통상기구(ITO: International Trade Oragnization)로 알려진 새로운 기구를 통해 상설적인 방식이 마련되기 전까지, 관세자유화를 위한 잠정협정이 되도록 하려는 의도였다. 하지만, ITO는 미국 국내의 반대 때문에 끝내 만들어지지 못했다. 그 결과 GATT는 상당히 복잡한 상설제도로서 조직과 의사결정 권한을 갖춘 국제기구로 진화하였고, 최종적으로 200건 이상의 다자간 통상협정을 포함하게 되었다. ITO의 실패로 드러난 빈틈을 GATT가 진화하여 어느 정도 봉합하였으나, 많은 문제가 남게 되었다. GATT 법의 적용 대상이 아닌 서비스, 개인 및 자본의 국제적 이동과 같은 분야에서 보호주의적 실행이 다시 등장하였고, 심지어 GATT 법의 적용 대상인 분야에서도 각국 정부들은 종종 자국의 의무를 준수하지 않았다.[2)] 이러한 문제를 해결하기 위한 시도가 1973년부터 1979년 사이에 도쿄 라운드 통상교섭에서 있었지만, 1986년에 개시된 후속 우루과이 라운드(Uruguay Round)에서야 비로소 이러한 문제가 포괄적으로 다루어졌다.

우루과이 라운드 협상이 난항 끝에 1994년에 종결되면서 서명된 최종의정서에 세계무역기구(WTO) 설립협정이 포함되었다.[3)] 1995년 1월에 발효한 이 협정은 야심적인 목표를 갖고 있었다. 세계경제질서의 기반을 재건하려는 의도에서 통합적인

1) J.H. Jackson, "Reflections on problems of international economic relations" in M.K. Young and Y. Iwasawa, *Trilateral Perspectives on International Legal Issues*, Irvington on Hudson, NY, 1996, p.263; D.L.M. Kennedy and J.D. Southwick(eds.), *The Political Economy of International Trade Law*, Cambridge, 2002 참조.

2) E.-U. Petersmann, *The GATT/WTO Dispute Settlement System*, Dordrecht, 1997, p.90. 그리고 이전의 같은 저자의 문헌으로 "The dispute settlement system of the World Trade Organization and the evolution of the GATT dispute settlement system since 1948"(1994), 31 *Common Market L Rev.* 1157 at 1160 참조.

3) 조약문은 (1994) 33 ILM 1125 참조. 일반적인 참고 자료로는 M. Matsushita, T.J. Schoenbaum and P.C. Mavroidis, *The World Trade Organization: Law, Practice, and Policy*, Oxford, 2003 참조.

세계 통상법제도를 창설하는 것과 다름없었다. 이러한 목적에서, 이 협정은 전혀 새로운 국제기구로서 세계무역기구를 창설하여 구조적 일관성을 마련하고, 포괄적인 실체적 규정에 기존의 GATT 협정 일체 그리고 이전에는 규율되지 않았던 서비스 통상과 같은 사안을 대상으로 하는 30건의 새로운 우루과이 라운드 협정을 모두 단일한 법적 틀에 포섭하였다.[4] 분쟁 해결의 핵심 쟁점은 주 협정의 부속서로서 새로운 분쟁해결양해(DSU: Dispute Settlement Understanding)에서 다루고 있다.[5]

분쟁 해결 양해

공정한 통상을 장려하기 위한 규칙이 효과를 가지려면, 분쟁 해결을 위한 규정이 수반되어야 한다. 그러한 경우에만 자국 위주의 해석이 드러나고 일방주의가 억제될 수 있기 때문이다. 이 점에서 해양법과 두드러지게 유사한 점이 있는데, 앞에서 지적했듯이, 이와 유사한 생각으로 인해서 많은 국가들은 제15부 규정을 1982년 해양법협약의 핵심 요소로 보게 되었다. 통상이라는 맥락에서 이러한 고려사항은 1994년 협정 이전에 GATT 내에서 분쟁을 처리하기 위한 비교적 상세한 절차의 발전을 촉발했다.[6] 새로운 분쟁해결양해(DSU)는 여러 가지 방식으로 절차를 발전시켰지만, 기존의 실행에 굳건히 뿌리를 두고 있다. 그러므로 DSU의 내용을 이해하고 이로 인해 추가된 것이 무엇인지를 이해하려면, 이보다 앞선 제도에 대해서 약간 언급해야 할 것이다.

원래 1947년 GATT 조약은 제22조와 제23조에서, 협의에 대해서, 그리고 필요한 경우, 이에 이어서 GATT 체약국단 회의에 쟁점을 회부하도록 규정하고 있지만, 분

4) Petersmann, *The GATT/WTO System* (n. 2) pp.44-54. 과도적 방식에 관한 중요한 쟁점에 대해서는 P.M. Moore, “The decisions bridging the GATT 1947 and the WTO Agreement”(1996), 90 *AJIL* 317 참조.

5) WTO Understanding on Rules and Procedures Governing the Settlement of Disputes, 15 April 1994 (1994) 33 ILM 1226.

6) Petersmann, *The GATT/WTO System* (n. 2) pp.66-92; I. Van Bael, “The GATT dispute settlement procedure”(1988), 22(4) *J World Trade* 67; E. Canal-Forgues and R. Ostrihansky, “New developments in the GATT dispute settlement procedures”(1990), 24(2) *J World Trade* 67.

쟁 해결을 간단히 다루었을 뿐이다. 처음 몇 년 동안 분쟁은 종종 작업반(working party)에 회부되었는데, 작업반은 각국 대표들로 구성되었고, 항상 분쟁 당사자들이 포함되었다.[7] 이 작업반의 기능은 질문을 검토하고 다양한 시각을 제시하는 보고서를 작성하는 것이었다. 이 절차는 분쟁 당사자들이 제3국가의 영향력에 기대어 자신들의 이견을 해결하는 것을 목표로 했기에, 이러한 분쟁 처리 방법의 유형은 본질적으로 중개였다. 하지만, 오래지 않아 보다 규칙 중심의 제도로 진화하였고, 분쟁을 패널(panels)에 회부하는 실행이 발달했다. 패널은 각국 정부 대표가 아니라 개인들로 구성되고, 이들의 판단과 권고사항이 체약국단을 대표하는 GATT 이사회로 전달되었다.

패널이 점차 인기를 얻으면서 종국적으로 작업반의 절차를 대체하였다. 보고서가 조약 위반에 관한 쟁점에 집중하기 시작하면서, 절차의 성격이 점차 법적인 것이 되었고, 중재의 특징을 일부 갖게 되었다. 하지만, 여전히 일차적인 목표는 분쟁 당사자 사이의 합의를 달성하는 것이었기에 조정의 요소가 전 과정에 걸쳐 존재했던 점을 이해하는 것이 중요하다. 더욱이 패널 보고서는 보통 GATT 이사회를 통해 활동하는 체약국단 구성원 전원이 채택해야 했기에, 보고서 자체는 구속력 있는 의무를 생성하지 않았다.

패널 그리고 작업반과 마찬가지로, 체약국단은 사실심사위원회를 설치하고 분쟁을 중재에 회부하기 위하여 GATT 사무총장의 주선을 활용할 수 있었다. 1947년부터 1995년 사이 150건 이상의 분쟁이 체약국단에 회부되었고, 이들 대부분은 절차 진행 중에 해결되었다.[8] 하지만, 이처럼 전반적으로 성공적인 기록에도 불구하고, 이 제도의 약점이 다수 드러났고, 이는 우루과이 라운드에서 주목을 받았다. 패널 절차의 명백한 약점은 패널 설치 및 패널 보고서 채택시 GATT 이사회의 의견합치(consensus)가 필요했기 때문에 어느 국가가 자신의 조치에 대해서 이의 제기를 받게 되면 효과적인 조치라도 차단할 수 있다는 것이다. 두 번째 약점은 결정의 이행을

7) Y. Iwasawa, "Settlement of disputes concerning the WTO Agreement: Various means other than panel procedures" in Young and Iwasawa, *Trilateral Perspectives* (n. 1) p.377 at pp.386-9.

8) *Ibid.*, 377.

확보하는 방식이 취약하고 명확하지 않았다는 것이다. 그리고 세 번째는 GATT와 도쿄 라운드의 여러 가지 협정들이 각기 다른 실체적 규칙과 서로 다른 분쟁 해결 방식을 포함했기에, (가장 유리한 규칙을 찾는) '규범탐색'(norm shopping)과 (가장 유리한 절차를 찾는) '법정지탐색'(forum shopping)이 가능했다는 점이다.[9)]

뒤에서 살펴 보겠지만, DSU는 기존의 GATT 절차가 갖는 특징을 다수 포섭했다. 하지만, 위에서 파악된 결점들을 처리하기 위하여, 대대적인 혁신도 다수 도입했다.[10)] 규범탐색과 법정지탐색을 다루기 위해서, DSU는 서비스 및 지식재산권에 관한 쟁점을 포함하여, GATT/WTO 제도 전체에 대한 통일된 분쟁해결제도를 마련하였다. 이행에 관해서도 새롭고 더욱 명확한 절차가 규정되었다. 그리고, 정치적 개입의 문제를 처리하기 위하여 이전에 GATT 이사회가 수행했던 역할은 분쟁해결기구(DSB: Dispute Settlement Body)라 불리는 새로운 기관으로 이관되었다. 여전히 국가들로 구성되었지만, DSB가 패널 구성이나 보고서 채택을 거부할 수 있는 경우는 오직 의견합치가 있을 때 뿐이기에, 따라서 패널 설치와 보고서 채택은 거의 자동적이었다. 이러한 변화를 통해 패널 절차를 정치적으로 견제하려는 시도를 효과적으로 제거하면서, 추가적인 혁신조치로써 상소절차가 도입되었다. 따라서 전반적으로 DSU는 기존의 절차를 통합하면서 동시에 이를 최신식으로 만든 효과를 거두었다. 그러므로 이제 DSU의 주요 특징들을 좀 더 자세히 살펴볼 수 있다.

협 의

GATT 절차의 목표는 언제나 조약 위반 여부를 확인하기보다 가능한 한 당사자 사이의 합의를 통하여 분쟁을 해결하는 것이었다. 따라서 분쟁을 회피하는 좋은 방

9) Petersmann, *The GATT/WTO System* (n. 2) p.90.

10) 이에 대한 간결한 개요로는 A.F. Lowenfeld, "Remedies along with rights: institutional reform in the new GATT"(1994), 88 *AJIL* 477; P.T.B. Kohona, "Dispute resolution under the World Trade Organization"(1994), 28(2) *J World Trade* 23 참조. 이를 더 상세히 다룬 경우로는 D. Palmeter and P.C. Mavroidis, *Dispute Settlement in the World Trade Organization: Practice and Procedure,* 2nd edn., Cambridge, 2004 참조.

안으로도 기억되는 협의는 GATT 절차에서 항상 주목을 받았다. GATT 제22조 제1항과 제23조 제1항은 일반적인 용어로 양자 협의를 규정하고 있고, 새로운 DSU는 내용상 1989년에 합의된 규정을 기반으로 하면서[11] 의미를 보다 자세히 규정하고 있다.

제4조 제3항은 요청이 있으면 신의성실히 협의에 임해야 할 의무를 담고 있으며, 제4조 제5항은 다른 절차보다 협의를 우선하도록 함으로써 이 방법을 선호한다는 점을 반영하고 있다.

협의의무는 교섭의무와 같이, 그 의무 범위를 세심하게 정의하지 않으면, 비양심적인 국가가 다른 절차의 활용을 어쩌면 무기한 지연시킬 때 활용될 수 있다. 악용할 여지를 없애고, 또한 당사자들에게 긴박감을 불어넣기 위하여, DSU는 엄격한 시간제한을 두고 있다. 협의 요청을 받은 국가는 단 10일 내에 응답해야 하며 요청받은 날로부터 30일 이내에 협의를 개시해야 한다(제4조 제3항). 또한, 협의는 요청받은 날로부터 60일 이내에 종결해야 한다(제4조 제7항). 긴급한 경우 더욱 엄격한 기한이 적용되며(제4조 제8항), 이들 기한 중 하나라도 지켜지지 않으면, 제소국은 패널 설치를 즉시 요청할 권리를 갖는다.

협의가 있게 되면, 이는 비공개이며 관련 국가들의 권리를 침해하지 않는다(제4조 제6항). 하지만, 여기에서 비공개라 함은 논의 내용에 관한 것이고, 협의 진행 사실 자체 혹은 그 결과에 관한 것은 아니라는 점을 이해하는 것이 중요하다. 제4조 제4항 및 제3조 제6항은 협의의 발생과 결과 모두 DSB 및 관련 기구에 통보하도록 명시했다. 해당 통보는 1989년 이전에는 요구되지 않았기에 이것은 혁신적인 조치였다. 이러한 요건을 DSU에 포함시킨 것은 양자 협의를 WTO의 통제 하에 두어서 분쟁해결제도를 통합하는 데 도움이 된다.

국제통상 분쟁은 앞 장에서 다루었던 일부 분쟁들처럼 양자 관계에만 국한되지 않고, 종종 제3자의 이해관계와 결부된다. 이러한 상황은 통상관계에서 빈번하기 때문에 DSU는 다자적 성격의 분쟁에 관한 규정을 다수 포함하고 있다. 협의와 관련된 규정인 제4조 제11항에서는 어떠한 협의라도 '실질적인 통상이익(trade interest)'을

11) Canal-Forgues and Ostrihansky, "New developments" (n. 6) 68-70.

갖는다고 생각하는 제3국이 협의에 참여하겠다는 의사를 표시할 수 있다. 그 후 협의 요청을 받은 회원국이 실질적인 이익 관련 주장의 근거가 충분하다고 동의하면 해당 제3국은 협의에 참여할 수 있다. 1994년도 연구에 의하면 이전 제도에서 이 규정에 따라서 제3자의 협의절차 참가가 허용된 사례가 20건 이상이 되었고,[12] 이후 이러한 절차가 널리 활용되어서 제3자 절차참가의 실무적 가치를 보여 주었다. 물론, 제3자의 협의절차 참가가 거절되는 경우 참가 신청국은 제4조 제3항에 따라 별도의 양자 협의를 구할 수 있다.

국제통상 분쟁을 처리하는 수단으로서 협의가 갖는 의의는 기록에서 찾을 수 있는데, 이에 따르면, 훨씬 더 많은 분쟁이 패널보다 협의로써 해결되고 있기에, 협의는 사실상 대부분의 분쟁을 실무적으로 해결하는 방식이다.[13] 협의를 통한 분쟁 해결 비율이 높은 이유는 일부나마 한 차례 협의만으로도 때때로 합의에 이를 수 있다는 점 때문인 것이 틀림없다. 하지만, 협의는 계속 진행되는 절차가 될 수 있다는 점을 지적할 만한데, 왜냐하면, 각국 정부는 패널 절차 등의 조치가 진행되는 동안 종종 대화를 유지하기 때문이다. 따라서 협의를 시도해야 한다는 첫 번째 의무가 한 번만으로 모두 소진되지 않는다. 왜냐하면, 사정에 따라서 그리고 당사자의 인식이 바뀌면서, 비록 첫 번째 만남이 실패했다고 해도 이후 단계에 해결책이 등장할 수 있기 때문이다.[14]

주선, 조정 및 중개

합의를 통한 분쟁 해결을 지속적으로 강조해 왔던 제도는 비공식적으로 당사자

---

12) Iwasawa, "Settlement of disputes" (n. 7) p.381.

13) 협의의 활용에 대해서는 M.L. Busch and E. Reinhardt, "Testing international trade law: empirical studies of GATT/WTO dispute settlement" in Kennedy and Southwick(eds.), *The Political Economy* (n. 1) p.457 at pp.467-70 참조.

14) 더욱이, 패널은 결정내리기 어려운 점을 회피하기 수단으로서 추가 협의를 제안하는 것으로 알려져 있다. Iwasawa, "Settlement of disputes" (n. 7) pp.380-1 참조. 하지만, 협의를 더 많이 강조하는 것이 이익이 된다는 제안이 있었다. T.J. Schoenbaum, "WTO dispute settlement: praise and suggestions for reform"(1998), 47 *ICLQ* 647 at 648-52 참조.

들을 만나도록 하는 방식인 주선과 중개의 역할, 그리고 제4장에서 언급했듯이, 보다 구조화된 절차인 조정의 역할도 인정할 것으로 기대할 수 있을 것이다. 주선, 조정 그리고 중개는 모두 GATT 제도 내에서 다양한 형태로 부각되었으며, 각각의 유용성을 드러낸 바 있다. 앞서 언급했던 것과 같이 이러한 '외교적' 방법들은 실무적으로 항상 서로 엄밀히 구별되지 않았으며, 현재의 맥락에서도 그러한 것이 분명하다. DSU는 이전의 문서들에 비해 이러한 방법에 관한 더 세부적인 사항을 담으면서,[15] 이것들을 한 조문에 결집한 결과, 이들의 상호연결성이 뚜렷이 드러난다.

주선, 조정 및 중개는 자발적인 절차이며 당사자들의 합의가 있어야 한다(제5조 제1항). 이로 인하여 이들과 협의는 즉시 구별된다. 협의는 기억하다시피 강제적이다. 하지만, 국가는 분쟁의 어느 때 그리고 어떠한 맥락에서든 주선, 조정 및 중개를 요청할 수 있다. 또한 이들 절차는 언제든지 종료될 수 있으며, 일단 종료되면, 제소국은 60일의 협의기간이 경과한 경우라면 패널 설치를 요청할 권리를 갖는다(제5조 제3항 및 제4항). 도쿄 라운드 협정 중 일부에 따르면 특정 분쟁은 어느 국가가 패널 설치를 요청할 수 있기 전에 회원국으로 구성된 조정위원회에 회부해야만 했다. 그러나 이러한 요건에 관한 국가들의 입장이 극명히 나누어지는 경향이 있어서 현재는 폐기되었다.[16] 협의에서와 마찬가지로 주선, 조정 및 중개 절차는 비공개이고 당사자들의 권리를 침해하지 않는다. 그리고 협의와 더욱 유사하게도, 당사자들이 합의하면, 패널 절차가 진행 중이라도 이들 절차를 지속할 수 있다(제5조 제5항).

누가 주선, 조정 및 중개를 수행하는가? 이론상 국가들이 그러한 절차를 활용할 경우, 국가들은 권한 있는 어떠한 개인, 그룹, 기관에도 통상분쟁을 회부할 수 있다. 그러나 실무적으로 선택의 폭은 더 제한된다. 1982년 해양법협약 등 다수의 조약과 달리 DSU에는 곧 다루게 될 패널에 관한 규정 이외에는 조정위원회나 그와 유사한 기구를 설치하는 방식이 전혀 없다. 이미 언급했듯이 초창기 GATT 실행에서, 회원국 대표로 구성되는 작업반(working parties)이 종종 중개자 역할을 했지만, 이들의 인

---

15) 1989년 '개선사항'에서 주선, 조정 및 중개에 대한 처리에 대해서는 Canal-Forgues and Ostrihansky, "New developments" (n. 6) 70-1 참조.

16) Iwasawa, "Settlement of disputes" (n. 7) p.386.

기가 좀 시들해졌다. 따라서 비록 여전히 당사자들의 합의가 있으면 작업반을 설치할 수 있더라도 최근 실행에서 주목받지 못하고 있고, DSU에서도 전혀 언급하지 않고 있다. 실제로 본문의 이 부분에서 구체적으로 언급할 수 있는 유일한 경우는 분쟁을 WTO 사무총장에게 회부하는 것인데, 제5조 제6항에 의하여 사무총장은 *직권으로(ex officio)* 주선, 조정 및 중개를 수행할 권한을 갖는다.

GATT 사무총장의 주선에 회부하는 것은 이전 조약문에서도 찾아볼 수 있으나 처음에는 많이 활용된 것 같지 않다. 하지만, 현재 다수의 사례에서 이러한 형식의 개입이 갖는 특징과 가치를 모두 보여주고 있다. 1987년 *Copper* 사건[17)]에서 유럽공동체(EC)와 일본은 구리광석과 동정광(銅精鑛)으로 인한 분쟁에서 공동으로 사무총장의 주선을 요청하였다. 사무총장은 자신을 대리할 저명한 전문가를 임명하였고, 그 전문가는 양측 대리인을 심리한 후 그들의 요청에 따라 '권고적 의견'을 내었다. '권고적 의견'에서는 일본이 어떠한 GATT 의무도 위반하지 않았다고 결론내렸지만, 양측이 일본의 관세 인하를 위해서 교섭하도록 권고하였다. 이 사건에서 그리고 이듬해 EC와 캐나다 간 *Wet Salted Cod* 사건[18)]에서 사무총장의 개입이 당사자들의 분쟁 해결에 도움이 되었다.

위 사건들에서 사무총장의 개입은 비록 '주선'(good offices)으로 불렸지만, 당사자들이 추가적으로 활동할 때 근거로 삼을 수 있도록 결론과 권고사항을 특정해서 제안해 주었기 때문에 실제로는 일종의 조정이었다. 그러나 유형 분류의 문제보다 더 중요한 것은 이러한 유형의 사례에서 절차가 갖는 가치를 보여주고 있다는 것이다. 이러한 절차에서 제3자는 규칙 위반 여부의 질문을 넘어서서, 문제된 조치가 합법이라도 여전히 해결해야 할 분쟁이 있는 상황에서 해결책을 제안할 권능을 가졌다. 제4장에서 살펴 보았듯이, 조정의 장점 중 하나는 유연성을 장려함으로써 그 사건에서만이라도 진일보한 것인데, 이러한 장점은 해양법협약에서도 인정되고 있는 점을 기억할 수 있을 것이다.

비록 주선, 조정 및 중개는 자발적이고, 일반적으로 다른 절차를 이용하기 위한

17) 이 사건의 개요에 대해서는 *Ibid.*, 385 참조.

18) *Ibid.*

전제 요건은 아니지만, 최빈개발도상국의 지위와 관련된 요건에 대해서 언급해야 할 것이 있다. DSU 제24조 제2항은 최빈개발도상국인 회원국이 결부된 분쟁이 협의로 해결되지 않으면, 사무총장이나 DSB 의장이 관련 국가의 요청을 받아서 패널 구성 요청 이전에 주선, 조정 및 중개를 해야 한다. 물론 이러한 기능이 실행되려면 양 당사자의 동의가 있어야 한다. 하지만, 특정 집단의 사례에 이렇게 관여하는 역할을 확인함으로써, DSU는 패널 절차 이전에 주선, 조정 및 중개를 활용하도록 분명히 장려함으로써 이들의 가치를 더욱 알리고 있다.

패널 절차

협의와 합의를 장려하는 그 밖의 다양한 방법들이 중요하지만, 분쟁해결제도가 충분히 실효성을 갖기 위해서는 독립적인 기구로부터 권위 있는 결정을 얻음으로써 이견을 해소할 수 있는 방식이 있어야 한다. 왜냐하면, 이러한 절차는 교섭이 통하지 않는 분쟁을 해결할 수 있을 뿐만 아니라 당사자들이 더 진중하게 교섭하도록 장려하고 ICJ의 작업을 다룰 때 살폈듯이, 소송이 개시되었을 때, 교섭을 통한 해결책을 지속적으로 모색하도록 유도할 수 있기 때문이다. GATT/WTO 제도에서 독립적인 결정을 얻는 장치는 패널(panel) 절차이며, 이에 관한 실행은 1979년 도쿄 라운드의 막바지에 처음 성문화되었다.[19] 현재 DSU는 1989년에 합의된 여러 가지 변경사항,[20] 그리고 이와 함께 몇 가지 추가적으로 개선된 사항을 포함하고 있다.

패널 제도의 취지는 DSB가 DSU에 따른 책임을 수행할 때 DSB를 지원하는 것이다. 이 의미는 사건이 패널에 회부될 때, 패널은 사실관계 및 법을 객관적으로 평가하고, “DSB가 대상 협정에 규정되어 있는 권고를 행하거나 판정을 내리는 데 도움이 되는 그 밖의 조사결과를 작성해야 한다”는 것이다(제11조). 또한, 패널은 “분쟁 당사자와 정기적으로 협의하고 이들이 상호 만족할 만한 해결책을 찾기 위한 적절한 기회를 제공해야 한다”(제11조). 따라서 패널 절차는 한편으로 전형적인 중재의

---

19) Van Bael, “The GATT dispute settlement procedure” (n. 6) 68.

20) Canal-Forgues and Ostrihansky, “New developments” (n. 6) 71-8.

특징을 다수 가지면서, 다른 한편 근저에는 조정을 강조하는 특별한 성격을 갖는 것이 분명하다.

패널을 설치하려면 DSB의 결정이 필요하지만 이미 언급하였듯이, 현재에는 설치 요청이 거부되는 경우는 DSB의 의견합치가 있을 때뿐이다. 이 의미는 실질적으로 '패널 설치 권리'가 있으며 이 절차가 더 이상 어느 한 국가의 설치 반대로 무산될 수 없다는 것이다. 이와 마찬가지로 패널 설치가 요청되면, 즉시 이에 필요한 결정이 내려지도록 규정하였다(제6조 제1항). 패널이 설치되면 패널에 대한 권한위임사항은 일반적으로 제7조 제1항의 표준양식으로 작성되나 당사자들이 합의하여 이를 변경할 수 있다.[21)]

구속력 있는 결정이 내려지는 절차라면, 권한 있는 기관을 구성하는 것이 분명히 중대한 사안이다. 따라서 WTO 제도 내에서 이러한 쟁점에 대해서 세심하게 주의를 기울이는 것은 놀랄 일이 아니다. 패널 구성원의 자격기준은 정부 및 비정부 관련 경험을 포함하여[22)] 제8조 제1항에서 규정하고 있고, 특정 분야의 전문성을 포함하여 적절한 자격을 갖춘 개인들의 명부를 유지하는 것이 사무국의 업무이다(제8조 제4항). 패널은 일반적으로 3인으로 구성되나 당사자들이 합의하면 5인으로 구성할 수 있다(제8조 제5항). 패널은 반드시 "패널 위원의 독립성과 충분히 다양한 배경 및 광범위한 경험이 확보되도록" 선정해야 한다(제8조 제2항). 선진국 회원국과 개발도상국 회원국 사이의 분쟁에서 패널은 후자의 요청이 있으면 최소 1인의 개발도상국 회원국 출신 패널 위원이 포함되어야 한다(제8조 제10항). 하지만, 당사자들이 달리 합의하지 않는 한 분쟁 당사자 국민은 복무자격이 없고, 이러한 제한은 패널 절차에 참가하는 제3국의 국민에게도 적용된다(제8조 제3항). 패널 위원들은 사무국이 지명하며, '불가피한 사유'에 의해서만 임명을 거부할 수 있다(제8조 제6항). 패널 구성을 두고 이견이 있으면, DSB 의장 및 당사자들과 협의하여 사무총장이 필요한 패널

---

21) 1989년에 처음 도입된 표준 권한위임사항에 관한 규정은 지연을 막기 위한 의도도 있다. Kohona, "Dispute resolution" (n. 10) 36 참조.

22) 비정부 기관에서의 경험이 갖는 가치를 점점 더 강조하는 것은 GATT 실무상 분쟁 해결을 점점 더 법적으로 접근하는 현상이다. 이 점에 대해서는 Kohona, "Dispute resolution" (n. 10) 36; Canal-Forgues and Ostrihansky, "New developments" (n. 6) 74 참조.

위원을 임명한다(제8조 제7항).

패널 제도는 본질적으로 GATT 방식을 정교하게 만든 것이지만 패널 선정시 실무상 여러 가지 문제에 봉착했다.[23] WTO 절차가 매우 인기를 얻게 되었기에 패널에 대한 수요도 많아졌고, 이로 인해서 자격이 훌륭한 패널 위원이 부족하게 되었다. 사건들이 더 복잡해지고 더 오래 걸리면서, 그리고 패널 관련 절차도 쉽게 생기면서, 패널 위원의 부담이 가중되자 상황은 더욱 악화되었다. 이와 동시에 분쟁 당사자들이 더 까다로워졌고, 이제 패널 위원 후보자에 대해서 반대하는 일도 잦아져서, 그 결과 사무총장에게 임명을 요청하는 일이 빈번해졌다. 이러한 문제에 대한 해결책은 현재의 임의적인 패널 위원 제도를 상설기구로 대체하고, 여기에서 필요에 따라 패널을 구성하는 것이다. 이러한 '국제통상재판소'[24]는 이점이 많을 것이며 현재 구조를 적절히 발전시킨 것으로 보인다.

정부 관료들이 패널 위원으로 활동할 수 있지만, DSU는 패널 위원이 각자 개인 자격으로 복무해야 하고, 국가나 기구의 대표자로 복무할 수 없다는 점을 강조하고 있다. 독립성 요소는 이전 장에서 살펴 보았듯이 국제사법기구들의 업무에서 핵심적인 사항으로서 DSU에 명시되어 있을 뿐만 아니라 1996년에 채택된 WTO를 대표하여 활동하는 사람들에 대한 행동규칙에서도 다루고 있다.[25] 이 행동규칙은 패널 위원, 상소기구 구성원, 중재인 및 전문가에게 적용되며, 독립성과 공정성을 확보하기 위해 고안된 세부규정에 포함되었고, 비밀유지의무도 강조하고 있다. 이 행동규칙은 그 목적을 더욱 발전시키기 위하여, 패널 위원 등에게 자신들의 독립성 또는 공정성에 영향을 미치거나 의혹을 불러일으킬 수 있는 정보로서, 재정적 이익, 직업적 이익, 가족 관련 이해관계 그리고 이전에 피력했던 의견을 포함하는 정보를 고지하도록 요구하고 있다. 패널 위원 등과 관련하여 미공개 협의를 다루기 위한 절

---

23) W.J. Davey, "A permanent body for WTO dispute settlement: desirable or practical?" in Kennedy and Southwick(eds.), *The Political Economy* (n. 1) p.496.

24) A. Porges, "Comment: step by step to an international trade court" in Kennedy and Southwick(eds.), *The Political Economy* (n. 1) p.528.

25) WTO, Rules of Conduct for the Understanding on Rules and Procedures Concerning the Settlement of Disputes, adopted 3 December 1996, (1997) 36 ILM 477. 이 문서의 발췌문은 뒤 부록의 문서 G에 실려 있다.

차도 규정하고 있다.

앞서 지적했듯이, WTO와 관련된 분쟁의 유형에는 종종 셋 이상의 당사자가 결부된다. 패널에 관한 DSU 규정에서, 많은 통상분쟁의 다자적 성격을 두 가지 면에서 고려하고 있다. 첫째, 둘 이상의 회원국이 동일한 사안과 관련해서 패널 설치를 요청할 경우, 가능하면 단일 패널을 설치하여 모든 관련 회원국의 권리를 고려해서 이의 제기 사항을 검토한다(제9조 제1항). 둘째, 패널에 제기된 사안에 대해서 실질적인 이해관계를 갖는 모든 회원국은 패널의 심리를 받고 입장서를 제출할 기회를 갖는다(제10조 제2항). 비록 DSU에서 '참가'라고는 하지 않지만, 이러한 절차는 이에 상응하는 ICJ 규정(제62조 및 제63조) 그리고 ITLOS 규정(제31조 및 제32조)의 절차와 유사하다. 다만 앞으로 다루겠지만, 참가가 허가되는 조건을 달리 정의하고 있는 점에 주목해야 한다.[26]

절차에 관한 상세한 내용은 부록에서 더 자세히 설명하겠지만, 이 절에서 DSU는 패널 절차에서 지켜야 할 엄격한 시한을 규정하며, 중재와 유사한 방식으로 당사자들의 입장서(submissions) 제출을 규율하는 방식을 마련하고 있다. 따라서 일반적인 상황에서 최종보고서는 6개월 이내에, 혹은 긴급한 경우 3개월 이내에 제출해야 한다(제12조 제8항). 하지만, 패널은 12개월을 초과하지 않는 기간 중에 제소국의 요청이 있으면 언제든지 절차를 중지할 수 있다(제12조 제12항). 당사자들의 제1차 입장서 제출은 일반적으로 연속해서 순차적으로 하고, 상대방이 답변할 수 있으며, 동시 제출하는 것이 허가될 수 있다(제12조 제6항). 후속 입장서 제출은 언제나 동시에 하며 일반적인 실행에 맞추어서, 제출된 문서와 패널의 합의는 비공개이다.

통상분쟁에는 종종 고도로 기술적인 문제들이 포함되기에 DSU는 패널이 모든 출처의 정보와 전문가 자문을 구할 권리를 갖도록 규정하며[27] 특별히 패널이 전문

---

26) WTO에서 이 규정은 매우 자주 활용된다. Y. Iwasawa, "Third parties before international tribunals: the ICJ and the WTO" in N. Ando, E. McWhinney and R. Wolfrum(eds.), *Liber Amicorum Judge Shigeru Oda*, The Hague, 2002, p.871 참조.

27) 이러한 권한의 범위를 둘러싼 논란은 최근 다수의 사례에서 쟁점이 되었다. E. Baroncini, "The WTO Appellate Body and amicus curiae briefs"(2002), 2 *Global Community YBILJ* 181; J. Darling and D. Hardin, "Amicus curiae participation in WTO dispute settlement: reflections on the past decade" in R. Yerxa and B. Wilson(eds.), *Key Issues in WTO Dispute*

가 검토단(expert review group)에 자문보고서를 요청할 수 있도록 규정하고 있다(제13조 제2항). 이러한 전문가 검토단의 구성과 활동은 DSU의 부록에서 규율하는데, 부록에서는 그러한 검토단에 '문제된 분야에서 전문적 지위와 경험을 보유한 자'로 참여를 제한하고 그 구성원들이 독립적으로 행동하도록 요구하며, 일반적인 상황에서 분쟁 당사자의 국민은 부적격 처리하고 있다. 흥미로운 점은 전문가 검토단이 최종보고서를 제출하기 전에 당사자들에게 보고서 초안을 제출하고 의견을 수렴하여 반영한다는 것이다. 전문가 검토단의 최종보고서는 패널과 당사자들에게 제출되며 이는 자문의 성격만 갖는다.[28)]

패널 보고서는 3단계로 만들어진다. 첫째, 당사자들의 입장서 접수와 구두심리 후, 패널이 보고서 초안의 서술 부분(즉 사실관계와 당사자들의 주장을 기술한 부분)을 당사자들에게 제출하여 이들의 의견을 받는다. 그 후, 패널은 서술 부분과 패널의 판단 그리고 결론을 포함하여 중간보고서를 낸다. 당사자들은 중간보고서에 의견을 낼 수 있고, 그 후 패널이 최종보고서를 낸다(제15조 제2항). 문제가 해결되면 패널 보고서는 사건에 대해서 간략히 기술하고, 해결책을 마련하게 되었다는 점만 기록한다(제12조 제7항). 그렇지 않으면, 패널 보고서에서 이유를 기재해야 하며, 개발도상국 회원국이 분쟁에 포함되는 경우 패널 보고서는 개발도상국에 대한 차등적이면서 보다 유리한 대우와 관련된 규정을 고려했다는 형식으로 명확히 적시해야 한다(제12조 제11항).

최종보고서가 작성되면, WTO의 모든 회원국에 배포되고, 그 후 DSB가 이를 심의한다. 회원들은 서면으로 사유를 제시하여, 최종보고서에 반대할 수 있고 DSB에서 보고서를 심의할 때, 분쟁 당사자들은 심의에 충분히 참여할 권리를 갖는다. 따라서 분쟁 당사자는 패널에서 기각당했던 주장을 다시 할 수도 있다. 하지만, 패널 보고서가 회원들에게 배포된 후 60일 이내에 채택을 반대한다는 의견합치가 없거나 일방 당사자가 상소할 의도를 통보하지 않는 한 DSB는 보고서를 채택하여야 한다. 따라서 패널 보고서에 반대하는 국가는 보고서 채택을 거부함으로써 보고서가 채택

Settlement, Cambridge, 2005, p.221 참조.

28) 추가사항은 J. Pauwelyn, "The use of experts in WTO dispute settlement"(2002), 51 *ICLQ* 325 참조.

되는 것을 더 이상 막을 수 없지만, 해당 사안에 대한 논의를 지속하기를 원할 경우 새로운 상소 검토 절차를 원용해야 한다.

패널 보고서에 대해 상소할 수 있고, 빈번히 상소되고 있지만, 패널 보고서의 중요성을 과소평가하는 것은 심각한 오류이다. 뒤에서 살펴 보겠지만, 상소는 법률적 사안에 한정되므로 모든 사실문제에 대해서는 패널이 최종 판단자일 뿐만 아니라, 분쟁은 패널 절차 진행 도중에도 합의로써 항상 해결될 수 있다. 예컨대 *Japan-Laver* 사건[29]에서 이러한 일이 발생했는데, 이 사건은 패널 보고서의 서술 부분이 배포된 후 중간보고서가 회람되기 이전에 해결되었다. 마지막으로, 다수의 중요한 사건들이 상소절차를 활용하지 않고 패널 보고서를 기반해서만 다루어졌다. 예컨대, *EC-Biotech* 사건[30]에서 복잡한 과학·기술적 쟁점들이 제기되었는데, 패널은 유전자가 조작된 식물과 제품의 수입과 판매활동에 대한 특정 제재는 위생 및 식물위생조치에 관한 협정(SPS Agreement)을 위반했다고 결정하였다. 마찬가지로 *China-Intellectual Property* 사건[31]에서 패널은 통상 관련 지식재산권 협정(TRIPS Agreement)에 근거하여 중국의 지식재산법과 실행의 일부 특징에 대한 세 건의 청구사항 중 하나를 인용하였다. 두 사건 모두 근본적인 쟁점을 제기하였지만, 어느 사건도 상소가 되지 않았는데, 그 이유는 추정만 할 수 있는 상태이다.

상소심

GATT 분쟁 해결 절차에 따르면, 패널 보고서는 모든 체약 당사자들을 대표하는 GATT 이사회에 제출되었으며 의사합치가 있을 경우에만 승인되었다. 반면 WTO

---

29) *Japan-Import Quotas on Dried Laver and Seasoned Laver*, Panel Report, WT/DS 323 (2006); J. Gomula, "Introductory Note"(2007), 7 *Global Community YBILJ* 241 참조.

30) *European Communities-Measures Affecting the Approval and Marketing of Biotech Products*, Panel Report, WT/DS 291/R, WT/DS 292/R and WT/DS 293/R (2006); S. Lester, Note (2007) 101 *AJIL* 453; M.A. Young, "The WTO's use of relevant rules of international law: an analysis of the Biotech case"(2007), 56 *ICLQ* 907 참조.

31) *China-Measures Affecting the Protection and Enforcement of Intellectual Property Rights*, Panel Report, WT/DS 362/R (2009). D. Gervais, Note (2009) 103 *AJIL* 549 참조.

제도에 따르면, 앞서 살펴 보았듯이, 보고서를 채택하지 않는다는 의사합치가 없으면 DSB는 패널 보고서를 채택한다. 이로써 거의 자동적으로 패널 보고서가 채택되도록 하였고, 이는 분쟁 당사자들이 패널 보고서 채택을 저지할 수 있는 입장에 있지 않다는 것을 의미한다. 패널 보고서의 중요성이 매우 극적으로 증가하였고 (아래에서 기술하겠지만) 이들 보고서를 이행하기 위한 새로운 절차가 마련되면서, 상소심 장치가 핵심적인 것으로 여겨지게 된 것은 당연하다. 이러한 기능을 수행하기 위해 설치된 기관이 상소기구이다.

상소기구는 7인으로 구성된 상설기관이며 이 중 3인이 교대로 선정되어서 각 사건을 담당한다. 관련자들은 4년 임기로 DSB에서 임명하며 1회에 한하여 연임할 수 있다. 이들은 "법률, 국제통상 및 대상협정 전반의 주제에 대해서 입증된 전문지식을 갖추었다고 인정된 권위자"여야 한다(제17조 제3항). 이들은 또한 독립적이어야 하며, WTO의 회원국을 넓게 대표해야 한다. 상소기구 위원직 수행은 상근직이 아니지만, 위원들은 "어느 때라도 단기간의 통지로 이용 가능해야" 하며(제17조 제3항) WTO의 관련 활동을 계속 숙지하고 있어야 한다. 예상할 수 있듯이, 상소기구 위원들은 이해 충돌이 있는 사안에 대해서 판단할 수 없다.

상소기구의 임무는 패널 사건에 대한 상소를 심리하는 것이다. 분쟁 당사자만 상소할 수 있지만, 패널 절차에서 제3자가 사안에 대해서 실질적 이해관계를 갖는다고 DSB에 통보했다면, 제3자도 입장서(submissions)를 제출할 수 있는데, 이와 유사한 권리가 상소절차(appellate proceedings)에까지 확장되는 점을 기억할 것이다. 상소는 "패널 보고서에서 다루어진 법률문제와 패널이 행한 법률해석"으로 제한된다(제17조 제6항). 패널 보고서에서 종종 사실관계에 대한 판단 내용이 광범위하기에, 이는 상소기구의 기능에 대한 중대한 제한이다. 상소기구 보고서는 "패널의 법률적인 조사결과와 결론을 확정, 변경 또는 파기"할 수 있으며(제17조 제13항), 엄격한 시간제한을 받아서, 상소절차 기간은 일반적으로 상소의사 통보로부터 60일을 초과하지 않고 총 기간이 최대 90일을 초과할 수 없다(제17조 제5항).

상소기구 절차는 패널 절차와 마찬가지로 비공개이며, 이와 유사하게, 보고서에서 표시된 의견은 익명으로 작성된다. 각 상소기구 보고서는 DSB에 제출되며, 보고서를 회원에게 배포한 후 30일 이내에 DSB에서 의견합치로 채택하지 않기로 결정하지 않는 한, 분쟁 당사자들이 무조건 수락하도록 하였다(제17조 제14항). 이처럼 신속한 의사결정을 강조하는 것은 제20조에서 더 강화되어서 DSB 결정 전체의 시한을 규정하고 있다. 제20조는 분쟁 당사자들이 달리 합의하지 않는 한 패널 설치부터 보고서 심의까지의 기간은 상소가 없으면 9개월, 또는 상소가 있으면 12개월을 일반적으로 초과할 수 없다고 규정하였다.

DSU 제17조 제9항은 상소기구로 하여금 DSB 의장 및 WTO 사무총장과 협의하여 작업 절차를 작성하도록 하였다. 이에 따라 1996년 2월 첫 번째 사건을 심리하기 이전에 상소기구는 상소절차의 모든 측면을 아우르는 규칙을 발표하였다.[32] 이 규칙의 세 가지 측면에서 새로운 상소기구가 자신의 기능에 대해서 갖는 관점이 드러나는데, 이 점이 특히 흥미롭다. 첫째, 시간제한을 설정할 때, 그리고 그 밖의 절차적 쟁점을 다룰 때, 명백히 사법절차인 상소절차에서 적법절차가 필요하다는 점을 규칙에 반영하였다. 둘째, 상소기구 위원들의 독립성과 공정성을 규칙에서 강조함으로써 이러한 관점을 확인하였다. 셋째, 결정을 내리는 방법 그리고 결정주체를 정할 때, 규칙에서는 교대 원칙을 시행하지만, 이를 협의체 원칙과 잘 결합시켰다. 따라서 각 사건에 대하여 3인의 재판부가 무작위로 선정되지만, 상소기구 위원 전원이 모든 사건에 대해서 문서를 받고 최종 결정 이전에 의견을 낼 수 있는 기회를 갖는다(규칙 4.2 및 4.3). 이러한 방식으로, 한 사건에서 결정내리는 것은 해당 사건에 배정된 3인 재판부의 책임으로 남게 되고, 의견합치가 없으면 다수결로 결정될 수 있겠지만(규칙 3.2), 규칙에 기반한 제도에서 바람직하다고 여겨지는 의사결정의 일관성 및 논리적 통일성도 강하게 권장되고 있다.

상소기구에서 다루어진 쟁점 중 이러한 유형의 예로는 2014년에 결정된 *EC-Seal Products* 사건[33]이 있다. 이 분쟁은 바다표범 제품의 수입과 판매를 금지하는 유럽연합의 조치에서 발생하였다. 금지사유로 제시된 것은 동물복지였지만, 원주민 공

32) World Trade Organization Appellate Body, Working Procedures for Appellate Review, 15 February 1996, (1996) 35 ILM 495.

33) *European Community-Measures Prohibiting the Importation and Marketing of Seal Products*, WT/DS 401/AB/R (2014); G. Shaffer and D. Pabian, Note (2015) 109 *AJIL* 154 참조.

동체가 전통적으로 해 왔던 사냥에서 얻은 바다표범 제품은 예외('IC 예외'로 불림)로 하였고, 해양자원 관리 차원에서 사냥한 바다표범도 예외로 하였다. 오늘날, 소수의 국가들이 바다표범을 사냥하고, 바다표범 제품을 거래한다. 이러한 소수 국가에는 캐나다, 노르웨이, 그리고 그린란드가 있고, 이 중 그린란드만 IC 예외조치에 따라서 EU 시장에 진입할 수 있었다. 따라서 캐나다와 노르웨이는 EU의 조치에 대해서 이의를 제기하면서, 이들 조치는 1994년 통상에 대한 기술적 장벽에 관한 WTO 협정(Agreement on Technical Barriers to Trade, TBT 협정) 그리고 GATT를 위반한다고 주장하였다.

캐나다와 노르웨이는 입장서에서 분쟁 대상인 조치가 차별적이어서 TBT 협정 제2조 제1항을 위반하고, 필요 이상으로 통상을 제한해서 TBT 협정 제2조 제2항을 위반하기 때문에 TBT 협정 위반이라고 주장하였다. GATT와 관련해서 이들이 주장한 사항은 해당 조치가 최혜국 대우에 관한 제1조, 그리고 내국민 대우에 관한 제3조 제4항 조문을 위반하였다는 것이다. 반대로, EU는 GATT에 따라서, '공서양속을 보호하기 위하여 필요한' 조치를 허용하는 제20조 (a)호, 그리고 '동물의 … 생명 혹은 건강을 보호하기 위하여 필요한' 조치를 허용하는 제20조 (b)호를 근거로 청구사항에 대하여 항변하였다. 이러한 항변이 관련되었던 이유는 비록 캐나다와 노르웨이 모두 잔혹하게 사냥감을 죽이지 않도록 하기 위한 규칙을 채택했지만, 바다표범이 유빙에서 그리고 사냥하기 힘든 지형에 살고 있어서, 바다표범을 사냥할 때 곤봉으로 치거나, 사격하거나, 작살로 잡아야 했기 때문이었다.

패널은 TBT 협정을 적용해서, EU 조치가 차별적이었기에 제2조 제1항을 위반했다고 판단하였다. 하지만, 이 사건이 상소기구에 제소되었을 때, 상소기구는 이에 반대했고, 기술적 근거에서 TBT 협정이 적용되지 않는다고 결정했다. 결국 이 부분의 항변으로 기각되었다. GATT에 따른 청구사항과 관련해서, 상소기구는 제1조와 제3조가 적용된 결과, 이 사건은 제20조에 따른 항변사유의 적용범위에 대한 것이다는 패널의 판단에 동의하였다. 이 점에서, 상소기구는 사실관계에 비추어서 '공서양속' 예외기준의 범위를 검토하였고, 해당 예외기준이 그 상황에 적용될 수 있다고 결정했다. 하지만, 상소기구는 EU가 분쟁 대상인 조치가 자의적이거나 정당화될 수 없는 차별에 이르지 않는다는 제20조 머리글(chapeau) 요건을 증명하지 못했다고 판시하였기 때문에 EU는 이 사건에서 패소하였다.

상소기구 보고서는 한 달 이내에 DSB에서 채택되었고, 얼마 후 캐나다와 EU는 IC 예외조치에 따라서 EU 시장 접근에 관한 공동성명에 서명하였다.

이 사건은 상소기구가 다룬 다수의 전형적인 사건으로서, 사법절차의 가치를 분명히 드러낸다. 왜냐하면, 이 사건의 절차를 통해 분쟁이 해결되었다는 면에서뿐만 아니라 현 통상협정에서 환경조치의 범위와 관련된 중요한 법적 쟁점을 이들 사건에서 명확히 했다는 의미에서 이들 절차는 성공적이었다는 점이 분명했기 때문이다. 사실상, WTO에서 *선례구속의 원칙(stare decisis)*이 없지만, 분쟁해결제도의 특징은 상소기구 보고서를 패널 절차에서 채택된 보고서와 함께 GATT *법(acquis)*의 일부로 취급하고, 그 자체로 선례에 의한 법체계를 지속적으로 확장시키는 방식이다.[34)]

일반적으로 회원의 의무를 분명히 하는 효과를 가졌던 최근 사례는 *United States-Tuna* 사건[35)]인데, 이는 TBT 협정을 해석한 또 다른 사건이고, WTO 법과 일반 국제법의 관계에 관한 쟁점을 야기했던 사건이다. *China-Raw Materials* 사건[36)]에서는 어느 국가가 자국의 천연자원 거래를 제한하는 권한의 범위와 관련되었다. 그리고 *Canada-Renewable Energy/Feed-in Tariff* 사건[37)]의 패널과 상소기구는 기후변화 대응조치와 보조금을 금지하는 WTO 규칙의 양립 가능성을 다루었다. 이 마지막 사건은 기후변화에 관한 쟁점을 다룬 첫 번째 사건으로서, 상소기구는 재생가능 에너지 생산자가 자신이 생산한 전력을 국가전력망에 유리한 조건으로 공급하

---

34) D. Palmeter and P.C. Mavroidis, "The WTO legal system: sources of law"(1998), 92 *AJIL* 398; J. Cameron and K.R. Gray, "Principles of international law in the WTO Dispute Settlement Body"(2001), 50 *ICLQ* 248; P.C. Mavroidis, "No outsourcing of law? WTO law as practiced by WTO courts"(2008), 102 *AJIL* 241 참조.

35) *United States-Measures Concerning the Importation, Marketing and Sale of Tuna and Tuna Products*, WT/DS 381/AB/R (2012); G. Shaffer, Note, (2013) 107 *AJIL* 192 참조.

36) *China-Measures Related to the Exportation of Various Raw Materials*, WT/DS 392/AB/R (2012); S.E. Rolland, "China-Raw Materials: WTO rules on Chinese natural resources export dispute"(2012), 16 *ASIL Insights, Issue* 21 참조.

37) *Canada-Certain Measures Affecting the Renewable Energy Generation Sector and Canada-Measures Relating to the Feed-in Tariff Programme*, WT/DS 412/AB/R and WT/DS 426/AB/R (2013); S. Shadikhodjaev, Note (2013) 107 *AJIL* 864 참조.

도록 함으로써 캐나다가 WTO 의무를 일부 위반했다고 판단하였다. 하지만, 넓은 견지에서 볼 때, 이 결정에서는 보조금에 관한 전반적인 문제 그리고 정부가 지원하는 재생 가능 에너지 제품에 대한 유인 방식을 검토하였다.

실행의 중요성과 관련하여, 상소기구의 주된 기능은 대상 협정 하에서 국가들이 부담하는 의무를 명확히 하는 것이지만, 중요한 보조적 역할은 DSU 자체의 범위 및 운용과 관련된 절차적 쟁점의 해결이라는 것도 주목할 만하다.[38] 따라서 당사자적격, 증명책임, 패널의 관할권 및 증거능력, 뿐만 아니라 실체적 사안과 같은 쟁점에 대해서 판단해야 한다. 예컨대 *EC–Bananas* 사건[39]에서 상소기구는 회원이 해당 사안에 대한 '법익'의 존재를 증명하지 않아도 이의를 제기할 수 있다고 판시하였으며, *United States–Shrimp* 사건[40]에서 상소기구는 비정부간 기구가 요청받지 않은 상태에서 제출한 법정조언자(amicus curiae) 의견서를 수리할지 여부에 대하여 패널이 재량권을 갖는다고 판시하였다.

뒤에서 곧 살펴 보겠지만, WTO 제도는 판정의 효과적인 이행을 보장하기 위하여 절차를 상당히 강조하고 있다. 그러므로 상소기구가 여러 면에서 이행 관련 쟁점과 관련된 사안에 많은 시간을 할애하는 것은 당연하다. 예컨대 *United States–Continued Suspension* 사건[41]에서 상소기구는 EC가 *EC–Hormones* 사건 판결[42]을 준수하였는지 여부를 다루었고, 따라서 미국이 EC에 대한 미국의 지속적인 제재 부과가 정당화될 수 있는지 여부를 판단해야만 했다. 반면에 *United States–Upland Cotton(제21조 제5항)* 사건[43]에서 문제는 미국이 스스로 이전의 판단을 준수하기 위하여 충분한

38) Cameron and Gray, "Principles of international law" (n. 34) 272–92; D.P. Steger, "The Appellate Body and its contribution to WTO dispute settlement" in Kennedy and Southwick(eds.), *The Political Economy* (n. 1) p.482 at pp.487–92 참조.

39) *European Communities–Bananas*, Appellate Body Report, WT/DS 27/AB/R (1997).

40) *United States–Shrimp*, Appellate Body Report, WT/DS 58/AB/R (1998); (1999) 38 ILM 121; A.H. Qureshi, "Extraterritorial shrimps, NGOs and the WTO Appellate Body"(1999), 48 *ICLQ* 199, 그리고 앞의 각주 27) 참조.

41) *United States–Continued Suspension of Obligations in the EC–Hormones Dispute*, Appellate Body Report, WT/DS 320/AB/R (2008); Sungjoon Choo, Note (2009) 103 *AJIL* 299 참조.

42) *European Communities–Measures Concerning Meat and Meat Products(Hormones)*, Appellate Body Report, WT/DS 26/AB/R (1998); D.A. Wirth, Note (1998) 92 *AJIL* 755 참조.

43) *United States–Subsidies on Upland Cotton Recourse to Article 21.5 of the DSU by Brazil*,

조치를 취했는지 여부였다. 이행에 관한 또 다른 사례인 *Mexico-Taxes* 사건[44]에서, 미국이 지역통상협정에 따른 관련 분쟁의 해결을 거부하였다는 점을 근거로 멕시코는 특정 청량음료와 음료수에 과세한 것을 정당화하려고 하였다. 하지만, 별개의 국제의무 위반에 대한 대응조치를 정당화하기 위하여, WTO 협정을 활용하려고 했던 멕시코의 시도는 실패했다.

통상분쟁과 관련된 이해관계가 항상 크고, DSU에 따른 상소권은 자동적으로 인정되기에 패널에서 상소기구로 사건이 회부되는 것이 일상화되어서 이 결과 상소기구가 매우 바빠질 것으로 예상되었다. 이러한 예상이 적중하여 처음 6년 동안 상소기구는 33건의 개별 사안에 대해서 45건의 보고서를 배포하였다. 처음에는 거의 모든 패널 보고서에 대해서 상소가 있었지만, 제도가 정착됨에 따라 상소 회부 비율이 떨어졌다. 이러한 감소 원인은 일부나마 상소절차의 가능성과 한계를 현재 더 잘 이해하게 되었다는 점, 그리고 상소기구의 법리를 통하여 WTO 제도의 규칙과 원칙이 점차 명확해졌고, 이들이 패널 판단에서 인용되면서 논쟁의 범위를 축소시켰기 때문인 점이 분명하다. 그렇다고 해도, 현재 패널에 회부된 사건 중 절반 이상이 상소절차에 회부되고 있는 점은 국가들이 이 절차에 가치를 부여하고 있다는 것을 방증하는 것이다.

모든 패널 보고서가 상소절차에 회부되지는 않지만, WTO에 회부된 사건 중 다수가 상소기구에 엄청난 업무량을 부과했고, 이미 보았듯이, 현재 때로는 새로운 우루과이 라운드 협정에 따른 청구, 뿐만 아니라 GATT에 따른 보다 더 전통적인 청구를 포함하면서, 사건의 범위와 복잡성으로 인한 효과를 유발했다. 상소기구를 확대하자는 제안이 고려된 바 있으나 1998년과 1999년에 DSB가 DSU를 검토했을 때 이 제안이 채택되지 않았고, 상소제도의 업무방식을 변경하기 위한 다른 제안들이 추후 제시되었다.[45] 분쟁의 신속한 해결이 DSU의 주요 목표 중 하나라는 점에서, 개편이 이루어지는 것이 바람직할 것이다. 하지만, 상대적으로 짧은 시간 내에 상소기

Appellate Body Report, WT/DS 267/AB/RW (2008); K.H. Cross, Note (2009) 103 *AJIL* 110 참조.

44) *Mexico-Taxes on Soft Drinks and Other Beverages*, Appellate Body Report, WT/DS 308/AB/R (2006); Gomula, "Introductory Note" (n. 29) 241 at 243 참조.

45) Steger, "The Appellate Body" (n. 38) pp.485-6.

구의 역량이 기록상 확실해졌고, WTO 분쟁해결제도 전체의 성공에 상당히 기여하였다.

판정 및 권고의 이행

DSU 제19조 제1항은 패널 절차의 결과에 관한 것으로서, 패널이나 상소기구에서 어느 조치가 대상 협정을 위반했다고 결론이 내려지면, 관련 회원에게 해당 조치를 협정과 합치시키도록 권고해야 한다고 규정하였다. 게다가, 패널이나 상소기구는 회원에게 권고사항 이행 방법을 제시할 수 있다. DSB가 패널 보고서 및 상소 보고서를 채택하는 경우 현재는 반대의 의사합치 절차에만 구속되기에 권고와 판정의 이행에 관한 질문은 DSU 교섭 과정에서 많은 관심을 받았고, 매우 상세한 두 규정, 즉 DSB의 감독에 관한 제21조 그리고 배상과 양허의 정지에 관한 제22조가 마지막에 등장하였다.

제21조는 DSB의 권고 또는 판정의 신속한 준수가 효과적인 분쟁 해결에 매우 중요하다는 원칙에 근거하기에 시한을 엄격히 명시하고 있다. 패널 보고서나 상소 보고서 채택 후 30일 이내에 관련 회원은 DSB에 이행 관련 의사를 알려야 한다. 즉각적인 이행이 불가능할 경우 해당 회원은 합리적인 기간 내에 이행할 수 있지만, 이는 일반적으로 보고서 채택일로부터 15개월을 초과할 수 없다. 허용되는 기간과 관련된 분쟁은 구속력 있는 중재에서 결정되도록 하였다(제21조 제3항 (c)호). 반면에 필요한 조치가 취해졌는지 여부를 둘러싼 분쟁은 가능한 한 원래의 패널을 활용하여 일반적인 DSU 절차에 따라서 해결하도록 하였다(제21조 제5항). DSB는 이행과 관련된 모든 쟁점을 감독하며, 이때 개발도상국의 이해관계를 특별히 고려해야 한다.

감독 관련 원칙은 이행을 위한 합리적인 시간이라는 개념과 함께 1989년에 처음 채택되었기에 이 두 가지 모두 새로운 것이 아니다. 하지만, 합리적인 시간이 어느 정도인지를 판단하는 수단이 규정되지 않았었기에, 이러한 측면에서 DSU는 중요한 진전이다. 하지만, 분쟁 해결의 판정이 자동적으로 이행되는 것이 아니고, 이 분야에 있어 선도적인 논자가 지적했듯이, 실무상, 이는 “분쟁 당사자의 상대적인 경제적 비중과 정치적 비중의 영향을 지속적으로 받게 될 것이다"는 점을 인식해야 한다.[46] 이 점에서, 권고와 판정이 합리적인 시간 내에 이행되지 않을 경우 활용 가능한 구제수단을 다루고 있는 제22조가 특별한 의미를 갖는다.

이와 관련된 구제수단은 배상(즉 패소한 당사자의 통상 관련 양허)과 양허의 정지이다. 배상의 경우 관련국의 합의가 필요하고 손해전보와 관련되는 반면, 양허의 정지는 본질적으로 배상이 합의되지 않는 경우, 제소국의 처분에 따라 부과되는 처벌이라는 점에서 다르다.[47] 제22조 제1항은 배상과 양허의 정지 모두 임시적 조치라는 점, 그리고 둘 중 어느 하나를 필요로 하는 것이 아니라, 완전한 이행을 선호한다는 점에서 기존의 GATT 실행을 성문화하였다. 배상은 자발적인 조치이지만 합리적인 시간 내에 권고나 판정을 준수하지 못한 국가는 '상호 수락 가능한 배상안을 마련하기 위하여' 요청이 있으면, 이의를 제기한 국가와 교섭을 개시해야 한다(제22조 제2항). 합리적인 기간이 종료된 날로부터 20일 이내에 만족할 만한 배상 수준에 합의하지 못하면, 제소국은 의무를 이행하지 않는 상대국과 관련하여 대상 협정에 따른 양허 또는 의무의 정지를 허가해 주도록 DSB에 요청할 수 있다.

양허 또는 다른 의무의 정지와 같은 대응조치는 판정과 권고를 이행하도록 장려하기 위한 효과적인 수단이 될 수 있다. 그러나 국제통상을 매우 심각하게 교란시킬 가능성도 있고, 이는 DSU의 목표에 명백히 반대된다. 보복의 범주를 정하고, 그 효과를 통제하기 위하여, DSU는 우선 허용되는 대응조치의 성격을 명시한 다음 해당 조치를 엄격한 규제의 틀에 따르도록 하였다.[48] 따라서 첫 번째 사안에 관하여,

---

46) Petersmann, *The GATT/WTO System* (n. 2) p.192. GATT와 WTO의 이행 관련 기록에 대해서는 Busch and Reinhardt, "Testing international trade law" (n. 13) pp.470-4 참조.

47) 처벌의 기능이 준수를 유도하는 것인지, 아니면 단순히 통상으로 인한 혜택의 균형을 복원하기 위한 것인지 여부에 관한 질문에 대해서는 상이한 견해가 있다. 예컨대, A. Kotera, "On the legal character of retaliation in the World Trade Organization system" in Ando, McWhinney and Wolfrum(eds.), *Shigeru Oda* (n. 26) p.911; D. Palmeter and S.A. Alexandrov, "'Inducing compliance' in WTO dispute settlement" in Kennedy and Southwick(eds.), *The Political Economy* (n. 1) p.646 참조.

48) Kohona, "Dispute resolution" (n. 10) 42-3. 대응조치 체제와 활용 가능한 대체방식의 운용에 관한 논의에 대해서는 J. Pauwelyn, "Enforcement and countermeasures in the WTO"(2000), 94 *AJIL* 335; S. Charnovitz, "Rethinking WTO trade sanctions"(2001), 95 *AJIL* 792; S. Charnovitz, "Should the teeth be pulled? An analysis of WTO sanctions" in Kennedy and

제22조 제3항에 따라서 피해를 입은 회원은 가능한 한 피해 사례와 동일한 분야에 한정해서 보복해야 하며, 제22조 제4항에 따라서 양허 정지의 수준은 위반과 동일한 수준이어야 한다. 절차적으로, 회원들은 보복에 대해서는 DSB의 허가를 받아야 한다는 데 동의하였다(제23조 제2항 (c)호). 보복에 대한 허가는 반대의 의사합치 절차에 제한되기에 보통 자동적으로 승인되는 것이 사실이다. 하지만, 남용 방지를 위하여, 제안된 정지 수준에 반대하거나, 부과된 조치가 적절하지 않다고 주장하는 국가는 이러한 사항을 구속력 있는 중재에서 결정되도록 할 권리를 갖는다(제22조 제6항 및 제7항). 예상할 수 있듯이, 양허의 정지는 그 원인이 된 의무 불이행이 해소되거나 상호 만족할 만한 해결책에 합의할 때까지만 적용된다. 제21조 제6항에 따른 감시 의무는 배상되었거나 양허가 정지된 사안에도 확장되기 때문에 이러한 상황은 언제나 DSB가 감독한다.

실무상 이들 방식을 시행하면서 드러난 예상치 못한 사실은 DSU는 일반적으로 보고서를 채택하여 생성하는 것은 잘 하지만, 특히 민감하거나 논란의 여지가 큰 사건에서 보고서 이행을 확보하는 데는 상당히 느리다. 혹자의 예리한 지적에서 볼 수 있듯이 한 가지 이유는 제도적으로 패소 당사자가 이행을 지체하더라도 비용이 부담되지 않기 때문이다.49) 예컨대 *EC-Hormones* 사건에서, 상소기구의 보고서는 1998년 2월에 채택되었으나, EC는 제21조 제3항 (c)호에 따라서 이행을 위한 합리적인 시간을 결정하기 위한 중재를 요청하였다. 1998년 5월, 기간이 보고서 채택일(1998년 2월)로부터 15개월로 정해져서, 기한은 1999년 5월이 되었다. 하지만, 해당 기일에도 EC는 여전히 보고서를 준수하지 않았고, 이에 따라서 미국은 양허 정지의 허가를 요청하였다. 이번에 EU는 제22조 제6항에 따라 중재를 추가적으로 요청하였다. 1999년 7월, 이 중재가 개시되었던 때에야 비로소 WTO의 허가를 받고, 거의 18개월 이전의 판정을 준수하도록 장려하기 위한 보복관세가 마침내 효력을 발휘하게 되었다.

Southwick(eds.), *The Political Economy* (n. 1) p.602 참조.

49) G.N. Horlick, “Problems with the compliance structure of the WTO dispute resolution process” in Kennedy and Southwick(eds.), *The Political Economy* (n. 1) p.636.

이와 유사한 교훈은 *United States-Gambling* 사건[50]에서도 찾을 수 있다. 2005년에 상소기구는 미국이 온라인 도박을 제한한 것과 관련된 사건에서 제소국인 안티구아(Antigua)에 유리한 결정을 내렸다. 위에서 지적했듯이, 패소 당사자는 판정을 준수하기 위하여 합리적인 시간을 갖는다. 그러나 이 사건에서 당사자들은 이에 대해서 합의할 수 없었고, 중재인에게 결정해 주도록 요청했다. 중재인은 준수시한을 2006년 4월로 판시하였지만, 미국은 아무런 준수조치를 취하지 않았다. 그래서 안티구아는 이 쟁점에 대해서 협의를 요청했다. 협의가 불발로 그치자, 안티구아는 준수 패널을 요청했고, 준수 패널은 2007년에 안티구아에 유리하게 판단하였다. 다음에 불거진 사안은 미국이 도박과 내기 서비스를 국경간 제공하도록 허용하겠다는 원래의 약속을 철회한다고 선언한 것이다. 이는 허용되는 것이지만, 철회하기 위해서는 이로 인해 영향을 받는 WTO 회원국에 대해서 배상을 해야 했다. 이에 따라 안티구아 이외에 6개국이 배상 청구를 하였다. 미국은 이들 6개국과 합의를 했지만, 원격도박산업이 경제적으로 매우 중요했던 안티구아와는 합의할 수 없었다. 2007년에 안티구아는 미국에 대해서 자신이 손해를 보았다고 하는 미화 2,100만 달러 가치에 해당하는 보복조치를 취하도록 허가를 받았다. 이후 5년에 걸쳐서 추가 교섭이 있었지만, 다시 실패하였다. 최종적으로, 2013년, 안티구아는 미국에 대해서 자신이 부담하는 지식재산권 관련 양허와 의무를 정지하는 허가를 받았다. *EC-Hormones* 사건에서처럼, 이 사건은 패소 당사자가 이행을 차단하기 위하여 장애물을 활용할 수 있었던 사례이고, 더 특별하게는 미소국가(small states)가 자신에게 유리한 판정의 준수를 확보하려고 할 때 직면하는 문제점을 보여 주는 사례이기도 하다.

제21조와 제22조의 상세한 규정은 WTO 제도에서 분쟁 해결에 대해 법적 접근방식으로 바뀐 것의 추가적인 증거이다. 패널 제도를 '법적 방식'으로 만들고 상소기구를 창설한 이후, 이행방식을 엄격히 하고 준수하지 않는 경우에 관한 쟁점을 다루는 것은 논리적인 수순이었다. 배상에 동의함으로써 보복을 피하는 선택지는 DSU에서 당사자들의 합의를 전반적으로 장려하는 것과 맥을 같이하며, 다른 한편

---

50) *United States-Measures Affecting the Cross-Border Supply of Gambling and Betting Services*, WT/DS 285/AB/R (2015); J.P. Trachtman, Note (2015) 99 *AJIL* 861 참조.

대응조치의 규제, 그리고 특히 그러한 조치를 WTO 제도 바깥에서 취하지 않기로 약속한 것은 의미 있는 진전이다. 앞서 살펴 보았듯이, 이 같은 규정의 적용에 관한 분쟁이 불가피하다는 점도 인정된다. 이러한 분쟁을 다루기 위하여 규정된 절차는 구속력 있는 결정이 내려지는 강제중재를 포함하기에 DSU의 전반적인 접근방식과 맥을 같이한다.

중 재

중재는 GATT 당사자가 분쟁 해결수단으로서 항상 선택할 수 있었지만, 최근까지도 실무상 거의 활용되지 않았다. 그 이유는 규칙에 기반한 분쟁 처리방법에 대한 요구가 특히 가장 최신의 형식으로서 중재와 공유하는 바가 상당히 많은 패널 절차의 발전으로 대부분 충족되었기 때문인 것이 틀림없다. 하지만, 중재는 여전히 패널 절차와 구별되고, DSU에서 WTO 내의 신속한 중재가 "특정 분쟁 해결을 촉진할 수 있다"는 점을 인정하는 별개 조문에서 다루어지고 있다(제25조 제1항). 다수의 분쟁에서 중재 활용이 성공적이었고, 앞서 언급된 사례에서 DSU에 따른 강제절차로 지정되면서 이 점이 증명되었다.

1990년에 캐나다와 EC는 *Article XXVIII Rights* 사건으로 알려진 GATT 제28조를 둘러싼 분쟁에서 중재를 이용하기로 합의하였다. 이 분쟁은 밀(wheat) 협상권에 관한 것으로서 단독 중재인에게 회부되었는데, 중재인은 1962년 양자협정에서 캐나다가 제28조에 따라 특정한 권리를 보유한다고 판단하였고, 다른 권리들을 배척했다. 이보다 거의 30여년 이전인 1962년에 EC와 미국 사이에 가금류 수출 가치에 대한 분쟁이 GATT 이사회가 임명한 패널에 회부되어서, '권고적 의견'이 요청되었다.[51] 외형과 달리, 이것도 중재였다. 왜냐하면, 법률과 사실 관련 쟁점이 포함된 판정이 당사자들에게 직접 제출되었고, 당사자들은 이를 구속력이 있는 것으로 간주했기 때문이다. 이들 판정으로 관련 분쟁을 해결하였고, 비록 예외적이지만 통상분쟁에

51) Iwasawa, "Settlement of disputes" (n. 7) pp.390-1; H. Walker, "Dispute settlement: the chicken war"(1964), 58 *AJIL* 671 참조.

서도 다른 분야와 마찬가지로 중재가 유용할 수 있다는 점을 보여 주었다.

이미 언급했듯이, 중재가 강제적인 두 상황은 제21조 및 제22조에 따라서, 이행 단계에서 발생할 수 있는 분쟁에 관한 것이다. 이들 예외적인 경우를 제외하고, WTO 제도 하에서 중재는 상호 동의를 요하며, DSU에서는 관련 절차에 관한 규정이 전혀 없기에, 당사자들이 중재인의 이름, 진행절차 그리고 준거법을 포함하여 세부사항을 정해야 한다. 이로 인해서 WTO의 개입은 패널 절차보다 더 제한되는데, 이러한 차이는 중재판정이 당사자들을 즉시 구속하고 DSB에서 채택될 필요가 없다는 사실에서 잘 드러난다. 마찬가지로 물론 중재판정은 *오직* 당사자들만 구속하고, 채택된 패널 보고서와 달리 제3자에 대해서 의무를 창설할 수 없다. 결과적으로, 이미 언급했던 패널 절차에서 DSU는 제3자의 이익을 보호하는 규정을 담고 있지만, 중재가 거행될 경우, 일반적인 규칙이 적용되고, 제3국은 중재 당사국들의 동의가 있어야 절차의 당사자가 될 수 있을 뿐이라는 점을 명시하고 있다(제25조 제3항).

비록 DSU가 전통적으로 국제중재의 특징인 당사자 자치를 반영하지만, 통상분쟁에서 중재는 전적으로 양자적인 사항이 아니고, WTO 제도 내에 포함되도록 규정이 작성되었다. 따라서 중재를 활용하고자 하는 국가들은 절차 개시 이전에 다른 회원에게 자신들의 합의사항을 통보하여 당사자 신청을 할 수 있도록 기회를 주어야 한다(제25조 제2항). 중재판정이 내려지면 해당 중재판정은 DSB 그리고 모든 관련 협정의 이사회 및 위원회에 통보되어야 하며, 모든 회원은 이들 기관에서 중재판정과 관련된 어떠한 문제도 제기할 수 있다(제25조 제3항). 이 점은 다른 국가들이 중재인의 결론에 동의하지 않을 경우 특히 중요할 것이고, DSB는 전체로서 유보를 표시할 기회를 갖는다.

다른 회원들의 동의 여부와 상관없이, 중재판정은 항상 당사자들을 구속하며, 제25조 제4항에서는 제21조 및 제22조와 관련되는 이행 단계에서 DSB의 역할은 채택한 패널 보고서와 중재판정에 대해서 동일하다고 규정함으로써 이 점을 강조하고 있다.

지역통상 제도

다음 제11장에서 보겠지만, 오늘날 다양한 유형의 지역기구들이 많이 있다. 이들 중 다수는 국제통상 문제와 관련되고, 거의 모두 분쟁 처리방식을 포함하고 있으며, 일부는 WTO 제도와 유사한 요소를 갖지만, 일부는 전혀 다르다. 여기에서는 다양한 지역통상 제도를 기술하기는커녕 언급만 하기에도 벅차다.[52] 하지만, 현재 운영 중인 이들 다양한 협정에 대해서 개념을 파악하려면, 가장 두드러진 지역통상기구 중 일부에 대해서 개괄하는 것이 유용하다. 이런 면에서 유럽연합(European Union: EU) 제도가 시작하기에 좋은 경우이다.

EU 분쟁 해결방식의 핵심은 유럽사법재판소(ECJ)이다. 이 재판소는 룩셈부르크에 소재하며, 각 회원국별 1인의 재판관과 함께 11명의 법률자문관이 근무한다. ECJ(European Court of Justice)는 3개 기관으로 구분된다. 회원국 법원에서 요청하는 선결적 판결사항과 함께 일부 취소소송과 항소사건을 다루는 사법재판소, 그리고 개인, 법인, EU 회원국 정부가 제기하는 취소소송을 다루는 일반재판소가 있다. 실무상 일반재판소는 주로 경쟁법, 국가보조, 통상, 농업 및 상표와 관련된다. 셋째, 공무재판소는 EU와 그 직원 간의 분쟁을 다룬다. ECJ의 기능은 넓게는 EU법이 회원국들 사이에 균질하게 적용되도록 하고, EU 기관이 자신의 권리를 침해했다고 여기는 자들에게 구제수단을 제공하는 것이다. 따라서 국내 법원은 EU법 관련 사항을 명확히 해 주도록 ECJ에 요청할 권리를 가지며, EU법을 준수하지 못하는 회원국 정부를 상대로 소송이 제기될 수 있으며, EU의 법적 조치가 취소될 수 있고, 필요한 경우 배상이 결정될 수 있다.

ECJ에 사건이 제기되면 해당 사건은 재판관 1인과 법률자문관 1인에게 배당된다. 제1단계에서, 당사자들이 ECJ에 서면으로 진술하고, 이는 제3자의 의견으로 보충될 수 있다. 그 후 재판관회의에서 문서를 검토하여, (사건의 경중에 따라서) 몇 명의 재판

---

52) 이를 더 자세히 다룬 것으로는 J. Collier and V. Lowe, *The Settlement of Disputes in International Law*, Oxford 1999, pp.104-16; P. Sands and P. Klein(eds.), *Bowett's Law of International Institutions*, 5th edn., London, 2001 참조.

관이 이 사건을 심리할지, 구두변론 단계를 둘지 여부 그리고 법률자문관의 의견이 필요한지 여부에 대해서 결정한다. 구두변론 단계가 있으면, 각 당사자들이 주장하고, 나중에 법률자문관의 의견을 듣는다. 그 후, ECJ가 판결을 내린다. 일반재판소 절차는 이와 유사하지만, 대부분의 사건을 3인의 재판관이 심리하고 법률자문관이 관여하지 않는 점만 다르다. EU는 세계에서 가장 통합된 지역 기구로서, 현재 그 활동범위가 국제통상을 훨씬 초과한다. 뒤에서 곧 보겠지만, EU의 제도적 방식이 다른 지역기구의 모델이 되었다. 하지만, 상이한 정치적 상황 때문에 여타 지역기구의 발전상태는 초기 단계에 있다.

1992년 북미자유무역협정(NAFTA)은 캐나다, 멕시코, 미국이 당사국인 조약이다. NAFTA는 1994년에 발효했으며, 그 목적은 상품과 서비스 무역의 장벽 제거, 공정경쟁과 투자 촉진, 그리고 회원국 내에서 지식재산권 보호이다. 상당히 많은 규정에서 실체적 의무를 다루는 것 외에도, NAFTA는 분쟁 해결에 관한 규정을 여러 개 포함하고 있다. 분쟁 해결 규정은 제19장에서 국가간 분쟁을 다루는 방식뿐만 아니라, 혼합중재, 즉 국가와 비국가적 실체(기업이나 개인) 사이의 절차에 관한 규정을 포함하는데, 혼합중재의 유형은 앞서 제5장에서 언급했던 방식이다. 특히 흥미로운 점은 이들이 투자 보호를 위한 규정을 폭넓게 활용하고 있다는 것이다.

제11장의 규정에 따르면, 일방 당사국의 투자자는 자신의 투자를 타방 당사국이 대우하는 것에 관한 분쟁에 대해서 절차를 개시할 권리를 갖는다. 교섭으로 해결되지 않은 분쟁은 중재에 회부될 수 있으며, 투자자는 국제투자분쟁해결센터(ICSID)의 중재를 포함하여 수개의 상이한 형식 중에서 선택할 수 있는데, ICSID 법정이 종종 선택된다. 국가의 중재 동의는 이미 NAFTA 제1122조에서 규정되었고, 투자자는 NAFTA 절차를 개시함으로써 동의하게 된다. 하지만, *Softwood Lumber* 사건 분쟁[53]에서 볼 수 있듯이 이로 인하여 관련 분쟁에 다른 절차를 활용하지 못하는 것은 아니다.

캐나다와 미국 간 일련의 복잡한 분쟁에서, 주된 쟁점은 캐나다산 연질목재의 미국 국내 가격에 관한 것이었다. 1982년에서 1996년 기간 동안 일련의 분쟁은

53) C. Carmody, Note (2006) 100 *AJIL* 664.

'Lumber I, II, 그리고 III'으로 불리며, 1988년 캐나다-미국 통상협정에 따른 미국 내 소송을 포함하며, 캐나다산 목재의 수출을 제한하는 1996년 협정으로 끝났다. 하지만, 이 협정은 2001년에 종료하였고, 이후 일련의 사건들이 추가로 발생했다. 'Lumber IV' 절차에서는 주로 미국 당국이 캐나다의 보조금 지급 혹은 덤핑 관련 협의를 다룬 방식과 관련되어서 다루어졌다.

여기에서 Lumber IV 분쟁의 세부사항을 다룰 필요는 없지만, 활용된 절차와 관련해서 언급할 수 있는 사항은 미국의 조치가 관련 국제의무에 부합하는지 그리고 후속 준수조치가 적합한지에 대해서, 캐나다가 다수의 사건을 WTO에 제기함과 동시에 일부 동일한 쟁점에 관하여 NAFTA 제19장에 따라 여러 건의 이의 제기를 하였다는 것이다. 또한, 흥미로운 점은 별개의 절차에서, 캐나다산 목재생산자인 3개 회사가 반덤핑 관세 환급을 거부하기로 한 미국의 결정에 대해서 NAFTA 제11장에 따라서 투자자가 활용할 수 있는 장치에 따라서 이의 제기를 했다는 것이다. 국제소송의 결과는 전반적으로 캐나다에 유리했다. 하지만, 예상할 수 있듯이 여러 개의 결정이 완전히 일관된 것은 아니었다. 그러나 2006년 미국과 캐나다는 주요 사항에 대해서 화해 타결하기로 합의하면서, 일정한 긴급수입제한조치 하에서 캐나다산 목재 수출품이 미국 시장에 접근하는 것을 보장하였다.

서아프리카 국가 경제공동체(ECOWAS: Economic Community of West African States)는 1975년에 설립되었고, 현재 모두 서아프리카에 소재한 15개 회원국이 있다. ECOWAS는 농업, 공업, 천연자원 및 관광, 그리고 EU의 예를 좇아서 관세연합과 경제·통화연합의 창설을 위시하여 각 국가의 경제정책 분야에서 협력과 조화를 목표로 한다. 그러나 ECOWAS는 회원국의 법을 변경할 권한을 갖지 않지만, 제11장에서 보듯이, 해당 지역내 평화유지활동을 할 수 있다. ECOWAS의 공식언어는 영어, 프랑스어, 포르투갈어이며, 정책의 이행은 ECOWAS 위원회와 ECOWAS 투자개발은행 두 기관이 좌우하고 있다. 분쟁 해결은 ECOWAS 공동체 사법재판소의 책임으로서, 이 기관은 발족한 이후 20년 동안 상당한 변화를 겪었다.

재판소는 1991년에 창설되었지만 1996년까지 운영을 개시하지 못했다. 재판소의 관할권은 1993년 개정된 공동체조약 제9조와 제76조에서 정하였다. 재판소는 회원국간 혹은 국가와 ECOWAS 기관 간 쟁송사건으로서, 개정 조약의 해석 혹은 적용과 관련해서, 직접 합의하여 우호적으로 해결하지 못한 사건을 결정한다. ECJ와 달리, 이 조약에 따라서 발생하는 모든 분쟁은 국가간 분쟁이며 개인과 법인은 당사자적격을 갖지 않는다. 하지만 제10조에 따라서, 재판소는 ECOWAS 이사회에 법률적 질문에 관한 권고적 의견을 내릴 수 있다. 2005년에 재판소는 광범위한 조치로서 인권침해 청구를 다룰 권한을 얻게 되었고, 이 권한을 폭넓게 활용했다.[54] 사실상, 지역경제 통합 목표는 여전히 실현되기 어렵기에, ECOWAS 재판소의 인권 관련 법리를 재판소의 주요 성과로 간주할 이유가 있다.

동남아프리카공동시장(COMESA: Common Market for Eastern and Southern Africa)은 20개 회원국으로 된 자유통상지역으로서 리비아에서 스와질랜드에까지 이른다. 1994년에 구성되었고, 공용어는 영어, 프랑스어, 포르투갈어이며, 여러 개의 의사결정기관을 갖고 있다. 분쟁 해결은 COMESA 사법재판소의 책임이며, 이 기관의 결정은 국내 법원의 결정보다 우선한다. 재판소는 국가가 이용 가능하며, COMESA 이사회가 취한 조치의 합법성 여부를 결정하기 위하여 이사회를 상대로 소송을 제기할 수 있는 자연인과 법인에도 개방된다. 국가의 조치가 조약상 합법인지 여부가 문제되면 이들은 국가를 상대로 제소할 수도 있다. EU에서처럼, 국내법원은 조약의 적용 또는 해석에 관한 문제를 재판소에 회부할 수 있다. 재판소는 COMESA 직원과 제3자가 COMESA 또는 그 기관을 상대로 주장하는 청구사항에 대해서도 관할권을 갖는다. 이 외에도, 재판소는 COMESA 또는 그 소속기관이 당사자인 계약에서 발생하는 어떠한 사안에 대해서도 중재판정부의 역할을 수행할 수 있다. 마지막으로, 재판소는 회원국들이 재판소를 활용하기로 합의한 경우, 이들 간 분쟁을 다룰 수 있다. 2005년, 재판소는 두 개의 재판부로 나뉘어서 1심재판소와 항소부가 되었다. 비록 이러한 변화가 성공적으로 이행되었지만, 재판소의 기금이 부족한 결과 현재 상당수의 사건이 적체되어 있다.

마지막으로, 남미공동시장(MERCOSUR: Mercado Común del Sur)은 남미 내 소지역집

---

54) K.J. Alter, 1.R. Helfer and J.R McAllister, "A new international human rights court for Africa: the ECOWAS Community Court of Justice"(2013), 107 *AJIL* 737.

합체이다. MERCOSUR의 5개 정회원국은 아르헨티나, 브라질, 파라과이, 우루과이, 베네수엘라이고 다수의 준회원국과 2개의 옵서버국인 뉴질랜드와 멕시코가 있다. MERCOSUR는 상품, 사람, 통화의 자유로운 이동을 촉진하는 것을 목표로 하고, 공용어는 스페인어, 포르투갈어, 과라니어이다. 1991년 설립된 이래, MERCOSUR는 많은 변화를 겪었으며, 현재 남미공동시장(Southern Common Market)이라는 대체적인 명칭에 충분히 부합하게 되었다. 애초에, 분쟁은 직접 교섭으로 해결하도록 했지만, 후속 협정의 결과로서, 국가 혹은 개인이 국가간 MERCOSUR 통상위원회의 회원국 분과에 조약 위반에 관한 이의신청을 제출하고, 그 후 의사합치 방식에 따라서 진행하는 통상위원회 자체에 제출해야 한다. 전혀 해결책이 도출되지 않으면, 해당 사안은 정부간 공동시장집단에 회부되고, 종국적으로는 임의(ad hoc)중재 패널에 회부되도록 하였다. 투자분쟁을 다루기 위한 혼합중재 방식도 있다.

WTO 제도의 맥락

세계무역기구(WTO) 설립협정은 이 협정의 제2부속서인 분쟁해결양해(DSU)와 함께 1995년 1월에 발효하였다. DSU가 실제 활용되는 범위로 판단하면, DSU는 대단한 성공을 거두었다. 지금까지 500건 이상의 협의 요청이 있었다. 따라서 WTO 제도는 WTO 회원들이 활용할 준비가 되어 있는 제도임이 분명하다. 물론 고려해야 할 다른 기준도 있다. 효과적인 분쟁 해결은 판결 이상의 것을 해야 한다. 신속하고, 적절한 이유가 제시된다는 의미에서 좋은 결정을 만들어 내고, 또한 분쟁을 해결하기 위한 절차로서 효과적이어야 한다. 패널 보고서와 상소 보고서는 대체로 양질이라는 점은 위에서 지적했고, 규정 준수는 종종 주목을 끄는 쟁점이지만, 통상분쟁에서 문제되는 사항의 중요성을 감안할 때, 이 방면의 기록은 제대로 구조화되지 않았던 방식을 크게 개선하였다. 또한 앞의 장에서 설명했듯이, 강제적 분쟁 해결 방식이 존재한다는 사실 자체가 비록 계산할 수는 없지만 극단적인 청구를 지양하고 절제를 촉진하는 데 있어서 상당한 효과를 갖는 점도 있다.

WTO에 관한 전문가의 저술에서 더 충분히 검토되는 실행이 DSU의 한 측면으로서 고려해야 할 사항이라면, 이에 대해서 더 일반적으로 평가하고, 이러한 발전을 맥락에 맞추어 파악하는 것도 유용할 것이다. 물론, 다양한 측면에서 DSU는 GATT 40년 경험의 요체이고, 이미 상당히 많이 분석되었다는 점도 이러한 작업에 큰 도움이 된다. 앞 장에서 이와 상응하는 1982년 해양법협약 규정을 검토할 때, 일단 분쟁 해결방식을 조약의 핵심부분으로 만드는 중요한 결정이 내려지면, 해당 제도의 특징은 그 제도의 주체, 대상, 활용 시점 및 방식에 대한 사항이라는 점을 언급했다. '양해'라는 용어로 불리게 되었지만, DSU는 WTO 협정의 불가분의 일부이고, 이 협정 제2조 제2항에 따라 법적 구속력을 갖는다.[55] 따라서 동일한 분석틀을 채택함으로써 DSU의 맥락을 살펴보는 것이 편리할 것이다.

DSU에서는 이미 지적했듯이, '주체'(who)에 관한 쟁점을 다루기 위하여 익숙한 절차인 협의, 주선·조정·중개(서로 구분되어 있지 않음) 및 중재, 이와 함께 특색 있지만 확립된 GATT 절차인 패널 절차, 그리고 새로운 상소기구를 통해 이루어지는 상소심 절차를 활용한다. 이 모든 절차의 이면에는 또 다른 새로운 기관으로서 분쟁해결기구(DSB)가 있어 분쟁해결제도를 통합하고 해당 제도의 효과를 확보하기 위한 정치적 책무를 부담한다. 패널 절차는 항상 *독특한(sui generis)* 제도였으며, DSU와 1996년 패널 위원의 독립성과 공정성에 관한 행동강령에서 강조되고, 패널 보고서 채택을 위하여 부정적 의사합치 절차라는 새로운 제도에 의하여 중재와 더욱 가까워졌다. 이 새로운 제도가 이번에는 상소기구의 창설을 촉진하게 되었고, 상소기구의 사법적 기능에 관한 개념은 1996년 작업절차(working procedures)에서 찾을 수 있다.

'대상'(what)에 관한 질문에 대해서는 DSU의 대상 범위와 적용을 다루는 규정에 답이 있다. 이들 규정에서는 DSU가 모든 대상협정을 포괄한다고 규정하고 있다. 앞서 살펴 보았듯이, 구협정과 신협정을 단일문서로 통합하고, 이 결과로서 통일된 분쟁해결제도를 구축하려는 WTO의 목적을 반영한다. 따라서 원칙적으로 DSU에 규정된 절차는 모든 관련 협정에 대하여 이용 가능하고, 패널과 상소기구의 관할권은 분쟁 대상에 관하여 일반적으로 제한되지 않는다. 하지만, 주목해야 할 사항은 특정

55) Kohona, "Dispute resolution" (n. 10) 45.

대상협정은 특별 또는 추가 규칙 및 절차를 포함하고, 이들이 충돌시 우선하기에 일부 분쟁은 다른 방식의 대상이 된다는 것이다.[56] 더욱이, WTO 제도는 광범위하지만 대상협정에 한정된다. 따라서 양자조약이나 1992년 북미자유무역협정(NAFTA)과 같은 지역협정[57]만 관련되는 분쟁은 DSU의 적용범위를 벗어나서 다른 분쟁 해결 절차에서 다루어진다.

'활용 시점'(when) 관련 질문에 대한 답으로서, DSU는 여러 가지 흥미로운 특징을 갖는다. 우선, 해양법협약 제15부의 중요한 특징과 같이 수단의 선택이 거의 없다. 국가들이 합의에 의하여 자신들의 분쟁을 해결하는 것이 권장되지만, 이에 실패하면 제소국은 패널 설치를 요청할 수 있다. 패널 보고서 작성 후에 상소기구를 활용하는 것도 권리의 문제이며, 이러한 '소송' 단계가 완료되면 DSB의 차례가 된다. 패널을 요청할 의무는 없으며 중재는 대안으로써 선택할 수 있도록 언급되고 있는 것이 사실이다. 이렇다고 해도, 이는 개념적으로 '단일경로'(one track) 방식이다.

같은 맥락에서 국가는 WTO 협정에 가입함으로써 일방적인 제재를 가할 권리를 포기할 뿐 아니라 관련 분쟁을 오직 DSU를 통해서만 해결하기로 약속한다는 점을 유념할 필요가 있다. 따라서 예컨대 DSU 또는 NAFTA와 같은 협정의 절차 중 어느 쪽을 통해서도 해결될 수 있는 분쟁이 발생하는 경우라면 DSU를 이용해야 한다.[58] 마지막으로 관련되는 사항은 DSU와 국내 소송의 관계이다. WTO 협정에는 국내적 차원에서 사법 및 그 밖의 절차를 강화하기 위해 고안된 수많은 규정이 포함되어 있다. 왜냐하면, 다른 경우와 마찬가지로, 여기에서 효과적인 국내적 방식이 국제분쟁을 최소화하는 경향이 있기 때문이다. 다른 한편, GATT에서처럼, WTO 협정에 따르면, 국내구제완료는 DSU 제도를 가동시키기 위한 조건이 아니다. 따라서 국내 소송이 진행 중이라도 통상분쟁은 조약상 권리와 관련되기 때문에 국가는 국내 소

---

56) DSU 제1조 제2항 참조. 그리고 이 규정으로 인해서 발생 가능한 문제를 검토하는 것으로는 Petersmann, *The GATT/WTO System* (n. 2) pp.223-32 참조.

57) NAFTA 조약문은 (1993) 32 ILM 289 and 605. 제20장의 분쟁 해결 규정은 pp.693-699 참조.

58) Iwasawa, "Settlement of disputes" (n. 7) p.400. DSU 초안 작성에 영향을 미쳤던 NAFTA 방식에 관한 개요로는 J.L. Siqueiros, "NAFTA institutional arrangements and dispute settlement procedures"(1992/3), 23 *Calif. Western Int. LJ* 383 참조.

송의 결과를 기다리지 않고 즉시 DSU 절차를 개시할 권리를 갖는다.[59)]

마지막 쟁점인 '방식'(how)은 의사결정의 기준 그리고 절차의 대상에 관한 것이다. 이것들은 DSU 제도에서 특히 중요한 측면인데 우루과이 라운드 협상 중에 다수의 참가자들이 통상분쟁 접근방식과 이들이 원하는 분쟁처리방식의 변경을 보여주었기 때문이다. 이전의 방식에서처럼 DSU의 주된 목적은 상호 수락 가능한 해결책을 확보하는 것이다. 하지만, 구제도에서는 '정치적' 접근방식이 지배적이었지만, 뒤이어 등장한 새로운 제도에 따르면, 타협할 수 없게 되면, 거침없이 진행되는 재판장치가 작동하게 된다. 소위 '권력 위주' 접근방식에서 '규칙 위주' 접근방식으로의 전환은[60)] DSB의 의사결정 방식이 의사합치 방식에서 부정적 의사합치 방식으로 바뀐 점, 패널 절차가 점차 중재와 유사하게 된 점, 상소기구를 설치한 점, 그리고 결정을 감독하는 방식이 더 엄격해진 점에서 나타난다. 그러므로 제3조 제2항에서 DSU의 목적을 "대상협정에 따른 회원국의 권리와 의무를 보호하고 국제공법의 해석에 관한 관습규칙에 따라 대상협정의 기존 규정을 명확히 하는 것"이라고 정의하는 것은 당연하다.[61)]

따라서 DSU는 이미 그 가치를 증명했고, 발전하고 있는 제도이기에 결코 완성된 것으로 생각할 수 없는데, 이제까지 그 영향력은 매우 긍정적이었다. 하지만, 미래를 생각할 때, 이 분야에서 분쟁을 규칙 위주로 접근하는 방식이 적절한지와 관련해서 일반적인 사항 두 가지를 유념해야 한다. 첫째, 통상분쟁은 복잡하고, 이에 관련된 경제적 그리고 정치적 이해관계가 종종 바뀌어서, 강렬한 민족주의적 열정을 불러일으킬 수 있다. 이 때문에 그러한 분쟁 해결을 위하여 평화적인 방법이 필수적이라고 해도, 타협하고 새로운 상황에 대처할 기회를 주는 방법이 적어도 기존의

---

59) 이러한 접근방식의 장점에 관한 토론으로는 Petersmann, *The GATT/WTO System* (n. 2) pp.233-40 참조.

60) M.M.T.A. Brus, *Third Party Dispute Settlement in an Interdependent World,* Dordrecht, 1995, p.31; J.H. Jackson, "Perspectives on the jurisprudence of international trade: costs and benefits oflegal procedures in the United States"(1984), 82 *Mich. L Rev.* 1570 at 1571-2 참조.

61) 추가적으로는 J. Pauwelyn, "The role of public international law in the WTO: how far can we go?"(2001), 95 *AJIL* 535 참조. 그리고 앞 각주 34) 참고문헌 및 J. Pauwelyn, *Conflict of Norms in Public International Law,* Cambridge, 2003 참조.

규칙을 강조하는 것만큼이나 중요하다.[62] 이미 지적했듯이, DSU에서 이 점이 간과되지 않았다. 다른 일반적인 사항은 국제통상법에서는 다른 분야와 마찬가지로 확립된 규칙을 유능하게 해석할 뿐만 아니라, 그러한 규칙이 적절하다고 인정되며, 그 자체가 전반적으로 수락되면 해당 규칙을 고수하는 것이 효과적일 수 있다는 점이다. WTO 제도에서 해석은 패널과 상소기구의 책임이지만 이들이 적용하는 규칙은 국가들이 만들고, 따라서 국가들은 DSU의 미래에 대해서 행정적 책임과 함께 입법적 책임도 부담한다.[63]

62) 이와 관련해서, DSU 제3조 제7항에서 다음과 같이 규정하고 있는 것은 중요하다. "Before bringing a case, a Member shall exercise its judgment as to whether action under these procedures would be fruitful." 이 점에 관해서는 Kohona, "Dispute resolution" (n. 10) 29 참조.

63) N. Saiki, "WTO procedures for the settlement of disputes-their formation: a practitioner's view" in Young and Iwasawa, *Trilateral Perspectives* (n. 1) p.403 at p.417; L. Bartels, "The separation of powers in the WTO: how to avoid judicial activism"(2004), 53 *ICLQ* 861; J.H. Jackson, *Sovereignty, the WTO and Changing Fundamentals of International Law,* Cambridge, 2006 참조.

제10장

유 엔

The United Nations

10

유 엔
The United Nations

국제정치기구에 분쟁을 회부하는 것은 중재만큼이나 역사가 오래 되었다. 하지만, 이 책에서는 제1차 세계대전에 대한 반작용으로서 국제연맹을 창설함으로써, 이 분야에서 책임을 넓게 부담하는 보편적 기구를 처음으로 설치하려고 했던 1919년까지만 돌아보기로 한다. 국제연맹, 더 정확히는 국제연맹 회원국들이 두 번째 대학살을 막기 위한 조치를 효과적으로 취하지 못한 이후, 세계적인 기구의 활동범위 내에 분쟁을 포함시키려는 새로운 노력으로써 1945년에 국제연합기구가 창설되었다.[1]

유엔헌장 제1조에 규정된 유엔의 취지는 국제평화와 안전을 유지하는 것, 국가간의 우호 관계를 발전시키는 것, 경제적·사회적·문화적 또는 인도적 성격의 문제를 해결하고 인권을 장려함에 있어 국제협력을 달성하는 것, 그리고 이러한 목적을

1) 유엔과 관련된 모든 측면을 다루는 문헌이 상당히 많다. 아래에서 인용하는 저작물 이외에, 다음 연구서들이 분쟁 해결 분야에서 유엔의 활동에 대해서 특히 유용한 평가를 하고 있다. K.V. Raman(ed.), *Dispute Settlement through the United Nations,* New York, 1977; UNITAR, *The United Nations and the Maintenance of International Peace and Security,* Dordrecht, 1987; A. Roberts and B. Kingsbury(eds.), *United Nations, Divided World,* 2nd edn., Oxford, 1993; N.D. White, *Keeping the Peace,* Manchester, 1993; C. Peck, *The United Nations as a Dispute Settlement System,* The Hague, 1996; J.A. Mingst and M.P. Karns, *The United Nations in the Post Cold-War Era,* 2nd edn., Boulder, CO, 2000; N.D. White, *The United Nations System,* Boulder, CO, 2002 참조.

달성하기 위하여 국가들의 활동을 조화시킬 때 구심점이 되는 것이다. 이러한 취지는 상호 연관되는데, 이 중에서 국제평화와 안전의 유지가 제1차적이다. 이 점에서 헌장에 따르면, 유엔의 책임 두 가지가 뚜렷하다. 무력충돌이 발생할 때마다 이를 중단시키는 것과 국제분쟁 당사자들이 평화적 수단으로 자신들의 이견을 해결하도록 지원하는 것이다. 유엔이 이 두 번째 분야에서 갖는 권한의 범위, 유엔의 권한이 실무에서 행사되는 방식, 그리고 유엔이 효과적으로 기여하는지 여부가 이 장의 주제이다.

유엔의 기관

분쟁의 평화적 해결에서 주된 역할을 수행하는 유엔의 세 기관은 안전보장이사회, 총회, 그리고 사무국이다.

안보리의 권한은 헌장 제6장에 근거하는데, 제6장은 전적으로 분쟁의 평화적 해결에 관한 내용을 다룬다. 모든 당사자가 요청하면, 안보리에 어떠한 분쟁의 해결을 위하여 권고할 수 있도록 권리를 부여하는 제38조를 제외하고, 안보리의 권한은 '분쟁의 계속이 국제평화와 안전의 유지를 위태롭게 할 우려가 있는' 분쟁으로 제한된다. 그러므로 비록 제2조 제3항에서 평화적 수단으로써 분쟁을 해결할 일반적 의무를 회원국들에 부과하지만, 더 심각한 분쟁이나 이미 심각한 상태에 있는 분쟁만 안보리의 관심 사항으로 간주되는 것이 분명하다.

안보리의 전문화된 역할은 제33조 제1항에서 더 강조되는데, 이 규정에 따르면 심각한 분쟁의 당사자는 교섭 혹은 자신들이 자발적으로 선택한 그 밖의 평화적 수단으로써 '우선' 해결을 시도한다. 또한 제52조 제2항도 지역약정 혹은 지역기구의 회원국이 분쟁을 안보리에 회부하기 전에 해당 약정 혹은 기구를 통해서 "지역내 분쟁의 평화적 해결을 획득하기 위하여 모든 노력을 다해야 한다"고 규정하고 있다. 하지만, 이러한 우선순위에도 불구하고 안보리는 제36조 제1항에 따라 언제든지 적절한 조정 절차 혹은 방법을 권고할 권리를 갖는 점에 유의할 필요가 있다. 더욱이, 제11조 제3항, 제35조 제1항 및 제99조에 따라 안보리는 총회, 회원국 또는 사무총

장의 요청이 있으면 관련 국가들의 동의 여부와 상관없이 해당 사안을 고려할 수 있다.[2)]

물론 특정 사항을 의제로 올릴지 여부는 안보리가 표결로써 결정한다. 그러나 안보리의 분쟁 심의 권한은 조정위원회나 중재재판소와 달리 관계국의 동의에 좌우되지 않는다는 점이 중요하다. 더욱이, 안보리가 어떤 사항을 다룰지를 결정할 때, 안보리는 재판정에서 허용되는 것보다 더 넓은 개념의 국제'분쟁'을 채택할 재량권도 갖는다. 이러한 권한이 제34조에 따라 안보리가 '국제적 마찰을 야기할 수 있는 모든 사태', 뿐만 아니라 분쟁에서 조치를 취할 권한과 결합되는 경우, 안보리의 관할권은 사실상 국제적으로 의미 있는 모든 사안으로 확장될 수 있다고 볼 수 있다.

마지막으로 헌장 제7장 규정을 헌장 제6장 규정과 함께 읽으면, 실제로 '평화에 대한 위협, 평화의 파괴 또는 침략행위'에 이르는 분쟁이나 사태로 인하여 정치적이면서 군사적인 제재와 관련된 헌장 규정이 활성화되는 것이 분명하다. 그 결과, 분쟁 해결 분야에서 안보리는 예컨대 ICJ와 달리, 안보리의 집행권한이 가장 필요한 상황에 적어도 규정상으로는 집행권한이 안보리의 권한을 보충한다.

총회의 권한은 이보다 덜 정교하기에 보다 간략히 다룰 수 있다. 헌장 제10조에서 제14조까지의 규정에 따라 총회는 토의하고 권고할 수 있는 권한을 넓게 갖는다. 총회의 토의권한은 헌장 범위 내에 해당되는 모든 질문 또는 사항을 대상으로 한다. 제2조 제7항의 규정에 따라서 '본질적으로 어떤 국가의 국내 관할권에 해당되는 사항'을 제외한 모든 분쟁의 해결이 이에 포함되는 것이 명백하다. 하지만, 이러한 제한은 안보리를 포함한 모든 유엔 기관에 적용되며, 생각만큼 중요성이 크지 않다. 실행상, 이 규정으로 인해서 총회가 인권, 내전 등 매우 민감한 '국내적' 쟁점을 논의하지 못하도록 막지 못했다.

총회의 권고권한도 마찬가지로 분쟁 해결을 다루며, 제14조에 따라서 '그 원인에

---

2) 이들 규정에 대하여 더 자세한 설명으로는 C.M.H. Waldock(ed.), *International Disputes: The Legal Aspects*, London, 1972, 제3장(D.W. Bowett) 참조. 보웻(Bowett)이 지적한 바에 따르면, 헌장 제35조 제1항에 따라서, 유엔 회원국은 안보리를 활용할 권리를 가지며, 제37조 제1항에 따라서, 분쟁 당사국은 자신들이 교섭 등으로 분쟁을 해결하지 못하는 경우 해당 분쟁을 안보리에 회부할 의무를 부담한다.

관계없이 일반적 복지 또는 국가 간의 우호관계를 저해할 수 있다고 여겨지는 어떠한 사태의 평화적 조정을 위한 조치'에 대한 권고까지 확장된다. 이 점에서 총회의 권고권한은 평화와 안전에 관한 쟁점에 국한되지 않기에, 안보리의 권한보다 좀 더 넓은 것이 분명하다. 하지만, 제14조는 제12조 제1항의 제한을 받는다는 점을 반드시 유념해야 한다. 제12조 제1항의 규정은 다음과 같다.

> 안전보장이사회가 어떠한 분쟁 또는 사태와 관련하여 현재의 헌장에서 안보리에 부여한 기능을 수행하는 동안, 총회는 해당 분쟁 또는 사태와 관련해서 안보리가 요청하지 않으면 아무런 권고도 할 수 없다.

이러한 제한은 제10조에 따른 총회의 광범위한 권고권한, 제11조 제2항에 따른 국제평화와 안전 분야에 대한 총회의 권한, 그리고 제35조 제2항에 따라서 비회원국이 주의를 환기한 사항과 관련된 총회의 절차에도 적용된다. 따라서 헌장에서 분쟁과 관련해서 총회에 부여한 역할은 결코 무시할 수 없는 것이지만, 평화와 안전에 관한 쟁점의 경우, 의도적으로 안보리가 우위를 갖도록 하였다.

사무국의 권한은 제98조 및 제99조에 포함되어 있으며 이는 나중에 다루기로 한다.

안전보장이사회와 총회의 활동

안보리와 총회는 모두 분쟁 해결과 관련해서 국가들에 권고(recommendation)할 수 있는 권한을 널리 활용해 왔다. 헌장 제33조 제2항에 따라 안보리는 당사자들에게 제33조 제1항에서 정한 평화적 수단으로 분쟁을 해결하도록 요청할 수 있으며, 제36조 제1항에 따라 특정 수단을 활용하도록 권고할 수 있다. 따라서 1976년 안보리는 그리스와 터키에 *Agean Sea* 분쟁과 관련하여 "자신들의 이견에 대해서 직접 교섭을 재개하도록" 요청했으며, "이들의 권한 내에서 모든 수단을 활용하여 교섭으로써 상호 수용할 수 있는 해결책을 도출하도록" 호소하였다.[3)]

3) ICJ는 안보리 결의 제395호(1976)를 다음 결정에서 인용하였다. *Aegean Sea Continental Shelf*, Interim Protection, Order of 11 September 1976 [1976] ICJ Rep. 3 at 12.

이와 유사한 권한을 행사하는 총회는 안보리와 마찬가지로 제37조 제2항 및 제38조에 따라 행동할 때 화해 타결할 수 있는 내용을 권고하기까지 할 수 있다. 예컨대, 1948년 초창기 아랍-이스라엘의 갈등에 대한 권고에서 총회는 팔레스타인의 미래에 대한 정교한 계획을 제시하였다. 그런데, 권고는 다루기 힘든 문제에 대한 다른 많은 시도와 같이 분쟁을 전혀 해결하지 못했다. 이는 자명하지만 기본적인 사항으로서 권고가 유엔 회원국을 구속하지 않기에 그 효과가 매우 다양하다는 점을 상기시켜 준다.

안보리와 총회가 폭넓게 관여했던 또 다른 활동은 사실확인(fact-finding)이고, 많은 사례에서 양 기관은 각자의 권한을 행사하여, 이를 위한 보조기구를 설치하였다. *Corfu Channel* 분쟁에서, 안보리는 이미 안보리에 회부되었던 사고와 관련하여 증거를 조사하기 위해 사실확인 소위원회를 설치하였다. 하지만, 이러한 기구를 설치하는 취지는 대개 현장조사를 수행하기 위한 것이었다. 이러한 기구의 예로서 1947년 그리스 국경 사고를 조사하기 위하여 안보리가 설치한 조사위원회는 순전히 사실확인 활동만을 위한 것이었고, 이후 같은 해에 총회가 설치한 발칸특별위원회는 해당 지역에서 사실확인 활동, 중개 및 조정의 요소를 결합하였다. 보다 최근에, 안보리는 국제독립조사위원단을 임명하여 2005년 라피크 하리리(Rafiq Hariri) 전 레바논 수상을 살해한 폭탄 테러에 대한 레바논 당국의 조사를 지원하도록 하였다.[4)]

분쟁 당사자들의 교섭을 지원하고자 중개와 조정, 이와 함께 주선으로써 이들에게 가능한 수단을 제공하는 것이 유엔이 수행할 수 있는 세 번째이자 아마도 가장 중요한 단계일 것이다.[5)] 유엔의 존재 자체는 대사들이 한 자리에 모이도록 함으로

4) Security Council Resolution 1595 (2005). 이 위원회의 보고서에 따라서 안보리는 범죄 피고인을 재판하기 위하여 레바논 출신 재판관과 국제재판관으로 구성된 특별재판소를 설치하였다. N.D. White and M. Saul, "Legal means of dispute settlement in the field of collective security: the quasi-judicial powers of the Security Council" in D. French, M. Saul and N.D. White(eds.), *International Law and Dispute Settlement: New Problems and Techniques*, Oxford, 2010, at p.191 and p.202 참조.

5) 이러한 형식의 지원에 관한 탁월한 연구는 다음 저서의 편집자 기고문에서 찾을 수 있다. Raman(ed.), *Dispute Settlement* (n. 1) pp.367-517. 아브카지아(Abkhazia), 크로아티아, 그리고 엘살바도르에서 유엔이 한 이러한 유형의 최근 활동으로서는 M.C. Greenberg, J.H. Barton and M.E. McGuinness, *Words over War*, Lanham, MD, 2000, at pp.15, 76 and 161 참조.

써 외교를 촉진한다. 여기에서, 눈에 잘 띄지 않게 접촉하는 것이 쉽고, 제3국이 대중에게 드러나지 않고 공식적인 개입으로 인한 번거로움도 없이 막후에서 화해 합의를 진작시키기 위해 노력할 수 있다.

조용한 외교로 충분하지 않으면, 더 공개적인 방법을 시도할 수 있다. 유엔 초기에 상당히 호평받았던 방법 중 한 가지는 특별위원회를 설치하여 교섭을 지원하는 것이다. 1947년 안보리는 인도네시아의 독립에 관한 교섭을 재개하도록 장려하고, 네덜란드와 인도네시아 군대 간 정전의 이행을 감독하고자 벨기에, 호주 및 미국의 대표로 구성된 주선위원회를 설치하였다. 이 위원회는 나중에 유엔인도네시아위원회로 재구성되었으며 독립으로 전환되는 과정을 감독하였다. 이와 마찬가지로, 1950년에 총회는 한국전쟁의 해결 가능성을 모색하고자 총회 의장과 스위스 및 멕시코 대표들로 구성된 주선위원회를 (다른 기관과 함께) 설치하였다.

비록 그러한 위원회들이 유용할 수 있고, 첫 번째 사례에서 언급했던 바와 같이 갈망했던 결과를 도출하는 데 도움이 되었던 것이 분명하지만, 이 위원회 소속 기관의 정치적 분열 그리고 도처에서 위원회 활동이 더디고 우유부단한 특징을 반영하는 성향이 있어서 위원회 업무수행에 지장을 초래했고 대안을 모색하게 되었다.[6)] 유엔 초기부터 주선 활동은 때때로 회원국의 대표보다 개인에게 위임되었다. 이렇게 하는 것이 성공을 보장하는 것은 전혀 아니지만, 이 방식이 갖는 이점으로 인해서 활용범위가 증가하였다. 따라서 1948년 총회는 베르나도테 백작(Count Bernadotte)을 유엔 팔레스타인 중개자로 임명하면서 팔레스타인에서 필수적인 공용 서비스가 운영되도록 하고, 성지 보호를 확보하며, '미래 상황의 평화로운 조정'을 증진하는 임무를 맡겼다.[7)] 이와 마찬가지로, 카슈미르에 대한 인도와 파키스탄 간 분쟁에서 안보리는 1949년 캐나다 국적의 맥노튼 장군(General McNaughton)이 해당 지역의 비무장화 문제에 대하여 '비공식 중개자'로 활동하도록 임명했고, 1950년에는 호주 국

6) M.W. Zacher, "The Secretary-General and the United Nations' function of peaceful settlement"(1966), 20 *Int. Org.* 724 참조.

7) 이러한 사명과 베르나도테의 이전 업무에 대해서는 R. Hewins, *Count Folke Bernadotte: His Life and Work*, London, 1949 참조. 베르나도테 암살로 인해서 ICJ는 다음 사건에서 권고적 의견을 내었던 점을 기억할 것이다. *Reparation for Injuries* case [1949] ICJ Rep. 174.

적의 딕슨 경(Sir Owen Dixon)을 유사한 임무를 가진 '유엔 대표'로, 1951년에는 그의 후임자로 미국 국적의 그레이엄 박사(Dr Frank Graham), 그리고 1957년에도 본질적으로는 동일한 업무를 부과하여 스웨덴 국적의 야링 박사(Dr Gunnar Jarring)를 임명하였다.[8)]

분쟁을 중개자 개인에게 회부하는 것은 1953년 함마르셸드(Dag Hammarskjöld)가 사무총장에 당선되면서 가장 중요한 원동력을 얻게 되었다. 1954년 함마르셸드는 총회의 지시를 받아서 중공군이 억류 중인 11명의 미국인 공군장병을 석방하려고 하였다. 이들의 항공기는 약 20개월 전 한국전쟁 중 격추당했었다. '스스로 판단하기에 가장 적합한 수단'을 사용하도록 지시받은 함마르셸드는 북경 초청장을 확보하여 토의한 후 약간의 지연 끝에, 공군장병들이 마침내 송환되었다. 당연히, 이러한 개인외교가 성공하자 이러한 자격으로 행동해 달라는 요청이 더 많아졌고, 뒤에서 살펴 보겠지만, 전반적으로 사무국이 더욱 적극적인 역할을 하게 되었다.

헌장 제7장에 따른 강제조치는 안보리의 전권사안이고 이에 대해서는 아래에서 논의할 것이기에 이 점을 제외하면, 안보리와 총회가 마지막으로 활용할 수 있는 것은 분쟁을 지역기구[9)]나 또 다른 분쟁 해결 기구에 회부하는 것이다. 헌장 제11조 제2항에 따르면, 총회는 국제평화와 안전의 유지에 관하여 모종의 조치가 필요한 경우, 해당 문제에 대한 '논의 이전 혹은 이후' 안보리에 회부해야 한다. 다른 문제는 어느 때나 회부할 수 있다. 이에 상응하여, 안보리가 총회에 분쟁을 회부해야 할 의무는 없지만, 회부할 수 있는 권한을 갖는 것으로 추정할 수 있다.

안보리와 총회는 상호간에 분쟁을 회부하는 것 외에도, 유엔의 다른 기관에 분쟁을 회부할 수 있다. 안보리가 종종 이렇게 하는데, 총회가 하는 경우는 더 드물다. 헌장 제36조 제3항에서는 안보리가 해결을 권고할 경우, 법적 분쟁은 '일반규칙상' ICJ에 회부하는 것을 고려해야 한다고 규정하였다. 하지만, 실제로 안보리와 총회 어느 쪽도 ICJ 활용을 권장했다고 말할 수 없다. 1947년 안보리는 *Corfu Channel* 분

---

8) 더 상세한 사항은 E. Luard, *A History of the United Nations*, vol. I, London, 1982, ch. 14 참조.

9) 지역기구와 유엔의 관계는 다음 장에서 다룬다.

쟁의 당사자들이 해당 사건을 ICJ에 회부하도록 권고했는데, 지금까지 이 사건이 계쟁사건으로서 유일한 경우였다.

권고적 의견(advisory opinion) 요청도 드물었다. 앞서 제6장에서 살펴 보았듯이, ICJ의 쟁송관할권에 대한 당사자간 합의를 무효화하기 위해서 권고적 절차를 활용할 여지가 없다. 1949년 총회가 *Peace Treaties* 사건[10)]을 회부한 것이 유엔 출범 이후 25년 동안 분쟁의 법적 측면을 ICJ에 회부했던 유일한 사건이란 점은 정치적 해결수단의 활용을 더 선호하는 것을 분명히 보여준다. 1970년 안보리가 회부한 *Namibia* 사건[11)]과 1974년 총회가 회부한 *Western Sahara* 사건[12)]은 비식민화 관련 분쟁에 대해서 ICJ를 활용하려는 의지를 보여 주었지만 여전히 정치적 해결 수단이 선호되는 것이 사실이다. 또한, 이들 사건에서 내려졌던 전향적인 의견으로는 비식민화가 전혀 누그러지지 않았다.

다른 유형의 쟁점이 회부되었던 경우도 있었다. 예컨대 1996년 *Nuclear Weapons* 사건,[13)] 2004년 *Construction of a Wall* 사건,[14)] 그리고 2010년 *Kosovo* 사건[15)]은 모두 총회의 요청으로 권고적 의견이 내려졌다. 안보리는 권고적 의견을 요청한 적이 없었고, 상임이사국들이 ICJ의 관여를 반대했다. 이는 총회의 독립성을 여실히 보여준다. 하지만, 이와 동시에 권고적 의견의 영향력은 해당 의견이 어떻게 요청되었는지에 영향을 받을 가능성이 높기에 이 점도 유념해야 할 요소이다.

사무총장의 역할

사무총장이 분쟁 해결 분야에서 수행하는 역할은 크게 두 부분이다. 첫째, 제98조에 따라 안보리와 총회가 사무총장에게 위임한 기능, 둘째, 이해 당사자들의 요청

10) [1950] ICJ Rep. 65 and 221. 이 권고적 의견에 관한 논의에 대해서는 제5장과 제6장 참조.
11) [1971] ICJ Rep. 16.
12) [1975] ICJ Rep. 12.
13) [1996] ICJ Rep. 66.
14) [2004] ICJ Rep. 136.
15) [2010] ICJ Rep. 403.

이 있거나, 또는 제99조에 따라서 사무총장이 자발적으로 취하는 여러 가지 조치들이 있다.

억류된 미 공군 장병들을 둘러싼 분쟁에서 1954년 총회가 사무총장에게 해결 가능성을 조사하도록 권한을 위임한 것은 이후 많은 사례의 선례가 되었다.[16] 예컨대, 테헤란에서 미국 외교관과 영사관원들이 억류되면서 야기된 위기상황에 관한 결의에서, 안보리는 이란에 대사관 직원들을 즉시 석방하도록 요구했고, 사무총장에게 즉각 결의 이행에 필요한 주선을 수행하도록 요청하였다. 이를 위해 모든 적절한 조치를 취할 권한에 따라, 사무총장 발트하임(Kurt Waldheim)이 우선 테헤란을 방문했고, 그 후 해당 분쟁을 조사하기 위한 위원회를 설치하였다. 이 위원회는 위기상황을 해결하지 못했지만, 최소한도의 접촉을 유지했고, 사무총장이 주선을 수행하도록 요청받았을 때 재량권을 널리 활용할 수 있으며, 필요하다고 생각하면 부속기관을 설치할 수도 있다는 점을 보여 주었다.

1980년 1월 소련의 아프가니스탄 침공 직후, 총회는 이 사태와 관련해서 사무총장에게 주선의 역할을 수행하도록 요청하는 결의안을 통과시켰다. 이 결의안은 이 분쟁 관련 수많은 결의 중 첫 번째였고, 이로써 사무총장은 자신의 부하직원이었던 꼬르도베스(Diego Cordovez)를 임명하여 아프가니스탄 영토에서 소련군을 철수시키기 위한 절차에 관하여 파키스탄, 소련, 아프가니스탄 간의 교섭에서 개인적으로 자신을 대리하도록 하였다. 교섭은 카불과 이슬라마바드를 왕래함으로써 그리고 제네바에 있는 유엔 본부에서 당사자들에게 배정된 각 방을 오가면서 이루어졌다. 아프가니스탄 저항군 지도자들이 교섭에 참여하지 않았기에 해결에 이르는 과정은 느렸고 복잡했다. 하지만, 결국 화해 타결이 되어서 1989년 마지막 남은 소련군이 철수하였다.

무력충돌이 발생하면, 일반적으로 사무총장의 위임권한에 무력충돌을 중지시키기 위해 주선 역할을 하는 것이 포함되어 있다. 예컨대, 1965년 인도와 파키스탄이 카슈미르를 둘러싸고 전쟁을 일으켰을 때, 안보리는 사무총장에게 전투를 종료시키기 위하여 '가능한 모든 노력을 발휘'하도록 요청하였다. 이와 마찬가지로, 포클랜드

16) T.M. Franck, *Fairness in International Law and Institutions*, Oxford, 1995, ch. 6.

제도에서 적대행위가 발발한 이후, 안보리는 1982년 5월 결의에서 '상호 수락할 수 있는 정전요건을 교섭하기 위하여' 사무총장에게 아르헨티나와 영국과 즉시 접촉하도록 요청했다.[17] 이후, 사무총장은 1987년 7월 안보리 결의 제598호에 따라 이란과 이라크를 방문하여 이란-이라크 전쟁의 정전 교섭을 지원하였으며, 정전은 1988년 8월에 발효하였다.

무력충돌 상황에서, 사무총장은 당사자들을 제지하고, 전투의 범위를 제한하기 위한 조치를 취할 수도 있다. 예컨대 이라크와 전쟁 중에 이란은 안보리에 대해서 이라크군의 화학무기 사용 여부를 조사해 달라고 요청하였다. 제3장에서 살펴본 바와 같이, 이에 따라 사무총장은 이 쟁점을 조사할 사람들을 임명하였다. 연구 결과 화학무기 사용이 확인되었고, 이를 근거로 1986년 3월 안보리는 이러한 무기 사용을 비난하였다. 같은 무력충돌 중에 사무총장은 공개적으로 호소하여, 교전자들이 서로 상대측 민간인을 공격하지 않겠다는 약속을 얻는 데 성공했다.[18] 이는 분쟁에 대한 점진적 해결의 일환으로 의도된 것이었고, 그 자체는 즉시 성공하지 못했다. 하지만, 이는 일정 기간 당사자들의 적대행위를 억제하는 효과를 거두었으며 상황이 더 악화되는 것을 예방하였다.

종종 사무총장에게 할당되는 세 번째 기능은 실무상 가장 중요한 임무 중 하나로서, 즉 다양한 유형의 유엔 평화유지활동을 조직하고 관리하는 것이다. 따라서 포클랜드 제도에 관한 결의에서 예정했던 교섭사항에 '필요한 경우, 정전 내용의 준수 여부를 감시하기 위하여 유엔 참관단 파견 준비'를 포함하도록 하였다. 이 사건에서, 문제의 참관단은 전혀 구성되지 않았지만, 나중에 보게 되듯이, 평화유지활동과 유엔 '주둔'을 감독하는 것은 수년에 걸쳐서 연속적으로 사무총장에게 부여한 권한의 중요한 특징이었다.

권한 위임이 필요한 평화유지활동을 제외하고, 항상 사무총장이 제99조에 따른

---

17) Security Council Resolution 505 (1982). 이 결의문 전체에 대해서는 (1982) 21 ILM 680 참조. Falklands 위기시 안보리의 역할에 대한 평가로는 J.F. Murphy, *The United Nations and the Control of International Violence*, Manchester, 1982, pp.67-71 참조.

18) D. Cordovez, "Strengthening United Nations diplomacy for peace: the role of the Secretary-General" in UNITAR, *The United Nations and the Maintenance* (n. 1) p.161 at p.172.

권한을 행사할 때, 사무총장은 이미 기술했던 것과 유사한 활동에 관여했다. 예컨대 1958년 함마르셸드(Hammarshkjöld) 사무총장은 태국과 캄보디아 간 국경에서의 긴장을 완화하고자 당사자들과 이 쟁점에 대해서 논의하였고, 안보리 이사국들과 협의했으며 당사자들의 요청을 받아, 스웨덴의 벡프리스(Johan Beck-Friis) 대사를 자신의 특별대리인으로서 해당 지역에 파견하였다. 벡프리스 대사가 노력을 기울인 결과, 당사자들은 마침내 외교관계를 재개하였다. 이와 유사하게, 1962년 쿠바 미사일 위기에서 우 탄트(U Thant) 사무총장은 당면한 긴장상태를 완화하고, 시간을 벌기 위하여 우선 다양한 제안을 마련하였고, 그 이후 유엔이 주둔할 수 있는 방식에 대해서 쿠바 정부와 논의하는 데 노력을 기울였다.[19)]

이들 분쟁에서, 사무총장의 주 목표는 어려운 상황을 더 악화시킬 수 있는 돌방행동을 억제하는 것이었다. 다시 말해, 위험한 정치적 공백상태를 메워서 숨통을 트고 나중에 화해 합의할 수 있는 기회를 마련하는 것이었다. 다른 사건에서, 우 탄트 사무총장의 활동은 절차적이거나 실체적인 해결책을 지향하는 것이 더 분명해졌다. 예컨대, 바레인의 지위를 둘러싼 영국과 이란의 분쟁에서, 우 탄트는 당사자들과 쟁점에 대해서 논의하는 데 수개월을 소모했다. 그 후, 사무총장이 중개자로서 활동하여, 해당 지역 주민의 희망사항을 파악해 달라는 요청을 공식 접수한 후, 사실심사(inquiry)를 수행할 개인 대리인으로 임명하였다. 사무총장 대리인의 보고서에서 바레인의 독립을 지지하였고, 나중에 안보리가 이를 수락하여서 최종 해결의 기초가 되었다.[20)]

바레인 분쟁은 중개와 사실확인을 결합하는 것에 주목하도록 했을 뿐만 아니라 이란이 바레인을 미승인했기에 이로 인해 발생할 수 있었던 분쟁에서 사무총장의 입장이 유용했다는 점도 보여 주었다. 이와 거의 같은 시점에, 우 탄트는 베트남에

---

19) U Thant, *View from the UN*, London, 1978, ch. 8.

20) H. Al-Bahama, "The fact-finding mission of the United Nations Secretary-General and the settlement of the Bahrain-Iran dispute"(1973), 22 *ICLQ* 541 참조. 1996년에 카메룬과 나이지리아 간 국경 사고를 조사하기 위한 사실확인단을 파견하자는 부트로스갈리(Boutros-Ghali) 사무총장의 제안은 안보리와 ICJ의 지지를 받았다. *Land and Maritime Boundary between Cameroon and Nigeria*, Provisional Measures, Order of 15 March 1996 [1996] ICJ Rep. 13 참조. 또한 2010년 사무총장이 기획하였고, 제3장에서(각주 33) 기술한 *Flotilla Incident* 보고서 참조.

서 평화를 촉진하기 위해 각고의 노력을 다하였는데, 이 경우도 미승인이 문제였다. 사무총장이 조용한 외교를 통해 그러한 어려움을 우회할 수 있었던 것은 사무총장의 역할이 갖는 중요한 특징이다. 하지만, 우 탄트가 나이지리아 내전에 개입하길 거부하고, 그가 북아일랜드에 관여하겠다고 제안하자 영국이 이를 일축한 것에서 나타나듯이, 국내 관할권에 관한 사항을 유엔에서 배제하는 것은 사무총장의 권한에 대한 중요한 제한이다.

사무총장이 주선자 역할을 할 때 때때로 국제분쟁 해결을 위한 법적 절차를 활용할 수도 있다. 1985년 리비아와 몰타가 자신들의 대륙붕 경계 획정을 둘러싼 분쟁을 ICJ에 제기할 때, 사무총장의 설득이 도움이 되었던 것이 분명하다.[21] 그리고 이듬해에는 사무총장 자신이 프랑스와 뉴질랜드 사이의 *Rainbow Warrior* 사건에서 중재인 역할을 수행하였다.[22] 후자의 경우, 제5장에서 살펴 보았듯이 당사자들은 교섭을 통해 자신들의 일부 이견을 해결하는 데 성공했지만, 해결되지 않은 쟁점사항은 뉴질랜드에 수감된 프랑스 요원들의 미래와 배상 문제였다. 사무총장의 판정에서 이러한 점과 그 밖의 사항에 대해 당사자들이 만족할 수 있도록 해결하였고 그 사건의 종료가 선언되었다. 이 사건의 절차는 전통적인 중재절차와 일부 달랐지만, 중재의 장점과 같은 점이 많았다. 결정사항이 사전에 수락되었기에 이행 문제를 최소화했으며, 다른 한편, 결정의 근거로서, 독립성 차원에서 반론의 여지가 없는 제3자가 불가능하지는 않았겠지만, 직접 교섭으로는 도달하기 어려웠을 결과를 정당화하는 효과를 가졌다.

이와 같은 추진력을 행사함에 있어, 사무총장의 활동은 대개 유엔의 여타 기관과 긴밀히 연관되었다. 쿠바 미사일 위기시, 사무총장이 개입하는 기간 내내 분쟁은 안보리에 회부된 상태였고, Falklands 분쟁이나 Kashmir 분쟁의 경우 모두, 안보리의 권한 위임에 앞서 사무총장의 적극적인 외교활동이 있었다. 태국-캄보디아 분쟁에서처럼 해당 사안이 공식적으로 안보리에서 다루어지지도 않은 상태라도, 안보리 이사국들은 계속 보고받기를 원할 것이다. 하지만, 사무총장의 노력을 별개로 이해

21) Cordovez, "Role of the Secretary-General" (n. 18) p.171.

22) *Ruling pertaining to the Differences between France and New Zealand arising from the Rainbow Warrior Affair* (1986). Text in 74 ILR 241 및 부록에 있는 문서 J 참조.

하는 것은 잘못이겠지만, 사무총장의 선도적 추진력은 분쟁 초기 단계에 해당 분쟁에 대해 종종 상당한 영향력을 미칠 수 있는 이점을 가질 것이 분명하다.

사무총장은 자신의 활동을 안보리와 총회 활동과 조절할 준비가 되어 있어야 하지만, 사무총장의 입장이 갖는 장점은 그의 독립성에 있음이 분명하다. 그러므로 사무총장의 독립성을 보전하는 것이 1차 목표가 되어야 한다. 왜냐하면, 그것이 없이는 이룰 수 있는 일이 별로 없기 때문이다. 독립성의 가치는 여러모로 자명하다. 예컨대, 외교관 인질 위기시 그리고 아프가니스탄에 대한 교섭에서 양측이 사무총장의 주선을 수락할 수 있었던 것은 바로 사무총장의 독립성 때문이었다. 이와 유사하게, 쿠바 미사일 위기 그리고 이란-이라크 전쟁에서 사무총장이 당사자들에게 호소할 수 있었던 것, 그리고 *Rainbow Warrior* 사건에서 사무총장이 중재를 맡을 수 있었던 것은 사무총장이 갖는 독립적인 지위 때문이었다. 아프가니스탄 교섭 도중 사무총장은 수차례에 걸쳐서, 당사자들에게 교섭에 진전이 없기에 노력을 중단할 수 있다는 점을 개인적으로 밝혔다. 이에 사무총장이 역할을 계속해야 한다는 간곡한 요청이 있었고, 이는 사무총장이 때때로 당사자들이 분쟁 해결을 진척시킬 수 있도록 자신의 지위를 어떻게 활용할 수 있는지를 보여준다.

사무총장의 독립성을 보전하려면, 사무총장이 두려움이나 편견 없이 행동해야 할 뿐만 아니라 유엔헌장의 권한 내에서 행동하는 것이 중요하다.[23] 사무총장이 활동하면서 여타 기관과 충돌하면, 이는 필연적으로 그가 어느 한쪽을 편든다는 비난이 일게 될 것이고, 결국 그의 입지가 불안해질 것이다. 이러한 측면에서, 독립성의 문제는 사무총장의 업무 수행 방식 이상의 문제로서, 사무총장이 수행하는 업무의 내용이 정확히 무엇인지에 관한 기본적인 질문과 관련된다. 정치기관이 효과적으로 활동할 수 없는 상황에 직면하게 되면, 사무총장이 그 공백을 채우기 위해서 항상 개입해야 한다고 생각하기 쉽다. 하지만, 이는 오산이다. 이러한 방침에 반대하는 것은 헌장에 기반할 뿐만 아니라 실무적이기도 하다. 왜냐하면, 케야르(Pérez de Cuéllar) 전임 사무총장이 썼듯이, "기능을 확대하려는 유혹으로 인해서 사무총장직이 훼손

23) N. Elaraby, "The office of the Secretary-General and the maintenance of international peace and security" in UNITAR, *The United Nations and the Maintenance* (n. 1) p.177 at pp.181-7.

될 수 있고, 따라서 기구 전체를 불신하게 만들 수 있다. 왜냐하면, 이로 인해서, 사무총장이 현실적으로 지속 불가능한 방향으로 행동하게 될 수 있기 때문이다."[24]

이렇다고 해서 반대로, 사무총장이 평화 조성 기능이 없는 유엔의 최고 행정관으로만 있어야 하는 것은 아니다. 오히려 "사무총장이 신성한 신탁의 보유자로서 그리고 헌장 원칙의 수호자로서 권한을 최대한 발휘해야 할 상황이 발생할 수 있고, 실제로 이렇게 되기도 한다."[25] 그리고 실무상, 이미 살펴 보았듯이, 강조점은 달랐지만, 역대 사무총장직을 담당했던 사람들이 이러한 견해를 취했다. 그러나 사무총장이 주도할 수 있는 분야의 범위가 넓지만, 제99조를 원용할지 여부에 관한 결정은 사무총장의 재량사항이라는 점을 유념할 필요가 있다. 사무총장의 개입을 권한이 아닌 의무사항으로 만들려는 시도는 사무총장이 취한 조치의 적절성 여부에 대해서 사무총장 자신이 가장 훌륭한 심판자라는 이유로 반대되었다. 이것이 지혜로운 결정이었음은 현재 분명하다. 분쟁 해결시 추진력을 발휘하는 시점이 종종 중요하고, 사무총장의 업무는 대부분 어찌되었든 '조용한 외교'(quiet diplomacy)이기에 제99조에 따른 사무총장의 권한을 의무로 부과하기보다 사무총장이 갖는 독립성의 또 다른 측면으로 다루는 것이 훨씬 나았다.

마지막으로 안보리 이사국들 그리고 이보다 정도는 덜하지만, 총회 회원국들의 책임과 관련되는 사항이 있다. 앞서 언급했듯이 사무총장이 다른 기관들의 역할을 차지할 수 있다는 점이 현재로서는 실제적인 위험이라고 말할 수 없다. 유감스럽지만, 그 반대로서, 즉 안보리 이사국들이 평화와 안전 분야에서 자신들의 의무를 완수하지 못해서, 사무총장에게 그 일이 맡겨지는 경우에도 실제적인 위험이라고 말할 수 없다. 조금만 생각해 보면, 이러한 상황은 주요 국가들이 갈등 국면에 있다고 판단할 경우에는 언제라도 발생할 가능성이 있어서, 국제적인 평화 조성의 기반으로서 지속 가능할 수 없다는 점이 드러난다. 다른 기관들이 모든 문제를 다루고, 가장 효과적인 조치를 취하며 항상 사무총장에게 정확한 지침을 주는 것은 매우 비현

---

24) J. Pérez de Cuéllar, "The role of the UN Secretary-General" in Roberts and Kingsbury(eds.), *United Nations, Divided World* (n. 1) p.124 at p.126.

25) *Ibid.*

실적이라는 점에는 의심의 여지가 없다. 하지만, 중요한 사항으로서, 사무총장의 기능은 다른 기관의 기능을 보완하는 것으로 취급되어야 한다는 점은 이미 지적했었다. 이는 안보리나 총회 어느 쪽도 평화와 안전에 대한 자신들의 정치적 의무를 저버리고 사무총장이 부담하도록 기대할 수 없다는 것을 의미한다.

물론, 사무총장이 자발적으로 추진하거나, 제98조에 따라 분쟁 해결을 촉진하기 위하여 조치를 취할 수 있다고 해서, 그러한 개입이 성공하리라고 보장할 수 없다. 예컨대, 1990년 쿠웨이트 침략과 점령 이후, 케야르 사무총장은 이라크 철수를 위한 논의에 이라크를 참여시키려고 두 차례 시도했었다. 그러나 1990년 8월 위기 개시 당시 접촉이나, 1991년 1월 이라크와 미국 주도 연합세력 사이의 충돌 전날 접촉 두 차례 모두 이라크의 합의 거부로 인해서 전혀 성과가 없었다.[26] 분쟁 해결방식으로서 주선, 중개, 조정 및 사실확인은 이를 수행하는 이가 사무총장이든, 그의 대리인이든, 아니면 외부의 제3자든 간에 제약사항은 매우 동일하다. 그러나 때때로 분쟁당사자들의 의견차가 좁혀지기 어렵다는 것이 확실하다면 항상 그렇지도 않다. 해결 가능한 방법은 먼저 그러한 가능성을 탐색할 때에만 파악될 수 있을 뿐이라는 점을 유념할 때, 그러한 업무를 수행할 의지가 있고 능력도 있는 사무총장이 유엔 제도의 중요한 자산으로 간주되어야 할 것이다.[27]

정치기관과 ICJ

사무총장의 활동이나 안보리의 관여, 또는 총회의 조치 채택 모두 대표적으로 정치적 차원에서 국제분쟁을 다루기 위한 시도들이다. 본질적으로 재량적인 이들 절

26) L. Freedman and E. Karsh, *The Gulf Conflict 1990-1991*, London, 1993, pp.160-1, 268-70 and 274.

27) 사무총장의 업무에 관한 추가적인 정보로는 다음 문헌 참조. Zacher, "The Secretary-General" (n. 6); L. Gordenker, *The UN Secretary-General and the Maintenance of Peace,* New York, 1967; V. Pechota, "The quiet approach" in Raman(ed.), *Dispute Settlement* (n. 1) p.577; K. Skjelsbaek and G. Fermann, "The UN Secretary-General and the mediation of international disputes" in J. Bercovitch(ed.), *Resolving International Conflict: The Theory and Practice of Mediation*, London, 1996, p.75; S. Chesterman(ed.), *Secretary or General? The UN Secretary-General in World Politics*, Cambridge, 2007.

차 이외에도, 물론 국가들은 국제법에 기반한 결정을 획득하기 위해서 중재나 사법적 해결의 활용을 모색할 수 있다. 법적 해결수단의 두드러진 특징들은 앞에서 다루었기 때문에 여기에서 다시 기술할 필요가 없다. 하지만, 한 가지 점은 검토할 필요가 있다. 왜냐하면 이것이 이 장의 주제와 직접 관련되기 때문이다. 이는 '유엔의 주요 사법기관'[28] 인 ICJ와 정치기관들의 관계이다. 이 질문에는 두 가지 측면이 있다. 여기에서 검토했던 첫 번째 문제는, 정치기관도 다루고 있는 분쟁에 대해서 원칙적으로 ICJ의 권한이 영향을 받는지 여부이다. 둘째는, 후에 다루겠지만, ICJ에 적절히 제기된 사건에서 ICJ가 정치기관 중 어느 한 기관이 취한 조치가 헌장을 위반한다고 판시함으로써 사법적 통제를 할 수 있을지 여부이다.

ICJ를 활용하면서 동시에 정치기관을 활용하는 것이 어느 정도 양립할 수 있는지 여부는 *Nicaragua* 사건[29] 에서 미국이 주장했던 많은 사항 중에서 여러 번 제기되었던 문제였다. 왜냐하면, 미국은 제6장에서 논의했던 ICJ의 관할권에 대한 다양한 항변 이외에도 ICJ가 본안사항에 대해서 판단하는 것이 사법적 기능의 한계를 초월하여, 안보리의 전권사항인 쟁점을 다루게 될 것이라는 이유로 ICJ는 이 사건의 수리 부적격을 선언해야 한다고 주장했다. 미국의 주장은 두 가지 방식으로 전개되었다. 첫째, 니카라과의 청구로 인해서 ICJ는 미국이 불법적으로 무력을 사용했는지 여부를 결정해야 하는데, 이러한 유형의 문제는 정치기관의 배타적 관할권에 해당된다는 것이다. 첫 번째 주장을 발전시킨 두 번째 주장으로, 미국은 ICJ에 사건을 제소함으로써, 니카라과는 자신이 안보리에 진정한 사항에 대해 내려진 안보리의 판단에 대해 사실상 항소하는 것이라고 주장하였다. 유엔헌장은 이러한 항소에 관하여 규정하지 않고 있기에, 미국에 따르면, ICJ는 니카라과의 청구에 대한 '사물관할권'(subject-matter jurisdiction)이 없다는 것이다.[30]

---

28) ICJ 규정 제1조는 다음과 같다. "The International Court of Justice established by the Charter of the United Nations as the principal judicial organ of the United Nations shall be constituted and shall function in accordance with the provisions of the present Statute."

29) *Military and Paramilitary Activities in and against Nicaragua*, Jurisdiction and Admissibility, Judgment [1984] ICJ Rep. 392.

30) *Ibid.*, para. 91.

ICJ는 두 가지 주장을 모두 배척하였다. ICJ는 첫 번째 주장에 대해서 헌장 제24조에 따라서 안보리가 '국제평화와 안전의 유지를 위한 일차적 책임'을 부담하지만, 이는 배타적 책임과 다르다고 설명했다. ICJ와 안보리의 기능은 완전히 구별되기에, 어느 사안이 안보리에서 검토되고 있는 점, 또는 어느 사건이 무력 사용에 관한 것이라는 점은 어느 것도 법적으로 사법절차를 제한하지 않는다는 것이다. ICJ 절차가 안보리 결정에 대한 항소라는 주장에 대해서 ICJ는 사실에 근거하여 배척하였다. ICJ는 "안보리가 내린 결정이 틀렸다거나, 안보리 이사국이 투표권을 행사하는 방식에서 법을 위반한 점이 있었는지에 대해서 판단해 달라고 부탁받지 않았다"는 점을 강조하였다. 반대로 ICJ는 "안보리도 심의했던 사항의 특정한 법률적 측면에 관하여 판결을 내려 달라는 요청을 받았고, 이 절차는 ICJ가 유엔의 주요 사법기관으로서 갖는 지위에 완전히 부합하는 것"이라고 하였다.[31] 그러므로 이러한 항변도 배척되었다.

이들 쟁점에 관한 ICJ의 결정은 만장일치로 내려졌으며, 그러한 판단은 명백히 옳다. 해당 사건을 수리 가능한 것으로 취급하는 결정은 이전의 ICJ 법리에 부응할 뿐만 아니라, 미국의 두 가지 주장 중 어느 하나라도 인정할 경우 결과가 기괴해진다는 점을 파악하기 위해서는 그 사건의 핵심 사안이 무엇이었는지를 생각해 봐야 한다. 만약 ICJ가 무력 사용에 관한 청구사항은 ICJ의 권한범위를 벗어난다고 인정했다면, ICJ는 다양한 범주의 중요한 국제분쟁을 다룰 수 없게 될 것이고, 이러한 사항을 규율하는 국제법 규칙의 지위는 이류의 지위를 갖는 것으로 격하되었을 것이다. 다른 한편, ICJ가 관할권 관련 주장을 수락하여 어느 사안이 안보리에서 거부된 경우 그에 대한 소송은 '안보리가 내리지 않았던 결정'에 대해서 항소하는 것이라는 주장에 동의했다면,[32] 상임이사국의 거부권이 정치적 영역에서 법적 영역으로 확장되게 되었을 것이다. 헌장에 따라 안보리 그리고 결국에는 상임이사국이 평화와 안전 분야에서 주된 책임을 부담하지만, 헌장에서는 유엔의 법률기관으로서 ICJ가 보호할 의무를 갖는 법적 절차를 위한 역할도 인정하고 있다.

---

31) *Ibid.*, para. 98.

32) 이 점에 관한 미국의 주장에 대해서 언급하는 것으로는 *Ibid.*, para. 91 참조.

ICJ는 *Nicarague* 사건의 결론을 내릴 때, 1980년 *Diplomatic Hostages in Tehran* 사건[33] 결정에 상당 부분 의존하였다. 이 사건에서 ICJ가 고려해야 했던 문제는 무력 사용에 관한 헌장 조문에 관한 것이 아니라, 더 일반적인 쟁점인 ICJ와 정치기관의 관계에 관한 것이었다. 게다가, 사무총장이 해당 분쟁을 조사하기 위하여 특별위원회를 설치했기 때문에, ICJ는 앞서 살펴 보았듯이 이례적이라고 할 수 없는 이러한 유형의 권한 행사가 사법적 구제를 모색하는 것과 어느 정도 양립할 수 있을지 검토할 기회를 가졌다. 일반적인 문제 및 특별위원회에 관한 구체적인 사안 둘 다 이전에도 고려되었던 것이지만, *Nicaragua* 사건에서 제기되었던 재판 대상이 될 수 있는지 여부에 관한 질문과 같이, 유엔 제도의 근본에 이르는 쟁점과 결부되었다.

이 사건에서 정치기관*에 관한* ICJ의 역할 문제가 제기되었던 것은 미국이 ICJ에 제소하기 직전에 미국과 사무총장 둘 다 대사관 점거와 직원을 인질로 억류한 사항을 안보리에 회부했기 때문이다. 비록 이 사항이 안보리에서 활발하게 논의되고 있었고, 사무총장에게도 이 사안에서 주선을 수행하도록 권한이 위임되었지만, 1979년 12월 ICJ는 미국의 잠정보호조치 신청을 다룰 권한이 있다고 결정하고서 그러한 조치를 결정하였다. ICJ는 1980년 5월 판결에서 이 점을 언급하면서 ICJ 활동과 권한의 행사범위에 대해 다음과 같은 의견을 밝혔다.

> 안보리의 어느 이사국도 ICJ와 안보리가 각자의 기능을 동시에 행사하는 경우 규칙 위반이라거나, 그렇게 될 수 있다고 생각해 본 적이 없었던 것으로 보인다. 이러한 일은 새삼 놀랄 일도 아니다. 헌장 제12조에서는 안보리가 특정 분쟁이나 사태에 대해서 자신의 기능을 수행하고 있는 동안, 그러한 분쟁 또는 사태에 대해서 총회는 아무런 권고도 할 수 없다고 명백히 금지하고 있지만, ICJ의 기능 수행에 대해서 헌장이나 ICJ 규정 어디에서도 그러한 제한을 두고 있지 않다. 그 이유는 분명하다. ICJ는 유엔의 주요 사법기관으로서 분쟁 당사자 사이에 다툼이 될 수 있는 어떠한 법적 질문이라도 해결해야 하며, ICJ가 그러한 법률적 질문을 해결하는 것은 분쟁의 평화적 해결을 촉진하는 데 중요하고, 때로는 결정적일 수 있다.[34]

안보리가 관여하는 것 자체가 ICJ의 관할권 행사에 장애물이 되지 않는다는 점을

33) *United States Diplomatic and Consular Staff in Tehran*, Judgment [1980] ICJ Rep. 3.
34) *Ibid.*, para. 40.

강조한 후, ICJ는 안보리의 권한을 받아 사무총장이 설치하여 이미 활동을 개시했던 특별위원회에 대해서 자세히 검토하였다. ICJ는 특별위원회가 설립되었던 정황을 참고할 때 특별위원회 설치로써 ICJ의 분쟁 처리를 지연시키려는 것이 전혀 아니었다는 점이 중요하다고 지적하였다. 당사자들이 이러한 목적에서 해당 위원회를 활용하기로 합의할 수 있었겠지만, ICJ는 "미국이나 이란 어느 쪽도 특별위원회를 설치함으로써, ICJ에서 진행되는 모든 절차들이 위원회 업무 종료시까지 그리고 안보리가 이 사안에 대한 심의를 종료할 때까지 연기되는 것으로 양해한 흔적을 전혀 발견할 수 없다"고 하였다.[35]

특별위원회의 실제 기능과 관련해서, ICJ는 해당 위원회가 사실이나 법률적인 사안에 관한 분쟁을 결정하기 위해서가 아니라 이란과 미국 사이의 긴장을 완화하려는 시도로써 다소나마 중개, 조정 혹은 교섭을 수행하기 위하여 설치되었다고 판단하였다. 따라서 특별위원회 설치는 "그 자체로서 ICJ에서 병행 절차를 계속하는 것과 양립할 수 없는 것으로 간주할 수" 없다.[36] 이 점에서, ICJ는 실제로 두 가지 사항을 말하였다. ICJ는 이전에 표명했듯이 중개, 조정 및 교섭이 일반적으로 사법적 해결과 양립할 수 있다는 견해를 확인했다. 그리고 나서, ICJ는 '이란과 미국 사이의 분쟁에서 사실 또는 법률적 사안'을 결정할 권한을 갖는 기구는 병행소송(litispendence) 법리로서 인정된 원칙 때문에 ICJ를 대체할 수 있다는 점을 묵시적으로 인정하였다.[37] 하지만, 여기에서는 병행소송 문제가 없었기에 ICJ는 사무총장에게 권한을 위임한 것이나, 특별위원회를 설치한 것이나 그 어느 것도 ICJ가 관할권을 행사하는 데 장애물로 간주될 수 없다고 판시하였다.

1993년의 *Genocide Convention* 사건[38]에서 ICJ는 규정 제41조에 따라 잠정조치를 내릴 수 있는 권한과 안보리 조치의 관계에 대해서 다시 고려해야만 했다. 구유

35) *Ibid.* para. 42.

36) *Ibid.*

37) 이 쟁점에 대한 심도 있는 검토에 대해서는 D. Ciobanu, "Litispendence between the International Court of Justice and the political organs of the United Nations" in L. Gross(ed.), *The Future of the International Court of Justice*, New York, 1976, p.209 참조.

38) *Application of the Convention on the Prevention and Punishment of the Crime of Genocide,* Provisional Measures, Order of 8 April 1993 [1993] ICJ Rep. 3.

고 사태는 보스니아가 유고연방공화국을 상대로 소송을 개시하기 이전인 1991년 유엔에 회부되었고, ICJ가 사건을 심리하는 기간 내내 안보리가 검토하였다. 더욱이, 안보리는 헌장 제25조를 기반으로 결정을 내렸고, 무기금수조치를 부과하고, 그 밖의 여러 가지 조치를 취할 때, 자신이 헌장 제7장에 따라 행동한다고 밝혔다. 그 결과 보스니아가 첫 번째 잠정조치 신청을 했을 때, 유고슬라비아는 안보리가 이들 규정을 따라 활동하는 동안에는 "ICJ가 잠정조치, 특히 신청받은 유형의 잠정조치를 내리는 것은 시기상조로서 부적절하다"고 주장하였다.[39]

하지만, ICJ는 이러한 주장을 기각하고 몇 가지 잠정조치를 내리면서, *Nicaragua* 사건의 관할권과 수리적격성 판단 단계에서, 헌장 규정 어디에서도 안보리가 ICJ에 우선한다고 규정하지 않았기에 두 기관 모두 '동일한 사안에 대해서 개별적이면서 상호 보완적으로 자신들의 기능을 수행할' 수 있다고 판단했던 점을 상기시켰다.[40] 따라서 이는 헌장 제7장에 해당하는 분쟁이라도 안보리가 결부되는 것 자체로 인하여 제41조에 따라 사건을 심사하는 것이 제한된다는 견해를 배척한 것이다. 그 후 6개월 뒤 안보리의 추가 결의 이후 보스니아가 또 잠정조치를 신청했을 때, ICJ와 안보리의 관계에 대한 ICJ의 관점이 더욱 드러났다.[41] ICJ는 추가적인 조치가 아니라 이미 내려졌던 것을 즉시 효과적으로 이행하는 것이 필요하다고 결정하면서, 자신이 이전에 결정했던 조치를 재확인하여, 안보리의 행위 그 자체는 제41조에 따른 조치를 전혀 제한하지 않는다는 것을 다시 보여 주었다.

Construction of a Wall 사건에서 권고적 관할권의 맥락에서 정치기관과 유엔의 관계, 더 구체적으로는 유엔 총회와 안보리의 의견이 일치되지 않는 상황이 다뤄졌다. 팔레스타인 점령지 내 이스라엘 장벽 관련 쟁점은 미국의 거부권 행사로 인해 안보리가 결의안을 채택할 수 없게 되면서 유엔 총회가 다루게 되었다. 권고적 의견에 관한 관할권 문제를 다루면서, ICJ는 총회가 요청한 사항은 ICJ의 권한범위 내에 해당되고, 헌장 제12조 제1항을 위반하지 않는다고 판시하였다. ICJ는 제기된 문

39) *Ibid.*, para. 33.

40) *Ibid.* 인용된 구절은 [1984] ICJ Rep. 435, para. 95에서 찾을 수 있다.

41) ICJ의 다음 결정 참조. Order of 13 September 1993, [1993] ICJ Rep. 325.

제가 규정 제65조 제1항과 헌장 제96조 제1항의 취지상 '법적 문제'라고 판단했기에 ICJ도 그러한 요청에 대응할 관할권을 갖는다고 결론내렸다.

이러한 결론을 내리기 위해서, ICJ는 안보리와 총회의 상호간 지위를 자세히 다루었고, '안보리가 취하지 않은 결정'으로 인해 유엔 총회의 요청을 받아서 ICJ가 권고적 의견을 내릴 수 있는 권한이 제한될 수 있다는 개념을 암묵적으로 배척하였다. ICJ는 더 나아가 권고적 의견을 내리지 않도록 재량권을 행사해야 한다는 취지의 여러 가지 주장들을 모두 기각하였는데, 총회에 대해서 ICJ의 권고적 의견이 갖는 가치는 총회가 결정할 사안이고 자신이 결정할 사안이 아니라고 지적한 점도 주목할 만하다. 이로써 권고적 의견은 요청기관에 해당 기관이 구하는 정보를 제공하여, 이들이 자신들의 기능을 수행하도록 돕고, 이들의 책임사항을 침범하는 것이 아니라는 점을 확인하였다.

이들 사건에서 ICJ의 관할권과 유엔의 정치기관 사이의 관계가 분명하고 일관적인 것으로 보여지며, 일반적으로 안보리에 분쟁이 회부되더라도 ICJ가 동일한 사안을 고려하는 것이 제한되지 않는다는 점을 보여주고 있다. 더욱이, *Diplomatic Hostages in Tehran* 사건에서는 쟁송과 사무총장의 권한 행사 간에 본질적으로 충돌이라고 할 것이 없다는 점을 보여준다. 제1장에서 다뤘던 *Aegean Sea* 사건에서 ICJ가 교섭과 소송 간의 관계를 다루도록 요청받았을 때, ICJ는 두 가지가 양립할 수 없다는 견해를 배척했다는 점을 상기할 수 있다. 또한, 곧 살펴 보겠지만, ICJ는 지역내 정치 절차에 대해서도 같은 입장을 취했다. ICJ가 직접 종종 언급했듯이, 분쟁을 해결함에 있어서 법적 수단과 정치적 수단은 상호보완적이다.

평화유지활동

유엔 평화유지를 주제로 상세히 연구한 것이 많다.[42] 따라서 여기에서 필요한 것

42) 유용한 연구로는 A. James, *Peacekeeping in International Politics*, London, 1990; A. Parsons, *From Cold War to Hot Peace*, London, 1995; D. Warner(ed.), *New Dimensions of Peacekeeping*, Dordrecht, 1995 참조. 제1차 자료를 집성한 가치 있는 것으로는 히긴스(R. Higgins)가 편찬한 4권의 연간물이 있다. R. Higgins, *United Nations Peace-Keeping Documents and*

은 유엔이 수행했던 활동의 유형과 이들이 분쟁 해결 업무에 기여하는 바를 개괄하는 것이다. 미리 밝혀둘 점은 유엔이 설치한 다양한 평화유지조직을 분류하는 것이 어렵다는 것이다. 어떤 것은 시작부터 둘 이상의 기능을 수행할 의도를 가졌으며, 어떤 것은 활동기간이 십 년 이상 진행됨에 따라 각 시기마다 서로 다른 기능을 수행하는 경우가 여러 번이었다. 더욱이, 뒤에서 살펴 보겠지만, 이들 기능 자체들이 합쳐지고 겹치는 경향이 있다. 따라서 단순화로 인한 우려가 있지만, 다음과 같이 활동 형태를 구별할 수 있다.

감시임무는 분쟁지역에 유엔 요원들로 구성된 단체를 파견해서 이들이 현장에 주둔하고 있는 점 그리고 이들이 목격한 사항을 보고한다는 점을 인지하는 것만으로도 국경 침범 등 허가받지 않은 활동을 예방하는 효과를 가질 수 있다는 기대 하에 수행된다. 감시임무는 종종 다른 평화유지 기능과 결합되지만, 경우에 따라서 유엔 주둔군의 유일한 목적이거나 주된 목적이었다. 예컨대, 1958년 안보리가 시리아의 침입 의혹을 감시하기 위해 설치하였던 레바논 감시단(UNOGIL)은 전적으로 감시임무에만 관련되었지만, 1947년 유엔 총회가 설치한 유엔발칸특별위원회(UNSCOB)는 그리스 국경에서 감시단으로 활동하면서, 앞서 지적했듯이, 다수의 다른 기능을 수행하였다.

민감한 국경지역에서 관계를 개선하기 위해서는 감시임무 이상의 것이 필요하다. 레바논에서 UNOGIL의 역할을 확대하려는 시도는 실패했다. 그러나 유엔 감시단이 중동이나 카슈미르 지역과 같은 다른 지역에서 실무상 적극적인 역할을 수행하였다. 유엔정전감시단(UNTSO)은 앞서 언급하였던 팔레스타인 분쟁에서 중개자가 고안한 방식에서 발전하였다. UNTSO의 업무는 꾸준히 확대되어서 아랍-이스라엘 국경감시, 이와 함께 전투가 발발할 경우 사건 해결과 정전 교섭 임무도 갖게 되었다. 이보다 덜 어려운 상황에서, 인도-파키스탄 유엔군사감시단(UNMOGIP)이 1949년부터 현재까지 카슈미르에서 같은 기능을 수행하고 있다.

Commentary, Oxford, 1969–81. 최근의 활동에 대해서는 White, *The United Nations System* (n. 1) pp.161–97; C. Gray, *International Law and the Use of Force*, 2nd edn., Oxford, 2004, chs. 7 and 9 참조.

이러한 유형의 병력이 갖는 가치는 유엔중미감시단(ONUCA: UN Observer Group in Central America)의 활동에서 매우 분명히 파악할 수 있다.[43] ONUCA는 1989년 중미 지역 내 5개국의 요청에 따라 안보리가 설치하였다. 그 임무는 어느 국가라도 이웃 국가를 공격하지 못하도록 하고, 반군이 국경을 넘어 습격하지 않았는지 여부를 확인하며, 반정부군의 방송을 막는 것이었다. 상당한 기동력을 갖춘 국경 기동순찰대를 만들 의도였기에, ONUCA는 지프차, 헬리콥터, 고속정과 같은 장비를 갖추고 중남미 지역과 다른 지역 출신으로 약 600명의 규모를 갖추었다. 거의 동시에 유엔니카라과선거감시단(ONUVEN)이 선거 감시를 위해서 설치되었다. 다음 장에서 보겠지만, 이들 감시군을 창설한 것은 콘타도라그룹, 그리고 미주기구의 다른 회원국들이 참여했던 오랜 평화 교섭 과정의 정점이었다. ONUCA는 성공적으로 기능을 수행한 후 권한이 종료되었던 1992년 초까지 운영되었다.[44] 서반구에 배치된 첫 번째 주요 평화유지군으로서 ONUCA는 유엔과 지역기관 사이의 협력관계를 잘 보여주는 사례이다.

전투가 발발한 상황에서 제3자가 병력 철수 방식을 감독한다면, 정전 교섭이 더 용이해지는 경우가 종종 있다. 여기에 평화유지군이 수행할 수 있는 기능이 또 있다. 예컨대, 1963년 안보리는 유엔예멘감시단(UNYOM)의 창설을 허가하면서, 예멘 내전에 개입한 이집트와 사우디아라비아 군대의 철수를 감독하는 임무를 맡겼고, 2년 후에 카슈미르를 놓고 벌어진 인도와 파키스탄 사이의 3주간의 전쟁 후, 분쟁지역의 정전과 군대 철수를 감독하기 위해 유엔인도-파키스탄감시파견단(UNIPOM)을 설치하였다. 1988년, 아프가니스탄과 파키스탄에 유엔주선파견단을 설치하여 아프가니스탄에서 위와 유사한 기능을 수행하도록 하였다.[45] 비록 1988년 제네바 협정에 따라서 유엔주선파견단(UN Good Offices Mission)은 소련군의 전면 철수를 보고할 수 있었지만, 불간섭 약속을 모두 위반하게 되자, 감시기능을 수행할 수 없었고, 1990년 철수하였다.

---

43) White, *Keeping the Peace* (n. 1) pp.226-7.

44) ONUCA의 임무 종료 후, 장비와 인원은 유엔 엘살바도르 감시단(ONUSAL)에 이전되었고, ONUSAL이 지역평화 절차를 지속하고 있다. White, *Keeping the Peace* (n. 1) pp.226-7 참조.

45) White, *Keeping the Peace* (n. 1) p.223; (1988) 27 ILM 577 참조.

감시단 설치와 운영은 효과적으로 합의하고 이를 이행하려는 당사자들의 의지에 좌우되는 것이 분명하다. 이러한 조건이 존재하면 무엇을 달성할 수 있는지는 1994년 유엔아우주지대감시단(UNASOG: UN Aouzou Strip Observer Group)[46)]의 활동에서 찾을 수 있다. 이 소규모 감시단은 리비아와 차드의 요청에 따라 안보리가 설치했고, *Territorial Dispute* 사건의 ICJ 판결 이후 국경분쟁지역에서 리비아군의 철수를 감독하였다.[47)] 당사자들의 협력으로 이 감시단의 기능 수행은 성공적이었고, 평화유지군을 활용하여 ICJ 판결의 이행을 지원했던 구체적 실례가 되었다. 1982년 Falklands 위기는 갈등을 막기 위한 방법으로서 감시파견단의 활용을 고려했던 상황이었다. 여기에서 유엔감독 하에 아르헨티나 수비대가 철수할 수 있었다면 체면 유지 방법으로는 최고였을 것이다. 1990-1991년 쿠웨이트 위기시 사무총장이 이라크에 이와 유사한 제안을 했다. 그리고 쿠바 미사일 위기에서 검증 문제로 합의할 수 없게 되었을 때, 사무총장은 여러 가능성 중의 하나로서 미사일 제거 여부를 확인하기 위한 유엔감시단을 검토했었다.

군대 철수 이후에는 적대관계에 있는 군대가 분리되도록 해야 한다. 이미 기술했던 감시단들이 어느 정도 이러한 임무를 달성할 수 있지만, 관련된 임무는 상대적으로 소규모 집단들이 수행할 수 있는 감시와 감독의 범위를 넘어서는 경우가 종종 있기에 더 큰 규모의 군대를 배치하는 것이 필요하다. 국군에 비견되는 군대를 창설하는 것은 유엔의 역량을 넘어서는 일이고, 어쨌든지, 자국 영역에 그러한 군대를 배치하기 위한 필수적인 동의를 할 리가 거의 없다. 다행히도 그러한 방식은 필요하지 않다. 여기에서 필요한 것은 대규모 전투가 가능한 군대가 아니라, 민감한 국경지역을 점유해서 당사자 사이의 완충지대 역할을 하기에 충분한 크기의 집단이다.

이러한 집단이 유용했던 사례는 유엔중동긴급군(UNEF(UN Emergency in the Middle East) I)과 유엔키프로스평화유지군(UNFICYP)이다. UNEF I 사례에서 군대의 일차적

---

46) UNASOG 창설을 제안하는 사무총장의 보고서 문안 그리고 UNASOG 관련 안보리 결의 제910호와 제915호의 본문에 대해서는 (1994) 33 ILM 785 and 791 참조. 결의 제915호의 본문은 부록의 문서 H에서도 게재되어 있다.

47) *Territorial Dispute (Libyan Arab Jamahiriya/Chad)*, Judgment [1994] ICJ Rep. 6. 이 사건에 대한 논의로는 G.J. Naldi, Note (1995) 44 *ICLQ* 683 참조.

임무는 1956년 프랑스와 영국군이 이집트에서 철수하는 것을 감독하고, 1967년까지 이집트-이스라엘 국경을 순찰하는 것이었다. 1973년 전쟁 이후, UNEF II와 시리아-이스라엘 국경에서 유엔철수감시군(UNDOF)이 같은 기능을 수행하였다. UNEF II가 특히 중요한 이유는 이 군대의 주둔이 신뢰 분위기를 형성하는 데 기여한 결과 이집트와 이스라엘 간 평화협정이 1979년에 교섭되었다. UNFICYP의 경우, 키프러스에서 그리스인 공동체와 터키인 공동체 사이의 국경에 평화유지군이 주둔하였고, 비록 일부 제한적이지만, 이 섬의 긴장 완화에 크게 기여한 것으로 보인다.[48]

국내문제에 간섭하는 것이 유엔의 기능 중 일부가 될 수 없지만, 국가의 질서가 붕괴되어 외국이 개입할 위험성 때문에 국제적인 관심 사안이 되는 사태가 있다. 이와 마찬가지로, 국제적 해결 내용의 이행이 국내의 무질서로 인해 위협받는 상황이 있을 수 있다. 이러한 유형의 상황에서, 유엔군이 질서 재건 또는 유지라는 또 다른 목적을 위하여 배치될 수도 있다. 이러한 목적을 가진 활동 중 가장 대표적인 사례는 유엔콩고활동단(ONUC)이다.[49] 이 경우, 현지 군대의 반란 이후에, 벨기에 군대가 개입하였고 유엔군 파병은 당시에 매우 논란이 많았지만, 사태가 더 악화하는 것을 방지하는 데 중요한 역할을 하였다.

때때로, 특정 분쟁영역을 유엔에 이전해서 국제적 관리를 받도록 해야 한다는 제안이 있었다. 일반적으로 영구관리는 가능성이 없지만,[50] 분쟁지역의 주권이 바뀌는 과정의 일부로서 과도기적 방식이 더 실현 가능하다. 예컨대, 1962년 서이리안(West Irian) 영역은 인도네시아로 이양되기 전 7개월 동안 유엔이 관리하였다.[51] 이러한 방식의 장점은 네덜란드가 영토권을 주장하는 경쟁자에게 굴욕적으로 영토를

48) Higgins, *United Nations Peace-Keeping* (n. 42) vol. IV, Part 2. 나중의 발전상황에 대해서는 J. Theodorides, "The United Nations Peace-keeping Force in Cyprus (UNFICYP)"(1982), 31 *ICLQ* 765 참조.

49) Higgins, *United Nations Peace-Keeping* (n. 42) vol. III; G. Abi-Saab, *The United Nations Operation in the Congo 1960-1964*, Oxford, 1978 참조.

50) 자르(Saar) 지방은 제1차 세계대전 후 15년간 국제연맹의 관리를 받았지만, 유엔이 트리에스테와 예루살렘에 대해서 이와 유사한 방식을 실현하지 못한 점은 이러한 방식을 실행하는 데 필요한 강도의 지원을 획득하고 유지하는 것이 어렵다는 점을 방증한다.

51) Higgins, *United Nations Peace-Keeping* (n. 42) vol. II, Part 2; J. Leyser, "Dispute and agreement on West New Guinea"(1962-3), 10 *Archiv des Völkerrechts* 257 참조.

양도하지 않고 해당 영역을 떠날 수 있었다는 것이다. 물론, 이렇게 해결될 수 있었던 유일한 이유는 궁극적인 주권 문제가 이미 해결되었고 인도네시아가 기다릴 준비가 되어 있었기 때문이었다. Falklands 분쟁 초기 단계에 이와 유사한 해결방안이 제시되었을 때, 영국은 포클랜드 섬에 대한 책임을 이전하는 방식으로서 국제적 관리를 고려할 준비가 되어 있었는지 몰라도, 아르헨티나가 궁극적으로 자국의 요구사항이 충족되어야 한다고 고집한 결과 그러한 방식이 불가능했다.[52)]

1989년 유엔은 앞서 기술했던 두 가지 기능 요소를 결합한 군대를 설치하였다. 이것이 나미비아에 파견되었던 유엔나미비아독립지원단(UNTAG)이다. 나미비아의 독립계획은 일찍이 1978년에 수립되었으나[53)] 남아프리카공화국 정부가 나비미아에서 철수하기로 결정할 때까지 실행될 수 없었다. 당시 해결되어야 했던 사안은 나미비아의 독립 이행 과정을 감독하는 방법이었다. 특히, 당시 벌어졌던 전쟁과 정치적 억압 하에서 자유롭고 공정한 선거에 도움이 되는 조건들을 어떻게 만들 것인가에 관한 것이었다. 이러한 목적에서 6,000명의 강력한 UNTAG 군대가 설치되었다. UNTAG 군대는 나미비아에 주둔하는 동안 게릴라와 남아공 군대 간의 전투가 재발하는 것을 목격하였지만, 이러한 위기가 해소되었을 때, 신뢰를 회복할 수 있었으며, 1990년 독립민주정부가 집권할 수 있었던 선거를 준비할 수 있었다. 독립 이전 기간 내내 나미비아는 계속해서 남아공 당국의 관리를 받았다. 그러므로 이 경우는 진정한 의미에서 평화유지군이 국제적 관리를 시행하도록 요청 받았던 사례가 아니었다. 하지만, UNTAG가 나미비아의 독립 이행시 핵심적인 역할을 수행한 것, 그리고 전반적으로 자유롭고 공정했던 것으로 인정받았던 선거는 당시 상황에서는 괄목할 만한 성과였던 것은 분명하다.

1999년에 이러한 유형의 평화유지활동을 더 확장해서 유엔코소보임시행정부(UNMIK)와 유엔동티모르과도행정부(UNTAET)가 창설되었다.[54)] 두 상황 모두 국내 충

---

52) Murphy, *Control of International Violence* (n. 17) p.108; L. Freedman and V. Gamba-Stonehouse, *Signals of War: The Falklands Conflict of 1982*, London, 1990, ch. 18 참조.

53) Security Council Resolution 435 (1978). 이 결의문과 나미비아 문제에 관한 후속 문서로는 (1989) 28 ILM 944 참조.

54) 이러한 방식에 대한 논의로는 M. Ruffert, "The administration of Kosovo and East Timor by

돌에서 발생했고, 이미 외부의 간섭이 있었고 평화유지활동의 기능은 영구적인 방식이 마련될 때까지 임시로 영토관리와 제도적 틀을 마련하는 것이었다. 이러한 활동은 헌장 제7장에 따른 안보리 결의를 근거로 하였고, 유엔 관리 하에서 모든 국가 기능을 수행할 수 있도록 하려는 것이기에 안보리의 권한을 새롭게 해석한 경우에 해당한다. 나미비아에서의 활동이 '제2세대' 평화유지활동을 대표하는 것으로서, 군사적·인도적 활동을 초월해서 효율적인 정부를 수립하려는 것이었다면, UNMIK와 UNTAET는 훨씬 더 넓은 책임을 구체화한 '제3세대' 평화유지활동의 대표로 평가하는 것이 적절하다.[55)]

UNTAG, UNMIK, 그리고 UNTAET와 같은 활동은 평화 유지에 대한 소위 '통합적이고 평화적인' 접근방식을 반영한다.[56)] 여기에서는 충돌 당사자들을 설득해서 유엔의 주둔을 수락하도록 하는 것인데, 이는 카슈미르, 키프로스 등의 사태를 안정시킬 뿐만 아니라, 유엔군의 존재가 이행에 도움이 되는 해결안을 지지하기 위한 것이다.

서이리안 활동이 이러한 유형으로 개입한 선례였고, 냉전이 종식되면서 이러한 전향적인 시도를 추진하는 것이 점차 일반화되었다. 다른 사례로는 이미 언급했던 ONUCA와 ONUVEN이 있으며, 1991년 엘살바도르(ONUSAL), 1993년 라이베리아(UNOMIL) 그리고 1991년과 1995년의 앙골라(UNAVEN II 및 III)에서의 후속 활동이 있었다.[57)] 누구나 예상할 수 있듯이, 이러한 유형의 활동이 항상 성공적이지는 않았지만, 일부는 성공해서 중요한 발전 사례가 되었다.

반면에, 콩고 활동 및 아직 언급이 안된 최근 작전의 다수는, 이는 평화 유지에

---

the international community"(2001), 50 *ICLQ* 613; R. Wilde, "From Danzig to East Timor and beyond: the role of international territorial administration"(2001), 95 *AJIL* 583 참조.

55) Gray, *Use of Force* (n. 42) pp.210-15.

56) N.D. White, "UN peacekeeping: development or destruction"(1994), 12(1) *Int. Rel.* 129 at 137-49; N.D. White, *The Law of International Organizations*, Manchester, 1996, p.184 참조.

57) S. Morphet, "UN peacekeeping and election-monitoring" in Roberts and Kingsbury(eds.), *United Nations, Divided World* (n. 1) p.183; R Dreyer, "State building and democracy in second-generation peacekeeping operations" in D. Warner(ed.), *New Dimensions of Peacekeeping*, Dordrecht, 1995, p.147; J. Lewis, "Angola 1995: the road to peace"(1996), 13 *Int. Rel.* 81 참조.

대한 '준-집행적' 접근방식으로 불리며, 더 위험한 전개 양상을 보인다.[58] 이들의 경우, 전통적 의미의 평화 유지 요소들이 있지만, 유엔 활동이 자위권의 범위를 벗어난 무력 사용을 수반한다. 이는 헌장 제7장에 따른 집행조치에는 미치지 않지만, 일반적으로 평화 유지의 요건인 중립성, 협력, 그리고 동의와 양립하기 어렵다. 예컨대, 2013년에 안보리는 2010년 이래 활동하고 있었던 콩고민주공화국 내 평화유지파견단(MONUSCO)의 일부로서, '개입여단'을 설치해서, 책임범위 내에 '표적 공격 활동'을 포함시켰다. 같은 해 안보리는 말리파견단(MINUSMA)을 설치해서 '필요한 모든 수단'을 사용하여 권한의 일부를 수행하도록 허가하였고, 2014년에 안보리는 이와 비슷한 권한을 가진 중앙아프리카공화국파견단(MINUSCA)을 설치하였다.[59] 이들 파견단들이 관련 국가를 안정시키기 위해서 노력한 점은 칭찬할 만하지만, 약 20여 년 전에 보스니아에서 UNPROFOR를 활용하거나,[60] 소말리아에서 UNITAF를 활용하여[61] 공격적으로 평화유지를 시도했던 것을 다소 연상시킨다. 따라서 두 가지 평화 유지 형태 중에서, '통합적이고 평화적인 접근방식'이 '준-집행적' 접근방식보다 더 낫다는 주장이 있다.

위에서 언급했던 군대는 모두 안보리나 총회가 설치했고, 보통 사무총장이 조직하고 관리하였다.[62] 50개를 초과하는 국가들이 군 병력을 제공했다. 이들의 규모는 적게는 15명(UNASOG)에서 많게는 2만명(ONUC)으로 다양했다. 군대 경비는 규모와 지속기간별로 다양했고, 군대의 자금 조달은 계속적으로 어려운 문제였다. 유엔군의 창설과 운영을 둘러싼 헌장 상의 문제는 여기에서 다룰 수 있는 주제가 아니지

58) White, "UN peacekeeping" (n. 56) 149-58; M. Bertrand, "The confusion between peacemaking and peacekeeping" in Warner(ed.), *ibid.*, p.163; White, *The United Nations System* (n. 1) pp.161-5; Gray, *Use of Force* (n. 42) pp.217-27 참조.

59) 본문에서 언급된 세 건의 파견단에 관해서는 J.K. Cogan, "Stabilization and the expanding scope of the Security Council's work"(2015), 109 *AJIL* 324 at 330 참조.

60) V.Y. Ghebali, "UNPROFOR in the former Yugoslavia" in D. Warner(ed.), *New Dimensions of Peacekeeping* (n. 57) p.13.

61) S. Lalande, "Somalia: major issues for future UN peacekeeping" in Warner(ed.), *New Dimensions of Peacekeeping* (n. 57) p.69.

62) 첫 번째 평화유지활동이 발전했던 상황은 안보리의 역할을 줄이면서 총회의 역할을 확대하려는 경우 였다. 하지만, 1960년대 재정 및 조직의 위기 이후, 안보리가 중심을 잡는 것이 중요하다는 인식이 있었고, 이러한 중요성은 냉전 종식으로 더욱 커졌다.

만,[63] 평화유지활동은 헌장 제7장에서 상정한 집단적 안보활동으로서 아래에서 논의할 사항과 완전히 다르다는 점을 유념해야 한다. 오히려, 평화유지활동은 특정 사태에 대한 임기응변식 대응으로서 헌장상 근거가 별로 명확하지 않고, 이로 인해서 실무적이면서 이론적인 어려움이 발생하였다.

평화유지활동이 즉흥적으로 이루어졌다는 점 그리고 평화유지군 역시 급히 투입되는 경향이 있다는 점으로 인하여 그 효율성이 상당히 제한되었다.[64] 첫 번째 사항으로 인하여 특정한 활동범위에 대해서 혹은 심지어 그러한 활동의 정당성에 대해서 이견이 있고, 두 번째 사항이 의미하는 바는 평화유지군이 작전을 수행하는 지역의 국가가 전폭적으로 지지하지 않으면, 군대를 해당 지역에 유지시키거나 제 기능을 수행하도록 하는 데 어려움이 발생할 가능성이 높다는 것이다. 더욱이 냉전시대에 대다수의 평화유지활동은 소련과 미국이 전략적 이해관계를 갖는다고 여기는 세계 각 지역에서 수행되어야만 했다. 이러한 점에서 중동에서 수행한 활동의 수가 두드러진다. 그처럼 어려운 상황에서도 평화유지활동이 가능했다는 점은 긍정적이다. 동시에 미·소 간 경쟁구도로 인해서 유엔의 노력이 상당히 제한되었으며, 이미 언급했던 어려움을 더욱 심화시켰던 것이 분명하다. 반면에 UNTAG와 ONUCA는 안보리 이사국들이 한 목소리를 내는 경우 무엇을 달성할 수 있었는지를 보여준다.

제7장에 따른 조치

이미 언급했듯이, 헌장 제7장에 따라 안보리는 '평화에 대한 위협, 평화의 파괴

---

63) A. Cassese(ed.), *United Nations Peacekeeping: Legal Essays*, Alphen aan den Rijn, 1978; White, *Keeping the Peace* (n. 1) ch. 8 참조.

64) H. Wiseman, "The United Nations and international peacekeeping: a comparative analysis" in UNITAR, *The United Nations and the Maintenance* (n. 1) p.263 참조. 다른 제약 요소에 대해서는 I. Pogany, "The evaluation of United Nations peace-keeping operations"(1986), 57 *BYBIL* 357 참조. 브라히미 보고서(The Brahimi Report)에서 광범위한 평화유지활동 개선안을 제시했고, 현재 실행 중에 있다. The Brahimi Report, (2000) 39 ILM 1432. 그리고 이 주제에 관한 추가 논의로는 제12장 참조

또는 침략행위'가 있을 경우, 경제적 제재와 군사적 조치를 채택할 수 있으며, 특히 심각한 분쟁이나 사태에서 집행력을 갖는다. 이 책은 평화적인 분쟁 해결방법에 관한 것이기에 제7장에 따른 강제력 행사 권한 및 집단적 안보 개념에 대해서 전반적으로 분석하는 것은 적절하지 않을 것이다.[65] 그러나 어떤 면에서는 제6장의 역할을 파악하기 위하여, 또한 어떤 면에서는 냉전 종식 이래 제7장 규정의 실무적인 중요성이 갖는 파급력이 광범위해졌기 때문에 유엔헌장의 이 부분에 관하여 언급할 필요가 있다.

제7장을 작동시키기 위하여, 제39조는 안보리가 필요적 요건의 존재 여부를 결정하도록 규정하였다. 이러므로, 첫 번째 질문은 무엇이 '평화에 대한 위협, 평화의 파괴 또는 침략행위'인지 여부이다.[66] '평화에 대한 위협'이라는 용어는 매우 유연하게 해석되어서, 어느 한 국가가 다른 국가를 위협하는 명백한 사례를 넘어서 내전과 같이 국내 사태로서 국제적으로 파장이 있는 경우도 포함하게 되었다. 예컨대, 1961년 안보리는 콩고 내전의 성격을 이렇게 규정하였으며, 나중에 유고슬라비아(1991)와 라이베리아(1992)의 국내 충돌과 관련해서도 이와 유사하게 결정했다. 코소보와 동티모르(1999)에서의 '제3세대' 평화유지활동도 이러한 근거에서 제7장의 허가를 받았다. 반대로, '평화의 파괴'와 '침략행위' 용어는 국가간 무력이 사용된 사태로서, 현재까지 1982년 아르헨티나의 Falklands 침공 그리고 1990년 이라크의 쿠웨이트 침공 같은 사례에 한정되었다.

안보리가 제39조를 활용했던 방식을 조사해 보면 제7장 발동 여부는 법적 고려보다 정치적 고려에 좌우된다는 것을 극명히 보여준다. 따라서 유엔 시대에 수많은 국제전 그리고 국가간에 무력이 사용된 사례가 있었지만, 안보리는 그 중 소수에 대해서만 평화의 파괴로 규정했다. 거꾸로, 냉전 종식 이후 안보리가 적극적으로 활동하던 시기에는 평화에 대한 위협 개념이 내전의 범위를 초과하여, 리비아 사례

---

65) 이에 대해서 잘 개관한 것으로는 White, *The Law of International Organizations* (n. 56) ch. 7; A. Hurrell, "Collective security and international order revisited"(1992), 11 *Int. Rel.* 37; White, *The United Nations System* (n. 1) ch. 6; Gray, *Use of Force* (n. 42) chs. 7 and 8; A. Orakhelashvili, *Collective Security*, Oxford, 2011 참조.

66) White, *The Law of International Organizations* (n. 56) pp.172-4; Cogan, "Stabilization and the expanding scope" (n. 59) 109 *AJIL* 324 참조.

(1992)의 테러 지원과 아이티 사례(1993)의 민주주의 거부를 포함하여 확대되었다. 더욱 최근에 안보리는 중앙아프리카공화국의 안보 사태(2013), 아프리카의 에볼라 발발(2014), 그리고 시리아의 인도주의적 사태(2014)를 평화에 대한 위협으로 규정하였다. 그러나 헌장에서 안보리에 제재권한을 부여하고, 이들 권한을 활용하기 위한 조건을 정의하고 있지만, 이러한 절차는 전혀 자동적이지 않다. 제39조에 따라서 결정되려면 정치적 판단이 필요하기에, 제7장의 잠재력은 어떤 사태에서는 무시되고, 어떤 경우에는 특정 상황에 따라서 악용될 수도 있다.

제39조에 따른 결정이 내려지면, 안보리는 권고안을 제시할 수 있으며, 또는 제41조 및 제42조에 따라 국제평화와 안전을 유지하거나 회복하기 위해 어떠한 조치를 취할 것인지를 결정할 수 있다. 제41조에서는 '군대 사용을 수반하지 않는' 조치를 허용하는데, 주로 경제제재와 관련된다. 비록 이 조항 이면의 의도는 의무를 이행하지 않는 국가에 대해서 강제제재를 부과하려는 것이었지만, 실무상, 합의가 되지 않은 결과 종종 안보리는 자발적 (즉, 비의무적) 조치만 촉구하게 되었다. 예견되듯이, 이들 조치는 보통 실효적이지 않기에 제7장에 따라 안보리가 어떠한 사태를 고려하는 경우라도 정치적 요소가 최종적인 결정을 지배한다는 것을 보여준다.

그러나 다수의 사태에서 강제적 경제제재가 활용되었다.[67] 냉전기 동안 단 두 가지 사례가 1968년부터 1979년까지 남로디지아와 1977년부터 1994년까지 남아프리카에 있었다. 하지만, 안보리의 활동이 더 활발해지면서, 쿠웨이트 침공 이후 1990년 제재가 부과된 이라크, 1992년 유고슬라비아, 리비아 및 라이베리아, 그리고 1993년 아이티를 포함하여 여러 건이 더 있다. 조치는 상당히 다양하게 채택되었다. 남로디지아, 이라크 그리고 유고슬라비아는 전면적인 체제의 구속을 받았지만, 리비아와 아이티에 대한 조치는 더 선별적이었고, 한편으로 남아프리카와 라이베리아에 관한 유엔 제재는 무기 금수로 제한되었다. 이렇게 다양한 제재방식은 당연히 각 사태 간 차이점을 반영하였으며, 각각의 경우 어떤 제재가 적절한지에 대한 평가, 뿐만 아니라 안보리 내에서 경제제재를 지지하는 정도의 차이에도 영향을 미쳤다.

---

67) White, *The Law of International Organizations* (n. 56) pp.185-91; N.D. White, "Collective sanctions: an alternative to military coercion?"(1994), 12(3) *Int. Org.* 75 참조.

경제제재는 때때로 비교적 저렴한 비용으로 국가를 압박할 수 있는 방법이라고 생각되기 때문에 저비용이나 압박이 당연시 되어서는 아니된다는 점을 지적할 만하다. 제재체제가 효과적으로 집행되는 한도에서, 비용 부담이 공평하지 않게 되면서, 의무 불이행 국가뿐만 아니라 그 국가의 교역 상대국에까지 손해를 끼칠 수 있다. 따라서 해당 교역 상대국을 보상하는 방식이 필요하다. 제재로 가해지는 압박은 제재체제의 내용과 집행에 좌우되고, 또한, 제재 대상국이 얼마나 취약한지 여부에 좌우된다. 국가의 국력이 크게 약하지 않으면, 제재효과가 바로 나타나기 어렵고, 심지어 경제적 손해가 심각하고 즉각적인 경우라도, 일차적인 피해자는 의무 불이행 국가의 정부가 아니라 일반시민이 되기 마련이다. 따라서 안보리가 어느 국가를 기아에 빠뜨려 굴복시키려고 하는 것이 아니라면, '표적 제재'와 같은 다른 선택지를 고려해야 할 것이다.[68] 예컨대, 1999년 안보리는 결의 제1267호에서 탈레반(Taliban)/알카에다(Al-Qaeda)에 대해서 그러한 체제를 구축했고, 이러한 체제가 후속 결의에서 더 발전했다.

안보리가 군사적으로 제재할 수 있는 권한은 헌장 제42조에 근거하며, 이에 따라서 안보리는 '국제평화와 안전의 유지 또는 회복에 필요한 공군, 해군, 또는 육군에 의한 조치를 취할 수' 있다. 나아가 제43조는 회원국들이 유엔과 협정을 체결하고, 이에 따라서 필요하다면 자국 군대를 활용할 수 있도록 하였다. 이러한 방식으로써, 유엔이 상비군을 갖게 되는 효과가 있다. 하지만, 정작 동·서 진영 간 갈등 때문에 이러한 협정이 체결된 적은 없다. 그 결과 안보리는 자체 병력으로써 군 작전을 개시하기보다 회원국이 군작전을 수행하도록 권고하는 데 그쳤고, 회원국의 자발적인 병력 제공에 의존할 수밖에 없었다.

경제제재의 경우에서처럼, 군사조치는 냉전기에 별로 활용되지 않았다. 그러나 그 이후, 실행이 매우 달라졌다. 1950년 미국이 주도한 한국 작전이 냉전 이전 기간에 유일한 집단적 안보작전이었던 반면, 안보리가 재가동된 이후, 다양한 사태에서 헌장 제7장을 활용한 군 작전이 허가되었다. 그 예로는 이라크(1990), 소말리아

68) 표적 제재는 특정 개인의 활동을 제한해서 일반대중에게 피해를 야기하지 않도록 한다. White and Saul, "Legal means of dispute settlement" (n. 4) p.204 참조.

(1992), 보스니아(1993), 그리고 아이티(1994)가 있다. 문제되었던 조치는 쿠웨이트를 해방시키기 위하여 "필요한 모든 수단을 이용하거나"(1990년 결의 제678호) "아이티의 민주주의 회복을 위한 조건을 마련하도록"(1994년 결의 제940호) 권한을 넓게 부여한 것에서부터 더 제한적으로는 앞서 언급했듯이 평화유지와 집행을 결합하는 시도까지 다양하다. 제41조와 마찬가지로, 무력 사용이 결부된 제재의 범위는 다양한 사태와 이에 대한 안보리 이사국들의 지원 약속의 차이로 설명할 수 있다.

이러한 경험에서 얻을 수 있는 교훈은 무엇인가? 첫째, 군사조치는 경제제재와 마찬가지로 전방위 해결책이 아니며, 효과가 있으려면 그 목적이 분명히 정해지고, 군사적 해결책이 적합한 사태여야 하며, 적절한 군대가 투입되어야 한다는 점이다. 쿠웨이트 작전은 이러한 조건이 충족되면, 안보리로 하여금 해결책을 제시하고 침략자를 물리치도록 하는 제7장의 가치를 보여준다. 그렇지 않은 경우, 보스니아와 소말리아에서 경험했던 문제들은 어떤 일이 일어날 수 있는지를 보여준다. 두 번째 교훈은 안보리가 제7장을 많이 활용할수록 안보리 조치가 적법성을 갖도록 해당 조치를 면밀히 검토해야 한다는 것이다. 이는 안보리의 구성 그리고 현장파견 유엔군에 대한 통제, 뿐만 아니라 곧 다루게 될 사법심사(judicial review) 문제와 관련된다.

이제까지 기술했던 조치들은 모두 결정의 내용이 무엇이든지 제7장에 따른 안보리의 수권행위가 명확했다. 하지만, 때때로 국가들은 일방적으로 군사조치를 취하고 나서, 아주 믿기 어려운 방식으로 이전 결의안을 해석한 후, 그것을 기반으로 자신의 조치를 정당화한다. 예컨대 2003년 미국과 영국은 1999년으로 거슬러 올라가 쿠웨이트 해방 후 제시된 정전체제에 관한 일련의 결의안을 근거로 이라크 침공을 정당화하려고 하였다. 그리고 1999년 미국과 영국은 NATO의 다른 회원국들과 함께 코소보를 보호하기 위한 유고슬라비아 폭격을 정당화하기 위하여 안보리의 묵시적인 허가에 의존했다.[69] 하지만, 두 사례 모두 핵심적인 결의안에서는 무력 사용을 허가하지 않았고 해당 쟁점에 대해서 안보리 내 입장이 분명히 분열되었다. 이에 따라서, 안보리가 묵시적으로 무력 사용을 허가했다는 생각은 명백히 허구였다. 또

69) 이들 사례에 대한 논의로는 Gray, *Use of Force* (n. 42) pp.264-81 참조.

한, 이러한 궤변에 대한 매우 실제적인 반대의견은 만약 서방국가들이 묵시적 허가를 과도하게 주장함으로써 집단적 결정을 지속적으로 악용한다면, 안보리의 다른 이사국들이 제7장에 따른 어떠한 결의에도 찬성 투표하지 않을 것이고, 이로써 헌장의 이 부분이 완전히 무용지물이 된다는 것이다.[70)]

2011년 리비아와 관련하여 이와 다소 유사한 사태가 발생했다. 그 해에, 리비아 독재자 카다피(Qaddafi) 정부에 반대하는 무장반란이 있었다. 반란을 폭력적으로 진압하는 것에 대한 비난이 전세계적으로 확산되었고, 급기야 제7장에 따라서 안보리 결의 제1973호가 채택되었으며, 이 결의는 공격 위협으로부터 민간인과 민간인 거주지역을 보호하고 비행금지구역을 확보하기 위하여 '필요한 모든 수단'을 활용하도록 허가하였다.[71)] 그 직후, 미국, 영국, 프랑스의 임시연합군이 리비아 내 목표물에 대해 미사일 및 폭격기 공격작전을 개시했고, 이 작전은 나중에 NATO에 인계되었다. 이 경우에는 앞서 언급한 사례와 달리 무력 사용이 명확히 허가되었다. 그러나 연합군의 공습이 당시 반란군 지원에 활용되었고, 결국 카다피 실각에 이르게 되었다. 정권 교체가 연합국들의 정책목표였던 것이 분명했다. 그러나 이는 안보리의 허가범위를 초월하는 것이었기에 명백히 불법이었다.[72)] 따라서 이전 사례들과 같이, 이는 안보리의 권한을 악용한 또 다른 사례였다.[73)]

헌장에서 안보리는 집단안보체제의 중심이기에 이라크 침공 이후, 사무총장 코피 아난(Kofi Annan)은 고위급위원회를 설치하여 주요 유엔 기관들의 역할을 재평가하는 것과 함께 집단적 안전에 대한 새로운 생각을 제시하도록 하였다. 이 위원회의 보고서[74)]는 급진적 접근방식을 채택하여, 무엇보다 안보리가 무력 사용에 관하여

70) 추가적으로 White, *The United Nations System* (n. 1) pp.143-9; J. Lobel and M. Ratner, "Bypassing the Security Council: ambiguous authorisations to use force, ceasefires and the Iraqi inspection regime"(1999), 93 *AJIL* 124 참조.

71) C. Powell, "Libya: a multilateral constitutional moment"(2012), 106 *AJIL* 298.

72) G. Ulfstein and H.F. Christiansen, "The legality of the NATO bombing in Libya"(2013), 62 *ICLQ* 159.

73) 2012년에 다수의 국가들이 리비아의 경험을 이유로 시리아에 관한 안보리 조치를 허가하지 않았던 것을 놀랄 일이 아니다. S. Mohamed, "The UN Security Council and the crisis in Syria"(2012), 16 *ASIL Insights,* Issue 11 참조.

74) *A More Secure World: Our Shared Responsibility,* UN Doc. A/59/565. 또한 A.-M. Slaughter,

결정할 경우 따라야 할 지침으로서 다섯 가지 기준을 활용하도록 제안했다. 이에 대해, 사무총장은 자신이 제출한 보고서에서 위원회의 결론을 대체로 지지했다.[75] 하지만, 2005년에 개최된 유엔 세계정상회담에서 이러한 쟁점을 고려하여, 위원회가 제안했던 다른 사항인 '보호책임'(responsibility to protect)의 개념을 수락했지만, 위의 다섯 가지 기준은 수락되지 못했다.

제7장에 대한 논의를 마치기 전에, 무력 사용이나 경제제재를 포함하지 않는 여러 가지 조치의 근거로서 헌장의 이 부분을 활용하는 실행이 발달해 온 점을 언급해야 할 것이다. 따라서 1993년 5월 결의 제827호에서, 안보리는 구유고에서 국제인도법을 위반한 책임이 있는 개인들을 기소하기 위하여 국제재판소를 설치하였고, 이듬해 결의 제955호에서 이와 유사한 절차를 활용하여 르완다 국제형사재판소를 창설하였다. 이들 재판소는 개인에 대하여 형사재판 관할권을 행사하기 때문에 이들 재판소를 설치하는 것은 국가간 분쟁 해결에서 유엔이 수행하는 역할과 간접적으로만 관련된다. 하지만, 1991년에 안보리는 다시금 제7장에 따른 조치로서 결의 제687호를 채택하였고, 이 결의에서는 무엇보다도 국제위원회가 이라크와 쿠웨이트의 국경을 획정하도록 하였다. 일반적인 상황이라면, 앞서 살펴 보았듯이, 중재판정부나 경계획정위원회 등을 설치하는 것은 관련 국가들이 합의할 사안이다. 하지만, 이 경우, 쿠웨이트는 제7장에 따라서 활동하는 연합군에 의해서 해방되었고, 안보리는 쿠웨이트와 이라크 간 국경을 보장하기로 결정했다. 당시 국경이 확정되지 않았기 때문에 안보리가 구속력 있는 경계 획정을 할 수 있는 절차를 수립하는 것은, 비록 이례적이었지만, 안보리가 국제평화와 안전을 유지할 책임을 합법적으로 수행한 것으로 간주할 수 있다.

"Security, solidarity and sovereignty: the grand themes of UN reform"(2005), 99 *AJIL* 619 참조.

75) *In Larger Freedom: Towards Development, Security and Human Rights for All,* UN Doc. A/59/2005. 또한 C. Gray, "A crisis of legitimacy for the UN collective security system?"(2007), 56 *ICLQ* 157 참조.

정치기관의 결정은 법적 분쟁의 대상이 되는가?

안보리 등 정치기관들의 결정이 ICJ에서 분쟁 대상이 될 수 있는지 여부는 복잡하고 예민한 질문이다. 국가들이 유엔을 상대로 제소하거나, 그 결정에 대해서 직접 반대할 권리는 없지만, 권한 남용 문제는 권고적 의견이나 쟁송사건 모두에서 발생할 수 있다. 예컨대, *Lockerbie* 사건의 중요한 쟁점은 안보리가 제7장에 따라서 결의를 채택할 때 합법적으로 행동했는지 그리고 ICJ가 이 문제를 검토할 권한이 있는지 여부였다. 분쟁 대상이 된 결의는 리비아가 두 명의 테러 용의자들을 인도하도록 강제하기 위한 것이었고, 합법성에 관한 사항은 리비아가 ICJ 규정 제41조에 따라 잠정조치(intrim protection)를 요청했던 1992년에 처음 제기되었고, 그 후 ICJ가 청구의 수리적격성과 관할권 문제를 다루었던 1998년에 재차 제기되었다.

이들 절차의 배경은 다소 이례적이다. 리비아가 테러 용의자로 지목된 자국민 2명의 인도를 거부하자, 미국과 영국은 이 문제를 안보리에 회부하였고, 안보리는 1992년 1월 결의 제731호를 채택하여 리비아의 협력을 촉구하였다. 그러자 리비아는 미국과 영국을 상대로 ICJ에 소송을 개시하여, 자국이 1971년 몬트리올 협약에 따른 의무를 준수하였다는 점에 대해서 확인판단을 구하면서, 동시에 잠정조치를 신청하였다. 하지만, 이 신청에 대한 구술변론 종결 후 3일째에 안보리는 결의 제748호를 채택하였다. 이 결의는 결의 제731호와 달리 명시적으로 헌장 제7장을 원용하였으며, 리비아가 테러를 포기하지 않는 것은 국제평화와 안전에 대한 위협이라고 하면서 리비아가 그 이전의 결의를 준수해야 한다고 규정하였다. 또한, 결의 제748호는 경제제재를 부과하였고, 이 제재는 안보리가 판단할 때, 리비아가 이러한 지시사항을 준수할 때까지 적용되도록 하였다.

ICJ는 리비아의 잠정조치 신청을 기각할 수밖에 없다고 결정했다.[76] 헌장 제25조에 따라서 회원국들은 안보리의 결정을 이행할 의무가 있으며, ICJ는 이러한 의무가

76) *Questions of Interpretation and Application of the 1971 Montreal Convention Arising from the Aerial Incident at Lockerbie*, Provisional Measures, Orders of 14 April 1992 [1992] ICJ Rep. 3 and 114. F. Beveridge, "The Lockerbie affair"(1992), 41 *ICLQ* 907 참조.

결의 제748호에 포함된 결정으로 일견 확대되었다고 판단하였다. 더욱이 헌장 제103조에 따라서 이러한 의무는 몬트리올 협약을 포함하여 다른 어떠한 국제협정 의무보다 우선한다. 따라서 ICJ는 "몬트리올 협약에 따라 리비아가 주장하는 권리는 현재 잠정조치를 내려서 보호하기에 적절한 것으로 간주할 수 없다"고 결론 내렸다.[77)]

ICJ는 이 점에 관해서 만장일치였고, 이는 불가피했던 것으로 보인다. 안보리가 제7장에 따른 조치를 취했을 때, 리비아의 신청을 인용하는 경우, 결의 제748호가 헌장 위반이라는 판단이 필요했을 것이다. 이러한 문제를 다루는 ICJ의 권한이 무엇이든지 간에 부수적 소송절차에서 이들을 어떻게 제대로 다룰 수 있을 것인지는 가늠하기 어렵다. 그러므로 *Lockerbie* 사건의 상황은 안보리 조치에 대해서 직접 이의 제기했던 경우이고, 따라서 제41조에 따른 앞의 사례들과 전혀 다르다. 하지만, 일년 후 이에 비견되는 사건이 발생했고, 이 때 보스니아는 *Genocide Convention* 사건의 두 번째 신청에서, 안보리 결의 제713호로 구유고에 부과한 무기 금수와 반대될 수 있는 몇 가지 잠정조치를 신청하였다. 여기에서, ICJ는 이러한 측면의 신청은 1948년 집단살해협약(Genocide Convention)에서 규정하고 있는 자신의 관할권 범위를 벗어난다고 판시함으로써 이 점을 다루지 않을 수 있었다.[78)] 하지만, 이 쟁점을 직접 다루어야 했다면, ICJ는 *Lockerbie* 사건에서와 똑같이, 헌장 제103조를 근거로 보스니아의 신청을 기각했을 것이라는 점은 의심할 여지가 거의 없다.

1998년에 ICJ가 *Lockerbie* 사건에서 청구의 수리적격성 및 관할권과 관련된 다양한 쟁점을 고려했을 때, ICJ는 자신에게 관할권이 있다고 판시했지만, 결정의 근거를 매우 좁게 파악함으로써, 안보리 조치의 적법성 심사를 회피하였다.[79)] 이로 인해서 ICJ가 최종적으로 본안 사항을 결정할 때, 자신의 재심권한 행사 여부를 고려할 가능성은 여전히 남아 있었다. 하지만, 결국 이 사안은 검토되지 않았다. 왜냐하면, 두 용의자를 네덜란드에 자리잡은 스코틀랜드 형사법원에서 재판하기로 합의되

77) [1992] ICJ Rep. 15, para. 40.

78) [1993] ICJ Rep. 344-5, para. 41.

79) [1998] ICJ Rep. 9 and 115. P.H.F. Bekker, Note (1998) 92 *AJIL* 503; F. Beveridge, Note (1999) 48 *ICLQ* 658 참조.

었기 때문이었다. 기소된 자 중 한 명이 유죄판결을 받고 수감된 후, 리비아는 Lockebie 참사에 대해 배상금을 지불하기로 동의했고, ICJ에 계류되었던 사건은 2003년에 철회되었다.

물론, ICJ가 중간에 철회되었던 *Lockerbie* 소송절차에서 안보리 조치를 문제삼지 않았다고 해서, ICJ가 안보리 조치를 문제삼을 수 있는 상황이 전혀 없다는 것을 의미하지 않는다. 사실상, 일단 안보리가 다른 국제기구와 마찬가지로 국제법에 구속된다는 점을 인정한다면, ICJ의 역할에 관한 문제가 제기되는 것은 아주 자연스럽다. 이에 따라서, 1992년과 1998년에 *Lockerbie* 사건에서 다수의 재판관들이 각자의 개별의견에서 이 점을 다루었던 것은 놀랄 일이 아니다. 뿐만 아니라, 이것이 재판에서 논의되었던 것이 처음도 아니었다.[80] 하지만, 여기에서 복잡한 쟁점으로 인한 혼란을 피하려면 ICJ가 사법심사 권한을 갖는지 여부, 그러한 권한을 갖는 경우, 정치기관의 결정 중 어느 측면을 재심 대상으로 삼을 수 있는지 여부, 그리고 마지막으로 그러한 결정과 관련해서 적용할 수 있는 재심 기준은 무엇인지의 세 가지로 문제를 구분해야 한다.[81]

첫 번째 문제와 관련해서, 유엔헌장이나 ICJ 규정 어디에서도 정치기관의 활동을 재심할 권한을 명확히 부여한다는 내용이 없다. 하지만, 이와 마찬가지로 그러한 재심을 명시적으로 금지하는 규정도 없다. 그러므로 이 문제에 대한 답은 ICJ의 실체적 관할권과 관련된 ICJ 규정에서 이러한 권한이 묵시적으로 인정되는지 여부에 좌우된다. 제6장에서 ICJ의 쟁송관할권은 국제법의 모든 문제에까지 확장되고, ICJ의 권고적 관할권은 어떠한 법적 문제라도 대상으로 한다고 했던 점을 기억할 것이다. 위에서 언급했듯이, 정치기관들이 국제법에 구속된다는 점이 인정된다면 이들 기관들이 내린 결정이 유효한지 여부에 관한 문제는 분명히 법적 문제이고, 따라서 ICJ 규정상 다른 요건들이 충족된다면 재심 대상이 된다.

---

80) 예컨대, *Namibia* case [1971] ICJ Rep. 16; *Expenses* case [1962] ICJ Rep. 151 참조. 이들 사건에서 이 문제의 여러 가지 측면이 ICJ와 개별 재판관의 견해에서 다루어졌다.

81) 이들 질문에 대해서 더 자세한 검토로는 D. Akande, "The International Court of Justice and the Security Council: is there room for judicial control of decisions of the political organs of the United Nations?"(1997), 46 *ICLQ* 309 참조.

원칙적으로 사법심사의 여지가 있다고 가정하더라도, 정치기관이 내린 결정 중 어떠한 측면을 심사 대상으로 할 수 있는지에 관한 문제는 아직 결정된 바가 별로 없고, 이에 대해서 상이한 견해가 제시되어 있는 상태이다. 앞서 살펴 보았듯이, *Lockerbie* 사건과 *Genocide Convention* 사건에서는 헌장 제7장에 따른 안보리의 권한 행사와 관련해서 문제가 제기되었고, 비록 다른 맥락을 상정할 수 있더라도 이러한 상황이 특히 중요하다. 법적 기준을 갖고서 결정하는 것과 정치적 감각이 필요한 결정을 구분하는 것이 핵심이라는 주장이 있다. 따라서 어떤 사태가 평화에 대한 위협, 평화의 파괴 또는 침략행위를 구성하는지를 제39조에 따라서 안보리가 결정하는 경우 이러한 결정은 재심 대상이 될 수 없고, 이와 동일하게 특정 조치로써 평화를 회복하거나 유지할 가능성이 있다거나, 그러한 조치가 필요한지 여부에 관한 결정 역시 재심 대상이 될 수 없다는 주장이 설득력 있게 제기되었다.[82] 반대로, ICJ는 이러한 것들이 본질적으로 정치적인 평가에 해당하기에 문제삼을 수 없지만, 국제법의 기본원칙을 위반하거나 다른 면에서 안보리의 권한을 벗어난다는 이유 때문에 안보리가 그러한 조치를 취할 수 없다고 주장할 수도 있다.

재심 기준은 다른 법원에서 적용되는 기준과 마찬가지로[83] ICJ가 정치기관의 조치를 평가할 때 어느 정도로 해당 기관을 존중해야 할지에 관한 결정을 포함한다. 이에 대해 판례법에서 어느 정도 지침을 구할 수 있는데, 예상할 수 있듯이, 판례법에서는 해당 조치가 유효하다고 일견 추정한다.[84] 이는 문제된 조치에 대해서 이의를 제기하고자 하는 국가에 증명책임을 부과하는 효과를 가지며, 돌발적인 ICJ 결정 없이 안보리가 자신의 기능을 수행할 수 있도록 하고, 양 기관의 갈등이 지속되는 위험을 피할 수 있도록 한다. 이러한 이유로 인해서 ICJ가 재심 기능을 수행할 수 없는 것이 아닐 뿐만 아니라 적절한 경우에 권한범위를 초월하여 결정하는 것이 금지되지도 않는다. 하지만, 그러한 사례는 예외적일 것이다.

---

82) *Ibid.*, 336-41.

83) 예컨대, 유럽인권재판소의 '재량권 한계'이론을 적용하는 경우를 말하며 이에 대한 검토는 J.G. Merrills, *The Development of International Law by the European Court of Human Rights*, 2nd edn., Manchester, 1993, ch. 7 참조.

84) Akande, "The International Court of Justice and the Security CoundI" (n. 81) 341.

이제까지 언급했던 것에서 볼 때 명확한 것은 사법심사에 관한 쟁점이 어려운 문제를 제기하고 있으며, 현 단계에 이에 대한 어떠한 답도 완전하지 않다는 점이다.[85] ICJ는 정치기관도 다루고 있는 사안에 대해서 절차를 진행할 자격이 있고, 앞에서 보았듯이, ICJ는 이 점을 수차례 강조했던 것이 분명하다. 그러나 이들 기관이 내린 결정을 문제삼을 권한은 헌법적 쟁점으로서 유엔이라는 국제제도의 핵심을 다루는 것이기에 여전히 논란이 많다. 정치기관이 다루는 사항을 ICJ도 다룰 수 있다는 점에 대해서 ICJ는 법적 절차와 정치적 절차는 상호 보완적이라고 했던 점을 기억할 것이다. 위에서 개괄한 사법심사에 대한 접근방식이 사법적 권위 면에서 아직은 그 정도로 지지받지 못하고 있다고 해도, 출발점이 되는 가정의 전제는 동일하다.

유엔의 실효성

분쟁 처리 기관으로서 유엔의 실효성을 평가하려면 전혀 별개인 두 질문, 즉 유엔이 국제분쟁에 얼마나 정기적으로 관여하는지, 그리고 유엔이 관여하는 경우, 유엔이 참여한 결과 어느 정도 성공적으로 해결되었거나 해결되도록 장려했는지를 조사할 필요가 있다.[86]

안보리에 문제를 제기할 수 있는 사무총장의 권한은 거의 활용되지 않았기 때문에 대부분의 분쟁은 당사국이나 제3국이 유엔에 제기한다. 분쟁 제기는 양 당사자

---

85) 이 사안에 대해서 다른 견해로는 예컨대 W.M. Reisman, "The constitutional crisis in the United Nations"(1993), 87 *AJIL* 83; J.E. Alvarez, "Judging the Security Council"(1996), 90 *AJIL* 1; K. Skubiszewski, "The International Court of Justice and the Security Council" in V. Lowe and M. Fitzmaurice(eds.), *Fifty Years of the International Court of Justice*, Cambridge, 1996, p.606 참조.

86) 역사적 변천을 보여주는 광범위한 조사로는 다음 문헌 참조. F.S. Northedge and M.D. Donelan, *International Disputes: The Political Aspects*, London, 1971; J.G. Ruggie, "Contingencies, constraints and collective security: perspectives on UN involvement in international disputes"(1974), 28 *Int. Org.* 493; E.B. Haas, "The collective management of international conflict, 1945-1984" in UNITAR, *The United Nations and the Maintenance* (n. 1) p.1; Parsons, *From Cold War to Hot Peace* (n. 42).

가 할 수 있지만, 일방 당사자가 유엔의 개입을 구하고, 타방 당사자가 그에 반대하는 것이 더 일반적이다. 제3국은 일방 당사자를 대신하여 제기할 수 있다. 예컨대, 이 경우는 유엔 비회원국이 분쟁에 결부되는 경우이다. 한편, 당사자들 자신들이 유엔에 회부할 의사가 전혀 없는 분쟁에 대해서 제3국이 우려해서 분쟁을 회부할 수도 있다. 결과적으로, 분쟁을 제기할 만한 동기부여가 없기에 다수의 분쟁은 유엔에서 전혀 다루지 않게 된다. 반면 유엔이 다루게 된 분쟁 중에서, 유엔 차원에서 내린 조치의 범위 그리고 종국적으로 그 효율성은 분쟁의 성격과 분쟁이 유엔에 회부된 상황에 상당 부분 의존하기 쉽다.

안보리 상임이사국이 결부된 대치 국면은 유엔이 기껏해야 미미한 역할밖에 수행하지 못하는 극명한 분쟁사례이다. 이 경우 사무총장이나 제3국에 의한 중개는 지극히 어렵다. 총회가 제안하는 조치는 효과적으로 이행될 수 없는 반면, 안보리의 조치가 제한적이지 않으면 무엇이라도 거부권 행사로 차단될 수 있다. 그 결과로서, 이러한 유형의 분쟁은 1958년부터 1961년 사이 베를린에 관한 분쟁에서와 같이 유엔에 회부되지 않거나 설령 회부된다고 해도 1962년 쿠바 미사일 위기에서와 같이 유엔은 당사자 각자의 주장만 울리는 발언대가 되고, 사무총장을 포함하여 제3자에게 영향력을 행사할 기회를 주지만, 이것말고는 실질적으로 화해 타결에 기여하는 것은 별로 없다.

대치 국면과 밀접하게 연결되며, 이에 못지않게 개입을 차단하는 분쟁은 강대국들이 생각하기에 자국의 이익과 직접 관련되고 유엔의 조치가 있으면 그러한 이익을 추구할 수 없다는 것들이다. 예컨대, 이러한 경우는 강대국들이 특별한 전략적 이익이 결부된 지역 내에서 패권주의자로서 행동한다고 주장할 때이다. 1956년 수에즈에서 영국과 프랑스, 그리고 나미비아에 대한 남아프리카는 유엔의 조치를 차단할 수 없었지만, 냉전시대에 미국과 소련은 이들보다 정치적 입지가 훨씬 더 강력했다. 따라서 소련이 1956년 헝가리, 1968년 체코슬로바키아에 개입한 것이 모두 유엔에서 제기되었지만, 실제로 유엔이 이들 사안에 깊이 관여할 여지가 없었다. 미국과 중남미 지역 국가들의 관계는 직접 비교할 사항이 아니지만, 여기에서도 지역 내 주도국들이 결부된 분쟁을 유엔에서 논의하려는 노력에 대한 반대가 보통 강력하였고 효과적이었다.

패권주의자로서 하는 요구는 유엔을 배제하는 가장 명확한 분쟁사례이지만, 이것이 유일한 사례는 전혀 아니다. 사실상, 40년 이상 동안 미국과 소련은 전 세계적으로 권력과 영향력을 얻기 위해 다투었고, 그 결과 거의 모든 분쟁이 세계기구인 유엔 이외에서 다뤄져야 할 핵심적 이해관계 사안으로 간주될 수 있는 상황을 초래했다. 따라서 극히 최근까지도 분쟁 해결 분야에서 유엔이 취할 수 있는 조치의 범위는 실행상 유엔의 관여에 대해서 반대가 없거나, 더 드물게는, 미·소 양국이 유엔의 개입을 긍정적인 이익으로 간주했던 사태에 한정되는 경향이 있었다.

유엔은 어떤 종류의 분쟁을 다루는가? 일반화하기는 어렵고, 유엔이 관심을 두는 분쟁의 유형은 유엔 내의 정치적 세력균형의 변화에 따라 다양했다. 하지만, 분명한 것은 수년간 유엔이 가장 적극적으로 개입했던 사례의 핵심 문제가 비식민화 혹은 그와 관련된 쟁점이었다. 따라서 평화유지활동을 예로 들자면, 키프로스, 콩고, 서이리안, 카슈미르, 예멘, 그리고 나미비아가 모두 이러한 사례에 해당되며, 기억하겠지만, 영국의 팔레스타인 위임통치 종료 이후 만들어진 이스라엘에 오랫동안 관여했던 것은 본질적으로 근원이 이와 유사하다.

위의 분류에 해당되지 않는 사례로는 소련의 아프가니스탄 철수, 중미 위기, 그리고 이란-이라크 전쟁이 있다. 앞서 살펴 보았듯이 처음 두 사태에서는 평화유지군 배치를 포함하여 세 차례 모두 상당한 수준의 유엔 개입이 있었다. 이는 냉전기 동안에도 유엔이 다른 유형의 사태에서 조치를 취할 수 있다는 점을 보여 주지만, 이들 사례의 특수성 특히 초강대국의 입장에 주목해야 할 것이다. 아프가니스탄 사례는 소련의 침략으로 대규모 국제적인 위기가 발생했던 경우로서, 총회는 1980년에 첫 번째 결의를 통과시켰다. 그러나 소련이 철수 준비를 마치고 나서야 해결 가능성을 탐색할 수 있었다. 이와 유사하게 미국이 니카라과에서 콘트라 반군의 명분을 포기하기로 결정했을 때에 비로소 유엔중미감시단(ONUCA) 창설이 가능했다. 따라서 이들 사례에서, 유엔의 개입은 패권국이 이해관계를 어떻게 재평가할지에 좌우되었다. 이란-이라크 전쟁은 약간 다른데, 그 이유는 초강대국 중 어느 쪽도 직접 관여하지 않았기 때문이다. 그러나 이 경우, 갈등이 확대되어서 해당 지역의 다른 국가들이 휩쓸리게 될 위험이 있기까지 안보리가 조치를 취할 유인동기가 전혀 없었다. 이러한 위험이 미국을 끌어들이고, 아마도 소련까지 끌어들일 수 있었기에 1987년 경 양국은 전쟁을 중지시키는 것이 자신들에게 이익이 된다고 인식했다.

냉전 종식은 동·서 간의 적대적 대립으로 인한 마비상황을 제거함으로써 유엔이 개입할 수 있는 분야를 확대하는 효과를 가져왔다. 아울러, 동유럽에서 소련의 패권이 종식되고 소련 자체의 분열로 인해 주목을 끄는 새로운 문제가 다수 발생하였다. 이들 효과 중 첫 번째는 1990년 쿠웨이트 침략으로 인하여 안보리가 즉각 대응했을 때 순식간에 드러났다. 이러한 경우는 이 직전까지만 해도 생각도 할 수 없었다. 또한 유엔이 계속해서 이라크에 관여하고 앙골라와 캄보디아와 같은 지역에 개입할 의지를 보였던 것도 이와 유사하게 설명할 수 있다. 새로운 문제로서 대표적인 예시 경우는 구유고 사태인데, 민족간 대결에서 발생한 내전으로 유엔이 보스니아에 개입하였다. 보스니아 내전은 조지아와 같은 구 소련 일부에서 발생하게 될 위기상황의 전조였다.[87)]

따라서 유엔의 관심사항이었던 분쟁 해결 분야는 1945년 이후 시기에 주요 정치세력들이 규정했다. 하나는 미국과 소련 사이의 긴장으로 인해서 대규모 분쟁집단에서 유엔이 배제되었으면서도, 유엔은 다른 분쟁에 개입하는 것이 허용되거나, 개입하도록 요청받았다. 다른 하나는 비식민지화 과정으로 인해서 유엔의 정치적 복합관계가 바뀌었고, 이것이 유엔의 주요 관심사항이 되었다. 세 번째는 냉전 종식으로 새로이 협력할 가능성이 열렸으나, 이와 동시에 새로운 우려사항이 발생했다. 이러한 정치적 요소에 다음 장에서 다룰 지역적 기구 형태의 중요한 제도적 발전 그리고 국내적 관할권 형태의 전통적인 제약을 추가하면, 유엔이 분쟁 해결에 개입하는 모습이 보이기 시작한다.

효율성에 관한 두 번째 질문에 답하려면 유엔의 성공사례, 부분 성공사례, 그리고 실패사례를 고려해야 한다.

동·서 긴장으로 인해서 유엔의 집단적 안보체제는 심하게 훼손되었다. 따라서

87) M. Webber, “Coping with anarchy: ethnic conflict and international organisations in the former Soviet Union”(1996), 13(1) *Int. Rel.* 1.

냉전기 동안 예외적인 경우를 제외하고, 헌장 제7장의 제재 관련 규정은 사문화되었다. 동시에 외교적 인질 위기, 이란-이라크 전쟁, Falklands 분쟁 등 위기에서 안보리 결의가 무시된 것은 집단적 의견의 힘이 적절한 대안이 아니라는 점을 보여주었다. 더욱이 일부 쟁점의 경우, 유엔 내의 불화로 인해서 분쟁 해결을 위한 조치를 유엔 바깥에서 취해야 하는 사태가 발생했다. 예컨대 캠프데이비드 협정(Camp David Agreement)은 안보리에 전혀 회부되지 않은 채 이스라엘, 이집트 그리고 미국이 체결하였다. 더욱이 이 협정으로 인해서 1982년에 상당히 의미 있는 발전으로서, 3,500명의 강력한 평화유지군인 다국적군과 감시단(MFO: Multinational Force and Observers)이 창설되었지만, 이 역시 유엔과 무관하였다.[88]

제7장의 재활성화는 분쟁 관련 유엔 활동 중 일면에 불과하지만, 처음으로 경제적 그리고 군사적 강제를 실제 활용하기로 선택했다는 것을 의미하였다. 두 가지 방법이 이라크의 쿠웨이트 침략시 효과적으로 활용되었지만, 이들 방식의 한계 또한 분명하며, 이들이 갖는 복잡한 파급효과를 고려할 때 이를 최후수단으로써 고려하지 않는 것은 잘못일 것이다. 또한 유엔의 효율성이라는 맥락에서 의미가 있었던 것은 유엔의 노력과 지역기구의 노력을 결합하려는 최근의 경향이었다. 따라서 아이티에서 안보리가 경제제재를 부과하기 앞서 미주기구(Organization of American States)의 조치가 있었고, 보스니아에서 EC와 공동으로 외교적 노력이 수행되는 동안, NATO를 활용해서 군사적 지원을 공급했고, 중미에서는 ONUCA와 ONUSAL 모두 지역 내에서 주도적인 역할을 시작하였다.[89] 다음 장에서 살펴 보듯이, 지역과 유엔의 활동을 조절하기 위해서는 해야 할 일이 많이 남아 있지만, 이미 유엔의 효율성에 기여한 바 있다.

코소보와 동티모르의 임시행정기관 창설에서 드러나듯이 제7장을 재활성화하여

---

88) 이집트와 이스라엘 간에 MFO를 설치하기로 한 의정서에 대해서는 (1981) 20 ILM 1190 참조. 이에 대한 논의로는 R.W. Nelson, "Peacekeeping aspects of the Egyptian-Israeli Peace Treaty and consequences for United Nations peacekeeping"(1980), 10 *Denver J Int. L and Pol.* 113 참조.

89) 국제기구간 협력의 다양한 사례에 대해서는 A.K. Henrikson, "The growth of regional organisations and the role of the United Nations" in L. Fawcett and A. Hurrell, *Regionalism in World Politics*, Oxford, 1995, p.122 at pp.142-59; Gray, *Use of Force* (n. 42) ch. 9 참조.

유용한 조치를 내릴 수 있는 기회를 계속 제공한다고 해도, 그 반대의 모습으로서 안보리 이사국들이 어떠한 쟁점에 대해서 분열된다면 유엔을 통한 조치는 불가능해진다. 그러한 상황에서 다음 두 가지 중 하나가 발생할 것이다. 전혀 아무런 조치도 취하지 않거나 개별 회원국이 일방적 조치를 취하면서, 아마도 앞서 살펴 보았듯이 이전에 표시되었던 안보리의 우려사항을 사실과 맞지 않게 정당화 사유로 인용할 것이다. 예컨대 NATO가 코소보에 개입했던 1999년은 유고슬라비아에 대한 제7장의 조치가 공식적인 비난에 그칠 것이 명확해졌던 때였고, 2003년 침략으로 정점에 도달했던 미국과 영국의 이라크에 대한 군사행동은 정권 교체를 이루려는 욕구와 함께 이라크의 무장 해제를 감독하는 안보리 방식에 대한 조바심을 반영했다. 코소보와 이라크는 둘 다 안보리 결의의 주제였다는 점으로 인해서 공격자들은 묵시적 권한에 관한 허울 좋은 주장을 개진할 수 있었지만, 객관적으로 보았을 때 이것들은 안보리 허가 없이 취해진 집행조치였으며, 그 자체로 헌장을 위반하였다.

이러한 평가의 결론은 무엇인가? 이 장의 서두에서 언급했듯이 평화와 안전 분야에 대한 유엔의 책임은 무력충돌을 종결하고 국제분쟁의 당사자들이 평화적인 수단으로 자신들의 이견을 해결하도록 지원하는 것이었다. 1945년 이래 국제문제에 대한 관측자들은 갈등이 발생할 때마다 유엔이 이를 성공리에 종결했다고 결론내릴 수 없겠지만, 유엔이 평화유지활동이나 그 밖의 다른 방법을 통해서 때때로 갈등 종식에 상당한 기여를 했다는 것을 부인하기 어려울 것이다. 분쟁 해결 지원에 관한 한 세 주요 기관 모두 성공을 거두었으며, 그 성과를 판단할 때, 사무총장의 조용한 외교는 그 성격상 외교적 기록에 흔적을 남기지 않는 경우가 종종 있을 것이라는 점을 이해하는 것이 중요하다. 그러나 때때로 성공했던 적이 있었다고 해도, 앞서 언급했던 사례와 유엔이 거의 영향을 미치지 못한 분쟁으로는 아랍-이스라엘 분쟁, 카슈미르, 키프로스, 레바논과 같이 다년간 지속된 분쟁사례를 기억해야 할 필요가 있다.

부트로스-갈리(Boutros-Ghali) 사무총장은 1992년 안보리에 제출한 보고서 '평화를 위한 의제'(*An Agenda for Peace*)[90]에서, 예방적 외교, 평화 유지, 평화 조성 및 전후

90) SC Doc. S/24111, 17 June 1992. 본문은 (1992) 31 ILM 953; *Supplement to Agenda for Peace,*

평화 구축 분야에서 유엔의 잠재적 역할을 검토하였다. 기록에서 볼 때 지금까지의 노력은 주로 처음 두 가지 활동에 집중되었고, 여기에서 또한 상당 부분이 달성되었다. 따라서 유엔은 근본적인 문제를 다룰 때 보다 종종 정전을 조성하고, 상대적으로 조용했던 기간을 감독하는 데 더 성공했다는 점이 때때로 언급되었다. 그리고 이미 보았듯이, 평화유지활동은 아주 최근까지도 분쟁 해결에 관심을 두기보다 폭력을 예방하는 데 더 관심을 두었던 것이 분명하다. 이러한 '예방' 활동은 물론 가치 있는 것이고, 최종 해결을 위하여 중요한 토대를 마련할 수 있다. 다른 한편, 이것이 전혀 보장되지 않고, 이들 활동이 없는 것보다 훨씬 좋지만 끊임없이 지속되거나 반복되는 경우 사실상 화해 타결의 대체용으로서, 원인보다 오히려 증상만 영원히 다루는 것이 될 수 있다. 이미 언급했듯이 평화유지군에 집행능력을 접목함으로써 이러한 처지에서 발전해 보려는 시도는 별로 성공하지 못했다. 한편, '통합적이고 평화적인' 접근방식은 더 많은 가능성을 보여 주지만, 모든 평화 조성 시도와 같이 현지의 조건에 크게 의존하게 된다.

이 모든 것들이 왜 그러한지를 파악하려면 유엔 제도의 성격과 한계를 먼저 이해해야 한다. 유엔은 국가들의 사회적·정치적 관계를 반영한다. 대체로 유엔 사무국의 노력으로 유엔은 단순한 국가연합체 이상의 특성을 갖게 되었고, 분쟁상황에서 어느 정도 권위를 얻게 되었다. 하지만, 국가들이 자기 힘을 활용하여 분쟁을 통제하려는 시도를 포기할 준비가 되어 있는 한도에서만 유엔의 조치가 효율성을 갖는다. 상황이 매우 심각하다면, 유엔 주둔 등의 시도를 수락할 수 있겠지만, 필요한 사항이 단순히 체면치레 방식이 아니라면, 기본 쟁점을 해결하는 것이 훨씬 더 어려워질 것이다. 앞서 언급했던 사례에서, 정치적으로 가능한 것이 예방조치 뿐이라면, 악화일로의 분쟁이 계속 안건으로 남아 있다는 점은 유엔의 또 다른 실패로 간주될 것이다.

우탄트 사무총장은 진정한 입장을 다음과 같이 예리한 어조로 설명했다.

> 거대한 문제가 보통 유엔에서 다루어지는 이유는 각국 정부들이 이들을 다룰 방법을 전혀

S/1995/1 참조.

> 생각해 낼 수 없기 때문이다. 유엔은 최후의 방어선이자 마지막 활용 수단이기에, 이미 각국 정부들이 해결할 수 없는 것으로 파악된 문제를 유엔이 해결하지 못한다고 종종 비난받는 것은 놀랄 일이 아니다. 유엔이 위기를 해결하지 못한다거나 어느 조치를 집행하지 못한다고 자주 비난받는다. 유엔의 실패는 국제공동체의 실패이고 어느 조치를 집행하지 못하는 것은 관련 당사자들이 유엔 결정의 준수를 거부하기 때문이라는 점을 일반적으로 인식하지 못하고 있다.[91]

그렇다면, 유엔은 결코 세계정부가 아니고, 국제분쟁을 다룰 때 설득, 주장, 교섭, 그리고 의사 합치의 모색을 수단으로 활용할 수 있는 외교의 장이다. 인간이 만든 모든 제도와 같이, 유엔의 조직과 절차는 불완전하고 개선될 여지가 있다.[92] 하지만, 근본적으로 유엔의 활동이 성공하든 실패하든 그러한 활동은 제도적 방식에 관한 사항이라기보다 정치적 수완, 혹은 달리 말해서 업무 방향을 정하는 데 책임 있는 사람들의 문제일 것이다.

---

91) U Thant, *View from the UN* (n. 19) p.32.

92) 개선방안에 관한 제안으로는 제12장 참조

제11장

지역기구

Regional Organisations

11

지역기구
Regional Organisations

유엔이 중요한 보편적 기구로서 성장하고 발전하면서 이에 수반하여 특정 지역내 국가들을 회원으로 하는 기구의 수와 범위가 그에 못지않을 정도로 크게 증가했다. 이들 지역기구는 분쟁 해결에 빈번히 관여해 왔다.[1] 그 이유는 때때로 분쟁 해결이 이들 기구의 목표로 정해져 있기 때문이다. 예컨대, 아프리카연합 설립헌장(Constitutive Act of the African Union) 제4조 (e)항은 회원국간 충돌의 평화적 해결을 달성해야 할 목표 중 하나로 규정하고 있으며, 다른 기구들의 설립헌장에서도 이와 유사한 규정을 찾을 수 있다. 그러나 주 관심사항이 분쟁 해결과 전혀 관련이 없는 기구라도 일부 분쟁 해결 활동 형태로 관여할 수 있다. 왜냐하면, 제도적 틀 안에 국가들을 불러모음으로써 분쟁 당사자들이 자신들의 이견을 해소할 수 있는 기회를 갖게 되고, 지역내 이웃 국가들이 분쟁 해결을 장려하고 지원하며 압박할 수 있기 때문이다.

---

1) 지역기구의 이러한 역할에 대해서는 L. Fawcett and A. Hurrell(eds.), *Regionalism in World Politics,* Oxford, 1995; F.S. Northedge and M.D. Donelan, *International Disputes: The Political Aspects,* London, 1971, ch. 11; E. Luard, *The International Regulation of Frontier Disputes,* London, 1970, ch. 4; L.B. Sohn, "The role of international institutions as conflict-adjusting agencies"(1960-1), 28 *U Chi. L Rev.* 205; C. Peck, *Sustainable Peace,* Lanham, MD, 1998; C. Gray, *International Law and the Use of Force,* 2nd edn., Oxford, 2004, ch. 9 참조. 특정 기구의 활동에 대해서는 아래에서 인용한 것을 참조.

지역기구의 범위

특정 지역기구가 수행하는 역할은 해당 기구의 성격, 즉 설립장소, 구성방식, 활용하는 자원에 상당 부분 좌우된다. 이러한 이유로 다른 곳에서 자세한 내용을 다루더라도,[2] 몇몇 주요 지역기구를 개괄적으로 살펴보는 것이 유용할 것이다. 유럽은 지역기구의 수와 다양성 면에서 예외적이기에 출발지로서 유용하다.

유럽평의회(Council of Europe)는 공동이익에 관한 사항을 논의하고 이와 관련된 협약을 체결하며, 특별히 인권을 장려하고 보호하기 위하여 1949년에 설립되었다. 유럽평의회는 초국가적 기구가 아니지만, 협의와 협력 방식으로 상당히 많은 일을 성취했다. 분쟁 해결 분야에서 유럽평의회의 주된 성과는 유럽인권협약이다. 이로써, 유럽 내 민주주의 국가들은 협약에서 정의한 권리들을 존중하며, 협약의 적용과 해석에 관한 분쟁을 국제적인 감독장치에 회부하기로 합의하였다.

유럽공동체(EC: European Community)의 접근방식은 전혀 다르다. 1952년 유럽석탄철강공동체가 경제통합을 위한 수단으로 창설되었고, 나중에, 1957년 유럽경제공동체와 유럽원자력공동체를 추가하여 확대되었다. 후속 발전으로서 특히 단일유럽협정(1986)과 마스트리히트 조약(1992)이 통합과정을 가속시켜서 정치적 목적과 유럽연합(EU)의 개념을 도입하였고, 다수결 투표와 집행권한을 이미 포함하고 있었던 방식을 제도적으로 통합하였다. 암스테르담 조약(1997)과 2009년에 발효한 리스본 조약을 통해서 추가적인 발전이 있었다. 현 제도에 따르면, 분쟁 해결은 유럽연합사법재판소(CJEU: Court of Justice of the EU)와 일반재판소의 소관사항이며, 관할권이 회원국, EC 기관 그리고 자연인과 법인으로 확대되었다.

경제통합에서 군사적 통합으로 주제를 바꾸어 보면, 북대서양조약기구(NATO)는 지역안보기구로서 1949년에 설립되었고 회원국은 미국, 캐나다, 아이슬란드, 그리고 다수의 유럽 국가들이다. NATO는 주로 외부의 공격에 대항하기 위한 동맹이지만, 비군사 영역에서 협력 증진 그리고 회원국간 분쟁 해결에도 관여하고 있다.

---

2) 일반적인 조사로는 N.D. White, *The Law of International Organizations,* Manchester, 1996; P. Sands and P. Klein, *Bowett's Law of International Institutions,* 5th edn., London, 2001 참조.

1956년 NATO의 최고기관인 북대서양이사회는 일부 사항을 예외로 하지만, 직접 교섭으로 해결될 수 없는 분쟁은 다른 어떠한 기구를 활용하기 전에 NATO 내의 주선절차에 회부하도록 결의함으로써, 이 방면의 결의를 매우 명확히 하였다.[3)] 같은 결의안에서는 사무총장과 각 회원국들이 동맹국간 연대 혹은 동맹의 효율성을 위협할 수 있는 사안에 이사회가 주의를 기울이도록 요구할 권리와 의무를 갖는 것을 인정하였다. 더욱이, 사무총장은 분쟁 당사국에 언제든 주선을 시행할 권한이 있고, 분쟁국들의 동의가 있는 경우 사실심사, 중개, 조정 또는 중재재판 절차를 촉진할 권한을 갖는다.

동유럽에서 NATO와 같은 기구는 바르사뱌조약기구(Warsaw Treaty Organization)였다. 군사동맹기구로서 소련이 창설하였고 동유럽 국가 대부분을 대상으로 하였다. 이에 상응하는 동유럽의 경제기구는 상호경제원조이사회(Council for Mutual Economic Aid)로, 1949년에 경제협력기구로서 설립되었지만, 바르샤바 규약(Warsaw Pact)과 마찬가지로, 공식적인 분쟁 해결장치를 갖지 않은 것으로 보인다. 1949년에서 1989년 사이 유럽은 동과 서로 극명하게 나뉘었고, 군사기구와 경제기구의 대립이 고착화되어서 대치상태가 영구화될 것처럼 보였다. 그러나 소련이 동유럽 국가들에 대한 원조를 마침내 철회하자, 비공산주의 정부가 등장할 수 있는 길이 열렸다. 냉전이 종식되면서, 바르샤바 규약과 이에 대응하는 경제기구의 기반이 소멸하였고, 두 제도는 소련 자체와 함께 붕괴되었으며, 1991년에 새로운 지역기구로서 러시아가 주도하는 독립국가연합(CIS: Commonwealth of Independent States)이 대체하였다.[4)]

이처럼 중차대한 변화가 유럽 내의 다른 기관에 미친 효과는 중요했다. 1975년 이래 동·서유럽 간 문제를 다루었던 일련의 회담이었던 유럽안보협력회의(CSCE: Conference on Security and Co-operation in Europe)는 느슨한 회의체 방식에서 완전히 조직을 갖추어서 인권, 안보, 분쟁 해결 등의 사항에 관한 상설적인 방식을 갖춘 기구

---

3) C.M.H. Waldock(ed.), *International Disputes: The Legal Aspects,* London, 1972, p.256; F.L. Kirgis, "NATO consultations as a component of national decision-making"(1979), 73 *AJIL* 372 참조.

4) 1993년 독립국가연합 헌장과 경제연합 창설에 관한 CIS 조약 본문은 (1995) 34 ILM 1279, 1298 참조.

로 변모한 점을 인정하여 1994년에 유럽안보협력기구(OSCE: Organization for Security and Co-operation in Europe)로 명칭을 바꾸었다.[5] OSCE의 회원국은 미국과 캐나다 포함 50개국을 넘어 현재 유럽 내 기구 중 규모가 가장 크다. 앞서 언급한 3개의 기구도 상당히 영향을 받았다. 따라서 유럽평의회의 회원국 자격은 러시아를 포함하여 다수의 구 공산국가들로 확장되었다. 그리고 1997년에 EC와 NATO는 다수의 동유럽 국가들에 가입을 요청하여 확대하기로 결정했고, 이들이 얼마 지나지 않아서 가입했다.[6] 따라서 이들 기구의 회원국이 최근에 대폭 늘었고, 앞으로 더 확대될 수 있다.

대서양 반대편의 주요 지역기구는 미주기구(OAS: Organization of American States)이다. OAS는 기존의 미주국간 협력방식의 헌법적 근거를 더 다지고, 더 넓히고자 1948년에 설립되었으며, OAS와 이 기구의 전신은 수많은 경우에 회원국간 분쟁 해결을 포함하여 공동 이해에 관한 사항을 넓게 다루었다.

OAS의 법적 틀은 3개 조약에 있다. 미주상호원조조약(Rio 조약, 1947)은 NATO와 일부 비견되는 방위동맹을 창설한다. 이 조약에서, 당사국들은 유엔헌장 제51조에 따라서 집단적 정당방위권을 행사하고 OAS의 제도적 장치를 이용하여 협의하기로 약속했다. 그러한 장치는 대체로 보고타 헌장(1948)에 포함되어 있고, 여기에서 OAS의 제반 원칙을 규정하고 조직방식을 정하였다. 민주주의를 공고히 하는 규정을 포함하여 상당한 헌장의 변경이 1992년 워싱턴 의정서에 도입되었고,[7] 이 의정서는 1997년 발효하였다. 세 번째 조약은 평화적 해결에 관한 미주조약(Pact of Bogotá, 1948)으로서, 오로지 분쟁 해결만 다루면서 중개, 사실심사, 조정 및 사법적 해결을 위하여 자세한 방식을 담고 있다. 상당수 사건들이 이 조약을 근거로 ICJ에 회부되었지만, 다른 면에서는 제한적으로만 활용되었다. 결과적으로, 분쟁 해결 분야에서

5) M. Sapiro, "Changing the CSCE into the OSCE: legal aspects of a political transformation"(1995), 89 *AJIL* 631.

6) 이러한 발전의 의의에 대해서는 J. Woodliffe, "The evolution of a new NATO for a new Europe"(1998), 47 *ICLQ* 174 참조.

7) 의정서 본문은 (1994) 33 ILM 1005 참조. 그리고 E. Lagos and T.D. Rudy, "The Third Summit of the Americas and the thirty-first session of the OAS General Assembly"(2002), 96 *AJIL* 173 참조.

OAS의 활동은 OAS 헌장에서 설치한 다양한 기관들을 통하여 이뤄졌다.[8)]

여기에서 관심을 끄는 OAS 기관은 5개이다. 최고기관은 미주회의, 또는 총회이다. 이 기관은 "OAS의 전반적인 활동과 정책을 결정하고, 각 기관의 구조와 기능을 정하며 미주지역 국가들 간의 우호관계와 관련된 어떠한 사항이라도 고려할 권한을 갖는다."[9)] 따라서 OAS의 권한범위에 분쟁 해결이 포함되지만, 미주회의가 5년마다 정기적으로 개최되도록 예정되어 있는 점 때문에 이 회의가 실행상 갖는 중요성이 상당히 제한된다.

외교부장관 협의회가 훨씬 더 중요하다. 이 회의는 리우 조약에 따라 평화와 안전에 관한 사항에 대해서 협의기관의 역할을 한다. 이 협의회는 미주지역 국가들의 공동이익과 관련한 긴급사항을 다루기 위하여 언제든지 개최될 수도 있고, 따라서 실행상, OAS의 최고기관으로서 활동하는 경향이 있다. 협의회의 소집 요청은 어느 회원국이라도 할 수 있으며, 이러한 요청은 상임이사회에 하게 된다. 상임이사회는 OAS의 상설 정치기관으로서 워싱턴에서 항상 개회 중이다. 상임이사회의 하부기관은 평화적 해결에 관한 미주위원회이며, 이사회에서 선출된 5개 회원국으로 구성된다. 이 위원회는 1970년에 창설되어 기존의 미주평화위원회를 대체했으며[10)] 사실심사, 중개, 그리고 적절한 해결수단을 권고함으로써 분쟁 해결을 지원하는 기능을 수행한다.

다른 기관으로서 사무국을 언급할 필요가 있다. OAS 헌장 제116조에 따라, 사무총장은 '발언권은 있지만 투표권 없이 OAS의 모든 회의에' 참석하였다. 이는 유엔헌장 제99조에 비해서 독자적으로 권한을 행사할 수 있는 범위를 제한하였다. 그러나 1985년에 이 조문이 개정되어서 OAS 사무총장은 유엔 사무총장과 마찬가지로, '미주지역의 평화와 안전 또는 회원국의 발전을 위협할 수 있다고 여기는 어떠한 사항'

8) OAS 제도에 관한 이론과 실무를 비교해서 설명한 유용한 문헌은 L.R Scheman and J.W. Ford, "The Organization of American States as mediator" in S. Touval and 1.W. Zartman(eds.), *International Mediation in Theory and Practice*, Boulder, CO, 1985, p.197 참조.

9) Charter of Bogotá, 1948, Art. 33.

10) C. Sepulveda, "The reform of the Charter of American States"(1972), 137 *Hague Recueil des Cours* 83; J.C. Drier, "New wine and old bottles: the changing inter-American system"(1968), 22 *Int. Org.* 477 참조.

에 대해서도 총회나 이사회에 주의를 환기시킬 수 있게 되었다.11) 이는 사무총장이 분쟁 해결에서 더 적극적인 역할을 수행하는 것을 보고자 하는 일부 회원국의 의도를 보여주는 것으로서, 이러한 인상은 OAS 사무총장이 중미 지역 상황과 관련해서 유엔 사무총장과 함께 콘타도라 그룹(Contadora Group)을 지원하는 권한을 위임받게 되면서 얼마 후 확인되었다.12)

아프리카나 아시아에는 OAS만큼 구조적으로 복잡한 지역기구는 없지만, 이전에 아프리카통일기구(OAU: Organization of African Union)였던 아프리카연합(AU: African Union)과 아랍연맹 두 기구는 분쟁 해결을 주요 목적으로 삼고 있다. OAU는 1963년에 설립되었으며, 분쟁의 평화적 해결 및 외부의 침략에 대한 방어를 위시하여 공동이익에 관한 사안에 대해서 아프리카 국가들의 활동을 장려하고 조정하는 것을 목표로 하였다.13) 이러한 목적과 OAS의 목적이 유사한데도, OAU는 훨씬 더 느슨한 유형의 지역기구로서, 법적 의무보다 도덕적 의무 그리고 회원국의 주권 존중을 강조하였다. 이러한 차이는 OAU의 주요 기관의 수가 4개라는 점에서도 명백하였다.

이론상 그리고 실제로도 최고기관은 국가 및 정부 수반 총회이며, 이 총회는 매년 개최되거나 때때로 임시회기로 개최되었다. 총회는 모든 사안에 대해서 토의하고, 결의안을 통과시킬 수 있지만 단지 권고일 뿐이고, 결정을 집행하거나, 미준수를 이유로 회원국을 제명시킬 권한도 없었다. 각료이사회는 통상 1년에 두 차례 소집했으며, 회원국의 외무장관들로 구성되었고, 총회의 결정을 이행하는 업무를 수행했다. 반면 세 번째 기구인 사무국은 '행정 사무총장'이 운영하였으며, 그 명칭에서 드러나듯이 유엔 등 다른 국제기구의 사무총장이 수행했던 기능에 비해 그 기능을 보다 더 제한하려는 의도가 있었다.

분쟁 해결에 관한 세부적인 쟁점은 원래 네 번째 주요 기관인 중개, 조정 및 중재위원회의 소관으로 하려고 했었다.14) 이 위원회를 설립하기로 한 1964년 의정서에

11) Protocol of Cartagena de Indias, 1985, Art. 116.

12) H. Caminos and R. Lavalle, "New departures in the exercise of inherent powers by the UN and OAS Secretaries-General: the Central American situation"(1989), 83 *AJIL* 395.

13) T.O. Elias, "The Charter of the Organization of African Unity"(1965), 59 *AJIL* 243.

14) T.O. Elias, "The Commission of Mediation, Conciliation and Arbitration of the Organization

총회가 선출한 패널에서 중개, 조정 또는 중재위원회를 설치하기 위한 상세한 규정이 있었다. 그러나 이 위원회의 관할권은 분쟁 당사국들의 동의를 기반으로 했기에 한 번도 운영되지 못하였다.[15] 결과적으로 행정 사무총장을 포함한 OAU 기관들이 예상했던 것보다 더 적극적으로 분쟁 해결에 관여하였다. 위원회의 비효율성을 인정한 총회는 1993년에 '충돌 예방, 관리 및 해결을 위한 장치'를 설치하였다.[16] 이 장치는 충돌 관리 및 분쟁 회피의 형식적 기반을 마련하기 위하여, 회원국들의 영향력과 사무총장의 기여를 활용하려는 의도로 마련되었으며, 매우 유용했던 것으로 보인다.

2001년에 AU 설립협정이 발효하면서 새로운 지역기구가 설치되었다. 이 기구는 무엇보다도 독자적인 의회, 재판소, 그리고 중앙은행을 갖추게 될 것으로 기대된다.[17] 이 같은 중요한 발전은 아프리카 경제공동체 설립에 관한 1991년 조약에서 예견되었지만, 적어도 잠재적으로, 아프리카에서 제도적 방식면에서 큰 진보가 될 수 있다는 것을 보여준다. 후속 발전으로서, AU 총회는 아프리카사법인권재판소의 신설을 목표로 2008년에 의정서를 채택하였다.[18] 이 지역내 분쟁 해결에 미치는 영향 면에서 AU의 가장 중요한 특징은 OAU를 대체하기 위하여 창설되었고, 설립협정은 OAU 헌장과 달리 일정한 경우 국내적 충돌에 대하여 집단적으로 대응할 필요가 있다는 것을 인정하면서 이를 장려하고 있는 점이다. 그러나 설립협정은 국내주

of African Unity"(1964), 40 *BYBIL* 336; H.A. Amankwah, "International law, dispute settlement and regional organisations in an African setting"(1981), 21 *Ind. J Int. L* 352 참조.

15) T. Maluwa, "The peaceful settlement of disputes among African states, 1963-1983: some conceptual issues and practical trends"(1989), 38 *ICLQ* 299; W.J. Foltz, "The Organization of African Unity and the resolution of Africa's conflicts" in F.M. Deng and 1.W. Zartman(eds.), *Conflict Resolution in Africa,* Washington, 1991, p.347; G.J. Naldi, *The Organization of African Unity,* 2nd edn., London, 1999, pp.24-9 참조.

16) Naldi, *ibid.* 32-3; Peck, *Sustainable Peace* (n. 1) pp.162-7.

17) K.D. Magliveras and G.J. Naldi, "The African Union: a new dawn for Africa?"(2002), 51 *ICLQ* 415; C.A.A. Packer and D. Rukare, "The new African Union and its Constitutive Act"(2002), 96 *AJIL* 365 참조. AU 설립협정에서 조직에 대해서 개괄적으로 규정하고 있지만, 각 기관의 세부적인 사항은 추후 의정서에서 다루도록 하였다.

18) G.J. Naldi, "Aspects of the African Court of Justice and Human Rights" in D. French, M. Saul and N.D. White(eds.), *International Law and Dispute Settlement: New Problems and Techniques,* Oxford, 2010, p.321.

권과 불간섭원칙도 재확인하였다. 따라서 상당 부분 AU의 권한이 실행상 어떻게 해석될 것인지에 좌우될 것인데, 이러한 사항은 OAU에서와 같이 최고 의사결정기관인 정상회의의 손에 달려 있다.

OAU 회원국의 다수가 아랍연맹의 회원국이기도 하다.[19] 아랍연맹은 경제 및 재정 문제, 상사관계, 그리고 다양한 정치·사회적 사항에 대하여 회원국들의 활동을 조정하기 위하여 1945년에 설립되었다. OAU보다 훨씬 더 느슨한 방식인 아랍연맹은 최고기관으로서 이사회를 두고 있고, 이사회에서 각 회원국들이 한 표씩 행사하여 만장일치로 결정을 내린다. 회원국들은 자신들의 분쟁 해결시 무력 사용을 포기하고, 이사회의 결정을 구속력 있는 것으로 수락하기로 합의하였지만, 회원국들은 위원회에 분쟁을 회부할 의무를 전혀 부담하지 않는다. 따라서 다른 분쟁 해결 장치가 없기에 분쟁 해결은 전적으로 당사국들의 문제이며, 이를 촉진하기 위하여, 아랍연맹 사무국 그리고 다른 회원국들이 어떠한 비공식 지원이라도 형식에 상관없이 제공할 수 있다.[20]

분쟁 해결을 더 공식적인 절차로 만들려는 시도는 둘 이상의 지역에서 회원을 뽑는 또다른 기관인 이슬람회의기구(OIC)가 시도하였다.[21] 1972년에 합의된 OIC 헌장에서 이슬람 연대의 원칙에 따라 이슬람 국가들 간의 협력을 규정하고 있고, 여러 건의 경제협력에 관한 협정이 체결되었다. 1981년 OIC의 제3차 정상회의에서, OIC는 이슬람사법재판소를 설립하기로 결정하였으며, 1987년 제5차 회담에서 헌장 개정 사항으로서 재판소 규정을 채택하였다.[22] 새로운 재판소는 이슬람법에 따라 이슬람 국가간 분쟁을 해결하기 위한 장을 제공하고, 그 결과 이슬람 국가들에게 ICJ의 대안이 되도록 하려는 의도가 분명하다. 분쟁 해결을 위한 장으로서 종교적인

19) 아랍연맹의 활동에 대한 논의로서는 B. Boutros-Ghali, "The Arab League(1945-1970)"(1969), 25 *Rev. Egypt. Droit Int.* 67; S.J. AI Kadhem, "The role of the League of Arab States in settling inter-Arab disputes"(1976), 32 *Rev. Egypt. Droit Int.* 1; Sands and Klein, *Bowett's Law* (n. 2) pp.237-40 참조.

20) 그러나 1996년에 아랍연맹은 '아랍 국가들 간 충돌 예방, 관리, 및 해결을 위한 장치' 그리고 아랍 사법재판소를 설치하기로 결의하였다. 이 결의문은 (1996) 35 ILM 1289 참조.

21) OIC의 구조와 활동에 대한 포괄적인 설명으로는 H. Moinuddin, *The Charter of the Islamic Conference,* Oxford, 1987, Part II 참조.

22) Resolution 13/5-P [IS] (1987); F.E. Vogel, "Review"(1989), 83 *AJIL* 228 참조.

제휴에 기반한 기관을 활용하는 것에 대해서 원칙적으로 반대가 있을 수 없지만, 관련 규범을 파악하고, 그러한 규범과 국제법에 따른 국가의 권리와 의무를 조화시키는 데 어려움이 있을 수 있다. 그러나 아직 재판소가 운영되고 있지 않기에 이러한 혁신의 가치는 두고 볼 일이다.

이러한 개괄적 검토에서 분쟁 해결과 관련된 업무를 수행하는 모든 지역기구를 조사하는 것은 말할 것도 없고 이들을 언급하는 것도 불가능했다. 더욱이, 지역 내에서 중요한 기여를 하는 하부 지역기구도 종종 발견할 수 있다는 점을 지적할 만하다. 지면상 제약으로 인해, 동남아시아국가연합(ASEAN)이나 카리브공동체(CARICOM)와 같이 상대적으로 새로운 기구뿐만 아니라 다수의 하천위원회 그리고 전문적인 기능을 가진 다른 기구들을 논할 수 없지만, 국가들이 지역기구를 설치하는 목적이 다양하고, 이들 기구들의 조직구조가 매우 상이하다는 점을 보여 주기에 충분했다.

이론은 이 정도로 한다. 지역기구는 분쟁 해결에 무엇을 기여할 수 있었는가?

분쟁과 지역기구의 역할

지역기구의 기능 중 가장 유용한 것 중 하나는 분쟁상황이 실재하거나 잠재된 경우 회원국들이 협의하고 교섭할 수 있는 장을 제공하는 것이다. 기구에서 열리는 회의에서 비공식적으로 접촉할 여지가 있다는 것은 분쟁으로 인하여 정상적인 외교관계가 중단된 경우에 특히 가치가 있다. 영국, 그리스, 터키가 관련된 키프로스의 지위를 둘러싼 분쟁 그리고 영국과 아이슬란드 사이의 다양한 '대구 전쟁'(Cod Wars) 둘 다, 몇 가지 상황에서 무력 사용으로 이어질 정도로 좌절감과 적대감이 어느 정도 있었지만, 모든 관련 국가들이 NATO 회원국이었다는 점 때문에 의사소통의 여지는 여전히 열려 있었다.

1961년에 영국과 아이슬란드가 NATO를 통하여 접촉한 것이 아이슬란드의 12해리 어업수역을 둘러싼 분쟁을 교섭으로써 해결하는 데 도움이 되었다. 15년 후, 200해리 수역이 문제되었을 때, 다시금 NATO의 역할이 유용했다. 이전 분쟁에서처럼 아이슬란드의 새로운 해양경계 집행 시도에 대해 영국 해군이 무력으로 대응했고, 영국과 아이슬란드의 관계가 평소보다 나빠졌다. 그러나 노르웨이 외무장관과 NATO 사무총장의 주선을 통해서 영국과 아이슬란드는 오슬로에서 개최된 NATO 회원국 외무장관 회의에 함께 참가했고, 얼마 지나지 않아 분쟁 종식을 위한 합의사항을 교섭하였다.[23)]

장기간에 걸쳐서 주선을 했던 예는 1963년 OAU가 알제리와 모로코의 국경 분쟁을 다루었던 경우이다.[24)] OAU는 신속히 위원회를 설치하여 당사국들과 여러 차례 회의를 했고, 위원회의 주선 덕분에 군대 철수, 포로 송환, 외교관계 회복에 관한 합의사항을 교섭할 수 있었다.

이들 사건 그리고 이와 유사한 사례에서 지역기구가 분쟁 해결시 수행했던 역할이 분명히 과장될 수 있다. 대구 전쟁에서, 영국이 대부분 양보했던 이유는 화해 타결이 절실했기 때문이며, 1970년에 알제리와 모로코의 분쟁은 최종적으로 당사자간 합의에 의하여 해결되었고, OAU 위원회의 역할은 없었다. 그러나 이들 분쟁의 해결이 궁극적으로 당사국들이 합의하고자 하는 의지에 좌우되었어도, 이들 각 지역기구가 다른 경우라면 활용할 수 없었던 기회를 이들에게 제공했고, 이들이 교섭의 중요한 장애물을 극복하도록 격려하고 지원했던 점은 분명하다.

주선과 중개의 차이는 그다지 크지 않고, 지역기구는 자신의 직원과 회원국을 통하여 종종 이러한 자격에서 활동하기에 적합하다. 예컨대, 1957년에 OAS는 스페인 국왕의 중재판정을 둘러싼 온두라스와 니카라과의 분쟁에 중개자로서 개입하였다.[25)] 양 당사국으로부터 침략행위에 관한 진정을 받은 후 OAS 이사회는 특별회의를 개최하였고 당사국들에 도발행위를 하지 않도록 요청하였다. 이사회는 이후 5개 회원국의 대표로 구성된 위원회를 임명해서 이 분쟁을 다루도록 했다. 위원회는 양 당사국의 수도를 방문하였고, 곧이어 전쟁을 멈추고 상호 철군하는 협정을 성공시

---

23) H. Jónsson, *Friends in Conflict,* London, 1982, pp.179–8l.

24) P.B. Wild, "The Organization of African Unity and the Algerian-Moroccan border conflict"(1966), 20 *Int. Org.* 18

25) C.G. Fenwick, "The Honduras–Nicaragua boundary dispute"(1957), 51 *AJIL* 761. 추가적인 예로서는 Touval and Zartman, *International Mediation* (n. 8) p.197 참조.

켰다. 위원회가 워싱턴으로 복귀하자, 이사회는 위원회 보고서를 채택하였다. 그 후 동일한 위원들을 특별위원회에 임명하였고 분쟁 해결을 위하여 수용 가능한 절차를 고안하는 업무를 맡겼다. 이 경우, 위원회가 시도했던 중개는 실패했지만, 이사회가 더 노력한 결과, 당사국들은 결국 해당 분쟁을 사법재판에 회부하여 분쟁을 해결하도록 설득되었다.[26]

더 최근의 사례를 보면, CSCE/OSCE가 행한 기능 중에서 가장 유용했던 것은 중개였다. 예컨대, 드나이스터(Dneister) 분쟁지역의 지위와 이 지역에 주둔하고 있는 러시아 군대의 철수에 관한 교섭을 지원하고자 CSCE 대표단이 1993년에 몰도바에 배치되었다. 이듬해, 몰도바는 드나이스터 지역의 자치를 제안한 CSCE의 계획을 수락하였고, 러시아 군대의 철수도 원칙적으로 합의되었다. 물론, 지역기구는 분쟁을 해결해 달라고 요청받기보다 초기 단계에 분쟁을 피할 수 있도록 활동하는 것이 더 좋다. 따라서 OSCE는 중개 수행과 함께 예방외교의 형태로서 문제의 소지가 농후한 지역에 대표단을 장기간 배치한다. 예컨대, 1994년에 그러한 대표단을 9개 운영하였는데, 모두 구 소련이나 구 유고슬라비아에서였다.[27]

OAU는 때때로 다른 기구와 공동으로 종종 중개에 개입하기도 한다. 예컨대 1998년, 에티오피아와 에리트레아 사이에 전쟁이 발발한 후, OAU는 당사국들의 평화협정 교섭을 지원했으며, 이 협정은 2000년에 발효되었다. 분쟁 해결의 일부로서 양국은 분쟁 대상인 국경을 획정하기 위하여 국경위원회와 전쟁으로 인하여 발생한 문제를 해결하기 위한 청구권위원회를 설치하기로 합의하였다. 이 경우, 지역기구의 중개 노력은 상당 부분 유엔이 지원하였다. 유엔은 평화유지군(UNMEE)뿐만 아니라, 지도 제작을 돕기 위하여 유엔 사무국의 지도 제작부서 직원들을 파견하였다.[28]

---

26) *Arbitral Award Made by the King of Spain on 23 December 1906*, Judgment [1960] ICJ Rep. 192 참조. ICJ 결정에 대한 논의로는 제5장 참조. 또 다른 예로서, OAU의 중개는 리비아와 차드의 오랜 분쟁을 ICJ에 회부하도록 설득하는 데 일정 부분 역할을 수행했다. ICJ는 종국적으로 영토분쟁 사건의 판결을 내리게 되었다. Judgment in the *Territorial Dispute* case [1994] ICJ Rep. 6; S.G. Amoo and I.W. Zartman, "Mediation by regional organisations: the Organization for African Unity(OAU) in Chad" in J. Bercovitch and J.Z. Rubin(eds.), *Mediation in International Relations*, London, 1992, p.131 참조.

27) M. Webber, "Coping with anarchy: ethnic conflict and international organisations in the former Soviet Union"(1996), 13(1) *Int. Rel.* 1.

지역기구는 소속 직원이나 기관을 통해서 중개를 수행하기보다, 다른 기관에 중개 권한을 위임하여 그러한 중개를 정당화함으로써 분쟁 해결을 독려할 수 있다. 예컨대, 1972년 당시 실각한 우간다 대통령의 지지자들이 탄자니아에 도피해 있다가 우간다에 침입하면서 탄자니아와 우간다 사이에 분쟁이 발생했다.[29] 우간다는 이에 대응하여 탄자니아 국경 마을을 폭격하였고, 양국 군대 사이에 전투가 발생하였다. OAU 행정 사무총장의 지원을 받아서, 소말리아 대통령이 중개자로서 개입하였고, 양측이 정전, 교섭, 그리고 철군에 동의하고, 상호 주권 존중을 약속하도록 설득하는 데 성공했다. 소말리아 장군이 지휘한 감시단은 이러한 합의의 실행을 감독하였고, 1973년 OAU 정상회담 이후, 잠정적이나마 양국 관계가 회복되었다.

사실심사와 조정은 상대적으로 공식적인 절차이기에 필요한 자원과 기관을 구비한 지역기구가 활용하여 좋은 효과를 낼 수도 있다. 1929년 미주회의에서 볼리비아와 파라과이 사이의 국경분쟁을 조사하기 위하여 설치된 Chaco 위원회는 제4장에서 기술한 바 있다. 이 위원회는 사실심사와 조정의 기능을 결합하였고, 조정을 강조함으로써 당사국들의 분쟁 해결 합의를 얻는 데 성공하였던 것을 기억할 것이다. 2008년 유럽연합은 그해 초에 조지아(Georgia)에서 적대행위가 발발한 후 이 지역내 충돌에 관한 독립적인 국제사실확인단을 설치하였다. 사실확인단은 충돌을 조사했고, 널리 협의한 후 다음 해 조사보고서를 발간하였다.[30] 비록 '사실확인'단(fact-finding mission)으로 명해졌지만, 업무범위는 훨씬 더 넓었고, 그 결과, 조사보고서는 사실관

28) 다음 문헌 참조. B. Simma and D.-E. Khan, "Peaceful settlement of boundary disputes under the auspices of the Organization of African Unity and the United Nations: the case of the frontier dispute between Eritrea and Ethiopia" in N. Ando, E. McWhinney and R. Wolfrum(eds.), *Liber Amicorum Judge Shigeru Oda*, The Hague, 2002, p.1179; J.G. Merrills, "Reflections on dispute settlement in the light of recent arbitrations involving Eritrea" in A. Constantinides and N. Zaikos(eds.), *The Diversity of International Law*, Leiden, 2009, p.109.

29) B.D. Meyers, "Intraregional conflict management by the Organization of African Unity"(1974), 28 *Int. Org.* 345 at 359-60. 나중의 전개상황에 대해서는 M. Shaw, "Dispute settlement in Africa"(1983), 37 *Yearbook of WA* 149 at 156-7 참조. 추가적인 예로는 M. Wolfers, "The Organization of African Unity as mediator" in Touval and Zartman(eds.), *International Mediation* (n. 8) p.175 참조.

30) C. Henderson and J.A. Green, "The *Jus ad Bellum* and entities short of statehood in the Report on the conflict in Georgia"(2010), 59 *ICLQ* 129.

계를 상세히 다루었을 뿐만 아니라 다수의 국제법, 인도법, 그리고 인권에 관한 쟁점도 다루었다.

조정도 OSCE가 설치한 여러 가지 제도에서 중요한 지위를 갖는다. 1991년에 합의된 발레타 절차(Valletta Procedure)는 본질적으로 강제조정절차로서, 중개와 사실심사의 요소를 갖고, 1992년에는 자발적이면서 정치기관의 지시에 따른 조정방식을 공식 창설함으로써 보완되었다고 제4장에서 기술한 점을 기억할 것이다. 게다가, OSCE가 1992년 스톡홀름 협약에 가입함으로써 OSCE 국가들은 조정이나 중재를 활용해야 할 법적 책임을 부담하게 되었다. 이 협약은 당사국만 구속하지만, 다른 절차들은 OSCE 국가 전체 차원의 정치적 약속을 대표한다. 이 점이 특히 중요한 까닭은 유엔을 제외하면, OSCE는 소련의 승계국가들과 함께, NATO 및 구 바르샤바 규약 회원국 전체를 소속 회원국으로 두고 있는 유일한 기구이기 때문이다. 따라서 OSCE의 절차가 분쟁사태에서 효과적으로 활용되는 한, 이들 절차는 유럽 기구 중에서 특유한 적용범위와 정당성을 갖는다.[31)]

지역기구의 자원 배치 능력이 갖는 가치는 OAS 창설 직후, OAS에 제기된 코스타리카와 니카라과 간에 발생한 두 개의 분쟁에서 여실히 나타난다.[32)] 첫 번째 분쟁의 경우, OAS는 1948년 '정보 및 연구위원회'를 설치하여, 니카라과가 자국의 영토 침입을 지원했다는 코스타리카의 주장을 조사하였다. 이 위원회의 조사에 비추어, OAS는 양측 모두 일부 잘못이 있다고 결정하였고, 국경감시위원회를 설치해서, 당사국이 우호조약(Pact of Amity)을 체결하여 상호 주권을 존중하겠다고 약속하도록 설득하였다. 1955년의 두 번째 분쟁도 이와 비슷한 양상을 보였다. 다시금 코스타리카는 침략을 이유로 청구를 제기했고, 위원회가 설치되어서 이러한 사항을 조사하였다. 항공기 감시 및 비무장지대 설치를 포함하여, 더 복잡한 국경감시제도가 설치되었고, 양국은 1956년 1월에 새로운 협정(이 협정은 이전 협정보다 더 지속되었다)을 체결하였다.

같은 지역에서 다양하게 추진된 시도들이 함께 콘타도라(Contadora) 절차를 구성

31) Webber, "Coping with anarchy" (n. 27) 8.

32) 이들 분쟁과 아이티-도미니카공화국 분쟁에 대해서는 P. Lyon, "Regional organisations and frontier disputes" in E. Luard, *The International Regulation* (n. 1) p.109 at pp.126-7 참조.

하였다.[33] 1983년, 중미의 긴장상태가 위험한 수준에 이른 것에 놀란 콜롬비아, 멕시코, 파나마, 베네수엘라 외무장관들은 파나마의 콘타도라 섬에서 만나, 이 지역내 문제 해결에 각자 기여할 수 있는 바를 고려하였다. 이후 니카라과, 온두라스, 코스타리카, 엘살바도르, 과테말라 방문이 연속해서 이어졌고, 정교한 다자교섭 방식이 가동되었다. 1985년부터 이 절차에 아르헨티나, 브라질, 페루, 우루과이 외무장관이 참여하였고, 이들은 '후원그룹'(Support Group)으로 알려졌다. 그리고 1986년에 이러한 절차가 지역협정으로 제안된 콘타도라 협약(Act of Contadora)으로 이어졌지만, 불행히도 일부 주도적인 국가들이 이 협약을 거부했다. 그러나 1987년에 중미 5개국 대통령들이 제2차 에스키풀라스 협정(Esquipulas II Accord)으로 알려진 새로운 협정을 마련했다. 이 협정에서는 자유선거, 적대행위 종료, 비정규군 지원 중단을 규정하였다. 콘타도라 그룹과 후원 그룹에 요청해서 안전, 검증, 통제를 제공하도록 하였으며, 위에서 언급했듯이, OAS 사무총장과 유엔 사무총장도 관여하였다.

2000년 OAS는 과테말라와 벨리즈(Belize)가 공유하는 국경에 대한 오래된 분쟁에서 이와 비슷하게 도움이 되는 역할을 수행하였다. 이 사건에서 OAS가 후원한 '신속절차'(Facilitation Process)는 본질적으로 조정의 유형으로서 양쪽에서 각각 조력자를 한 명 지명하고, 조력자는 OAS 사무총장의 지원을 받아서 신뢰 구축 조치를 제안하고, 분쟁의 내용을 조사하며, 해결방안을 권고하도록 하였다. 이후 두 명의 조력자와 온두라스가 지명한 세 번째 조력자가 참여하여 온두라스 만(灣)의 해양지역에 관한 논의를 지원하였다. 처음에는 국경지역의 긴장을 완화하기 위하여 신뢰 구축조치를 개발하는 데 노력을 경주하였고, 협력 증진을 위한 혼합위원회 창설을 포함하여 일련의 조치들이 합의되었다. 이 분쟁은 아직 해결되지 않았지만, OAS의 지원을 더 받아 당사자들이 관계 개선을 위한 추가적인 방법을 논의하였다.[34]

지금까지 고려했던 사건에서 분명한 점은 지역기구가 분쟁 해결 분야에서 수행

33) 콘타도라 절차와 후속 조치에 대한 상세한 설명은 ICJ의 다음 판결 70-75 및 81-88 단락에서 찾을 수 있다. *Border and Transborder Armed Actions* Case [1988] ICJ Rep. 69. 이 사건에서 ICJ가 내린 결정은 각주 57) 이하에서 논의하였다.

34) J.G. Merrills, "The Belize-Guatemala territorial dispute and the Legal Opinion of January 2002"(2002), 2 *Global Community YBILJ* 77 at 81 and 93-4.

한 업무의 상당 부분은 기구라는 틀에서 익숙한 기법을 적용했을 뿐이라는 것이다. 다시 말하면, 분쟁이 지역기구에 *의해서(by)*라기보다 지역기구를 *통해서(through)* 해결되었다고 하는 것이 종종 더 정확하다. 그러나 이것이 전부는 아니다. 지역기구는 자신만의 방식으로 기여할 수도 있다. 집단적 조치를 통하여 OAU 또는 OAS와 같은 기구의 회원국들은 한 국가 단독으로 수행하기 어렵거나 불가능한 것을 달성할 수 있을 것이다.

1964년 OAU는 압도적인 다수결로 각 회원국이 국가 독립을 달성할 당시에 존재하였던 경계를 존중하기로 합의하였다.[35] 이러한 원칙을 허가한 것은 현상(*status quo*) 유지로써 아프리카 지역내 국경분쟁을 피하려는 의도가 명백하였다. 문제를 일으킬 소지가 있는 국가에게 현상 변경시 많은 비용이 들 것이라는 점을 보여 줌으로써, 그리고 이것으로 부족하면 그들의 행위를 일부 제약함으로써 국경분쟁을 피할 수 있었다.[36] 따라서 그 결의는 실행상 매우 성공적이었고, 중개와 관련하여 이미 언급했던 집단적 정당화 과정이 초기 단계에 작동하여, 분쟁 발생을 예방하거나 최소한 억제할 수 있다는 점을 보여 준다.

일부 유형의 분쟁이나 사태의 경우, 지역기구가 적절한 논의의 장이 될 수 있는 집단적인 불간섭 선언과 같은 것은 분쟁의 악화를 피하는 방법이 될 수 있다. 예컨대, 내전이나 혁명시에 개별적으로 불간섭 선언을 하면, 정치적으로 불리해질 수 있고 또한 오해를 야기하는 정치적 선전으로 무시될 수 있다. 그러나 집단적으로 발표되거나, 상호주의로 지지되는 선언은 하기는 쉽지만 깨기는 더 어려우며, 외부 개입의 위험성을 줄임으로써 평화적 해결에 실질적으로 기여할 수 있다.

집단적 조치는 적극적인 형태를 취할 수도 있다. 1960년 OAS 외무장관회의는 도미니카공화국을 상대로 한 베네수엘라의 진정사항을 심리하였다. 베네수엘라는 도미니카공화국의 개입행위가 자국 국가수반의 암살 미수에까지 이르렀다고 주장하

---

35) S. Touval, "The Organization of African Unity and Aferican borders"(1967), 21 *Int. Org.* 102; A.O. Cukwurah, "The Organization of African Unity and African territorial and boundary problems 1963-1973"(1973), 13 *Ind. J Int. L* 176 참조.

36) I.W. Zartman, "Conflict reduction: prevention, management and resolution" in Deng and Zartman(eds.), *Conflict Resolution in Africa* (n. 15) p.299 at p.317.

였다.[37] OAS 위원회는 이전에 이러한 혐의가 사실이라고 판단했으며, 이와 관련해서 OAS 역사상 최초로 Rio 조약 제6조와 제8조에 따라서 제재를 부과하기로 결정했다. 협의기구는 도미니카공화국과 외교관계를 단절하고, 무기 판매를 중지하기로 결정했고, 나중에 가솔린과 트럭에까지 금지조치가 확대되었다.

지역기구는 다양한 유형의 평화유지활동에도 참여하였다. 1991년에야 설립되었지만, CIS는 조지아를 포함한 구 소련의 여러 지역에 군대를 이미 배치했다. 이들 지역의 사회질서가 붕괴되면서 1994년 5월 정전협정 이후 군대 파병에 이르게 되었다. 유엔 감시단인 UNOMIG(UN Observer Mission in Georgia)가 이미 이 지역에 주둔해 있었고, 1994년 7월과 1995년 5월 채택된 유엔 안보리 결의에서는 유엔군과 CIS 군대의 협력을 환영하였다.[38] 1996년 CIS 이사회는 회원국내 충돌 예방과 해결에 관한 광범위한 정책 성명서를 채택하여, 평화 유지 및 이와 관련된 활동을 더욱 추진하겠다는 의도를 표시하였다. 이 성명서에서 특히 흥미로운 점은 충돌을 예방하기 위하여 CIS가 수행할 수 있는 역할을 강조하면서 특히 유엔과 OSCE와 같은 다른 국제기구와 협력하기 위한 방식을 상세히 규정했다는 것이다. 이와 동시에 또 다른 결정에서, 이사회는 집단적 평화유지군에 관한 규정[39]을 채택하여, 이들 군대의 법적 근거, 구성, 기능, 훈련 등의 사항을 상당히 자세히 다루면서, 이러한 유형의 활동을 더 많이 예정하고 있는 것을 확인하였다.

최근에는 지역기구 또는 하부 지역기구의 주관 하에 다수의 평화유지활동이 아프리카에서 수행되었다.[40] 예컨대, 1990년에서 1997년 사이 서아프리카국가경제공

37) R. St J. Macdonald, "The Organization of American States in action"(1963-4), 15 *U Toronto LJ* 359 at 367-72.

38) Webber, "Coping with anarchy" (n. 27) 18; Gray, *Use of Force* (n. 1) pp.310-12 참조. pp.309-10에서는 타지키스탄에서 CIS 활동을 다루었다. 그러나 이보다 더 최근인 2008년에 러시아와 조지아의 충돌이 이어지면서, CIS 군대 주둔이 상황을 악화시키는 요인이 되었다. C. Gray, "The protection of nationals abroad: Russia's use of force in Georgia" in A. Constantinides and N. Zaikos(eds.), *The Diversity of International Law*, Leiden, 2009, p.133 at p.141 참조.

39) Statute on Collective Peace-keeping Forces in CIS (1996) 35 ILM 792, CIS의 '개념'에 관한 본문도 p.786에서 찾을 수 있다.

40) 이 단락에서 언급된 ECOWAS, CEMAC, CEN-SAD의 활동에 대한 분석으로는 Gray, *Use of Force* (n. 1) pp.302-22 참조.

동체(ECOWAS)는 라이베리아에서 중요한 활동을 수행하였고, 2003년에 다시 그곳에 관여했다. ECOWAS는 1997년 시에라리온에서 그리고 2003년에는 코트디부아르(Ivory Coast)에서도 활동하였다. 이 세 경우 모두 유엔 안보리의 지원을 받았다. 2002년 중부아프리카경제통화공동체(CEMAC)는 중앙아프리카공화국에서 평화유지활동을 개시했으며, 사헬-사하라국가공동체(CEN-SAD)가 2001년 설립한 군대를 대체하였다. 2004년에 아프리카연합은 자신의 첫 번째 주도 사업에서 서부 수단의 다르푸르(Darfur)에 평화유지군을 파병해서 이미 해당 지역에 주둔하고 있었던 AU 감시단을 지원하는 데 동의하였다. 이들 중 일부는 나중에 유엔과 혼합형 평화유지군을 구성하였고, 이들의 위임권한은 2008년 안보리 결의 제1828호로써 갱신되었다.

이전의 지역 기반 기획 사례는 아랍연맹이 쿠웨이트에 대해 행한 조치이다.[41] 1961년 쿠웨이트가 완전히 독립했을 때, 이라크는 즉시 영토권을 주장했다. 쿠웨이트 수반은 아랍연맹에 이를 항의했고, 영국 군대에 영토 보호를 요청했다. 영국군이 파병되었지만, 안보리에 이 문제를 상정하려는 시도는 실패했다. 아랍연맹은 사무총장을 중개위원단의 일원으로 파견했지만 이 역시 효과가 없었다. 그러나 이후 아랍연맹은 우선 쿠웨이트의 회원 가입을 수락함으로써 쿠웨이트의 독립 주장을 인정하였고, 그 후 영국 군대를 아랍 군대로 대체하도록 결정했다. 아랍방위군이 창설되었고, 영국 군대를 교체했다. 이라크가 아랍연맹 참여를 거부하고서 자국의 주장을 밀어붙였지만, 자신의 입지를 개선할 수 없었고, 1963년 정권 교체 후 쿠웨이트와 외교관계를 수립했다.[42]

지역기구가 분쟁 해결에 기여할 수 있는 또 다른 방법은 지역재판소가 있는 경우 이들 재판소의 활동을 통해서이다. CJEU, 유럽인권재판소 그리고 미주인권재판소, 아프리카 인권 및 인민의 권리 재판소(AFCHPR), 그리고 이와 유사한 기관의 활동은

41) M.D. Donelan and M.J. Grieve, *International Disputes: Case Histories 1945-1970,* London, 1973, pp.220-2.

42) 이라크가 1990년 8월에 쿠웨이트를 침략하여 점령했을 때, 아랍연맹은 그러한 행위를 즉각 비난하면서 퇴각을 요구하였다. 동시에, 이라크를 상대하는 다국적군의 일환으로서 아랍군을 사우디아라비아에 파병하는 방식이 마련되었다. L. Freedman and E. Karsh, *The Gulf Conflict 1990-1991,* London, 1993, p.99 참조.

이 책에서 다루지 않겠지만, 이들 재판소가 국가간 사건과 개인이 제기한 사건을 종종 관할하고, 이들의 결정이 국제법에 상당히 기여하고 있다는 점을 지적할 필요가 있다. 예컨대, *African Commission* v. *Libya* 사건[43]의 AFCHPR은 심각한 인권침해 사건에서 리비아에게 잠정조치를 결정하였다. 이와 유사한 *Hadijatou Mani Kouraou* v. *Niger* 사건[44]에서 ECOWAS 공동체사법재판소는 노예제에 관하여 중요한 판단을 내렸다. 인권만이 아니라, 제9장에서 보았듯이 동아프리카 재판소 및 남아프리카개발공동체 재판소와 같이 경제적인 사항을 다루는 재판소도 다수 신설되었다. 이들 재판소는 모두 그 중요성과 효용성 면에서 차이가 있지만, 개별적으로 그리고 집단적으로 지역재판소 및 하부지역재판소가 괄목할 만한 발전을 했다는 점은 의심의 여지가 없다.

마지막으로 언급할 사항은 지역기구의 반응이 때로는 유엔이 조치를 취하도록 하는 계기가 된다는 점이다. 예컨대, 이러한 경우가 2011년 리비아 사례인데, 여기에서 가다피 정권의 잔혹한 행위로 인해 아랍연맹이 리비아의 회원자격을 정지시켰고, AU, 걸프만협력이사회, 이슬람회의기구의 비난이 있었으며, 이전 장에서 기술했듯이 유엔헌장 제7장에 따른 안보리의 조치가 내려지게 되었다. 반면에, 이와 다소 유사한 사태가 그 다음 해 시리아에서 발생하였을 때, 새로운 평화계획 제안을 포함하여 아랍연맹의 노력이 있었지만, 안보리의 조치는 러시아와 중국의 거부권 행사로 봉쇄되었다.[45] 따라서 지역의 우려사항이 유엔의 반응을 촉발할 수 있지만, 그 결과는 보장할 수 없다.

---

43) *African Commission on Human and Peoples' Rights* v. *Great Socialist Libyan Arab Jamahiriya*, Order for Provisional Measures (2011, App. No. 004/2011); E. Polymenopoulou in (2012) 61 *ICLQ* 767 참조.

44) Judgment, Case No. ECW/CCJ/APP/08/07 (2008); K.J. Alter, L.R. Helfer and J.R. McAllister, "A new international human rights court for West Africa: the ECOWAS Community Court of Justice"(2013), 107 *AJIL* 739 참조.

45) S. Mohamed, "The UN Security Council and the crisis in Syria"(2012), 16 *ASIL Insights*, Issue 11.

지역기구의 한계

지역기구가 국제분쟁 해결에서 수행하는 역할이 유용하다는 점은 이미 언급한 발전적 개입 사례에서 분명하다. 그러나 그러한 사례를 과대평가하지 않는 것이 중요하다. 왜냐하면, 지역적 차원에서 행동하는 것이 당연하다거나, 그렇게 행동하는 것이 반드시 바람직하다고 할 수 없기 때문이다.

지금까지 다룬 모든 분쟁에서, 당사국들은 한 지역 내에 위치한 국가들이었다. 이는 예상할 수 있는 사항이지만, 이로써 지역기구의 권위와 능력이 지리적으로 제한된다는 점이 부각된다. 일부 유형의 분쟁은 거의 항상 지역 내의 분쟁이며 그 예가 국경분쟁이다. 그러나 일부 영역의 분쟁을 포함하여 지역 상호간에 발생하는 다양한 분쟁을 해결하는 데 있어 지역기구는 일반적으로 기여하는 바가 별로 없다. 실제로, 지역기구가 분쟁 당사자들이 투쟁을 계속하는데 필요한 사항을 외교적으로 물질적으로 지원함으로써, 실상은 타협이 더 어려워질 수 있다. 예컨대, Falklands 분쟁에서, 영국과 아르헨티나는 자신들의 EEC와 OAS 회원국 지위를 군사행동에 대한 지원을 동원하기 위한 방법으로 간주하고서, 그러한 목적에서 각자의 지역동맹을 활용하려고 하였다. 각 기구들은 소속 회원국들에 자제하도록 영향력을 발휘하기도 했지만, 조정자로서 활동할 역량이 없었던 것이 분명하였고, 그 결과 앞서 언급했듯이 비군사적 해결의 전망은 미국과 유엔의 노력에 좌우되었다.

지역기구의 영향력이 대외적으로 제한되는 것은 중요도 면에서 이에 비견되는 대내적 제한, 즉 회원국 *내부의(within)* 분쟁을 효과적으로 처리할 수 없는 것과 대응한다. 지역기구는 국가 *간(between)* 협력을 촉진하기 위하여 창설되었고, 유럽인권체제나 유럽공동체와 같이 특별한 경우에만 국내문제에 대해서 관할권을 갖는다. 실행상, 이러한 점을 고려한다고 해도, 지역내 이웃 국가들이 경각심을 충분히 갖는 경우, 국내정치적인 사안에 대해서 지역기구의 개입이 전면 배제되는 것은 아니다. OSCE와 CIS는 앞서 보았듯이, 이러한 사태에 대해서 이미 상당한 경험을 갖고 있다. AU 설립협정은 이 쟁점에 대한 전통적인 견해가 현재 바뀌고 있는 것을 보여준다는 점도 기억할 수 있을 것이다. 그러나 국내의 혁명, 내전 등 파괴적인 사건들에 대해서 회원국이 분열하면서 지역기구가 정치적으로 추진하는 것이 불가능한 경우가 종종 있다. 이처럼 극복해야 할 장애물이 있기에, 지역기구는 국내문제에 관여하는 것을 현저히 꺼리는 모습을 계속 보여 줄 수 있을 것으로 여겨진다.

다음 사항은 분쟁 해결의 요소로서 지역적 연대의 중요성에 관한 것이다. 국내관할권 관련 사태를 제외하면, 지역적 환경이 해당 지역내 분쟁 해결에 특히 적합하다고 가정하는 경우가 때때로 있다. 즉, 지역기구의 회원국들이 공동의 이해관계와 충성심을 갖기에 충돌을 해결하도록 독려하는 동기가 되고, 그러한 노력이 있으면 성공할 가능성이 증가한다는 것이다. 하지만, 이러한 가정은 의문의 여지가 있다.

지역적 충성도 그리고 반구(半球) 내 연대감이 미주(Inter-American) 제도에서 두드러졌던 것이 분명하며, 현재는 이러한 현상을 모든 지역기구 안에서 찾을 수 있다. 분쟁 해결을 위하여 이러한 정서가 어느 정도 중요한지는 가늠하기 어렵지만, 특히 OAS처럼 개입하는 전통이 확립된 경우, 또는 AU와 그 전신인 OAU에서처럼 지역기구의 정책을 국가수반회의체에서 직접 결정하는 경우 이러한 정서로 인해서 다른 경우에는 불가능했었을 건설적 개입을 촉진하는 경우가 있다는 점이 증거에서 드러난다.

분쟁 당사국의 관점에서는 지역적 충성도가 평화적 해결 모색 그리고 해결 내용 자체를 정당화하는 방법으로서 아마 가장 중요할 것이다. 앞서 설명했듯이, 제3자가 중개자로서 혹은 다른 자격에서 개입함으로써 국가들이 직접 교섭시 양보하기 어려운 방식에 더 쉽게 합의할 수 있다. 지역적 연대를 고려한 동기에서 타협안이 제시될 때 이러한 경향이 장려될 것이 틀림없다.

그러나 지역적 충성도에 대해서 너무 많은 것을 기대해서는 안된다. 무엇보다도 지역의 범위가 넓고 다양한 국가들로 구성되어 있다. 그 결과, 특정 국가가 해당 지역내 기구의 회원국이 아닐 수 있고, 회원국인 다른 국가들은 지역내 국가들보다 지역 이외 국가들과 더 많이 공유할 수 있다.[46] 이 두 요소 모두 지역내 협력조치의

46) C. Moneta, "The Latin American Economic System as a mechanism to control conflicts" in M.A. Morris and V. Millan(eds.), *Controlling Latin American Conflicts,* Boulder, CO, 1983, p.99 at p.104.

가능성을 상당히 제한할 수 있다. 따라서 남아프리카공화국이 1994년까지 OAU의 회원국이 되지 않았다는 사실은 쉽게 설명되지만, OAU의 영향이 미칠 수 있는 범위를 크게 제한했던 반면, Falklands 분쟁에서, OAS의 영어 사용 회원국들은 영국에 유리한 공급원을 지원했으며, OAS에서 아르헨티나의 영향력을 상쇄하는 데 도움을 주었다.

심지어 특별한 요소가 없는 경우, 특히 본질적 이해관계와 관련된다면 지역적 연대는 생각할 수 없다. 모든 지역기구는 기념식사나 헌장에서 제시하는 것보다 단합이 덜 되어 있고, 회원국들 간 분쟁으로 인하여 기관 내부적으로 상당한 부담이 생길 수 있다. 대구(Cod) 전쟁 시기, 아이슬란드는 NATO를 탈퇴하겠다고 위협함으로써 정치적으로 상당한 협상력을 얻었다. 이는 지역적 충성의 예로는 전혀 바람직하지 않다. 반면에 아랍연맹이 상대적으로 효율적이지 않았던 주된 이유는 중요한 정책 문제에 대하여 회원국들의 의견 차이가 컸기 때문이었다. 사실상, 때로는 이러한 불화로 인하여 지역적 연대 개념 전체가 와해될 수 있고, 해당 기구의 존립 자체에 위협이 될 수 있다. 예컨대, 1982년 OAU 회원국들이 온건파와 급진파로 분열된 것이 너무 심각해서 OAU 이사회 개최를 두 차례 시도했지만, 개최할 수 없었다.[47)]

지역적 충성이 때로는 실제보다 더 뚜렷할 수 있다는 점으로 인하여 앞서 언급한 하부지역 집단의 존재가 한층 더 중요해진다. 이러한 집단의 경우, 규모가 더 큰 기관에서보다 일반적으로 관계가 더 긴밀해질 것이기에 분쟁 해결을 위한 개입이 더 용이해질 것이다. 예컨대, 1964년 말라가시아프리카연합(UAM)은 프랑스어를 사용하는 아프리카 국가들로 구성되어 있으며, 다호메이(Benin)와 니제르 간 영토분쟁을 해결하는 데 건설적인 역할을 수행하였고,[48)] 더 최근에는 이미 살펴 보았듯이 콘타도라 그룹이 중미 지역의 전쟁을 회피하려는 노력에 적극적으로 관여하였다. 하부지역기구 행위 중 특히 두드러진 사례는 ECOWAS가 라이베리아 내전에 개입한 것

47) 1982년 8월의 쟁점은 사하라 아랍민주공화국의 가입 문제였다. 이로 인하여, 모로코가 기구를 탈퇴하였다. 11월의 쟁점은 차드의 대표에 관한 사항이었다. 개최 여부가 상당히 불확실했지만, 최종적으로 회의가 1983년 6월 열렸다.

48) Cukwurah, “Territorial and boundary problems” (n. 35) 191-3.

이다. 1990년에 라이베리아 정부는 ECOWAS가 제시한 평화안을 수락하였고, 이 결과, 4,000명의 강력한 평화유지군인 ECOMOG(ECOWAS Monitoring Group)가 라이베리아에 파견되어 곧바로 전투에 참여하게 되었다. 1992년에 안보리는 이 쟁점을 다루었고, 1993년 평화협정이 체결되었을 때, 감시단을 창설하여서 ECOMOG와 함께 활동하도록 하였다. 이미 지적했듯이, ECOWAS 개입의 첫 번째 단계는 1997년에 종결되었지만, 그 이후 2003년에 후속 활동이 이어졌다.

마지막으로 다룰 사항은 자원에 관한 것이다. 지역기구는 특정 활동에 필요하다면 무엇이든지 지원하겠다는 회원국의 의지에 상당 부분 의존한다는 것을 기억할 만하다. 따라서 코스타리카와 니카라과 분쟁에서 국경 감시 제공 및 1961년 쿠웨이트에 평화유지군 지원은 적합한 자원이 활용될 수 있도록 회원국들이 준비되어 있었는지 여부에 좌우되었다. 물론 모든 기구는 어느 정도 독자적인 자원을 갖는다. 하지만, 적은 예산과 제한된 인력으로 인해 복합적으로 수행할 수 있는 활동이 제한될 수 있기 때문에 중개만큼 간단한 것이라도 특정 기구에는 어려움을 안겨 줄 수 있다. 예컨대, 1982년 OAU가 차드에 파견하였던 평화유지군은 현지 사태를 조금도 개선하지 못하면서 철군할 수밖에 없었다. 병참과 재정적 어려움이 실패하게 된 유일한 이유는 아니었지만, 실패에 기여한 요소였던 것으로 보인다.[49)] 이와 비슷하게, 중개·조정·중재위원회가 전혀 운영될 수 없었던 이유 중 일부는 정치적인 지원을 받지 못했기 때문이었고, 그리고 일부는 재정문제 때문이었는데, 재정문제는 항상 OAU의 취약점이었다.[50)]

그렇기에, 지역적 행동에 필요한 자원은 이와 연관된 정치적 요소와 같이, 분쟁해결에 있어 중요한 요소이다. 결과적으로 분쟁에서 이해관계가 없거나, 개입 비용이 너무 높거나, 사안이 지극히 논란이 많은 경우, 지역 내에서 평화적 해결을 확보

49) G.J. Naldi, "Peace-keeping attempts by the Organization of African Unity"(1985), 34 *ICLQ* 593 at 595.

50) Maluwa, "Conceptual issues and practical trends" (n. 15) 313. OAU가 1988년에 25주년을 맞이했을 때, 1년 예산이 미화 2,300만 달러였다. 이 금액 중, 미화 500만 달러가 납입되었고, 33개국이 기여금을 미납했다. 다른 체납액은 미화 2,600만 달러에 달하였다. *Independent*, 25 May 1988, p.12 참조.

하려는 시도는, 생각건대 외부에서 시도하는 것에 비해서 내부에서 시도할 가능성이 높지 않을 것이다.

지역기구와 사법재판

사법재판과 지역기구는 많은 분야에서 다양하게 연결된다. 사법재판소에 분쟁을 회부하는 절차를 지역협정에서 규정하여, 이러한 목적의 지역재판소가 창설될 수 있다. 유럽인권재판소(ECHR)와 유럽사법재판소(ECJ)가 이러한 유형의 지역재판소이며, 또 다른 예로는 미주인권재판소와 구상 계획 중인 이슬람재판소가 있다. 그 대신 지역조약에서 ICJ 혹은 중재재판에 분쟁을 회부하도록 규정할 수 있다. 따라서 보고타 규약 제31조는 다음과 같이 규정하고 있다.

> ICJ 규정 제36조 제2항에 따라, 체약당사국은 다른 미주 국가들과 관련하여 이 조약이 효력을 갖는 한 어떠한 특별협정도 체결할 필요 없이 다음 사항에 관하여 자신들 간에 발생하는 사법적 성격의 모든 분쟁에 대해서 ICJ의 재판권이 *사실상(ipso facto)* 강제적이라는 점을 인정하기로 선언한다.
>
> - 조약의 해석
> - 국제법 관련 모든 문제
> - 증명될 경우 국제의무 위반을 구성하는 사실의 존재
> - 국제의무 위반에 따른 피해 회복 조치의 성질 또는 범위

법적 의무를 규정하는 방식 이외에 지역기구는 정치적 수준에서 사법재판을 효과적으로 지원할 수도 있다. 한 지역내 국가들 사이에서 분쟁이 발생하면, 지역내 다른 국가들의 압력 행사가 사법재판으로 분쟁을 해결하도록 당사국들을 설득하는 방법이 될 수 있다. 이와 비슷하게, 판결이 내려졌을 때, 지역기구의 회원국들은 당사국들이 결정을 이행하도록 독려하거나 그들의 이행을 돕는 역할을 일부 수행할 수 있다. 앞서 보았듯이, *Arbitral Award* 사건에서, OAS는 이 두 가지 기능, 즉 첫째, 온두라스와 니카라과가 ICJ에 분쟁을 회부하도록 설득하였으며, 그 후 사건이 결정

된 후, 당사국들의 판결 이행을 지원했다.[51)]

물론, *Arbitral Award* 사건에서 있었던 상호 지원관계의 유형을 보장할 수는 없다. 특정 사태에서, 정치적 해결책을 지역기구에서 모색하는 동시에, 다른 한편, 그리고 매우 독립적으로 해당 분쟁을 사법재판에 회부하려는 시도가 이루어질 수 있다. 이로 인해서, 두 과정이 양립 가능한지, 그리고 우선순위를 결정해야 한다면 어떻게 결정해야 하는지의 문제가 발생한다. 여기에서 쟁점은 정치기관과 사법기관 각자의 권한범위이기에 이는 지역기구의 역할과 관련되는 중요한 사안이다.

Nicaragua 사건[52)]에서, 미국은 이 사건의 제소국인 니카라과가 결부되었던 콘타도라 협상으로 인하여 ICJ의 권한이 영향을 받았다는 점을 ICJ에 설득하려고 했다. 구체적으로 말하자면, 미국은 니카라과가 미국과의 분쟁 중 법적 측면을 사법적 해결에 회부하기 이전에 콘타도라 절차를 통하여 정치적 해결의 가능성을 소진할 의무가 있다고 주장하였다. 그러나 재판소는 이러한 주장을 배척했다. 앞서 언급한 사건을 근거로,[53)] 비록 교섭이 당시 진행 중이었다고 해도, ICJ가 유엔헌장에 따라서 자신의 기능을 행사하는 데 전혀 장애가 되지 않는다고 판단했다. 이에 따라서, 해당 상황에서 'ICJ에 제소하기 위한 전제조건으로서 지역내 교섭절차를 사전에 완료해야 할 요건'은 없다고 결론지었다.[54)] 달리 말하면, 정치적 성질의 지역 절차인 콘타도라 절차에 참여하는 것과 동시에 ICJ를 활용하는 것이 양립 불가능하지 않다는 것이다.

사건 초기 단계에서 ICJ는 다른 측면에서 쟁점을 다루었다. 니카라과가 ICJ에 잠정조치를 내려 달라고 신청했을 때, 미국은 그러한 청구에 반대하면서, 다른 어떠한 주장보다도, 특히 잠정조치는 콘타도라 절차를 침해할 수 있다는 점을 주장하였다.

---

51) ICJ 분쟁 회부 이전 OAS가 기여한 바에 대해서는 앞의 각주 25)에 대한 본문 참조. 사법재판 후속 단계에 대해서는 제7장 각주 39)에 대한 본문과 다음 문헌 참조. J.G. Merrills, "The International Court of Justice and the adjudication of territorial and boundary disputes"(2000), 13 *Leiden JIL* 873 at 899; C. Schulte, *Compliance with Decisions of the International Court of Justice*, Oxford, 2004, pp.126-32.

52) *Military and Paramilitary Activities in and against Nicaragua,* Jurisdiction and Admissibility, Judgment [1984] ICJ Rep. 392.

53) 제1장 참조.

54) [1984] ICJ Rep. 440.

미국의 주장은 타당성이 없어서 즉각 거부되었다.[55] 그러나 다른 상황에서는 이러한 유형의 주장에 주의를 기울일 만하다. *Aegean Sea* 사건의 경우 위와 상응하는 단계에서, 잠정조치가 불필요하다고 판단했을 때, ICJ는 안보리에서 해당 사안을 적극적으로 다루고 있는 점에 영향을 받았던 것으로 보인다.[56] 따라서 적절한 경우 지역기구에서 분쟁을 다루는 것이 중요하지 않다고 할 이유는 없어 보인다.

1988년 *Border and Transborder Armed Actions* 사건[57]에서 지역적 절차와 사법적 절차의 관계가 더 다루어졌다. 이 사건은 니카라과가 ICJ에 제소한 것으로, 니카라과의 주장은 온두라스가 자국 영역에서 무장단체의 운영을 허용했다는 것이다. 니카라과는 이미 인용했던 보고타 규약 제31조를 관할권의 근거로 삼았다. 양국은 이 규약의 당사국이었지만, ICJ는 이 사건의 본안을 다루기 전에, 온두라스가 제기한 다수의 선결적 항변을 처리해야만 했다. 이 들 중 일부는 *Nicaragua* 사건에서 미국이 했던 항변과 마찬가지로 사법재판과 다른 해결수단의 관계에 관한 것이었다.

관할권 문제와 관련하여, ICJ는 보고타 규약 제31조와 ICJ 규정 제36조 제2항이 유사함에도 불구하고, 보고타 규약이 독자적으로 관할권의 근거가 된다고 결정했다. 이것이 중요한데, 왜냐하면 이러한 주장에 따르면 ICJ는 온두라스가 1986년에 제36조 제2항에 따른 선언을 유효하게 수정하였는지 여부를 결정할 필요가 없고, 추가적으로, ICJ 규정에 따른 선언의 유보와 보고타 규약에 따른 온두라스의 의무는 관련이 없다는 것을 의미하기 때문이다. ICJ는 또한 제31조에 따라서 재판소에 부여된 관할권은 제32조에서 규정하고 있는 조정 및 중재 방식과 완전히 구별되고, 따라서 니카라과는 조정이나 중재를 시도하기 이전에 제31조를 원용할 수 있다고 결정했다.

청구의 수리적격성과 관련하여, ICJ에서 문제된 쟁점들은 다양한 측면에서 콘타

---

55) *Military and Paramilitary Activities in and against Nicaragua*, Provisional Measures, Order of 10 May 1984 [1984] ICJ Rep. 169.

56) *Aegean Sea Continental Shelf*, Interim Protection, Order of 11 September 1976 [1976] ICJ Rep. 3.

57) *Border and Transborder Armed Actions*, Jurisdiction and Admissibility, Judgment [1988] ICJ Rep. 69. 이 사건은 나중에 취하되었다. The Court's order of 27 May 1992 [1992] ICJ Rep. 222 참조.

도라 절차와 관련되었다. 보고타 규약 제2조는 "당사국들이 판단하기에 통상적인 외교경로를 통해서 직접 교섭으로 해결할 수 없는" 분쟁에 대해서 그 절차를 활용하도록 규정하였다. 온두라스는 해당 분쟁이 이러한 요건을 충족하지 못했다고 주장하면서 교섭이 진행 중이던 콘타도라 절차를 증거로 인용하였다. 하지만, ICJ는 이러한 주장을 배척하였다. 콘타도라 절차의 기원과 성격을 검토한 후, ICJ는 관련 시기에, "제3국이 독자적으로 주도하여, 관련 국가들에 특정 사항을 제안함으로써 이들의 견해를 집약하고자 노력하는 것은 일차적으로 중개에 해당된다"고 결론내렸다.[58] 그러한 것으로서, 콘타도라 절차는 '통상적인 외교경로를 통하여 수행하는 직접 교섭'과 전혀 다르고, 따라서 제2조의 적용범위를 벗어난 것이었다.

다음으로 온두라스는 해당 청구가 보고타 규약 제4조에서 금지된다고 주장하였다. 제4조 규정은 어떠한 '평화적 절차'가 개시된 경우, 해당 절차가 종결될 때까지 다른 절차를 개시할 수 없도록 규정하고 있다. 온두라스는 콘타도라 절차가 '평화적 절차'로서 아직 종결되지 않았다고 주장하였다. 그러나 ICJ는 이 점도 동의하지 않았다. ICJ는 중개의 성격이 있는 원래의 콘타도라 절차가 '평화적 절차'로 간주될 수 있는지 여부에 대해서 결정하지 않은 채, 이 절차는 관련 당사국들이 콘타도라 협약안을 제시했지만 실패하였던 1986년 6월에 종료되었다고 판단하였다. 후속 절차인 '제2차 콘타도라-에스키풀라스 절차'는 ICJ 견해로는 '독립적인 다자적 교섭장치'였고,[59] 그 자체는 새로운 절차로 취급해야 한다는 것이다.
따라서 원래의 콘타도라 절차가 종료되었기 때문에, 보고타 규약 제4조는 니카라과의 청구를 차단하는 효과를 갖지 않는다.

마지막으로 주장된 것은 보고타 규약에 따른 콘타도라 절차의 지위가 무엇이든지 간에 니카라과는 해당 절차가 계속되는 동안에는 신의칙상 이 사건을 ICJ에 제소할 수 없다는 것이었다. 이러한 주장은 *Nicaragua* 사건에서 미국이 주장했던 것과 다르지 않았는데, 이 주장 역시 배척되었다. 이전 쟁점에서와 같이, ICJ는 원래의 콘

58) [1988] ICJ Rep. 99.

59) *Ibid.*, 105. 비록, '제2차 콘타도라-에스키풀라스 절차'는 '평화적 절차'라고 주장할 수도 있겠지만, 니카라과는 이 두 번째 지역적 절차가 개시되기 이전에 제소했기에 제4조와는 관련성이 없다.

타도라 절차가 종료되었다는 점이 중요하다고 보았고, 어쨌든 콘타도라 절차를 배타적으로 운영하려는 의도의 제안은 전혀 없었다는 점을 지적하였다.

Border and Transborder Armed Actions 사건을 여기에서 다소 상세히 논의했던 이유는 이 사건이 사법재판과 지역적 절차를 동시에 활용하는 경우 발생 가능한 쟁점을 잘 설명하고 있기 때문이었다. 물론, ICJ가 답해야 했던 질문 자체는 해당 분쟁이 제소되었을 때 근거로 삼았던 조약문에서 나왔다. 그러나 다양한 단계에서 콘타도라 절차의 성질과 효과에 대해 요구되었던 조약에서 여러 개의 분쟁 해결 절차를 규정하였을 때 필요하고, 보통 그러하듯이, 이들 절차들의 관계도 규율하려는 의도를 가진 검토 유형을 보여준다. 더욱이, 이 결정에서는 *Nicaragua* 사건에서 중요했던 점으로서, 동시에 상이한 절차들이 이용되는 경우, 외교적 방법이 법적 방법보다 우선하도록 규정하는 경우에만 외교적 방법이 우선한다는 점을 확인하였다.

카메룬과 나이지리아의 *Land and Maritime Boundary* 사건[60]에서 ICJ는 이번에는 영토분쟁에서 지역적 절차가 수행하는 역할을 다시 다루어야 했다. 그 사건에서, 많은 쟁점 중의 하나는 나이지리아에 따르면, 차드호(Lake Chad) 유역위원회라 칭하는 기구가 '보안과 공공질서 문제와 관련해서 배타적 권한'을 가졌던 차드호 인근 소재 국경의 위치였다.[61] 나이지리아는 이로 인하여 카메룬이 국경에 관한 쟁점을 ICJ에 회부할 수 없다고 주장했지만, ICJ는 이에 동의하지 않았다. 차드호 유역위원회는 ICJ를 대체하고자 고안된 사법기구가 아니며, 또한 유엔헌장 제8장에 따른 지역기구로 인정되지도 않았다고 판단하면서, ICJ는 어느 경우이든지 지역적 교섭을 위한 절차가 존재하는 것만으로 ICJ가 자신의 기능을 수행하는 것이 금지될 수 없다고 판단한 이전 사례를 반복했다.

만약 분쟁 당사국이 지역적 절차 또는 다른 분쟁 해결수단이 배타적으로 이용되거나, 사법재판보다 우선하도록 합의했다면, 그들이 합의한 대로 활용되어야 할 것이 분명하다.

---

60) *Land and Maritime Boundary between Cameroon and Nigeria*, Preliminary Objections, Judgment [1998] ICJ Rep. 275.

61) *Ibid.*, para. 66.

정부들이 사법적 해결이 다른 절차보다 후순위여야 한다거나, 다른 해결수단이 사법적 해결 대신 활용되어야 한다고 합의한 사례는 무수히 많다. 정부들은 자유롭게 그러한 방식을 만들 수 있으며, 그러한 합의는 효력을 갖게 될 것이다. ICJ가 위 사례에서 지적했던 점은 사법적 해결이 특권적 지위를 갖는다는 것이 아니라, 평화적 해결이 가장 우선적인 목표이기에 원칙적으로 정부들이 특별한 방식을 마련하지 않았다면, 법적 분쟁의 당사국들은 지역적 절차를 포함하여, 유엔헌장 제33조에서 규정하고 있는 어떠한 수단이라도 자신들의 법적 입장을 저해하지 않으면서 자유롭게 활용할 수 있다는 것이다.

지역기구와 유엔

보편적 정치기구 내에서 지역주의가 차지하는 위치는 제1차 세계대전 이후 국제연맹 설립자들에게 부담이 큰 쟁점이었다.[62] 약간의 논쟁 후, 이 사안은 최종적으로 국제연맹 규약 제21조에서 다루게 되었고, 제21조는 "이 규약의 어느 규정도 국제평화의 유지를 확보하기 위한 중재조약과 같은 국제적 합의나 먼로 선언(Monroe Doctrine)과 같은 지역적 양해사항의 효력에 영향을 미칠 수 없다"고 규정하고 있다. 25년이 지난 후, 지역적 방식을 더욱 정교하게 다룬 규정으로 유엔헌장 제8장(제52조-제54조)이 형성되었으며, 다른 한편, 분쟁의 지속이 국제평화와 안전의 유지를 위태롭게 할 수 있는 분쟁을 해결하기 위하여 '지역적 기관 또는 지역적 약정의 이용'이 제33조에 따라서 활용할 수 있는 방법 중의 하나이다.

냉전시기 동안, 지역기구와 유엔의 관계가 논란을 야기했던 경우가 많았다. 정치적 경쟁이 기구 상호간 경쟁의 형태로 드러나는 불화는 두 가지 측면, 즉 국제평화와 안전에 관한 사항에서 지역기구 권한의 제한과 안보리가 분쟁을 다룰 수 있기 이전에 지역적 해결수단이 소진되어야 하는지의 여부를 위주로 하였다.[63] 냉전이

62) R.A. Akindele, "From the Covenant to the Charter: constitutional relations between universal and regional organisations in the promotion of peace and security"(1973), 8 *Israel L Rev.* 91.

63) R. St J. Macdonald, "The developing relationship between superior and subordinate political bodies at the international level"(1964), 2 *Can. Yearbook Int. L* 21.

종식되면서, 제8장에 관한 논의는 더욱 건설적인 방향으로 바뀌었고, 지역기구와 유엔이 협력할 수 있는 방법에 관심이 기울여졌다.[64] 그러나 그러한 협력의 기본틀은 여전히 유엔헌장에 근거한다. 따라서 최신의 발전 사항을 검토하기 전에 헌장의 헌법적 지위에 대해서 언급해야 할 것이다.

지역기구의 권한을 제한하는 중요한 사항은 유엔헌장 제53조 제1항에 있으며, 여기에서는 "안보리의 허가 없이는, 어떠한 집행조치도 지역적 약정 또는 지역적 기관에 의해 취해져서는 아니된다"고 규정하고 있다. 무엇이 '집행조치'를 구성하는지의 질문은 다른 곳에서 자세히 다루었고[65] 여기에서는 검토할 필요가 없다. 그러나 질문이 제기된 두 사례는 중요한 면이 있다.

앞서 언급한 *Dominican* 사건에서, 소련은 안보리에서 OAS가 도미니카공화국에 부과한 외교·경제제재는 '집행조치'가 되기에 제53조 제1항에 따라 안보리로부터 권한 허가를 받아야 한다고 주장하였다. 다른 한편, 1962년 쿠바 미사일 위기 동안, 미국은 자국 해군의 차단조치 그리고 OAS가 승인한 다양한 강제조치에 대해서 안보리로부터 권한 허가를 받을 필요가 없다는 가정 하에 움직였다.

제53조 제1항의 해석에 관해서 어느 쪽도 실제로는 그다지 설득력이 없다. 소련의 견해에 따르면 국가들이 개별적으로 행동할 권리를 갖는 것이 분명한 사항을 집단적으로 행할 권리는 거부당하고, 지역기구는 미온적인 회원국에 정치적 압박을 가함으로써 실제로 분쟁 해결에 기여할 기회를 박탈당하는 이상한 결과가 발생한다. 다른 한편, 미국의 견해에 따르면, 국가가 지역 내에서 주도적인 회원국이 지시하는 군사적 강박의 목표가 될 수 있는데, 이러한 사태에서는 전 세계의 나머지 국가들이 안보리 허가 요건을 보전하는 데 지대한 관심을 갖는다.

지역 단위의 효율적인 조치와 국제공동체의 이해관계를 상호 조화시키는 것이

---

64) 예컨대, B. Rivlin, "Regional arrangements and the UN system for collective security and conflict resolution: a new road ahead?"(1992), 11 *Int. Rel.* 95; A.K. Henrikson, "The growth of regional organisations and the role of the United Nations" in Fawcett and Hurrell(eds.), *Regionalism in World Politics* (n. 1) p.122 참조.

65) 이전 문헌을 제시하고 있는 M. Akehurst, "Enforcement action by regional agencies with special reference to the Organization of American States"(1967), 42 *BYBIL* 175 참조. 또한 Gray, *Use of Force* (n. 1) ch. 9 참조.

다른 고려 사항, 즉 지역적 해결수단을 우선할지 여부의 중요한 요소이다. 여러 경우에 국가는 지역기구가 분쟁을 다룰 수 있기 전에 해당 사안을 안보리에 회부하도록 시도했다. 예컨대, 모로코와 알제리의 국경분쟁에서, 모로코가 처음에는 이 사항을 OAU보다는 안보리에 제기하려고 했다. 그 이유는 아마도 모로코는 안보리가 국경 변경 요구에 더 공감할 수 있을 것으로 보았기 때문일 것이다. 이러한 유형의 상황은 어느 국가가 자신의 주장을 더 넓은 논의의 장에서 다루는 쪽이 이익이라고 여기면 언제든지 나타날 수 있으며, 이 때, 지역기구와 세계기구의 관할권이 충돌할 여지가 농후하다. 1954년 *Guatemala* 사건에서, 미국은 OAS가 다루고 있는 사건이 안보리의 권한범위를 벗어난다고 주장하고자 했으며, 이러한 주장에 대해서 소련이 강하게 이의를 제기하였다. 그러나 1968년 바르샤바 규약(Warsaw Pact) 군대가 체코슬로바키아를 침공한 후 안보리의 권한을 부정한 것은 소련이었고, 유엔의 조치를 촉구했던 쪽은 미국이었다.[66] 이러한 주장은 명백히 자국 중심적 성격을 띠며, 안보리는 항상 일관되지는 않지만, 이처럼 극단적인 지역주의적 접근을 별로 지지하지 않는다.

유엔헌장 작성자들은 지역기구를 활용하려는 쪽에 유리한 추정이 형성되도록 하려고 의도했고, 지역내 절차를 우선 시도해야 한다는 견해는 예상할 수 있듯이 주요 지역기구들의 열렬한 지지를 받았다. 그러나 지역기구는 국제평화와 안전 유지에 대해서 안보리가 궁극적인 책임을 진다는 점을 없앨 수 없다는 것이 널리 인정되었다. 따라서 국가들이 분쟁이나 사태를 안보리에 제기할 필요가 있다고 여기면, 그러한 권리를 박탈할 수 없다. 물론 그렇다고 해서 안보리가 반드시 그러한 사항을 다루고자 할 것이라고 결론내릴 수는 없고, 뿐만 아니라 안보리가 다루기로 결정한다고 해도 모종의 조치를 효과적으로 할 수 있는 것도 아니지만, 그러한 사항을 안보리에 제기하는 권리는 지역기구가 아무리 단호히 요구하더라도, 결코 박탈할 수 없다.

유엔 사무총장 부트로스 갈리(Boutros-Ghali)는 '평화 의제'(*An Agenda for Peace*)라는

66) R.A. Akindele, "The Warsaw Pact, the United Nations and the Soviet Union"(1971), 11 *Ind. J Int. L* 553.

제목으로 안보리에 제출한 1992년 보고서에서, 냉전으로 인해 "헌장 제8장을 적절히 활용할 수 없게" 되었고, 이 시기에 "지역적 약정이 때로는 헌장에서 예견했던 방법으로 분쟁을 해결하는 것과 반대되는 쪽으로 작동하였다"고 하였다.[67] 이미 살펴 보았듯이, 이러한 평가가 합당한 점이 많지만, 냉전이 종식되면서 유엔과 지역기구의 관계를 새로운 관점에서 볼 수 있게 되었고, 양자의 협력 가능성을 모색할 수 있게 되었다. 사무총장은 자신의 보고서에서, 이러한 맥락에서 지역기구가 기여했던 바를 기술하면서, '상호 안전과 방위를 위한 지역기구' 그리고 '구체적인 정치, 경제, 또는 사회적 쟁점을 다루기 위하여 창설된 단체'를 포함한 다양한 기구들이 모두 수행해야 할 각자의 역할이 있다는 점을 강조하였다.[68]

사무총장이 주장하는 사항의 핵심은 지역기구가 '평화 의제'에서 밝혔던 기능을 수행하는 데 활용될 수 있는 잠재능력을 분명히 보유하고 있다는 것이며 이에는 동의하기가 쉽다. 기억하겠지만, 이러한 것들은 예방외교, 평화 유지, 평화 조성 그리고 분쟁 이후 평화 건설이다. 예상되듯이, 지역기구는 헌장에 부합하는 방식으로 행동하여야 하며, 안보리는 국제평화와 안전을 유지하는 데 일차적인 책임을 진다는 점이 지적된다. 그러나 이와 같은 헌법적 한계를 존중하는 한도에서, 지역적 활동이 가치 있는 이유는 "탈중앙집중화, 권한 이양, 그리고 유엔 활동과의 협력에 관한 사항이 안보리의 부담을 경감시켜 줄 뿐만 아니라, 국제문제에 대한 참여, 의사 합치, 그리고 민주화에 대한 식견을 심화시키는 데 기여할 수도 있기" 때문이다.[69]

전 사무총장이 지적하였듯이, 지역기구와 유엔의 협력은 평화유지군 또는 이와 관련된 조치가 필요한 상황에서 특히 유용하다. 그리고 이미 언급했던 다수의 사례들은 정치적으로 우호적인 분위기에서 기구들이 어떻게 보완적 기능을 수행할 수 있는지를 보여준다. 중미(Central America)의 복잡한 상황에서 주요 외교적 활동이 콘타도라 절차를 통해서 어떻게 수행되었는지는 앞에서 살펴 보았지만, 안보 약정이 필요했을 때, 안보리는 유엔군(ONUCA)을 설치하였다. 라이베리아 사태에서, ECOWAS는

67) SC Doc. S/24111, 17 June 1992, (1992) 31 ILM 953.
68) *Ibid.*, para. 61.
69) *Ibid.*, para. 64

지역평화유지군을 제공했으며, 나중에는 유엔이 정치적으로 그리고 현장에서 양쪽으로 지원하였다. 다른 한편, 조지아에서는 CIS군이 파견되었을 당시에 이미 유엔감시단이 현장에 있었고, 이들의 업무조정을 안보리가 감독하였다.

이와 비슷하게, 아이티의 쿠데타에 대한 첫 반응은 OAS에서 나왔지만, 유엔의 후원이 있고 나서야 효력을 가졌고, 반면에 복잡하게 지속된 보스니아 위기에서, EC는 외교·경제적 조치로써 개입했지만, 안보리가 관여하게 되었고, 군사적 조치가 필요하게 되었을 때 NATO가 필요한 능력을 갖춘 기구로서 활용되었다고 제10장에서 언급했던 점을 기억할 것이다. 따라서 유엔과 지역기구의 협력이 최근 수년간 확대되면서, 다수의 안보리 결의에서 다양한 유형의 지역적 조치 그리고 세계 각지에서 공동으로 수행하는 다수의 평화유지활동에 대해서 안보리가 권한을 허가하거나 승인하였다. 따라서 이러한 기록이 '평화 의제'에서 '새로운 기회의 시대'로 했던 시기에[70] 지역기구의 잠재력이 현재 실현되고 있다는 점을 시사한다.

유엔과 관련하여 지역기구의 역할을 평가하는 것은 결국 권한 위임의 한계와 이점을 판단하는 것으로 귀결된다. 한계에 대해서는, 특히 지역기구의 회원국이 제공할 수 없거나, 제공할 의지가 없는 자원이 필요할 경우, 지역기구 내에서 평화 유지 또는 다른 조치에 관한 합의를 얻어 내는 것은 유엔에서만큼이나 쉽지 않을 수 있다. 특별히 무력 사용이 결부되는 경우, 지역적 활동은 공정성 문제를 야기할 수 있고, 안보리가 이를 허가한 경우에도 여전히 적절히 통제되어야 하는데, 이 경우에도 나름대로 어려움이 있을 수 있다.[71] 마지막으로, 물론 지역 단위에서 분쟁 해결을 시도하는 것이 성공하리라고 보장할 수 없다. 따라서 지역기구가 갖는 여러 가지 한계로 인하여 지역기구는 결코 만병통치약이 될 수 없다는 점은 분명하다. 다른 한편, 비록 유엔과 지역기구의 협력이 매우 가치 있을 수 있다고 해도, 아프리카연합이나 OAS와 같은 기구에서 분쟁을 다룰 경우, 지역적 조치가 적절하지 않는 경우에만 안보리의 관여가 필요할 것이다. 앞서 살펴 보았듯이, 지역기구는 종종 외부의

---

70) B. Boutros-Ghali, *An Agenda for Peace*, SC Doc. S/24111, 17 June 1992, para. 63. 결의문 본문은 (1992) 31 ILM 953 참조.

71) Gray, *Use of Force* (n. 1) pp.326-7.

도움 없이 분쟁 해결에 건설적인 기여를 한다. 지역기구가 자기 자신의 자원을 활용하도록 독려하여 유엔은 지역 상호간 분쟁과 더 난해한 지역간 충돌에 사용 가능한 여력을 비축할 수 있고, 이로써 유용하게 업무를 분담할 수 있다. 반대로, 안보리가 항상 관여해야 한다는 주장은 지역기구가 책임을 부담하지 않도록 하는 경향이 있으며, 아마도 외부 국가가 개입하는 형태는 사안을 복잡하게 만들겠지만, 지역적 차원에서 분쟁을 처리하는 것은 피할 수 있을 것이다.

제12장

경향과 전망

Trends and Prospects

12

경향과 전망

Trends and Prospects

국제분쟁을 해결하기 위한 다양한 시도를 개별적으로 검토했기에, 이제는 분쟁에 직면한 국가들이 활용할 수 있는 것, 특정 절차의 선택 여부를 결정할 때 영향을 미치는 요소, 그리고 장래에 이러한 상황의 개선 전망에 대해서 이러한 조사가 전체적으로 무엇을 보여 주는지를 검토해야 할 차례이다. 이러한 쟁점들을 다루기 위해서 분쟁행위와 관련하여 결정이 내려지는 경우, 그 맥락을 구성하는 법적 요소와 정치적 요소 중 일부를 분리해서 고려한다. 그 후, 현재의 분쟁 해결방법을 더 효율적이고 쉽게 이용할 수 있도록 그러한 방법을 변경하거나 개발하는 방식을 제시할 필요가 있다. 그러나 먼저, 현재의 상황과 관련하여 앞의 연구를 통해서 밝혀졌던 것을 간략히 떠올리는 것이 유용할 것이다.

오늘날의 분쟁 해결

국제분쟁은 무력 사용보다 평화적인 수단으로 해결해야 한다는 생각의 역사는 깊다. 그러나 앞의 조사를 통해 분명한 것은 이러한 목적의 방법과 제도를 고안하려는 시도는 보다 최근의 현상으로서, 오늘날 존재하는 것 중 대부분은 100년이 조금 넘는 기간에 만들어졌다. 이 주제에 대해서 국가들이 보였던 일체의 관심으로부터 무엇이 만들어질 수 있었는가?

적어도 일면에서는 놀랍게도 거의 없다. 이 책의 앞에서 설명했듯이 분쟁을 평화적으로 해결하기 위한 기본수단은 여전히 교섭이다. 그러나 이 분야에서 주목할 만한 발전은 분쟁을 피하기 위한 수단으로서 협의 그리고 이와 관련된 기법, 그리고 국제기구의 성장과 함께 새로운 외교 형태의 활용이 증가하고 있는 점이다. 모든 분쟁은 어느 단계에서든 교섭을 수반할 가능성이 높지만, 해결방법으로서 교섭은 심각한 한계를 갖는다는 것이 확실하다. 어느 정도까지 이러한 한계는 주선과 중개로 극복할 수 있다. 하지만, 이들 수단 또한 여러 가지 방식으로 제약을 갖고, 교섭과 같이 당사자들이 합의할 준비가 되어 있는지 여부에 전적으로 좌우된다.

사실심사와 조정이 도입되면서 제3자의 지원이 상설위원회 혹은 임시 위원회의 형태로 제도화되었고, 필요한 경우 판단 혹은 권고가 독립적으로 내려지고, 당사자들에게 전달되어 수용하도록 한다는 의미에서 객관화되었다. 사실심사는 앞서 살펴보았듯이, 분쟁의 쟁점이 사실에 관한 것일 때 주로 활용되었다. 다른 한편, 조정은 현재 또는 미래의 법적 권리와 관련될 경우 중재에 준하는 형태로서 종종 활용되었다. 이 두 절차의 활용도가 높고 탄력적이라는 것은 이들 절차가 성공적으로 활용되었던 다양한 사례에서 증명되었다. 따라서 이 두 가지 방식이 특정 유형의 분쟁에는 적합하지 않은 특징을 가졌지만, 각각의 잠재력은 더 널리 인정받아야 하고, 조정의 경우에는 더 널리 인정받게 될 것이다.

분쟁 당사국의 관점에서 보면, 사실심사와 조정은 결과를 수락해야 하는 의무를 부담하지 않으면서 제3자의 의견을 활용할 수 있는 이점이 있다. 비록 이들 절차의 비구속적 성격은 교섭에 의한 해결을 궁극적인 목적으로 삼고 있는 당사자에게 분명히 이익이 되지만, 절차에 대한 통제권을 포기할 준비가 되어 있는 국가는 사법적 해결 혹은 중재의 이점을 추가적으로 얻을 수 있다. 앞서 설명했듯이, 이들 법적 수단으로써 개별 분쟁 혹은 대상 분쟁 전체에 대해서 구속력 있는 결정이 내려질 가능성이 있다. 사법재판부가 다룰 수 있는 분쟁의 유형을 감안할 때, 여기서 전제요건은 당사자들이 신뢰할 준비가 되어 있는 재판소(따라서 재판소 설치와 구성이 매우 중요함) 그리고 권한위임사항에 관한 합의인데, 이 쟁점은 분쟁의 성질 그리고 국제법의 적합성과 관련된다. 이와 더불어 재판소의 결정을 이행하겠다는 의지가 있어야 한다. 왜냐하면 구속력 있는 분쟁 해결수단 전체의 효율성이 실제로 이 점에 좌우되기 때문이다.

국가들이 서로 다른 분쟁 해결방법에 접근하는 방식을 결정하는 요인들은 1982년 해양법협약 규정에서 특히 뚜렷이 드러난다. 이 협약의 필수적인 사항으로서 적절한 접근방식이 있어야 한다는 점을 인정하고서, 국가들은 수단의 자유로운 선택 원칙을 기존의 분쟁 해결방식과 새롭게 고안된 다수의 방식 전 분야와 결합하는 데 성공했다. 따라서 이 협약의 방식은 탄력적이면서 유용한 제도의 틀을 제공하였고, 이 가치가 현재 드러나고 있다. 비록 어떤 면에서는 비판을 받지만, 이 협약의 규정들은 분쟁 해결에 대한 적극적 태도 그리고 상당한 노력으로써 성취할 수 있는 결과를 나타낸다.

세계무역기구(WTO)의 분쟁해결제도는 이에 못지않게 진보적이지만, 사뭇 다른 접근방식을 보여주고 있다. 해양법협약과 같이, 1994년 분쟁해결양해(DSU)는 특정 분야의 분쟁을 다루기 위하여 확립된 방법을 활용하고 또한 발전시키고 있다. 따라서 통상분쟁에서 수십년간 활용되었던 협의와 패널 절차는 DSU에서 공식화되었을 뿐만 아니라 상소심과 이행제도로써 보완되었다. 그러나 주된 차이점은 해양법협약이 수단의 선택을 강조하면서 나름대로 방법끼리 경쟁하는 수평적 제도를 창설했다면, DSU는 해결이 성사될 때까지 연속적이며 엄격한 일정에 따라 활용 가능한 다양한 방법을 가진 수직적 제도에서 명백히 의도했던 것을 활용한다. 이러한 차이에 대해서는 무역분쟁이 해결되지 않을 경우 순식간에 상당한 피해를 야기할 가능성이 있어 신속한 해결이 필요하고, 또한, 아마도 무역분쟁은 종종 복잡하지만 해양분쟁만큼 다양하지 않은 경향이 있어서, 단일한 절차를 마련하는 데 합의하기가 더 수월했다고 설명할 수 있다. 어느 경우가 되든지, 현재 DSU가 광범위하게 활용되고 있는 점은 국가들이 새로운 제도를 신뢰하고 있다는 것을 방증한다. 지역 및 하부지역 조약과 약정을 통해서 무역 및 그 밖의 분쟁을 다루는 절차도 이와 관련성이 있다.

마지막으로 고려할 사항은 유엔과 지역기구에 관한 것이다. 이미 언급했지만, 유엔은 세계정부나 국제경찰이 아니고, 본질적으로는 유엔에 제기된 분쟁국가들에 대해서 압력을 가하고 영향력을 행사할 수 있는 기관이다. 냉전이 종식됨에 따라 안보리가 헌장 제7장에 따라서 자신의 권한을 십분 활용할 수 있게 되었지만, 이러한 기본적인 상황은 바뀌지 않았다. 결과적으로, 비록 사무총장이 상당히 중요한 역할을 수행하며 평화유지활동으로써 국제적 긴장을 줄일 수 있지만, 유엔에 의해서라기보다 유엔을 통한 해결이라고 말하는 것이 더 정확하다. 물론, 다수의 분쟁은 유엔까지 가지도 않고, 이들 분쟁 중 다수는 여전히 해결되지 않은 상태로 남아 있다. 그러나 지역기구들은 때때로 교섭의 장을 제공하거나 지역내 이웃 국가를 중개자나 조정자의 자격으로 포섭하여 도움을 줄 수 있다. 현재 지역기구의 활동과 유엔의 활동을 결합할 가능성도 실제로 있다. 하지만, 다시 말하지만, 정당화 혹은 제재 형태의 조치는 실행상 당사자 자신들이 지역적 장치를 활용하는 것보다 덜 중요하다. 그렇다면 기구들은 앞서 살펴 보았던 다른 제도들과 마찬가지로 국제무대의 변화를 표방하기보다 주권국가가 자신의 분쟁을 해결하고자 하거나 (아니면 해결하지 않으려고) 자신의 전통적인 힘을 행사할 수 있는 새로운 장을 의미한다.

정치적 관점

이제까지 언급했던 것을 통해서 비록 분쟁을 다루는 여러 가지 방안들이 다수 개발되었지만 이론상 가능한 것과 국가들이 실제로 수행할 준비가 된 것 사이에는 종종 상당한 간극이 있다는 점이 충분히 드러났다. 더구나, 이미 자주 언급할 기회가 있었듯이, 특정 해결방법이 활용 가능한 경우라도, 그러한 방법이 특정 사례에서 효과가 있으리라는 보장이 없다. 이러한 상황을 개선하기 위하여 무엇을 해야 할지를 고려하기 이전에, 국제분쟁을 다루는 것이 왜 그렇게 힘든지의 이유를 고려할 필요가 있는데, 이에 대해서는 이들 분쟁의 정치적 맥락이 갖는 특징에서부터 시작하고자 한다.

정치적인 관점에서 볼 때, 국제분쟁은 세 가지 측면, 즉 사회적, 물적, 그리고 시간적 측면을 갖는 것으로 생각할 수 있다. 사회적 측면은 분쟁 발생 장소, 그리고 누가 분쟁의 주인공인지에 관한 사항이다. 물적 측면은 무엇에 관한 분쟁인지와 관련되고, 그 대상을 정한다. 그리고 시간적 측면은 분쟁이 언제 발생했는지, 얼마나 오랫동안 지속되는지, 그리고 언제 해결되는지에 관한 사항이다. 모든 분쟁에 이 세 가지 측면이 모두 존재하며, 평화적 해결수단의 효율성에 결정적인 영향력을 미칠 수 있다.

사회적 요소가 중요한 이유는 국가들의 전통, 이해관계, 태도가 매우 상이하고, 각국이 특정 상황에서 행사할 수 있는 힘도 다르기 때문이다. 예컨대 현재 서유럽은 정치·경제적 통합 수준이 높고, 역사적 적개심을 한켠으로 제처 둘 준비가 되어 있으며, 경제적 발전수준이 높으면서 동시에 지배적인 국가가 없다. 이런 상황에서 정부들은 분쟁을 피하기 위하여 모든 노력을 다하고 분쟁이 실제 발생하는 경우, 일반적으로 지역적 절차를 통해 매우 신속히 해결되는 것이 당연하다. 반대로, 아프리카와 남미의 상황은 훨씬 더 변화무쌍하다. 분쟁을 피하기 위한 절차가 덜 발전했고, 이들 지역의 국가들은 더 다양하고 폭력이 발생할 가능성이 상존한다. 남미에서는 미국의 패권적 이해관계로 인하여 상황이 복잡하며, 아프리카에서는 이 지역 내 최강국인 남아프리카공화국이 수년간 적으로 간주되어 왔다. 확실히, 이러한 요소들로 인하여 평화적 해결수단을 활용하는 것이 배제되지 않으며, 그러한 사례가 이미 다수 언급되었다. 그러나 이것이 의미하는 바는 유럽에서 당연시될 수 있는 국제적 행위에 대한 접근방식이 보편적인 것으로 간주될 수 없고, 분쟁이 평화적으로 해결될지 아니면 무력으로 해결될지 여부 그리고 애초에 이견이 분쟁이 될지 여부는 그 장소에 좌우될 수 있다는 것이다.

국가간 상호작용이 많을수록, 이견이 발생할 기회가 더 많다. 결과적으로 대다수 국제분쟁은 이웃 국가들과 관련되어 있기에 지역적 환경의 성격이 매우 중요하다. 그러나 일부 분쟁은 지역적 경계를 넘어서는데, 여기에서도 사회적 요소가 중요하다. 국가들이 많은 사항을 공유하면, 비록 지리적으로 분리되어 있더라도 자신들의 분쟁을 평화적으로 해결할 수 있는 가능성이 높다. 예컨대 미국과 영국 사이에서 미국과 이란 사이의 외교관 인질 분쟁에 비견되는 분쟁을 상상하기 어렵다. 영·미간 상황에서, 양측은 좋은 관계를 유지하고 어떠한 분쟁이라도 평화적으로 해결하려는 유인동기를 갖고 있다. 이미 살펴 보았듯이, 후자의 경우, 역사적·정치적·문화적 요소들로 인하여 위기가 발생했을 뿐만 아니라 그 해결도 지극히 어려웠다. 같은 방식으로, 지브롤터에 대한 영국과 스페인의 오랜 분쟁과 이와 별로 다르지 않은 쟁점이 제기된 포클랜드 제도에 대한 영국과 아르헨티나의 분쟁을 비교하는 것도 유익하다. 전자의 경우 분쟁이 해결되지 않고 이는 영국과 스페인 관계에서 마찰의 원인으로 간주되어야 하겠지만, 어느 쪽도 위기를 촉발하는 데 관심이 없었다. 반면 Falklands 사건에서 영국은 두 사안이 전반적으로 유사하다고 여기는 쪽이었지만, 아르헨티나는 사실상 무력을 활용 가능한 방안으로 간주할 준비가 되어 있었고, 교섭이 실패했을 때, 침략을 개시하는 데 아무런 거리낌이 없었다.

물적 측면의 중요성은 다른 변수들이 동일하다면 분쟁 해결의 어려움이 관련 현안에 좌우된다는 사실에서 비롯된다. 따라서 조약에 따른 기술적 의무에 대한 분쟁은 중요한 정책적 쟁점에 대한 의견 불일치보다 처리하기가 더 쉬운 것이 보통이다. 이와 유사하게 개별적인 사안과 관련한 분쟁은 일반적으로 당사국의 관계에서 더 넓은 측면과 결합되어 있는 분쟁보다 더 간단하다. 따라서 외교관 인질 위기가 이례적으로 어려웠던 이유는 해당 분쟁이 회교혁명 직후에 미국적인 것을 전부 거부하는 이란에는 상징적인 사안이 되었기 때문이다. 반면 Falklands 분쟁의 쟁점 자체는 더 큰 차원의 문제와 얽히지 않았지만, 분쟁 당사자들을 포함하여 모든 국가들이 매우 민감하게 여기는 국가주권 그리고 자결권에 관한 쟁점이 제기되었다.

물적 요소는 평화적 해결 방식 중 어느 것이 적절한지와도 관련된다. 사실심사(inquiry)에 관한 사항을 다룰 때 살펴 보았듯이, 이러한 절차와 관련해서, 본질적으로 사실에 관한 쟁점이 다투어져야 한다. 반면, 조정(conciliation)은 무엇이 일어났는지보다 무엇을 해야 하는지에 대한 쟁점을 다루며, 이러한 이유로 정책적 차이를 조정할 때 더 적합하다. 이와 마찬가지로, 중재(arbitration)와 사법적 해결은 법적 문제가 포함된 분쟁에 가장 적합하다. 물론 이들 방식이 경직된 것은 아니라는 점을 덧붙여야 할 것이다. 분쟁 자체에 종종 사실, 법, 그리고 정책적 쟁점이 다양하게 결합되듯이, 특정한 해결방법이 둘 이상의 기능을 수행해야 할 경우가 있다. 그럼에도 불구하고, 위의 차이점은 중요하다. 따라서 조정인들은 법을 적용하지 않았다고 비난받지 않아야 하고, 이와 마찬가지로 재판관들은 일반적인 조정인으로 간주되지 않아야 할 것이다. 국가들은 자신들이 원한다면 입장을 수정하여 조정에 중재의 요소를 도입하거나, 사법적 해결에 조정을 도입할 수 있다는 사실로 인해 이러한 것이 바뀌지 않고, 오히려 이러한 사실이 일반적인 상황에 존재하는 이들 절차의 차이를 도드라지게 할 것이다.

추가할 사항은 분쟁의 물적 요소의 양은 고정되지 않고, 당사국의 인식에 좌우된다는 점이다. 가장 해결하기 쉬운 분쟁은 관련 국가들이 해당 분쟁을 어떤 유형으로 분류할지를 합의한 분쟁이고, 가장 어려운 분쟁은 이에 대하여 이견이 있는 경우이다. 따라서 *Diplomatic Staff in Tehran* 사건[1)]은 오직 미국만 이 사건을 법적 분쟁으로 취급할 준비가 되어 있었기 때문에 ICJ에서 해결되지 않았다. 마찬가지로, *KE007* 사건[2)]은 사실심사의 대상으로 적절하지 않았다. 왜냐하면, 겉보기와 달리, 이 분쟁은 민간항공기가 어떻게 해서 경로를 그토록 많이 벗어날 수 있었는지에 관한 것이 아니었고, 이를 격추시킨 소련의 정책에 관한 것이었기 때문이다. 따라서 분쟁의 선결적 단계에서, 교섭(negotiation)의 주된 기능 중 하나는 해당 분쟁을 가장 잘 다룰 수 있는 방법을 결정하기 위하여, 분쟁의 유형에 대해 합의하는 것이다.

마지막으로 고려할 측면은 시간이다. 의견 불일치가 분쟁이 되었는지 여부, 평화적 해결 방법 중 어떠한 방법을 시도할지 여부, 그리고 그러한 방법이 활용되어 성공했는지 여부는 모두 분쟁 발생 시점에 좌우된다. 예컨대, 아르헨티나가 1982년이 아니라, 한 해 후에 포클랜드 제도를 침략했다면 영국은 군사적으로 대응할 수 없었을 것이다. 왜냐하면, 영국 해군의 상태가 계속 악화되어서 영토 회복을 위한 상륙공격이 더 이상 불가능한 상황에 이르렀을 것이기 때문이다. 더욱이, 만약 아르헨티나가 조금만 더 기다릴 준비가 되었더라면, 영국이 해외공약을 포기하는 정책이 일반적인 상황에서 외교적 해결을 이끌어 냈을 것이라는 점을 감안하면, 침략할 필요가 전혀 없었을 것이다.

아르헨티나의 오판은 영국의 대응과 마찬가지로 일부 국내 정치적 요소 때문이

---

1) *United States Diplomatic and Consular Staff in Tehran,* Judgment [1980] ICJ Rep. 3.

2) 제3장 참조.

었다. 분쟁이 국내적으로 갖는 의미는 분쟁 시점과도 관련되고 그 국가의 정치 지도자의 태도와 전통에 좌우된다. 아르헨티나 정부 구성원 대다수가 침공의 위험을 감수하지 않았을 것처럼 영국 정부 일각에서는 포클랜드 제도를 두고서 전쟁을 하지 않으려고 했을 것이다. 이와 마찬가지로, 영국 정부 일각에서는 분쟁의 초기 단계에 분쟁 해결을 교섭함으로써, 혹은 포클랜드 제도를 튼튼하게 방어함으로써, 위기를 전면적으로 회피하였을 것이다. 이와 마찬가지로, 갈티에리(Galtieri) 장군의 입장에 있었던 많은 지휘관들은 중개가 여러 차례 시도되면서 제안되었던 내용을 수락했었을 것이다. 이러한 가능성을 생각하는 것이 별로 어렵지 않다는 것을 1982년 전쟁은 당시 역사적으로 불리한 상황이 특히 복잡하게 얽힌 결과였고, 따라서 국제분쟁의 진행 방향을 결정지을 때 시간이 중요하다는 것을 보여 준다.

Falklands 위기는 시간적으로 운이 없었지만, 시간은 때때로 분쟁 원인을 효과적으로 제거함으로써 유익한 효과를 갖는다. 예컨대, 1973년 영국은 아이슬란드가 배타적 어업수역을 50해리로 확장하는 데 반대했고, 이 분쟁을 ICJ에까지 가져갔다. 이는 해양의 자유를 보호하고자 영국 정부가 수년간 지속해 오던 전통적인 정책과 일치하였다. 그러나 1975년에 아이슬란드가 200해리 확장을 주장했을 때, 비록 처음에는 항의가 있었지만, 이 사안이 더 이상 문제되지 않았다. 이렇게 되었던 이유는 당시 점점 더 많은 수의 국가들이 그러한 주장을 했고, 영국은 쓸모 없이 뒤늦은 조치를 취하기보다, 다른 EEC 회원국들과 함께, 자신도 200해리를 주장하는 방안을 선택했기 때문이었다.[3] 이 경우는 국가실행의 발달로 인해서 이전에는 수락될 수 없었던 행위가 합법화된 사례이다. 시간이 분쟁 원인이 될 수 있었던 사항을 제거했다. '비가 오면 물 분쟁은 거품이 되어 버린다'는 속담이 같은 의미이다.

때때로, 시간 요소는 개별 분쟁이 아니라 분쟁 전체와 관련된다. 동유럽과 구 소련의 예가 오늘날 이 점을 단적으로 보여 준다. 제2차 세계대전 종료시, 동유럽은 소련의 지배를 받게 되었고, 그 결과 국가적 이익 증진 및 방위를 포함하여, 이 지역내 국가들 사이의 일반적인 정치관계는 완전히 중지되었다. 그러나 1989년에 소

---

3) 1974년 ICJ 판결 이후 진행사항에 관한 설명으로는 C. Schulte, *Compliance with Decisions of the International Court of Justice*, Oxford, 2004, pp.151-5 참조.

련이 철수하면서 이들 국가는 자신들의 국가 주권을 다시 주장할 수 있었고, 국제정치제도에 다시 참여할 수 있었다. 이와 비슷하게, 1991년에 소련이 분열하면서, 완전히 새로운 국가집단이 별개의 국익을 갖고서 등장하였다. 이런 극적인 변화가 동유럽과 독립국가연합(CIS)이 공개적으로 주장할 수 있는 다양하고 새로운 가능성으로 인하여, 극단적 우월주의와 영토확장주의로 분열될 수밖에 없음을 의미하지 않는다. 그러나 이미 살펴 보았듯이 분쟁은 국제정치에서 항상 발생하는 부분이다. 결과적으로 소련의 패권주의로 가려졌던 오랜 기간의 수많은 고통 이외에도 이들 국가들은 독립으로 인해서 발생하는 일상사로서, 현재 각자의 이웃 그리고 다른 국가와의 이견을 처리해야 한다.

법적 관점

법과 법정기구가 국제분쟁 해결과 갖는 관련성은 다양하고 많은 문헌을 생산해 낸 주제이다. 혹자는 세상의 모든 문제들에 대한 해답을 법전과 국제재판소에서 찾아야 한다고 한다. 한편 혹자는 국제적 위기의 특징 대다수는 합법성을 무시하는 것이었음을 목격하고서, 법은 국제문제에서 기껏해야 미미한 역할을 수행할 뿐이고, 최악의 경우 맹목적인 믿음에 기초한 환상이라고 보았다. 이러한 논쟁을 여기에서 더할 필요는 없지만, 평화적 해결 수단을 논의하는 경우에는 언제나 법적 방법이 크게 부각되고 있으며, 이미 세 개의 장을 할애하여 중재와 사법적 해결의 주요 특징을 개괄하였다. 따라서 이 책의 주제와 관련해서 다수의 일반적인 고려사항을 파악하는 것이 적절할 것이다. 이러한 논의는 나중에 현재의 법적 해결수단을 개선할 수 있는 방안을 고려할 때에도 유용할 것이다.

첫 번째로 언급할 사항은 법과 사법재판의 역할은 하나가 아니라 두 가지 문제라는 점이다. 법 없이 사법재판을 하는 것은 상상하기 어렵지만, 사법재판 없는 법은 실제 국제문제에서 일반적인 상황이다. 일단, 소송에 대한 실무적인 장애를 감안하면, 이러한 입장은 일반적으로 인식되는 것보다 국내에서 더 흔하다. '강제'관할권조차도 국가들의 자발적 의사에 따르는 국제문제에서 법은 제도적 방식의 지원이 전혀 없이 홀로 존재하는 경우가 빈번하다.

사법재판을 위한 절차가 없는 법규칙에 가치가 있는가? 답은 그렇다이다. 첫째, 법규칙이 존재하면, 법규칙이 지켜지는 것이 일반적이기 때문이다. 둘째, 국제분쟁은 사법재판 없이도 해결되는 것이 일반적이지만, 법은 종종 쟁점을 정의하고 교섭 또는 조정의 틀을 제공하거나, 정치적 논의의 장에서 국가의 입장을 주장하는 틀을 제공함으로써, 중요한 역할을 수행한다. 국제법이 실행상 중요하다는 점에 관심을 기울이는 것은 법이 국제관계의 핵심이라는 점을 시사하는 것도 아니며, 한 국가 내의 시민과 마찬가지로 국가들이 법치에 따라서 살아간다는 것을 시사하는 것도 아니다. 또한, 사법재판이 무관하다거나 또는 그것을 개선할 가치가 없다는 것을 의미하지도 않는다. 단지 법적 해결방법의 위상을 이해하려면, 우선 법의 역할을 명확히 해야 한다는 것이다.

이제 사법재판에 대해서 논하자면, 가장 효과적인 접근방식은 아마도 법적 해결방법의 특수한 측면을 고려하고 이들의 용도가 어떻게 규율되는지를 파악하는 것이다. 이는 다양한 방식으로 분석할 수 있는 사안이지만,[4] 여기에서는 다음과 같은 특징들이 특히 적합하다.

아마도 사법재판의 가장 두드러진 특징은 처분적 성격을 갖는다는 점이다. 재판소와 판정부의 결정은 구속력이 있기 때문에 분쟁 해결이 그 결과보다 더 중요하다고 여겨지는 경우 소송은 골치 아픈 쟁점을 처리하기에 좋은 방법이다. 반대로, 결과가 그 무엇보다 중요하다면, 사법재판은 고위험성으로 인해서 활용될 가능성이 없다. 사법재판은 단순한 일회성 처분에 그치지 않고 승자가 결과물을 독식하는 유형의 해결을 내는 경향이 있다는 사실로 인해 이러한 태도가 더 강화된다. 이처럼 자신에게 불리한 결과는 재앙이 되기에 국가들은 패소를 감당할 수 없는 분쟁에 대해서는 다른 절차를 선택하게 된다.

---

4) 이 쟁점을 훌륭히 조사한 문헌으로는 R.B. Bilder, "International dispute settlement and the role of adjudication" in L.F. Damrosch(ed.), *The International Court of Justice at a Crossroads,* New York, 1987, p.155; R.Y. Jennings, "The proper work and purposes of the International Court of Justice" in A.S. Muller, D. Raic and J.M. Thuránszky(eds.), *The International Court of Justice,* The Hague, 1997, p.33 참조.

사법재판은 처분적 성격을 갖기에 강제관할권에 대한 국가들의 태도는 눈에 띄게 양면적이다. 한편으로는 선택조항과 이에 유사한 방식에 관한 원칙을 상당히 지지한다. 왜냐하면, 국제분쟁을 해결하기 위하여 구속력 있는 체제를 설립한다는 생각은 매력적이기 때문이다. 반면, 그러한 방식이 설립되는 즉시, 국가들은 분쟁을 소송으로 해결한다는 약속에 예상할 수 없었던 위험성이 결부되어 있다는 점을 알게 되고, 다시 생각하기 시작한다. 그 결과, 앞서 살펴 보았듯이, 강제관할권을 더 일반화하는 방식을 수락하는 것을 주저하고, 특정 유형의 사건 혹은 개별 분쟁 어느 쪽에 관하여 합의하는 방식을 선호하게 된다.

사법재판의 두 번째 특징은 공정한 재판관들이 구속력 있는 결정을 내린다는 것이다. 분쟁을 해결할 때, 중립적인 개인의 도움을 구하는 것은 사법재판에만 고유한 것은 전혀 아니며, 조정과 같은 다른 제3자적 방법에서도 찾을 수 있다. 그러나 사법재판과 관련해서, 공정성은 전통적으로 확립된 특징일 뿐만 아니라 그 결정의 효과 때문에 매우 중요하다. 조정인 측의 편견은 분명 개탄할 사항이겠지만, 구속력 있는 결정을 내리는 권한을 가진 재판소 측에서 편견을 갖는다면, 이는 훨씬 심각하다. 그러나 공정한 절차는 상당히 많은 이점을 제공하기도 한다. 정부가 분쟁 해결에 마음을 졸이지만 양보하지 말라는 압력을 받을 때, 명백히 공정한 재판소에 분쟁을 회부하는 것이 매우 유용할 수 있다. 결정하는 것은 정부의 책임 사항이 아니기에 그러한 결정이 공정하게 내려졌다면, 해당 결정이 비록 불리할지라도 이를 수락하자는 강력한 주장이 나올 수 있다.

국제법은 국내법보다 더 논란이 많기에 국제재판소 재판관은 일상적인 사건을 다루는 국내법원의 판사라기보다 헌법적 해석에 관한 사항을 결정하는 미국 연방대법원 재판관에 더 가깝다. 이로 인해서 각 개인이 모든 접근방식을 종합할 수 있기를 기대하기보다 재판소가 전체로서 일련의 견해를 대표하도록 하는 것이 더 나을 수 있다. 다른 방법으로서, 국가들은 자신들이 수락하는 일반적인 법철학을 가진 재판관들에게 자신들의 주장을 심리하도록 하는 방안을 모색할 수 있다. 공정성 문제를 다루는 방법 두 가지, 즉 첫째는 ICJ에 대해서 '세계의 주요 문명 형태' 및 '주요 법체계'를 대표하도록 규정하는 방법, 그리고 둘째는 국가들이 중재판정부 구성 그리고 ICJ의 소재판부 활용 여부를 통제할 수 있도록 하는 방법이 국제적으로 활용되고 있는 점을 기억할 것이다.5)

공정성 문제와 결부되어 위에서 암시되었던 사법재판의 추가적인 측면은 법적 수단을 활용한 분쟁 해결에서는 특별한 종류의 정당화 방법이 활용된다. 왜냐하면 분쟁을 중재나 ICJ로 회부하는 것은 공정한 결정을 원하는 것 이상을 의미하기 때문이다. 당사자들은 편법 혹은 재판관의 주관이 아니라 규칙이나 원칙의 측면에서 특정한 방식으로 정당화될 수 있는 결정을 원하고 있다는 것도 보여준다. 이러한 요건은 판결문에 이유가 적시되어야 한다거나 중재인이 준거법 관련 지시사항을 준수해야 한다는 규칙을 포함하여 판정 무효와 관련된 많은 규칙의 기초가 된다. 사법재판은 원칙에 기반하기 때문에 합리적이고, 정연하며 유권적인 분쟁 해결방법이 된다. 틀림없이, 사법절차의 합리성이 과장될 수 있고, 소송에 관여했던 누구든지 소송이 상처주지 않는 절차라고 생각하지 않을 것이다. 그렇다고 해도 심각하고 민감한 쟁점을 처리하는 방법이 진행되는 과정에서, 사법재판은 오류로 가득찬 인간이 만들 수 있는 한도에서 가장 합리적인 절차인 것은 사실이다.

사법재판의 질서정연한 성질은 다음과 같이 기술된다.

> 잘 확립된 재판절차 구조는 분쟁과 관련해서 반대 주장을 질서정연하게 제시하고 발전시키는 틀을 제공한다. 결부된 문제가 사실적·기술적으로 복잡하고 어려운 경우, 예컨대 영토 경계나 해양경계 분쟁은 재판 과정을 통해서 다른 경우에서보다 해당 쟁점에 대해서 더 질서 있고 심층적인 검토를 촉진시킬 수 있다. 사법재판은 전형적으로 당사자 사이에 적어도 어느 정도의 접촉과 협력이 필요하기도 하다. 어쨌든지 이로써 각 분쟁 당사국들은 더 면밀히 쟁점을 검토하게 될 것이며, 논쟁사안도 더욱 공정하게 처리될 것이다. 생각건대 이로써, 당사국들이 분쟁이 되는 쟁점에 대해서 상호 입장이 갖는 장점을 더 잘 이해할 수 있고, 자신들 나름대로 해결을 교섭하게 된다.6)

사법재판이 권위를 갖는 이유는 그 결정에 이유가 명시되고 판정부 관할권을 당

5) 추가적으로는 T.M. Franck, *Fairness in International Law and Institutions,* Oxford, 1995, ch. 10 참조.

6) Bilder, "International dispute settlement" (n. 4) p.165.

사자들이 수락했기 때문이다. 따라서 이들 조건들이 유지되도록 하는 것이 매우 중요하다. 마지막 분석으로, 권위는 형식적 측면이 아닌 실질적 고려사항에 좌우되기에, 결정 이유가 설득력이 없거나, 관할권 수락 여부를 의심할 만한 이유가 있는 상황에서 결정이 내려진 경우 판정부의 지위 혹은 명성에 관계없이 당사자들의 눈에는 권위가 없어 보일 것이다. 같은 방식으로, 재판이 갖는 이점 중의 하나는 결정으로써 승소 당사자의 주장이 국제공동체의 시각에서 정당성을 갖게 된다는 것이다. 그러나 재판소가 자신의 역할에 대한 요구사항에 면밀히 주의를 기울일 때에만 이러한 이점이 성취될 것이다. 왜냐하면 주장의 정당성이 증명되는 것은 판결을 획득했다는 사실 자체라기보다 그 결정을 뒷받침하는 추론이기 때문이다.

원칙에 근거한 판결은 선례로서 영향력을 가질 수밖에 없으며, 사법절차의 이러한 특징은 장·단점을 모두 갖는다. 장점은 이를 통해 개별 분쟁 해결이 국제법 발전에 기여할 수 있다는 것이다. 이 점은 추상적인 원칙이 구체적으로 적용되어야 하는 인권 그리고 재판부가 원칙을 구체화하는 것이 재판에 직접 도움이 되는 증거, 관할권, 절차법과 같은 사항에서 특히 중요하다. 단점은 국가들이 다른 분쟁에서 취하는 입장에 해가 되지 않는 방식으로 분쟁이 해결되기를 갈망하는 것이다. 이러한 상황에서, 이들은 결과가 갖는 선례로서의 효과가 제한될 수 있는 교섭이나 조정과 같은 방법에 비해서 사법재판이 매력적이지 않다고 간주할 가능성이 높다.

선례로서의 중요성과 관련된 사법재판의 다른 측면은 이러한 분쟁 해결방법이 보수적 성향을 갖는다는 것이다. 그 이유는 법 자체가 과거의 실행에서 발견되는 원칙을 기반으로 하기에 보수적이고, 더 넓게는 사법재판의 목적은 법적 성질을 갖는 특정 기준에 따라 분쟁을 결정하는 반면, 분쟁에서 아무리 많은 부분이라도 법적 성질이 없는 것은 배제하기 때문이다. 관련 법에 대한 합의가 충분하고, 분쟁 해결은 어느 쪽이 더 나은 주장을 하는지를 정하는 경우라면 법이 갖는 보수적 요소로 인해서 사법재판은 매력적이다. 법을 무엇으로 할지 혹은 마땅히 어떠한 법이 되어야 하는지에 대해서 근본적으로 이견이 있는 분쟁에 대해서 사법재판은 전혀 적합하지 않다. 바로 이러한 이유로 국경선 분쟁이 해외투자에 대한 분쟁보다 더 자주 재판의 대상이 된다. 물론, 분쟁 당사자들은 자신들이 직접 재판부에 지시함으로써 법의 보수주의에 대응하고, 앞서 언급했듯이 사법재판은 이러한 시도에 응할 수 있을 만큼 충분히 탄력적이다. 더욱이, 법 자체는 전혀 경직적이지 않고, 항상 새로운 상황에 적응하고 있다. 그러나 사법재판은 제한 없는 입법활동이 아니기에 법의 적절성이 핵심 쟁점인 경우, 분쟁 해결의 효과를 거둘 가능성이 별로 없다.

당사국들이 분쟁을 완전히 다른 방식으로 분류하는 경우에도 같은 결론이 도출될 수 있다. 여기서의 질문은 수리적격성과 관할권에 관한 기술적 고려에 좌우되는 것으로서 법을 다루는 판정부로서 권한을 갖는지 여부가 아니라, 법적 결정이 분쟁 해결에 조금이라도 기여할 수 있는지 여부이다. 앞서 언급했듯이, *Diplomatic Staff in Tehran* 사건에서, 미국은 분쟁의 법적 측면을 강조했지만, 이란은 분쟁을 더 넓게 정치적 쟁점의 일부로서 보았다. *Nicaragua* 사건[7]에서, 분쟁을 정치적인 것으로 정의했던 것은 바로 미국이었고, 법적 판결을 구했던 것은 바로 니카라과였다. 이 두 사건에서 ICJ는 관할권을 갖는다고 판단했기에 제소국이 근거로 삼았던 법적 틀 내에서 해당 사건을 검토하였다. 법을 다루는 판정부로서 이렇게 한 것은 옳았다. 그러나 이들 사건의 판결들이 효력이 없지 않았지만, 어느 누구도 이를 통해 기저(underlying) 분쟁을 해결할 것으로 기대하지 않았고, 실제로도 해결하지 못했다. 사법재판은 성질상 분쟁의 법적 측면을 다루는 데 적합하지만, 다른 쟁점을 야기하는 분쟁에 대해서는 다른 방법이 필요하다.

사법재판의 특징 중 주목할 만한 것으로서 마지막 사항은 방금 언급했던 사례 중 하나에서 현저히 드러났다. *Nicaragua* 사건에서 미국은 일부 제3자가 소송절차에 반드시 참석해야 했는데 불출석한 것과 관련되는 주장을 했던 것을 기억할 것이다. 이와 마찬가지로 여러 사례에서 제3국이 언제 재판에 참가할 수 있는지 여부에 관한 질문이 제기되었던 것을 기억할 것이며, 제6장에서 지적했듯이 1990년에 이 질문이 소재판부 절차와 관련해서 제기되었다.[8] 이들 사건의 공통점은 이들 모두 서로 다른 방법으로 국제소송에서 제3자의 입장에 관한 문제를 제기했다는 것이다.

---

7) *Military and Paramilitary Activities in and against Nicaragua,* Jurisdiction and Admissibility, Judgment [1984] ICJ Rep. 392. 이 사건에 대한 논의는 제6장과 제7장 참조.

8) *Land, Island and Maritime Frontier Dispute (El Salvador/Honduras),* Application to Intervene, Order of 28 February 1990 and Judgment [1990] ICJ Rep. 3 and 92.

국제사법재판은 동의에 기반하기 때문에 양자적 분쟁에서 가장 잘 작동하고, 다자적 분쟁에서는 그렇지 않다는 점은 중재와 사법적 해결의 역사로부터 분명하다. 어느 사건이 제3자의 이해관계와 결부될 때, 두 가지 난점이 있다. 첫째는 *Monetary Gold* 사건[9]에서 예시되듯이, 제3국의 권리가 다투어지지만, 제3국이 소송을 원하지 않는 경우의 문제이다. 둘째는 소송참가에 관한 사례에서 제기되었듯이, 주 당사자들이 제3국의 출석을 반대하는 경우이다. 두 상황 모두 문제의 근원은 실질적으로 다자적인 분쟁에 대해서 양자적 절차를 활용하는 것이고, 당사국들과 제3국 간의 이해관계를 조율하는 것은 사실상 불가능한 작업이라는 것이다.

첫 번째 상황에서, 제3국을 과도하게 보호하면 재판에 참여한 국가들이 결정을 얻지 못하게 될 것이다. *Nicaragua* 사건에서 ICJ가 미국의 주장을 배척했던 이유를 이것으로 설명할 수 있을 것이 틀림없다. 두 번째 상황에서, 제3자가 당사자로서 참가하게 될 경우 기존 당사국들이 제3자가 측면으로 들어오지 못하도록 방어하기보다 이 사안을 법정 이외에서 해결하는 것을 더 선호하게 되어, 사건을 철회할 수 있다. 아마도 이 점으로써 ICJ가 소송참가에 제한적인 입장을 취하는 이유를 설명할 수 있을 것이다. 쟁점 처리 방식 두 가지 모두 비판받을 여지가 있지만, 실제 어려움은 국가들의 태도에 있기에 이 문제에 대해서는 어떠한 답이라도 완전히 만족스럽지 않다는 점도 인정해야 할 것이다. 만약 관련된 당사국 모두 사법재판으로써 분쟁을 해결할 준비가 되어 있다면, 이들이 그렇게 할 수 있도록 해 줄 절차도 있다. 반면, 이들 중 일부라도 준비가 되어 있지 않다면, 아무리 규칙을 개선하려고 해도 사법재판이 갖는 실행상 한계를 극복할 수 없다.

정치적 방법의 역량 제고

유엔을 비판하는 사람들이 빼놓지 않고 지적하듯이 유엔헌장의 의도는 국제관계

9) *Monetary Gold Removed from Rome in 1943*, Judgment [1954] ICJ Rep. 19. 이 사건에 대한 논의와 이 사건의 후속 해석에 대해서는 제6장 참조. 이 쟁점에 대한 일반적인 검토로서는 L.F. Damrosch, "Multilateral disputes" in Damrosch(ed.), *The International Court* (n. 4) p.376 참조.

행위를 새로운 토대에 두려는 것이었다. 따라서 유엔헌장은 국제연맹규약 그리고 1945년 이전과 그 이후에 사상가들이 제시했던 새로운 세계질서를 위한 다양한 구도를 포함하는 전통의 일부이다. 유엔은 유엔헌장을 읽을 때 연상되는 방식대로 활동하지 않았던 것이 분명하다. 또는 더 정확히 말하면, 지금도 그렇게 활동하지 않고 있다. 그렇다고 해도, 유엔은 국제정치기구 중에서 가장 중요하고, 앞서 보았듯이, 종종 분쟁 해결에 도움이 될 만한 위치에 있다. 따라서 정치적 해결수단의 개선에 대해서 고려할 때 이에 집중하는 것이 적절하다.

변화를 위한 첫 번째 제안은 안보리에 관한 것이다. 안보리는 헌장에 따라서 국제평화와 안전을 유지하고 분쟁을 처리할 제1차적 책임을 지고, 이러한 목적을 위하여 헌장 제6장과 제7장에 따라서 폭넓은 권한을 갖는 점을 기억할 것이다. 1946년에서 1989년 사이의 냉전기 동안에 제7장은 별로 활용될 수 없었고, 비록 제6장에 따라서 일부 시도가 있었지만, 이 경우에도 시도된 범위가 극히 제한되었다. 최근 수년 동안 상임이사국들의 협력이 커지면서, 상황이 변화했고, 안보리는 훨씬 더 적극적으로 활동하게 되었다. 분쟁이 결정적인 순간에 이르기까지 무시되는 경향이 있고 비록 예방적 조치는 거의 고려되지 않지만, 안보리에 도달하는 사례들은 현재 종종 긍정적인 반응을 얻는다. 그러나 안보리의 활동이 특히 제7장 활용 면에서 더 많아지면서, 안보리의 권위와 관련해서 질문이 제기되고 있지만, 아직 이에 대해서 만족스런 답이 나오지 않았다.

어떠한 기관이 국제공동체를 대표하여 활동하고, 무력 사용을 허가하고, 평화유지군을 설치하고, 그 밖의 파급력이 큰 조치들을 취할 경우, 그 행위가 정당한 것으로 간주되려면 적절한 대표성을 가져야 한다. 유엔이 설립되었을 당시 회원국은 50여개였고, 9개국이 안보리에서 대표되었다. 현재 회원국이 200여개에 이르고 안보리 이사국은 15개국뿐이기에 이것이 문제되는 것이 분명하다. 더욱이, 상임이사국 5개국 중 미국과 중국 2개국만이 부, 규모, 혹은 세계적 영향력 기준에서 그 지위를 유지하게 될 것이다. 따라서 정당성 관련 쟁점에는 양적 측면뿐 아니라 질적 측면이 있다. 안보리의 구성은 널리 논의되었지만, 그 결과는 두고 볼 일이다. 그러나 이사회를 확대하여 더 많은 회원국이 대표되도록 하는 것은 현재 시급한 사안

이다.[10)]

이에 못지않게 중요하면서 거의 논란 대상이 되는 것은 안보리가 무력 사용 허가 여부를 결정할 때, 안보리를 지도할 일련의 원칙을 채택하기 위한 결정이다. 제10장에서 지적했듯이, 코피아난(Kofi Annan) 사무총장이 설치한 고위급위원회는 안보리가 그러한 결정을 내릴 때 지침이 되는 기준 5가지를 활용하도록 제안했고, 또한 안보리와 유엔 총회 모두 이들 기준을 구체화한 결의를 채택하도록 제안하였다. 비록 사무총장 보고서에서는 이 제안이 환영받았으나, 앞서 언급했듯이, 2005년 유엔 세계정상회담에서는 이 제안이 지지받지 못했다. 이러한 지침에 대해서 효과가 있을 것인가에 대한 의구심에서부터 유엔이 어느 조치를 취해야 할 때 해당 조치를 취하지 못하는 경우, 그에 대한 핑계거리를 줄 수 있다는 우려에까지 다양한 반대를 예상할 수 있지만, 이 제안이 너무 빨리 거부되었던 것은 유감으로 보인다. 그렇기에 안보리 차원의 의사결정시 원칙에 기반할 필요가 있는 경우, 고위급위원회(High Level Panel)의 권고사항을 다시 검토할 만하다.

안보리의 구성 변경이나 권한 재정의는 각각 제도적으로 중요한 발전이 되겠지만, 따라서 어려운 일이다. 그러나 안보리의 권위를 높이기 위하여 현재 취할 수 있는 조치들이다. 왜냐하면, 안보리가 결정을 내리는 방법과 해당 결정 자체는 정당성에 관한 쟁점과도 관련되기 때문이다. 내려진 결정에 대해서, 결의의 내용을 두고서 이러 저러한 논란이 있을 수 있지만, 일반적인 사항은 만약 안보리가 존중 받으려면 안보리가 공정하게 활동하는 모습이 보여져야 한다는 것이다.[11)] 결정을 내리는 방식과 관련해서는 안보리의 활동이 더 투명해져야 하고 회원국과 더 넓게 협의해야 한다.[12)] 이는 겉으로 드러난 것 이상의 의미를 갖는다. 왜냐하면, 사무총장 부트

10) 추가적으로 A. Parsons, "The United Nations in the post-Cold War era"(1992), 11 *Int. Rel.* 189; P. Wilenski, "The structure of the UN in the post-Cold War period" in A. Roberts and B. Kingsbury(eds.), *United Nations, Divided World,* 2nd edn., Oxford, 1993, p.437; C.L. Willson, "Changing the Charter: the United Nations prepares for the twenty-first century"(1996), 90 *AJIL* 115; K.A. Mingst and M.P. Karns, *The United Nations in the Post-Cold War Era,* 2nd edn., Boulder, CO, 2000, pp.202-5; Y.Z. Blum, "Proposals for UN Security Council reform"(2005), 99 *AJIL* 632 참조.

11) Franck, *Fairness in International Law* (n. 5) ch. 7.

12) F.L. Kirgis, "The Security Council's first fifty years"(1995), 89 *AJIL* 506 at 518-19; C. Peck,

로스 갈리(Boutros-Ghali)가 1992년에 적시했듯이, "상임이사국들이 합의한 사항에 대해서 안보리의 다른 이사국이 더 깊이 지지해야 하고, 안보리 결정이 더 많은 효과를 갖고 지속성을 가지려면 더 넓은 회원국의 지지가 있어야 한다."[13] 이 점을 인정해서, 안보리는 그 작업 방법과 절차에서 이미 다수의 변화를 도입했지만,[14] 이 사항에 대해서 더 관심을 가질 필요가 있다.

소위 안보리의 '협의능력 결여' 현상을 줄이기 위한 구체적인 제안으로는 다음과 같은 것이 있다. 즉, 파급력이 큰 조치가 논의될 때 협의가 광범위해야 하고 최소한 해당 결정으로 인해 영향을 받을 수 있는 당사자들이 모두 관련되어야 한다. 근거에 기반한 논의를 증진하고 무책임하게 거부권을 행사하지 못하도록 하기 위한 수단으로써 그러한 결정들은 모두 공개적으로 정당화되어야 한다. 그리고 적절한 경우, 예컨대 테러에 대항하기 위해 고안된 안보리 조치에서처럼 안보리 결정의 효과는 독립적인 재심의 대상이 되어야 한다. 물론 앞서 지적했듯이 "이 모든 것은 제한된 한계 내에서 수행되어야 할 것이다. 즉, 안보리의 효율성이 완전히 상실되기 전까지만 안보리는 협의, 공개, 재심을 용인할 수 있을 뿐이다."[15] 그렇다고 해도, 현재 안보리가 이러한 방향으로 더 나아가도록 촉구하는 좋은 사례가 있다.

바뀔 수 있는 또 다른 영역은 사무국이다. 안보리 개혁이 중요하지만 안보리에서 어떠한 변화가 있더라도, 많은 분쟁상황에서 사무총장의 주선업무가 유엔이 가장 실무적으로 기여할 수 있는 부분으로 남을 가능성이 높다. 예컨대 국내에서 분리주의로 인한 충돌이나 내전이 최근 증가하였지만, 여러 가지 이유로 인해 안보리가 더디게 움직인 경우가 많았다. 따라서 초기 단계에 유엔이 개입한다면 사무총장이 대응해야 할 것이다. 그러나 사무총장직의 잠재력을 개선할 수 있는 방법이 많이

The United Nations as a Dispute Settlement System, The Hague, 1996, p.219.

13) B. Boutros-Ghali, *An Agenda for Peace,* SC Doc. S/24111, 17 June 1992, para. 78, (1992) 31 ILM 953.

14) M.C. Wood, "Security Council working methods and procedure: recent developments"(1996), 45 *ICLQ* 150; J.K. Cogan, "Stabilization and the expanding scope of the Security Council's work"(2015), 109 *AJIL* 324 참조.

15) I. Johnstone, "Legislation and adjudication in the UN Security Council: bringing down the deliberative deficit"(2008), 102 *AJIL* 275 at 303.

있다.16) 바뀌어야 할 사항으로서 제안된 내용 중 일부는 직무 수행시 활용 가능한 자원에 관한 것이고, 일부는 직무 자체와 관련된다.

사무총장이 활용 가능한 자원을 강화하는 방안의 일부는 분쟁 해결을 증진할 수 있는 기회가 생겼을 때 활용 가능한 자금이 없어서 크게 제약받지 않도록 하는 것이다. 그러나 자원은 금전만이 아니다. 어떠한 조치가 효과를 거두려면, 정보와 그 정보를 가공하고 무엇을 해야 할지 결정할 수 있는 사람이 필요하다. 여기에서도 개선사항들이 제안될 수 있다. 전직 사무총장은 유엔의 지위가 회원국 그리고 사실상 대부분의 다국적기업의 지위보다 훨씬 낮은 점에 주목하였다.17) 정보의 흐름을 개선하고, 예방외교를 촉진하려는 시도로서, 사무국 조직 내부에 여러 가지 변화가 있었다. 그러나 두 가지 사항과 관련해서 문제에 봉착했다.18) 하나는 정보를 수집하고 분석하는 사람들의 업무와 사안에 대응해서 어떠한 조치를 취해야 한다면, 어떠한 조치를 취할 것인지를 결정하는 사무국의 활동을 통합할 필요가 있다는 점이다. 다른 하나는 빈번한 비용 절감과 조직규모 축소에 직면하여 인력을 유지하고 필요적 자원을 공급하는 것이 어렵다는 점이다. 상황 대처 능력 문제는 본질적으로 조직 구성과 관료적인 사항이지만, 자원의 문제는 궁극적으로 회원국들, 특히 유엔이 조기경고를 내릴 역량을 갖추기를 원한다면 이를 위한 비용을 지불할 준비가 되어 있는 주요 기여국들의 책임이다.

사무총장 임기와 관련해서도 변화를 고려해 볼 수 있다. 현재, 사무총장은 5년 임기로 선출되고 재선에 출마할 수 있다. 만약 임기를 연장하고 동시에 재선을 차단한다면, 그 결과가 유익할 것이다. 7년이나 8년의 임기는 사무총장으로서 업적을 남기기에 충분히 길고, 재선의 여지가 없기에 정부들이 사무총장의 임기가 끝날 즈음

---

16) Wilenski, “The structure of the UN” (n. 10) pp.449-56; S. Chesterman(ed.), *Secretary or General? The UN Secretary-General in World Politics*, Cambridge, 2007, Part IV 참조.

17) J. Pérez de Cuéllar, “The role of the UN Secretary-General” in Roberts and Kingsbury(eds.), *United Nations, Divided World* (n. 10) p.124 at p.136.

18) C. Peck, *Sustainable Peace*, Lanham, MD, 1998, pp.71-5. 이전의 노력에 대해서는 B.G. Ramcharan, *The International Law and Practice of Early-Warning and Preventive Diplomacy: The Emerging Global Watch*, Dordrecht, 1991, chs. 2 and 4; Peck, *The United Nations* (n. 12) ch. 7 참조.

에, 사무총장에게 영향력을 행사할 기회가 적어질 것이다. 사무총장의 독자적인 역할 수행에 반대하는 정부들은 사무국의 자원을 강화하는 것에 반대하는 것과 똑같이 이러한 변화에도 반대할 것으로 예상할 수 있다. 그러나 독립성은 '사무총장직의 심장과 영혼'이라고 적절히 설명되어 왔고[19] 현재의 선거방식을 변경 하는 것은 이러한 원칙을 지지하는 국가들이 독립성을 진지하게 여기는 것을 보여주는 방법이 될 것이다.

마지막으로, 제10장에서 지적했듯이 사무국(Secretariat)은 고립된 채 일하는 것이 아니라, 유엔 체제 전체의 필수적인 부분이다. 이 점이 개혁 문제와 관련되는 것은 사무총장이 안보리의 활동과 관련해서 분쟁 예방 및 해결에 기여하는 것으로는 보이는 경우이다. 이미 언급했듯이, 안보리는 스스로 분쟁을 처리하는 것이 늦는 경향이 있기에 보다 조기에 개입하도록 준비되어 있어야 할 것이다. 그러나 사무국은 전반적으로 제99조에 따라서 사안을 안보리에 회부하는 권한을 행사하는 데 소극적이었기에 이러한 상황에 대한 모든 책임에서 벗어날 수 없다고 말해야 할 것이다. 사무총장이 주선기능 수행에 매우 적극적이었다는 점은 이러한 결함을 일부 보완하는 것인 점은 틀림이 없지만, 사무국은 안보리 이사국들이 조기에 분쟁 발생 가능성을 인지하도록 하고, 필요한 경우, 해당 사안을 안보리 의제에 상정함으로써 헌장 제도의 효율성을 제고하는 데 훨씬 더 크게 기여할 수 있을 것이다.

평화 유지 분야는 유엔 체제에서 개선 가능성이 뚜렷한 또 다른 측면이다.[20] 2000년에 안보리에 제출되어 채택된 평화유지활동 검토보고서인 브라히미 보고서(Brahimi Report)는 실무적인 제안을 다수 포함하고 있으며, 이미 상당한 영향을 미쳤다. 그 목표 중의 하나는 평화유지군의 신속 배치를 촉진하는 것이었다. 이러한 목표를 가장 잘 성취하기 위한 방법으로서 일찍이 인식되었던 것은 국가들에게 유엔 복무용 군대를 사전에 지정하도록 해서 사무총장이 평화유지군 필요시 서둘러서 임의로 부대를 편성하지 않고, 그 대신 활용 가능한 군대목록에서 선정할 수 있도록

19) Pérez de Cuéllar, "UN Secretary-General" (n. 17) p. 135.

20) Report of the Panel on UN Peace Operations, (2000) 39 ILM 1432. 이에 대한 논의는 C. Gray, *International Law and the Use of Force*, 2nd edn., Oxford, 2004, pp.239-51 참조.

하는 것이었다. 사무총장은 1994년에 이 점에 관하여 안보리에 보고하기 시작했고, 상비군 창설 노력이 매우 성공적이어서 현재 80개를 넘는 국가에서 이러한 군대가 지정되어 있다.[21)]

이보다 덜 성공적인 것은 평화유지 병력을 필요한 수만큼 활용할 수 있도록 하려는 시도였는데, 이는 현재 수행되고 있는 유엔 활동의 수를 감안해 볼 때, 특히 우려되는 사항이다. 사무총장이 브라히미 보고서를 이행하기 위한 조치를 검토할 때, 평화유지를 모든 회원국의 책임으로 보아야 한다는 점, 그리고 이 방면의 수행을 개선하기 위하여, 가장 역량이 큰 국가들, 특히 안보리 상임이사국들이 군대를 공여함으로써 참여하는 것이 필수적이라는 점을 강조하였다. 그러나 상임이사국 그리고 선진국들은 전반적인 재정 및 병참 지원을 하고, 실 병력은 다른 곳에서 찾도록 하는 것을 선호하는 것이 분명하였기에, 이제까지 이 요청에 대한 반응은 열렬하지 않았다. 그러나 유엔의 광범위한 평화유지작전이 이러한 기반에서 지속될 수 있을지는 의문이다. 따라서 유의미한 발전이 있으려면 선진국들이 더 적극적이어야 할 것이다.

브라히미 보고서가 제기한 또 다른 쟁점은 안보리, 사무국 그리고 병력 공여국의 관계였고, 이 경우에, 협의를 증진하는 것이 작전의 효과적 수행 그리고 필요한 정치적 공약의 유지를 위하여 중요한 것으로 간주되었다. 안보리는 이를 원칙적으로 수락하였지만,[22)] 이 사안에 관한 논의를 통해서 상임이사국들과 병력 공여국 사이에 이견이 드러났다. 상임이사국들은 안 보리가 맡아야 한다는 점을 강조했고, 병력 공여국들은 자국 군대를 활용하는 방법에 대해서 더 많은 발언권을 원하였다. 상임이사국들이 스스로 병력 공여국이 되도록 설득할 수 있다면 그 한도에서는 협의 관련 문제가 덜 중요하게 될 것이다. 그러나 현 상황을 보면 이들 국가의 역할을 정의하는 것이 현재 우선해서 할 일이다.

마지막으로 언급할 사항은 평화유지의 위임권한에 관한 문제이다. 제10장에서 살

---

21) *Ibid.*, *239.*

22) Security Council Resolution 1327 (2000), (2001) 40 ILM 503; Gray, *Use of Force* (n. 20) p.241 참조.

펴 보았듯이, 평화유지작전의 형태는 다양하고 임무의 성격에 대해서 혼동하거나, 이와 관련해서 '자의적인 임무범위 확대'(즉, 임무 수행 개시 후 상황에 따라서 임무의 권한범위를 확대하는 것)는 전혀 바람직스럽지 않다. 브라히미 보고서는 이전 10년 동안 소말리아, 르완다, 구 유고의 평화유지 경험을 반영해서, 분명하고 신뢰할 수 있으며, 달성 가능한 위임권한이 필요하다는 점을 강조했고, 이러한 취지에서 보고서의 권고사항을 안보리가 수락하였다.[23] 그러나 이런 정책이 효과를 내려면 평화유지작전의 기반이 될 자원을 넓게 개발하거나, 안보리가 자신의 야망을 제한해야 할 것이다. 어느 쪽이든지, 유엔 평화유지군이 항상 명확하고 신뢰할 수 있으며, 달성 가능한 위임권한을 갖도록 하는 것은 평화유지작전을 개선할 수 있는 또 다른 방법이다.

여기에서는 유엔 제도를 중심으로 다루었지만, 그렇다고 하여 전통적인 외교적 분쟁 처리를 개선할 수 없다거나, 아니면, 지역기구의 성과가 전혀 만족스럽지 않다는 것을 시사할 의도는 없다. 그러나 지역기구와 관련해서는 앞 장에서 일반적으로 언급한 사항에 더 추가할 필요가 없고 특정 기구에 대한 제언은 다른 곳에서 찾을 수 있을 것이다. 그 밖의 정치적 절차에 관해서는 아마도 가장 분명히 드러나는 사항은 비공식적 실행으로서 그리고 적절한 경우 제도적 장치를 통해 협의를 장려할 필요가 있다는 것이다. 예컨대, 이러한 것은 협의의 이점을 더 널리 알리고, 협의의 혜택을 별로 경험하지 못했던 국가들에 좋은 실행사례를 제공하여 이들 나름대로의 방식을 마련할 때 도움을 받을 수 있도록 함으로써 가능하다. 기록에서는 국가들이 자국의 주권 제한을 꺼리는 것으로 나타나지만, 일단 협의가 확정되면 이익을 증진하고 보호하는 방법으로서 탁월한 방법인 상황이 다수 있다. 그렇기에 협의 관련 정보를 더 넓게 퍼뜨리고, 이에 수반해서 실무적으로 지원이 있게 되면 협의 활용을 크게 증가시킬 수 있을 것이라고 상정하는 것이 합당하다.

---

23) In Resolution 1327 (2000); 위의 각주 22)와 Gray, *Use of Force* (n. 20) p.243 참조.

법적 방법의 역량 제고

분쟁을 처리하기 위한 법적 방법의 개선이라는 주제는 중재가 처음 시작한 때부터 국제문제에 흥미를 가진 사람들의 오랜 관심사였다. 1919년 PCIJ가 그리고 그 후신인 현재의 ICJ가 창설되면서 변화를 외치는 자들을 편안하게 해 주기는커녕, 사법재판은 훨씬 더 많은 관심을 끌게 되었다. 그 결과, 국제재판관들과 중재인들이 하는 모든 것은 현재 세밀한 사항까지 연구, 분석, 비판되고 있으며, 개혁을 맡게 될 사람들이 거의 당황스러울 정도로 많은 제안을 받고 있다.

물론 이것이 훌륭한 이유는 사법재판의 선구자들을 움직였던 이상이 여전히 살아 있다는 것을 보여 주고 있기 때문이고, 실용적으로도 기구가 관련성을 유지하면서 개선되려면 정보에 근거한 비판이 반드시 있어야 하기 때문이다. 반면, 법정기구의 개선은 정치기구의 개선 못지않게 중요하지만, 여기에서는 이미 앞서 고려하였던 제안에서처럼 법적·정치적 방식들이 운영되는 한계를 무시하는 제안은 전혀 도움이 되지 않는다. 예컨대 이러한 유형에는 선택조항을 강제적으로 수락하도록 하자는 제안이나, 국가들이 수락시 유보를 금지하자는 제안이 해당된다. 왜냐하면, 이들은 사법재판의 정치적 맥락을 반영하는 문제를 다루면서, 마치 이것들이 기술적인 사항에 불과한 것처럼 취급하고 있기 때문이다. 필요한 것은 이상적인 세상을 위한 처방이 아니라 실무적 제안이다. 아래 사항은 모든 것을 망라하지는 않지만, 이러한 요건을 충족한다고 생각된다.

첫 번째 개선사항은 이미 시행되고 있다. 이는 비용을 줄임으로써, 소송이 국가들에 더 매력적인 것이 되도록 만들려는 것이다. 1989년에 유엔 사무총장은 신탁기금(Trust Fund)을 조성해서 국가들이 ICJ를 통해서 분쟁을 해결하도록 지원하겠다고 선언하였다.[24] 사무총장은 자신이 사법적 해결을 장려할 특별한 책임을 갖는다고 말하면서, 기금의 목적은 법적 전문성이 없거나, 자금이 없어서 ICJ를 이용할 수 없

24) 선언문 본문은 (1989) 28 ILM 1584 참조. 이에 대한 현재의 반응으로는 T. Bien-Aime, "A pathway to the Hague and beyond: the United Nations Trust Fund proposal"(1991), 22 *NYUJ Int. L and Politics* 671 참조.

는 국가를 지원하는 것이라고 밝혔다. 처음에는 두 부류의 사례가 지원 대상이 되는 것으로 여겨졌다. 즉, 첫째 사례는 분쟁을 ICJ에 회부하기로 하는 공동 합의가 있고, 이에 따라서 관할권이 다투어질 여지가 없는 경우이고, 둘째 사례는 당사자들이 이미 내려진 판결을 이행할 준비가 되어 있지만, 어느 일방 당사자 혹은 양 당사자가 자금이나 전문성이 없기 때문에 그렇게 할 수 없는 경우이다.

기금 운영은 전문가위원회의 책임사항이며, 위원회는 각 신청서를 검토해서 지급 총액과 지원 대상이 되는 비용항목에 관하여 권고하는 업무를 수행한다. 지원 대상인 비용항목은 '대리인 수임료, 통번역료 [그리고] 지도 자료 제작 비용'을 포함하고, 이 외에 경계 획정과 같은 판결의 집행에 관한 비용도 포함한다. 각 신청서를 판단하는 위원회는 '최고의 법적·도덕적 기준을 가진' 3인으로 구성되고, 이들은 완전히 비공개로 작업하며, '신청국의 재정적 필요와 기금의 운영 가능성만 지침으로 고려해야' 한다. 이 기금은 유엔의 정규예산의 일부가 아니며 개인, 국가기관, 국제기구 및 기업, 뿐만 아니라 국가들을 포함하는 자발적 기부자들이 출자한다. 처음에, 50개를 넘는 국가들이 기금에 상당한 금액을 출연하였고 그 외의 국가들은 특별신청에 대응해서 지원할 용의가 있다는 점을 밝혔다.[25] 관련 총액은 크지 않지만, 여러 건의 사례에서 지원을 제공할 수 있었으며, 초기 수혜국은 차드로서 *Territorial Dispute* 사건[26]에서 도움을 받았다.

위 사례들을 좇아서, 다수의 다른 재판소와 판정부들도 소송 당사자들을 금전적으로 지원하는 방식을 마련했다.[27] 상설중재재판소는 이러한 목적으로 재정 지원 기금을 설치했고, WTO 사무국은 제9장에서 기술한 절차를 통하여 다루어지는 사례에 대해서 개발도상국인 회원국에 기술적·법적 지원을 제공할 권한을 얻었다. 이러한 종류의 방식을 잘 활용하는 기관 중 가장 최근의 것은 국제해양법재판소이다.

---

25) P.H.F. Bekker, "International legal aid in practice: the ICJ Trust Fund"(1993), 87 *AJIL* 659; A. Eyffinger, *The International Court of Justice 1946-1996*, The Hague, 1996, pp.365-6 참조.

26) *Territorial Dispute (Libyan Arab Jamahiriya/Chad),* Judgment [1994] ICJ Rep. 6. 구술변론 과정 중, 차드 대리인은 도움을 받았다는 점을 밝혔다. Bekker, "International legal aid" (n. 25) 666, n. 45 참조.

27) D. Anderson, "Trust funds in international litigation" in N. Ando, E. McWhinney and R. Wolfrum(eds.), *Liber Amicorum Judge Shigeru Oda,* The Hague, 2002, p.793.

이를 위하여 유엔 총회는 2000년 결의로써 신탁기금을 설치하였다.[28] 이 기금은 유엔 사무총장이 운용하며, 이미 활용 가능한 ICJ 신탁 기금과 많은 면에서 유사하다. 그러나 일부 유의미한 차이점으로서, 예를 들면 소송 당사자 사이의 특별협정이 필요하지 않다는 점도 있다.[29] 이와 같이 새로운 지원 기반을 창설하는 것은 창의적으로 사법재판을 장려하는 방식이며 그 자체로서 환영할 일이다. 지금 필요한 것은 이들 조치를 원칙적으로 지지하는 국가들이 계속해서 재정적으로 지원하는 것이다.

두 번째 쟁점은 최근까지 상대적으로 주목 받지 못했던 사안으로서, 즉 국제소송 사기 그리고 더 넓은 쟁점은 사법절차의 완전성(integrity)에 관한 문제이다.[30] *Maritime Delimitation and Territorial Questions* 사건[31]에서, 바레인은 카타르가 자신의 주장을 뒷받침하기 위하여 제출했던 상당한 양의 증거서류가 위조되었다고 문제삼았다. 당사자들 사이에 의견이 교환된 후, 카타르는 해당 문서를 근거로 삼지 않겠다고 선언했고, 그 결과, ICJ는 해당 문서의 진정성립을 검토해 달라는 요청을 받은 적이 없었다. 그렇다고 해도, 이것은 ICJ를 속이려는 비양심적인 시도였고, 바레인이 주의를 기울였기에 피할 수 있었던 것이 명백하다. 불행하지만, 최근 수년 동안 재판소와 판정부를 속이려고 했던 경우가 이것만이 아니었고, 기업들이 직접 뇌물을 제공하는 등 부당행위를 한 후 투자보호협정을 원용하려고 할 때 이와 유사한 문제들이 발생하였다.[32]

위 *Qatar/Bahrain* 사건에서 얻을 수 있는 교훈은 사기가 발각된 후 카타르가 처벌받지 않고 사건을 다시 회부할 수 있었기에 거짓 증거를 제출한 잘못을 저지른 국

28) 부록의 문서 I 참조.

29) 이와 비슷하게, 비록 새로운 기금의 주된 목적이 본안절차를 지원하기 위한 것이라고 해도, 관할권 관련 다툼이 없는 경우, '예외적인 상황에서' 어느 단계의 절차에 대해서도 지원이 제공될 수 있다. 추가적인 논의로는 Anderson, "Trust funds in international litigation" (n. 27) pp.801-3 참조.

30) W.M. Reisman and C.P. Skinner, *Fraudulent Evidence before Public International Tribunals*, Cambridge, 2014.

31) *Maritime Delimitation and Territorial Questions between Qatar and Bahrain*, Judgment [2001] ICJ Rep. 40. 다툼의 대상이 되었던 문서에 관한 논의에 대해서는 M. Mendelson, "The curious case of *Qatar* v. *Bahrain* in the International Court of Justice"(2001), 72 *BYBIL* 183 at 197-201 참조.

32) A.P. Llamzon, *Corruption in International Investment Arbitration*, Oxford, 2014.

가에는 어느 면에서나 이익이었던 상황이다. 이는 완전히 잘못된 것으로 보이지만, 그러한 사항을 다루는 것이 단순하지 않다. 국제재판소와 판정부는 사기 혐의를 조사할 만큼 준비가 잘 되어 있지 않고, 잠재적으로 비난받을 수 있는 행위의 범위가 넓고 정도가 다양한 반면에, 주어진 사건에서 사기를 증명하는 것도 지극히 어렵다. 더욱이, 다른 정부에 대해서 사기를 저질렀다고 비난하는 것은 심각한 사안이기 때문에, 비난하는 쪽에서는 자신의 주장을 확신할 수 있어야 한다. 게다가, 한 논문의 저자가 '*국가의 존재이유(la raison d'Etat)*에서 핑계를 찾으려는 유혹'이라고 한 것이 있다.[33] 즉, 불법적인 수단을 활용한 것에 대한 변명으로서 범법자들이 사익이 아닌 공익 목적을 추구했다는 점을 든다는 것이다. 외국인 투자자들의 사기와 관련해서 쟁점이 더 복잡한 이유는 투자자의 뇌물 제공과 공무원 부패도 본질적으로는 피제소국과 결부되기 때문이다.

사법절차의 완전성을 더욱 위협하는 것과 관련해서, 생각나는 우려사항으로는 앞서 제5장에서 지적했듯이 재판관과 중재인의 자격에 대해서 이의 제기를 남발하고, 이미 관할권을 수락했음에도 사법적 결정과 명령의 이행을 거부하는 것이다. 두 번째 문제는 거의 새로운 것이 아니지만, WTO 협정, 해양법협약, 그리고 다른 곳에서 규정한 새로운 강제관할권 제도를 훼손할 위험이 있다. 예컨대, 2013년 러시아는 *Arctic Sunrise* 사건[34]에서 ITLOS가 결정한 잠정조치를 거부하였고, 2015년 중국은 *South China Sea* 중재[35]에서 제7부속서 판정부가 내린 관할권 결정의 승인을 거부하였다. 또한 간과될 수 없는 사항은 호주가 동티모르(Timor-Leste)와 자국 소속 법률고문의 의사교환을 염치 없게 개입하려고 했었던 것이고, 이로 인해서 2014년 *Questions relating to the Seizure and Detention of Certain Documents* 사건이 발생하였다.[36]

---

33) J. Paulsson, "Review"(2015), 62 *Neth. Int. L Rev.* 513 at 515.

34) *'Arctic Sunrise' (Kingdom of the Netherlands* v. *Russian Federation),* Provisional Measures, Order of 22 November 2013 [2013] ITLOS Reports 230. 2015년 중재판정에서, 제7 부속서 중재판정부는 러시아가 결정을 준수하지 못한 결과 네덜란드에 대한 의무를 위반했다고 판단하였다.

35) *Arbitration between the Republic of the Philippines and the Peoples' Republic of China* (2015).

36) 제6장 참조.

물론, 위의 사례들로 인한 문제는 하나가 아니기에 마찬가지로 다양한 해결책이 필요하다. 그렇다고 해도, 각 방식대로 사법재판이 제 역할을 제대로 하려면 사법재판의 완전성에 대한 모든 유형의 위협을 진지하게 고려해야 한다는 점을 시사한다. 이러한 유형의 문제를 해결하기 위한 방책은 국제법과 국제관계에서 발생하는 많은 어려움과 같이, 본질적으로 소송이라는 경기(game)가 수행하는 기능의 가치가 의미 있는 정부들의 손에 달려 있다. 그러나 이들이 정직하고 신의성실히 경기에 임할 준비가 되어 있지 않다면, 어느 날 불현듯 더 이상 경기할 필요가 없다는 것을 깨닫게 될 것이다.

다음 쟁점은 더 전통적이다. ICJ가 판결의 질로써 ICJ의 효능에 기여할 수 있는 점이 있다. 양질의 판결은 재판 이용자들에게 이들이 기대할 만한 유형의 결과를 제공함으로써 ICJ에 대한 신뢰를 높이고 유지하는 데 도움이 된다. 판결의 질이 좋지 않으면 반대의 효과가 생길 것이다. 무엇이 좋은 판결을 만드는가? 어떠한 결정이 비판받는다거나 심지어 국가가 판결의 이행을 거부하는 것 그 자체만으로 판결에 흠이 있다고 간주할 이유가 없다. 사안이 복잡하다면 둘 이상의 결론이 나와도 정당화될 수 있는 것이 보통이기에, 비판적인 시각에서는 거의 항상 반대할 내용을 찾아낼 수 있다. 마찬가지로 항상 나쁜 패소자(bad losers)가 있을 것이며, 결과적으로 어느 국가가 판결을 수용하지 않는다는 것은 오히려 ICJ가 마땅히 해야 할 일을 했고 법을 치우침 없이 적용했다는 징표가 될 수 있다. 의미 있는 비판은 ICJ의 기능 수행이 적절했는지 여부를 질문하는 것이고, 이 점에서 개선의 여지가 있다는 점을 지적할 수 있다.

재판의 본질적인 목적은 법을 참조해서, 혹은 권한이 있으면 다른 근거에서 분쟁을 해결하는 것이다. 이로써 당사자들이 개진한 주장을 다루고, ICJ의 결론을 설명하는 이유가 담긴 결정이 필요하다. 결과적으로 일관성이 없고, 이유가 부적절하고, 주장에서 다루지 않은 점을 근거로 하거나, 중요한 쟁점을 회피한 판결은 흠 있는 판결이다. 안타깝게도 이는 모두 방금 언급했던 것들을 포함하여 최근의 일부 국제결정에 대해서 가해질 수 있는 비판들이다. 합의체 재판소가 논란이 많은 쟁점에 관하여 합의 의견을 작성할 때 봉착하는 어려움을 과소평가하지 않으면, 이 점에서 발전의 여지가 있다는 것이 결론이다. 요점은 판결이 더 좋아지면 사법재판을 활용할 국가들의 준비태세가 더 높아진다는 것이 아니라는 것이다. 이러한 상황은 이루어질 것으로 보이지 않는다. 뿐만 아니라, 심지어 판결이 더 좋아지면 때때로 사건의 결과가 달라지는 경우가 분명히 있겠지만, 그렇다고 이러한 것을 의미하지도 않는다. 요점은 오히려 국제분쟁을 다루는 기법으로서 사법재판의 속성은 고유한 가치를 갖지만, 사법재판이 생존하기 위해서는 그 완전성(integrity)을 지키려는 의지와 능력을 갖춘 실무자들이 필요하다는 것이다.

이는 국제재판소의 급증 그리고 그로 인한 효과에 관한 사항들과 관련된다.[37] 오늘날에는 과거보다 훨씬 더 많은 사법기구가 있고, 그 수는 지속적으로 증가하고 있다. 따라서 이미 지적했듯이, 최근 몇 십년 동안 구유고국제형사재판소(ICTY, 1993)와 르완다국제형사재판소(ICTR, 1994), WTO의 상소기구(1995), 그리고 국제해양법재판소(1996)가 창설되는 것을 보았다. 이러한 확산은 절차적인 문제와 실체적인 문제 두 가지 문제를 야기한다. 절차적인 문제는 일부 상황에서 둘 이상의 재판소가 관할권을 가질 수 있는 점, 그리고, 분쟁 처리방법에 대해서 견해가 다를 수 있는 점을 감안해서 우선순위를 정하는 것이다. 실체적 문제는 서로 다른 재판소가 유사한 법적 쟁점을 다룰 때, 이들의 결정이 일관성을 갖도록 하는 것이다.

절차적 문제나 실체적 문제가 아직 제대로 다루어지지 않았다고 말할 수는 없지만, 이 두 문제 모두 행사하는 압박의 강도가 더 커지고 있고, 제8장에서 언급했듯이 이와 관련하여 이미 새로운 재판소의 필요성에 의문이 제기되었다. 여기에서 이 복잡한 사항을 충분히 다룰 수는 없지만, 법 정책적 측면에서 구별되는 쟁점을 몇 가지로 나눈다면, 그에 대해 생각하기가 더 쉬워질 것이다. 이 중 첫 번째는 새로운 재판소를 설치하자는 제안을 고려할 때 염두에 두어야 할 요소이다. 기존 재판소의 업무를 중복 수행하는 기구를 설치하는 것은 터무니없는 일이지만, 현재 다양한 재

---

37) E. Lauterpacht, *Aspects of the Administration of International Justice*, Cambridge, 1991, ch. 2; G. Guillaume, "The future of international judicial institutions"(1995), 44 *ICLQ* 848 참조; 아울러, 다음 문헌의 H. Caminos 등의 논문도 참조. Ando, McWhinney and Wolfrum(eds.), *Shigeru Oda* (n. 27) pp.569-667; Y. Shany, *The Competing Jurisdictions of International Courts and Tribunals*, Oxford, 2003.

판소가 앞으로 필요한 모든 것을 공급할 수 있다고 믿는 것도 마찬가지로 터무니없는 일이 될 것이다. 이러 저러한 이유로 기존의 방식으로는 충족될 수 없는 수요가 있을 때 새로운 기구가 항상 필요한지 여부를 판단하기 위해서는 이전 단락에서 언급했던 네 가지 재판소 사례만 고려하면 된다. 따라서 재판소의 확산 그 자체는 좋지도 나쁘지도 않다. 모든 것은 이들의 정당성에 좌우된다.

두 번째 정책적 쟁점은 새로운 재판소와 판정부의 관할권에 관한 것이다. 더 구체적으로는 관할권에 대해서 이의 제기가 있을 때, 새로운 재판소와 판정부가 자신의 권한을 해석하고 적용하는 방법에 관한 것이다. 해양법협약, WTO 협정 그리고 이와 유사한 조약들은, 앞서 살펴 보았듯이, 각자의 대상과 관련한 대부분의 분쟁에 대해서 본질적으로는 강제관할권인 정교한 체제를 창설하였다. 따라서 조약이 결부된 분쟁이 발생하는 때, 예컨대 호주와 뉴질랜드가 일본을 상대로 제기한 사건에 대해서 제7부속서 중재판정부가 관할권을 갖지 않는다고 결정하였던, *Southern Bluefin Tuna* 사건[38]에서처럼 핵심 사항에 대해서 다툼이 있다면 해당 분쟁이 그러한 체제에 속하는지 여부를 결정해야 한다. 강제관할권의 범위를 확장하고 실무상 강제관할권이 유효하도록 만들려는 시도가 성공하려면 이러한 유형의 질문이 어떻게 해결되는지가 분명히 중요하다. 따라서 국가들이 공약한 사항의 한계를 존중해야겠지만, 새로운 재판소와 판정부가 너무 제한적으로 관할권을 결정하는 것을 피하는 것도 중요하다.[39]

세 번째 정책적 쟁점은 한 가지 분쟁에 대해서 둘 이상의 재판소 혹은 판정부가 관할권을 가질 때 발생할 수 있는 우선순위 문제에 관한 것이다. 강제관할권의 연결망이 확산되면서 이러한 상황이 불가피해졌으며, 원칙적으로는 분쟁의 개별적인 면을 상이한 재판부가 다루도록 하는 데에 반대가 있을 수 없다.[40] 그러나 상이한

---

38) *Southern Bluefin Tuna Case (Australia and New Zealand* v. *Japan)*, Award on Jurisdiction and Admissibility (2000), (2000) 39 ILM 1359; A.E. Boyle, Note (2001) 50 *ICLQ* 447 참조.

39) *Southern Bluefin Tuna* 사건의 판정부가 채택한 제한적 접근방식과 *MOX Plant* 사건(2003)의 판정부가 지지했던 더 넓은 견해를 비교하는 것이 유용하다. 이 점에 관한 논의로는 R.R. Churchill and J. Scott, "The MOX Plant litigation: the first half-life"(2004), 53 *ICLQ* 643 at 652-7 참조.

40) *MOX Plant* 분쟁에서, 예를 들면 정보접근권 문제가 2003년에 OSPAR 협약에 따른 중재를

재판부가 유사한 문제를 다루도록 요청받는 경우 상충된 결정이 내려질 가능성이 있기에 사안이 더 복잡해진다.[41] 이는 어떤 의미에서는 절차적인 문제이지만, 실체적인 측면을 갖는다. 예컨대, 무역과 환경 관련 조약들이 동일한 활동, 뿐만 아니라 *기판력(res judicata)* 그리고 병행소송(litispendence)과 같은 절차적 개념과 관련되는 경우, 조약의무의 충돌이 수반될 수 있기 때문이다. 국제재판소들 간에는 위계질서가 없기에 현재 이들 문제들은 관련 재판소가 임시적인 방식으로 해결하고 있고,[42] 그러한 위계질서가 수립될 전망도 없어 보이기에, 이는 아마도 가까운 장래에도 계속될 것이다. 그러나 이 분야에서 관련 국제법 규칙과 원칙을 성문화하고 아마도 국내법에서 유사한 문제를 처리하는 방식을 참조해서 규칙이나 원칙을 개발하는 것을 고려하는 것이 유익할 것이다.

이는 사법재판과 다른 국제관계 절차 사이의 관계에 관한 것으로서 더 일반적인 정책적 쟁점으로서 이어진다. 사법재판을 단순히 당사자들의 이익을 위하여 분쟁을 해결하는 방법으로만 생각하면, 재판소나 판정부의 결정과 그러한 결정이 내려지는 맥락 사이에 있는 중요한 연결고리를 놓치게 된다. 어느 선도적인 학자가 설명했듯이, 분쟁을 사법재판으로 해결할 수 있다고 해서 재판소나 판정부의 결정이 분쟁을 해결하는 최선의 방법이라는 것을 의미하지 않는다.[43] 사실상, 일정한 유형의 분쟁을 사법재판에 회부하는 것은 비록 당사자들이 그렇게 할 권리가 있다고 해도 더 넓은 범위의 쟁점을 은폐하거나, 심지어 그러한 쟁점의 해결을 방해할 수도 있다.

수단으로 하여 다루어졌다. 이 절차에 관해서는 Churchill and Scott, *ibid.*, 645-7 참조.

41) 예컨대, 제8장에서 언급했던 *Swordfish* 사건에서 EC는 해당 분쟁 요소를 WTO 절차에 회부했다. 그러나 칠레는 처음에는 해양법협약에 따라서 제7부속서 중재를 원용하였다. A. Serdy, "See you in port"(2002), 3 *Melbourne JIL* 79; Churchill and Scott, *ibid.*, 654 참조.

42) 예컨대, 2003년 *MOX Plant* 사건의 중재판정부는 유럽사법재판소가 일부 관할권 쟁점에 대해서 명확히 할 때까지 절차를 중지한 것 참조. 이 사건의 이러한 측면에 대해서는 Churchill and Scott, *ibid.*, 647-52 참조. 일반적인 쟁점에 대해서는 M.A. Young, *Regime Interaction in International Law*, Cambridge, 2012; D. Pulkowski, *The Law and Politics of International Regime Conflict*, Oxford, 2014; L.E. Salles, *Forum Shopping in International Adjudication: The Role of Preliminary Objections*, Cambridge, 2014; Y. Shany, *Questions of Jurisdiction and Admissibility before International Courts*, Cambridge, 2016 참조.

43) V. Lowe, "The function of litigation in international society"(2012), 61 *ICLQ* 209; N. Klein(ed.), *Litigating International Disputes*, Cambridge, 2014 참조.

이러한 경우, 핵심 사항은 당사자들이 소송하지 않도록 만드는 것은 매우 비현실적이기에 이렇게 할 것이 아니라, 오히려 근저에 있는 문제를 다른 곳에서 다루도록 하고, 심판관의 결정에서는 이 점을 조심스럽게 다루어야 할 것이다.

이러한 사법재판의 한계를 잘 보여주는 경우는 법이 바뀌는 상황이다. 그러한 경우 구법을 확인하는 것은 기술적으로 옳지만, 신법의 등장을 늦출 뿐만 아니라, 재판관들이 주변 동향에 둔감해지도록 할 가능성이 있다. 제7장에서 보았듯이, *Fisheries Jurisdiction* 사건에서 ICJ가 이러한 옹색한 상황에 직면했을 때 ICJ의 창의적인 해결책은 대상 사건을 좁은 범위에서만 결정하고, 관습법에 따른 어업권에 관한 논의는 누락시킨 것이었다. 이와 같은 소송의 한계는 위에서 언급했던 상이한 국제재판소 사이의 관계에 관한 문제를 제기한 사건에서 볼 수 있다. 다른 예는 *Diplomatic Staff in Tehran* 사건과 같은 정치적 교착상태에서 발생하는 유형의 사건으로서,[44] 이 경우, 사법적 결정으로서 문제를 해결할 수 없거나, 그 효과 때문에, 법리적으로는 옳은 결정이라도 전혀 실행되지 않을 수 있다.[45] 이러한 상황 모두에서 제대로 작동하지 않는 소송수단은 다른 법정이 적절한 조치를 채택함으로써 손질할 필요가 있다.

따라서 최종 제안은 재판관이나 중재인에 대한 것이 아니라, 이들이 봉사하는 국가에 대한 것이다. 사법재판은 일차적으로 사실관계에 규칙을 적용하는 것이기에 재판소와 판정부의 미래는 법의 미래 자체와 긴밀히 연결되어 있다. 어느 선도적인 학자가 말했듯이, "분쟁을 해결하는 것은 단순히 '분쟁을 해결하는 것'만이 아니다. 이는 어떻게 쟁점을 다루고, 규율하며, 처리할지에 관한 것이기도 하다. 이는 또한 '*어떻게(how)* 법이 생성되는지, '*어떠한(what)* 법이 생성되는지, 그리고 법이 적용되는 방식과 그에 대응하는 방법에 관한 것이다."[46] 확실히, 사법재판을 기계적 과정으로 생각하는 것, 사법적 창의성이 갖는 의미를 부정하는 것, 혹은 다양한 비법적

44) 제7장 참조.

45) 예컨대, *Marckx* case, ECHR, Series A, No. 31, para. 58(상속권은 소급적 효과를 갖지 않는다고 판단한 결정) 참조.

46) M.D. Evans, "Foreword" in D. French, M. Saul and N.D. White(eds.), *International Law and Dispute Settlement: New Problems and Techniques*, Oxford, 2010, p.viii(원문 강조).

(non-legal) 기준이 수행하는 기능을 무시하는 것은 잘못이다. 뿐만 아니라, 새로운 국제법 규칙이 만들어져도, 그 자체로 국제분쟁 해결에 해당 규칙이 활용될 것을 보장한다는 것은 사실이 아니다. 그러나 이미 모두 언급했듯이 사법재판은 법적인 근거가 필요하고, 새로운 법을 발전시킬 책임은 재판관이 아니라 국가들에 있다는 것이다.

국가들이 새로운 법원칙을 형성하는 데 필요한 어려운 정치적 결정을 내림으로써 자신들의 책임을 다하는 한도에서, 이들은 재판소와 판정부가 결정을 내리도록 합법적 기반을 제공하고, 사법재판 과정을 강화한다. 반면, 국가들이 자신들의 책임을 회피한다면, 국제재판관의 업무는 헤아릴 수 없이 더 어려워지고 어쩌면 수행할 수 없게 될 수 있다. 이러한 이유는 심판관들이 국제문제에 대한 해결책을 제시할 기술이 없어서가 아니라, 이들이 독자적으로 그렇게 하리라고 기대하는 것 자체가 불합리하기 때문이다. 사법재판이 작동하려면, 우선, 결정 규칙에 대해서 상당한 수준의 합의가 있어야 한다. 왜냐하면, 판결이 기술적으로 가능하다고 해도, 판단이 정당성을 갖도록 하는 것은 바로 이러한 합의이기 때문이다. 따라서 국제법의 점진적 발전에 대한 약속은 국제정치적 행위를 법적 틀 안으로 편입시키는 방법을 제공하며 사법재판 절차에 대한 실질적인 지원을 제공한다.

결 론

국제분쟁의 평화적 해결은 우리 시대의 가장 중요한 문제이다. 다른 무엇보다도 인권, 환경 그리고 경제 및 재정 관련 쟁점들이 지구의 미래를 위하여 반드시 다루어야 할 과제를 제시하고 있지만, 이들 주제들이 제시하는 문제들은 항상 엄청난 양의 국제분쟁을 야기할 것이다. 그러나 특정 분쟁에서 무력을 사용하는 것은 문명의 파괴로 이어질 수 있다. 그러한 핵 악몽(nuclear nightmares)이 없다고 해도, 현대전의 파괴성은 전례 없는 규모의 고통을 야기할 정도인 것이 분명하다. 그리고 무력과 결부된 끔찍한 위험은 잠시 차치하고서라도, 개인에게 그렇듯 국가에도 지속적으로 분쟁 해결에 실패할 경우 노력이 낭비되고 적개심만 야기하기에 이를 것이다.

이 책에서, 필자는 현대적 무기를 생산해 낸 지능과 자원이 무력 사용이 필요 없도록 만들 수 있는 분쟁 해결방법도 어떻게 발전시켜 왔는지를 보여 주려고 했다. 언젠가 모든 국제분쟁이 평화적 수단으로 해결되는 때가 오리라고 생각하는 것은 아마도 비현실적일 수 있다. 그러나 현 상황은 개선될 수 있고, 그래야만 한다. 도구는 이미 손에 있다. 이제, 그 어느 때보다, 이들 도구들이 사용되도록 하는 것은 바로 지도자, 전문가, 그리고 시민들의 도덕적 책임이다.

부 록
Appendix

A Agreement between Argentina and the United Kingdom establishing an Interim Reciprocal Information and Consultation System, 1990

Both parties agree to establish an Interim Reciprocal Information and Consultation System for movements of units of their Armed Forces in areas of the South West Atlantic. The aims of this system are to increase confidence between Argentina and the United Kingdom and to contribute to achieving a more normal situation in the region without unnecessary delay. The system consists of the following provisions:

I. Direct Communication Link

A. A direct communication link will be established between the respective military authorities – under the supervision of both Foreign Ministries – in order to:
   - reduce the possibility of incidents and limit their consequences if they should occur;
   - increase common knowledge of activities in the South West Atlantic.

B. The respective military authorities will be:
   British Authority: Commander British Forces Falkland Islands (Malvinas).
   Argentine Naval Authority: Commandante del Area Naval Austral (Ushuaia).
   Argentine Air Authority: Jefe de la Novena Brigada Aérea (Comodoro Rivadavia).

C. It is agreed to establish a direct radio link between the respective authorities which will include voice and/or telex transmissions. The link will be manned on a 24 hour basis and will be tested at least once a week. Technical information relating to equipment, frequencies and modalities of use will be exchanged through diplomatic channels.

D. It is agreed to establish a communications plan for radio links between units and stations of the parties. Technical information will be exchanged through diplomatic channels.

II. Definition of Units

A. Ship:

Any ship belonging to the naval forces of the parties bearing the external marks distinguishing warships of its nationality, under the command of an officer duly commissioned by the governments and whose name appears in the naval list, and manned by a crew who are under regular naval discipline, and British Fleet Auxiliaries.

B. Aircraft:

Any aircraft belonging to the Armed Forces of the parties, manned by a military crew who are under regular Armed Forces discipline.

C. Combatant Units:

Any ship or aircraft equipped with weapons systems or means of offensive power or offensive projection capabilities (naval examples: aircraft carriers, cruisers, destroyers, frigates, corvettes, submarines, fast patrol boats, amphibious ships or ships carrying troops: aircraft examples: strike aircraft, fighters, bombers, missile or troop-carrying aircraft).

III. Reciprocal Information about Military Movements

1. Reciprocal written information will be provided through diplomatic channels, not less than 25 days in advance, about:
   - I.1.A. Movements of naval forces involving four or more ships;
   - I.1.B. Movements of aerial forces involving four or more aircraft;
   - I.1.C. Exercises involving more than 1,000 men or more than 20 sorties by aircraft;
   - I.1.D. Amphibious or airborne exercises involving more than 500 men or more than 20 sorties by aircraft.

The areas of application of this measure are:

For British Forces: the area south of parallel 40°S, west of meridian 20°W and north of 60°S.

For Argentine Forces: within rhumb lines joining the following geographical coordinates in the specified order: 46S 63W, 50S 63W, 50S 64W, 53S 64W, 53S 63W, 60S 63W, 60S 20W, 46S 20W, 46S 63W.

Each party will accept the presence of an observer ship from the other party in the vicinity of naval forces involving four or more ships engaged in manoeuvres within the relevant area of application.

2. Reciprocal notification of identity, intended track and purpose will be given, not less than 48 hours in advance, of a ship or an aircraft that intends to approach closer to coasts than 50 miles by sea or 70 miles by air.

   When specific movements of the kind described in this paragraph are intended to be carried out by combatant units and might cause political difficulty to the Argentine Government or to the British Government, the notifying party will be informed immediately and mutual agreement will be necessary to proceed.

IV. Verification

Verification of compliance with the reciprocal information arrangements in provision III above will be by national means, by observer ships (as provided for in III.1), and by consultations through the direct communication link. If disagreement should persist, the parties shall have recourse to the diplomatic channel.

V. Reciprocal Visits

Reciprocal visits to military bases and naval units may be agreed through the diplomatic channel on a case by case basis.

VI. Applicability of International Practice

In situations not specifically covered above, it is understood that normal international practice will be applied on a reciprocal basis.

VII. Duration

This system, including the reciprocal information measures, shall be reviewed at regular diplomatic–technical meetings. The first of these meetings shall take place within one year after the entry into force of the system and shall be convened at a date to be agreed through the diplomatic channel.

[*Source*: Falkland Islands Department, Foreign and Commonwealth Office, February 1990.]

B Report of the Commission of Inquiry into the Red Crusader Incident, 1962 (extract)

1. Facts leading up to the arrest of the Red Crusader and circumstances of the arrest

. . . [T]he Commission finds:

(1) that no proof of fishing inside the blue line has been established, in spite of the fact that the trawl was in the water inside the blue line from about 21.00 hours until 21.14 hours on May 29, 1961;
(2) that the *Red Crusader* was with her gear not stowed inside the blue line from about 21.00 hours until 21.14 hours on May 29, 1961;
(3) that the first signal to stop was given by *Niels Ebbesen* at 21.39 hours and that this signal and the later stop-signals were all given outside the blue line.

2. Events between the arrest of the Red Crusader and the meeting with the British naval vessels

. . . [T]he Commission finds:

(1) The *Red Crusader* was arrested. This conclusion is established by Captain Sølling's declarations as well as by the evidence given by Skipper Wood. Even if the Skipper formally denied his guilt, his answers clearly implied that he considered at the time that he had been duly arrested for illegal fishing. Notes made in the Skipper's red pocket-book and the *Red Crusader's* log-book also leave no doubt on that point.
(2) Skipper Wood, after having obeyed for a certain time the order given him by Captain Sølling, changed his mind during the trip to Thorshavn and put into effect a plan, concerted with his crew, whereby he attempted to escape and to evade the jurisdiction of an authority which he had at first, rightly, accepted.
(3) During this attempt to escape, the Skipper of the *Red Crusader* took steps to seclude Lieutenant Bech and Corporal Kropp during a certain period and had the intention to take them to Aberdeen.
(4) In opening fire at 03.22 hours up to 03.53 hours, the Commanding Officer of the *Niels Ebbesen* exceeded legitimate use of armed force on two counts: (a) firing without warning of solidgun-shot: (b) creating danger to human life on board the *Red Crusader* without proved necessity, by the effective firing at the *Red Crusader* after 03.40 hours.

The escape of the *Red Crusader* in flagrant violation of the order received and obeyed, the seclusion on board the trawler of an officer and rating of the crew of *Neils Ebbesen*, and Skipper Wood's refusal to stop may explain some resentment on the part of Captain Sølling. Those circumstances, however, cannot justify such violent action.

The Commission is of the opinion that other means should have been attempted, which, if duly persisted in, might have finally persuaded Skipper Wood to stop and revert to the normal procedure which he himself had previously followed.

(5) The cost of the repair of the damage caused by firing at and hitting of the *Red Crusader* submitted by the British Government has been considered reasonable by the Danish Agent.

3. Events after the meeting with the British naval vessels.

. . . [T]he Commission finds:

that Commander Griffiths and the other officers of the British Royal Navy made every effort to avoid any recourse to violence between *Niels Ebbesen* and *Red Crusader*. Such an attitude and conduct were impeccable.

[*Source*: 35 ILR 486–500.]

C Conciliation Commission on the Continental Shelf Area between Iceland and Jan Mayen, May 1981

Summary of Recommendations

1. For the purposes of these recommendations the Commission proposes a specified area defined by the following coordinates: $70^{35°}$ N. Lat. 68° N. Lat. $10^{30°}$W. Long. $6^{30°}$W. Long.
2. Taking the demarcation line between the 200 mile economic zone and the Norwegian fisheries zone as a dividing line, the specified area has two parts: the part north of the demarcation line comprises some 32.750 km^2. The area south of this line comprises some 12.725 km^2.
3. The Commission proposes a joint cooperation arrangement for the area so defined.
4. In the pre-drilling stage, which includes a systematic geological mapping of the specified area mainly by seismic surveys, the Commission recommends that such surveys should be undertaken jointly by the Norwegian Petroleum Directorate and the equivalent government organisation of Iceland. These seismic surveys should be carried out by the Norwegian Petroleum Directorate according to plans elaborated by the two governments jointly. The costs of such surveys should be borne by Norway unless otherwise agreed by the parties. Icelandic and Norwegian experts should have the opportunity to participate in the seismic surveys on an equal footing. The results and evaluations of the surveys should be equally available to both parties.

   If any profits accrue from the sale of the seismic surveys to interested companies or organisations, such profits should be shared by the two countries on a basis to be negotiated.
5. If the surveys justify further exploration, drilling and possible exploitation activities, the Commission proposes that concession contracts with joint-venture arrangements between the two parties and oil companies be negotiated.

6. In the part of the specified area north of the Icelandic 200 mile economic zone Iceland should have the opportunity to acquire a 25 per cent interest in any joint venture arrangement. In negotiations with oil companies an effort should be made to assure that the costs of both Norwegian and Icelandic state participation are 'carried' by the oil companies up to the moment when a commercial find has been declared.

   Should the oil companies refuse to 'carry' the state participation wholly or in part, the Conciliation Commission refers to its proposals made for such event in the foregoing Section VI [*not reproduced here*].

   Norwegian legislation, oil policy and control, safety and environmental regulations and administration would apply to the activities in this part of the specified area.
7. In the part of the specified area south of the northern demarcation line of the Icelandic 200 mile economic zone, Norway should have an option to acquire a 25 per cent interest in any joint-venture arrangement. It should not be expected that Iceland will accommodate Norway with a carried-interest arrangement in the same manner and to the same extent proposed for the Norwegian part of the specified area. However, Norway should be allowed to participate in the negotiations with the oil companies.

   Icelandic legislation, oil policy control, safety and environmental regulations and administration would apply to the activities in this part of the specified area.
8. In the development phase in any part of the specified area it is understood that each of the two States parties would carry a share of the development costs proportional to its share of State participation.
9. The Commission at the end of Section VI has made certain recommendations for dealing with deposits on both sides of the 200 mile demarcation line or overlapping some part of the specified area boundary and refers to its proposals in this respect and considers them included among the present recommendations.

[*Source*: 62 ILR 134.]

D Arbitration Agreement between the United Kingdom and France, July 1975

The Government of the United Kingdom of Great Britain and Northern Ireland and the Government of the French Republic . . . have agreed as follows:

Article 1

1. The Court of Arbitration (hereinafter called the Court) shall be composed of:

Sir Humphrey Waldock, nominated by the United Kingdom Government.
Messrs Paul Reuter, nominated by the French Government.
Herbert Briggs.
Erik Castren.
Endre Ustor.
The President of the Court shall be: Mr Erik Castren.

2. Should the President or any other Member of the Court be or become unable to act, the vacancy shall be filled by a new Member appointed by the Government which nominated the Member to be replaced in the case of the two Members nominated by the United Kingdom and French Governments, or by agreement between the two Governments in the case of the President or the remaining two Members.

Article 2

1. The Court is requested to decide, in accordance with the rules of international law applicable in the matter as between the Parties, the following question:

   What is the course of the boundary (or boundaries) between the portions of the continental shelf appertaining to the United Kingdom and the Channel Islands and to the French Republic, respectively, westward of 30 minutes west of the Greenwich Meridian as far as the 1,000 metre isobath?

2. The choice of the 1,000 metre isobath is without prejudice to the position of either Government concerning the outer limit of the continental shelf.

Article 3

1. The Court shall, subject to the provisions of this Agreement, determine its own procedure and all questions affecting the conduct of the arbitration.
2. In the absence of unanimity, the decisions of the Court on all questions, whether of substance or procedure, shall be given by a majority vote of its Members, including all questions relating to the competence of the Court, the interpretation of this Agreement, and the decision on the question specified in Article 2 hereof.

Article 4

1. The Parties shall, within 14 days of the signature of the present Agreement, each appoint an Agent for the purpose of the arbitration, and shall communicate the name and address of their respective Agents to each other and to the Court.

2. Each Agent so appointed shall be entitled to nominate an Assistant Agent to act for him as occasion may require. The name and address of an Assistant Agent so appointed shall be similarly communicated.

Article 5

The Court shall, after consultation with the two Agents, appoint a Registrar and establish its seat at a place fixed in agreement with the Parties. Until the seat has been determined the Court may meet at a place provisionally chosen by the President.

Article 6

1. The proceedings shall be written and oral.
2. Without prejudice to any question as to burden of proof, the Parties agree that the written proceedings should consist of:
   (a) a Memorial to be submitted by each Party not later than six months after signature of the present Agreement:
   (b) a Counter-Memorial to be submitted by each Party within a time limit of six months after the exchange of Memorials:
   (c) any further pleading found by the Court to be necessary. The Court shall have power to extend the time-limits so fixed at the request of either Party.
3. The Registrar shall notify to the Parties an address for the filing of their written pleadings and other documents.
4. The oral hearing shall follow the written proceedings, and shall be held in private at such place and time as the Court, after consultation with the two Agents, may determine.
5. The Parties may be represented at the oral hearing by their Agents and by such Counsel and advisers as they may appoint.

Article 7

1. The pleadings, written and oral, shall be either in the English or in the French language; the decisions of the Court shall be in both languages.
2. The Court shall, as may be necessary, arrange for translations and interpretations and shall be entitled to engage secretarial and clerical staff, and to make arrangements in respect of accommodation and the purchase or hire of equipment.

Article 8

1. The remuneration of Members of the Court shall be borne equally by the two Governments.

2. The general expenses of the arbitration shall be borne equally by the two Governments, but each Government shall bear its own expenses incurred in or for the preparation and presentation of its case.

Article 9

1. When the proceedings before the Court have been completed, it shall transmit to the two Governments its decision on the question specified in Article 2 of the present Agreement. The decision shall include the drawing of the course of the boundary (or boundaries) on a chart. To this end, the Court shall be entitled to appoint a technical expert or experts to assist it in preparing the chart.
2. The decision shall be fully reasoned.
3. If the decision of the Court does not represent in whole or in part the unanimous opinion of the Members of the Court, any Member shall be entitled to deliver a separate opinion.
4. Any question of the subsequent publication of the proceedings shall be decided by agreement between the two Governments.

Article 10

1. The two Governments agree to accept as final and binding upon them the decision of the Court on the question specified in Article 2 of the present Agreement.
2. Either Party may, within three months of the rendering of the decision, refer to the Court any dispute between the Parties as to the meaning and scope of the decision.

Article 11

1. A Party wishing to carry out, at any time before the Court has rendered its decision on the question specified in Article 2, any activity in a portion of what it considers to be its continental shelf within the area submitted to arbitration shall, subject to the remaining provisions of this Article, obtain the prior consent of the other Party.
2. If such a request for consent is made by one Party the other Party may not withhold its consent for more than one month nor if it consents within this period, subject its consent to conditions, except on the ground that the proposed activity relates to an area which it intends to claim or might claim as part of its own continental shelf at any stage in the course of the arbitration.
3. The Party withholding consent or subjecting its consent to conditions shall, when notifying the Party making the request, briefly state the grounds upon which it justifies its position.

4. The Party making the request may, if dissatisfied with the justification provided, refer the issue to the Court for a ruling.
5. Without prejudice to paragraph 4, either Party may refer any dispute as to the interpretation or application of this Article to the Court for a ruling.
6. The Court shall give, as soon as possible, a ruling on any issue referred to it pursuant to paragraph 4 or 5, and may order such provisional measures as it considers desirable to protect the interests of either Party.

Article 12

The present Agreement shall enter into force on the date of signature.

[*Source*: 54 ILR 13.]

E Special Agreement for Submission to the International Court of Justice of the Differences between the Republic of Hungary and the Slovak Republic Concerning the Gabcikovo-Nagymaros Project (1993)

The Republic of Hungary and the Slovak Republic:

Considering that differences have arisen between the Czech and Slovak Federal Republic and the Republic of Hungary regarding the implementation and the termination of the Treaty on the Construction and Operation of the Gabcikovo-Nagymaros Barrage system signed in Budapest on 16 September 1977 and related instruments (hereinafter referred to as 'the Treaty'), and on the construction and operation of the 'provisional solution';

Bearing in mind that the Slovak Republic is one of the two successor States of the Czech and Slovak Federal Republic and the sole successor State in respect of rights and obligations relating to the Gabcikovo-Nagymaros Project;

Recognizing that the Parties concerned have been unable to settle these differences by negotiations;

Having in mind that both the Czechoslovak and Hungarian delegations expressed their commitment to submit the differences connected with the Gabcikovo-Nagymaros Project in all its aspects to binding international arbitration or to the International Court of Justice;

Desiring that these differences should be settled by the International Court of Justice;

Recalling their commitment to apply, pending the Judgment of the International Court of Justice, such a temporary water management régime of the Danube as shall be agreed between the Parties;

Desiring further to define the issues to be submitted to the International Court of Justice,

Have agreed as follows:

Article 1

The Parties submit the questions contained in Article 2 to the International Court of Justice pursuant to Article 40, paragraph 1, of the Statute of the Court.

Article 2

(C.B.1) The Court is requested to decide on the basis of the Treaty and rules and principles of general international law, as well as such other treaties as the Court may find applicable,

(C.B.1.a) whether the Republic of Hungary was entitled to suspend and subsequently abandon, in 1989, the works on the Nagymaros Project and on the part of the Gabcikovo Project for which the Treaty attributed responsibility to the Republic of Hungary;

(C.B.1.b) whether the Czech and Slovak Federal Republic was entitled to proceed, in November 1991, to the 'provisional solution' and to put into operation from October 1992 this system, described in the Report of the Working Group of Independent Experts of the Commission of the European Communities, the Republic of Hungary and the Czech and Slovak Federal Republic dated 23 November 1992 (damming up of the Danube at river kilometre 1851.7 on Czechoslovak territory and resulting consequences on water and navigation course);

(C.B.1.c) what are the legal effects of the notification, on 19 May 1992, of the termination of the Treaty by the Republic of Hungary.

(C.B.2) The Court is also requested to determine the legal consequences, including the rights and obligations for the Parties, arising from its Judgment on the questions in paragraph 1 of this Article.

Article 3

(1) All questions of procedure and evidence shall be regulated in accordance with the provisions of the Statute and the Rules of the Court.

(2) However, the Parties request the Court to order that the written proceedings should consist of:

(a) a Memorial presented by each of the Parties not later than ten months after the date of notification of this Special Agreement to the Registrar of the International Court of Justice;

(b) a Counter-Memorial presented by each of the Parties not later than seven months after the date on which each has received the certified copy of the Memorial of the other Party;
(c) a Reply presented by each of the Parties within such time-limits as the Court may order;
(d) the Court may request additional written pleadings by the Parties if it so determines.

(3) The above-mentioned parts of the written proceedings and their annexes presented to the Registrar will not be transmitted to the other Party until the Registrar has received the corresponding part of the proceedings from the said Party.

Article 4

(1) The Parties agree that, pending the final Judgment of the Court, they will establish and implement a temporary water management régime for the Danube.
(2) They further agree that, in the period before such a régime is established or implemented, if either Party believes its rights are endangered by the conduct of the other, it may request immediate consultation and reference, if necessary, to experts, including the Commission of the European Communities, with a view to protecting those rights; and that protection shall not be sought through a request to the Court under Article 41 of the Statute.
(3) This commitment is accepted by both Parties as fundamental to the conclusion and continuing validity of the Special Agreement.

Article 5

(1) The Parties shall accept the Judgment of the Court as final and binding upon them and shall execute it in its entirety and in good faith.
(2) Immediately after the transmission of the Judgment the Parties shall enter into negotiations on the modalities for its execution.
(3) If they are unable to reach agreement within six months, either Party may request the Court to render an additional Judgment to determine the modalities for executing its Judgment.

Article 6

(1) The present Special Agreement shall be subject to ratification.
(2) The instruments of ratification shall be exchanged as soon as possible in Brussels.

(3) The present Special Agreement shall enter into force on the date of exchange of instruments of ratification. Thereafter it will be notified jointly to the Registrar of the Court.

[*Source*: (1993) 32 ILM 1293.]

F Optional Clause Declarations

Japan *6 October 2015*

I have the honor, by direction of the Minister for Foreign Affairs, to declare on behalf of the Government of Japan that, in conformity with paragraph 2 of Article 36 of the Statute of the International Court of Justice, Japan recognizes as compulsory *ipso facto* and without special agreement, in relation to any other State accepting the same obligation and on condition of reciprocity, the jurisdiction of the International Court of Justice, over all disputes arising on and after 15 September 1958 with regard to situations or facts subsequent to the same date and being not settled by other means of peaceful settlement.

This declaration does not apply to:

(1) any dispute which the parties thereto have agreed or shall agree to refer for final and binding decision to arbitration or judicial settlement;
(2) any dispute in respect of which any other party to the dispute has accepted the compulsory jurisdiction of the International Court of Justice only in relation to or for the purpose of the dispute; or where the acceptance of the Court's compulsory jurisdiction on behalf of any other party to the dispute was deposited or notified less than twelve months prior to the filing of the application bringing the dispute before the Court;
(3) any dispute arising out of, concerning, or relating to research on, or conservation, management or exploitation of, living resources of the sea.

The Government of Japan reserves the right at any time, by means of a written notification addressed to the Secretary-General of the United Nations, and with effect as from the moment of such notification, either to amend or terminate the present declaration.

Marshall Islands *24 April 2013*

I have the honor to declare on behalf of the Government of the Republic of the Marshall Islands that:

(1) The Government of the Republic of the Marshall Islands accepts as compulsory *ipso facto* and without special convention, on condition of reciprocity, the jurisdiction of the International Court of Justice,

in conformity with paragraph 2 of Article 36 of the Statute of the Court, until such time as notice may be given to terminate the acceptance, over all disputes arising after 17 September 1991, with regard to situations or facts subsequent to the same date, other than:

i) any dispute which the Republic of Marshall Islands has agreed with the other Party or Parties thereto to settle by some other method of peaceful settlement;

ii) any dispute in respect of which any other Party to the dispute has accepted the compulsory jurisdiction of the International Court of Justice only in relation to or for the purpose of the dispute.

(2) The Government of the Republic of the Marshall Islands also reserves the right at any time, by means of notification addressed to the Secretary-General of the United Nations, and with effect as from the moment of such notification, to add to, amend or withdraw either of the foregoing reservations or any that may hereafter be added.

Romania *23 June 2015*

Romania declares that it recognises as compulsory *ipso facto* and without special agreement, in relation to any other State accepting the same obligation, meaning on the condition of reciprocity, the jurisdiction of the International Court of Justice, in accordance with Article 36(2) of the Statute of the Court, in relation to all legal disputes related to facts or situations arising after this declaration is made, other than:

(a) any dispute in regard to which the parties thereto have agreed or shall agree to have recourse to some other method of peaceful settlement for its final and binding decision;

(b) any dispute with any State which has accepted the compulsory jurisdiction of the International Court of Justice under Article 36(2) of the Statute less than twelve months prior to filing an application bringing the dispute before the Court or where such acceptance has been made only for the purpose of a particular dispute;

(c) any dispute regarding to the protection of the environment;

(d) any dispute relating to, or connected with, hostilities, war, armed conflict, individual or collective self-defence or the discharge of any functions pursuant to any decision or recommendation of the United Nations, the deployment of armed forces abroad, as well as decisions relating thereto;

(e) any dispute relating to, or connected with, the use for military purposes of the territory of Romania, including the airspace and territorial sea, or maritime zones subject to its sovereign rights and jurisdiction;

(f) any dispute relating to matters which by international law fall exclusively within the domestic jurisdiction of Romania.

This Declaration shall remain in force until such time as notice may be given to the Secretary-General of the United Nations withdrawing or modifying this declaration, and with effect from the moment of such notification.

United Kingdom of Great Britain and Northern Ireland *31 December 2014*

1. The Government of the United Kingdom of Great Britain and Northern Ireland accept as compulsory *ipso facto* and without special convention, on condition of reciprocity, the jurisdiction of the International Court of Justice, in conformity with paragraph 2 of Article 36 of the Statute of the Court, until such time as notice may be given to terminate the acceptance, over all disputes arising after 1 January 1984, with regard to situations or facts subsequent to the same date, other than:
   (i) any dispute which the United Kingdom has agreed with the other Party or Parties thereto to settle by some other method of peaceful settlement;
   (ii) any dispute with the government of any other country which is or has been a Member of the Commonwealth;
   (iii) any dispute in respect of which any other Party to the dispute has accepted the compulsory jurisdiction of the International Court of Justice only in relation to or for the purpose of the dispute; or where the acceptance of the Court's compulsory jurisdiction on behalf of any other Party to the dispute was deposited or ratified less than twelve months prior to the filing of the application bringing the dispute before the Court;
   (iv) any dispute which is substantially the same as a dispute previously submitted to the Court by the same or another Party.
2. The Government of the United Kingdom also reserves the right at any time, by means of a notification addressed to the Secretary-General of the United Nations, and with effect as from the moment of such notification, either to add to, amend or withdraw any of the foregoing reservations, or any that may hereafter be added.

   [*Source*: ICJ website.]

G WTO: Rules of Conduct for the Understanding on Rules and Procedures Governing the Settlement of Disputes (extract)

I. Preamble

Members,

Recalling that on 15 April 1994 in Marrakesh, Ministers welcomed the stronger and clearer legal framework they had adopted for the conduct of international trade, including a more effective and reliable dispute settlement mechanism;

Recognizing the importance of full adherence to the Understanding on Rules and Procedures Governing the Settlement of Disputes ('DSU') and the principles for the management of disputes applied under Articles XXII and XXIII of GATT 1947, as further elaborated and modified by the DSU;

Affirming that the operation of the DSU would be strengthened by rules of conduct designed to maintain the integrity, impartiality and confidentiality of proceedings conducted under the DSU thereby enhancing confidence in the new dispute settlement mechanism; Hereby establish the following Rules of Conduct.

II. Governing Principle

1. Each person covered by these Rules (as defined in paragraph 1 of Section IV below and hereinafter called 'covered person') shall be independent and impartial, shall avoid direct or indirect conflicts of interest and shall respect the confidentiality of proceedings of bodies pursuant to the dispute settlement mechanism, so that through the observance of such standards of conduct the integrity and impartiality of that mechanism are preserved. These Rules shall in no way modify the rights and obligations of Members under the DSU nor the rules and procedures therein.

III. Observance of the Governing Principle

1. To ensure the observance of the Governing Principle of these Rules, each covered person is expected (1) to adhere strictly to the provisions of the DSU; (2) to disclose the existence or development of any interest, relationship or matter that that person could reasonably be expected to know and that is likely to affect, or give rise to justifiable doubts as to, that person's independence or impartiality; and (3) to take due care in the performance of their duties to fulfil these expectations, including through avoidance of any direct or indirect conflicts of interest in respect of the subject matter of the proceedings.
2. Pursuant to the Governing Principle, each covered person shall be independent and impartial, and shall maintain confidentiality. Moreover, such persons shall consider only issues raised in, and necessary to fulfil their responsibilities within the dispute settlement proceeding and shall not delegate this responsibility to any other person. Such person shall not incur any obligation or accept any benefit that would in any way interfere with, or which could give rise to, justifiable doubts as to the proper performance of that person's dispute settlement duties.

[*Source*: WTO Document WT/DSB/RC/1, 11 December 1996.]

H Security Council Resolution 915, establishing UNASOG, May 1994

The Security Council,

Recalling its resolution 910 (1994) of 14 April 1994,

Welcoming the signing on 4 April 1994 at Surt (Libya), by the representatives of the Republic of Chad on the one hand and of the Great Socialist People's Libyan Arab Jamahiriya on the other hand, of the agreement relating to the implementation of the Judgment of the International Court of Justice of 3 February 1994,

Taking note of the letter dated 6 April 1994 from the Permanent Representative of the Libyan Arab Jamahiriya to the United Nations addressed to the Secretary-General (S/1994/402) and the letter dated 13 April 1994 from the Permanent Representative of Chad to the United Nations addressed to the Secretary-General (S/1994/424), and the Annexes thereto,

Noting that the agreement signed at Surt (Libya) provides that United Nations observers shall be present during all the Libyan withdrawal operations and shall establish that the withdrawal is actually effected,

Determined to assist the parties in implementing the Judgment of the International Court of Justice concerning their territorial dispute and thereby to help promote peaceful relations between them, in keeping with the principles and purposes of the Charter of the United Nations,

Having examined the report of the Secretary-General dated 27 April 1994 (S/1994/512),

A

1. *Takes note with appreciation* of the report of the Secretary-General on the implementation of the provisions of Article 1 of the abovementioned agreement (S/1994/512);
2. *Decides* to establish the United Nations Aouzou Strip Observer Group (UNASOG) and *authorizes* the deployment for a single period of up to forty days, starting from the date of the present resolution, of nine United Nations observers and six support staff to observe the implementation of the agreement signed on 4 April 1994 at Surt (Libya) in accordance with the recommendations of the Secretary-General (S/1994/512) and in accordance with paragraph 9 of resolution 907 (1994) of 29 March 1994;
3. *Calls upon* the parties to cooperate fully with the Secretary-General in verifying implementation of the provisions of the agreement of 4 April 1994 and, in particular, to grant UNASOG freedom of movement and all the services it requires in order to fulfil its functions;

B

Recognizing that UNASOG will need to travel to the Libyan Arab Jamahiriya by air and that this will require an exemption from the provisions of paragraph 4 of resolution 748 (1992) of 31 March 1992, and *acting*, in this respect, under Chapter VII of the Charter of the United Nations,

4. *Decides* that paragraph 4 of resolution 748 (1992) of 31 March 1992 shall not apply in respect of aircraft flying to or from the Libyan Arab Jamahiriya for the purpose of conveying UNASOG;
5. *Requests* the Secretary-General to inform the Committee established pursuant to resolution 748 (1992) of flights made to or from the Libyan Arab Jamahiriya in accordance with the present resolution;

C

6. *Invites* the Secretary-General to keep it informed as appropriate of the progress of the mission and to report at the time of its completion;
7. *Decides* to remain seized of the matter.

[*Source*: UN Document S/RES/915 (1994), 4 May 1994.]

I Terms of Reference of the Trust Fund for the International Tribunal for the Law of the Sea (2000)

Reasons for Establishing the Trust Fund

7.I.1. Part XV of the United Nations Convention on the Law of the Sea ('the Convention') provides for the settlement of disputes. In particular, Article 287 specifies that States are free to choose one or more of the following means:
(7.I.1.a) The International Tribunal for the Law of the Sea;
(7.I.1.b) The International Court of Justice;
(7.I.1.c) An arbitral tribunal;
(7.I.1.d) A special arbitral tribunal.

7.I.2. The Secretary-General already operates a Trust Fund for the International Court of Justice (see A/47/444). The Permanent Court of Arbitration has established a Financial Assistance Fund. The burden of costs should not be a factor for States, in making the choices under Article 287, in deciding whether a dispute should be submitted to the Tribunal, or in deciding upon the response to an application made to the Tribunal by others. For these reasons, it was decided to create a Trust Fund for the International Tribunal for the Law of the Sea ('the Tribunal').

Object and Purpose of the Trust Fund

7.I.3. This Trust Fund ('the Fund') is established by the Secretary-General in accordance with General Assembly Resolution XXX and pursuant to the Agreement on Cooperation and Relationship between the United Nations and the Tribunal of 18 December 1997 (General Assembly Resolution 52/251, annex).

7.I.4. The purpose of the Fund is to provide financial assistance to States parties to the Convention for expenses incurred in connection with cases submitted, or to be submitted, to the Tribunal, including its Seabed Disputes Chamber and any other Chamber.

7.I.5. Assistance, which will be provided in accordance with the following terms and conditions, should only be provided in appropriate cases, principally those proceeding to the merits where jurisdiction is not an issue, but in exceptional circumstances may be provided for any phase of the proceedings.

Contributions to the Fund

7.I.6. The Secretary-General invites States, intergovernmental organizations, national institutions, non-governmental organizations, as well as natural and juridical persons, to make voluntary financial contributions to the Fund.

Application for Assistance

7.I.7. An application for assistance from the Fund may be submitted by any State Member to the Convention. The application should describe the nature of the case which is to be, or has been, brought by or against the State concerned and should provide an estimate of the costs for which financial assistance is requested. The application should contain a commitment to supply a final statement of account of the expenditures made from approved amounts, to be certified by an auditor acceptable to the United Nations.

Panel of Experts

7.I.8. The Secretary-General will establish a panel of experts, normally three persons of the highest professional standing, to make recommendations on each request. The task of each panel is to examine the application and to recommend to the Secretary-General the amount of the financial assistance to be given, the phase or phases of the proceedings in respect of which assistance is to be given and the types of expenses for which the assistance may be used.

Granting of Assistance

7.I.9. The Secretary-General will provide financial assistance from the Fund on the basis of the recommendations of the panel of experts. Payments will be made against receipts showing expenditures made in respect of approved costs. The latter may include:

(7.I.9.a) Preparing the application and the written pleadings;

(7.I.9.b) Professional fees of counsel and advocates for written and oral pleadings;

(7.I.9.c) Travel and expenses of legal representation in Hamburg during the various phases of a case;

(7.I.9.d) Execution of an Order of Judgment of the Tribunal, such as marking a boundary in the territorial sea.

Application of the Financial Regulations and Rules of the United Nations

7.I.10. The Financial Regulations and Rules of the United Nations will apply to the administration of the Fund, including the procedures for audit.

Reporting

7.I.11. An annual report on the activities of the Fund, including details of the contributions to and disbursements from the Fund, will be made to the Meeting of States Parties to the Convention.

Implementing Office

7.I.12. The Division for Ocean Affairs and the Law of the Sea of the Office of Legal Affairs is the implementing office for this Fund and provides the services for the operation of the Fund.

Offers of Professional Assistance

7.I.13. The implementing office also maintains a list of offers of professional assistance which may be made on a reduced fee basis by suitably qualified persons or bodies. If an applicant for assistance so requests, the implementing office will make the list of offers available to it for its consideration and decision; both financial and other assistance may be extended in respect of the same case or phase thereof.

Revision

7.I.14. The General Assembly may revise the above if circumstances so require.

[*Source*: UN General Assembly Resolution 55/7, Annex I.]

J Ruling Pertaining to the Differences between France and New Zealand Arising from the Rainbow Warrior Affair (extract)

Introduction

1. On 10 July 1985 a civilian vessel, the 'Rainbow Warrior', not flying the New Zealand flag, was sunk at its moorings in Auckland Harbor, New Zealand, as a result of extensive damage caused by two high explosive devices. One person, a Netherlands citizen, Mr Fernando Pereira, was killed as a result of this action; he drowned when the ship sank.
2. On 12 July, two agents of the French Directorate General of External Security (DGSE) were interviewed by the New Zealand Police and subsequently arrested and prosecuted. On 4 November they pleaded guilty in the District Court in Auckland, New Zealand, to charges of manslaughter and wilful damage to a ship by means of an explosive. They were sentenced to ten years' imprisonment each; they are presently serving their sentences in New Zealand prisons.
3. A communiqué issued on 22 September 1985 by the Prime Minister of France confirmed that the 'Rainbow Warrior' had been sunk by agents of the DGSE upon instructions. On the same day, the Minister of External Affairs of France pointed out to the Prime Minister of New Zealand that France was ready to undertake reparations for the consequences of that action. He also declared he was ready, as the Prime Minister of New Zealand had already suggested, to meet with the Deputy Prime Minister of New Zealand on 23 and 25 September in New York. Such a meeting did take place for the purpose of discussing the possible ways to find a solution to the problems arising from the Rainbow Warrior affair.
4. A number of subsequent meetings took place between officials of the two countries in the months that followed, but it did not prove possible to reach a settlement.
5. In June 1986 I was formally approached by the Governments of France and New Zealand, who referred to me all the problems between them arising from the Rainbow Warrior affair for a ruling which both sides agreed to abide by. I then informed both

> Governments that I was prepared to undertake such a task. On 19 June, in Paris and in Wellington, both Governments made public announcements to that effect, and in New York on the same day I publicly confirmed that I was willing to undertake that task and to make my ruling available to the two Governments in the very near future . . .

Ruling

The issues that I need to consider are limited in number. I set out below my ruling on them which takes account of all the information available to me. My ruling is as follows:

1. Apology

New Zealand seeks an apology. France is prepared to give one. My ruling is that the Prime Minister of France should convey to the Prime Minister of New Zealand a formal and unqualified apology for the attack, contrary to international law, on the 'Rainbow Warrior' by French service agents which took place on 10 July 1985.

2. Compensation

New Zealand seeks compensation for the wrong done to it and France is ready to pay some compensation. The two sides, however, are some distance apart on quantum. New Zealand has said that the figure should not be less than US Dollars 9 million, France that it should not be more than US Dollars 4 million. My ruling is that the French Government should pay the sum of US Dollars 7 million to the Government of New Zealand as compensation for all the damage it has suffered.

3. The Two French Service Agents

It is on this issue that the two Governments plainly had the greatest difficulty in their attempts to negotiate a solution to the whole issue on a bilateral basis before they took the decision to refer the matter to me.

The French Government seeks the immediate return of the two officers. It underlines that their imprisonment in New Zealand is not justified, taking into account in particular the fact that they acted under military orders and that France is ready to give an apology and to pay compensation to New Zealand for the damage suffered.

The New Zealand position is that the sinking of the 'Rainbow Warrior' involved not only a breach of international law, but also the commission of a serious crime in New Zealand for which the two officers received a lengthy sentence from a New Zealand court. The New Zealand side states that their release to freedom would undermine the integrity of the New Zealand judicial system. In the course of bilateral negotiations with France, New Zealand was ready to explore possibilities for the prisoners serving their sentences outside New Zealand.

But it has been, and remains, essential to the New Zealand position that there should be no release to freedom, that any transfer should be to custody, and that there should be a means of verifying that.

The French response to that is that there is no basis either in international law or in French law on which the two could serve out any portion of their New Zealand sentence in France, and that they could not be subjected to new criminal proceedings after a transfer into French hands.

On this point, if I am to fulfil my mandate adequately, I must find a solution in respect of the two officers which both respects and reconciles these conflicting positions.

My ruling is as follows:

(a) The Government of New Zealand should transfer Major Alain Mafart and Captain Dominique Prieur to the French military authorities. Immediately thereafter, Major Mafart and Captain Prieur should be transferred to a French military facility on an isolated island outside of Europe for a period of three years.

(b) They should be prohibited from leaving the island for any reason, except with the mutual consent of the two Governments. They should be isolated during their assignment on the island from persons other than military or associated personnel and immediate family and friends. They should be prohibited from any contact with the press or other media whether in person or in writing or in any other manner. These conditions should be strictly complied with and appropriate action should be taken under the rules governing military discipline to enforce them.

(c) The French Government should every three months convey to the New Zealand Government and to the Secretary-General of the United Nations, through diplomatic channels, full reports on the situation of Major Mafart and Captain Prieur in terms of the two preceding paragraphs in order to allow the New Zealand Government to be sure that they are being implemented.

(d) If the New Zealand Government so requests, a visit to the French military facility in question may be made, by mutual agreement by the two Governments, by an agreed third party.

(e) I have sought information on French military facilities outside Europe. On the basis of that information, I believe that the transfer of Major Mafart and Captain Prieur to the French military facility on the isolated island of Hao in French Polynesia would best facilitate the enforcement of the conditions which I have laid down in paragraphs (a) to (d) above. My ruling is that that should be their destination immediately after their transfer.

4. Trade Issues

The New Zealand Government has taken the position that trade issues have been imported into the affair as a result of French action, either taken or in prospect. The French Government denies that, but it has indicated that it is willing to give some undertakings relating to trade, as sought by the New Zealand Government. I therefore rule that France should:

(a) Not oppose continuing imports of New Zealand butter into the United Kingdom in 1987 and 1988 at levels proposed by the Commission of the European Communities in so far as these do not exceed those mentioned in document COM(83)574 of 6 October 1983 that is to say, 77,000 tonnes in 1987 and 75,000 tonnes in 1988; and

(b) Not take measures that might impair the implementation of the agreement between New Zealand and the European Economic Community on Trade in Mutton, Lamb and Goatmeat which entered into force on 20 October 1980 (as complemented by the exchange of letters of 12 July 1984).

5. Arbitration

The New Zealand Government has argued that a mechanism should exist to ensure that any differences that may arise about the implementation of the agreements concluded as a result of my ruling can be referred for binding decision to an arbitral tribunal. The Government of France is not averse to that. My ruling is that an agreement to that effect should be concluded and provide that any dispute concerning the interpretation or application of the other agreements, which it has not been possible to resolve through the diplomatic channel, shall, at the request of either of the two Governments, be submitted to an arbitral tribunal under the following conditions:

(a) Each Government shall designate a member of the tribunal within 30 days of the date of the delivery by either Government to the other of a written request for arbitration of the dispute, and the two Governments shall, within 60 days of that date, appoint a third member of the tribunal who shall be its chairman;

(b) If, within the times prescribed, either Government fails to designate a member of the tribunal or the third member is not agreed, the Secretary-General of the United Nations shall be requested to make

the necessary appointment after consultations with the two Governments by choosing the member or members of the tribunal;
(c) A majority of the members of the tribunal shall constitute a quorum and all decisions shall be made by a majority vote;
(d) The decisions of the tribunal, including all rulings concerning its constitution, procedure and jurisdiction, shall be binding on the two Governments.

6.

The two Governments should conclude and bring into force as soon as possible binding agreements incorporating all of the above rulings. These agreements should provide that the undertaking relating to an apology, the payment of compensation and the transfer of Major Mafart and Captain Prieur should be implemented at the latest on 25 July 1986.

7.

On one matter I find no need to make a ruling. New Zealand, in its written statement of position, has expressed concern regarding compensation for the family of the individual whose life was lost in the incident and for Greenpeace. The French statement of position contains an account of the compensation arrangements that have been made; I understand that those assurances constitute the response that New Zealand was seeking.

[*Source*: 74 ILR 256.]

K ICSID Convention (extract)

Article 52

(1) Either party may request annulment of the award by an application in writing addressed to the Secretary-General on one or more of the following grounds:
  (a) that the Tribunal was not properly constituted;
  (b) that the Tribunal has manifestly exceeded its powers;
  (c) that there was corruption on the part of a member of the Tribunal;
  (d) that there has been a serious departure from a fundamental rule of procedure; or
  (e) that the award has failed to state the reasons on which it is based.
(2) The application shall be made within 120 days after the date on which the award was rendered except that when annulment is requested on the ground of corruption such application shall be made within 120 days after discovery of the corruption and in any event within three years after the date on which the award was rendered.

(3) On receipt of the request the Chairman shall forthwith appoint from the Panel of Arbitrators an *ad hoc* Committee of three persons. None of the members of the Committee shall have been a member of the Tribunal which rendered the award, shall be of the same nationality as any such member, shall be a national of the State party to the dispute or of the State whose national is a party to the dispute, shall have been designated to the Panel of Arbitrators by either of those States, or shall have acted as a conciliator in the same dispute. The Committee shall have the authority to annul the award or any part thereof on any of the grounds set forth in paragraph (1).

(4) The provisions of Articles 41–45, 48, 49, 53 and 54, and of Chapters VI and VII shall apply *mutatis mutandis* to proceedings before the Committee.

(5) The Committee may, if it considers that the circumstances so require, stay enforcement of the award pending its decision. If the applicant requests a stay of enforcement of the award in his application, enforcement shall be stayed provisionally until the Committee rules on such request.

(6) If the award is annulled the dispute shall, at the request of either party, be submitted to a new Tribunal constituted in accordance with Section 2 of this Chapter.

사건표
Table of Cases

조약/협정/협약 외

Table of Treaties and Agreements

찾아보기

Index

<국문>

[ㄱ]

[ㄴ]

<영문>

[A]

[B]

[C]

[D]

[E]

[S]

[T]

[U]

[V]

[W]

[역자 약력]

강 병 근

서울대학교 법과대학 공법학과
고려대학교 대학원 법학과(법학석사)
영국 Edinburgh 대학교 대학원 법학과(법학박사)
한림대학교 법학과 교수
(현) 고려대학교 법학전문대학원 교수

저·역서
『국제법』(ANTONIO CASSESE 저, 공역, 2010)

제6판
국제분쟁해결

제6판발행 2022년 4월 30일

지은이 J. G. MERRILLS
옮긴이 강병근
펴낸이 박노일

총괄기획 김중용·최준규
편 집 심성보·김인숙

펴낸곳 pnc publishing and culture 피앤씨미디어
경기도 고양시 일산동구 강송로 153 310-1501
등록 제396-2012-000203호
전 화 070)7550-3758 팩 스 02)718-8554
홈페이지 www.pncmedia.co.kr 이메일 pnc@pncmedia.co.kr
ISBN 979-11-5730-837-8 93360

정 가 32,000원